No.24 总第24期　中英文对照 Chinese/English

天津统计年鉴

TIANJIN STATISTICAL YEARBOOK

2008

天津市统计局 编
Compiled by Tianjin Municipal Bureau of Statistics

中国统计出版社
China Statistics Press

科学发展 社会和谐

Scientifical Development Harmonious Society

全市生产总值(亿元)
GDP (100 million yuan)

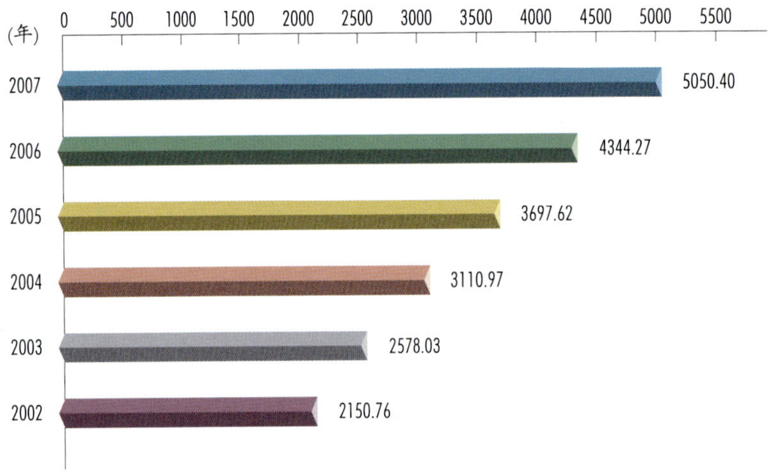

产业结构
Industrial Structure

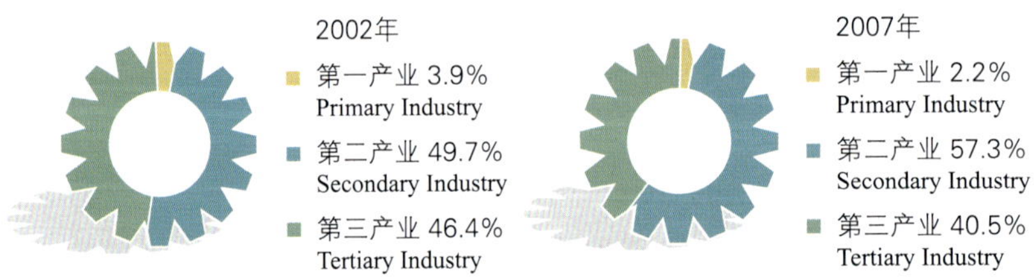

全市财政收入(亿元)
Total Government Revenue (100 million yuan)

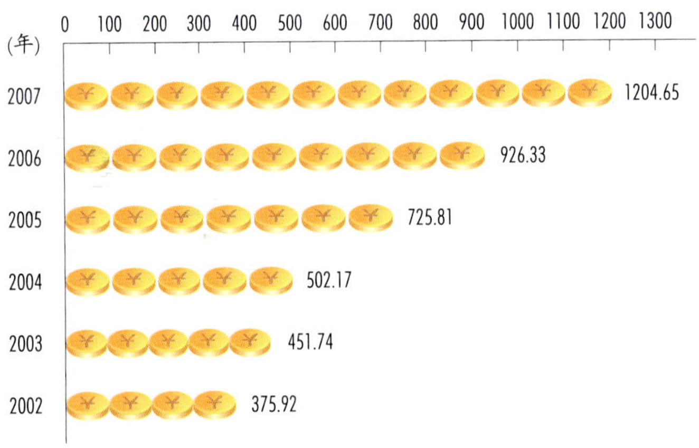

2007年天津市每天主要社会经济活动情况
Average Daily Social and Economic Activities of Tianjin in 2007

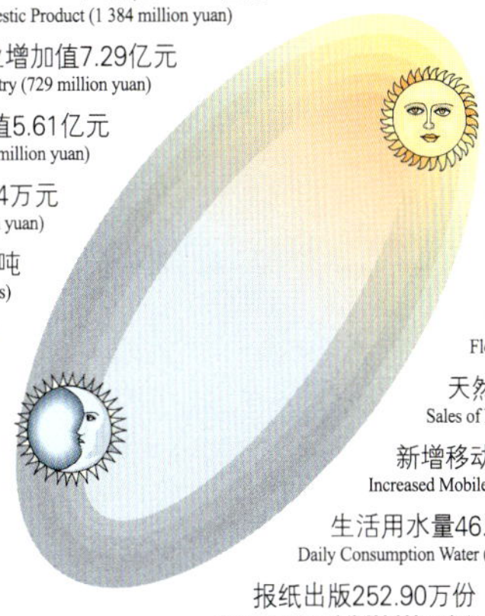

- 生产总值13.84亿元 Gross Domestic Product (1 384 million yuan)
- 工业增加值7.29亿元 Added Value of Industry (729 million yuan)
- 第三产业增加值5.61亿元 Added Value of Tertiary Industry (561 million yuan)
- 全市财政收入33004万元 Total Government Revenue (330.04 million yuan)
- 原油产量5.27万吨 Output of Crude Oil (52 700 tons)
- 轿车产量1243辆 Output of Cars (1 243 units)
- 移动电话机产量26.79万部 Output of Mobile Phones (267 900 pieces)
- 港口货物吞吐量84.78万吨 Freight Handled at Port (847 800 tons)
- 社会货物运输量140.65万吨 Freight Transportation (1 406 500 tons)
- 邮电业务总量8238万元 Business Value of Post and Telecommunications (82.38 million yuan)
- 社会消费品零售总额4.39亿元 Total Retail Sales of Consumer Goods (439 million yuan)
- 外贸出口总值10455万美元 Total Value of Exports in Foreign Trade (USD 104.55 million)
- 接待来津国际旅游者2828人次 Reception of International Tourists (2 828 person-times)
- 全社会竣工房屋建筑面积7.13万平方米 Floor Space of Building Completed (71 300 m²)
- 天然气售气量329万立方米 Sales of Natural Gas (3.29 million m³)
- 新增移动电话用户3699户 Increased Mobile Phone Users (3 699 households)
- 生活用水量46.36万吨 Daily Consumption Water (463 600 tons)
- 报纸出版252.90万份 Newspaper Issued (2 529 000 copies)

万元生产总值、万元工业增加值能耗(吨标准煤)
Energy Consumption of Every 10 000 yuan Gross Domestic Product and Value Added in Industry (tons of SCE)

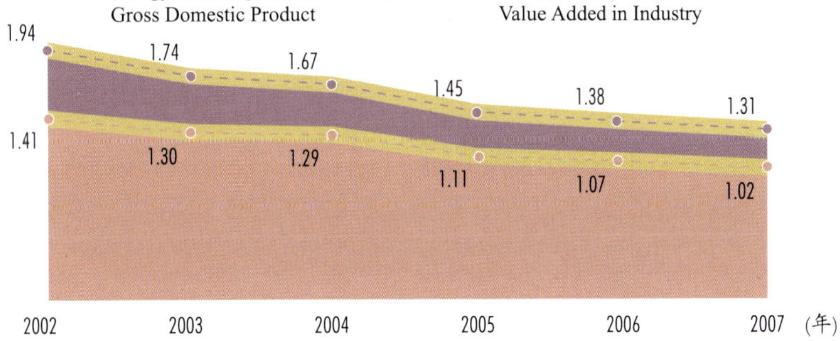

全社会固定资产投资与城市基础设施投资(亿元)
Total Investment in Fixed Assets and Urban Infrastructure Investment (100 million yuan)

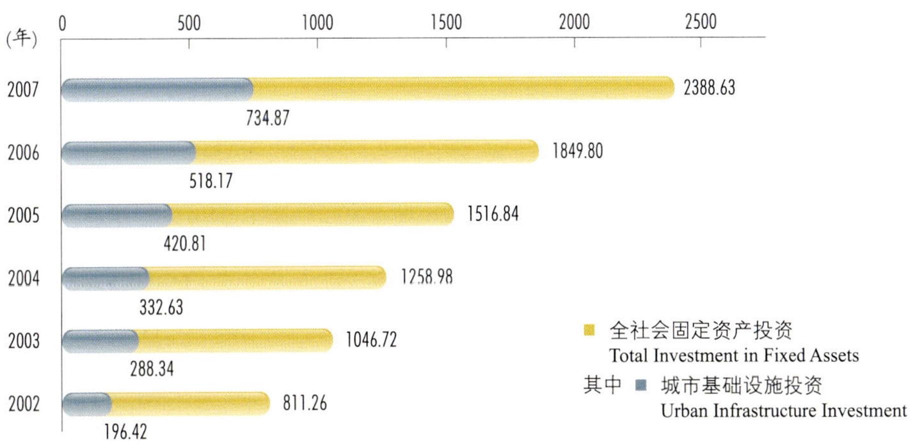

科学发展 社会和谐

Scientifical Development Harmonious Society

全部工业总产值(亿元)
Gross Output Value of Industry (100 million yuan)

外贸进出口商品总值(亿美元)
Total Value of Import & Export in Foreign Trade (USD 100 million)

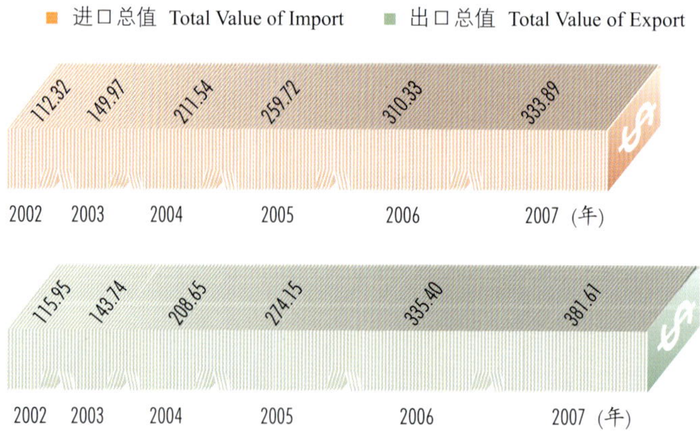

实际直接利用外资(亿美元)
Actual Direct Utilization of Foreign Capital (USD 100 million)

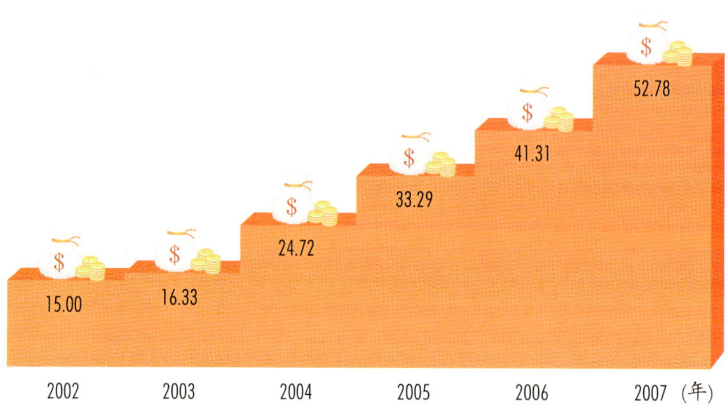

2007年末金融机构(含外资)本外币存贷款余额(亿元)

Balance of Home and Foreign Currency Deposits and Loans in Financial (Including Foreign) Institutions at the End of 2007 (100 million yuan)

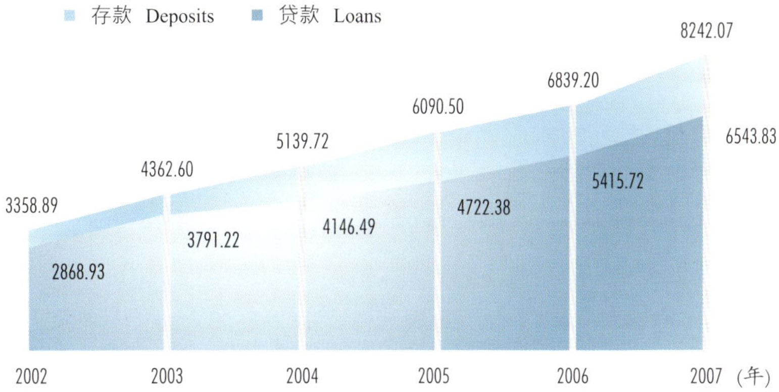

港口货物吞吐量(万吨)

Volume of Freight Handled in Tianjin Port (10 000 tons)

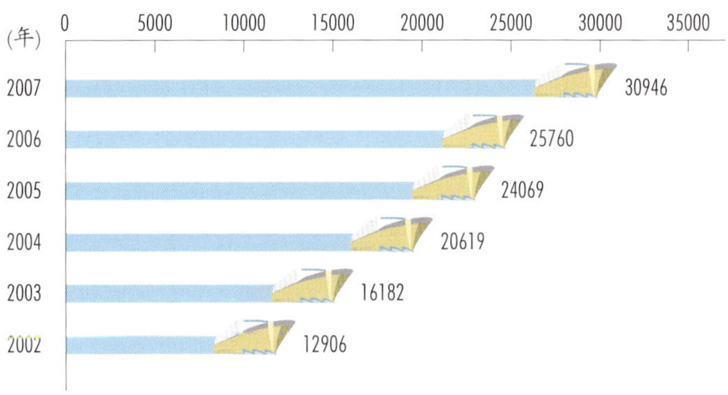

邮电业务总量(亿元)

Bussiness Value of Post and Telecommunications (100 million yuan)

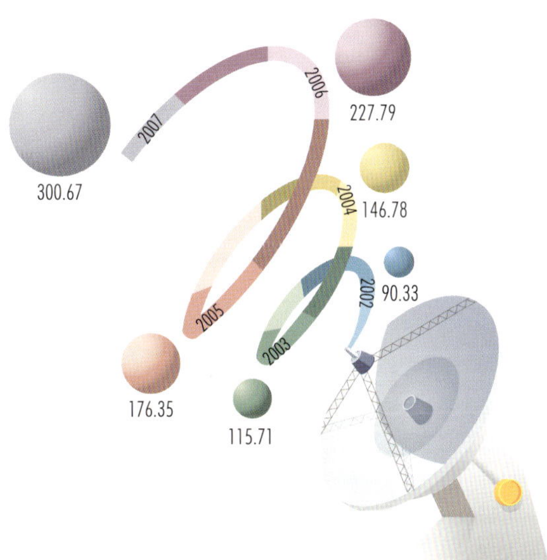

科学发展 社会和谐
Scientifical Development Harmonious Society

城市居民家庭生活收支(元)
Domesticity Income and Expenditure of Urban Households (yuan)

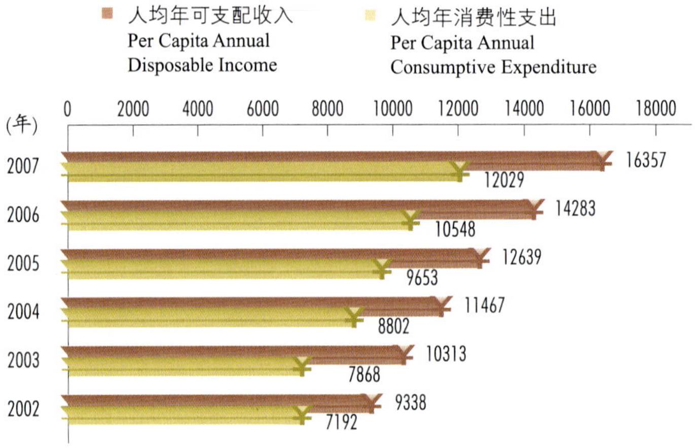

2007年城市居民人均消费性支出构成
Composition of per Capita Annual Expenditure for Consumption of Urban Households in 2007

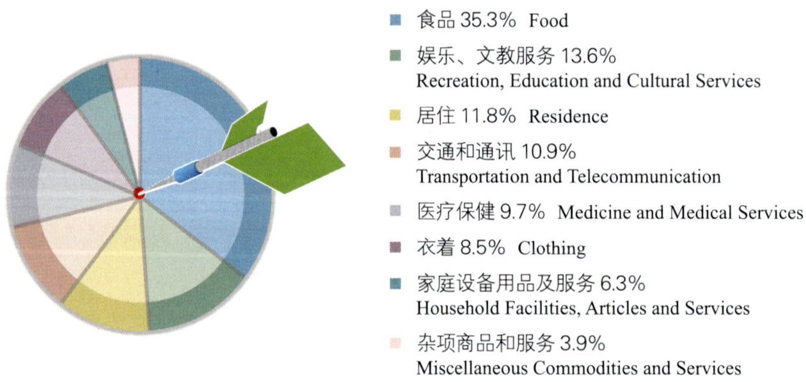

城市居民人均住房建筑面积(平方米)
Per Capita Floor Space of Urban Residential Building (m^2)

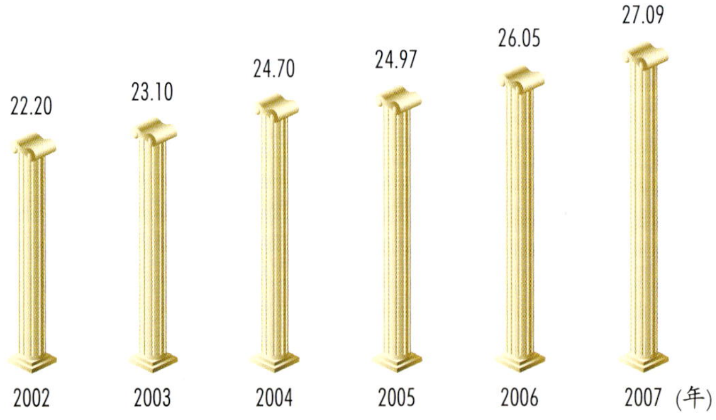

城市物价指数(上年=100)
The Urban Price Index (preceding year=100)

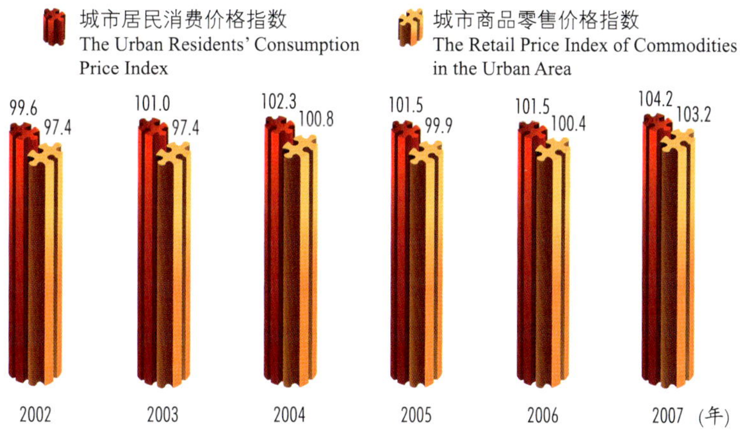

滨海新区生产总值(亿元)
Gross Domestic Product of Binhai New Area (100 million yuan)

滨海新区实际直接利用外资(亿美元)
Actual Direct Utilization of Foreign Capital in Binhai New Area (USD 100 million)

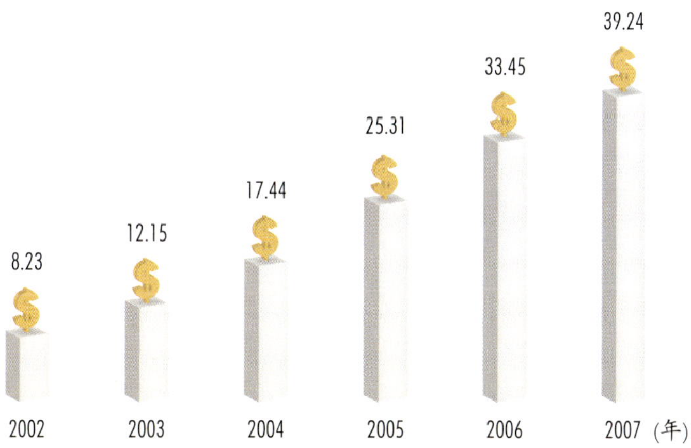

编者说明

一、《天津统计年鉴》是一部全面反映天津市国民经济和社会发展情况的大型统计资料工具书，创刊于1984年，逐年出版，形成系列。本书以其丰富翔实的统计资料而成为社会各界了解天津、认识天津最具权威性的资料工具书之一。

二、《天津统计年鉴2008》全书中英文对照，同步配备电子版光盘。

三、书内文字资料载有《2007年天津市国民经济和社会发展统计公报》、《2007年我市国民经济实现又好又快发展》、《科学发展，社会和谐》分析文章；书后并附有《天津市第二次农业普查主要数据公报》。为方便读者使用，书的篇目索引标明了全书结构。在书中每篇后附有统计指标解释。

四、本年鉴的统计数据主要取自统计年报，一少部分来自抽样调查和专业部门统计资料。

五、本年鉴所使用的度量衡单位均采用国际统一标准计量单位；行业分类标准均采用国家标准GB/T4754-2002；计算人均指标时，从2005年开始采用常住人口计算，2005年以前采用户籍人口计算。从2006年开始，城乡划分标准执行国统字[2006]60号文件的规定。

六、本年鉴中部分数据的合计数和相对数由于四舍五入取舍不同而产生的计算误差，均未做机械调整。

七、本年鉴表中的符号使用说明："空格"表示该项统计指标无数据、数据不足本表最小单位数或数据不详；"#"表示其中的主要项。

八、由于国家统计制度变化或主管部门提供的数据有调整等原因，年鉴中部分指标的历史年度数据会有变动。读者在使用历史资料时，凡以前年度的年鉴与本年鉴数据有出入的，均以本年鉴为准。

九、《天津统计年鉴》自公开出版以来，得到了国内外广大读者的关心和支持，对本年鉴的内容和编辑工作提出了许多宝贵意见，对此我们深表谢意。限于我们的水平，书中难免有不足之处，敬请广大读者继续给予批评指正，帮助我们进一步改进年鉴编辑工作、提高年鉴编辑水平，更好地为广大读者服务。

Preface

Ⅰ. *Tianjin Statistical Yearbook* is a large-sized statistics publication to reflect various aspects of Tianjin's economic and social development, which was started in 1984 and published year by year, having formed a series of yearbooks. Possessing plentiful and detailed statistical materials, the yearbook has become one of the most authoritative statistics publications for various circles to understand and know Tianjin.

Ⅱ. *Tianjin Statistical Yearbook 2008* is written in Chinese & English with a CD.

Ⅲ. Written materials in the book include *Statistical Communique on the 2007 National Economic and Social Development of Tianjin, Good & Fast Development of Tianjin's National Economic in 2007, Scientific Development and Harmonious Society*, together with the appendix *Statistical Communique on the Second Agricultural Sample Survey of Tianjin*. In order to help readers using these statistical materials better, Explanatory Notes on Main Statistical Indicators are attached after each chapter.

Ⅳ. The major data sources of this book are obtained from annual statistical report, a few from sample surveys and materials of departments' statistics.

Ⅴ. The units of measurement used in this book are internationally standard measurement units; sector listed in this table is classified by the standard of GB/T4754-2002. When calculating per capital indicators, we use permanent population since 2005 and use registered population before 2005. Since 2006, the division standard of urban and rual areas adopts the rules of National Bureau of Statistics Regulation 2006[60].

Ⅵ. Statistical discrepancies due to rounding are not adjusted in this book.

Ⅶ. Notations used in this book: {(blank)} indicates the data not available or the figure is not large enough to be measured with the smallest unit in the table. "#" indicates the major items of the total.

Ⅷ. As a result of change of statistics institution, data adjustment of special department and so on, some data in this yearbook are different from former yearbook. When using historical data, users should take the data of this book as standard.

Ⅸ. Since *Tianjin Statistical Yearbook* published, we have been concerned and supported by the readers at home and abroad. They advance many useful suggestions on content and edition of the yearbook, we deeply thanks for all of these. Based on our limited level, perhaps there are some mistakes in this book, we welcome all of the readers give your criticism in order to help us further improving our edition level, and providing services for the readers better.

篇目索引

篇目	起始页码
2007 年天津市国民经济和社会发展统计公报	1
2007 年我市国民经济实现又好又快发展	11
科学发展　社会和谐	16
第一篇　综　合	25
第二篇　国民经济核算	59
第三篇　人口和劳动就业	79
第四篇　固定资产投资和房地产	109
第五篇　能源生产和消费	137
第六篇　财　政	149
第七篇　价格指数	161
第八篇　人民生活	175
第九篇　城市建设和环境保护	203
第十篇　农村经济	215
第十一篇　工　业	233
第十二篇　建筑业	273
第十三篇　交通运输和邮电	287
第十四篇　国内贸易	299
第十五篇　对外经济贸易和旅游	331
第十六篇　金融业	363
第十七篇　教育和科技	383
第十八篇　文化和体育	419
第十九篇　卫生、社会保障和社会福利	431
第二十篇　公共管理和社会组织	449
第二十一篇　企业调查资料	461
第二十二篇　滨海新区	479
第二十三篇　区县基本情况	511
附：天津市第二次农业普查主要数据公报	549

SUBJECT INDEX

SUBJECTS	PAGE
Statistical Communique on the 2007 National Economic and Social Development of Tianjin	*1*
Good & Fast Development Of Tianjin's National Economic in 2007	*11*
Tianjin's Scientific Development and Harmonious Society	*16*
Chapter 1 General Survey	*25*
Chapter 2 National Accounts	*59*
Chapter 3 Population, Labor and Employment	*79*
Chapter 4 Investment in Fixed Assets and Real Estate	*109*
Chapter 5 Energy Production and Consumption	*137*
Chapter 6 Government Finance	*149*
Chapter 7 Price Indices	*161*
Chapter 8 People's Life	*175*
Chapter 9 Urban Construction and Environment Protection	*203*
Chapter 10 Rural Economy	*215*
Chapter 11 Industry	*233*
Chapter 12 Construction	*273*
Chapter 13 Transportation, Post and Telecommunications	*287*
Chapter 14 Domestic Trade	*299*
Chapter 15 Foreign Trade, Economic Cooperation and Tourism	*331*
Chapter 16 Financial Intermediation	*363*
Chapter 17 Education, Science and Technology	*383*
Chapter 18 Culture and Sports	*419*
Chapter 19 Public Health, Social Security and Social Welfare	*431*
Chapter 20 Public Management and Social Organizations	*449*
Chapter 21 Enterprises Survey Information	*461*
Chapter 22 Binhai New Area	*479*
Chapter 23 Basic Statistics on Districts and Counties	*511*
Appendix: Statictial Communique of the Second Agriculture Sample Survey of Tianjin	*549*

目 录

CONTENTS

2007 年天津市国民经济和社会发展统计公报 1
Statistical Communique on the 2007 National Economic and Social Development of Tianjin

2007 年我市国民经济实现又好又快发展 11
Good & Fast Development of Tianjin's National Economic in 2007

科学发展 社会和谐 16
Tianjin's Scientific Development and Harmonious Society

第一篇 综 合 / Chapter 1 General Survey

1-1 行政建制（2007 年底）........ 26
Administrative Divisions (End of 2007)

1-2 土地面积（2007 年）........ 26
Area of Land, 2007

1-3 各月份气象资料（2007 年）........ 27
Meteorological Data of Each Month, 2007

1-4 各区县气象资料（2007 年）........ 27
Meteorological Data by District and County, 2007

1-5 法人和产业活动单位数（2007 年底）（按登记注册类型分）........ 28
Number of Institutional Units and Unit with Industrial Undertakings, the End of 2007 (Grouped by Registered Type)

1-6 法人活动单位数（2007 年底）（按行业类别分）........ 30
Number of Institutional Units, the End of 2007 (Grouped by Sector)

1-7 主要年份国民经济主要指标和增长速度 34
Main Indicators and Increase Rate of National Economy in Main Years

1-8 国民经济和社会发展结构指标（2004-2007 年）........ 41
Structural Indicators of National Economy and Social Development, 2004-2007

1-9 国民经济和社会发展比例和效益指标（2004-2007 年）........ 45
Main Indicators of Proportion and Efficiency in National Economy and Social Development, 2004-2007

1-10 平均每天社会经济活动（2004-2007 年）........ 48
Average Daily Social and Economic Activities, 2004-2007

1-11 国民经济主要指标人均水平（2004-2007 年）........ 50
Per Capita Annual Level of Main Indicators of National Economy, 2004-2007

1-12 天津在全国的地位 51
Position of Tianjin in the Whole Nation

主要统计指标解释 53
Explanatory Notes on Main Statistical Indicators

第二篇 国民经济核算 / Chapter 2 National Accounts

2-1 全市生产总值(1978-2007年)......60
Gross Domestic Product, 1978-2007
2-2 全市生产总值构成(1978-2007年)......61
Composition of Gross Domestic Product, 1978-2007
2-3 全市生产总值指数(1978-2007年)......62
Indices of Gross Domestic Product, 1978-2007
2-4 全市生产总值指数(1979-2007年)......63
Indices of Gross Domestic Product, 1979-2007
2-5 按产业分全市生产总值(2005-2007年)......64
Gross Domestic Product by Industry, 2005-2007
2-6 按产业分全市生产总值指数(2005-2007年)......65
Indices of Gross Domestic Product by Industry, 2005-2007
2-7 三次产业贡献率(1991-2007年)......66
Share of the Three Industries to the Increase of GDP, 1991-2007
2-8 三次产业对全市生产总值增长的拉动(1991-2007年)......66
Contribution of the Three Industries to GDP Growth, 1991-2007
2-9 全市生产总值项目结构(1978-2007年)......67
Components of Gross Domestic Product, 1978-2007
2-10 支出法全市生产总值(1978-2007年)......68
Gross Domestic Product by Expenditure Apporach, 1978-2007
2-11 最终消费及构成(1978-2007年)......69
Final Consumption Expenditure and Composition, 1978-2007
2-12 最终消费总指数(1979-2007年)......70
Final Consumption Indices, 1979-2007
2-13 最终消费(2005-2007年)......71
Final Consumption Expenditure, 2005-2007
2-14 资本形成总额和指数(1978-2007年)......72
Gross Captial Formation and Indices, 1978-2007
2-15 最终消费和资本形成总额对全市生产总值增长的贡献率和拉动(1978-2007年)......73
Share and Contribution of Final Consumption Expenditure and Gross Capital Formation to GDP Growth, 1978-2007
2-16 居民消费水平(1978-2007年)......74
Household Consumption, 1978-2007
主要统计指标解释......75
Explanatory Notes on Main Statistical Indicators

第三篇 人口和劳动就业 / Chapter 3 Population, Labor and Employment

3-1 人口主要指标(1990-2007年)......80
Main Statistics on Population, 1990-2007
3-2 户籍人口主要构成(1990-2007年)......80
Composition of Registered Population, 1990-2007
3-3 按地区分的户数、人口数及人口密度......81
Households, Population and Population Density by Region
3-4 按户口性质分的户籍户数......82
Registered Households by Registered Character
3-5 按户口性质分的户籍人口数......83
Registered Population by Registered Character

3-6 按性别分的户籍人口数 84
Registered Population by Sex
3-7 计划生育情况(2004-2007年) 85
Family Planning, 2004-2007
3-8 人口婚姻登记情况(2004-2007年) 85
Marriage Registration, 2004-2007
3-9 各种特征年龄组的户籍人口(2007年) 86
Registered Population by Age Groups, 2007
3-10 常住人口主要数据 87
Main Statistics on Permanent Population
3-11 按年龄分的6岁及以上各种受教育程度人口(2007年) 88
Education Status of Population Aged 6 and above by Age, 2007
3-12 按年龄分的15岁及以上各种婚姻状况人口(2007年) 89
Marriage Status of Population Aged 15 and above by Age, 2007
3-13 按地区分的家庭户规模(2007年) 90
Family Households by Size and Region, 2007
3-14 按地区分有65岁及以上老年人口的家庭户(2007年) 91
Households with Population Aged 65 and over by Region, 2007
3-15 社会从业人员(1990-2007年) 92
Total Employment Personnel, 1990-2007
3-16 城镇单位从业人员(1990-2007年) 93
Employment Personnel in Urban Units, 1990-2007
3-17 按国民经济行业分各类从业人员(2007年) 94
Employment Personnel Grouped by Sector, 2007
3-18 社会从业人员及构成 95
Number and Composition of Employment Personnel
3-19 城镇单位从业人员及构成 96
Number and Composition of Employment Personnel in Urban Units
3-20 城镇单位在岗职工及构成 97
Number and Composition of On-post Staff and Workers in Urban Units
3-21 城镇单位其他从业人员及构成 98
Number and Composition of Other Employment Personnel in Urban Units
3-22 城镇单位从业人员变动情况(2007年) 99
Changes of Employment Personnel in Urban Units, 2007
3-23 市属部分局(总公司)国有经济单位从业人员年末人数 100
Year-end Number of Employment Personnel by State-owned Units in Part of Bureaus (Corporations)
3-24 市属部分局(总公司)国有经济单位从业人员年平均人数 101
Average Number of Employment Personnel by State-owned Units in Part of Bureaus (Corporations)
3-25 离退休退职人员情况(2004-2007年) 102
Basic Statistics on Retired and Quited Personnel, 2004-2007
3-26 城镇登记失业人员情况(2004-2007年) 102
Basic Statistics on Registered Unemployed Personnel in Urban Area, 2004-2007
3-27 职业技能培训与就业服务情况(2004-2007年) 103
Statistics on Vocational Skill Training and Employment Service, 2004-2007
3-28 全市就业和再就业情况(2004-2007年) 103
Statistics on Employment and Re-employment, 2004-2007
主要统计指标解释 104
Explanatory Notes on Main Statistical Indicators

第四篇　固定资产投资和房地产 / Chapter 4　Investment in Fixed Assets and Real Estate

4-1　全社会固定资产投资（1990-2007年）......110
Total Investment in Fixed Assets, 1990-2007
4-2　全社会新增固定资产（1990-2007年）......111
Total Newly Increased Fixed Assets, 1990-2007
4-3　全社会固定资产投资和房屋建筑面积（2005-2007年）......112
Total Investment in Fixed Assets and Floor Space of Buildings, 2005-2007
4-4　按行业分全社会固定资产投资......113
Total Investment in Fixed Assets Grouped by Sector
4-5　全市固定资产投资及新增固定资产......114
Municipal Investment in Fixed Assets and Newly Increased Fixed Assets
4-6　按行业分全市固定资产投资......115
Municipal Investment in Fixed Assets by Sector
4-7　按制造业主要行业分全市固定资产投资......116
Municipal Investment in Fixed Assets of Main Manufacturing
4-8　按行业分全市新增固定资产......117
Municipal Newly Increased Fixed Assets by Sector
4-9　按制造业主要行业分全市新增固定资产......118
Municipal Newly Increased Fixed Assets of Main Manufacturing
4-10　全市固定资产投资资金来源......119
Source of Funds for Municipal Investment in Fixed Assets
4-11　全市施工和竣工房屋建筑面积......119
Municipal Floor Space of Buildings under Construction and Completed
4-12　按行业分全市固定资产投资资金来源（2007年）......120
Source of Funds for Municipal Investment in Fixed Assets by Sector, 2007
4-13　按行业分全市固定资产投资施工项目个数......122
Number of Municipal Investment Projects under Construction in Fixed Assets by Sector
4-14　按行业分全市固定资产投资建成投产项目个数......123
Number of Municipal Investment Projects in Fixed Assets Completed and Put into Use by Sector
4-15　全市能源工业固定资产投资......124
Municipal Investment in Fixed Assets of Energy Industry
4-16　全市城市基础设施固定资产投资......124
Municipal Urban Infrastructure Investment in Fixed Assets
4-17　全市地方固定资产投资......125
Municipal Local Investment in Fixed Assets
4-18　全市房地产开发投资、建设情况（1990-2007年）......126
Investment and Construction of Municipal Real Estate Development, 1990-2007
4-19　全市房地产开发投资情况......127
Municipal Investment in Real Estate Development
4-20　全市房地产开发建设情况......128
Construction of Municipal Real Estate Development
4-21　房地产销售、中介服务和物业管理情况......129
Basic Statistics on Real Estate Sales, Agency Services and Property Management
4-22　农村非农户固定资产投资......130
Total Investment in Fixed Assets of Rural Non-agricultural Households
4-23　农村农户固定资产投资......130
Total Investment in Fixed Assets of Rural Agricultural Households
4-24　重点建设项目一览表（2007年）......131
Basic Statistics on Key Projects, 2007

4-25 建设项目主要新增生产能力(2007年) 133
Main Newly Increased Production Capacity of Construction Projects, 2007
4-26 房地产开发企业投资额、销售额五十强(2007年) 134
Top 50 Real Estate Enterprises Ordered by Investment and Sales, 2007
主要统计指标解释 135
Explanatory Notes on Main Statistical Indicators

第五篇 能源生产和消费 / Chapter 5 Energy Production and Consumption

5-1 能源生产总量及构成(1990-2007年) 138
Total Production of Energy and Its Composition, 1990-2007
5-2 能源终端消费量(1990-2007年) 138
Final Consumption of Energy, 1990-2007
5-3 综合能源平衡表(标准量) 139
Overall Energy Balance Sheet (Standard Equivalent)
5-4 能源消耗基本情况(1990-2007年) 140
Basic Statistics on Energy Consumption, 1990-2007
5-5 主要年份电力平衡表 141
Electricity Balance Sheet in Main Years
5-6 能源消费弹性系数(1991-2007年) 142
Elasticity of Energy Consumpion, 1991-2007
5-7 主要年份平均每天能源消费量 142
Average Daily Energy Consumption in Main Years
5-8 主要年份生活能源消费量 143
Energy Consumption for Non-production Purpose in Main Years
5-9 人均生活能源消费量(1990-2007年) 143
Annual per Capita Energy Consumption for Non-production Purpose, 1990-2007
5-10 工业行业主要能源终端消费量(2007年) 144
The Final Consumption of Main Energy by Industrial Sector, 2007
主要统计指标解释 147
Explanatory Notes on Main Statistical Indicators

第六篇 财 政 / Chapter 6 Government Finance

6-1 全市财政收支(1994-2007年) 150
Total Government Revenue and Expenditure, 1994-2007
6-2 地方一般预算财政收入(1994-2007年) 151
Local General Budgetary Government Revenue, 1994-2007
6-3 全市财政收入(2007年) 152
Total Government Revenue, 2007
6-4 全市财政支出(2007年) 153
Total Government Expenditure, 2007
6-5 区县级一般预算财政收入(2007年) 154
General Budgetary Government Revenue at District & County Level, 2007
6-6 区县级一般预算财政支出(2007年) 156
General Budgetary Government Expenditure at District & County Level, 2007
6-7 主要年份天津市国家税务局各项税收情况 158
Tax Revenue of Tianjin National Tax Bureau in Main Years

主要统计指标解释 159
Explanatory Notes on Main Statistical Indicators

第七篇 价格指数 / Chapter 7 Price Indices

7-1 城市物价总指数(1978-2007年) 162
Urban General Price Indices, 1978-2007
7-2 城市居民消费价格分类指数(2005-2007年) 163
Urban Consumer Price Indices by Category, 2005-2007
7-3 城市商品零售价格分类指数(2005-2007年) 165
Urban Retail Price Indices by Category, 2005-2007
7-4 居民货币购买力指数(1991-2007年) 167
Indices of Monetary Purchasing Power of Residents, 1991-2007
7-5 固定资产投资价格指数(2004-2007年) 168
Price Indices of Investment in Fixed Assets, 2004-2007
7-6 工业品出厂价格指数(2004-2007年) 168
Ex-factory Price Indices of Industrial Products, 2004-2007
7-7 按行业分工业品出厂价格指数(2005-2007年) 169
Ex-factory Price Indices of Industrial Products by Sector, 2005-2007
7-8 工业主要原材料、燃料及动力购进价格指数(2004-2007年) 171
Main Raw Materials, Fuels and Motive Power Purchasing Price Indices of Industry, 2004-2007
7-9 房地产价格指数(2004-2007年) 171
Price Indices of Real Estate, 2004-2007
主要统计指标解释 172
Explanatory Notes on Main Statistical Indicators

第八篇 人民生活 / Chapter 8 People's Life

8-1 城乡居民物质文化生活水平提高情况(2003-2007年) 176
Improvement in Urban and Rural Residents' Material and Cultural Life, 2003-2007
8-2 城镇单位从业人员劳动报酬总额(1990-2007年) 178
Total Remuneration of Employment Personnel in Urban Units, 1990-2007
8-3 城镇单位从业人员人均劳动报酬(1990-2007年) 178
Per Capita Remuneration of Employment Personnel in Urban Units, 1990-2007
8-4 城镇单位从业人员劳动报酬总额 179
Total Remuneration of Employment Personnel in Urban Units
8-5 城镇单位从业人员人均劳动报酬 180
Per Capita Remuneration of Employment Personnel in Urban Units
8-6 在岗职工工资总额 181
Total Wages of On-post Staff and Workers
8-7 在岗职工平均工资 182
Per Capita Wages of On-post Staff and Workers
8-8 其他从业人员劳动报酬总额 183
Total Remuneration of Other Employment Personnel
8-9 其他从业人员人均劳动报酬 184
Per Capita Remuneration of Other Employment Personnel
8-10 市属部分局(总公司)国有经济单位从业人员劳动报酬总额 185
Total Remuneration of Employment Personnel in State-owned Units in Part of Bureaus (Corporations)

8-11 市属部分局（总公司）国有经济单位从业人员人均劳动报酬 186
Per Capita Remuneration of Employment Personnel in State-owned Units in Part of Bureaus (Corporations)
8-12 职工劳保福利费发放情况（2004-2007 年） 187
Total Insurance Welfare of Staff and Workers, 2004-2007
8-13 职工保险福利费构成（2004-2007 年） 187
Composition of Insurance Welfare of Staff and Workers, 2004-2007
8-14 城市居民家庭人均收支及增幅（1990-2007 年） 188
Capita Income & Expenditures and Increase Rate of Urban Households, 1990-2007
8-15 城市居民家庭生活基本情况（1990-2007 年） 188
Basic Statistics of Urban Households, 1990-2007
8-16 城市不同收入水平居民家庭基本情况（2007 年）（按平均每人每年可支配收入分组） 189
Basic Statistics of Urban Households with Different Income Level, 2007 (Grouped by Annual per Capita Disposable Income)
8-17 城市居民家庭人均收入及构成（2004-2007 年） 190
Per Capita Income & Composition of Urban Households, 2004-2007
8-18 城市居民家庭人均消费性支出及构成（2004-2007 年） 190
Composition of per Capita Living Expenditures of Rural Residents, 2004-2007
8-19 城市居民家庭人均消费性支出分类（2007 年） 191
The Classification of per Capita Annual Expenditures for Consumption of Urban Households, 2007
8-20 城市居民家庭平均每百户耐用消费品年末拥有量（2003-2007 年） 193
Per 100 Urban Households Year-end Possessions of Major Durable Consumer Goods, 2003-2007
8-21 城市居民家庭住房基本情况构成（2004-2007 年） 194
Composition of Basic Living Condition of Urban Households, 2004-2007
8-22 农村居民家庭基本情况（2004-2007 年） 195
Basic Statistics of Rural Households, 2004-2007
8-23 农村居民家庭劳动力文化程度（2004-2007 年） 195
Education Level of Labors in Rural Households, 2004-2007
8-24 农村居民人均纯收入（2005-2007 年） 196
Per Capita Net Income of Rural Residents, 2005-2007
8-25 农村居民人均纯收入构成（2005-2007 年） 196
Composition of per Capita Net Income of Rural Residents, 2005-2007
8-26 农村居民人均生活消费支出（2005-2007 年） 197
Per Capita Annual Living Expenditures of Rural Residents, 2005-2007
8-27 农村居民人均生活消费支出构成（2005-2007 年） 197
Composition of per Capita Living Expenditures of Rural Residents, 2005-2007
8-28 农村居民家庭每百户耐用消费品年末拥有量（2003-2007 年） 198
Per 100 Rural Households Year-end Possessions of Durable Consumer Goods, 2003-2007
8-29 农村居民人均食品消费量（2003-2007 年） 198
Per Capita Annual Consumption on Food of Rural Households, 2003-2007
主要统计指标解释 199
Explanatory Notes on Main Statistical Indicators

第九篇 城市建设和环境保护 / Chapter 9 Urban Construction and Environment Protection

9-1 城市建设用地（2005-2007 年） 204
City Construction Land-used, 2005-2007
9-2 城市房屋建筑面积（2005-2007 年） 204
Floor Space of Buildings in City, 2005-2007
9-3 城市市政设施情况 205

Municipal Facilities in City
9-4 城市自来水 205
Urban Tap Water
9-5 城市燃气设备能力、销售量和用气户数(2005-2007年)......206
Gas Equipment Capacity, Gas Sold and Gas Users in City, 2005-2007
9-6 城市园林绿化情况(2006年)......207
Parks, Gardens and Green Areas in City, 2006
9-7 公园分布(2007年)......207
Distribution of Parks, 2007
9-8 城市集中供热(2005-2007年)......208
Heating in City, 2005-2007
9-9 城市公共交通(2005-2007年)......208
Public Traffic in City, 2005-2007
9-10 城市环境卫生事业发展情况(2005-2007年)......208
Development of Urban Environmental Sanitation, 2005-2007
9-11 水资源情况(2001-2007年)......209
Water Resources, 2001-2007
9-12 供水用水情况(2001-2007年)......209
Water Supply and Water Use, 2001-2007
9-13 工业废水、废气、固体废物排放及处理情况(2004-2007年)......210
Emission and Treatment of Industrial Waste Water, Waste Gas, Waste Residue and Dust, 2004-2007
9-14 城市水、大气、声、生态环境基本情况(2004-2007年)......211
Urban Water, Atmospheric, Acoustic and Ecological Environment, 2004-2007
9-15 环境保护系统人员构成(2004-2007年)......211
Composition of Environment Protection Personnel, 2004-2007
9-16 环境管理"三同时"制度执行情况(2004-2007年)......212
Implementation of "Three Meantime" System of Environmental Management, 2004-2007
9-17 排污费征收、工业污染治理情况(2004-2007年)......212
Collection of Discharge Fee and Industrial Pollution Harnessing Projects, 2004-2007
主要统计指标解释 213
Explanatory Notes on Main Statistical Indicators

第十篇　农村经济 / Chapter 10 Rural Economy

10-1 农村经济主要指标......216
Major Indicators of Rural Economy
10-2 农业生产条件情况(1990-2007年)......218
Conditions of Agricultural Production, 1990-2007
10-3 农林牧渔业总产值和增长速度(1990-2007年)......219
Gross Output Value and Increase Rate of Farming, Forestry, Animal Husbandry and Fishery, 1990-2007
10-4 农林牧渔业总产值结构(1990-2007年)......220
Structure of Gross Output Value of Farming, Forestry, Animal Husbandry and Fishery, 1990-2007
10-5 农作物播种面积(1990-2007年)......220
Sown Areas of Farm Crops, 1990-2007
10-6 主要农产品产量情况(1990-2007年)......221
Yield of Major Farm Crops, 1990-2007
10-7 农村居民家庭户均生产性固定资产原值(2004-2007年)......222
Original Value of Productive Fixed Assets per Rural Household, 2004-2007
10-8 农村居民家庭每百户生产性固定资产拥有量(2004-2007年)......222

Number of Productive Fixed Assets per 100 Rural Households, 2004-2007
10-9 各区县主要农作物播种面积（2007 年）......223
Sown Areas of Major Farm Crops by District and County, 2007
10-10 各区县主要农作物产量（2007 年）......224
Yield of Major Farm Crops by District and County, 2007
10-11 各区县畜牧业生产情况（2006 年）......226
Production of Animal Husbandry by District and County, 2006
10-12 林业生产、果园面积及产量（2005-2007 年）......227
Forestry Production, Orchard Areas and Output, 2005-2007
10-13 各区县渔业生产情况（2006 年）......227
Fishery Production by District and County, 2006
10-14 农垦集团总公司主要指标（2005-2007 年）......228
Major Indicators of State Farms of Agribusiness Group Corporation, 2005-2007
10-15 大型水库基本情况（2007 年）......230
Large Reservoirs of Tianjin, 2007
10-16 中型水库基本情况（2007 年）......230
Medium Reservoirs of Tianjin, 2007
主要统计指标解释......231
Explanatory Notes on Main Statistical Indicators

第十一篇 工 业 / Chapter 11 Industry

11-1 工业总产值及增长速度（1990-2007 年）......234
Gross Output Value and Increase Rate of Industry, 1990-2007
11-2 全部国有及规模以上工业总产值......235
Gross Output Value of All State-owned and above Designated Size Industry
11-3 地方全部国有及规模以上工业总产值......238
Gross Output Value of All State-owned and above Designated Size Local Industry
11-4 主要工业产品生产能力......241
Production Capacity of Major Industrial Products
11-5 主要工业产品产量（1990-2007 年）......242
Output of Major Industrial Products, 1990-2007
11-6 主要工业产品产量（2007 年）......243
Output of Major Industrial Products, 2007
11-7 主要工业产品销售量和产销率......245
Sales Volume and Sales Ratio of Major Industrial Products
11-8 各区县工业企业主要指标（2007 年）......246
Main Indicators of Industrial Enterprises by District and County, 2007
11-9 工业企业主要经济指标（1990-2007 年）......247
Main Economic Indicators of Industrial Enterprises, 1990-2007
11-10 全部国有及规模以上工业企业主要经济指标（2007 年）......248
Main Economic Indicators of All State-owned and above Designated Size Industrial Enterprises, 2007
11-11 地方全部国有及规模以上工业企业主要经济指标（2007 年）......250
Main Economic Indicators of All State-Owned and above Designated Size Local Industrial Enterprises, 2007
11-12 分行业全部国有及规模以上工业企业主要经济指标（2007 年）......252
Main Economic Indicators of All State-owned and above Designated Size Industrial Enterprises by Sector, 2007
11-13 分行业国有大中型工业企业主要经济指标（2007 年）......254
Main Economic Indicators of Large and Medium-sized State-owned Enterprises by Sector, 2007
11-14 全部国有及规模以上工业企业主要经济效益指标（1990-2007 年）......256

Main Indicators on Economic Benefit of All State-owned and above Designated Size Industrial Enterprises, 1990-2007
11-15 全部国有及规模以上工业企业主要经济效益指标（2007年）......257
Main Indicators on Economic Benefit of All State-owned and above Designated Size Industrial Enterprises, 2007
11-16 国有及国有控股大中型工业企业主要经济指标及占全市比重......258
Main Economic Indicators of Large & Medium-sized State-owned and State-holding Enterprises as Percentage of Whole Industry
11-17 大中型工业企业主要经济指标及占全市比重......259
Main Economic Indicators of Large & Medium-sized Industrial Enterprises and as Percentage of Whole Industry
11-18 主要工业集团（总公司）部分经济指标（2007年）......260
Partial Economic Indicators of Main Industrial Group Corporation, 2007
11-19 高新技术产业主要经济指标......262
Main Economic Indicators of High & New Technology Industry
11-20 电子信息产品制造业主要经济指标（2007年）......263
Main Economic Indicators of Electronic and Information Products Manufacturing, 2007
11-21 主营业务收入百强工业企业（2007年）......264
Top 100 Industrial Enterprises on Business Revenue, 2007
11-22 实现利税百强工业企业（2007年）......265
Top 100 Industrial Enterprises on Total Pre-tax Profits, 2007
主要统计指标解释......266
Explanatory Notes on Main Statistical Indicators

第十二篇 建筑业 / Chapter 12 Construction

12-1 建筑企业基本情况（1990-2007年）......274
Basic Statistics on Construction Enterprises, 1990-2007
12-2 建筑企业主要经济效益指标和工程质量（1990-2007年）......274
Main Indicators of Economic Efficiency and Engineering Quality of Construction Enterprises, 1990-2007
12-3 建筑企业基本情况（按登记注册类型和经济类型分）......275
Basic Statistics on Construction Enterprises (Grouped by Status of Registration and Ownership)
12-4 建筑企业基本情况（按行业和资质等级分）......277
Basic Statistics on Construction Enterprises (Grouped by Sector and Qualification Grade)
12-5 建筑企业主要财务指标（2007年）......279
Main Financial Indicators of Construction Enterprises, 2007
12-6 建筑企业年末自有机械设备总功率和净值（1990-2007年）......281
Total Capacity and Net Value of Machinery and Equipment Owned by Construction Enterprises (Year-end), 1990-2007
12-7 建筑企业技术装备率和动力装备率（1990-2007年）......281
Value and Power of Machines per Laborer of Construction Enterprises, 1990-2007
12-8 建筑企业机械设备情况及经济效益指标......282
Machinery & Equipment and Economic Efficiency Indicators of Construction Enterprises
12-9 建筑业企业房屋建筑完成情况......283
Building Construction of Construction Enterprises
12-10 劳务分包建筑企业生产经营情况......283
Main Indicators of Construction Enterprises of Work Subcontractors
12-11 全市建筑企业建筑业总产值、利税总额五十强（2007年）......284
Top 50 Construction Enterprises by Gross Output Value and Total Pre-tax Profits of Construction, 2007
主要统计指标解释......285
Explanatory Notes on Main Statistical Indicators

第十三篇 交通运输和邮电 / Chapter 13 Transportation, Post and Telecommunications

13-1 社会客、货运输量和周转量(1990-2007年)......288
Passenger & Freight Traffic and the Turnover Volume of Passenger & Freight Traffic, 1990-2007
13-2 社会客、货运输量和周转量(2005-2007年)......289
Passenger & Freight Traffic and the Turnover Volume of Passenger & Freight Traffic, 2005-2007
13-3 运输线路长度(2005-2007年)......289
Length of Transport Routes, 2005-2007
13-4 港口客、货吞吐量(1990-2007年)......290
Volume of Passenger & Freight Handled in Ports, 1990-2007
13-5 港口设施(2005-2007年)......290
Ports Facilities, 2005-2007
13-6 港口分货类吞吐量......291
Volume of Freight Handled in Ports by Category
13-7 公路及民航运输主要技术经济指标(2005-2007年)......292
Main Technical and Economic Indicators of Highway and Civil Aviation Transport, 2005-2007
13-8 民用航空机场主要指标(2005-2007年)......292
Main Indicators of Civil Aviation Airport, 2005-2007
13-9 民用车辆拥有量(2007年)......293
Number of Civil Motor Vehicles Owned, 2007
13-10 邮电业基本情况(1990-2007年)......293
Basic Statistics on Post and Telecommunications, 1990-2007
13-11 邮电通信业务基本情况(2005-2007年)......294
Basic Statistics on Post and Telecommunication Services, 2005-2007
13-12 电信主要通信能力(2005-2007年)......295
Main Communication Capacity of Telecommunications, 2005-2007
13-13 邮政电信服务水平(2005-2007年)......295
Level of Post and Telecommunication Services, 2005-2007
13-14 邮政、电信局(所、厅)数(2005-2007年)......296
Number of Post and Telecommunications Offices by Region, 2005-2007
主要统计指标解释......297
Explanatory Notes on Main Statistical Indicators

第十四篇 国内贸易 / Chapter 14 Domestic Trade

14-1 社会消费品零售总额......300
Total Retail Sales of Consumer Goods
14-2 批发和零售业商品销售总额(2007年)......300
Total Sales of Wholesale and Retail Trade, 2007
14-3 限额以上批发和零售业商品购进总额......301
Total Purchases of Wholesale and Retail Trade above Designated Size
14-4 限额以上批发和零售业商品销售和库存总额......303
Total Sales and Inventory of Wholesale and Retail Trade above Designated Size
14-5 限额以上国有及国有控股批发和零售业主要指标(2007年)......305
Main Indicators of State-owned & State-holding Wholesale and Retail Trade above Designated Size, 2007
14-6 限额以上住宿业基本情况(2007年)......306
Basic Statistics on Accommodation Services above Designated Size, 2007
14-7 天津市三星级以上饭店一览表(2007年)......308
List of Three, Four, Five-star Hotels, 2007

14-8 限额以上餐饮业基本情况(2007年) 311
Basic Statistics on Catering Services Enterprises above Designated Size, 2007
14-9 按登记注册类型分限额以上批发和零售企业财务状况(2007年) 313
Main Financial Indicators of Enterprises above Designated Size of Wholesale and Retail Trade by Status of Registration, 2007
14-10 按国民经济行业分限额以上批发和零售业财务状况(2007年) 316
Main Financial Indicators of Enterprises above Designated Size of Wholesale and Retail Trade by Sector, 2007
14-11 天津市主要亿元商品交易市场情况(2007年) 318
Tianjin Main Market with Transaction Volume of 100 Million Yuan, 2007
14-12 营业收入五十强餐饮业企业(2007年) 322
Top 50 Catering Trade Enterprises by Business Revenue, 2007
14-13 销售总额百强批发贸易企业(2007年) 323
Top 100 Wholesale Trade Enterprises by Total Sales, 2007
14-15 实际利用内资额(2004-2007年) 324
Domestic Capital Actually Used, 2004-2007
14-16 外省市在津投资情况 325
Domestic Capital from Other Provinces and Municipalities
主要统计指标解释 326
Explanatory Notes on Main Statistical Indicators

第十五篇 对外经济贸易和旅游 / Chapter 15 Foreign Trade, Economic Cooperation and Tourism

15-1 对外贸易进出口商品总值(1990-2007年) 332
Total Value of Imports and Exports, 1990-2007
15-2 天津口岸进出口商品总值(1990-2007年) 332
Total Value of Imports and Exports in Tianjin Port, 1990-2007
15-3 利用外资情况(1990-2007年) 333
Utilization of Foreign Capital, 1990-2007
15-4 人民币对主要外币年平均汇价(中间价)(1981-2007年) 334
Average Exchange Rate of RMB Against Main Convertible Currencies (Middle Rate), 1981-2007
15-5 对外贸易进出口商品总值(2007年) 335
Total Value of Imports and Exports in Foreign Trade, 2007
15-6 对外贸易分国别、地区进出口商品总值 336
Total Value of Imports and Exports in Foreign Trade by Country and Region
15-7 天津口岸进出口商品检验情况(2004-2007年) 338
Inspection of Imports and Exports Commodities in Tianjin Port, 2004-2007
15-8 本市在境外设立企业和机构情况 338
Municipal Overseas Enterprises and Agencies
15-9 直接利用外资签约情况(2005-2007年) 339
Utilization of Foreign Direct Investment, 2005-2007
15-10 实际利用外资情况(2005-2007年) 339
Foreign Capital Actually Used, 2005-2007
15-11 借用国外资金情况 340
Borrowing Foreign Capital
15-12 外商及港澳台商投资企业投资情况(2007年) 341
Investment of Foreign-funded and Hong Kong, Macao and Taiwan Funded Enterprises, 2007
15-13 外商及港澳台商投资企业生产经营情况(2007年) 343
Production and Operation of Foreign-funded and Hong Kong, Macao and Taiwan Funded Enterprises, 2007
15-14 新批准外商及港澳台商投资企业投资情况(2007年) 347

Investment of New Approved Foreign-funded and Hong Kong, Macao and Taiwan Funded Enterprises, 2007
15-15 接待入境旅游人数和居住天数（2004-2007 年）……355
Number of International Tourists and Dwelling Days, 2004-2007
15-16 接待入境旅游外汇收入（2004-2007 年）……355
Foreign Exchange Earning from International Tourists, 2004-2007
15-17 天津与国外结成友好城市一览表……356
List of Foreign Sister Cities with Tianjin
15-18 对外经济合作（2004-2007 年）……356
Economic Cooperation with Foreign Countries or Regions, 2004-2007
15-19 按国别（地区）分对外承包工程、劳务合作（2007 年）……357
Contracted Foreign Projects and Labor Cooperation by Country (Region), 2007
15-20 外商及港澳台商投资企业利润总额百强企业（2007 年）……358
Top 100 Foreign-funded and Hong Kong, Macao and Taiwan Funded Enterprises by Profits, 2007
15-21 外商及港澳台商投资企业出口创汇百强企业（2007 年）……359
Top 100 Foreign-funded and Hong Kong, Macao and Taiwan Funded Enterprises by Exports, 2007
15-22 外商及港澳台商投资企业实缴税金总额百强企业（2007 年）……360
Top 100 Foreign-funded and Hong Kong, Macao and Taiwan Funded Enterprises by Paid-up Taxes, 2007
主要统计指标解释……361
Explanatory Notes on Main Statistical Indicators

第十六篇 金融业 / Chapter 16 Financial Intermediation

16-1 各类金融机构……364
Financial Institutions
16-2 中资金融机构人民币存贷款余额（1990-2007 年）……365
RMB Saving Deposits and Loans of Chinese Financial Institutions, 1990-2007
16-3 银行机构人民币存贷款余额（1990-2007 年）……366
RMB Saving Deposits and Loans of Banking Institutions, 1990-2007
16-4 中资金融机构现金收支与投放（1990-2007 年）……367
Cash Income, Payout and Issuance of Chinese Financial Institutions, 1990-2007
16-5 中外资金融机构存贷款余额（2004-2007 年）……367
Saving Deposits and Loans Balance of Chinese & Foreign Financial Institutions, 2004-2007
16-6 中外资金融机构本外币信贷资金平衡表……368
RMB & Foreign Currency Credit Funds Balance Sheet of Chinese & Foreign Financial Institutions
16-7 中资金融机构人民币各项存贷款余额……369
RMB Saving Deposits and Loans Balance of Chinese Financial Institutions
16-8 银行机构人民币各项存贷款余额……370
RMB Saving Deposits and Loans Balance of Banking Institutions
16-9 中资金融机构现金收入和支出……371
Cash Income and Payout of Chinese Financial Institutions
16-10 金融机构法定存款利率表（2004-2007 年）……372
Nominal Interest Rates on Deposits of Financial Institutions, 2004-2007
16-11 金融机构法定贷款利率表（2006-2007 年）……373
Nominal Interest Rates on Loans of Financial Institutions, 2006-2007
16-12 个人贷款总额（2004-2007 年）……374
Total Amount of Personal Loans, 2004-2007
16-13 国内上市公司首发股票情况（1993-2007 年）……374
Number of Domestic Listed Companies, 1993-2007
16-14 天津股份制企业国内首次发行股票一览表……375

Domestic List of IPO of a Share of Tianjin Enterprises
16-15 保险机构 376
Insurance Institutions
16-16 保险业务主要指标（1990-2007 年）......376
Main Indicators of Insurance Business, 1990-2007
16-17 保险业务情况 377
Basic Statistics on Insurance Business
16-18 外资（合资）银行、保险公司在津分行、代表处一览（2007 年）......378
Branches or Offices of Foreign Investment (Joint Venture) Banks and Insurance Companies in Tianjin, 2007
主要统计指标解释 380
Explanatory Notes on Main Statistical Indicators

第十七篇　教育和科技 / Chapter 17 Education, Science and Technology

17-1 各级各类学校基本情况（1990-2007 年）......384
Basic Statistics by Level and Type of School, 1990-2007
17-2 各级各类学校数、学生数和教职工数......385
Schools, Students and Teachers by Level and Type of School
17-3 平均每万人口拥有学生数（2004-2007 年）......386
Number of Student Enrollment per 10 000 Persons, 2004-2007
17-4 平均每一教师负担学生数（2004-2007 年）......386
Student-teacher Ratio, 2004-2007
17-5 各级学校学生升入学率（2004-2007 年）......386
Percentage of Graduate Students and Enrollment in All Schools by Level, 2004-2007
17-6 研究生在校、毕业、招生及指导教师人数（2004-2007 年）......387
Enrolled, Graduated and Recruited Students for Master & Doctor Degree and Their Teachers, 2004-2007
17-7 分学科在校研究生人数（2005-2007 年）......387
Number of Enrolled Students for Master & Doctor Degree by Subject, 2005-2007
17-8 各类高等学校基本情况 388
Basic Statistics on Institutions of Higher Education
17-9 高等学校分科学生数 389
Number of Students Enrollment in Institutions of Higher Education by Subject
17-10 高等学校分科专任教师数（按职称分）......390
Number of Full-time Teachers in Institutions of Higher Education (By Subject)
17-11 中等专业学校基本情况......391
Basic Statistics on Specialized Secondary Schools
17-12 普通中学基本情况（2007 年）......392
Basic Statistics on Regular Secondary Schools, 2007
17-13 幼儿园基本情况（2004-2007 年）......392
Basic Statistics on Kindergartens, 2004-2007
17-14 普通中小学分布情况（2007 年）......393
Distribution of Regular Secondary Schools and Primary Schools, 2007
17-15 普通中学、小学及幼儿园校舍情况（2007 年）......394
Statistics on Schoolhouses in Regular Secondary Schools, Primary Schools and Kindergartens, 2007
17-16 其他教育基本情况（2004-2007 年）......395
Basic Statistics on Other Education, 2004-2007
17-17 网络教育学生情况（2007 年）......396
Statistics on Network Education Students, 2007
17-18 外国留学生情况（2007 年）......396

Statistics on Foreign Students, 2007
17-19 专业技术人员(2005-2007 年)......397
Special Technical Personnel, 2005-2007
17-20 专业技术人员构成(2007 年)......398
Composition of Special Technical Personnel, 2007
17-21 自然科学专业技术人员构成(2007 年)(按国民经济行业分)......399
Composition of Special Technical Personnel of Natural Science, 2007 (Grouped by Sector)
17-22 社会科学专业技术人员构成(2007 年)(按国民经济行业分)......400
Composition of Special Technical Personnel of Social Science, 2007 (Grouped By Sector)
17-23 独立科学研究和技术开发机构情况......401
Basic Statistics on Independent Institutions of Scientific Research and Technological Development
17-24 独立自然科学研究机构课题开展和投入(按课题类型分)......401
Projects and Input of Independent Institutions of Natural Science Research (Grouped by Type of Projects)
17-25 专利申请受理量和授权量(2005-2007 年)......402
Patent Applications Examined and Granted, 2005-2007
17-26 科学技术成果(2004-2007 年)......402
Achievements in Science and Technology, 2004-2007
17-27 天津市获国家科学技术奖科技成果一览(2007 年)......403
List of National Scientific and Technological Prizes Awarded in Tianjin, 2007
17-28 高等学校科研课题开展与投入(2007 年)(理、工、农、医类)......404
Projects of Development and Input of Scientific Research in Universities and Colleges, 2007
(Science, Engineering, Agriculture and Medicine)
17-29 高等学校科技专著和论文(2004-2007 年)(理、工、农、医类)......404
S&T Works and Papers in Universities and Colleges, 2004-2007 (Science, Engineering, Agriculture and Medicine)
17-30 新技术产业园区主要经济指标......405
Main Indicators of Hi-tech Industrial Park
17-31 技术监督机构人员、行政执法情况......405
Personnel, Executing Law of Administration of Product Quality & Technique Supervision Agencies
17-32 技术质量监督检验情况(2004-2007 年)......406
Check and Administration on Quality & Technique, 2004-2007
17-33 天津市科学技术协会和所属学会科技活动(2007 年)......407
Scientific and Technological Activities of Tianjin Science and Technology Associations and Affiliated Institution Societies, 2007
17-34 大中型工业企业科技活动基本情况(2007 年)(按企业类型和经济类型分)......408
S&T Activities in Large and Medium-sized Enterprises, 2007 (Grouped by Type and Ownership)
17-35 大中型工业企业科技活动基本情况(2007 年)(按国民经济行业分)......410
S&T Activities in Large and Medium-sized Enterprises, 2007 (Grouped by Sector)
17-36 技术市场基本情况(2007 年)......413
Basic Statistics on Technical Market, 2007
主要统计指标解释......414
Explanatory Notes on Main Statistical Indicators

第十八篇 文化和体育 / Chapter 18 Culture and Sports

18-1 文化事业机构和人员情况(2001-2007 年)......420
Basic Statistics on Cultural Institutions and Personnel, 2001-2007
18-2 图书报纸杂志出版情况(2005-2007 年)......420
Books, Newspapers and Magazines Publication, 2005-2007
18-3 图书出版分类情况(2005-2007 年)......421

Publication of Books by Category, 2005-2007
18-4 录像和录音制品出版情况(2005-2007 年)......421
Publication of Video Products, 2005-2007
18-5 广播和电视节目制作情况(2007 年)......422
Production of Broadcasting and Television, 2007
18-6 广播和电视节目播出情况(2007 年)......422
Programs of Broadcasting and Television, 2007
18-7 广播电台和电视台情况(2004-2007 年)......423
Statistics on Broadcasting and Television Stations, 2004-2007
18-8 有线电视基本情况(2004-2007 年)......423
Basic Statistics on Cable Television, 2004-2007
18-9 电影放映单位基本情况(2004-2007 年)......423
Basic Statistics on Film Projecting Units, 2004-2007
18-10 艺术事业基本情况(2004-2007 年)......424
Basic Statistics on Art, 2004-2007
18-11 档案事业基本情况(2004-2007 年)......425
Basic Statistics on Archives, 2004-2007
18-12 档案馆档案资料馆藏与开发利用情况(2004-2007 年)......425
Collection,Development and Utilization of Materials in Archives, 2004-2007
18-13 机关事业单位档案资料保存与开发利用情况(2004-2007 年)......426
Keeping, Development and Utilization of Government and Institution Archives and Materials, 2004-2007
18-14 大型工业企业档案资料保存与开发利用情况(2004-2007 年)......426
Keeping, Development and Utilization of Archives Materials in Large-sized Industrial Enterprises, 2004-2007
18-15 公共图书馆情况(2004-2007 年)......427
Basic Statistics on Public Libraries, 2004-2007
18-16 博物馆和文物保护单位基本情况(2004-2007 年)......427
Basic Statistics on Museums and Cultural Relic Protection Units, 2004-2007
18-17 群众文化事业基本情况(2004-2007 年)......427
Basic Statistics on Mass Art, 2004-2007
18-18 县及县以上举办运动会情况(2004-2007 年)......428
Sports Meetings Held by Counties and Above, 2004-2007
18-19 体委系统体育工作者(2004-2007 年)......428
Personnel in Sports Commissions System, 2004-2007
18-20 等级裁判员和运动员人数(2005-2007 年)......428
Number of Athletes and Referees in Grades, 2005-2007
主要统计指标解释......429
Explanatory Notes on Main Statistical Indicators

第十九篇 卫生、社会保障和社会福利 / Chapter 19 Public Health, Social Security and Social Welfare

19-1 卫生事业基本情况(1990-2007 年)......432
Statistics on Public Health, 1990-2007
19-2 卫生事业机构数(2004-2007 年)......432
Number of Health Care Institutions, 2004-2007
19-3 卫生事业基本情况(2007 年)......433
Statistics on Public Health, 2007
19-4 卫生技术人员数(2007 年)......434
Number of Medical Technical Personnel, 2007
19-5 卫生机构的床位数(2004-2007 年)......435

Number of Beds in Health Care Institutions, 2004-2007
19-6 医疗机构诊疗和病床使用情况（2004-2007 年）......435
Diagnosis, Treatment and Beds Used of Medical Institutions, 2004-2007
19-7 医院、卫生院、门诊部运营情况（2007 年）......436
Operation of Hospitals, Health Care Centers and Out-patient Clinics, 2007
19-8 社区卫生服务站基本情况（2004-2007 年）......436
Basic Statistics on Community Health Care Stations, 2004-2007
19-9 村卫生室基本情况（2004-2007 年）......436
Basic Information of Village Health Room, 2004-2007
19-10 妇女儿童卫生保健状况（2004-2007 年）......437
Basic Statistics on Maternity and Child Care, 2004-2007
19-11 全市居民前十位死亡原因、死亡专率......437
Cause of Death and Death Rate of Top 10 Diseases
19-12 卫生总费用及构成（1995-2007 年）......438
Total Expenditure on Health and Composition, 1995-2007
19-13 主要年份卫生总费用机构流向构成......438
Composition of Total Expenditure on Health by Flow
19-14 社会保障事业发展情况（2004-2007 年）......439
Basic Statistics on Social Security, 2004-2007
19-15 社会福利事业、企业单位和工作人员数......440
Number of Social Welfare Institutions, Enterprises, Persons Engaged
19-16 收养性社会福利事业单位基本情况（2007 年）......440
Basic Statistics on Social Adoptive Welfare Institutions, 2007
19-17 社会救济情况（2004-2007 年）......441
Basic Statistics on Social Relief, 2004-2007
19-18 优抚事业单位情况（2004-2007）......442
Situation of Administration Agencies for Martyrs, 2004-2007
19-19 城镇社区服务情况（2004-2007 年）......442
Basic Statistics on Urban Community Service, 2004-2007
19-20 老年事业基本情况（2005-2007 年）......443
Basic Statistics on Senile Citizen Undertakings, 2005-2007
19-21 残疾人事业基本情况......443
Basic Statistics on People with Disabilities
主要统计指标解释......444
Explanatory Notes on Main Statistical Indicators

第二十篇 公共管理和社会组织 / Chapter 20 Public Management and Social Organizations

20-1 检察机关立案侦察经济案件情况（2007 年）......450
Economic Cases under Investigation by Procuratorial Offices, 2007
20-2 法院民事案件收案和结案情况（2007 年）......451
Cases Accepted & Settled by Courts, 2007
20-3 法院行政案件收案和结案情况（2007 年）......451
Administrative Cases Accepted and Settled by Courts, 2007
20-4 调解工作基本情况（2004-2007 年）......452
Basic Statistics on Mediation, 2004-2007
20-5 律师工作基本情况（2004-2007 年）......452
Basic Statistics on Lawyers, 2004-2007
20-6 主要年份公证工作基本情况（2005-2007 年）......453

Basic Statistics on Notarization in Main Years, 2005-2007
20-7 基层工会组织情况(2004-2007年)....454
Statistics on Grassroots Unions, 2004-2007
20-8 妇联组织情况(2004-2007年)....454
Statistics on Women's Federation Organizations, 2004-2007
20-9 妇联工作情况(2004-2007年)....455
Women's Federation Work, 2004-2007
20-10 受理消费者投诉情况(2007)....456
Basic Statistics on Accepted Cases of Consumer Institution, 2007
20-11 劳动争议处理情况(2005-2007年)....458
The Disposal of Labor Disputes, 2005-2007
20-12 天津市历届人代会代表人数性别构成及议案、批评建议数....459
Number and Sex Composition of Delegacy, Proposal and Suggestion by Tianjin Municipal People's Congress
20-13 天津市历届政协委员会委员人数及提案立案数....459
Number of Delegacy, Proposal and Resolution Put on Record by Tianjin Political Consultative Conference
主要统计指标解释....460
Explanatory Notes on Main Statistical Indicators

第二十一篇 企业调查资料 / Chapter 21 Enterprises Survey Information

21-1 企业集团主要财务指标(2000-2007年)....462
Main Financial Indicators of Enterprise Groups, 2000-2007
21-2 企业集团主要经济效益指标(2000-2007年)....463
Main Indicators on Economic Efficiency of Enterprise Groups, 2000-2007
21-3 企业家信心指数(2000-2007年)....464
Confidence Index of Entrepreneur, 2000-2007
21-4 工业企业家信心指数(2000-2007年)....464
Confidence Index of Industrial Entrepreneur, 2000-2007
21-5 企业景气指数(2000-2007年)....464
Climate Index of Enterprises, 2000-2007
21-6 企业集团主要财务指标(2007年)....465
Main Financial Indicators of Enterprise Groups, 2007
21-7 企业集团主要经济效益指标(2007年)....468
Main Indicators on Economic Efficiency of Enterprise Groups, 2007
21-8 企业家信心指数(2007年)....471
Confidence Index of Entrepreneur, 2007
21-9 企业景气指数(2007年)....473
Climate Index of Enterprises, 2007
21-10 工业企业家信心指数(2007年)....475
Confidence Index of Industrial Entrepreneur, 2007
21-11 工业企业景气指数(2007年)....476
Climate Index of Industrial Enterprises, 2007
主要统计指标解释....477
Explanatory Notes on Main Statistical Indicators

第二十二篇 滨海新区 / Chapter 22 Binhai New Area

22-1 滨海新区行政建制(2007年)....480

Administrative Divisions of Binhai New Area, 2007
22-2 滨海新区建成区面积(2005-2007年)......480
Developed Area of Binhai New Area, 2005-2007
22-3 滨海新区主要年份户籍人口主要指标......480
Major Registered Population Statistics of Binhai New Area in Main Years
22-4 滨海新区主要经济指标......481
Main Statistics on Binhai New Area
22-5 滨海新区主要社会经济指标占全市比重(2007年)......482
Main Statistics on Binhai New Area as Percentage of Municipality, 2007
22-6 滨海新区生产总值......483
Gross Domestic Product of Binhai New Area
22-7 滨海新区分区域生产总值(2007年)......484
GDP of Binhai New Area by Region, 2007
22-8 滨海新区固定资产投资......485
Investment in Fixed Assets of Binhai New Area
22-9 滨海新区基础设施投资(2005-2007年)......487
Infrastructure Investment in Fixed Assets of Binhai New Area, 2005-2007
22-10 滨海新区市政和公交设施情况(2005-2007年)......487
Municipal Facilities and Public Transportation of Binhai New Area, 2005-2007
22-11 滨海新区分区域单位从业人员及劳动报酬......488
Employment Personnel and Remuneration of Binhai New Area by Region
22-12 滨海新区分区域社会消费品零售总额......488
Total Retail Sales of Consumer Goods of Binhai New Area by Region
22-13 滨海新区分区域外贸易出口总额......488
Total Value of Exports of Binhai New Area by Region
22-14 滨海新区直接利用外资情况(2007年)......489
Direct Utilization of Foreign Capital of Binhai New Area, 2007
22-15 滨海新区分区域直接利用外资情况......490
Direct Utilization of Foreign Capital of Binhai New Area
22-16 滨海新区国内招商引资情况......491
Investment of Domestic Investment of Binhai New Area
22-17 滨海新区限额以上工业企业主要财务指标(2007年)......492
Main Financial Indicators of All State-owened and above Designated Size Industrial Enterprises of Binhai New Area, 2007
22-18 滨海新区分行业全部国有及规模以上工业总产值(2007年)......494
Gross Output Value of Industry of All State-owned and above Designated Size Industrial Enterprises by Sector of Binhai New Area, 2007
22-19 滨海新区财政收支(2007年)......495
Government Revenue and Expenditure of Binhai New Area, 2007
22-20 滨海新区分区财政收支(2007年)......496
Government Revenue and Expenditure of Binhai New Area by Region, 2007
22-21 滨海新区金融机构现金收入和支出......497
Cash Income and Payout of Financial Institutions of Binhai New Area
22-22 滨海新区金融机构人民币信贷收支情况......498
RMB Credit Income & Expenditures of Banking Institutions of Binhai New Area
22-23 滨海新区分区域银行类金融机构(2007年)......499
Banking Financial Institutions in Binhai New Area by Region, 2007
22-24 滨海新区分区域社会事业基本情况(2007年)......499
Basic Statistics of Social Service of Binhai New Area by Region, 2007
22-25 滨海新区工业废水、废气、固体废物排放及处理情况(2004-2007年)......500

Emission and Treatment of Industrial Waste Water, Waste Gas, Waste Residue and Dust of Binhai New Area, 2004-2007
22-26 经济技术开发区主要年份国民经济主要指标......501
Main Statistics on Economic-technological Development Area in Main Years
22-27 经济技术开发区国民经济主要指标（2007年）......502
Main Statistics on Economic-technological Development Area, 2007
22-28 经济技术开发区小区主要经济指标（2007年）......502
Main Statistics on Subsidiaries Areas of Teda, 2007
22-29 经济技术开发区城市建设情况（截至2007年底）......503
Urban Construction of the Economic-technological Development Area (By the End of 2007)
22-30 经济技术开发区利用外资情况（1985-2007年）......503
Foreign Investment of Economic-technological Development Area, 1985-2007
22-31 经济技术开发区外商及港澳台商投资企业按投资方式及国别（地区）分类（截至2007年底）......504
Teda's Foreign and Hong Kong, Macao, Taiwan Funded Enterprises by Investing Way and Country (Region) (By the End of 2007)
22-32 经济技术开发区外商及港澳台商投资企业按行业分类（截至2007年底）......506
Teda's Foreign and Hong Kong, Macao, Taiwan Funded Enterprises by Sector (By the End of 2007)
22-33 天津保税区建区以来国民经济主要指标（1992-2007年）......508
Main Statistics on Tianjin Free Trade Zone Since Its Establishment, 1992-2007
22-34 天津保税区主要经济指标......509
Main Statistics on Tianjin Free Trade Zone
22-35 天津保税区基础设施形成能力（截至2007年底）......509
Capacity of Infrastructure on Tianjin Free Trade Zone (By the End of 2007)

第二十三篇 区县基本情况 / Chapter 23 Basic Statistics on Districts and Counties

23-1 和平区基本情况......512
Basic Statistics on Heping District
23-2 河东区基本情况......514
Basic Statistics on Hedong District
23-3 河西区基本情况......516
Basic Statistics on Hexi District
23-4 南开区基本情况......518
Basic Statistics on Nankai District
23-5 河北区基本情况......520
Basic Statistics on Hebei District
23-6 红桥区基本情况......522
Basic Statistics on Hongqiao District
23-7 塘沽区基本情况......524
Basic Statistics on Tanggu District
23-8 汉沽区基本情况......526
Basic Statistics on Han'gu District
23-9 大港区基本情况......528
Basic Statistics on Dagang District
23-10 东丽区基本情况......530
Basic Statistics on Dongli District
23-11 西青区基本情况......532
Basic Statistics on Xiqing District
23-12 津南区基本情况......534

Basic Statistics on Jinnan District

23-13 北辰区基本情况......536

Basic Statistics on Beichen District

23-14 武清区基本情况......538

Basic Statistics on Wuqing District

23-15 宝坻区基本情况......540

Basic Statistics on Baodi District

23-16 宁河县基本情况......542

Basic Statistics on Ninghe County

23-17 静海县基本情况......544

Basic Statistics on Jinghai County

23-18 蓟县基本情况......546

Basic Statistics on Jixian County

附：天津市第二次农业普查主要数据公报......549

Appendix: Statistical Communique of the Second Agricultural Sample Survey of Tianjin

2007年天津市国民经济和社会发展统计公报

天津市统计局
国家统计局天津调查总队
2008 年 3 月 18 日

2007 年，全市人民在市委、市政府的正确领导下，坚持以科学发展观统领经济社会发展全局，全面贯彻落实党的十七大、市九次党代会精神，不断增强机遇意识、创新意识、实干意识，全力推进滨海新区开发开放和三个层面联动协调发展，全市经济呈现又好又快发展势头，各项社会事业取得新进展，人民生活水平继续提高。

一、经济发展

经济总量

据初步核算，并经国家统计局评估审定，全市实现地区生产总值（GDP）5018.28 亿元，按可比价格计算，比上年增长 15.1%，全市经济连续第 5 年在高增长平台上快速、稳定运行。其中，第一产业实现增加值 102.86 亿元，增长 1.4%。第二产业增加值 2891.33 亿元，增长 16.5%。第三产业增加值 2024.09 亿元，增长 14.0%。第三产业增速比上年加快 2.9 个百分点。三次产业结构为 2.1：57.6：40.3。按常住人口计算，全市人均生产总值达到 45829 元，按年平均汇率折合 6022 美元，增长 11.2%。

财政收入

全市财政收入突破 1000 亿元，达到 1204.33 亿元，比上年增长 30.1%，占全市生产总值的比重为 24.0%，比重比上年提高 2.7 个百分点。其中地方一般预算财政收入 540.13 亿元，增长 29.6%。市和区县财政收入实现同步均衡增长，市级收入增长 30.2%，十八个区县增长 31.7%，开发区、保税区和科技园区增长 27.4%。全市财源税源结构优化，增值税增长 17.5%，营业税增长 26.3%，企业所得税增长 43.8%，个人所得税增长 38.4%。

全年财政支出 839.35 亿元，比上年增长 28.3%。财力重点投向公共领域和改善民计民生。用于社会事业、社会保障、新农村和城市基础设施建设等公共支出为 644.8 亿元，增长 30%，占全部财政支出的 76.8%。

劳动与就业

全市新增就业岗位安置就业 33.37 万人，比上年增长 13.2%，其中安置下岗失业人员 10.45 万人。年末全市社会从业人员总量达到 613.93 万人，增长 9.1%，其中从事第一产业 80.36 万人，从事第二产业 257.54 万人，从事第三产业 276.03 万人。全年人才和劳务市场共接待 353.70 万人次进场择业洽谈，96.39 万人次达成初步意向。年末全市城镇登记失业率为 3.6%，继续稳定在较低水平。

价 格

市场价格出现结构性上涨。全年城市居民消费价格总水平比上年上涨 4.2%。八大类分类价格指数呈现“四升三降一平”格局（见表 1）。其中，食品类价格上涨 11.6%，影响价格总水平上涨 3.9 个百分点。在食品类价格中，猪肉价格上涨 40.7%，大豆油等植物油制品上涨 32.8%。

表 1　居民消费价格指数

指 标	指 数（上年 =100）
城市居民消费价格指数	**104.2**
食品类	111.6
烟酒及用品类	102.7
衣着类	98.9
家庭设备用品及维修服务类	102.1
医疗保健和个人用品类	100.0
交通和通讯类	97.5
娱乐教育文化用品及服务类	98.6
居住类	103.5

原材料、燃料及动力购进价格和工业品出厂价格继续上涨，全年原材料、燃料及动力购进价格比上年上涨 5.7%，涨幅比上年提高 1 个百分点。

工业品出厂价格上涨 1.5%，涨幅比上年提高 0.9 个百分点。

房屋销售价格比上年上涨 7.0%，涨幅比上年提高 0.3 个百分点，其中商品住宅价格上涨 7.3%，涨幅比上年提高 0.2 个百分点。房屋租赁价格上涨 0.3%。

固定资产投资

全市全社会固定资产投资完成 2388.63 亿元，比上年增长 29.1%。其中，城镇固定资产投资 2227.66 亿元，增长 30.3%；农村固定资产投资 160.97 亿元，增长 14.9%。

在城镇固定资产投资中，第一产业投资 6.54 亿元，比上年增长 93.5%；第二产业投资 962.27 亿元，增长 37.1%，其中工业投资 938.44 亿元，增长 35.9%；第三产业投资 1258.85 亿元，增长 25.3%。第三产业投资占全市城镇投资的 56.5%。60 个市重点建设项目进展顺利，共完成投资 701.34 亿元。新花冠汽车、杨柳青热电厂四期扩建、天铁热板、滨海国际机场、新南马路五金城等 22 个项目竣工投产和交付使用；天铁板材基地、钢管公司冷轧不锈钢薄板、天碱搬迁、现代城大型商业设施、京津新城工商贸物流中心等项目正在加快建设。

农业和新农村建设

全市农业总产值完成 240.7 亿元，比上年增长 1.5%。在农业总产值中，种植业产值 117.6 亿元，增长 2.1%；林业产值 2.1 亿元，增长 4.6%；畜牧业产值 76.9 亿元，下降 1.1%；渔业产值 36.1 亿元，增长 4.0%；农林牧渔服务业产值 8.0 亿元，增长 3.7%。养殖业（畜牧业和渔业）占农业总产值的比重为 47.0%。

全年粮食种植面积 438.02 万亩，比上年增加 11.52 万亩，粮食总产量 147.15 万吨，创 8 年来最好水平，比上年增长 3.7%。除肉类产量比上年下降 3.4% 以外，其他主要农副产品生产保持稳定（见表 2）。

社会主义新农村建设扎实推进，农业产业化水平提高。示范小城镇建设加快推进，农村城市化率达到 52%。农村劳动力“351”培训工程圆满完成。“一村一品”特色专业村达到 270 个。进入产业化体系的农户占全市农户总数的 76%，比上年提高 2.4 个百分点。农业机械化水平继续有所提升，至年末，全市农业机械总动力 604.9 万千瓦，比上年增长 0.3%。

表 2　主要农副产品产量

产品名称	单　位	产　量	比上年增长（%）
粮　食	万　吨	147.15	3.7
棉　花	万　吨	9.31	-2.0
肉　类	万　吨	33.76	-3.4
牛　奶	万　吨	67.21	2.2
水产品	万　吨	32.5	3.5
禽　蛋	万　吨	19.4	2.0
水　果	万　吨	30.20	0.7
蔬　菜	万　吨	274.37	-0.4

工　业

全年实现工业增加值 2668.95 亿元，比上年增长 17.1%，其中，规模以上工业完成增加值 2644.79 亿元，增长 18.2%。在规模以上工业增加值中，轻工业增加值 414.63 亿元，增长 19.4%；重工业增加值 2230.16 亿元，增长 18.0%。全年工业总产值突破万亿元，达到 10502.91 亿元，增长 20.1%，其中，规模以上工业总产值 10075.07 亿元，增长 20.4%。

优势产业继续快速发展。电子信息、汽车、石油化工、冶金、生物技术与现代医药、新能源及环保等六大优势产业完成工业总产值 7292.88 亿元，比上年增长 17.2%，占全市规模以上工业的比重为 72.4%，对工业增长的贡献率达到 62.8%。高新技术产业产值完成 2824.52 亿元，增长 5.7%，占全市工业的比重为 28.0%。全年完成新产品产值 3126.10 亿元，增长 22.5%。

产销衔接良好。全市规模以上工业企业产销率达到 99.67%，其中，重工业产销率 99.78%，轻工业产销率 99.12%。主要产品产量见表 3。

工业经济效益继续好转。全市规模以上独立核算工业企业主营业务收入 10224.18 亿元，比上年增长17.3%。实现利税总额1073.23亿元，增长10.2%。其中，实现税金327.08亿元，增长14.9%，实现利润746.15亿元，增长8.2%。全市工业经济效益综合指数264.98，比上年提高19.15点。

表3 主要工业产品产量

产品名称	单位	产量	比上年增长(%)
天然原油	万吨	1924.28	-1.0
天然气	亿立方米	13.34	27.0
生铁	万吨	1435.4	22.8
成品钢材	万吨	2840.28	28.4
无缝钢管	万吨	276.03	26.1
水泥	万吨	611.44	2.8
移动电话	万部	9778.77	-6.6
照相机	万台	713.16	75.1
轿车	万辆	45.43	3.2
自行车	万辆	1711.09	18.9
布	亿米	2.78	1.6
大规模集成电路	万块	63009.00	10.3

建筑业

全市建筑业完成增加值222.38亿元，比上年增长9.9%；完成总产值1183.92亿元，增长28.1%。全年房屋建筑施工面积5400万平方米，增长26.4%；房屋建筑竣工面积1995.67万平方米，增长24.2%。年末全市有总承包和专业承包资质的建筑企业1114家，实现利润32.34亿元，增长85.3%，实现税金35.75亿元，增长29.1%。

交通、邮电

全市交通运输、仓储和邮政业完成增加值295.14亿元，比上年增长16.2%。

全年完成客运量7104.07万人，比上年增长25.3%。其中，公路5253万人，增长38.0%；铁路1573.02万人，下降3.6%。全年实现货运量51337.71万吨，增长20.8%，其中，公路23500万吨，增长15.8%；水路15671.27万吨，增长21.1%；铁路11287.63万吨，增长34.2%。公路、水路、铁路三种主要运输方式占货运量比重分别为45.8%、30.5%和22.0%。客货周转量均增长较快。全年完成旅客周转量183.80亿人公里，增长12.5%。其中，铁路102.28亿人公里，增长6.0%；公路44.70亿人公里，增长25.4%。全年货运周转量15221.40亿吨公里，增长26.1%，其中，公路88亿吨公里，增长16.1%；水路14773.66亿吨公里，增长27.0%；铁路354.89亿吨公里，增长0.6%。

北方国际航运中心建设取得新进展。港口吞吐量完成30946.50万吨，比上年增长20.1%，其中进港11873.40万吨，增长13.3%，出港19073.10万吨，增长24.8%。在港口吞吐量中，集装箱吞吐量完成710.2万标准箱，比上年净增115.2万标准箱，增长19.4%。机场货邮吞吐量12.51万吨，增长29.2%；旅客吞吐量386.07万人次，增长39.5%。

年末全市汽车拥有量94.24万辆，比上年增长15.4%，其中轿车53.57万辆，增长24.0%。全市私人汽车达到67.56万辆，增长18.1%，其中轿车41.83万辆，增长28.4%。实施公交优先发展战略，一批新的公交场站和车辆投入使用。公交运营车辆达到7680标台，年内新辟公交线路20条，年末市内公交线路476条。全年公交客运量10.25亿人次，增长8.8%。年末全市运营出租车31939辆。

邮电通信业务持续快速增长。全年邮电业务总量完成299.25亿元，比上年增长32.5%。其中电信业务总量284.1亿元，增长33.8 %，邮政业务总量15.15亿元，增长11.6%。年末长途光缆线路总长度达到2960公里，局用电话交换机总容量623.27万门，公网固定电话用户达到412.37万户。全年公网电话本地通话量84.3亿次，长途电话通话量13.32亿次，其中国际及港澳台长途电话0.18亿次。年末移动电话用户738.27万户，增长22.8%，全年短信业务总量144.2亿条，增长38.2%。全年发送邮政函件9329.85万件，增长5.0%，特快专递1709.04万件，增长30.1%。

国内商业和旅游

全市批发和零售贸易业完成增加值505.77亿

元，比上年增长 11.2%。住宿和餐饮业完成增加值 92.08 亿元，增长 2.8%。

消费品市场持续升温。全年社会消费品零售总额完成 1603.74 亿元，比上年增长 18.2%。其中批发和零售贸易业零售额 1350.56 亿元，增长 18.2%，住宿和餐饮业零售额 249 亿元，增长 18.6%。汽车、家用电器、化妆品、金银珠宝和电子出版物及音像制品类商品销售增幅较高，实现零售额分别比上年增长 24.2%、23.2%、36.0%、56.0% 和 1.1 倍。

流通规模扩大，市场交易活跃。全年批发零售贸易业购销总规模 14858.51 亿元，其中，商品销售总额 7639.08 亿元。全市新增超 10 亿元的大市场 8 家，累计达 25 家，全市钢材、石化、建材等生产资料流通中转规模进一步扩大，汽车、轻纺、小商品等综合消费品的集散辐射能力不断增强。标准化菜市场建设取得新进展，年末累计建成 280 个。

旅游业发展势头良好。全年接待国际旅游者 103.23 万人次，比上年增长 17.2%，其中外国人 95.24 万人次，增长 17.3%。旅游创汇 7.79 亿美元，增长 24.4%。全年接待外省游客人数比上年增长 8.8%，旅游收入增长 13.8%。全年全市 18.1 万人次出国出境旅游，增长 18.3%，旅游支出 24.22 亿元，增长 19.3%。年末全市拥有星级宾馆、饭店 115 家；国际、国内旅行社 284 家，其中国际旅行社 34 家，国内旅行社 250 家。全市 A 级景区 35 个，工农业旅游示范点 14 个。古文化街、盘山风景区荣获国家首批 5A 景区称号。

金融业

全市金融业完成增加值 225.70 亿元，比上年增长 16.9%。

存贷款规模继续扩大。年末全市金融机构本外币各项贷款余额 6543.83 亿元，比上年增长 20.8%，比年初增加 1087.53 亿元，其中中长期贷款比年初增加 745.79 亿元，占全市贷款增加额的 68.6%。年末全市金融机构本外币各项存款余额 8242.07 亿元，增长 20.6%，比年初增加 1377.80 亿元，同比多增 526.92 亿元。其中储蓄存款 3165.17 亿元，比年初增加 249.66 亿元。

保险业发展加快。全年保费收入 150.91 亿元，比上年增长 43.5%，其中财产险保费收入 35.42 亿元，人身险保费收入 115.49 亿元。各项赔款和给付 41.34 亿元，其中财产险 17.12 亿元，人身险 24.22 亿元。

金融市场功能增强。年末全市共有境内上市公司 29 家，当年上市 4 家。全年各类证券交易额 13641.37 亿元，比上年增长 3.7 倍，其中股票交易额 12016.27 亿元，债券交易额 65.6 亿元，基金交易额 188.96 亿元。全年期货市场成交额 6412.68 亿元，增长 1.1 倍。银行间同业拆借成交额 1032.4 亿元，增长 9.8%。年末证券帐户开户数 152.34 万户，比上年末增长 57.6%。全年调剂外汇总额 38.28 亿美元，增长 81.3%，其中调入外汇 13.93 亿美元，增长 29.5%，调出外汇 24.35 亿美元，增长 1.4 倍。

金融服务体系不断完善。滨海农村商业银行成立，工银、民生两家租赁公司落户滨海新区，邮政储蓄银行天津分行开业。瑞穗实业银行（中国）有限公司天津分行、摩托罗拉财务公司和渣打银行科营中心等 9 家银行后台服务机构先后落户滨海新区，创建金融后台服务中心汇集地项目取得实质进展。汇丰、花旗、渣打等银行的天津分行及支行顺利完成了转制，汇丰和花旗天津分行获准开办境内人民币业务。北京、大连、浙商、盛京等银行的天津分行开业运营。全年新增外资银行机构 8 家。各类保险公司加快天津机构建设，爱和谊保险、都邦保险、永诚财险、中银保险、信诚人寿、平安养老、人保人寿等 7 家分公司先后开业。

房地产业

全年房地产业完成增加值 182.32 亿元，比上年增长 6.3%。全市房地产开发投资 505.30 亿元，增长 25.6%。商品房销售面积 1552.26 万平方米，增长 6.4%，实现销售收入 899.32 亿元，增长 29.2%。完成经济适用房开发投资 49.52 亿元，施工面积 616.22 万平方米，增长 67.2%。其中新开工 336.18 万平方米，增长 25.6%，竣工 252.47 万平方米，增长 79.2%。全年存量房交易面积 645.2 万平方米，增长 3.6%，交易金额 272.9 亿元，增长 27.4%。

二、改革开放

所有制结构

在初步核算全市生产总值中，公有制经济增加值 2308.41 亿元，占全市的 46%；非公有制经济增加值 2709.87 亿元，占全市的 54%。在非公有制经济中，私营个体经济增加值 1294.7 亿元，占全市的 25.8%；外资及其他经济增加值 1415.17 亿元，占全市的 28.2%。

国有企业改革

国有资产的保值增值取得新成果。全年天津产权交易中心公开挂牌转让完成交易的国有产权项目 374 宗，成交金额 104.8 亿元，增值 42.9 亿元，增值率达 69.2%，在上海、天津、北京、重庆四家央企国有产权交易试点机构中国有产权交易增值率第一。

国有企业改制面进一步扩大。通过股权转让、合资合作、兼并重组、辅业改制等多种形式实施国有企业改制 234 户，累计改制达 3417 户，改制面达到 91%，比上年提高 6.4 个百分点。年末地方国有控股上市公司达 17 家，新增 2 家。

吸引内资

全市吸引国内资金到位额 612.05 亿元，比上年增长 41.7%。其中制造业到位资金 134.7 亿元，占全市的 22%。服务业成为引资热点。全年服务业引资到位资金 465.92 亿元，占全市的 76%。全年共引进超亿元大项目 112 个，到位资金 467.22 亿元。新引进国内 500 强优势企业 37 家。

利用外资

全市新批外商投资企业 906 家。全年全市直接利用外资合同金额 115.19 亿美元，比上年增长 42.0%，实际到位 52.78 亿美元，增长 27.8%。开发区、保税区和高科技产业园区利用外资占全市的六成以上。三区合计利用外资合同金额 73.49 亿美元，实际到位 32.08 亿美元，分别占全市的 63.8% 和 60.8%。服务业成为外资集聚的重要领域，利用外资合同金额 66.83 亿美元，增长 56.9%，实际到位 26.51 亿美元，增长 83.8%，占全市的比重分别为 58.0% 和 50.2%。截至年末，在津投资的世界 500 强企业累计达到 128 家。

对外贸易

全市外贸进出口总值 715.50 亿美元，比上年增长 10.8%。其中，出口 381.61 亿美元，增长 13.8%，进口 333.89 亿美元，增长 7.6%，贸易顺差 47.72 亿美元。对美国、欧盟、东盟、日本、韩国和香港等主要贸易伙伴出口 288.65 亿美元，占全市出口 75.6%。在出口产品中,机电产品出口 259.82 亿美元，增长 10.7%，占全市出口的 68.1%；属于高新技术的产品出口 146.55 亿美元，增长 1.4 倍。

对外经济合作

全市当年对外承包工程和劳务新签合同 485 个，合同额 12.77 亿美元，比上年增长 2.4%，实现营业额 7.43 亿美元，增长 21.9%。截至年末，对外承包工程和劳务合作涉及国家 28 个，在境外劳务人员 1.11 万人。积极引进国外先进技术，全年签订技术引进合同 475 项，合同金额 12.09 亿美元。

三、滨海新区

滨海新区发展势头强劲。全年滨海新区生产总值完成 2364.08 亿元，按可比价格计算，比上年增长 20.5%，占全市经济总量的 47.1%。新区服务业快速增长，全年增加值完成 662.09 亿元，增长 28.6%，增幅比上年提高 17.1 个百分点。新区工业生产在汽车、冶金、机械、石化、医药和食品等支柱产业带动下继续保持较快增长，完成工业总产值 6282.83 亿元，增长 20.8%，占全市工业的 62.4%。固定资产投资完成 1152.64 亿元，增长 33.4%。直接利用外资合同金额 76.68 亿美元，实际到位 39.24 亿美元，分别增长 24.1% 和 17.3%，占全市的比重分别为 66.6% 和 74.4%。开发区经济保持平稳增长，综合实力在全国开发区中继续保持领先。全区工业总产值完成 3350.67 亿元，增长 10.6%。固定资产投资完成 255.39 亿元，增长 16.0%。合同外资额 39.11 亿美元，增长 20.2%，实际到位 19.31 亿美元，增长20.0%。保税区充分发挥国际贸易、保税仓库和物流分拨功能，全年完成进出区货物总值330.6亿美元，增长30.0%。

产业功能区开发全面推进。东疆保税港区首期4平方公里年内已实现封关运作。天津国际贸易与航运服务区服务功能不断完善。滨海高新区正式开工建设。开发区西区、空港物流加工区在功能开发、产业聚集等方面取得新进展。100万吨乙烯炼化一体化、空客A320系列飞机总装线、新一代运载火箭产业化基地等开工建设。中新生态城洽谈成功，落户新区。

口岸功能进一步增强。天津口岸进出口总值达到1290亿美元，比上年增长26.6%。其中，进口537.13亿美元，增长20.0%，出口752.87亿美元，增长31.8%。天津港已在北京、石家庄、郑州、包头等地建立"无水港"，并与北京等11个省、自治区、直辖市签署了《北方地区大通关建设协作备忘录》和《建设内陆无水港合作意向书》，实现与腹地通关作业一体化，进一步提高了通关效率，全年外地经由天津口岸进出口货值占天津口岸进出口总值的56.9%。

四、城市建设和管理

基础设施建设

城市基础设施建设步伐加快。全市基础设施建设投资完成722.06亿元，比上年增长39.3%。年末城市铺装道路长度6471公里，道路面积8883万平方米，全市高速公路里程达到694公里。蓟平、津汕、京津塘二线等7条高速公路正在加速建设。中心城区快速路建设继续推进，累计通车里程达到190公里。京津城际铁路全线贯通，天津港25万吨级深水航道、北港池集装箱码头三期工程、天津滨海国际机场扩建工程全部竣工，天津站枢纽改扩建工程进展加快，地铁二、三、九号线建设全面提速。海河综合开发成效明显，上游区域基础设施基本完成，海河西路、金阜桥、奉化桥等一批路桥实现通车，李公楼立交桥和赤峰桥主体完工合拢。

公用事业服务能力增强。全市自来水综合生产能力为363万立方米/日，全年自来水供水总量7.4亿立方米。年末城市燃气普及率为99.3%。新增供热面积1000万平方米，城市集中供热普及率达到88.9%。

资源、能源、环境和安全生产

土地管理、利用水平进一步提升。年内出台了《天津市土地管理条例》，进一步提高土地管理手段的科学性，通过提高土地利用强度，实现减少建设用地，切实保护耕地，为可持续发展提供土地资源保障。全年土地供应总量5479.3公顷，比上年增长21.1%，其中，土地出让3949.3公顷，土地划拨1530公顷。

节能降耗取得新进展，工业单位能耗下降明显。2007年，全市工业综合能源消费量3148.73万吨标准煤，比上年增长8.3%。从主要能源品种看，原煤消费2838.22万吨，增长5.2%；原油消费950.14万吨，增长5.7%；汽油、煤油等成品油合计消费112.59万吨，降低12.7%。企业节能降耗意识进一步强化，清洁能源消耗增幅上升。其中，电力消费量365.14亿千瓦时，比上年增长14.7%；天然气消费量8.04亿立方米，增长28.7%。单位能源消耗继续下降，全年规模以上工业万元工业增加值能耗1.21吨标准煤，比上年下降8.4%。

环境质量提高。全年空气质量二级及以上良好天数为320天，比上年增加15天。引滦天津段水质达标率和中心城区景观水体水质达标率均为100%。中心城区道路交通和区域环境声环境质量等级总体评价保持在"好"和"较好"等级。新创建31个安静居住小区，全市安静居住小区总数达到157个。当年推动创建文明生态村144个。据国家环保总局初步核定，我市二氧化硫排放量比上年减少4.03%，化学需氧量排放量比上年减少4%，好于2007年减排2.1%的目标水平。

市容环境综合整治全面启动。完成了22条迎奥运道路综合整修和6片重点地区环境治理，集中清整了入市道路两侧环境。全年新建绿地面积2056万平方米，建成区绿化覆盖率提高到37.5%。城市人均公园绿地面积7平方米。污水和垃圾处理率进一步提高。启动了东郊污水处理厂改造，新建北辰、汉沽、宁河三座污水处理厂，城市生活污水集中处理率达到80%，生活垃圾无害化处理率达到85.5%。

安全事故死亡率下降，未发生重、特大死亡事故。全年各类安全事故共死亡1017人，比上年减少45人，下降4.2%。其中，生产安全事故82起，死亡93人；道路交通事故4480起，死亡849人；铁路交通事故66起，死亡38人；火灾事故1958起，死亡26人；农业机械事故56起，死亡11人。全市亿元生产总值生产安全事故死亡率为0.21，下降12.5%。工矿商贸就业人员10万人生产安全事故死亡率为1.85，下降11.9%。

信息化建设

全市信息化建设全面提速。天津市电子政务专网建设完成，国家电子政务网络中央级传输骨干网网络天津结点建成开通，大幅提升了政务信息化水平。信息技术应用扩展到多领域。电子口岸与物流信息平台正式开通，实现了内陆地区与天津口岸的“无缝对接”。217家医院实现门诊联网。就业服务信息系统建设初见成效。建立了15个数字文化资源库。建立了农业专家咨询信息服务平台。累计发行各类银行卡3100万张。公交一卡通已在公交、轻轨、地铁、出租进行系统改造和资源的整合。信息服务能力继续提升，年末全市互联网拨号上网用户249.89万户，宽带用户118.05万户，专线用户0.19万户。

质量监督

当年全市有6种产品荣获中国名牌产品称号，累计达到24种。69种产品评为天津名牌产品，累计达到242种。11种产品获得免检产品资格，累计达到67种。国家电能表质量监督检验中心（天津）正式成立，使全市国家检测中心达4个。对外开展检验检测服务的实验室340家，其中取得国家计量认证的实验室73家，通过国家实验室认可的99家。

五、科技和社会事业

科 技

全年完成市级科技成果1886项，其中属于国际领先水平48项，达到国际先进水平331项。在科技成果中，基础理论成果242项，应用技术成果1583项，软科学成果61项。全年受理专利申请15744件，专利授权5584项。全市18个科技项目获得2007年度国家科学技术奖，其中技术发明奖1项，科学技术进步奖17项。全年签订技术合同8382项，成交额72.64亿元，比上年增长23.4%。

自主创新能力继续提高。国家生物医药国际创新园、工业生物研发转化基地、民航科技产业化基地开工建设。曙光高性能计算机服务器、电动汽车等44个重大科技创新项目扎实推进。年末全市共有国家级和市级企业技术开发中心252家，其中国家级16家。全年研究与实验发展（R&D）经费支出占全市地区生产总值的比重为2.2%。人才引进和培养机制更加完善。全年引进各类人才1.36万人，新建博士后工作站10家，全市博士后流动站、工作站达到163个，在站博士后500余人。全市高级以上技术工人达到23.4万人，占技术工人队伍的27%。

新技术产业园区快速发展。园区实现技工贸总收入1390.4亿元，比上年增长22.6%。技工贸总产值928.6亿元，增长23%。实现利润总额102.2亿元，增长41.7%。实现税金总额90.3亿元，增长56.7%。出口销售收入40.1亿美元，增长28.5%。

教 育

教育综合实力增强。民航大学与法国高校合作创办中欧航空工程师学院。广播影视职业学院完成重新组建。商学院正式更名为商业大学。天津医科大学、职业大学、外国语学院等重点项目建设进度加快。全市高等教育毛入学率达到55%。45所普通高校和高等职业技术学院当年共招生10.95万人，比上年增加0.16万人，年末共有在校学生37.11万人，毕业9.23万人，高校毕业生就业率达到90.29%。当年招收研究生1.18万人，比上年增加0.09万人，毕业1.12万人，年末在学研究生3.06万人。成人高等教育当年招生3.31万人，毕业2.34万人，年末在校学生9.28万人。职业教育改革进展迅速，启动了33所示范性职业院校和38个实训基地建设。

城乡基础教育一体化步伐明显加快。全面推行"两免一补"政策，义务教育经费保障水平进一步提高。农村中小学教学装备升级工程圆满完成。城乡学校对口支援合作机制初步建立。9万名来津务工人员子女享受与市民同等教育政策。改制初中招生人数缩减至30%。示范高中建设接近尾声。"历史名校"基础设施建设进展顺利。全市当年招收普通高中生6.39万人，毕业7.22万人，年末在校学生20.93万人。招收中等职业学校学生4.07万人，年末在校学生13.86万人。招收初中生9.69万人，毕业10.83万人，年末在校学生32.08万人。招收小学生8.64万人，毕业10.53万人，年末在校学生51.43万人。幼儿园在园幼儿19.07万人。高中阶段毛入学率96%，小学生升学率99.94%，学龄儿童入学率99.66%。

文 化

文化、新闻、出版和广播电影电视事业全面发展。全市各艺术表演团体全年共演出2377场。成功举办了纪念中国话剧诞辰百年系列展演、"天津之春"中外艺术精品演出季等。年末全市共有艺术表演团体15个，文化馆18个，博物馆19个，公共图书馆32个。全市现有广播节目12套，综合人口覆盖率为100%；市级电视节目13套，其中9套为公共电视节目，综合人口覆盖率为99.83%。全市有线电视用户达到213.29万户。周邓纪念馆、天津博物馆、平津战役纪念馆、元明清天妃宫博物馆、天津鼓楼等5家市级博物馆、纪念馆免费向社会开放。公共文化设施建设步伐加快，天津图书馆改造、文庙大修、今晚传媒大厦、数字电视大厦等项目进展顺利。

实施精品战略取得新成果。全年新创作剧目10台，整理加工提高剧目62台。全市共荣获18个全国性文艺奖项。在"五个一工程"评选中，京剧《妈祖》荣获优秀作品奖，话剧《望天吼》、评剧《凤阳情》荣获入选戏剧作品奖。大型交响京剧《郑和下西洋》，首次将中国国粹艺术与西方多种艺术形式相结合，入选2008年北京奥运重大文化活动演出剧目。

对外文化交流取得新突破。举办了欧亚自然历史博物馆高层论坛暨中国·天津生态城市及可持续发展研讨会、法国剧院经理代表团访津等对外文化交流活动。英国伦敦交响乐团、挪威交响管乐团等一批世界高水平艺术团体来津演出，丰富了我市文艺舞台。各艺术团体积极推动天津文化走向世界，扩大了国际影响力。

卫 生

公共卫生体系逐步完善。市妇幼保健中心、一中心医院东院扩建项目竣工使用，医大二院二期、海河医院二期、安定医院等项目建设进展顺利。乡镇卫生院标准化建设基本完成。疾病防控工作进一步加强，免疫规划疫苗达到10种，可预防11种传染病。率先形成妇幼保健三级预防措施，减少传染病危害、控制出生缺陷取得显著成果。实行城市社区公共卫生服务由政府购买、社区卫生服务机构无偿提供，居民免费享受18项社区公共卫生服务。年末全市共有各类卫生机构2221个，其中医院、卫生院和社区卫生服务中心488个，卫生防疫、防治机构40个，妇幼保健机构23个。卫生机构拥有床位4.4万张，其中医院、卫生院和社区卫生服务中心4.2万张。全市拥有卫生技术人员6.4万人，其中执业医师及执业助理医师2.60万人，注册护士2.13万人。全年无偿献血11.5万人次，比上年增长4.8%。

体 育

竞技体育取得新成绩。作为2008年北京奥运会基础设施建设项目之一的天津奥林匹克体育中心体育场竣工并投入使用，承办了女足世界杯。天津女排在2007年全国女排锦标赛上蝉联冠军。天津代表团在第八届全国大运会上获得团体总分第二名。我市获得第六届东亚运动会举办权。全民健身活动广泛开展。举行了迎接北京奥运会全民健身展示活动，"青少年阳光体育夏令营"丰富了青少年暑期的文体生活。

社会福利与救助

政府抚恤、补助各类优抚对象2.36万人，城乡低保对象19.19万人，其中城镇低保对象14.87万人。全市福利院拥有床位20243张，收养15103人。全市有救助站10个，全年救助18604人次。全市社区服务设施2144处。全年销售社会福利彩票7.24亿元，比上年增长25.8%，筹集福利资金1.27亿元，增长35.2%。全年接受社会捐赠2416万元。

残疾人事业

经中国残联检查验收，我市获“全国残疾人工作示范城市”荣誉称号。残疾人工作水平全面提升。围绕全市“扶助残疾人安居乐业奔小康”的品牌，专项投入1.2亿元改善残疾人生活状况。全年新增残疾人就业10174人，比上年增长11.8%，其中城镇采取多种途径新安置残疾人就业5442人。当年全市特殊教育招收新生200余人，在校生达到2400余人。在上海举办的世界特奥会上，天津运动员取得34枚金牌、25枚银牌、14枚铜牌。

六、人口、人民生活和社会保障

人　口

年末全市常住人口1115万人，户籍人口959.10万人。户籍人口中，农业人口378.77万人，非农业人口580.33万人。全年人口出生率为7.91‰，人口死亡率为5.86‰，人口自然增长率为2.05‰。

人民生活

城乡居民收入增长较快。年内实施了一系列增加居民收入的政策措施，调整了最低工资标准，提高了企业工资指导线水平，初步规范了公务员津贴补贴，调整了企业离退休人员养老金待遇，提高了城镇低保人员和优抚对象补助标准。全年全市城镇单位从业人员劳动报酬总额637.84亿元，比上年增长20.3%。城镇单位从业人员人均劳动报酬32636元，增长18.1%。城市居民人均可支配收入16357元，增长14.5%。通过积极推进城乡一体化，大力发展区县经济，加快小城镇建设，以及农村经济结构调整，农民增收渠道进一步拓宽，全年农村居民人均纯收入8752元，增长10.2%。

居民消费水平普遍提高。城市居民人均消费性支出12029元，比上年增长14.0%。其中居住支出增长3.6%，食品支出增长15.5%，衣着支出增长18.4%，家庭设备用品及服务支出增长19.9%，交通通讯支出增长19.9%。城市居民恩格尔系数为35.3%。农村居民人均生活消费支出4118元，增长7.5%。其中居住支出增长4.9%，食品支出增长10.1%，衣着支出增长5.1%，家庭设备用品及服务支出增长1.9%，交通通讯支出增长5.5%。

居民家庭耐用消费品拥有量进一步增加。年末平均每百户城市居民家庭拥有汽车5.63辆，移动电话162.27部，电脑66.6台，微波炉82.24台，热水器88.63台。平均每百户农村居民家庭拥有移动电话130部，洗衣机98台，电冰箱92台，热水器44台，微波炉25台，电脑16台。

居民居住质量继续提升。华明和双港两个新家园居住区启动建设，一批经济适用房项目陆续开工，旧楼区综合整修，市区分散危陋平房拆迁安置取得新的进展。全年完成老住宅供热补建175万平方米，完成旧楼区综合整修410万平方米。城市居民人均住房建筑面积27.09平方米，农村居民人均住房面积26.6平方米，分别比上年增加1平方米和0.2平方米。

社会保障

社会保障体系逐步完善。全面实施城镇职工基本医疗保险制度、城镇居民基本医疗保险制度、新型农村合作医疗制度和农村养老保险制度，实现养老和基本医疗保险全覆盖。全市养老保险参保人员344.80万人，比上年增长5.1%，其中，离退休人员119.20万人。失业保险参保职工221.50万人，增长2.2%。基本医疗保险参保人员382.50万人，增长11.1%。工伤保险参保职工257.17万人，增长22.7%。生育保险覆盖194.03万人，增长7.7%。新型农村合作医疗参合率达到89.2%。符合低保条件的困难群众实现了应保尽保。

经济和社会发展中存在的主要问题是：经济总量还不够大，现代服务业比重较低，节能减排任务仍然繁重，物价上涨压力较大。

注：1. 2007 年各项统计数据为快报数。

2. 全市生产总值、各产业增加值绝对数按当年价格计算，增长速度按可比价格计算。

3. 第一产业总产值为第二次全国农业普查衔接数据。

4. 主要农产品产量增长速度的计算基数根据第二次全国农业普查结果做了相应调整。

5. 规模以上工业企业包括全部国有（含国有联营、国有独资）工业企业和年主营业务收入在 500 万元及以上的非国有工业企业。

6. 高等教育毛入学率指在校大学生人数（剔除在津就学的外地籍学生，加入在外地就学的本市籍学生）与学龄组人口的比例，表明一个地区提供高等教育机会的综合水平。

2007年我市国民经济实现又好又快发展

2007年，全市各地区、各部门在市委、市政府的正确领导下，深入贯彻落实科学发展观，按照市第九次党代会和市委九届二次会议部署要求，不断增强机遇意识、创新意识、实干意识，进一步加快滨海新区开发开放，全力推进科学发展、和谐发展、率先发展，全市经济在新起点上实现了又好又快发展。全年经济运行主要呈现八大特点：

一、综合经济实力再上新台阶，运行质量取得新突破

经济总量突破5000亿元。2007年，我市经济在近几年持续、快速发展的基础上继续保持了良好的增长势头，且呈动态逐季加快态势。全年全市生产总值达到5050.40亿元，按可比价格计算，比上年增长15.2%，增速比上年加快0.7个百分点，为我市改革开放以来第三个高增长年。经济增长逐季加快，一季度增长13.8%，上半年14.5%，前三季度14.8%，全年15.2%，实现了一季好于一季、全年好于上年的目标。经济增长结构进一步改善。第一产业增加值完成110.19亿元，增长1.4%。第二产业增加值2892.53亿元，增长16.5%，其中工业增加值2661.87亿元，增长17.1%，拉动全市经济增长9.0百分点；建筑业增加值230.66亿元，增长10.4%。第三产业增加值2047.68亿元，增长14.3%。二、三产业增速差由上年的6.6个百分点缩小为2.2个百分点。

全市人均生产总值突破6000美元。按常住人口计算，人均生产总值达到46122元，约合6065美元，按可比价格计算，增长11.2%，提前完成"三步走"战略第三步人均总量发展目标。

财政收入突破1000亿元。全年全市财政收入达到1204.65亿元，比上年增加278.32亿元，增长30.1%，占全市生产总值的比重达到23.9%，比上年提高2.6个百分点。其中地方财政收入完成540.44亿元，增长29.7%，增幅比上年提高4个百分点。市和区县财政收入均衡增长，市级收入增长30.2%，十八个区县增长31.7%，开发区、保税区和科技园区增长27.4%。随着第三产业发展的提速，带动了相关税收的快速增长。全市营业税增长26.3%，企业所得税增长44.4%，其中金融业、冶金业、批发零售业、房地产业所得税分别增长2.7倍、78.2%、74.7%和63.3%。城乡居民收入提高明显，个人所得税增长38.4%。

二、滨海新区开发开放势头强劲，龙头带动作用明显

2007年，滨海新区经济发展保持强劲势头，经济规模继续扩大，产业结构层次不断提升，开发开放新的热潮逐渐形成。全年滨海新区生产总值完成2364.08亿元，按可比价格计算，比上年增长20.5%，占全市经济总量的47.1%，比上年提高2.1个百分点，成为全市最大的经济增长极。在汽车、冶金、机械、石化、医药和食品等支柱产业带动下，新区工业生产保持较快增长，完成工业总产值6282.83亿元，增长20.8%，占到全市工业的62.4%。固定资产投资大幅增长，完成1152.64亿元，增长33.4%，快于全市增速4.3个百分点。新区利用外资仍为全市主体。直接利用外资合同金额76.68亿美元，实际到位39.24亿美元，分别增长24.1%和17.3%，占全市的比重分别为66.6%和74.4%。维斯塔斯风力发电、SEW精密机械、中集集装箱等60多个重点项目建成投产。100万吨乙烯炼化一体化、空客A320系列飞机总装线、新一代运载火箭产业化基地等一批重大项目开工建设。滨海高新区、空港物流加工区、临港工业区、开发区西区等建设步伐加快。中新生态城落户新区。

滨海新区综合配套改革全面推进。金融改革持续加快。成功举办"中国企业国际融资洽谈会"。获准成为全国保险改革试验区。新型金融机构不断设立，渤海产业投资基金、创业投资引导基金、国际保理、金融租赁、外汇意愿结售汇等方面改革取得阶段性成果。涉外经济体制改革取得新进展。国内面积最大、开放度最高的东疆保税港区，实现首期4平方公里封关运作。涉及科技体制、土

地管理制度、行政管理体制等方面的改革也正在积极推进。

服务业快速发展，辐射功能显著提高。在现代物流、旅游、服务外包等行业日益活跃的带动下，新区服务业实现快速增长。全年服务业增加值完成662.09亿元，按可比价格计算，增长28.6%，增幅比上年提高17.1个百分点。天津口岸进出口总值达到1290亿美元，增长26.6%，增幅比上年提高2.2个百分点。其中，进口537.13亿美元，增长20.0%，出口752.87亿美元，增长31.8%，增幅比上年提高4个百分点。外地经由天津口岸进出口货值占到56.9%。随着天津港25万吨级航道工程的竣工，北方地区大通关建设协作机制的建立，电子口岸的开通，国际物流中心建设步伐的加快，新区对腹地的辐射带动作用将进一步增强。

三、工业继续保持稳定快速增长，经济效益持续好转

工业总产值突破1万亿元。全年规模以上工业增加值完成2952.68亿元，按可比价格计算，比上年增长18.2%；工业总产值达到10075.07亿元，增长20.4%。中、小型工业企业生产活跃。中型工业企业完成增加值1093.06亿元，增长24.4%，小型工业企业增加值843.14亿元，增长22.9%，增幅均高于全市工业平均水平。国有企业和私营企业生产增长较快。国有企业工业增加值338.28亿元，增长26.5%，私营企业工业增加值251.99亿元，增长41.1%。优势产业继续快速发展。电子信息、汽车、石油化工、冶金、生物技术与现代医药、新能源及环保等六大优势产业合计完成工业总产值7292.88亿元，增长17.2%，占规模以上工业的比重达到72.4%，对全市工业增长的贡献率为62.8%。其中，汽车制造业增长26.9%，冶金工业增长38.4%。部分重点工业产品保持较快增长。全年发电量393.13亿千瓦时，增长8.8%，生铁产量1435.40万吨，增长22.8%，粗钢产量1602.13万吨，增长26.7%，成品钢材2840.28万吨，增长28.4%，无缝钢管276.03万吨，增长26.1%，空调器532.64万台，增长10.5%。

规模以上工业主营业务收入超过1万亿元。全年全市规模以上独立核算工业企业完成主营业务收入10180.91亿元，增长17.3%。实现利税总额1097.50亿元，增长10.2%。其中实现税金330.38亿元，增长14.9%，实现利润767.12亿元，增长8.2%。全市工业经济效益综合指数达到264.98，比上年提高19.15个点。资本保值增值率为114.20%，比上年提高4.64个百分点。动态来看，全年工业企业效益呈不断好转势头，一季度工业企业利润为下降6.7%，上半年与上年同期持平，前三季度增长1.4%，全年增长8.2%。黑色金属冶炼及压延加工业、交通运输设备制造业、电气机械及器材制造业、通用设备制造业和医药制造业等五大行业成为全市工业效益好转的主要支撑点。黑色金属冶炼及压延加工业实现利润70.60亿元，增长13.8%；交通运输设备制造业利润74.11亿元，增长63.9%；电气机械及器材制造24.41亿元，增长60.9%；通用设备制造业利润41.42亿元，增长37.8%；医药制造业利润26.21亿元，增长64.3%。石油和天然气开采业利润增长缓慢，仅增长5.2%，通信设备、计算机及其他电子设备制造业利润则下降49.8%，这两个行业成为影响全市工业利润增速的主要原因。

四、服务业发展速度明显加快，比重提高

全年服务业增加值增长14.3%，比上年加快3.2个百分点，增速为近十年来最好水平，占全市GDP的比重为40.5%，比上年提高0.2个百分点。交通运输仓储邮政业和其他服务业带动服务业发展提速。交通运输、仓储和邮政业增加值完成294.06亿元，增长16.2%，增幅比上年提高9.4个百分点。其他服务业增加值684.81亿元，增长17.0%。这两大行业合计拉动全市服务业增长8.1个百分点。批发和零售业增加值498.61亿元，增长11.2%。住宿和餐饮业增加值92.61亿元，增长2.8%。金融业增加值288.17亿元，增长20.0%。房地产业增加

值 189.42 亿元，增长 9.5%。全年全市港口吞吐量超过 3 亿吨，达到 3.09 亿吨，增长 20.1%，增幅比上年提高 13.1 个百分点，提前三年完成“十一五”规划目标；完成集装箱吞吐量 710 万标准箱，增长 19.4%。机场旅客吞吐量达到 386.1 万人次，增长 39.5%，机场货邮吞吐量 12.6 万吨，增长 29.9%，增幅分别比上年提高 13.4 个和 8.6 个百分点。邮电业务总量 300.67 亿元，增长 32.0%，增幅比上年提高 2.8 个百分点。

五、对内对外开放全面活跃，建设资金大量涌入津门

随着我市三个层面经济加快发展，对内对外开放力度不断加大，吸引了大量资金进入我市。

合同外资超过 100 亿美元。全年全市直接利用外资合同金额 115.19 亿美元，增长 42.0%，实际到位 52.78 亿美元，增长 27.8%，分别比上年加快 31.2 个和 3.7 个百分点。三区成为吸引外资的主要地区。开发区、保税区和高科技产业园区合计利用外资合同金额 73.49 亿美元，增长 24.1%，实际到位 32.08 亿美元，增长 22.3%，分别占到全市的 63.8% 和 60.8%。区县成为外商投资新热点。中心六区合同利用外资 8.06 亿美元，增长 42.4%；实际到位 4.69 亿美元，增长 42.5%。其他十二个区县合同利用外资 33.64 亿美元，增长 1.1 倍，实际到位 16.01 亿美元，增长 35.8%。服务业成为外资集聚的重要领域。合同利用外资 66.83 亿美元，增长 56.9%，实际到位 26.51 亿美元，增长 83.8%，占全市的比重首次双双超过 50%，分别达到 58.0% 和 50.2%。其中，交通运输及仓储业和社会服务业实际直接利用外资增长快速，分别增长 69.8% 和 1.8 倍。

实际利用内资超过 600 亿元。全年全市实际利用内资 612.05 亿元，增长 41.7%，增幅比上年提高 14.7 个百分点。服务业利用内资势头强劲，实际利用内资 465.90 亿元，比上年增长了 61.9%。滨海新区和各区县利用内资增长较快，新区实际利用内资 132.18 亿元，增长 28.0%，各区县实际利用 552.40 亿元，增长 43.8%。环渤海、“长三角”和“珠三角”地区的资金大量涌入，来自三个地区的内资合计 532.67 亿元，占到全市的 87.0%。民间资本是利用内资的主体，实际到位 391.67 亿元，增长 24.0%，占全市的 64.0%。

新增贷款超过 1000 亿元。在我市开发开放强劲势头的吸引下，尽管央行连续提高了人民币存款准备金率、上调了存贷款利率，对商业银行贷款产生了一定抑制作用，金融机构对我市贷款仍保持较快增长。2007 年末，全市金融机构本外币各项贷款余额 6543.83 亿元，增长 20.8%，比年初增加 1087.53 亿元，是历史上新增贷款最多的一年，其中中长期贷款比年初增加 745.79 亿元，占到全市的 68.6%。存款余额增长较快，储蓄存款出现分流。2007 年末，全市金融机构本外币各项存款余额 8242.07 亿元，增长 20.6%，比年初增加 1377.80 亿元，同比多增 526.92 亿元。2007 年在股市活跃、消费增加的作用下，储蓄存款出现分流，年末储蓄存款 3165.17 亿元，比年初增加 249.66 亿元，比上年少增加 96.39 亿元。

建设资金到位充足。全年全市城镇建设资金到位 3026.57 亿元，增长 29.9%，高于实际完成投资 798.91 亿元。在本年到位资金中，自筹资金到位 1315.05 亿元，增长 26.1%，占本年资金到位的 48.4%；国内贷款到位 705.58 亿元，增长 32.1%；其他资金到位 508.35 亿元，增长 33.0%。

六、市场更趋活跃，需求明显升温

随着居民收入的较快提高和财富效应的逐渐显现，市场需求呈现活跃态势。全年社会消费品零售总额完成 1603.74 亿元，比上年增长 18.2%，增幅比上年提高 4.2 个百分点，为近十年来最高增幅。其中，批发零售业零售额 1350.56 亿元，增长 18.2%，住宿餐饮业零售额 249 亿元，增长 18.6%。汽车、家用电器、化妆品、电子出版物及音像制品和金银珠宝成为热销商品，实现零售额分别比上年增长 24.2%、23.2%、36.0%、1.1 倍 % 和 56%。

城市居民消费支出增长较快。全年城市居民人均消费性支出 12029 元，增长 14.0%。消费结构不

断改善。城市居民家庭人均在外用餐支出1132元，比上年增长15.5%。人均衣着支出1024元，增长18.4%，服装消费更加注重品牌和对个性化的追求，购买服装档次在逐渐提高。人均家用电器支出758元，比上年增长20.7%，平板电视、数码产品、电冰箱、洗衣机等家用电器更新换代步伐不断加快。人均文化娱乐服务支出368元，增长36.2%，外出游览观光成为城市居民消费的新亮点。人均交通通讯支出1310元，增长19.9%，其中购买私家车支出增长68.3%，购买手机支出增长18.1%。年末城市每百户居民家庭拥有私人汽车5.6辆，手机162.5部。

七、固定资产投资快速增长，结构不断优化

2007年，全市投资一直保持在20%以上快速稳定增长。全年全社会固定资产投资完成2388.63亿元，比上年增长29.1%，增幅比上年提高7.1个百分点。其中城镇固定资产投资完成2227.66亿元，增长30.3%，农村投资160.97亿元，增长14.9%。新开工项目明显增多。全年全市施工项目2074个，增长6.8%，其中新开工1412个，增长18.9%，增幅比上年提高22.5个百分点。中央投资增长快速，地方投资增幅提高。中央投资完成473.53亿元，增长44.9%。地方投资完成1754.13亿元，增长26.8%，增幅比上年提高7.3个百分点。工业投资增长快速，完成938.44亿元，增长35.9%，其中能源工业投资384.28亿元，增长37.1%。服务业投资占主体地位，完成1258.85亿元，增长25.3%，占到全市城镇投资的56.5%。其中交通运输仓储业和邮政业投资增长62.7%，信息传输计算机服务和软件业投资增长31.3%。基础设施投资力度加大，完成722.06亿元，增长39.3%，占全市城镇投资的比重为32.4%。全市房地产开发投资505.30亿元，增长25.6%。重点项目建设稳步推进。全市重点建设项目投资完成701.94亿元，占全市城镇投资的比重为31.5%。其中工业项目完成投资175.95亿元；能源交通项目完成214.92亿元；基础设施和环保项目完成206.07亿元；农林水利和小城镇建设项目完成62.59亿元；社会事业项目完成26.35亿元；商贸旅游项目完成15.46亿元。京津城际铁路全线铺通，天津站枢纽改扩建工程进展顺利，地铁二、三、九号线建设全面提速，天津滨海国际机场扩建工程竣工，京津塘复线、津蓟延长线等多条高速建设进度不断加快。

八、就业、收入快速增长，民计民生继续改善

就业规模继续扩大，民生之本更加巩固。2007年全市新增就业33.37万人，增长13.2%，其中安置下岗失业人员10.45万人。年末全市城镇单位从业人员人数达到199.2万人，比上年增加4.2万人，增长2.2%，连续五年保持增长。城镇登记失业率3.6%，继续稳定在较低水平。

职工和居民收入快速增长。全年全市城镇单位从业人员劳动报酬总额为637.84亿元，增长20.3%，人均劳动报酬32636元，增长18.1%，增幅比上年提高3.6个百分点。城市居民人均可支配收入达到16357元，增长14.5%，增幅比上年提高1.5个百分点，为近10年来最高增幅。工资及补贴收入占主体，达到10882元，增长17.5%，占可支配收入的66.5%，拉动可支配收入增长9.9个百分点。财产性收入高速增长，增长48.5%。农村居民人均纯收入8752元，增长10.2%。其中家庭经营二、三产业收入增长较快，增长16.8%。与2000年相比，城乡居民收入均翻了一番，实现了“三步走”战略第二步人均收入增长目标。

社会保障体系不断完善。2007年末，全市养老保险覆盖344.76万人，医疗保险覆盖382.46万人，失业保险覆盖221.5万职工，工伤保险覆盖257.17万职工，生育保险覆盖194.03万职工。符合低保条件的困难群众实现了应保尽保。积极发展社会福利、社会救济、优抚安置等社会保障事业，建立并完善了社会救助体系、社会互助体系和灾害救助体系，加大了抚恤和救济投入，提高了优抚和救济对象保障标准。2007年末全市共有收养性福利单位288所，拥有床位总数1.92万张，在院收养人员1.47

万人。新型农村合作医疗实现地域全覆盖，人口覆盖率达到 89.2%。

人与环境更加和谐。2007 年，全市空气质量二级以上良好天数达到 320 天，比上年增加 15 天，环境空气质量优良率达到 87.7%。饮用水源地水质达标率保持 100%。城市生活污水集中处理率达到 80%，生活垃圾无害化处理率达到 85.5%。

总体看，全市经济运行呈现又好又快的运行态势。综合经济实力迈上一个新台阶，经济运行质量进一步提升；二产保持较快增势，三产增速提高，增长结构更加均衡；滨海新区龙头带动作用明显，全市加快开发开放势头迅猛；消费、投资共同发力，经济增长后劲更加充足；城乡居民收入增长继续加快，民生不断得到改善，实现了全年好于上一年的目标，为全市在新的起点上全力推进科学发展、和谐发展和率先发展迈出了坚实的一步。

（王雪飞）

科学发展 社会和谐

2003–2007年我市经济和社会发展取得新的重大成就

2003–2007年，全市人民在市委、市政府的正确领导下，以邓小平理论和“三个代表”重要思想为指导，深入贯彻党的十六大和十七大精神，认真落实党中央、国务院重大战略部署，以科学发展观统领经济社会发展全局，积极推进和深化各项改革，努力扩大开放，不断加强和改善宏观调控，切实转变经济发展方式，全面加快社会主义和谐社会建设，全市经济和社会发展取得了重大成就。

一、经济实力跃上新台阶，运行质量取得新突破

1. 经济总量五年跨越三个千亿元台阶

五年来，全市经济在新一轮增长周期中持续、快速、稳定运行。全市生产总值由2002年的2150.76亿元增加到2007年的5050.40亿元，经济总量连续跨越了三千、四千和五千3个千亿元台阶。按可比价格计算，经济增长一直保持在14.5%以上的高增长平台上快速、稳定运行，五年年均增长15.0%。2006年，全市生产总值实现了比2000年翻一番，提前四年完成了“三步走”战略第二步总量发展目标。

图1 2003–2007年全市生产总值及增速

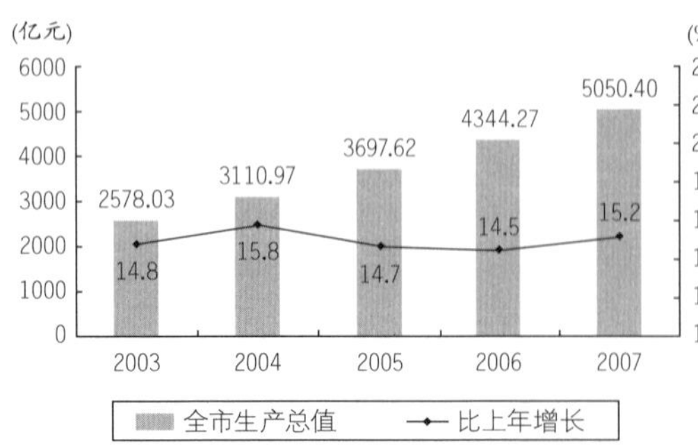

人均生产总值由2002年的21387元增加到2007年的46122元，按可比价格计算，五年年均增长13.1%。其中，2003年人均GDP突破了3000美元，圆满完成“三步走”战略第一步目标；2007年人均GDP达到6062美元。

2. 整体效益快速增长，节能降耗处于全国前列

经济整体运行质量显著提高。财政收入突破1000亿元。全市财政收入由2002年的375.92亿元增加到2007年的1204.65亿元，五年累计3810.70亿元，年均增长26.2%。五年来，全市财政收入净增加828.73亿元，五年跨越八个百亿元台阶，其中2005年、2006年和2007年三年年均增加200亿元以上。全市财政收入占GDP的比重，由2002年的17.5%提高到2007年的23.9%，年均提高1.3个百分点。工业经济效益大幅提高。规模以上工业五年累计实现利润2655.66亿元，年均增长32.7%。

图2 2003–2007年全市财政收入及增速

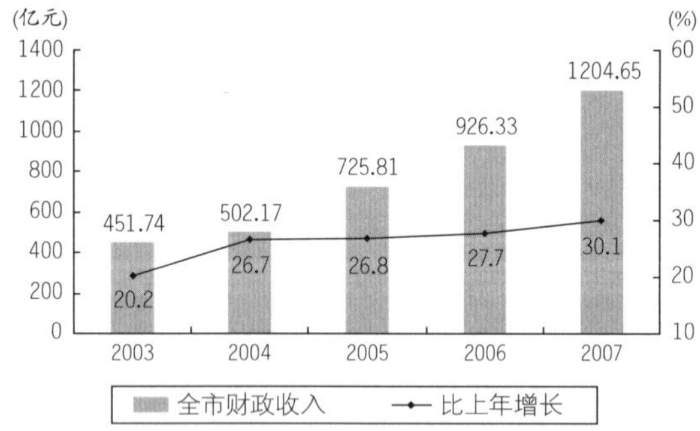

节能减排成效显著。2007年全市万元生产总值能耗比上年下降4.9%，规模以上工业单位能耗下降8.3%，继续保持全国先进水平。2007年全市二氧化硫和化学需氧量排放量均比上年下降4%，超额完成年度削减目标。

二、滨海新区开发开放步伐加快，带动作用显著提升

滨海新区纳入国家总体发展战略，开发开放步

伐全面加快，综合实力显著增强，综合配套改革快速推进，服务辐射功能进一步提升。

1. 滨海新区龙头带动作用日益明显

五年来，滨海新区坚持构筑高层次产业结构，不断壮大电子通信、石油开采、汽车制造、现代冶金等支柱产业，努力培育和发展医药、航空航天、新材料等高新技术领航产业，全力抓好金融、物流、中介、旅游等现代服务业，新区已经成为全国最具发展活力的地区之一，对全市经济发展发挥了强大的龙头带动作用。五年来，滨海新区生产总值由 2002 年的 862.45 亿元增加到 2007 年的 2364.08 亿元，五年年均增长 20.2%，快于同期全市经济 5.2 个百分点，对全市经济的贡献率达到 52.4%。滨海新区占全市 GDP 的比重由 2002 年的 40.1% 提高到 47.1%，五年提高 7 个百分点。

图3 2003-2007年滨海新区生产总值及增速

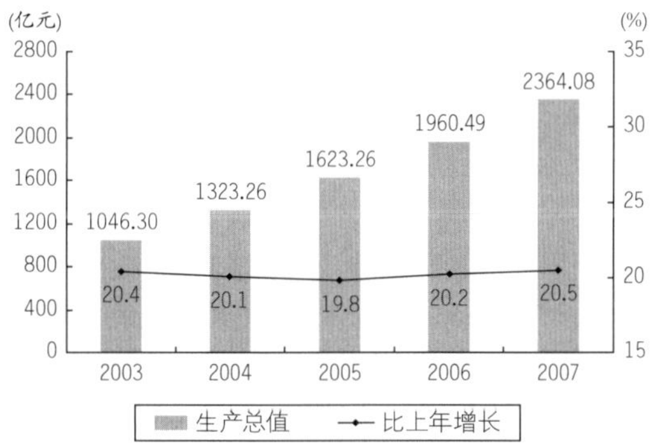

新区工业总产值由 2002 年的 1700.04 亿元增加到 2007 年的 6282.83 亿元，年均增长 30.6%，占全市工业总产值的比重达到 62.4%，五年提高 11.2 个百分点。五年累计，滨海新区固定资产投资 3739.79 亿元，年均增长 34.6%。

2. 综合配套改革快速推进

在国家批准天津滨海新区为全国综合配套改革试验区之后，我市已选择了涉及 9 个方面的改革重点，各项工作正在抓紧推进。涉外经济体制改革取得新突破。国内面积最大、开放度最高的东疆保税港区，实现首期 4 平方公里封关运作。充分利用先行先试优势，金融体制改革取得新进展。渤海银行已经开业，并在北京、杭州等地设立了分行。全国港口首家非银行金融机构天津港财务公司获准成立。举办了“中国企业国际融资洽谈会”，207 家私募股权等投资机构与千家企业进行了接洽。总量 200 亿元的渤海产业投资基金开始运营。滨海创业风险投资引导基金设立。工商银行金融租赁公司开业。新区被确定为全国保险改革试验区。启动了企业意愿结售汇等七项外汇管理制度改革试点。科技体制、土地管理制度、行政管理体制等方面的改革也正在扎实推进。

3. 对外开放门户作用显著提升

五年累计，滨海新区实际直接利用外资 127.59 亿美元，年均增长 36.7%，占全市同期的比重为 75.8%；外贸出口 882.53 亿美元，年均增长 27.8%，占全市同期的 65.7%，是我国北方最大的对外开放门户。坚持高水平集约化发展，引进和启动了一批项目规模大、产业关联度强、技术水平高、集聚效果好、带动作用突出的重大项目，成为世界跨国公司在中国投资最密集的地区之一。五年来，丰田整车、三星手机、飞思卡尔芯片、LG 化工、100 万吨乙烯炼化一体化、空客 A320 系列飞机总装线及配套项目、中新生态城项目等相继落户滨海新区。

4. 辐射服务功能明显增强

北方国际航运中心和物流中心建设步伐加快。国家级保税物流园区、空港保税物流园区、天津港集装箱和散货物流中心等建设提速，成为带动区域发展新的经济增长极。天津国际贸易与航运服务中心成功运营，电子口岸与物流信息平台正式开通，在北京、河北、山西、新疆等地区设立了“无水港”，“一站式”通关服务流程进一步完善，辐射服务功能向腹地进一步延伸。天津口岸进出口总值由 2002 年的 365.35 亿美元增加到 2007 年的 1290 亿美元，五年累计 4267.47 亿美元，年均增长 28.7%。2007 年外地经由天津口岸进出口货值占到 56.9%。随着 25 万吨级航道工程的竣工，天津港已成为世界最大人工深水港，滨海新区整体的辐射服务功能将进一步得到提升。

三、结构调整与技术创新成效显著，经济发展方式转变加快

五年来，我市积极推进国民经济全面协调可持续发展，不断深化结构调整，着力增强自主创新能力，努力构建集约型、节约型、生态型发展模式，形成了高新技术产业为引领，优势产业为支撑，三次产业不断优化，整体快速发展的大格局。

1. 农业生产保持稳步发展，新农村建设进展顺利

大力落实支农惠农政策，极大地改善了农业生产条件，调动了农民生产积极性。粮食生产连年增收，2007 年达到 147.15 万吨，创近八年来新高。小城镇和文明生态村建设加快。"十二镇五村"为重点的示范小城镇建设进展顺利，农村城市化率达到 52%，五年提高 13 个百分点。五年累计支农支出 74.2 亿元，实施了农村劳动力培训、农村饮水管网入户、农村户厕改造等一系列农村公共事业工程。

2. 优势产业进一步壮大，现代制造业基地初具规模

工业成为推动全市经济快速发展的主力军。以天钢东移、纺织工业园、丰田汽车、大无缝（二、三套）、三星手机扩能等一大批重点项目建成投产为标志，新一轮"嫁改调"开发度更深、技术水平更高、聚集效应更强、资源配置更加合理。全市工业增加值由 2002 年的 968.44 亿元增加到 2007 年的 2661.87 亿元，按可比价格计算，年均增长 18.6%。全市工业总产值突破 1 万亿元，五年年均增长 23.9%。

图4 2003-2007年全市工业总产值

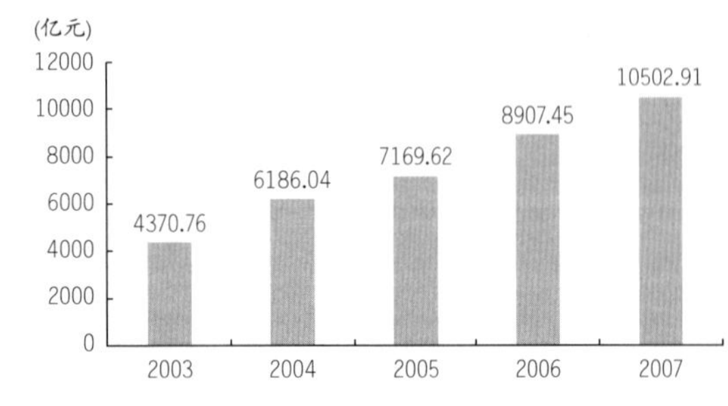

优势产业迅速壮大。五年来，我市电子信息、汽车、石油化工、冶金、生物技术与现代医药、新能源及环保等六大优势产业迅速集聚壮大，2007 年合计完成工业总产值 7292.88 亿元，占全市规模以上工业的比重达到 72.4%。手机年产 9779 万部，无缝钢管产量达到 276 万吨，轿车产量达到 45 万辆，均居全国前列。百万吨级 PVC 基地提前建成，成为全国最大的聚氯乙烯生产基地。启动实施了 40 项重大工业项目，其中渤海化工园一期工程、造修船基地、集成电路芯片制造等首批 20 项项目全面开工建设。

3. 现代服务业体系不断完善，对优化经济增长结构发挥了重要作用

六大现代服务体系日臻完善。在《天津市加快发展现代服务业实施纲要》和《关于进一步促进服务业发展的若干意见》等政策引导下，我市现代服务业发展不断加快，商贸流通、社区服务、信息服务、中介服务、文化服务、房地产业六大现代服务业体系不断完善，空港现代服务业示范区、新南马路五金城、开发区服务外包示范区等 20 个现代服务业重点项目正抓紧规划建设。全市服务业增加值由 2002 年的 997.47 亿元增加到 2007 年的 2047.68 亿元，年均增长 12.2%，占 GDP 的比重达到 40.5%。

主要服务业行业保持较快增长。2007 年，交通运输、仓储和邮政业增加值为 294.06 亿元，五年年均增长 10.0%。批发和零售业增加值 498.61 亿元，年均增长 11.9%。金融业增加值 288.17 亿元，年均增长 17.6%。房地产业增加值 189.42 亿元，年均增长 10.5%。港口货物吞吐量突破 3 亿吨，在 2002 年的 1.29 亿吨的基础上，增加到 2007 年的 3.09 亿吨，五年跨越两个亿吨台阶，提前 3 年完成"十一五"规划目标；集装箱吞吐量突破 700 万标箱，由 2002 年的 241 万标箱增加到 2007 年的 710 万标箱，年均增长 24.1%。2007 年天津机场旅客吞吐量达到 386.1 万人次，货邮吞吐量达到 12.6 万吨，分别比 2002 年增长 2.5 倍和 1.5 倍。邮电业务总量五年累计 967.30 亿元，年均增长 27.2%。

图5 2003-2007年港口吞吐量及增速

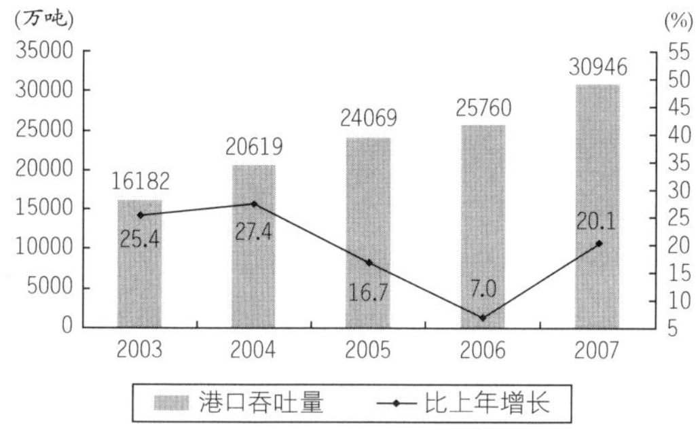

图6 2003-2007年集装箱吞吐量及增速

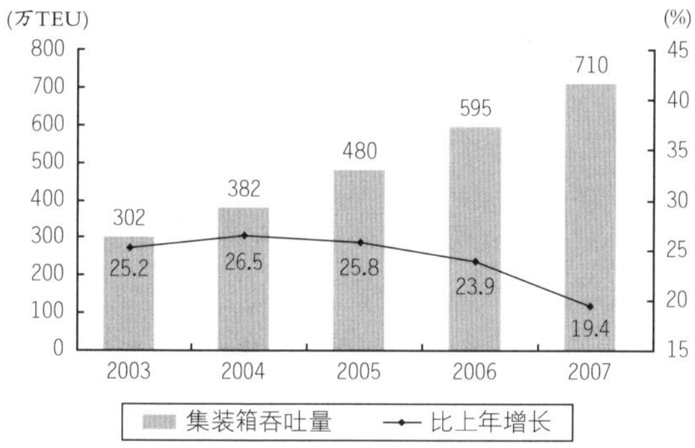

4. 循环经济发展扎实推进，长效机制初步建立

不断完善政策环境，建立健全工作机制，循环经济发展取得成效。制定了《关于发展循环经济建设节约型社会近期重点工作实施意见》和《天津市发展循环经济工作部门分工意见》，落实分解了35项发展循环经济重点工作。设立了2000万元发展循环经济专项资金，重点支持了汉沽盐场滩田苦卤综合利用技术改造、天铁冶金集团高炉余热发电、华明镇太阳能利用等10个项目。贯庄垃圾发电项目列入国家循环经济专项资金支持范围。大力推进循环经济试点建设。开发区、大港石化、海河下游现代冶金等6个循环经济试点园区初步形成。天津市被正式列入国家第二批试点城市，临港工业区、子牙工业园列为国家试点园区。工业节水和农业节水工作取得较大进展。建设了天津石化、无缝钢管公司、国华电厂等一批工业节水减排示范项目。农业新建灌溉防渗明渠和低压管道555公里，新增节水灌溉工程控制面积9.11万亩，新增节水能力460万立方米。再生资源回收体系建设有序发展。企业清洁生产工作稳步推进。

5. 自主创新能力不断提高，技术进步成为经济快速增长的重要因素

五年来，我市始终把实施"科教兴市"摆在重要战略位置，先后出台了建设创新型城市和科技发展纲要等政策措施，技术创新能力显著增强，综合科技进步水平连续五年处于全国第三位。五年累计，全市科技成果登记项目7564项，获得国家科技奖67项。

图7 2003-2007年科学技术成果

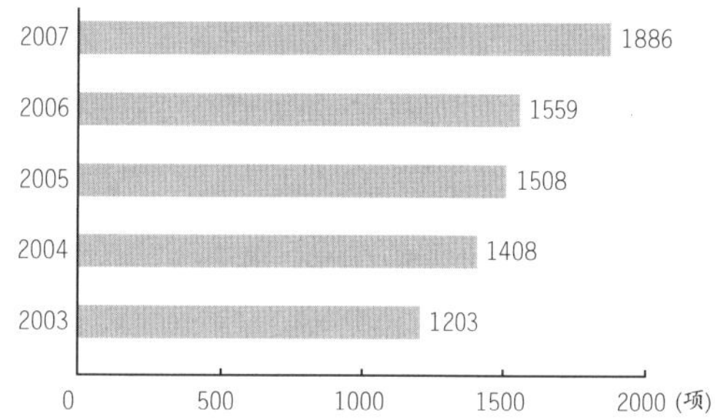

五年累计专利申请5.59万项，授权1.79万项。设立了科技创新专项资金，研发经费（R&D）占全市生产总值的比例逐年提高，2007年达到2.2%。电子信息、生物技术、海水淡化等一大批科技研发项目取得突破性成果，推动了产业结构的优化升级。大中型工业企业技术创新能力明显增强，12家企业进入全国自主创新能力行业十强，力神电池、天士力中药、石油钢管等位居行业第一。国家级和市级重点实验室达到87家，工程中心42家，企业技术中心236家。新技术产业园区孵化带动作用进一步增强。高新技术成果转化中心的服务功能不断提升。

四、三大需求保持活跃，开发开放尽显活力

1. 流通集散功能显著增强，商贸中心城市魅力聚增

全市批发和零售贸易业商品购销总额迈上万亿台阶，达到1.48万亿元，五年年均增长32%。全市社会消费品零售总额累计完成6117.64亿元，年均增长14.8%。

图8 2003-2007年社会消费品零售总额及增速

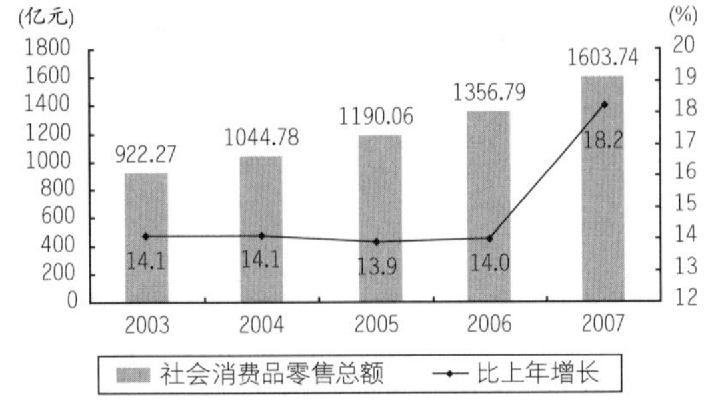

多层次商贸流通格局进一步优化。基本形成了以大型批发市场为龙头，以大型商业企业为骨干，以农村和城市社区网点为基础的多层次、多门类的商贸流通体系，有力地促进了天津作为经济中心城市商贸集散功能和作用的提升。

2. 投资结构不断优化,基础设施建设成就显著

五年累计，全社会固定资产投资 8060.97 亿元，年均增长 23.8%，年均投资规模达到 1612.19 亿元。随着投资总量的迅速扩大，有力地促进了产业结构优化升级，加快了城市布局调整，带动了区域经济融合发展。

图9 2003-2007年全社会固定资产投资及增速

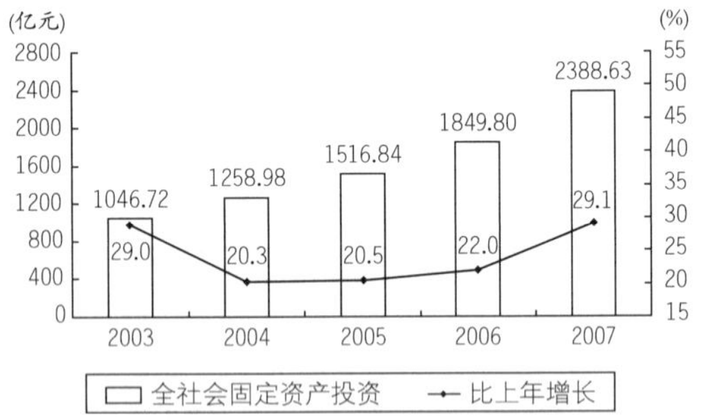

投资对经济增长和结构调整的作用进一步加大。工业投资累计完成 2886.12 亿元，年均增长 29.6%。加快了工业战略东移步伐，天钢东移改造等一大批重点项目先后竣工投产，为工业发展增添了后劲。能源工业投资得到加强，五年累计 1157.30 亿元，年均增长 30.9%。服务业投资大幅增长，五年累计 4411.31 亿元，年均增长 22.9%，占全市城镇固定资产投资的 56.5%，促进了社会公共资源的优化调整，支持了科教文卫各项社会事业的全面发展。

城市建设成就斐然，载体功能显著增强。五年累计，全市基础设施建设投资完成 2292.45 亿元，年均增长 29.8%。其中港口建设累计完成投资 275 亿元。五年净增道路面积 2910 万平方米，新建立交桥 24 座，市区快速路通车里程达到 190 公里。现代化大交通体系不断完善。津蓟高速和唐津、津晋、京沪等高速公路天津段竣工通车，京津塘高速公路二线主体工程和蓟平高速公路主线工程基本完工。我国第一条时速 300 公里的城际铁路京津城际铁路全线铺通。天津站枢纽改扩建工程进展顺利。天津滨海国际机场扩建工程竣工。城市轨道交通体系格局初现，津滨轻轨、地铁一号线投入运营，地铁二、三、九号线建设全面启动。黄万铁路和神华天津煤炭码头基本建成。

图10 2003-2007年城市基础设施建设投资及增速

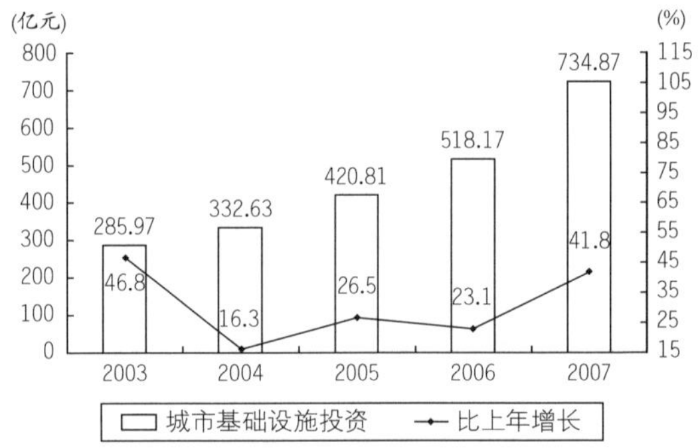

海河两岸综合开发进展加快，上游区域基础设施建设基本完成。一批新建、拓宽改造道路完工，数座新建、改造桥梁通车，形成“七横十二纵”路网。整修海河堤岸达到 13.84 公里，建成亲水平台 17.4 万平方米，一批沿河景观和文化设施落成，一批新的金融商贸设施建成交付使用，古文化街地区、大悲院地区等重点经济节点逐步形成，海河两岸服务型经济带、文化带和景观带的综合效益开始显现。

3. 对外贸易规模稳步扩大,经济外向度继续提高

五年来，我市紧紧抓住我国加入 WTO 和经济全球化带来的战略机遇，进一步加大对外开放力度，不断扩大对外贸易规模，外向型经济发展强劲，

成为拉动全市经济快速增长的重要引擎。全市外贸进出口总值累计2609亿美元，年均增长25.7%。其中出口1343.55亿美元，年均增长26.9%。进口1265.45亿美元，年均增长24.3%。出口产品结构不断优化，高附加值的电子信息、汽车零部件、新能源、生物医药、海洋石油化工产品成为出口的主导产品。

图11 2003-2007年外贸进出口总值

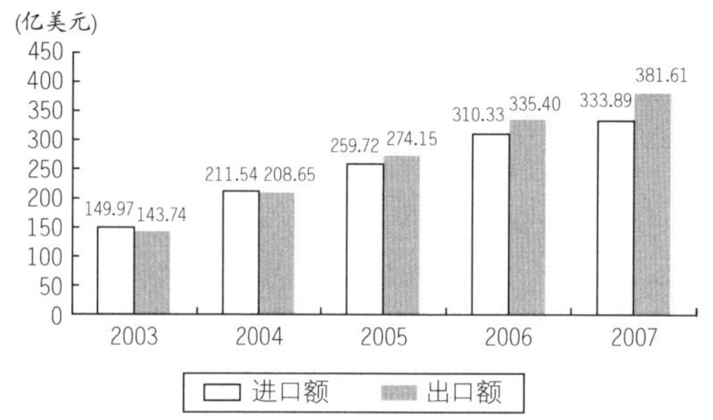

4. 开发开放取得新突破，大量资金涌入津门

随着滨海新区龙头带动、中心城区全面提升、各区县加快发展，三个层面经济的全面活跃，我市对内、对外开放力度不断加大，吸引了大量建设资金，有力地支持了全市经济的快速发展。

合同利用外资突破100亿美元。2007年，全市直接利用外资合同金额达到115.19亿美元。五年累计，实际直接利用外资168.43亿美元，年均增长28.6%。来津投资的世界500强跨国公司已达128家。利用外资结构发生明显变化。服务业利用外资规模迅速扩大，2007年合同金额和实际到位额比重分别达到58.0%和50.2%。新能源领域成为引资新亮点，风力发电、海水淡化、工业气体等一批新能源项目落户津门。

实际利用内资突破600亿元。全市实际利用内资由2002年的61.09亿元增加到2007年的612.05亿元，累计1734.79亿元，年均增长58.5%，我市成为全国引进内资的热点地区。

新增贷款突破1000亿元。全市金融机构本外币各项贷款余额由2002年末的2868.93亿元增加到2007年末的6543.83亿元，年均增长17.9%。2007年末贷款余额比年初增加1087.53亿元。

图12 2003-2007年金融机构本外币存贷款

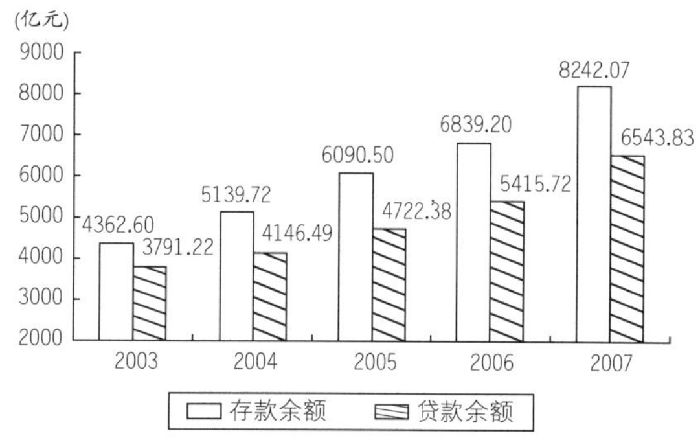

五、民计民生明显改善，构建和谐社会迈出新步伐

五年来，我市始终把维护好、实现好、发展好全市人民的利益作为工作的出发点和落脚点，坚持经济发展不欠社会进步的账，努力促进经济社会协调发展，社会发展综合水平始终位于全国前列。

1. 民生之本更加稳固，就业规模不断扩大

统筹城乡就业，加强就业技能培训，积极实施再就业工程，多渠道创造公益性岗位，努力拓宽就业渠道，就业总量不断扩大，实现了新增就业岗位数量多于新增下岗失业人员数量，就业结构明显改善。全市社会从业人员由2002年的492.61万人增加到2007年的613.93万人，五年增加121.32万人。城镇登记失业率由2002年的3.91%下降到2007年的3.60%。覆盖全市城乡的四级劳动就业服务信息服务系统投入运行。劳动力素质稳步提高，新增劳动力平均受教育年限超过14年。

2. 群众得到更多实惠，生活水平稳步提高

随着提高最低工资标准，提高企业退休人员养老金待遇以及一系列增加农民收入的政策措施的出台，城乡居民收入实现较快增长。城镇单位从业人员人均劳动报酬由2002年的16223元增加到2007年的33312元，年均递增15.5%。城市居民人均可支配收入由2002年的9338元增加到2007年的16357元，年均递增11.9%。农村居民人均纯收入由2002年的5315元增加到2007年的8752元，年均递增10.5%。与2000年相比，城乡居民收入同步翻一番，实现了“三步走”战略第二步人均收

入翻番目标。城市居民人均消费性支出由2002年的7192元增加到2007年的12029元，五年年均增长10.8%。居民消费结构明显升级，住房、汽车成为新的消费热点，旅游休闲消费成为时尚，通讯设备、家庭设备用品不断更新换代。

图13 2003-2007年城市居民人均可支配收入及增速

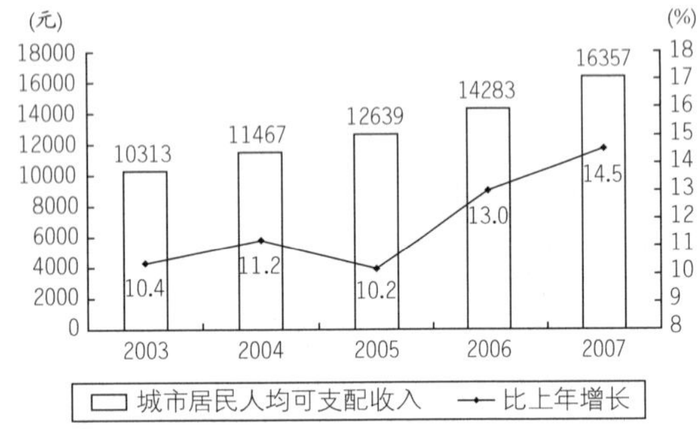

图14 2003-2007年农村居民人均纯收入及增速

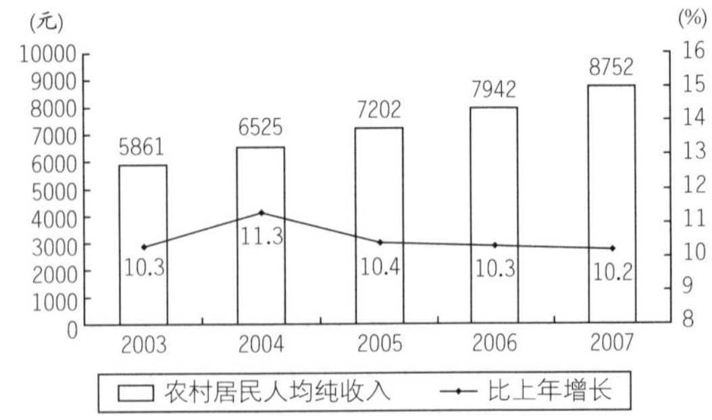

城乡居民生活条件不断改善。在全国率先启动住房保障体系建设，累计有7万户住房困难群众受益。经济适用房供应力度加大，2007年提供各类经济适用房420万平方米。规划建设10个新家园居住区，其中华明和双港两个居住区已经启动。2006年城市居民人均住房建筑面积达到26.1平方米，比2002年增加3.9平方米，农村居民人均住房面积达到26.4平方米，比2002年增加2.1平方米。统筹安排了一系列便民工程。改造了一批里巷道路和低洼积水点，补建了一批老住宅区供热系统，综合整修了一批旧楼区，2005年荣获“中国人居环境范例奖”。全市管道天然气实现了全覆盖。

大力实施“八加强一改进”，和谐社区建设始终走在全面前列。组织成立和谐社区建设协调委员会，为构建和谐社区搭建了工作平台。开展社区建设示范活动，命名并表彰了一批示范区、街。出台《和谐社区示范标准》，50%的区县达标。创办了“邻居节”，成为全国著名品牌，其中河西区天塔街连续举办了9年，在全国享有较高知名度。召开了全国社区教育队伍建设研讨会。创办了全国第一所社区性综合型职业学院天津城市职业学院。2006年南开区欣苑公寓成为全国唯一的学习型数字化社区。召开首届中国社区楼门建设论坛，南市“特色楼门”经验向全国推广。加快社区服务建设。河西区马场街开展“为民服务快车进社区”活动，荣获全国构建和谐社区自主创新奖。塘沽区福州道社区获“全国社区服务先进社区”称号。农村社区建设不断加速。

3. 社会保障体系进一步完善，保障能力显著提高

基本建立了城镇职工养老、医疗、失业、工伤、生育保险体系和城乡最低生活保障制度。2007年末，全市养老保险覆盖344.76万人，医疗保险覆盖382.46万人，失业保险覆盖221.5万职工，工伤保险覆盖257.17万职工，生育保险覆盖194.03万职工。符合低保条件的困难群众实现了应保尽保。积极发展社会福利、社会救济、优抚安置等社会保障事业，建立并完善了社会救助体系、社会互助体系和灾害救助体系，加大了抚恤和救济投入，提高了优抚和救济对象保障标准。2007年末全市共有收养性福利单位288所，拥有床位总数1.92万张，在院收养人员1.47万人。

4. 环境保护取得积极成效，人与环境更加和谐

实施了蓝天、碧水、安静等六大环保工程。环保创模通过国家验收，荣获“国家环境保护模范城市”荣誉称号。主要环境质量指标保持稳定，2007年空气质量二级以上良好天数达到320天，比2002年增加46天，环境空气质量优良率达到87.7%，五年提高12.6个百分点。饮用水源地水质达标率连续五年保持100%。城市生活污水集中处理率达到80%，生活垃圾无害化处理率达到

85.5%。2007 年末全市共有环境监测站 20 个，生态示范区 7 个，自然保护区 8 个，自然保护区面积 16.28 万公顷。

5. 社会事业全面进步，公共服务体系日益完善

大力调整资源布局，教育整体水平位居全国前列。农村义务教育全面实现，中小学教学设备全部完成升级换代。基础教育不断加强，累计建成 56 所示范中学，启动了“历史名校”建设工程。普通高中五年累计招收学生 34.86 万人，高中阶段毛入学率达到 93%。高等教育进入普及化阶段，五年累计招收学生 54.78 万人，高等教育毛入学率达到 55%，累计培养毕业生 33.54 万人。职业教育继续保持优势，全市中等职业学校五年累计招收学生 21.60 万人。我市与教育部共建国家职业教育改革试验区工作进度良好。

图15 2003-2007年各类教育招生人数

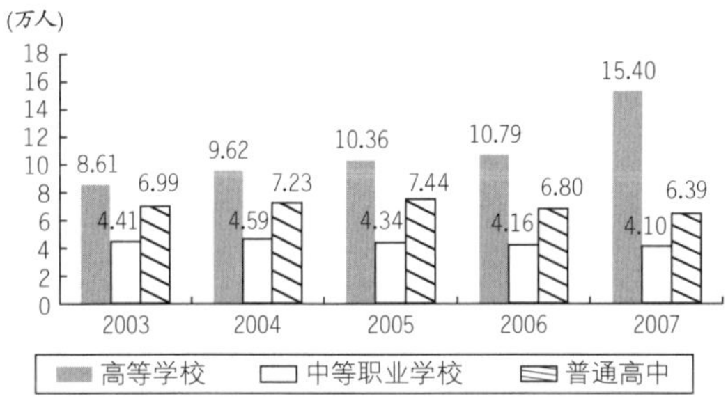

文化建设成就显著。五年来先后建成天津博物馆、中华剧院、光华剧院、华夏未来少儿艺术中心二期、少儿图书馆等标志性文化设施，维修改造了中国大戏院、天津图书馆、文庙博物馆等文化场馆。小白楼音乐厅、今晚传媒大厦、滨湖剧院、数字电视大厦、广播影视传媒学院等一批项目也相继开工建设。文艺创作精品迭出。京剧《华子良》、话剧《为你喝彩》、芭蕾舞剧《精卫》等一批独具天津特色的优秀文艺作品在全国屡屡获奖。话剧《望天吼》、评剧《凤阳情》入选国家舞台艺术精品工程。天津京剧、宝坻评剧、京东大鼓、杨柳青木板年画、天津泥人张彩塑等进入我国第一批国家级非物质文化遗产名录。

公共卫生体系建设不断加强，医疗卫生设施条件和医疗整体水平显著提高。人民医院、眼科医院、东方器官移植中心、妇女儿童保健中心、医大总医院二期投入使用，防病中心、传染病医院改扩建完工。新型农村合作医疗实现地域全覆盖，人口覆盖率达到 89.2%。

体育事业蓬勃发展。体育场馆建设加快。天津奥林匹克体育中心竣工并正式投入使用。一批重大赛事在津举行。世界杯女子水球比赛、中俄青少年运动会在津举办，成功承办女足世界杯部分赛事，获得第六届东亚运动会举办权。竞技体育成绩辉煌。2003-2006 年四年累计，我市运动员在国际和全国重大比赛中共获得金牌 81.5 块，银牌 55 块，铜牌 42.5 块。在雅典奥运会、多哈亚运会和全运会上，我市体育健儿都取得较好成绩。天津女排全国女排联赛中取得“五冠王”。2007 年天津女足获得全国女足足协杯赛和超级联赛“双冠王”。群众体育工作始终保持全国领先。在全国首创“假日体育”大型群体健身活动。国民体质监测总体达标率高于全国平均水平。

回首过去五年，这是一个科学发展、社会和谐的五年，我市经济和社会发展取得了新的重大成就。综合经济实力进一步增强，自主创新能力不断提高，经济发展方式转变加快，人民群众得到更多实惠。随着滨海新区开发开放战略的深入落实，我市必将以崭新的面貌进入科学发展、和谐发展、率先发展的新阶段。

（杜 威、王雪飞）

第1篇
CHAPTER 1
综合
General Survey

1-1 行政建制(2007年底)
Administrative Divisions (End of 2007)

单位：个 (unit)

项　目	Item	行政区域面积 Administrative Area (平方公里) (sq. km)	街道办事处 Subdistrict Offices	居民委员会 Residents' Committees	镇政府 Town Governments	乡政府 Township Governments	村民委员会 Village Committees
全市总计	**Total**	**11760.3**	**107**	**1455**	**117**	**20**	**3840**
市辖区	**Districts under City Administration**	**7398.9**	**106**	**1374**	**70**	**9**	**2224**
和平区	Heping District	10.0	6	62			
河东区	Hedong District	39.6	13	137			
河西区	Hexi District	38.0	13	197			
南开区	Nankai District	38.6	12	241			
河北区	Hebei District	29.6	10	98			
红桥区	Hongqiao District	21.3	10	171			
塘沽区	Tanggu District	782.4	11	83	1		32
汉沽区	Han'gu District	409.2	4	44	4		58
大港区	Dagang District	1041.0	5	82	3		74
东丽区	Dongli District	478.5	7	45	1	1	109
西青区	Xiqing District	566.3	2	45	7		164
津南区	Jinnan District	387.9		26	8		165
北辰区	Beichen District	473.0	4	91	9		126
武清区	Wuqing District	1574.8	6	26	19	5	731
宝坻区	Baodi District	1508.8	3	26	18	3	765
市辖县	**Counties under City Administration**	**4361.4**	**1**	**81**	**47**	**11**	**1616**
宁河县	Ninghe County	1296.0		26	11	3	283
静海县	Jinghai County	1475.7		35	16	2	384
蓟　县	Jixian County	1589.7	1	20	20	6	949

资料来源：天津市民政局。
Sources: Tianjin Civil Affairs Bureau.

1-2 土地面积(2007年)
Area of Land, 2007

项　目	Item	面　积 Area (平方公里) (sq. km)	占全市土地总面积比重(%) Percentage to Total Area (%)
全市土地总面积	**Total Land Area**	**11919.70**	**100.0**
农用地	**Land for Agricultural Production**	**6992.10**	**58.7**
耕　地	Cultivated Land	4436.90	37.2
园　地	Garden Plot	363.00	3.0
林　地	Afforested Land	363.00	3.0
牧草地	Grassland	6.10	0.1
其他农用地	Others	1823.10	15.3
建设用地	**Land for Construction**	**3603.00**	**30.2**
居民点及工矿用地	Land for Residents and Industry	2745.30	23.0
交通用地	Land for Transportation	205.60	1.7
水利设施用地	Land for Water Conservancy	652.10	5.5
未利用地面积	**Unused Area**	**1324.60**	**11.1**
未利用土地	Unused Soil	365.60	3.1
其他土地	Other Land	959.00	8.0

资料来源：天津市国土资源和房屋管理局。
Sources: Bureau of Land Resources and Housing Management of Tianjin.

1-3 各月份气象资料（2007年）
Meteorological Data of Each Month, 2007

月 份 Month	平均气温 Average Temperature (℃)	最高气温 The Highest Temperature (℃)	最低气温 The Lowest Temperature (℃)	相对湿度 Average Relative Humidity (%)	日照时数(小时) Hours of Sunshine (hour)	降水量(毫米) Precipi-tation (mm)	一日最大降水量(毫米) Largest Precipitation in a Day (mm)	平均风速(米/秒) Average Wind Speed (m/sec)
一 月 January	-2.8	8.4	-10.6	58	154.9	2.3	2.3	2.5
二 月 February	3.3	13.4	-9.4	55	156	0	0	2.7
三 月 March	5.9	21.8	-7.8	64	140.5	42.4	27.1	3.4
四 月 April	14.7	31.2	3.6	45	231.7	2.3	1.9	3.5
五 月 May	22	38.5	10.5	46	250.8	41.8	21	3.4
六 月 June	25.8	36.7	17.4	63	153.9	51.3	26.5	2.3
七 月 July	27.2	35.2	20.1	69	207.6	76.2	56.2	2.3
八 月 August	26.4	37.4	18.9	71	190.2	36	13.9	1.9
九 月 September	22.1	32.5	12.4	70	165.2	45.1	20.6	1.8
十 月 October	13.2	25.2	1.4	69	128.2	70.3	26.6	2.1
十一月 November	5.6	17.9	-4.2	59	166.7	0	0	2.2
十二月 December	0	8.4	-6.3	60	139.7	4.4	2.8	2.3

1-4 各区县气象资料（2007年）
Meteorological Data by District and County, 2007

地 区 Region	全年平均气温 Annual Average Temperature (℃)	平均相对湿度 Average Relative Humidity (%)	日照时数(小时) Hours of Sunshine (hour)	降水量(毫米) Precipitation (mm)	无霜期(天) Non-frosting Period (day)	雾天数(天) Foggy Days (day)
市 区 Urban District	14.5	57	1861.1	565.2	230	32
塘沽区 Tanggu District	13.9	62	2273.3	646.9	222	28
汉沽区 Han'gu District	12.9	69	2592.9	589.6	215	43
大港区 Dagang District	13.9	62	2122.8	508.9	234	21
东丽区 Dongli District	13.9	61	2497.3	581.3	221	36
西青区 Xiqing District	13.6	61	2085.4	372.1	211	31
津南区 Jinnan District	13.9	61	2559.6	547	222	28
北辰区 Beichen District	13.1	61	2147.4	445.6	215	33
武清区 Wuqing District	13.0	64	2058.9	501.1	215	41
宝坻区 Baodi District	12.4	63	2247.3	546.3	214	40
宁河县 Ninghe County	13.0	66	2544.2	607.5	222	32
静海县 Jinghai County	13.7	61	2044.4	446.4	215	43
蓟 县 Jixian County	13.7	55	2270.6	571.5	198	20

资料来源：天津市气象信息中心。
Sources: Tianjin Meteorological Information Center.

1-5 法人和产业活动单位数（2007年底）（按登记注册类型分）
Number of Institutional Units and Unit with Industrial Undertakings, the End of 2007 (Grouped by Registered Type)

单位：个 (unit)

项　目	Item	合　计 Total	法人单位 Institutional Units	# 企业法人 Enterprise Institution
总　计	**Total**	**133669**	**113972**	**98861**
内资企业	**Domestic-funded**	**124750**	**106622**	**91535**
国　有	State-owned	18465	12204	4964
集　体	Collective-owned	12313	10009	9534
股份合作	Cooperative	1882	1162	1140
联营企业	Joint Ownership Enterprises	476	388	375
国有联营	State Joint Ownership	114	88	86
集体联营	Collective Joint Ownership	160	125	121
国有与集体联营	State-owned and Collective Joint Ownership	96	87	85
其他联营	Others	106	88	83
有限责任公司	Limited Liability Corporations	18839	16292	16239
国有独资公司	Sole State-owned Corporations	410	306	302
其他有限责任公司	Other Limited Liability Corporations	18429	15986	15937
股份有限公司	Share Holding Corporations Ltd.	3698	1747	1656
私营企业	Private Enterprises	57807	54867	54624
私营独资	Sole Private Enterprises	10512	10062	9948
私营合伙	Private Partnership	3158	3054	3002
私营有限责任公司	Private Limited Liability Corporations	42006	39742	39675
私营股份有限公司	Private Share Holding Corporations Ltd.	2131	2009	1999
其　他	Others	11270	9953	3003
港、澳、台商投资企业	**Enterprises with Investment from Hong Kong, Macao and Taiwan**	**2321**	**1918**	**1912**
与港澳台商合资经营	Hong Kong, Macao and Taiwan Joint Venture	938	738	736
与港澳台商合作经营	Hong Kong, Macao and Taiwan Cooperative Operation	78	64	63
港澳台商独资	Hong Kong, Macao and Taiwan Funded Solely	1271	1082	1079
港澳台商投资股份有限公司	Hong Kong, Macao and Taiwan Share Holding Corporations Ltd.	34	34	34
外商投资企业	**Foreign Funded Enterprises**	**6598**	**5432**	**5414**
中外合资经营	Chinese-foreign Joint Venture	2037	1710	1706
中外合作经营	Chinese-foreign Cooperative Operation	196	165	158
外资企业	Foreign Investment Enterprise	4248	3485	3479
外商投资股份有限公司	Foreign-funded Share Holding Corporations Ltd.	117	72	71

1-5 续表 Continued

单位：个 (unit)

项　目	Item	产业活动单位 Unit with Industrial Undertakings	企　业 Enterprise
总　计	**Total**	**19697**	**15241**
内资企业	**Domestic-funded**	**18128**	**13728**
国　有	State-owned	6261	2865
集　体	Collective-owned	2304	1954
股份合作	Cooperative	720	713
联营企业	Joint Ownership Enterprises	88	79
国有联营	State Joint Ownership	26	21
集体联营	Collective Joint Ownership	35	35
国有与集体联营	State-owned and Collective Joint Ownership	9	6
其他联营	Others	18	17
有限责任公司	Limited Liability Corporations	2547	2508
国有独资公司	Sole State-owned Corporations	104	93
其他有限责任公司	Other Limited Liability Corporations	2443	2415
股份有限公司	Share Holding Corporations Ltd.	1951	1935
私营企业	Private Enterprises	2940	2876
私营独资	Sole Private Enterprises	450	432
私营合伙	Private Partnership	104	101
私营有限责任公司	Private Limited Liability Corporations	2264	2227
私营股份有限公司	Private Share Holding Corporations Ltd.	122	116
其　他	Others	1317	798
港、澳、台商投资企业	**Enterprises with Investment from Hong Kong, Macao and Taiwan**	**403**	**382**
与港澳台商合资经营	Hong Kong, Macao and Taiwan Joint Venture	200	198
与港澳台商合作经营	Hong Kong, Macao and Taiwan Cooperative Operation	14	14
港澳台商独资	Hong Kong, Macao and Taiwan Funded Solely	189	170
港澳台商投资股份有限公司	Hong Kong, Macao and Taiwan Share Holding Corporations Ltd.		
外商投资企业	**Foreign Funded Enterprises**	**1166**	**1131**
中外合资经营	Chinese-foreign Joint Venture	327	316
中外合作经营	Chinese-foreign Cooperative Operation	31	30
外资企业	Foreign Investment Enterprise	763	741
外商投资股份有限公司	Foreign-funded Share Holding Corporations Ltd.	45	44

1-6 法人活动单位数(2007年底)(按行业类别分)
Number of Institutional Units, the End of 2007 (Grouped by Sector)

单位: 个 (unit)

项 目	Item	合 计 Total	法人单位 Institutional Units	#企业法人 Enterprise Institution	产业活动单位 Unit with Industrial Undertakings
总 计	**Total**	**133669**	**113972**	**98861**	**19697**
农、林、牧、渔业	**Farming, Forestry, Animal Husbandry and Fishery**	860	764	595	96
农 业	Farming	151	145	122	6
林 业	Forestry	57	57	36	0
畜牧业	Animal Husbandry	270	267	230	3
渔 业	Fishery	129	129	89	0
农、林、牧、渔服务业	FFAF Services	253	166	118	87
采矿业	**Minerals Mining**	**148**	**127**	**127**	**21**
煤炭开采和洗选业	Mining and Washing of Coal	10	9	9	1
石油和天然气开采业	Extraction of Petroleum and Natural Gas	56	38	38	18
黑色金属矿采选业	Mining and Processing of Ferrous Metal Ores	6	6	6	0
有色金属矿采选业	Mining and Processing of Non-Ferrous Metal Ores	6	6	6	0
非金属矿采选业	Mining and Processing of Nonmetal Ores	67	66	66	1
其他采矿业	Mining of Other Ores	3	2	2	1
制造业	**Manufacturing**	**35937**	**35099**	**35099**	**838**
农副食品加工业	Processing of Food from Agricultural Products	931	903	903	28
食品制造业	Manufacture of Food	959	910	910	49
饮料制造业	Manufacture of Beverage	298	285	285	13
烟草制品业	Manufacture of Tobacco	3	2	2	1
纺织业	Manufacture of Textile	1362	1343	1343	19
纺织服装、鞋、帽	Manufacture of Textile Wearing Apparel, Footware and Caps	1566	1527	1527	39
皮革、毛皮、羽毛(绒)及其制品业	Manufacture of Leather, Fur, Feather and Related Products	305	298	298	7
木材加工及木、竹、藤、棕、草制品业	Processing of Timber, Manufacture of Wood, Bamboo, Rattan, Palm, and Straw Products	505	496	496	9
家具制造业	Manufacture of Furniture	552	539	539	13
造纸及纸制品业	Manufacture of Paper and Paper Products	1147	1137	1137	10
印刷业和记录媒介的复制	Printing, Reproduction of Recording Media	872	856	856	16
文教体育用品制造业	Manufacture of Articles For Culture, Education and Sport Activity	433	423	423	10
石油加工、炼焦及核燃料加工业	Processing of Petroleum, Coking, Processing of Nuclear Fuel	190	183	183	7

1-6 续表 1 Continued

单位：个 (unit)

项目	Item	合计 Total	法人单位 Institutional Units	#企业法人 Enterprise Institution	产业活动单位 Unit with Industrial Under -takings
化学原料及化学制品制造业	Manufacture of Raw Chemical Materials and Chemical Products	2740	2669	2669	71
医药制造业	Manufacture of Medicines	394	374	374	20
化学纤维制造业	Manufacture of Chemical Fibers	65	63	63	2
塑料制品业	Manufacture of Rubber	1795	1764	1764	31
橡胶制品业	Manufacture of Plastics	615	605	605	10
非金属矿物制品业	Manufacture of Non-metallic Mineral Products	1615	1565	1565	50
黑色金属冶炼及压延加工业	Smelting and Pressing of Ferrous Metals	1047	1035	1035	12
有色金属冶炼及压延加工业	Smelting and Pressing of Non-ferrous Metals	481	476	476	5
金属制品业	Manufacture of Metal Products	4292	4221	4221	71
通用设备制造业	Manufacture of General Purpose Machinery	3871	3809	3809	62
专用设备制造业	Manufacture of Special Purpose Machinery	2124	2071	2071	53
交通运输设备制造业	Manufacture of Transport Equipment	2725	2667	2667	58
电气机械及器材制造业	Manufacture of Electrical Machinery and Equipment	1881	1814	1814	67
通信设备、计算机及其他电子设备制造业	Manufacture of Communication Equipment, Computers and Other Electronic Equipment	1227	1175	1175	52
仪器仪表及文化、办公用机械制造业	Manufacture of Measuring Instruments and Machinery for Cultural Activity and Office Work	807	788	788	19
工艺品及其他制造业	Manufacture of Artwork and Other Manufacturing	1000	968	968	32
废弃资源和废旧材料回收加工业	Recycling and Disposal of Waste	135	133	133	2
电力、燃气及水的生产和供应业	**Production and Supply of Electric Power and Heat Power**	**435**	**252**	**252**	**183**
电力、热力的生产和供应业	Production and Supply of Electric & Heat Energy	279	141	141	138
燃气生产和供应业	Production and Supply of Gas	62	43	43	19
水的生产和供应业	Production and Supply of Water	94	68	68	26
建筑业	**Construction**	**5483**	**4515**	**4515**	**968**
房屋和土木工程建筑业	Building and Civil Engineering	1869	1299	1299	570
建筑安装业	Building Installation	1534	1377	1377	157
建筑装饰业	Building Decoration	1477	1325	1325	152
其他建筑业	Others	603	514	514	89

1-6 续表 2 Continued

单位：个 (unit)

项　目	Item	合　计 Total	法人单位 Institutional Units	# 企业法人 Enterprise Institution	产业活动单位 Unit with Industrial Under-takings
交通运输、仓储和邮政业	**Transportation, Storage and Post Services**	**5877**	**4930**	**4902**	**947**
铁路运输业	Railway Transport	104	49	49	55
道路运输业	Highway Transport	1116	978	956	138
城市公共交通业	City Public Traffic	160	119	117	41
水上运输业	Waterway Transport	266	229	229	37
航空运输业	Air Transport	45	24	24	21
管道运输业	Pipeline Transport	9	5	5	4
装卸搬运和其他运输服务业	Load & Unload and Others	2880	2602	2598	278
仓储业	Storage Services	1008	882	882	126
邮政业	Post Services	289	42	42	247
信息传输、计算机服务和软件业	**Information Transmitting, Computer Services and Software**	**1850**	**1595**	**1523**	**255**
电信和其他信息传输服务业	Telecommunication and Other Information Transmitting Service	409	224	201	185
计算机服务业	Computer Services	844	797	754	47
软件业	Software	597	574	568	23
批发和零售业	**Wholesale and Retail Trade**	**35150**	**29115**	**29115**	**6035**
批发业	Wholesale	21679	19973	19973	1706
零售业	Retail	13471	9142	9142	4329
住宿和餐饮业	**Accommodation and Catering Services**	**2795**	**1949**	**1937**	**846**
住宿业	Accommodation	675	548	537	127
餐饮业	Catering Service	2120	1401	1400	719
金融业	**Finance Intermediation**	**3240**	**630**	**623**	**2610**
银行业	Banking	2603	302	300	2301
证券业	Securities	132	88	86	44
保险业	Insurance	374	123	121	251
其他金融活动	Others	131	117	116	14
房地产业	**Real Estate**	**4155**	**3220**	**3218**	**935**
租赁和商务服务业	**Leasing and Business Services**	**8881**	**7851**	**7140**	**1030**
租赁业	Leasing Serving	367	316	312	51
商务服务业	Business Serving	8514	7535	6828	979

1-6 续表 3 Continued

单位：个 (unit)

项 目	Item	合 计 Total	法人单位 Institutional Units	#企业法人 Enterprise Institution	产业活动单位 Unit with Industrial Under-takings
科学研究、技术服务和地质勘查业	**Scientific Research,Technical Services and Geological Prospecting**	**5865**	**5518**	**4794**	**347**
研究与试验发展	R&D	319	293	197	26
专业技术服务业	Special Technical Services	2449	2234	1815	215
科技交流和推广服务业	Science Exchanges and Technology Expansion	3052	2950	2754	102
地质勘查业	Geological Prospecting	45	41	28	4
水利、环境和公共设施管理业	**Management for Water Conservancy, Environment and Public Facilities**	**1101**	**926**	**342**	**175**
水利管理业	Management for Water Conservancy	308	293	36	15
环境管理业	Management for Environment	322	237	90	85
公共设施管理业	Management for Public Facilities	471	396	216	75
居民服务和其他服务业	**Resident Services and Other Social Services**	**5264**	**4531**	**3897**	**733**
居民服务业	Resident Services	2223	1830	1342	393
其他服务业	Others	3041	2701	2555	340
教 育	**Education**	**3808**	**2590**	**132**	**1218**
卫生、社会保障和社会福利业	**Health Care, Social Security and Social Welfare**	**2087**	**1053**	**115**	**1034**
卫 生	Health Care	1784	788	100	996
社会保障业	Social Security	133	120	9	13
社会福利业	Social Welfare	170	145	6	25
文化、体育和娱乐业	**Culture, Sports and Recreational Services**	**1094**	**976**	**535**	**118**
新闻出版业	News Publication	126	108	50	18
广播、电视、电影和音像业	Broadcast, TV, Movies Record and Video Industry	148	135	50	13
文化艺术业	Culture and Art	316	293	119	23
体 育	Sports	160	143	53	17
娱乐业	Recreational Services	344	297	263	47
公共管理和社会组织	**Public Management and Social Organizations**	**9639**	**8331**		**1308**
中国共产党机关	Chinese Communist Party Agencies	185	182		3
国家机构	Government Agencies	2957	1744		1213
人民政协和民主党派	The People's Political Consultative Conference Committees and Democracy Party Groupings	62	62		
群众团体、社会团体和宗教组织	Mass Organizations, Social Organizations and Religious Groups	1139	1059		80
基层群众自治组织	Grass-roots Mass Autonomy Organizations	5296	5284		12

1-7 主要年份国民经济主要指标和增长速度
Main Indicators and Increase Rate of National Economy in Main Years

年 份 Year	户籍人口数 (万人) Registered Population (10 000 persons)	社会从业人员数 (万人) Number of Employment Personnel (10 000 persons)	# 城镇单位从业人员 Employment Personnel in Urban Units	全市生产总值 (亿元) Gross Domestic Product (100 million yuan)	人 均 生产总值 (元) Per Capita GDP (yuan)	社会劳动生产率 (元/人) Society Labour Productivity (yuan/person)
1952	439.22	159.50	45.18	12.80	298	825
1957	529.65	186.50	86.24	24.11	465	1311
1962	595.63	203.80	106.48	24.25	406	1166
1965	637.80	227.50	120.30	35.96	560	1602
1970	652.70	270.20	135.81	50.99	781	1960
1975	702.86	328.60	181.46	69.73	991	2232
1978	724.27	366.70	217.40	82.65	1133	2300
1980	748.91	394.79	242.69	103.53	1357	2671
1985	804.80	455.98	276.48	175.78	2169	3892
1990	866.25	470.07	284.31	310.95	3487	6617
1995	894.67	515.30	289.59	931.97	9769	18126
1996	898.45	512.00	283.98	1121.93	11734	21842
1997	899.80	513.33	281.34	1264.63	13142	24668
1998	905.09	508.10	218.56	1374.60	14243	26915
1999	910.17	508.14	211.76	1500.95	15405	29539
2000	912.00	486.89	201.75	1701.88	17353	34208
2001	913.98	488.34	192.30	1919.09	19141	39357
2002	919.05	492.61	185.50	2150.76	21387	43851
2003	926.00	510.90	191.01	2578.03	25544	51380
2004	932.55	527.78	193.91	3110.97	30575	59902
2005	939.31	542.52	194.12	3697.62	35783	69095
2006	948.89	562.92	195.00	4344.27	41022	78598
2007	959.10	613.93	200.22	5050.40	46122	85829
平均每年递增(%) Average Annual Increase Rate (%)						
1953-1957	3.8	3.2	13.8	13.5	9.3	9.7
1958-1962	2.4	1.8	4.3	-1.7	-4.4	-4.1
1963-1965	2.3	3.7	4.2	15.5	12.7	12.6
1966-1970	0.5	3.5	2.5	8.3	7.9	5.1
1971-1975	1.5	4.0	6.0	7.2	5.6	3.4
1976-1980	1.3	3.7	6.0	7.4	5.7	2.9
1981-1985	1.4	2.9	2.6	9.3	8.0	6.0
1986-1990	1.5	0.6	0.6	5.2	3.2	4.4
1991-1995	0.6	1.9	0.4	11.7	10.2	9.7
1996-2000	0.4	-1.1	-7.0	11.3	10.7	12.0
2001-2005	0.6	2.2	-0.8	14.0	12.8	12.3
1981-1990	1.5	1.8	1.6	7.3	5.6	5.2
1991-2000	0.5	0.4	-3.4	11.5	10.4	10.9
1953-2007	1.4	2.5	2.7	9.1	7.3	6.5
1979-2007	1.0	1.8	-0.3	10.6	9.0	8.7
2007比2006	1.1	9.1	2.7	15.2	11.5	8.3

注：1. 本表全市生产总值、人均生产总值按现价计算，速度按可比价计算。2. 社会劳动生产率按现价全市生产总值计算，速度按可比价计算。
Note: a) Gross domestic product and per capita GDP are calculated at current prices, increase rate are based on comparable prices. b) Society labour productivity are calculated at current prices of GDP,increase rate are based on comparable prices.

1-7 续表 1 Continued

单位：亿元 (100 million yuan)

年 份 Year	农业总产值 Gross Output Value of Agriculture	工业总产值 Gross Output Value of Industry	轻工业 Light Industry	重工业 Heavy Industry	中资金融机构人民币存款余额 RMB Deposits of Chinese Financial Institutions	# 储 蓄 存款余额 Savings Deposit Balance
1952	2.73	19.71	16.36	3.35	2.66	0.50
1957	3.23	40.44	29.01	11.43	3.08	1.05
1962	2.78	45.39	29.12	16.27	10.33	0.93
1965	4.82	66.35	39.08	27.27	12.19	1.57
1970	5.20	102.77	54.83	47.94	14.54	1.59
1975	5.39	145.57	74.47	71.10	25.69	2.88
1978	6.72	157.90	81.47	76.43	33.24	4.02
1980	9.25	195.94	106.00	89.94	44.92	7.96
1985	20.44	319.47	164.22	155.25	114.25	29.38
1990	51.72	679.94	354.50	325.44	263.21	126.92
1995	125.44	1879.65	752.03	1127.62	1079.97	549.97
1996	133.53	2177.42	1014.46	1162.96	1399.06	724.91
1997	140.47	2450.21	1130.04	1320.17	1634.95	863.36
1998	156.16	2562.62	1157.09	1405.53	1860.84	1020.14
1999	150.11	2751.37	1128.47	1622.90	2060.02	1130.19
2000	156.30	3080.74	1263.10	1817.64	2281.55	1172.40
2001	169.51	3366.53	1153.73	2212.80	2562.55	1284.95
2002	181.07	3717.72	1207.88	2509.84	3018.26	1486.38
2003	193.44	4370.76	1254.68	3116.08	4033.51	1825.32
2004	221.35	6186.04	1398.65	4787.39	4729.61	2116.73
2005	238.34	7169.62	1569.06	5600.56	5684.40	2462.41
2006	225.04	8907.45	1664.03	7243.42	6531.94	2811.02
2007	240.74	10502.91	1967.37	8535.54	7856.65	3078.72
平均每年递增 (%) Average Annual Increase Rate (%)						
1953-1957	3.8	16.6	13.5	29.5	3.0	16.0
1958-1962	-2.6	0.4	-1.3	4.5	27.4	-2.3
1963-1965	18.8	15.5	12.8	20.6	5.7	19.0
1966-1970	1.1	10.3	7.5	14.5	3.6	0.3
1971-1975	1.1	8.5	6.7	10.6	12.1	12.6
1976-1980	3.5	6.0	7.7	4.1	11.8	22.5
1981-1985	9.7	9.7	10.1	9.1	20.5	29.8
1986-1990	8.6	10.6	10.2	11.2	18.2	34.0
1991-1995	7.0	20.7	16.3	24.9	32.6	34.1
1996-2000	6.2	15.2	15.8	14.8	16.1	16.3
2001-2005	6.1	21.5	10.4	27.4	20.0	16.0
1981-1990	9.2	10.2	10.1	10.1	19.6	31.9
1991-2000	6.6	17.9	16.0	19.7	24.1	24.9
1953-2007	5.1	12.4	9.9	15.4	15.6	17.2
1979-2007	7.5	15.6	12.7	16.9	20.7	25.7
2007比2006	1.5	20.1	19.4	20.2	20.3	9.5

注：1. 农业总产值按现价计算，速度按可比价计算。2. 工业总产值1995年以后为现价新规定，以前为原规定，速度按可比价计算，以下各表同。3. 金融机构人民币存、贷款余额为当年年末数。

Note: a) Gross output value of agriculture are calculated at current prices; increase rate are based on comparable prices. b) Gross output value of industry are calculated at current prices of new stipulation after 1995, others are former stipulation.Increase rate are based on comparable prices, same as following next. c) RMB deposits and loans of financial institutions are year-end figures.

1-7 续表 2 Continued

单位：亿元 (100 million yuan)

年 份 Year	中资金融机构人民币贷款余额 RMB Loans of Chinese Financial Institutions	全市财政收 入 Total Government Revenue	全市财政支 出 Total Government Expenditures	全社会固定资产投资额 Total Investment in Fixed Assets	#地 方 Local	全社会新增固定资产 Total Newly Increased in Fixed Assets
1952	0.46	3.88	1.08	1.03	0.32	
1957	10.91	7.99	1.63	2.40	1.13	
1962	24.96	9.77	2.49	1.86	1.33	
1965	25.25	13.33	3.50	2.91	1.84	
1970	39.04	28.02	6.40	6.17	4.34	
1975	68.59	39.17	10.61	16.25	8.88	
1978	80.14	39.25	14.51	20.30	10.03	
1980	102.66	40.94	14.67	23.92	14.53	17.84
1985	191.04	48.21	26.97	65.90	50.80	42.62
1990	415.91	44.88	40.20	87.69	57.47	65.16
1995	1113.95	117.34	90.37	393.18	309.75	300.86
1996	1357.38	137.45	110.19	435.81	325.71	313.12
1997	1502.91	169.12	140.08	498.66	376.69	320.46
1998	1629.12	186.55	155.15	575.86	452.11	439.58
1999	1825.26	206.89	177.62	567.36	405.31	459.54
2000	1863.60	244.81	209.57	608.80	463.83	434.28
2001	2159.86	304.52	259.78	705.10	567.40	476.92
2002	2519.04	375.92	300.07	811.26	677.60	537.98
2003	3426.02	451.74	350.63	1046.72	893.73	656.99
2004	3821.38	502.17	431.49	1258.98	1067.97	696.56
2005	4417.45	725.81	520.28	1516.84	1288.85	847.79
2006	5106.94	926.33	654.15	1849.80	1523.01	1423.73
2007	6131.63	1204.65	839.35	2388.63	1915.38	1302.95
平均每年递增 (%) Average Annual Increase Rate (%)						
1953-1957	88.3	15.5	8.6	20.8	36.6	
1958-1962	18.0	4.1	8.8	24.4	45.7	
1963-1965	0.4	10.9	12.0	26.4	20.7	
1966-1970	9.1	16.0	12.8	6.7	4.1	
1971-1975	11.9	6.9	10.6	22.0	14.0	
1976-1980	8.4	0.9	6.7	6.5	7.7	
1981-1985	13.2	3.3	12.9	20.8	29.6	23.6
1986-1990	16.8	-1.4	8.3	6.7	2.3	13.4
1991-1995	21.8	21.2	17.6	36.8	43.3	35.1
1996-2000	10.8	15.9	18.3	10.6	9.1	9.1
2001-2005	18.8	24.3	19.9	19.4	22.9	13.4
1981-1990	15.1	0.9	10.6	16.8	19.6	17.9
1991-2000	16.2	18.5	18.0	26.3	28.9	25.9
1953-2007	18.8	11.0	12.9	14.6	16.8	
1979-2007	16.1	12.5	15.0	17.4	19.8	
2007比2006	20.1	30.1	28.3	29.1	25.8	-8.5

注：1994年以前全市财政收支为原地方预算内财政收支口径；1994年以后为分税制后的全市财政收支数。
Note: Before 1994, total government revenue and expenditure intra-budgetary refer to original local government budgetary revenue and expenditure; but it has been total government revenue and expenditure of the city since the reform of tax system was implemented in 1994.

1-7 续表 3 Continued

年 份 Year	全社会房屋建筑竣工面积 (万平方米) Total Floor Space of Buildings Completed (10 000 sq. m)	#住 宅 Residential Buildings	社 会 货运量 (万吨) Freight Traffic (10 000 tons)	港口货物吞吐量 (万吨) Freight Handled at Ports (10 000 tons)	邮电业务总量 (万元) Total Business Value of Post and Telecomm-unications (10 000 yuan)	社会消费品零售总额 (亿元) Total Retail Sales of Consumer Goods (100 million yuan)
1952			1748	74	894	7.19
1957			2984	284	935	10.55
1962			3498	391	1436	12.31
1965			3450	549	1621	12.32
1970			4837	817	1660	14.57
1975			6766	826	2385	21.18
1978			9241	1131	2710	25.20
1980			13949	1192	3163	34.64
1985	1220.89	853.91	18249	1856	5290	64.12
1990	686.39	468.84	15929	2063	32735	139.88
1995	1263.82	690.68	24040	5787	187195	375.64
1996	1470.04	965.55	24133	6188	256978	470.04
1997	1210.02	678.43	25090	6789	342848	535.02
1998	1142.49	689.63	24505	6818	474067	587.12
1999	1330.66	852.35	27052	7298	567242	657.28
2000	1459.36	910.30	26400	9582	753669	736.63
2001	1614.93	958.73	28608	11369	702206	832.70
2002	1835.39	1043.38	31016	12906	903296	941.36
2003	2072.31	1121.97	35252	16182	1157060	922.27
2004	2353.92	1428.39	37934	20619	1467836	1044.78
2005	2863.36	1662.53	40263	24069	1763477	1190.06
2006	2960.32	1726.71	42863	25760	2277902	1356.79
2007	2600.70	1648.29	51338	30946	3006714	1603.74
平均每年递增 (%) Average Annual Increase Rate (%)						
1953-1957			11.3	30.9	0.9	5.5
1958-1962			3.2	6.6	9.0	0.8
1963-1965			-0.5	12.0	4.1	4.0
1966-1970			7.0	8.3	0.5	3.7
1971-1975			6.9	0.2	7.5	7.8
1976-1980			15.6	7.6	5.8	8.8
1981-1985			5.5	9.3	10.8	9.3
1986-1990	-10.9	-11.3	-2.7	2.1	24.9	6.5
1991-1995	13.0	8.1	8.6	22.9	41.7	9.2
1996-2000	2.9	5.7	2.0	10.6	32.1	14.8
2001-2005	14.4	12.8	8.8	20.2	26.0	15.0
1981-1990			1.3	5.6	17.7	7.8
1991-2000	7.8	6.9	5.2	16.6	36.8	12.0
1953-2007			6.3	11.6	15.1	7.7
1979-2007			6.1	12.1	25.6	10.7
2007比2006	-12.1	-4.5	19.8	20.1	32.0	14.5

注：2003年起社会消费品零售总额为新口径。增长速度均为可比口径，并已扣除物价因素。
Note: Since 2003, retail sales of consumer goods has been calculated on new statistical coverage. The increase rate of retail on sales of consumer goods are calculated at comparable price and have deducted price sectors.

1-7 续表 4 *Continued*

年 份 Year	实际利用外资额 (万美元) Foreign Capital Actually Used (USD 10 000)	# 客商直投 Foreign Direct Investment	天津口岸进出口总值 (亿美元) Total Value of Imports & Exports In Tianjin Port (USD 100 million)	# 出 口 Exports	外贸进出口总值 (亿美元) Total Value of Imports & Exports in Foreign Trade (USD 100 million)	# 出 口 Exports
1952						1.90
1957					2.50	2.48
1962					2.40	2.34
1965					3.54	3.41
1970					3.58	3.19
1975					8.86	7.72
1978					9.88	8.65
1980	271	271			18.27	15.42
1985	7558	4409	96.18	20.07	14.86	11.53
1990	33467	8315	85.95	42.53	22.10	17.86
1995	211010	152064	217.46	127.81	65.46	29.98
1996	298358	200587	216.85	122.89	82.97	40.49
1997	342301	251135	215.62	131.24	100.23	50.18
1998	305787	251803	223.19	134.84	106.16	54.99
1999	274535	253203	248.29	139.18	126.05	63.32
2000	282467	256000	298.03	165.29	171.57	86.29
2001	329688	322000	323.71	178.13	181.86	95.02
2002	386901	380591	365.35	190.55	228.27	115.95
2003	170550	163325	461.67	259.57	293.71	143.74
2004	270236	247243	677.66	384.80	420.19	208.65
2005	364573	332885	819.29	446.83	533.87	274.15
2006	436896	413077	1018.85	571.24	645.73	335.40
2007	546033	527776	1290.00	752.87	715.50	381.61
平均每年递增 (%) Average Annual Increase Rate (%)						
1953-1957						5.5
1958-1962					-0.8	-1.2
1963-1965					13.8	13.5
1966-1970					0.2	-1.4
1971-1975					19.9	19.4
1976-1980					15.6	14.8
1981-1985	94.6	74.7			-4.1	-5.7
1986-1990	34.7	13.5	-2.2	16.2	8.3	9.1
1991-1995	44.5	78.8	20.4	24.6	24.3	10.9
1996-2000	6.0	11.0	6.5	5.3	21.3	23.5
2001-2005	27.2	32.0	22.4	22.0	25.5	26.0
1981-1990	61.9	40.8			1.9	1.5
1991-2000	23.8	40.9	13.2	14.5	22.7	17.1
1953-2007						10.1
1979-2007					15.9	13.9
2007比2006	25.0	27.8	26.6	31.8	10.8	13.8

注：2003年开始实际利用外资额采用商务部口径，速度按可比口径计算；以下相关表同。
Note: Since 2003, foreign direct investment refer to new coverage of Ministry of Commerce,its increase rate is calculated on the basis of comparable coverage, same as following next.

1-7 续表 5 Continued

年 份 Year	城镇单位从业人员劳动报酬总额(亿元) Total Remuneration of Employment Personnel in Urban Units (100 million yuan)	# 国有单位 State-owned Units	城镇单位从业人员人均劳动报酬(元) Per Capita Annual Remuneration of Employment Personnel in Urban Units (yuan)	# 国有单位 State-owned Units	城市居民人均可支配收入(元) Disposable Income of Urban Households (yuan)	城市居民人均消费性支出(元) Expenditure for Consumption of Urban Households (yuan)
1952	2.56	2.56		573	200	176
1957	5.05	5.05		749	240	216
1962	7.11	7.11		685	252	238
1965	8.48	7.29	714	745	261	234
1970	8.58	7.17	652	673	281	255
1975	10.66	8.61	618	663	324	295
1978	14.00	11.51	640	690	388	345
1980	19.32	15.77	820	865	527	475
1985	34.14	24.69	1250	1223	876	771
1990	69.38	55.50	2438	2611	1639	1440
1995	184.80	135.22	6501	6963	4930	4064
1996	212.05	154.34	7643	8072	5968	4680
1997	223.25	160.47	8238	8689	6609	5204
1998	225.39	151.80	9895	10169	7111	5471
1999	234.42	151.93	11046	11169	7650	5852
2000	253.53	161.86	12414	12690	8141	6121
2001	277.56	176.26	14242	14823	8959	6987
2002	304.23	182.27	16223	16632	9338	7192
2003	350.60	194.80	18511	18929	10313	7868
2004	407.99	222.60	21146	22031	11467	8802
2005	458.26	247.30	24122	24832	12639	9653
2006	530.29	283.14	27628	29135	14283	10548
2007	653.05	337.13	33312	34894	16357	12029
平均每年递增 (%) Average Annual Increase Rate (%)						
1953-1957	12.1	12.1		3.3	1.5	2.0
1958-1962	4.7	4.7		-3.9	-1.3	-0.3
1963-1965	10.0	4.6		6.7	5.0	3.2
1966-1970	0.6	0.1	-1.4	-1.5	1.9	2.1
1971-1975	4.4	3.7	-1.1	-0.3	2.9	3.0
1976-1980	11.2	11.5	4.5	4.1	8.8	8.6
1981-1985	8.4	5.8	5.3	3.7	7.2	6.6
1986-1990	5.2	7.4	4.4	6.3	3.5	3.5
1991-1995	5.2	3.4	5.3	5.3	7.8	6.4
1996-2000	4.4	1.6	11.6	10.5	8.4	6.4
2001-2005	11.3	7.6	12.9	13.1	8.0	8.3
1981-1990	6.8	6.6	4.8	4.4	5.1	5.0
1991-2000	4.9	2.5	8.4	7.9	8.1	6.5
1953-2007	7.2	5.9		4.5	5.2	4.7
1979-2007	8.0	6.3	8.4	8.3	7.9	6.9
2007比2006	18.2	14.3	15.7	14.9	9.9	9.4

注：1. 1998年以前劳动报酬指标为职工工资口径，计算增长速度时已扣除物价因素。2. 计算城市居民人均收支增长速度按可比口径，并已扣除物价因素。

Note: a) Before 1998, total remuneration and per capita remuneration refer to wage of staff and workers, average annual increase rate of these indicators have deducted price sectors. b) The increase rate of income and expenditure are calculated at comparable coverage and have deducted price sectors.

1-7 续表 6 Continued

年 份 Year	农村居民人均纯收入(元) Per Capita Annual Net Income of Rural Households (yuan)	农村居民人均生活消费支出(元) Per Capita Annual Expenditure for Consumption of Rural Households (yuan)	各类学校在校学生数(万人) Students Enrollment by Level of School (10 000 persons)	国有单位自然科学技术人员数(人) Natural Scientific & Technical Personnel of State-owned Units (person)	医院卫生院床位数(张) Hospital Beds (unit)	卫生技术人员数(人) Medical Technical Personnel (person)	# 执业及助理医师 Certified & Assistant Doctors
1952	70		57.14		3457	8481	3326
1957	92		83.92		6156	15124	5522
1962	65		106.37		10521	23858	8627
1965	92		148.10		11266	26393	10585
1970	145		148.17		11361	23591	9046
1975	147		169.71		15961	33734	12326
1978	153	132	162.30	102022	17288	40653	15776
1980	278	208	139.06	127803	18753	50662	20474
1985	564	426	121.09	194837	25191	60412	25555
1990	1069	733	134.97	271761	33382	67485	32034
1995	2531	1717	155.28	248739	37280	71806	33693
1996	3142	2101	161.40	265924	38284	71014	32975
1997	3548	2110	164.41	260927	39467	70431	32475
1998	3890	2260	164.11	259374	39134	68070	31482
1999	4055	2334	162.53	257169	38579	65901	30273
2000	4370	2393	162.22	249934	38842	65145	30031
2001	4825	2618	160.54	240361	40394	63475	29215
2002	5315	2778	161.69	226639	38837	56705	23888
2003	5861	3015	163.23	232324	38074	55629	22780
2004	6525	3297	161.67	212049	38876	60722	25299
2005	7202	3590	162.05	206222	39491	61284	25088
2006	7942	3829	158.84	207958	38893	62258	25358
2007	8752	4118	159.93	211440	39708	63900	26228
平均每年递增 (%) Average Annual Increase Rate (%)							
1953-1957	5.6		8.0		12.2	12.3	10.7
1958-1962	-6.7		4.9		11.3	9.5	9.3
1963-1965	12.3		11.7		2.3	3.4	7.1
1966-1970	9.5				0.2	-2.2	-3.1
1971-1975	0.3		2.8		7.0	7.4	6.4
1976-1980	13.6		-3.9		3.3	8.5	10.7
1981-1985	15.2	15.4	-2.7	8.8	6.1	3.6	4.5
1986-1990	13.6	11.5	2.2	6.9	5.8	2.2	4.6
1991-1995	18.8	18.6	2.8	-1.8	2.2	1.2	1.2
1996-2000	11.5	6.7	0.9	0.1	0.8	-1.9	-2.3
2001-2005	10.5	8.5		-3.8	0.3	-1.2	-3.5
1981-1990	14.4	13.4	-0.3	7.8	5.9	2.9	4.6
1991-2000	15.1	12.6	1.9	-0.8	1.5	-0.4	-0.6
1953-2007	9.2		1.9		4.5	3.7	3.8
1979-2007	15.0	12.6	-0.1	2.5	2.9	1.6	1.8
2007比2006	10.2	7.5	0.7	1.7	2.1	2.6	3.4

1-8 国民经济和社会发展结构指标(2004-2007年)
Structural Indicators of National Economy and Social Development, 2004-2007

单位：% (%)

指 标	Item	2004	2005	2006	2007
人 口	**Population**				
农非结构	Grouped by Non-agricultural and Agricultural				
非农业	Non-agricultural	59.6	59.9	60.2	60.5
农 业	Agricultural	40.4	40.1	39.8	39.5
性别结构	Grouped by Sex				
男	Male	50.5	50.4	50.4	50.4
女	Female	49.5	49.6	49.6	49.6
就 业	**Employment**				
社会从业人员产业结构	Grouped by Industry				
第一产业	Primary Industry	15.7	15.1	14.4	12.5
第二产业	Secondary Industry	42.4	41.9	41.7	42.6
第三产业	Tertiary Industry	41.9	43.0	43.9	44.9
国民经济核算	**National Accounting**				
全市生产总值产业结构	Grouped by Industry				
第一产业	Primary Industry	3.4	3.0	2.4	2.2
第二产业	Secondary Industry	54.2	55.5	57.3	57.3
第三产业	Tertiary Industry	42.4	41.5	40.3	40.5
投 资	**Investment**				
产业结构	Grouped by Industry				
第一产业	Primary Industry	0.9	0.9	0.9	0.7
第二产业	Secondary Industry	39.8	40.5	41.4	44.0
第三产业	Tertiary Industry	59.3	58.6	57.7	55.3
资金使用结构	Grouped by Use of Funds				
建设工程	Construction	54.8	56.2	54.4	53.2
安装工程	Installation	4.9	5.0	6.1	6.1
设备、工具、器械购置	Purchase of Equipment and Instruments	22.5	20.8	21.3	20.5
其他费用	Others	17.8	18.0	18.2	20.2
财 政	**Government Finance**				
地方财政收入结构	Structure of Local Government Revenue				
# 增值税	Value-added Tax	11.6	15.6	15.3	13.3

1-8 续表 1 Continued

单位：% (%)

指　标	Item	2004	2005	2006	2007
营业税	Business Tax	25.9	23.4	21.9	20.5
企业所得税	Income Tax of Enterprises	10.6	10.0	10.1	10.7
个人所得税	Individual Income Tax	5.3	4.6	4.0	4.1
利用外资	**Utilization of Foreign Capital**				
实际利用外资结构	Structure of Foreign Capital Actually Utilized				
对外借款	Foreign Loans	8.5	8.7	5.5	3.3
直接利用外资	Foreign Direct Investment	91.5	91.3	94.5	96.7
能　源	**Energy**				
能源使用结构	Structure of Energy Consumption				
#第一产业	Primary Industry	1.8	1.9	1.8	1.7
第二产业	Secondary Industry	65.2	65.7	67.5	68.6
第三产业	Tertiary Industry	20.9	20.3	19.3	18.3
农　业	**Agriculture**				
农林牧渔业产值结构	Structure of Gross Output Value of FFAF				
农　业	Farming	43.1	40.9	48.9	48.8
林　业	Forestry	0.7	0.8	0.9	0.9
牧　业	Animal Husbandry	41.8	43.1	31.3	32.0
渔　业	Fishery	14.4	15.2	15.7	15.0
农林牧渔服务业	FFAF Services			3.2	3.3
工　业	**Industry**				
全部工业总产值结构	Structure of Gross Output Value of Industry				
轻工业	Light Industry	22.6	21.9	18.7	18.7
重工业	Heavy Industry	77.4	78.1	81.3	81.3
建筑业	**Construction**				
建筑业总产值结构	Structure of Gross Output Value of Construction				
房屋和土木工程建筑业	Building and Civil Engineering	81.0	80.9	82.4	83.4
建筑安装业	Equipment Installation	12.2	13.9	12.4	11.8
建筑装饰业	Building Decoration	4.1	3.0	2.5	2.5
其他建筑业	Others	2.7	2.2	2.7	2.3
交通运输业	**Transportation**				
货运量结构	Structure of Freight Traffic				
铁　路(天津地区)	Railway (Tianjin Area)	16.1	18.0	19.6	22.0

1-8 续表 2 Continued

单位：% (%)

指 标	Item	2004	2005	2006	2007
公 路	Highway	51.6	49.3	47.3	45.8
水运、民航	Waterway and Civil Aviation	30.6	30.7	31.1	30.5
管道运输	Pipelines	1.7	2.0	2.0	1.7
国内商业	**Domestic Trade**				
社会消费品零售总额构成	Composition of Retail Sales of Consumer Goods				
批发和零售业	Wholesale and Retail Trade	79.0	84.7	84.2	84.2
住宿和餐饮业	Catering Trade	12.6	15.0	15.5	15.5
其他行业	Others	9.4	0.3	0.3	0.3
对外经济贸易	**Foreign Trade**				
进出口贸易总值结构	Structure of Imports and Exports				
出口总值	Exports	49.7	51.4	51.9	53.3
进口总值	Imports	50.3	48.6	48.1	46.7
国际旅游	**International Tourism**				
来津旅游人员结构	Structure of Tourists				
外国人、华侨	Foreigners and Overseas Chinese	85.6	86.1	88.7	88.2
港澳台同胞	Compatriots form Hong Kong, Macao and Taiwan	14.4	13.9	11.3	11.8
金融业	**Financial Intermediation**				
金融机构存款结构	Structure of Deposits in Financial Institution				
# 企事业存款	Deposits of Enterprises and Institutions	40.1	40.2	41.4	42.6
储蓄存款	Savings Deposits	44.0	42.4	42.7	39.2
金融机构贷款结构	Structure of Loans in Financial Institution				
# 短期贷款	Short-term Loans	46.4	44.0	41.3	39.9
中长期贷款	Medium-term & Long-term Loans	44.6	47.8	51.7	56.7
教 育	**Education**				
在校学生结构	Strurcture of Student Enronllment				
大学生	University and College Students	17.7	20.5	22.2	23.2
中学生	Secondary Students	48.0	46.6	45.7	44.6
小学生	Primary Students	34.3	32.9	32.1	32.2

1-8 续表 3 *Continued*

单位：% (%)

指　标	Item	2004	2005	2006	2007
专任教师结构	Full-time Teachers by Type				
大　学	University and College	16.7	18.9	21.0	21.7
中　学	Secondary Schools	46.1	45.2	44.6	44.8
小　学	Primary Schools	37.2	35.9	34.4	33.4
科　技	**Science and Technolgy**				
科技经费筹集额结构	Structure of Funding for Science and Technology				
#政府资金	Government Fund	17.8	18.4	14.2	12.6
企业资金	Enterprises Fund	71.4	73.6	76.3	77.3
金融机构贷款	Loans from Banks	6.1	5.0	4.3	4.9
卫　生	**Health Care**				
卫生机构结构	Structure of Health Care Institution				
#医院、卫生院	Hospitals and Health Care Centers	18.4	18.5	16.8	17.5
卫生技术人员结构	Structure of Medical Professionals				
#执业及助理医师	Certified and Assistant Doctors	41.7	40.9	40.7	41.0
注册护士	Registered Nurses	32.3	32.0	32.2	33.4
生　活	**People's Life**				
城市居民消费结构	Consumption Structure of Urban Residents				
食品类	Food	37.2	36.7	34.9	35.3
衣着类	Clothing	7.1	7.2	8.2	8.5
居　住	Residence	14.0	13.4	13.0	11.8
用品及其他	Articles for Daily Use and Others	41.7	42.7	43.9	44.4
农村居民消费结构	Consumption Structure of Rural Residents				
食品类	Food	38.5	38.3	38.0	38.9
衣着类	Clothing	8.9	10.1	9.7	9.5
用品及其他	Articles for Daily Use and Others	29.6	28.1	27.6	24.1
居　住	Residence	23.0	23.5	24.7	27.5
环　境	**Environment**				
空气质量结构	Strcuture of Air Quality				
二级和好于二级的天数	Days of Grade II and Better than Grade II	81.7	81.6	83.6	87.7

1-9 国民经济和社会发展比例和效益指标（2004-2007年）
Main Indicators of Proportion and Efficiency in National Economy and Social Development, 2004-2007

单位：% (%)

指 标	Item	2004	2005	2006	2007
人 口	Population				
出生率(‰)	Birth Rate (‰)	7.3	7.4	7.7	7.9
死亡率(‰)	Death Rate (‰)	6.0	6.0	6.1	5.9
自然增长率(‰)	Natural Growth Rate (‰)	1.3	1.4	1.6	2.1
就 业	Employment				
城镇登记失业率	Unemployment Rate in Urban Areas	3.8	3.7	3.6	3.6
国民经济核算	National Accounting				
经济增长贡献率	Contribution to Gross Domestic Product				
第一产业	Primary Industry	1.2	0.9	0.7	0.3
第二产业	Secondary Industry	66.6	66.1	67.5	61.9
#工 业	Industy	66.1	62.4	62.1	58.8
第三产业	Tertiary Industry	32.2	33.0	31.8	37.8
固定资产投资	Investment in Fixed Assets				
全社会固定资产投资相当于全市生产总值比例	Proportion of Total Investment in Fixed Assets to GDP	40.5	41.0	42.6	47.3
新增固定资产交付使用率	Rate of Fixed Assets Transferred and in Use	55.3	55.9	77.0	54.5
财 政	Government Finance				
全市财政收入相当于全市生产总值比例	Proportion of Total Government Revenue to GDP	16.1	19.6	21.3	23.9
全市财政支出相当于全市生产总值比例	Proportion of Total Government Expenditures to GDP	13.9	14.1	15.1	16.6
预算外资金收入相当于全市财政收入比例	Proportion of Extra-budgetaty Receipt to Total Government Revenue	9.5	8.3	6.1	5.2
利用外资	Utillization of Foreign Capital				
直接利用外资额相当于签约额比例	Proportion of Foreign Direct Investment to Foreign Investment Contracted	44.2	45.5	50.9	45.8
能 源	Energy				
能源消费弹性系数	Elasticity Ratio of Energy Consumption	0.95	0.77	0.69	0.61
万元生产总值耗能(吨标准煤)	Energy Consumption per 10 000 yuan GDP (ton of SCE)	1.29	1.11	1.07	1.02

1-9 续表 1 Continued

指　　标	Item	2004	2005	2006	2007
农　业	**Agriculture**				
每公顷耕地农业机械总动力(千瓦)	Total Power of Agricultural Machinery per Hectare of Cultivated Land (kW)	14.64	14.76		14.90
每公顷播种面积农产品产量(吨)	Output of Crops per Hectare of Sown Area (ton)				
粮　食	Grain	4.75	4.78	4.99	5.04
棉　花	Cotton	1.38	1.37	1.38	1.38
油　料	Oil-bearing Crops	2.54	2.53	2.50	2.56
工　业(%)	**Industry (%)**				
总资产贡献率	Ratio of Total Assets to Industrial Output Value	12.8	14.5	15.9	15.0
成本费用利润率	Ratio of Profits to Industrial Cost	7.5	8.5	8.7	8.1
工业增加值率	Ratio of Value Added to Gross Industrial Output Value	26.1	27.1	28.7	29.3
建筑业	**Construction**				
技术装备率(万元/人)	Value of Machinery per Labor (10000 yuan/person)	2.74	2.61	2.54	2.45
产值利税率(%)	Ratio of Per-tax Profits to Gross Output Value (%)	4.9	5.3	5.8	6.3
全员劳动生产率(万元/人)	Overall Labor Productivity (10 000 yuan/person)	17.12	19.29	25.51	26.95
邮电通信业	**Post and Telecommunications**				
电话普及率(含移动电话)(部/百人)	Access to Telephones (include mobile phone) (set/100 person)	89.5	90.1	106.7	111.1
移动电话普及率(部/百人)	Access to Mobile Phones (set/100 person)	45.4	48.2	56.0	66.2
每一邮电局所服务面积(平方公里)	Average Service Area per Post and Telecommunications Office (sq. km)	17.03	14.41	14.57	13.97
对外经济贸易(%)	**Foreign Economy Trade (%)**				
进出口总值相当于全市生产总值比例	Proportion of Total Value of Imports & Exports in Foreign Trade to GDP	111.8	118.3	116.1	107.7
出口总值相当于全市生产总值比例	Proportion of Total Value of Exports to GDP	55.5	60.7	60.3	57.5
国际旅游	**International Tourism**				
每一来津游客花费(美元)	Expenditure per International Tourist in Tianjin (USD)	670	688	711	754

1-9 续表 2 Continued

单位：% (%)

指 标	Item	2004	2005	2006	2007
金融业	**Financial Intermediation**				
中资金融机构人民币存款相当于	Chinese Bank Deposits of RMB as				
全市生产总值比例	Percentage of GDP	152.0	153.7	149.8	155.6
中资金融机构贷款相当于	Chinese Bank Loans of RMB as				
全市生产总值比例	Percentage of GDP	122.8	119.5	117.2	121.4
教 育	**Education**				
学龄儿童入学率	Percentage of School-aged Children Enrolled	99.97	102.64	104.24	109.86
初中毕业升学率	Percentage of Entering Senior Secondary Schools	94.0	94.5	99.8	99.9
每一教师负担学生数(人)	Student-teacher Ratio (person)	14	14	14	14
科 技	**Science**				
研究与实验发展经费支出相当于					
全市生产总值比例	R&D Expenditures as Percentage of GDP	1.81	1.97	2.18	2.29
文 化	**Culture**				
每百万人有艺术表演团体(个)	Number of Troupes per Million Persons (unit)	1.6	1.5	1.5	1.4
每百万人有公共图书馆(个)	Number of Public Libraries per Million Persons (unit)	3.1	3.1	3.0	2.9
每百万人有博物馆(个)	Number of Museums per Million Persons (uint)	1.7	1.7	1.8	1.6
婚 姻	**Marriges and Divorces**				
离婚率(‰)	Divorces Rate (‰)	3.2	3.3	3.7	4.0
生 活	**People's Life**				
城市与农村居民收入增长	Proportion of Growth Rate of Annual Income of				
率比例	Urban Residents to the Growth Rate of Annual				
(以农村居民收入指数为100)	Net Income of Rural Residents (rural=100)	99.9	99.8	102.4	103.9
福 利	**Welfare**				
离退休退职费相当于	Pensions for Retired Veterans, Retired and Resigned				
劳动报酬总额比例	Persons as Percentage of Total Remuneration	30.3	32.7	32.5	31.1
离退休退职人员相当于	Proportion of Retired or Resigned				
在职职工比例	Workers to On-post Staff and Workers	68.7	77.2	79.2	79.3
环境保护	**Environmental Protection**				
污水处理率	Percentage of Sewage Disposed	53.7	58.0	58.9	61.4
工业固体废物综合利用率	Rate of Comprehensive Using Industrial Waste Residue	97.3	98.3	98.4	98.4

1-10 平均每天社会经济活动（2004-2007年） Average Daily Social and Economic Activities, 2004-2007

指　　标	Item	单　位	Unit	2004	2005	2006	2007
全市每天创造的财富	**Daily Production**						
全市生产总值	Gross Domestic Product	万　元	10 000 yuan	85232	101305	119021	138367
第一产业	Primary Industry	万　元	10 000 yuan	2884	3079	2832	3019
第二产业	Secondary Industry	万　元	10 000 yuan	46191	56197	68172	79247
工　业	Industry	万　元	10 000 yuan	42458	51645	62815	72928
建筑业	Construction	万　元	10 000 yuan	3733	4552	5358	6319
第三产业	Tertiary Industry	万　元	10 000 yuan	36158	42029	48017	56101
全市财政收入	Total Government Revenue	万　元	10 000 yuan	13758	19885	25379	33004
主要工业产品产量	Output of Major Industrial Products						
粗　钢	Crude Steel	吨	ton	21602	26172	35215	43894
钢　材	Steel Products	吨	ton	47127	45590	58014	77816
水　泥	Cement	吨	ton	14261	14223	16639	16752
原　油	Crude Oil	吨	ton	39622	48846	53235	52720
原　盐	Salt	吨	ton	6608	6304	6469	6494
发电量	Electricity	万千瓦时	10 000 kWh	9308	10019	9842	10771
汽　车	Motor Vehicle	辆	unit	628	898	1135	1252
彩色电视机	Color Television	台	set	2998	1778	2688	4212
摩托车	Motorcycle	辆	unit	3421	3053	532	593
自行车	Bicycle	辆	unit	52823	35800	46788	46879
微波炉	Microwave Oven	台	set	37720	39210	39309	37823
移动电话	Mobile Phone	部	unit	134989	173146	277527	267912
布	Cloth	万　米	10 000 m	84	71	78	76
纱	Yarn	吨	ton	206	201	209	200
农用化肥	Chemical Fertilizer	吨	ton	437	464	447	592
化学农药	Chemical Pesticide	吨	ton	12	35	34	44
硫　酸	Sulfuric Acid	吨	ton	274	327	377	737
烧　碱	Caustic Soda	吨	ton	2223	2204	2435	3685
合成洗涤剂	Synthetic Detergents	吨	ton	138	38	20	16
饮料酒	Alcoholic Beverage	吨	ton	648	570	816	966
主要农产品产量	Output of Major Farm Products						
粮　食	Grain	吨	ton	3432	3767	3888	4032
棉　花	Cotton	吨	ton	330	229	260	255
油　料	Oil bearing Crops	吨	ton	42	35	14	13
肉　类	Meat	吨	ton	1472	1583	958	925
蛋　类	Eggs	吨	ton	668	643	522	532
牛　奶	Milk	吨	ton	1486	1737	1802	1841
蔬　菜	Vegetables	吨	ton	16039	14870	7548	7517
水产品	Aquatic Products	吨	ton	849	926	860	890

1-10 续表 Continued

指 标	Item	单 位	Unit	2004	2005	2006	2007
全市每天消费量	**Daily Consumption**						
最终消费	Final Consumption Expenditure	万 元	10 000 yuan	36812	41285	48305	56559
居民消费	Resident Consumption	万 元	10 000 yuan	24032	26850	30651	35870
城镇居民	Urban	万 元	10 000 yuan	20896	23499	27112	31902
农村居民	Rural	万 元	10 000 yuan	3133	3351	3539	3968
政府消费	Government Consumption	万 元	10 000 yuan	12781	14435	17654	20689
社会消费品零售总额	Total Retail Sales of Consumer Goods	万 元	10 000 yuan	28624	32604	37172	43938
生活用煤、气、水、电	Coal, Gas, Water & Electricity for Living						
煤	Coal	万 吨	10 000 tons	0.23	0.24	0.21	0.21
液化石油气	Liquid Petroleum Gas	吨	ton	245	195	193	221
天然气和煤气	Natural Gas And Coal Gas	万立方米	10 000 cu. m	78.9	105	99	95
水	Water	万 吨	10 000 tons	48.7	46.8	41.7	46.4
电	Electricity	万千瓦时	10 000 kWh	916	1040	1179	1301
每天其他经济活动	**Other Daily Economic Activities**						
社会货物运输量	Freight Traffic	万 吨	10 000 tons	104	110	117	141
客运量	Passenger Traffic	万人次	10 000 person -times	11.2	12.8	15.5	19.6
港口货物吞吐量	Freight Handled at Ports	万 吨	10 000 tons	56.49	65.94	70.57	84.78
邮电业务总量	Total Business Value of Post and Telecommunications Service	万 元	10 000 yuan	4021	4831	6241	8238
出版图书	Books Published	万 册	10 000 copies	23	16	14	12
出版报纸	Newspapers Issued	万 份	10 000 copies	238	240	260	253
出版杂志	Magazines Issued	万 册	10 000 copies	12	12	11	10
邮寄函件	Letters Delivered	万 件	10 000 copies	29	23	24	26
外贸出口总值	Total Value of Exports in Foreign Trade	万美元	USD 10 000	5716	7511	9189	10455
实际利用外资额	Foreign Capital Actually Used	万美元	USD 10 000	740	999	1197	1496
全社会竣工房屋建筑面积	Total Floor Space of Buildings Completed	万平方米	10 000 sq. m	6.45	7.84	8.11	7.13
接待来津国际旅游人数（过夜）	Accommodated International Tourists (Stay for Night)	人 次	person-times	755	849	1157	1207
每天人口和婚姻动态	**Daily Population Changes And Marriages**						
出生人口	Births	人	person	204	211	223	237
死亡人口	Deaths	人	person	166	170	176	176
结婚对数	Marriages	对	couple	211	174	229	207
离婚对数	Divorces	对	couple	44	47	54	61

1-11 国民经济主要指标人均水平（2004-2007年）
Per Capita Annual Level of Main Indicators of National Economy, 2004-2007

指 标	Item	单 位	Unit	2004	2005	2006	2007
1. 全市生产总值	Gross Domestic Product	元	yuan	25544	35783	41022	46122
2. 全市财政收入	Total Government Revenue	元	yuan	5404	7024	8747	11001
3. 全市财政支出	Total Government Expenditures	元	yuan	4643	5035	6177	7665
4. 全社会固定资产投资	Total Investment in Fixed Assets	元	yuan	13548	14679	17467	21814
5. 工业总产值	Gross Output Value of Industry	元	yuan	62026	69383	84112	95917
6. 主要工业产品产量	Output of Major Industrial Products						
原 油	Crude Oil	吨	ton	1.55	1.73	1.83	1.74
天然气	Natural Gas	立方米	cu. m	93	85	99	122
发电量	Electricity	千瓦时	kWh	3630	3539	3392	3590
粗 钢	Crude Steel	吨	ton	0.84	0.92	1.21	1.46
钢 材	Steel Products	吨	ton	1.84	1.61	1.93	2.59
水 泥	Cement	吨	ton	0.56	0.5	0.57	0.56
布	Cloth	米	m	33	25	27	25
纱	Yarn	公 斤	kg	8	7.1	7.2	6.7
7. 农业总产值	Gross Output Value of Agriculture	元	yuan	2382	2307	2125	2196
8. 主要农产品产量	Output of Major Farm Products						
粮 食	Grain	公 斤	kg	135	133	134	134
棉 花	Cotton	公 斤	kg	12.9	8.1	9.0	8.5
油 料	Oil-bearing Crops	公 斤	kg	1.7	1.2	0.5	0.4
蔬 菜	Vegetables	公 斤	kg	630	525	260	251
肉 类	Meat	公 斤	kg	58	56	33	31
蛋 类	Eggs	公 斤	kg	26	23	18	18
奶 类	Milk	公 斤	kg	58	61	62	61
水产品	Aquatic Products	公 斤	kg	33.3	32.7	29.7	29.7
鲜 果	Fresh Fruits	公 斤	kg	31.8	26.9	28.3	27.6
9. 社会消费品零售总额	Total Retail Sales of Consumer Goods	元	yuan	11243	11517	12812	14646
10. 城市居民主要商品购买量	Perchase Volume of Major Products of Urban Households						
粮 食	Grain	公 斤	kg	80.8	81.4	75.8	45.0
食用植物油	Edible Vegetable-oil	公 斤	kg	9.7	8.7	9.7	9.6
猪牛羊肉	Pork, Beef and Mutton	公 斤	kg	24	24	24.2	20.6
蛋 类	Eggs	公 斤	kg	16.8	18.5	17.8	16.8
鲜 菜	Fresh Vegetables	公 斤	kg	138.9	132.4	126.9	123.4
鱼	Fish	公 斤	kg	9.3	9.6	9.1	9.2
鲜 奶	Milk	公 斤	kg	23.1	23.6	23.2	24.6
鲜瓜果	Fresh Fruits	公 斤	kg	71.1	73.4	73.0	75.4
服 装	Garments	件	piece	6.1	6.1	6.4	6.7
鞋 类	Shoes	双	pair	2.4	2.3	2.3	2.3
11. 外贸出口总值	Total Value of Exports in Foreign Trade	美 元	USD	2245	2653	3167	3485
12. 社会货物运输量	Freight Traffic	吨	ton	40.8	39	40.5	46.9

注：2007年城市居民粮食、蛋类购买量指标为新口径。
Note: In 2007, perchase volume of grain and eggs of urban households adopt new coverage.

1-12 天津在全国的地位
Position of Tianjin in the Whole Nation

指 标	Item	2002 天 津 Tianjin	2002 占全国比重(%) As Percentage to Nation (%)	2007 天 津 Tianjin	2007 占全国比重(%) As Percentage to Nation (%)
年末常住人口(万人)	**Permanent Population (Year-end) (10 000 persons)**	**1007.18**	**0.8**	**1115.00**	**0.8**
社会从业人员(万人)	**Total Employment Personnel (10 000 persons)**	**492.61**	**0.7**	**613.93**	**0.8**
全市生产总值(亿元)	**Gross Domestic Product (100 million yuan)**	**2051.16**	**2.0**	**5050.40**	**2.0**
第一产业	Primary Industry	84.00	0.6	110.19	0.4
第二产业	Secondary Industry	1001.90	1.9	2892.53	2.4
第三产业	Tertiary Industry	965.26	2.8	2047.68	2.0
财政、金融(亿元)	**Government Finance and Banking (100 million yuan)**				
地方一般预算财政收入	Local General Budgetary Government Revenue	171.83	2.0	540.44	2.3
一般预算财政支出	General Budgetary Government Expenditure	265.21	2.0	674.33	1.7
金融机构本外币存款余额	Balance of Home and Foreign Currency Deposits	3018.26	1.8	8242.07	2.1
金融机构本外币贷款余额	Balance of Home and Foreign Currency Loans	2519.04	1.9	6543.83	2.4
保费收入	Premium	64.97	2.1	150.91	2.1
规模以上工业增加值(亿元)	**Value Added of Industry (above Designated Size) (100 million yuan)**	**843.38**	**2.6**	**2952.68**	**2.5**
轻工业	Light Industry	223.84	1.8	504.96	1.4
重工业	Heavy Industry	619.53	3.0	2447.72	3.0
主要工业产品产量	**Output of Major Industrial Products**				
生 铁(万吨)	Pig Iron (10 000 tons)	247.71	1.5	1435.40	3.1
粗 钢(万吨)	Crude Steel (10 000 tons)	482.58	2.7	1602.13	3.3
水 泥(万吨)	Cement (10 000 tons)	377.75	0.5	611.44	0.4
发电量(亿千瓦小时)	Electricity (100 million kWh)	268.83	1.6	393.13	1.2
原 油(万吨)	Crude Oil (10 000 tons)	1215.94	7.3	1924.28	10.3
原 盐(万吨)	Salt (10 000 tons)	240.40	6.7	237.03	4.0
天然气(亿立方米)	Natural Gas (100 million cu. m)	8.88	2.7	13.34	1.9
轿 车(万辆)	Cars (10 000 units)	9.21	8.4	45.40	9.5
自行车(万辆)	Bicycles (10 000 units)	634.11	17.8	1711.10	26.1
移动电话机(万部)	Mobile Phones (10 000 units)	2850.66	23.5	9778.77	17.8
化学纤维(万吨)	Chemical Fibers (10 000 tons)	22.41	2.3	17.32	0.7
纱(万吨)	Yarn (10 000 tons)	9.18	1.1	7.28	0.4
布(亿米)	Cloth (100 million m)	2.71	0.8	2.78	0.4
彩色电视机(万台)	Color Television Sets (10 000 sets)	76.35	1.5	153.75	1.8

1-12 续表 Continued

指 标	Item	2002 天 津 Tianjin	2002 占全国比重(%) As Percentage to Nation (%)	2007 天 津 Tianjin	2007 占全国比重(%) As Percentage to Nation (%)
房间空气调节器(万台)	Air Conditioners (10 000 sets)	121.62	3.9	532.64	6.6
主要农产品产量(万吨)	**Output of Major Farm Products (10 000 tons)**				
粮 食	Grain	137.82	0.3	147.15	0.3
肉 类	Meat	44.88	0.7	33.76	0.5
蛋 类	Eggs	24.47	1.0	19.43	0.8
水产品	Aquatic Products	28.56	0.6	32.50	0.7
全社会固定资产投资额(亿元)	**Total Investment in Fixed Assets (100 million yuan)**	**811.26**	**1.9**	**2388.63**	**1.7**
# 房地产开发投资额	Real Estate Development	175.84	2.3	505.30	2.0
运输、邮政、电信	**Transportation, Post & Telecommunications Service**				
沿海主要港口货物吞吐量(万吨)	Freight Handled in the Major Coastal Harbors (10 000 tons)	12906	7.7	30946	8.0
社会货物运输量(万吨)	Freight Traffic (10 000 tons)	31016	2.1	51338	2.3
邮电业务总量(亿元)	Value of Post & Telecommunications (100 million yuan)	90.33	1.6	300.67	1.5
商业、外贸、外经	**Commerce, Foreign Trade & Foreign Capital**				
社会消费品零售总额(亿元)	Total Retail Sales of Consumer Goods (100 million yuan)	941.36	2.3	1603.74	1.8
外贸出口总额(亿美元)	Total Value of Exports in Foreign Trade (USD 100 million)	115.95	3.6	381.61	3.1
实际利用外资额(亿美元)	Foreign Capital Actually Used (USD 100 million)	38.69	7.0	54.60	7.0
教育、科技、卫生、文化	**Education,Science & Technology, Health Care, Culture**				
高等学校在校学生数(万人)	Number of Students at Colleges and Universities (10 000 persons)	20.00	2.2	37.11	2.0
技术市场成交额(亿元)	Transaction Value in Technical Market (100 million yuan)	32.78	3.7	72.64	3.3
专利申请授权量(项)	Patent Applications Granted (item)	1827	1.6	5584	1.6
医院、卫生院(个)	Number of Hospitals and Health Care Centers (unit)	486	0.8	411	0.7
医院、卫生院床位(万张)	Number of Hospital and Health Care Center Beds (10 000 units)	3.88	1.3	3.97	1.2
图书出版数(万册)	Number of Books Published (10 000 copies)	6917	1.0	4469	0.7
杂志出版数(万册)	Number of Magazines Issued (10 000 copies)	4469	1.5	3678	1.3
报纸出版数(亿份)	Number of Newspapers Issued (100 million copies)	8.08	2.2	9.23	2.1

主要统计指标解释

行业划分标准

本年鉴中各专业指标的行业分类标准均采用《国民经济行业分类》标准(GB/T 4754-2002)。

《国民经济行业分类标准》(GB/T 4754-2002)

门 类	大类	中类	小类
A 农、林、牧、渔业	5	18	38
B 采矿业	6	15	33
C 制造业	30	169	482
D 电力、燃气及水的生产和供应业	3	7	10
E 建筑业	4	7	11
F 交通运输、仓储和邮政业	9	24	37
G 信息传输、计算机服务和软件业	3	10	14
H 批发和零售业	2	18	93
I 住宿和餐饮业	2	7	7
J 金融业	4	16	16
K 房地产业	1	4	4
L 租赁和商务服务业	2	11	27
M 科学研究、技术服务和地质勘查业	4	19	23
N 水利、环境和公共设施管理业	3	8	18
O 居民服务和其他服务业	2	12	16
P 教育	1	5	13
Q 卫生、社会保障和社会福利业	3	11	17
R 文化、体育和娱乐业	5	22	29
S 公共管理和社会组织	5	12	24
T 国际组织	1	1	1
(合计)20	95	396	913

三次产业

根据《国民经济行业分类》标准(GB/T 4754-2002)规定，三次产业划分范围如下：

第一产业：包括农、林、牧、渔业。

第二产业：包括采矿业，制造业，电力、燃气及水的生产和供应业，建筑业。

第三产业：包括除第一、二产业以外的其他行业，具体包括 交通运输、仓储和邮政业，信息传输、计算机服务和软件业，批发和零售业，住宿和餐饮业，金融业，房地产业，租赁和商务服务业，科学研究、技术服务和地质勘查业，水利、环境和公共设施管理业，居民服务和其他服务业，教育，卫生、社会保障和社会福利业，文化、体育和娱乐业，公共管理和社会组织等。

现行价格(或称当年价格)

指报告期的实际价格，如工业品的出厂价格，农副产品的收购价格，商业的零售价格等。它反映当年的实际情况，使国民经济各项指标互相衔接，便于对生产、流通、分配、消费之间进行综合平衡。

可比价格

指计算各种总量指标所采用的扣除了价格变动因素的价格，可进行不同时期总量指标的对比。按可比价格计算总量指标有两种方法：一种是直接用产品产量乘某一年的不变价格计算；另一种是用价格指数进行缩减。

各个计划时期

表内所用各个“时期”代表的年份如下：恢复时期为1950到1952年；第一个五年计划时期(简称“一五”时期)为1953到1957年；第二个五年计划时期(简称“二五”时期)为1958到1962年；第三个五年计划时期(简称“三五”时期)为1966到1970年；第四个五年计划时期(简称“四五”时期)为1971到1975年；第五个五年计划时期(简称“五五”时期)为1976到1980年；第六个五年计划时期(简称“六五”时期)为1981到1985年；第七个五年计划时期(简称“七五”时期)为1986到1990年；第八个五年计划时期(简称“八五”时期)为1991到1995年；第九个五年计划时期(简称“九五”时期)为1996到2000年；第十个五年计划时期(简称“十五”时期)为2001到2005年。

平均增长速度

我国计算平均增长速度有两种方法：一种是习惯上经常使用的“水平法”，又称几何平均法，是以间隔期最后一年的水平同基期水平对比来计算平均每年增长(或下降)速度；另一种是“累计法”，又称代数平均法或方程法，是以间隔期内各年水平的总和同基期水平对比来计算平均每年增长(或下降)速度。在一般正常情况下，两种方法计算的平均每年增长速度比较接近；但在经济发展不平衡、出现大起大落时，两种方法计算的结果差别较大。

本年鉴内所列的平均增长速度，除固定资产投资

主要统计指标解释

类指标用“累计法”计算外，其余均用“水平法”计算。从某年到某年平均增长速度的年份，均不包括基期年在内。

企业登记注册类型

以工商行政管理部门对企业登记注册的类型为依据，将企业登记注册类型划分为三大类：第一类是内资企业，包括国有企业、集体企业、股份合作企业、私营企业、股份有限公司、有限责任公司、联营企业和其他内资企业。第二类是港、澳、台商投资企业，包括合资经营企业、合作经营企业、港澳台商独资经营企业、港澳台商投资股份有限公司。第三类是外商投资企业，包括中外合资、中外合作、外资企业和外商投资股份有限公司。由于个体经营不属于企业，因此在《关于划分企业登记注册类型的规定》中，未将个体经营列入。但国家明确规定其仍属于国家统计范围，并在分类中单列。企业登记注册类型不同于经济类型，特别是其中的国有企业和集体企业不同于经济类型中的国有经济和集体经济。

内资企业 包括国有企业、集体企业、股份合作企业、私营企业、股份有限公司、有限责任公司、联营企业和其他内资企业。

国有企业 指企业全部资产归国家所有，并按《中华人民共和国企业法人登记管理条例》规定登记注册的非公司制的经济组织。不包括有限责任公司中的国有独资公司和联营企业中的国有与国有联营企业。

集体企业 指企业资产归集体所有，并按《中华人民共和国企业法人登记管理条例》规定登记注册的经济组织。不包括股份合作企业和联营企业中的集体与集体联营企业。

股份合作企业 指以合作制为基础，由企业职工共同出资入股，吸收一定比例的社会资产投资组建，实行自主经营，自负盈亏，共同劳动，民主管理，按劳分配与按股分红相结合的一种集体经济组织。

私营企业 指由自然人投资设立或由自然人控股，以雇佣劳动为基础的营利性经济组织。包括按照《公司法》、《合伙企业法》、《私营企业暂行条例》规定登记注册的私营有限责任公司、私营股份有限公司、私营合伙企业和私营独资企业。

股份有限公司 指根据《中华人民共和国公司登记管理条例》规定登记注册，其全部注册资本由等额股份构成并通过发行股票筹集资本，股东以其认购的股份对公司承担有限责任，公司以其全部资产对其债务承担责任的经济组织。

有限责任公司 指根据《中华人民共和国公司登记管理条例》规定登记注册，由两个以上，五十个以下的股东共同出资，每个股东以其所认缴的出资额对公司承担有限责任，公司以其全部资产对其债务承担责任的经济组织。有限责任公司包括国有独资公司以及其他有限责任公司。

国有独资公司 指国家授权的投资机构或者国家授权的部门单独投资设立的有限责任公司。

其他有限责任公司 指国有独资公司以外的其他有限责任公司。

联营企业 指两个及两个以上相同或不同所有制性质的企业法人或事业单位法人，按自愿、平等、互利的原则共同投资组成的经济组织。

其他内资企业 指上述内资企业之外的其他内资经济组织。

港澳台商投资企业 包括合资经营企业（港或澳、台资）、合作经营企业（港或澳、台资）、港澳台商独资经营企业和港澳台商投资股份有限公司。

港、澳、台商独资经营企业 指依照《中华人民共和国外资企业法》及有关法律的规定，在内地由港澳台地区投资者全额投资设立的企业。

港、澳、台商投资股份有限公司 指根据国家有关规定，经商务部（原外经贸部）依法批准设立，其中港、澳、台商的股本占公司注册资本的比例达25％以上的股份有限公司。凡其中港、澳、台商的股本占公司注册资本的比例小于25％的，属于内资企业中的股份有限公司。

外商投资企业 包括中外合资经营企业、中外合作经营企业、外资（独资）企业和外商投资股份有限公司。

个体经营 指除农户外，生产资料归劳动者个人所有，

主要统计指标解释

以个体劳动为基础，劳动成果归劳动者个人占有和支配的一种经营单位。包括按照《民法通则》和《城乡个体经营户管理暂行条例》规定登记注册的个体工商户和个人合伙，以及没有领取营业执照，但从事个体经营活动的城镇、农村个体经营单位。

行政机关、事业单位和社会团体

填写登记注册类型参照企业登记注册类型，主要按其经费来源和管理方式划分。具体规定如下：

1. 行政机关：包括国家机关和政党机关，原则上均列为“国有”。但有特殊规定的，如供销社等，则列为“集体”。

2. 事业单位：包括经国家机构编制部门和有关业务主管部门批准成立的各类事业单位，不包括实行企业化管理的事业单位。事业单位的划分办法如下：

(1) 由国家财政预算拨款或列入财政预算外资金管理以及经费主要来源于国有主管部门或国有上级单位的事业单位，列为“国有”。

(2) 经费主要来源于集体单位的事业单位，列为“集体”。

(3) 公民个人（或个人合伙）开办的事业单位，列为“私营”。

(4) 上述以外的其他事业单位，如果其经费来源不明确，按管理方式进行归类。

3. 社会团体：包括经民政部门批准成立以及未纳入社会团体管理条例范围的工会、妇联等各类社会团体。社会团体的划分办法如下：

(1) 未纳入民政部社会团体管理条例范围的工会、妇联、共青团、青联、工商联、科协、侨联等社会团体，国家拨款设立的基金会或基金管理组织以及经费主要来源于国有业务主管部门或国有上级单位的社会团体，列为“国有”。

(2) 经费主要来源于集体单位的社会团体，列为“集体”。

(3) 公民个人（或个人合伙）开办的社会团体，划为“私营”。

(4) 上述以外的其他社会团体，如果其经费来源不明确，改按管理方式进行归类。

经济类型

本年鉴中的经济类型分组，从1998年开始是在企业登记注册类型分组基础上的再加工，其中国有经济包括国有企业、国有独资和国有与国有联营企业；集体经济包括集体企业、股份合作企业和集体与集体联营企业。私有经济包括私营企业和个体经营。

Explanatory Notes on Main Statistical Indicators

Standard of Industry Categorized

In this statistical yearbook, the industry category adopts the standard (GB/T 4754-2002).

National Economy Industry Category (GB/T 4754-2002)

Industry	Large	Middle	Small
A Farming, Forestry, Animal Husbandry and Fishery	5	18	38
B Minerals Mining	6	15	33
C Manufacturing	30	169	482
D Production & Supply of Power, Gas and Water	3	7	10
E Construction	4	7	11
F Transport, Storage, Post Services	9	24	37
G Information Transmitting, Computer Services and Software	3	10	14
H Wholesale and Retail Trade	2	18	93
I Accommodation and Catering Services	2	7	7
J Finance	4	16	16
K Real Estate	1	4	4
L Leasing and Business Services	2	11	27
M Scientific Research, Technical Services and Geological Prospecting	4	19	23
N Management for Water Conservancy, Environment and Public Facilities	3	8	18
O Resident Services and Other Social Services	2	12	16
P Education	1	5	13
Q Health Care, Social Security and Social Welfare	3	11	17
R Culture, Sports and Recreational Services	5	22	29
S Public Management and Social Organizations	5	12	24
T International Organizations	1	1	1
(Total) 20	95	396	913

Three Industries

According to the standard of national economy industry category (GB/T 4754-2002), three industries are categorized as following.

Primary Industry includes agriculture, forestry, animal husbandry and fishery.

Secondary Industry includes minerals mining, manufacturing, production and supply of electricity, gas and water, construction.

Tertiary Industry includes all other industries not included in primary or secondary industry, including transport, storage, post services; information transmitting, computer services and software; wholesale and retail trade; accommodation and catering services; finance; real estate; leasing and business services; scientific research, technical services and geological prospecting; management for water conservancy, environment and public facilities; resident services and other social services; education; health care, social security and social welfare; culture, sports and recreational services; public management and social organizations and so on.

Actual Price (current year price)

includes all other industries not included in primary or secondary industry, including transport, storage, post services; information transmitting, computer services and software; wholesale and retail trade; accommodation and catering services; finance; real estate; leasing and business services; scientific research, technical services and geological prospecting; management for water conservancy, environment and public facilities; resident services and other social services; education; health care, social security and social welfare; culture, sports and recreational services; public management and social organizations and so on.

Comparable Prices

refer to prices that are used to remove the factors of price change in calculating economic aggregates, so as to facilitate comparison of aggregates over time. Two methods are used for calculating economic aggregates at comparable prices, a) Multiplying the output of products by their constant prices of certain year; b) Deflation of data at current prices by relevant price index.

Various Planning Periods

The conventional division of time period in this statistical yearbook is as follows: Rehabilitation Period, 1950-1952; The First Five-Year Plan period (cited as first-five period), 1953-1957; The Second Five-Year Plan period (cited as second-five period), 1958-1962; The Third Five-Year Plan period (cited as third-five period), 1966-1970; The Fourth Five-Year Plan period (cited as fourth-five period), 1971-1975; The Fifth Five-Year Plan period (cited as fifth-five period), 1976-1980; The Sixth Five-Year Plan period (cited as sixth-five period), 1981-1985; The Seventh Five-Year Plan period (cited as seventh-five period), 1986-1990; The Eight Five-Year Plan period (cited as eighth-five period), 1991-1995; The Ninth Five-Year Plan period (cited as ninth-five period), 1996-2000; The Tenth Five-Year Plan period (cited as tenth-five period), 2001-2005.

Average Annual Growth Rate

Two methods for calculating average annual growth rate are applied in China, one is often called "level approach", or the method of calculating geometric average, which is derived by comparing the level of the last year of the interval with that of the beginning year; the other is called "accumulative approach" or algebraic average or equation method, which is derived by the summation of the actual figure of each year in the interval divided by the figure in the base year. Usually the results calculated by the two methods are fairly

Explanatory Notes on Main Statistical Indicators

close, but they differed sharply when uneven economic development occurred with striking fluctuations in growth.

The average annual growth rate listed in this statistical yearbook are calculated by "level approach" except for the growth rate of investment in fixed assets. The base years are not listed when the years are listed for average annual growth rates.

Registration Status of Enterprises

Enterprises are classified into 3 categories, in the light of the registration status of an enterprise in industrial and commercial administration agencies. Domestic-funded enterprises include state-owned enterprises, collective-owned enterprises, cooperative enterprises, private enterprises, share-holding corporations Ltd., limited liability corporations, joint ownership enterprises and other domestic-funded enterprises. Hong Kong, Macao and Taiwan funded enterprises include joint venture enterprises, cooperative enterprises, sole investment enterprises and share-holding corporations Ltd. Foreign funded enterprises include Chinese-foreign joint venture enterprises, Chinese-foreign cooperative enterprises, sole foreign funded enterprises and share-holding corporations Ltd. with foreign investment. Due to individuals don't belong to enterprises, individuals don't be listed according to the "Regulation of Registered Status of Enterprises". But individuals belong to statistical category. Registered status of enterprises is different to ownership, especially, state-owned and collective-owned enterprises are different to state-owned and collective-owned economy.

Domestic-funded Enterprises include state-owned enterprises, collective-owned enterprises, cooperative enterprises, private enterprises, share-holding corporations Ltd., limited liability corporations, joint ownership enterprises and others.

State-owned Enterprises refer to non-corporation economic units where the entire assets are owned by the state and which have registered in accordance with the Regulation of the People's Republic of China on the Management of Registration of Corporate Enterprises. Excluded from this category are sole state-funded corporations in the limited liability corporations. Excluded from this category are enterprises with exclusive investment from state-owned, state-owned cooperative enterprises in the join ownership enterprises.

Collective-owned Enterprises refer to economic units where the assets are owned collectively and which have registered in accordance with the Regulation of the People's Republic of China on the Management of Registration of Corporate Enterprises. Excluded from this category are collective-owned and collective-owned cooperative enterprises in joint ownership enterprises, excluded cooperative enterprises.

Cooperative Enterprises refer to a form of collective economic units (enterprises) where capitals come mainly from employees as their shares, with certain proportion of capital from the outside, where production is organized on the basis of independent operation, independent accounting for profits and losses, joint work, democratic management, and a distribution system that integrates remuneration according to work with divided according to capital share.

Private Enterprises refer to profit-making economic units invested and established by natural persons, or controlled by natural persons using employed labor. Included in this category are private limited liability corporations, private share-holding corporations Ltd., private partnership enterprises and private-funded enterprises registered in accordance with the Corporation Law, Partnership Enterprises Law and Interim Regulations on Private Enterprises.

Share-holding Corporations Ltd. refer to economic units registered in accordance with the Regulation of the People's Republic of China on the Management of Registration of Corporations, with total registered capitals divided into equal shares and raised through issuing stocks. Each investor bears limited liability to the corporation depending on the holding of shares, and the corporation bears liability to its debt to the maximum of its total assets.

Limited Liability Corporations refer to economic units established with investment from 2-50 investors and registered in accordance with the Regulation of the People's Republic of China on the Management of Registration of Corporations, each investor bearing limited liability to the corporation depending on its share of investment, and the corporation bearing liability to its debt to the maximum of its total assets. Limited liability corporations include exclusive state-funded limited liability corporations and other limited liability corporations.

Sole State-funded Corporations refer to limited liability corporations established with exclusive investment from investment institutions or departments authorized by the state.

Other Limited Liability Corporations refer to the limited liability corporations other than sole state-funded corporations.

Joint Ownership Enterprises refer to economic units established by two or more corporate enterprises or corporate institutions of the same or different ownership, through joint investment on the basis of equality, voluntary participation and mutual benefits. They include state joint ownership enterprises, collective joint ownership enterprises, joint state-collective enterprises, and other joint ownership enterprises.

Other Domestic-funded Enterprises refer to domestic-funded economic units other than those mentioned above.

Enterprises with Investment from Hong Kong, Macao and Taiwan include joint venture enterprises with funds from Hong Kong, Macao and Taiwan, cooperative enterprises with funds from Hong Kong, Macao and Taiwan, enterprises with exclusive investment from Hong Kong, Macao and Taiwan, share-holding corporations Ltd. with investment from Hong Kong, Macao and Taiwan.

Explanatory Notes on Main Statistical Indicators

Enterprises with Exclusive Investment from Hong Kong, Macao and Taiwan refer to enterprises established in the mainland of China with exclusive investment from investors from Hong Kong, Macao and Taiwan in accordance with the Law of the People's Republic of China on Foreign-Funded Enterprises and other relevant laws.

Share-holding Corporations Ltd. with Investment from Hong Kong, Macao and Taiwan refer to share-holding corporations Ltd. established with the approval from the Ministry of Commerce Relations (the Ministry of Foreign Trade and Economic) in line with relevant state regulations, where the share of investment from Hong Kong, Macao or Taiwan business men exceeds 25% of the total registered capital of the corporation. In case, the share of investment from Hong Kong, Macao or Taiwan is less than 25% of the total registered capital, the enterprise is to be classified as domestic-funded share-holding corporation Ltd.

Foreign Funded Enterprises include joint venture enterprises with foreign investment, cooperation enterprises with foreign investment, enterprises with exclusive foreign investment, share-holding corporations Ltd. with foreign investment.

Individual refer to economic units which the production materials are owned by individual, where production is organized on the basis of individual operation, labors results are owned and used by laborer, including economic units where have registered in accordance with Civil Law General Rule and individual industrialists and businessmen or a group of citizens which have registered in urban and rural industrial and commercial administration agencies, urban and rural individual where have no business licenses but undertake individual operation.

Government Agencies, Institutions and Social Organizations

are classified into following categories by source of funds and way of management taking reference of the registration status of enterprises.

1. Government agencies include state and party agencies, classified in principle as "state-owned". There are exceptions, such as supply and marketing cooperatives which are classified as "collective-owned".

2. Institutions include institutions of various types established with the approval by organization and staffing department of the government, but exclude institutions where enterprise management system is introduced. Institutions are further classified as follows:

(1) Institutions whose main budget is listed in the government budget appropriations or extra-budget funds, or allocated from the budget of their competent government agencies. Such institutions are classified as "state-owned".

(2) Institutions whose budget mainly comes from collective units. Such institutions are classified as "collective-owned".

(3) Institutions established by individual (individual partnership), which are classified as "private".

(4) Institutions other than those mentioned above whose source of budget are not clear. Such institutions are classified by way of management.

3. Social organizations include social organizations established with the approval from the Ministry of Civil Affairs, and organizations that are not covered by social organizations management regulations such as trade unions, women's federations etc.. Social organizations are further classified as follows:

(1) Social organizations that are not covered by social organizations management regulations of the Ministry of Civil Affairs, such as trade unions, women's federations, communist youth leagues, youth associations, industrial and commerce associations, scientists associations, overseas Chinese associations, etc., foundations and fund management organization established with funds from state, and social organizations whose funds mainly come from the budget of their competent government agencies. Such institutions are classified as "state-owned".

(2) Social organizations whose budget mainly comes from collective units. Such institutions are classified as "collective-owned".

(3) Social organizations established by individual (individual partnership), which are classified as "private".

(4) Social organizations other than those mentioned above whose source of budget is not clear. Such institutions are classified by way of management.

Type of Ownership

refers to enterprises classified as various type of ownership in accordance with registered categories of enterprises after 1998. In which, state-owned economy refer to state-owned enterprises, sole state-funded enterprises, state joint ownership enterprises, collective-owned economy refer to collective-owned enterprises, cooperative enterprises, collective joint ownership enterprises; private economy refer to private enterprises and individual.

第2篇 CHAPTER 2

国民经济核算 National Accounts

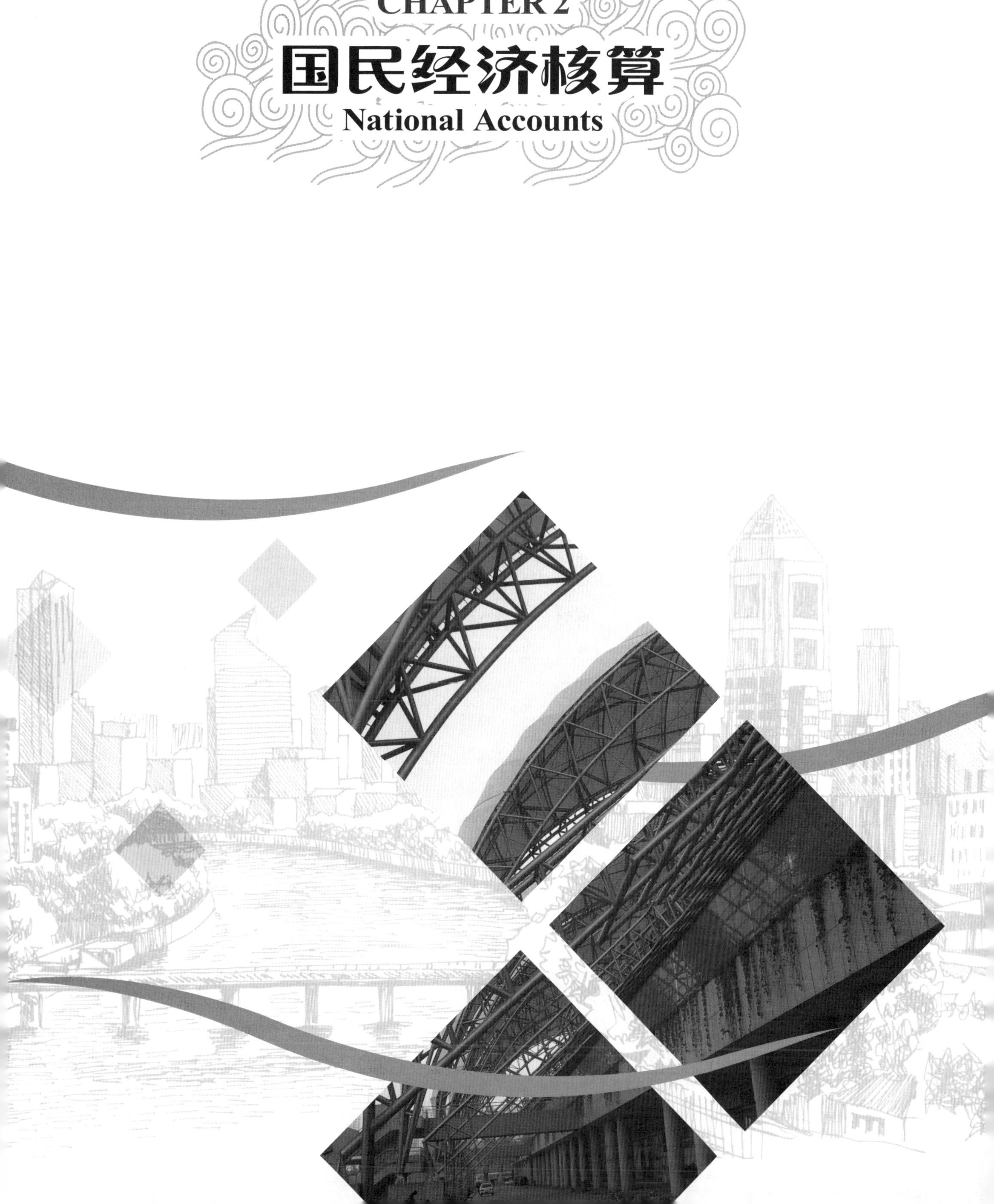

2-1 全市生产总值(1978-2007年)
Gross Domestic Product, 1978-2007

单位：亿元 (100 million yuan)

年份 Year	全市生产总值 Gross Domestic Product	第一产业 Primary Industry	第二产业 Secondary Industry	工业 Industry	建筑业 Construction	第三产业 Tertiary Industry	人均生产总值(元) GDP Per Capita (yuan)	社会劳动生产率(元/人) Society Labour Productivity (yuan/person)
1978	82.65	5.03	57.53	54.39	3.14	20.09	1133	2300
1979	93.01	6.54	64.82	61.01	3.81	21.65	1241	2489
1980	103.53	6.53	72.56	67.48	5.08	24.44	1357	2671
1981	107.96	5.18	76.97	71.06	5.91	25.81	1458	2672
1982	114.11	7.00	79.86	72.30	7.56	27.24	1469	2737
1983	123.42	7.60	84.47	76.69	7.78	31.35	1555	2883
1984	147.53	11.13	96.47	87.97	8.50	39.93	1853	3342
1985	175.78	12.95	114.92	104.80	10.12	47.91	2169	3892
1986	194.74	16.51	123.33	111.90	11.43	54.90	2352	4220
1987	220.12	19.63	138.02	125.05	12.97	62.47	2621	4694
1988	259.71	26.21	160.96	146.73	14.23	72.54	3035	5549
1989	283.49	26.85	177.54	160.73	16.81	79.10	3261	6064
1990	310.95	27.32	181.38	165.59	15.79	102.25	3487	6617
1991	342.65	29.26	196.60	179.75	16.85	116.79	3777	7216
1992	411.04	30.26	233.41	212.80	20.61	147.37	4481	8516
1993	538.94	35.40	308.40	280.73	27.67	195.14	5800	10901
1994	732.89	46.55	414.95	371.43	43.52	271.39	7751	14426
1995	931.97	60.80	518.55	467.93	50.62	352.62	9769	18126
1996	1121.93	67.67	609.10	549.81	59.29	445.16	11734	21842
1997	1264.63	69.52	676.01	609.65	66.36	519.10	13142	24668
1998	1374.60	74.14	697.99	622.15	75.84	602.47	14243	26915
1999	1500.95	71.14	758.51	682.52	75.99	671.30	15405	29539
2000	1701.88	73.69	863.83	785.96	77.87	764.36	17353	34208
2001	1919.09	78.73	959.06	869.15	89.91	881.30	19141	39357
2002	2150.76	84.21	1069.08	968.44	100.64	997.47	21387	43851
2003	2578.03	89.91	1337.31	1217.88	119.43	1150.82	25544	51380
2004	3110.97	105.28	1685.93	1549.70	136.26	1319.76	30575	59902
2005	3697.62	112.38	2051.17	1885.04	166.13	1534.07	35783	69095
2006	4344.27	103.35	2488.29	2292.73	195.56	1752.63	41022	78598
2007	5050.40	110.19	2892.53	2661.87	230.66	2047.68	46122	85829

注：1. 本表数据已依据2004年第一次经济普查结果进行了修订，2006、2007年第一产业数据已根据农业普查结果调整，以下各表同。2. 本表数据按当年价格计算。
Note: a) The historical data in this table were adjusted according to the result of the first economic census in 2004. The data of primary industry in 2006 and 2007 were adjusted according to the result of agriculture census. Same as following tables. b) Data in this table are calculated at current prices.

2-2 全市生产总值构成（1978-2007年）
Composition of Gross Domestic Product, 1978-2007

单位：%（%）

年 份 Year	全市生产总值 Gross Domestic Product	第一产业 Primary Industry	第二产业 Secondary Industry	工 业 Industry	建筑业 Construction	第三产业 Tertiary Industry
1978	100	6.1	69.6	65.8	3.8	24.3
1979	100	7.0	69.7	65.6	4.1	23.3
1980	100	6.3	70.1	65.2	4.9	23.6
1981	100	4.8	71.3	65.8	5.5	23.9
1982	100	6.1	70.0	63.4	6.6	23.9
1983	100	6.2	68.4	62.1	6.3	25.4
1984	100	7.5	65.4	59.6	5.8	27.1
1985	100	7.4	65.4	59.6	5.8	27.2
1986	100	8.5	63.3	57.4	5.9	28.2
1987	100	8.9	62.7	56.8	5.9	28.4
1988	100	10.1	62.0	56.5	5.5	27.9
1989	100	9.5	62.6	56.7	5.9	27.9
1990	100	8.8	58.3	53.2	5.1	32.9
1991	100	8.5	57.4	52.5	4.9	34.1
1992	100	7.4	56.8	51.8	5.0	35.8
1993	100	6.6	57.2	52.1	5.1	36.2
1994	100	6.4	56.6	50.7	5.9	37.0
1995	100	6.5	55.7	50.2	5.5	37.8
1996	100	6.0	54.3	49.0	5.3	39.7
1997	100	5.5	53.5	48.2	5.3	41.0
1998	100	5.4	50.8	45.3	5.5	43.8
1999	100	4.7	50.6	45.5	5.1	44.7
2000	100	4.3	50.8	46.2	4.6	44.9
2001	100	4.1	50.0	45.3	4.7	45.9
2002	100	3.9	49.7	45.0	4.7	46.4
2003	100	3.5	51.9	47.3	4.6	44.6
2004	100	3.3	54.2	49.8	4.4	42.5
2005	100	3.0	55.5	51.0	4.5	41.5
2006	100	2.4	57.3	52.8	4.5	40.3
2007	100	2.2	57.3	52.7	4.6	40.5

注：本表数据按当年价格计算。
Note: Data in this table are calculated at current prices.

2-3 全市生产总值指数（1978-2007年）
Indices of Gross Domestic Product, 1978-2007

上年=100 (preceding year=100)

年 份 Year	全市生产总值 Gross Domestic Product	第一产业 Primary Industry	第二产业 Secondary Industry	工 业 Industry	建筑业 Construction	第三产业 Tertiary Industry	人 均 生产总值 GDP Per Capita	社 会 劳动生产率 Society Labour Productivity
1978	120.9	115.6	123.3	121.1	167.9	116.0	119.6	117.1
1979	110.0	117.4	110.4	110.4	110.7	107.0	107.1	105.9
1980	110.0	99.8	111.4	110.6	122.0	108.7	108.0	106.0
1981	104.8	79.1	107.0	106.6	112.2	104.8	108.0	100.5
1982	104.3	112.9	103.5	102.4	117.5	105.3	99.4	101.1
1983	108.3	109.2	106.0	106.0	106.3	114.8	106.0	105.5
1984	119.3	122.8	116.6	117.5	106.2	125.9	118.9	115.6
1985	110.6	121.1	110.5	110.0	116.5	108.8	108.7	108.1
1986	105.8	108.0	105.5	105.0	111.8	106.0	103.6	103.6
1987	107.6	106.0	108.3	108.2	108.9	106.3	106.1	105.9
1988	105.8	107.7	107.7	108.3	101.2	100.4	103.8	106.0
1989	101.6	111.4	98.1	97.8	101.2	109.3	100.0	101.8
1990	105.4	104.6	101.1	102.0	91.6	116.4	102.7	104.8
1991	106.0	103.4	105.5	105.8	102.1	107.5	104.2	104.9
1992	111.7	100.7	111.5	112.4	101.2	114.6	110.4	109.8
1993	112.1	107.4	112.9	113.6	103.6	111.7	110.6	109.4
1994	114.3	105.3	114.7	114.1	122.7	115.6	112.3	111.2
1995	114.9	106.3	114.1	114.5	109.9	117.9	113.9	113.5
1996	114.3	108.2	114.3	114.6	110.1	115.4	114.0	114.4
1997	112.1	107.7	111.7	111.8	110.1	113.4	111.4	112.3
1998	109.3	106.7	107.4	107.0	112.7	113.0	109.0	109.9
1999	110.0	100.1	111.7	112.6	99.2	108.9	109.0	110.5
2000	110.8	103.7	111.5	112.2	100.9	110.5	110.0	113.1
2001	112.0	106.3	112.8	112.7	114.3	111.7	109.6	114.3
2002	112.7	106.1	114.3	114.6	112.2	111.4	112.3	111.9
2003	114.8	106.1	118.0	118.6	112.4	111.9	114.4	112.2
2004	115.8	105.1	119.8	121.5	101.7	111.9	114.9	111.8
2005	114.7	104.3	117.6	117.9	113.5	111.7	112.9	111.3
2006	114.5	103.3	117.7	117.8	117.0	111.1	111.9	110.9
2007	115.2	101.4	116.5	117.1	110.4	114.3	111.5	108.3

注：本表数据按可比价格计算。
Note: Data in this table are calculated at comparable prices.

2-4 全市生产总值指数（1979-2007年）
Indices of Gross Domestic Product, 1979-2007

1978年=100 (year of 1978=100)

年 份 Year	全市生产总值 Gross Domestic Product	第一产业 Primary Industry	第二产业 Secondary Industry	工 业 Industry	建筑业 Construction	第三产业 Tertiary Industry
1979	110.0	117.4	110.4	110.4	110.7	107.0
1980	121.0	117.1	123.0	122.2	135.1	116.3
1981	126.7	92.6	131.6	130.2	151.6	121.9
1982	132.2	104.6	136.1	133.3	178.1	128.3
1983	143.2	114.3	144.4	141.3	189.3	147.3
1984	170.8	140.3	168.3	166.1	201.0	185.5
1985	188.9	169.9	186.0	182.7	234.2	201.7
1986	199.8	183.4	196.3	191.8	261.8	213.8
1987	215.0	194.4	212.5	207.6	285.1	227.3
1988	227.4	209.3	228.8	224.8	288.5	228.1
1989	231.1	233.2	224.4	219.8	292.0	249.4
1990	243.6	244.0	226.9	224.2	267.5	290.3
1991	258.2	252.3	239.3	237.1	273.1	312.2
1992	288.2	254.2	266.9	266.6	276.3	357.9
1993	323.0	272.9	301.2	302.8	286.2	399.9
1994	369.2	287.4	345.3	345.4	351.1	462.3
1995	424.2	305.4	394.1	395.4	385.8	545.0
1996	484.9	330.6	450.4	453.0	424.7	629.0
1997	543.4	356.0	503.1	506.6	467.4	713.4
1998	594.2	379.9	540.1	542.0	526.5	805.9
1999	653.8	380.2	603.3	610.4	522.5	877.4
2000	724.5	394.3	672.7	684.9	527.2	969.6
2001	811.6	419.1	759.1	771.9	602.5	1082.6
2002	914.4	444.6	867.9	884.2	675.9	1205.6
2003	1050.0	471.7	1024.4	1048.5	759.7	1348.5
2004	1216.3	496.0	1227.0	1273.6	772.6	1508.3
2005	1395.1	517.1	1443.2	1502.0	876.9	1684.1
2006	1597.4	534.2	1698.6	1769.4	1025.9	1871.0
2007	1840.2	541.7	1978.9	2072.0	1132.6	2138.6

注：本表数据按可比价格计算。
Note: Data in this table are calculated at comparable prices.

2-5 按产业分全市生产总值(2005-2007年) Gross Domestic Product by Industry, 2005-2007

单位：亿元 (100 million yuan)

项 目	Item	2005	2006	2007
全市生产总值	**Gross Domestic Product**	**3697.62**	**4344.27**	**5050.40**
第一产业	**Primary Industry**	**112.38**	**103.35**	**110.19**
第二产业	**Secondary Industry**	**2051.17**	**2488.29**	**2892.53**
工 业	Industry	1885.04	2292.73	2661.87
建筑业	Construction	166.13	195.56	230.66
第三产业	**Tertiary Industry**	**1534.07**	**1752.63**	**2047.68**
交通运输、仓储和邮政业	Transportation, Storage and Post Services	227.16	252.86	294.06
信息传输、计算机服务和软件业	Information Transmitting, Computer Services and Software	77.13	84.35	92.82
批发和零售业	Wholesale and Retail Trade	436.14	468.12	498.61
住宿和餐饮业	Accommodation and Catering Services	70.15	79.41	92.61
金融业	Finance Intermediation	159.24	186.87	288.17
房地产业	Real Estate	128.77	160.72	189.42
租赁和商务服务业	Leasing and Business Services	45.6	61.40	69.95
科学研究、技术服务和地质勘查业	Scientific Research, Technical Service and Geological Prospecting	78.98	99.23	111.48
水利、环境和公共设施管理业	Management for Water Conservancy, Environment and Public Facilities	21.89	30.85	35.15
居民服务和其他服务业	Resident Services and Other Social Services	66.9	74.65	83.09
教 育	Education	93.25	102.39	121.19
卫生、社会保障和社会福利业	Health Care, Social Security and Social Welfare	40.35	44.59	51.18
文化、体育和娱乐业	Culture, Sports and Recreational Services	13.24	20.08	23.16
公共管理和社会组织	Public Management and Social Organizations	75.27	87.11	96.79

注：本表数据按当年价格计算。
Note: Data in this table are calculated at current prices.

2-6 按产业分全市生产总值指数（2005-2007年）
Indices of Gross Domestic Product by Industry, 2005-2007

上年=100 (preceding year=100)

项 目	Item	2005	2006	2007
全市生产总值	**Gross Domestic Product**	**114.7**	**114.5**	**115.2**
第一产业	**Primary Industry**	**104.3**	**103.3**	**101.4**
第二产业	**Secondary Industry**	**117.6**	**117.7**	**116.5**
工 业	Industry	117.9	117.8	117.1
建筑业	Construction	113.5	117.0	110.4
第三产业	**Tertiary Industry**	**111.7**	**111.1**	**114.3**
交通运输、仓储和邮政业	Transportation, Storage and Post Services	100.4	106.8	116.2
信息传输、计算机服务和软件业	Information Transmitting, Computer Services and Software	116.2	109.0	109.9
批发和零售业	Wholesale and Retail Trade	115.3	111.2	111.2
住宿和餐饮业	Accommodation and Catering Services	116.7	110.5	102.8
金融业	Finance Intermediation	115.6	111.9	120.0
房地产业	Real Estate	112.6	107.3	109.5
租赁和商务服务业	Leasing and Business Services	117.5	123.8	124.0
科学研究、技术服务和地质勘查业	Scientific Research, Technical Service and Geological Prospecting	115.2	119.8	115.9
水利、环境和公共设施管理业	Management for Water Conservancy, Environment and Public Facilities	113.4	118.5	130.1
居民服务和其他服务业	Resident Services and Other Social Services	111.4	109.9	111.2
教 育	Education	114.4	110.3	120.6
卫生、社会保障和社会福利业	Health Care, Social Security and Social Welfare	104.9	110.1	113.4
文化、体育和娱乐业	Culture, Sports and Recreational Services	99.4	115.0	152.1
公共管理和社会组织	Public Management and Social Organizations	115.2	114.0	112.8

注：本表数据按可比价计算。
Note: Data in this table are based on comparable prices.

2-7 三次产业贡献率（1991-2007年）
Share of the Three Industries to the Increase of GDP, 1991-2007

单位：% (%)

年 份 Year	全市生产总值 Gross Domestic Product	第一产业 Primary Industry	第二产业 Secondary Industry	#工 业 Industry	第三产业 Tertiary Industry
1991	100	5.0	53.4	51.6	41.6
1992	100	0.5	57.4	56.9	42.1
1993	100	4.7	61.8	60.5	33.5
1994	100	2.7	60.0	53.4	37.3
1995	100	2.9	55.5	52.6	41.6
1996	100	3.6	58.1	55.1	38.3
1997	100	3.8	56.4	53.0	39.8
1998	100	4.1	45.7	40.3	50.2
1999	100	0.1	66.5	66.9	33.4
2000	100	1.8	61.9	61.6	36.3
2001	100	2.3	54.2	48.8	43.5
2002	100	2.0	57.8	53.4	40.2
2003	100	1.5	63.1	59.2	35.4
2004	100	1.2	66.6	66.1	32.2
2005	100	0.9	66.1	62.4	33.0
2006	100	0.7	67.5	62.1	31.8
2007	100	0.3	61.9	58.8	37.8

注：1. 产业贡献率指各产业增加值增量与GDP增量之比。2. 本表数据按可比价格计算。
Note: a) Share of the three industries refers to the proportion of the increment of every industrial value added to the increment of GDP. b) Data in this table are calculated at comparable prices.

2-8 三次产业对全市生产总值增长的拉动（1991-2007年）
Contribution of the Three Industries to GDP Growth, 1991-2007

单位：百分点 (percentage points)

年 份 Year	全市生产总值 Gross Domestic Product	第一产业 Primary Industry	第二产业 Secondary Industry	#工 业 Industry	第三产业 Tertiary Industry
1991	6.0	0.3	3.2	3.1	2.5
1992	11.7	0.1	6.7	6.7	4.9
1993	12.1	0.6	7.5	7.3	4.0
1994	14.3	0.4	8.6	7.6	5.3
1995	14.9	0.4	8.3	7.8	6.2
1996	14.3	0.5	8.3	7.9	5.5
1997	12.1	0.5	6.8	6.4	4.8
1998	9.3	0.4	4.2	3.7	4.7
1999	10.0		6.7	6.7	3.3
2000	10.8	0.2	6.7	6.7	3.9
2001	12.0	0.3	6.5	5.9	5.2
2002	12.7	0.2	7.4	6.8	5.1
2003	14.8	0.2	9.3	8.8	5.3
2004	15.8	0.2	10.5	10.4	5.1
2005	14.7	0.1	9.7	9.2	4.9
2006	14.5	0.1	9.8	9.0	4.6
2007	15.2		9.4	8.9	5.8

注：1. 产业拉动指GDP增长速度与各产业贡献率之乘积。2. 本表数据按可比价格计算。
Note: a) Contribution of the three industies to GDP growth refers to the growth rate of GDP multiplying the industrial shares. b) Data in this table are calculated at comparable prices.

2-9 全市生产总值项目结构（1978-2007年）
Components of Gross Domestic Product, 1978-2007

单位：亿元 (100 million yuan)

年 份 Year	全市生产总值 Gross Domestic Product	劳动者报酬 Compensation of Employees	固定资产折旧 Depreciation of Fixed Assets	生产税净额 Net Taxes on Production	营业盈余 Operating Surplus
1978	82.65	26.80	6.10	15.68	34.07
1979	93.01	31.64	6.80	16.28	38.29
1980	103.53	31.35	8.75	19.99	43.44
1981	107.96	31.40	10.40	17.92	48.24
1982	114.11	34.42	11.97	17.68	50.04
1983	123.42	36.21	13.83	20.95	52.43
1984	147.53	51.85	14.58	23.44	57.66
1985	175.78	51.45	17.97	30.39	75.97
1986	194.74	63.11	23.09	32.29	76.25
1987	220.12	76.71	23.41	34.24	85.76
1988	259.71	90.11	27.10	41.82	100.68
1989	283.49	103.47	44.91	43.63	91.48
1990	310.95	135.54	48.41	43.64	83.36
1991	342.65	144.25	55.15	51.14	92.11
1992	411.04	166.13	68.74	61.39	114.78
1993	538.94	223.72	72.44	83.56	159.22
1994	732.89	319.98	99.10	117.22	196.59
1995	931.97	417.02	139.84	150.51	224.60
1996	1121.93	534.48	178.28	160.57	248.60
1997	1264.63	634.76	189.31	186.38	254.18
1998	1374.60	699.85	210.58	223.85	240.32
1999	1500.95	748.05	217.46	274.62	260.82
2000	1701.88	715.11	264.63	328.92	393.22
2001	1919.09	774.46	308.13	387.17	449.33
2002	2150.76	835.23	358.80	416.97	539.76
2003	2578.03	892.22	446.50	534.87	704.44
2004	3110.97	1050.14	483.73	571.81	1005.29
2005	3697.62	1164.82	515.77	727.37	1289.66
2006	4344.27	1368.48	595.09	775.09	1605.61
2007	5050.40	1588.56	754.32	893.84	1813.68

注：本表数据按当年价格计算。
Note: Data in this table are calculated at current prices.

2-10 支出法全市生产总值（1978-2007年）
Gross Domestic Product by Expenditure Apporach, 1978-2007

年 份 Year	全市生产总值 (亿元) Gross Domestic Product (100 million yuan)	最终消费支出 Final Consumption Expenditures	资本形成总额 Gross Capital Formation	货物和服务净出口 Net Exports of Goods and Services	最终消费率 (消费率) (%) Final Consumption Rate (%)	资本形成率 (投资率) (%) Capital Formation Rate (%)
1978	82.65	30.79	26.19	25.67	37.3	31.7
1979	93.01	34.68	33	25.33	37.3	35.5
1980	103.53	40.43	35.36	27.74	39.1	34.2
1981	107.96	44.48	25.06	38.42	41.2	23.2
1982	114.11	47.61	34.73	31.77	41.7	30.4
1983	123.42	53.5	41.82	28.1	43.3	33.9
1984	147.53	60.58	48.31	38.64	41.1	32.7
1985	175.78	72.45	87.92	15.41	41.2	50.0
1986	194.74	83.37	100.2	11.17	42.8	51.5
1987	220.12	98.7	92.29	29.13	44.8	41.9
1988	259.71	128.62	140.56	-9.47	49.5	54.1
1989	283.49	145.79	135.58	2.12	51.4	47.8
1990	310.95	147.62	132.93	30.40	47.5	42.7
1991	342.65	170.29	162.86	9.50	49.7	47.5
1992	411.04	196.37	225.42	-10.75	47.8	54.8
1993	538.94	253.74	312.64	-27.44	47.1	58.0
1994	732.89	338.13	427.16	-32.40	46.1	58.3
1995	931.97	423.04	509.92	-0.99	45.4	54.7
1996	1121.93	537.07	594.24	-9.38	47.9	53.0
1997	1264.63	604.46	662.27	-2.10	47.8	52.4
1998	1374.60	652.88	725.40	-3.68	47.5	52.8
1999	1500.95	750.83	718.26	31.86	50.0	47.9
2000	1701.88	843.89	811.06	46.93	49.6	47.7
2001	1919.09	948.42	927.90	42.77	49.4	48.4
2002	2150.76	1040.49	1048.50	61.77	48.4	48.8
2003	2578.03	1193.05	1313.06	71.92	46.3	50.9
2004	3110.97	1343.65	1661.24	106.08	43.2	53.4
2005	3697.62	1506.91	1968.45	222.26	40.8	53.2
2006	4344.27	1763.14	2364.41	216.72	40.6	54.4
2007	5050.40	2064.39	2922.47	63.54	40.9	57.9

注：本表数据按当年价格计算。
Note: Data in this table are calculated at current prices.

2-11 最终消费及构成(1978-2007年)
Final Consumption Expenditure and Composition, 1978-2007

年 份 Year	最终消费(亿元) Final Consumption Expenditures (100 million yuan)	居民消费 Household Consumption Expenditures			政府消费 Government Consumption Expenditures	构 成(%) (最终消费=100) Composition(%) (Final Consumption Expenditures=100)	
			农村居民 Rural Households	城镇居民 Urban Households		居民消费 Household Consumption Expenditures	政府消费 Government Consumption Expenditures
1978	30.79	27.13	5.55	21.58	3.66	88.1	11.9
1979	34.68	30.57	6.4	24.17	4.11	88.1	11.9
1980	40.43	36.29	7.6	28.69	4.14	89.8	10.2
1981	44.48	38.07	8.22	29.85	6.41	85.6	14.4
1982	47.61	41.11	10.03	31.08	6.50	86.3	13.7
1983	53.50	45.78	10.8	34.98	7.72	85.6	14.4
1984	60.58	50.84	13.02	37.82	9.74	83.9	16.1
1985	72.45	61.19	14.86	46.33	11.26	84.5	15.5
1986	83.37	69.92	15.59	54.33	13.45	83.9	16.1
1987	98.70	77.78	17.2	60.58	20.92	78.8	21.2
1988	128.62	99.36	21.32	78.04	29.26	77.3	22.7
1989	145.79	111.74	23.55	88.19	34.05	76.6	23.4
1990	147.62	119.32	23.03	96.29	28.30	80.8	19.2
1991	170.29	135.19	25.08	110.11	35.10	79.4	20.6
1992	196.37	154.19	27.69	126.5	42.18	78.5	21.5
1993	253.74	195.20	33.53	161.67	58.54	76.9	23.1
1994	338.13	255.93	39.38	216.55	82.20	75.7	24.3
1995	423.04	337.71	50.49	287.22	85.33	79.8	20.2
1996	537.07	413.10	63.76	349.34	123.97	76.9	23.1
1997	604.46	472.58	71.04	401.54	131.88	78.2	21.8
1998	652.88	500.24	76.19	424.05	152.64	76.6	23.4
1999	750.83	537.85	80.02	457.83	212.98	71.6	28.4
2000	843.89	596.52	87.26	509.26	247.37	70.7	29.3
2001	948.42	667.57	94.35	573.22	280.85	70.4	29.6
2002	1040.49	706.66	99.33	607.33	333.83	67.9	32.1
2003	1193.05	781.22	106.75	674.47	411.83	65.5	34.5
2004	1343.65	877.16	114.36	762.8	466.49	65.3	34.7
2005	1506.91	980.05	122.32	857.73	526.86	65.0	35.0
2006	1763.14	1118.76	129.18	989.58	644.38	63.5	36.5
2007	2064.39	1309.24	144.82	1164.42	755.15	63.4	36.6

注：本表数据按当年价格计算。
Note: Data in this table are calculated at current prices.

2-12 最终消费总指数（1979-2007年）
Final Consumption Indices, 1979-2007

1978年=100 (year of 1978=100)

年份 Year	最终消费 Final Consumption Expenditures	居民消费 Household Consumption Expenditures	农村居民 Rural Households	城镇居民 Urban Households	政府消费 Government Consumption Expenditures
1979	112.6	111.7	115.5	110.4	111.0
1980	124.4	122.4	130.5	119.7	106.0
1981	135.2	128.3	141.1	124.0	161.7
1982	145.4	138.4	164.9	129.3	163.1
1983	162.3	152.6	182.1	142.4	192.8
1984	182.5	169.3	220.0	151.9	239.1
1985	197.7	184.6	240.0	165.4	242.7
1986	210.5	194.7	248.4	176.4	270.3
1987	235.2	204.9	254.6	188.2	393.0
1988	260.8	222.9	279.0	204.2	467.3
1989	257.9	219.1	275.1	200.5	472.5
1990	257.9	224.4	262.7	211.7	471.5
1991	272.1	231.8	270.4	218.9	540.8
1992	283.6	237.8	276.3	224.8	594.4
1993	307.9	254.4	283.8	244.2	677.0
1994	337.8	272.0	297.1	262.5	810.4
1995	358.4	292.7	322.1	281.9	821.7
1996	409.7	330.1	368.8	316.6	978.7
1997	452.3	369.4	404.2	356.5	1033.5
1998	495.7	397.8	440.5	382.8	1201.9
1999	567.6	423.3	469.2	407.3	1695.9
2000	628.3	458.9	511.4	440.7	1977.4
2001	689.9	499.2	545.6	482.6	2218.7
2002	760.2	524.7	580.0	505.8	2686.8
2003	861.3	570.3	617.7	553.3	3280.6
2004	967.3	650.8	644.9	640.2	3575.9
2005	1075.6	723.6	683.6	716.4	3976.4
2006	1240.2	813.4	711.6	813.8	4791.5
2007	1402.7	922.4	765.7	929.4	5390.4

注：本表数据按可比价格计算。
Note: Data in this table are calculated at comparable prices.

2-13 最终消费(2005-2007年)
Final Consumption Expenditure, 2005-2007

单位：亿元 (100 million yuan)

项 目 Item	2005	2006	2007
最终消费 Final Consumption Expenditure	**1506.91**	**1763.14**	**2064.39**
居民消费 Household Consumption	**980.05**	**1118.76**	**1309.24**
农村居民 Rural Households	**122.32**	**129.18**	**144.82**
食品类支出 Food	38.61	39.42	43.52
衣着类支出 Clothing	10.16	10.04	10.59
居住类支出 Residence	12.60	17.60	19.43
家庭设备、用品及服务类支出 Household Facilities, Articles and Services	3.03	3.17	3.23
医疗保健类支出 Medicine and Medical Services	7.52	7.28	7.63
公共医疗消费支出 Commonality Medicine and Medical Services	0.01		
交通和通信类支出 Transportation and Communication Services	7.58	8.07	8.55
文教娱乐用品及服务类支出 Recreation, Education and Cultural Services	7.07	6.77	7.55
金融中介服务虚拟支出 Invented Expenditure for Finance Agent Service	17.69	18.83	22.60
自有住房服务虚拟支出 Invented Expenditure for Owned Housing Service	14.96	14.72	17.95
其他商品和服务类支出 Other Goods and Services	3.09	3.28	3.77
城镇居民 Urban Households	**857.73**	**989.58**	**1164.42**
食品类支出 Food	266.70	290.09	349.93
衣着类支出 Clothing	52.61	68.17	84.34
居住类支出 Residence	97.23	107.85	116.73
家庭设备、用品及服务类支出 Household Facilities, Articles and Services	39.46	50.01	62.63
医疗保健类支出 Medicine and Medical Services	75.00	82.71	95.85
公共医疗消费支出 Commonality Medicine and Medical Services	42.23	50.52	53.09
交通和通信类支出 Transportation and Communication Services	75.12	86.15	107.87
文教娱乐用品及服务类支出 Recreation, Education and Cultural Services	96.63	114.47	135.04
金融中介服务虚拟支出 Invented Expenditure for Finance Agent Service	47.47	57.83	71.57
自有住房服务虚拟支出 Invented Expenditure for Owned Housing Service	30.28	36.63	41.85
实物消费支出 Practicality	11.09	13.15	7.34
其他商品和服务类支出 Other Goods and Services	23.91	32.00	38.18
政府消费 Government Consumption	**526.86**	**644.38**	**755.15**

2-14 资本形成总额和指数(1978-2007年)
Gross Captial Formation and Indices, 1978-2007

年 份 Year	资本形成总额(亿元) Gross Capital Formation (100 million yuan)	固定资本形成总额 Gross Fixed Capital Formation	存货增加 Change in Inventory	总指数(1990年=100) Indices of Gross Captial Formation (year of 1990=100)	固定资本形成总额 Gross Fixed Capital Formation	存货增加 Change in Inventory
1978	26.19	18.55	7.64			
1979	33.00	23.91	9.09			
1980	35.36	25.56	9.8			
1981	25.06	25.00	0.06			
1982	34.73	32.36	2.37			
1983	41.82	38.27	3.55			
1984	48.31	48.67	-0.36			
1985	87.92	67.60	20.32			
1986	100.20	75.89	24.31			
1987	92.29	81.63	10.66			
1988	140.56	96.85	43.71			
1989	135.58	95.43	40.15			
1990	132.93	98.03	34.90	100.0	100.0	100.0
1991	162.86	144.19	18.67	115.6	137.2	57.1
1992	225.42	185.12	40.3	140.8	155.0	102.4
1993	312.64	246.16	66.48	156.3	167.7	125.5
1994	427.16	345.46	81.70	186.9	202.0	145.8
1995	509.92	417.95	91.97	215.5	236.3	157.0
1996	594.24	491.90	102.34	243.5	269.2	170.7
1997	662.27	556.43	105.84	274.5	308.4	176.7
1998	725.40	640.15	85.25	305.2	358.7	148.4
1999	718.26	631.92	86.34	305.8	356.9	156.1
2000	811.06	695.1	115.96	342.5	389.8	204.2
2001	927.90	805.34	122.56	392.5	451.0	221.0
2002	1048.50	926.65	121.85	447.5	521.3	229.6
2003	1313.06	1180.54	132.52	545.9	647.5	246.1
2004	1661.24	1446.49	214.75	615.8	683.1	422.6
2005	1968.45	1753.92	214.53	731.6	840.9	410.3
2006	2364.41	2122.35	242.06	862.5	1004.0	434.5
2007	2922.47	2681.35	241.12	1028.2	1219.9	425.4

注：本表绝对数按当年价格计算，指数按可比价格计算。
Note: Absolute figures in this table are calculated at current prices, while indices based on comparable prices.

2-15 最终消费和资本形成总额对全市生产总值增长的贡献率和拉动（1978-2007年）
Share and Contribution of Final Consumption Expenditure and Gross Capital Formation to GDP Growth, 1978-2007

年 份 Year	最终消费支出 Final Consumption Expenditure		资本形成总额 Gross Capital Formation	
	贡献率(%) Share (%)	拉 动(百分点) Contribution (percentage points)	贡献率(%) Share (%)	拉 动(百分点) Contribution (percentage points)
1978	15.1	3.2		
1979	40.2	4.0		
1980	27.3	2.7		
1981	78.8	3.8		
1982	57.7	2.5		
1983	56.5	4.7		
1984	26.8	5.2		
1985	29.3	3.1		
1986	44.7	2.6		
1987	61.3	4.7		
1988	76.8	4.5		
1989	-28.3	-0.5		
1990	18.1	1.0		
1991	43.7	2.6	116.0	7.0
1992	16.8	2.0	87.1	10.2
1993	32.6	3.9	46.3	5.6
1994	29.7	4.2	69.0	9.9
1995	16.7	2.5	53.6	8.0
1996	37.9	5.4	47.8	6.8
1997	32.9	4.0	54.4	6.6
1998	39.0	3.6	60.7	5.6
1999	57.3	5.7	1.2	0.1
2000	40.1	4.3	54.8	5.9
2001	41.3	5.0	58.0	7.0
2002	37.8	4.8	54.0	6.9
2003	42.6	6.3	73.6	10.9
2004	36.3	5.7	41.8	6.6
2005	34.5	5.1	65.4	9.6
2006	42.8	6.2	65.5	9.5
2007	35.3	5.4	69.3	10.5

注：本表数据按可比价格计算。
Note: Data in this table are calculated at comparable prices.

2-16 居民消费水平（1978-2007年）
Household Consumption, 1978-2007

年份 Year	全市居民（元/人） All Households (yuan/person)	农村居民 Rural Households	城镇居民 Urban Households	城乡消费水平对比（农村居民=1） Urban/Rural Consumption Ratio (Rural Households=1)	全市居民消费指数（1978年=100） All Households Index (year of 1978=100)	农村居民 Rural Households	城镇居民 Urban Households
1978	372	178	533	2.99	100.0	100.0	100.0
1979	408	206	562	2.73	108.7	115.0	104.6
1980	475	248	639	2.58	117.1	131.0	109.2
1981	514	271	682	2.52	121.2	142.0	110.2
1982	529	328	653	1.99	128.6	163.4	112.4
1983	577	352	714	2.03	139.0	179.0	120.8
1984	639	425	751	1.77	152.5	215.5	126.3
1985	755	493	898	1.82	164.2	237.9	132.8
1986	845	518	1011	1.95	171.3	245.5	138.9
1987	926	564	1114	1.98	177.6	246.5	146.8
1988	1161	696	1398	2.01	190.4	267.4	156.1
1989	1285	774	1531	1.98	184.9	263.9	149.5
1990	1338	749	1635	2.18	186.1	248.1	155.2
1991	1490	813	1832	2.25	189.7	253.1	158.2
1992	1681	903	2067	2.29	193.3	258.4	160.4
1993	2101	1094	2603	2.38	205.3	264.3	172.6
1994	2707	1287	3435	2.67	218.0	275.9	183.8
1995	3540	1658	4495	2.71	233.5	298.9	195.9
1996	4321	2109	5389	2.56	256.6	335.9	212.8
1997	4911	2369	6117	2.58	286.9	368.8	239.0
1998	5181	2561	6374	2.49	307.8	403.1	254.5
1999	5520	2715	6758	2.49	325.7	430.9	267.2
2000	6083	2994	7398	2.47	351.7	472.3	286.2
2001	6763	3267	8231	2.52	382.0	505.8	311.4
2002	7120	3466	8604	2.48	399.9	538.7	323.8
2003	7789	3758	9377	2.50	431.9	575.4	349.4
2004	8621	4079	10348	2.54	484.2	620.2	394.5
2005	9484	4360	11394	2.61	529.7	656.8	432.3
2006	10564	4771	12554	2.63	581.1	708.7	469.1
2007	11957	5334	14140	2.65	637.5	760.4	512.7

注：1. 本表绝对数按当年价格计算，指数按可比价格计算。2. 城乡消费水平对比未剔除城乡价格不可比因素。
Note: a) Absolute figures in this table are calculated at current prices, while indices are calculated at comparable prices. b) The effect of price differentials between urban and rural areas has not been removed in the calculation of the urban/rural consumption ratio.

主要统计指标解释

生产总值（原国内生产总值）

指按市场价格计算的一个国家（或地区）所有常住单位在一定时期内生产活动的最终成果。

从价值形态看，它是所有常驻单位在一定时期内所生产的全部货物和服务价值超过同期投入的全部非固定资产货物和服务价值的差额，即所有常驻单位的增加值之和；从收入形态看，它是所有常驻单位在一定时期内所创造并分配给常驻单位和非常驻单位的初次分配收入之和；从产品形态看，它是最终使用的货物和服务减去进口货物和服务。在实际核算中，其三种表现形态体现为三种计算方法，即生产法、收入法和支出法。三种方法分别从不同的方面反映生产总值及其构成。根据国务院和国家统计局有关我国 GDP 核算和数据发布制度的规定，天津市国内生产总值自 2004 年起更名为“天津市生产总值”简称“天津市 GDP”。

劳动者报酬

指劳动者因从事生产活动所获得的全部报酬。包括劳动者获得的各种形式的工资、奖金和津贴，既包括货币形式的，也包括实物形式的，还包括劳动者所享受的公费医疗和医药卫生费、上下班交通补贴和单位支付的社会保险费、住房公积金等。对于个体经济来说，其所有者所获得的劳动报酬和经营利润不易区分，这两部分统一作为劳动者报酬处理。

生产税净额

指生产税减生产补贴后的余额。生产税指政府对生产单位生产、销售和从事经营活动以及因从事生产活动使用某些生产要素（如固定资产、土地、劳动力）所征收的各种税、附加费和规费。生产补贴与生产税相反，指政府对生产单位的单方面转移支付，因此视为负生产税，包括政策亏损补贴、价格补贴等。

固定资产折旧

指一定时期内为弥补固定资产损耗按照核定的固定资产折旧率提取的固定资产折旧，或按国民经济核算统一规定的折旧率虚拟计算的固定资产折旧。它反映了固定资产在当期生产中的转移价值。各类企业和企业化管理的事业单位的固定资产折旧是指实际计提的折旧费；不计提折旧的政府机关、非企业化管理的事业单位和居民住房的固定资产折旧是按照统一规定的折旧率和固定资产原值计算的虚拟折旧。原则上，固定资产折旧应按固定资产的重置价值计算，但是目前我国尚不具备对全社会固定资产进行重估价的基础，所以暂时只能采用这种办法。

营业盈余

指常住单位创造的增加值扣除劳动者报酬、生产税净额和固定资产折旧后的余额。它相当于企业的营业利润加上生产补贴，但要扣除从利润中开支的工资和福利等。

最终消费

指常住单位在一定时期内对于货物和服务的全部最终消费支出，也就是常住单位为满足物质、文化和精神生活的需要，从本国经济领土和国外购买的货物和服务的支出。不包括非常住单位在本国经济领土内的消费支出。最终消费分为居民消费和政府消费。

居民消费

指常住住户对货物和服务的全部最终消费支出。它除了常住住户直接以货币形式购买货物和服务的消费之外，还包括以其他方式获得的货物和服务的消费，即单位以实物报酬及实物转移的形式提供给劳动者的货物和服务；住户生产并由住户自己消费的货物和服务，其中的服务仅指住户的自有住房服务和支付报酬的家庭服务；金融机构提供的金融媒介服务；保险公司提供的保险服务。

政府消费

指政府部门为全社会提供公共服务的消费支出和免费或以较低价格向住户提供的货物和服务的净支出。前者等于政府服务的产出价值减去政府单位所获得的经营收入后的价值，政府服务的产出价值等于它的经常性业务支出加上固定资产折旧；后者等于政府部门免费或以较低价格向住户提供的货物和服务的市场价值减去向住户收取的价值。

主要统计指标解释

资本形成总额

指常住单位在一定时期内获得的减去处置的固定资产加存货的净变动额，包括固定资本形成总额和存货增加。

固定资本形成总额

指生产者在一定时期内获得的固定资产减处置的固定资产的价值总额，固定资产是通过生产活动生产出来的，其使用年限在一年以上，单位价值在规定标准以上的资产，不包括自然资产。固定资本形成总额可分为有形固定资本形成总额和无形固定资本形成总额。有形固定资本形成总额包括一定时期内完成的建筑工程、安装工程、设备工器具购置（减处置）价值以及土地改良、新增役、种、奶、毛、娱乐用牲畜和新增经济林木价值。无形固定资本形成总额包括矿藏的勘探、计算机软件等获得减处置。

存货增加

指常住单位在一定时期内存货实物量变动的市场价值，即期末价值减期初价值的差额，再扣除当期由于价格变动而产生的持有收益。存货增加可以是正值，也可以是负值；正值表示存货增加，负值表示存货减少。它包括生产单位购进的原材料、燃料和储备物资等存货，以及生产单位生产的产成品、在制品存货等。

货物和服务净出口

指货物和服务出口减货物和服务进口的差额。出口包括常住单位向非常住单位出售和无偿转让的各种货物和服务的价值；进口包括常住单位从非常住单位购买或无偿得到的各种货物和服务的价值。由于服务活动的提供与使用同时发生，因此服务的进出口业务并不发生出入境现象，一般把常住单位从国外得到的服务作为进口，常住单位向国外提供的服务作为出口。货物的出口和进口都按离岸价格计算。在计算地区货物和服务净出口时，还包括地区间货物和服务的流入流出。用公式表示：

货物和服务净出口（净流出）=货物和服务出口（流出）－进口（流入）

Explanatory Notes on Main Statistical Indicators

Gross Domestic Product

refers to the final products at market prices produced by all resident units in a country (or a region) during a certain period of time.

From the aspect of value added form, GDP refers to the total value of all products and services produced by all resident units during a certain period of time minus total value of inputs of non-fixed-assets products and services or the summation of the value added of all resident units; the form of products refers to all final goods and services minus imports of goods and services. In the practice of national accounting, it is calculated by three approaches, i.e. product approach, income approach and expenditure approach, respectively, to reflect Gross Product and its composition of different aspects. According to the regulations of GDP national accounting as Tianjin Gross Product Value, for short Tianjin GDP.

Compensation of Employees

refers to the whole payment of various forms earned by the laborers from the productive activities they are engaged in. It includes wages, bonuses and allowances the laborers earned in monetary form and in kind. It also includes the free medical services provided to the laborers and the medicine expenses, traffic subsidies, social insurance fee and housing provident fund paid by the laborer's working units for them. As the individual economy is concerned, since the laborer's remuneration is not easily distinguished from the operating profit, both are treated as laborer's remuneration.

Net Taxes on Production

refer to the residual of the taxes on production minus the subsidies on production. The taxes on production refers to the various taxes, extra charges and fees levied on the production units on their production, sale and business activities as well as on some sectors of production, such as fixed assets, land and labor force, used in the production activities they are engaged in. In contrast to the taxes on production, the subsidies on production refer to the unilateral transfer of part of the government's revenue to the production units and are therefore regarded as negative taxes on production. They include subsidies on the loss due to implementation of government policies, price subsidies, etc..

Depreciation of Fixed Assets

refers to the depreciation of fixed assets of a given period, drawn in accordance with the stipulated depreciation rate for the purpose of compensating the wear loss of the fixed assets or the depreciation of fixed assets calculated in a fictitious way in accordance with the stipulated unified depreciation rate in the national economic accounting system. It reflects the value of transfer of the fixed assets in the production of the current period. The depreciation of fixed assets in various enterprises and institutions managed as enterprises refers to the depreciation expenses actually drawn. In government agencies and institutions not managed as enterprises which do not draw the depreciation expenses, as well as for the houses of residents, the depreciation of fixed assets is the imputed depreciation, which is calculated in accordance with the stipulated unified depreciation rate. In principle, the depreciation of fixed assets should be calculated on the basis of the re-purchased value of the fixed assets. However, there is no actual condition to re-evaluate all the fixed assets in China. Therefore, this method is temporarily adopted at present.

Operating Surplus

refers to the balance of the value added created by the resident units deducting the laborer's remuneration, net taxes on production and the depreciation of fixed assets. It is equivalent to the business profit of the enterprises plus subsidies on production, but the wages and welfare expenses paid from the profits should be deducted.

Final Consumption Expenditure

refers to the total expenditure of resident units on final consumption of goods and services in a certain period, namely the expenditure of the resident units for purchases of goods and services from domestic economic territory and abroad to meet the requirements of material, cultural and spiritual life. It excludes the consumption expenditure of non-resident units on consumption in the economic territory of the country. The final consumption is classified into households' consumption and government consumption.

Households Consumption Expenditure

refers to the total expenditure of resident households on the final consumption of goods and services. In addition to the consumption of goods and services bought by the households directly with money, the households consumption also includes expenditure on goods and services obtained by the households on other ways, i.e. the goods and services provided to the households by the units in the form of payment in kind and transfer in kind; the goods and services produced and consumed by the households themselves, in which the services refer only to the owner-occupied housing and domestic services provided by the paid household workers; financial intermediate services provided by financial institutions; insurance services provided by insurance companies.

Government Consumption Expenditure

refers to the expenditure on the consumption of the public services provided by the government to the whole society and the net expenditure on the goods and services provided by the government to the households at free charge or lower prices. The former equals to the output value of the government services minus the value of operating income obtained by the government departments, the

Explanatory Notes on Main Statistical Indicators

output value of the government services equals to its current operating expenditure plus depreciation of fixed assets. The latter equals to the market value of the goods and services provided by the government free of charge or at low prices to the households minus the value received by the government from the households.

Gross Capital Formation

refers to the fixed assets acquired minus those disposed and the net value of inventory, including the total fixed assets formation and the increase in inventory.

Gross Fixed Capital Formation

refers to the value of fixed assets acquired minus those disposed of during a given period. Fixed assets are the assets produced through production activities with specified unit value which could be used for over one year, excluding natural assets. Total fixed capital formation can be categorized into total tangible assets formation and total intangible assets formation. The total tangible assets formation include the value of the construction projects, installation projects completed and the equipment, apparatus and instruments purchased as well as the value of land improved, the value of draught animals, breeding stock, animal for milk, wool and for recreational animals purpose and the newly increased forest with economic value during a given period. The total intangible assets formation includes the prospecting of minerals, the acquisition of computer software minus the disposal of them.

Change in Inventory

refers to the market value of the change in inventory of resident units during a given period, i.e. the difference of value between the beginning and the end of the period minus the current gains due to the change in prices. The increase in inventory can be positive or negative. A positive value indicates the increase in inventory while a negative value indicates the decrease in stock. The inventory includes the raw materials, fuel and reserve materials purchased by the production units as well as the inventory of finished products, semi-finished products, etc.

Net Exports of Goods and Services

refers to the difference of the exports of goods and services minus the imports of goods and services. The imports include the value of various goods and services sold or gratuitously transferred by the resident units to the non-resident units. The imports include the value of various goods and services purchased or gratuitously acquired by the resident units from the non-resident units. Because the provision of services and the use of them happen simultaneously, the import and export of services do not appear to have the phenomena of crossing the border of the country. The acquisition of services by the resident units from abroad is usually treated as import while the acquisition of services by non-resident units in this country is usually treated as export. The export and import of goods are calculated at FOB. The formula for calculating is as follows:

Net Export of Goods and Services =Value of Export of Goods and Service−Value of Import of Goods and Services

第3篇

CHAPTER 3

人口和劳动就业

Population, Labor and Employment

3-1 人口主要指标（1990-2007年）
Main Statistics on Population, 1990-2007

年 份 Year	常住人口 (万人) Permanent Population (10 000 persons)	户籍人口 (万人) Registered Population (10 000 persons)	户籍户数 (万户) Registered Households (10 000 households)	人口密度 (人/平方公里) Population Density (person/sq. km)	人 口 出生率 Birth Rate (‰)	人 口 死亡率 Death Rate (‰)	人口自然增长率 Natural Growth Rate (‰)
1990	884.03	866.25	258.31	764	15.62	5.79	9.83
1991	908.89	872.63	262.75	770	11.94	5.78	6.16
1992	920.41	878.97	266.77	776	12.50	6.00	6.50
1993	928.02	885.89	270.77	782	10.71	6.20	4.51
1994	935.28	890.55	273.87	745	10.98	6.19	4.79
1995	941.83	894.67	276.89	749	10.23	6.23	4.00
1996	948.19	898.45	279.62	752	10.09	6.53	3.56
1997	952.59	899.80	284.08	753	9.98	6.95	3.03
1998	956.64	905.09	288.20	757	9.89	6.49	3.40
1999	959.48	910.17	291.32	762	9.68	6.73	2.95
2000	1001.14	912.00	293.04	763	7.72	6.17	1.55
2001	1004.06	913.98	295.63	765	7.58	5.94	1.64
2002	1007.18	919.05	299.67	769	7.49	6.04	1.45
2003	1011.30	926.00	303.27	775	7.14	6.04	1.10
2004	1023.67	932.55	316.62	780	7.31	5.97	1.34
2005	1043.00	939.31	322.95	797	7.44	6.01	1.43
2006	1075.00	948.89	328.66	805	7.67	6.07	1.60
2007	1115.00	959.10	333.42	813	7.91	5.86	2.05

注：1. 人口密度2005年以后按市民政局行政区划面积计算，2005年以前按市规划局土地面积计算。2. 人口自然变动“三率”为历年人口抽样调查数据。
Note: a) After 2005, the population density is calculated with administrative areas measured by Tianjin Civil Administration Bureau, and those before 2005 are calculated with areas measured by Tianjin Bureau of Planning. b) The three rates of population changing are obtained from population surveys.

3-2 户籍人口主要构成（1990-2007年）
Composition of Registered Population, 1990-2007

单位：% (%)

年 份 Year	按户口性质分 By Registered Character		按性别分 By Sex		性别比(女=100) Sex Ratio (Female=100)
	非农业 Non-agricultural	农 业 Agricultural	男 性 Male	女 性 Female	
1990	56.04	43.96	50.79	49.21	103.20
1991	56.19	43.81	50.76	49.24	103.07
1992	56.29	43.71	50.73	49.27	102.96
1993	56.44	43.56	50.71	49.29	102.87
1994	56.60	43.40	50.70	49.30	102.85
1995	56.77	43.23	50.66	49.34	102.67
1996	57.12	42.88	50.62	49.38	102.50
1997	57.27	42.73	50.58	49.42	102.33
1998	57.60	42.40	50.53	49.47	102.14
1999	58.09	41.91	50.51	49.49	102.06
2000	58.39	41.61	50.51	49.49	102.05
2001	58.56	41.44	50.48	49.52	101.92
2002	58.88	41.12	50.45	49.55	101.84
2003	59.37	40.63	50.47	49.53	101.89
2004	59.64	40.36	50.46	49.54	101.86
2005	59.87	40.13	50.44	49.56	101.77
2006	60.18	39.82	50.41	49.59	101.65
2007	60.51	39.49	50.38	49.62	101.52

3-3 按地区分的户数、人口数及人口密度
Households, Population and Population Density by Region

地 区	Region	年末户数 (万户) Year-end Households (10 000 households)		年末人口数 (万人) Year-end Population (10 000 persons)		年平均人口 (万人) Average Annual Population (10 000 persons)	人口密度 (人/平方公里) Population Density (person/sq. km)
		2006	2007	2006	2007	2007	2007
全市常住人口	**Total Permanent Population**	**359.83**	**362.77**	**1075.00**	**1115.00**	**1095.00**	**948**
全市户籍人口	**Total Registered Population**	**328.66**	**333.42**	**948.89**	**959.10**	**954.00**	**813**
市辖区	**Districts under City Administration**	**274.78**	**278.61**	**777.91**	**786.35**	**782.13**	**1059**
# 市内六区	Six Urban Districts	136.61	138.20	384.18	387.00	385.59	21856
滨海区	Coastal District	37.95	38.64	104.19	106.07	105.13	475
和平区	Heping District	12.99	13.05	38.51	38.71	38.61	38713
河东区	Hedong District	25.65	26.00	69.94	70.75	70.35	17852
河西区	Hexi District	26.34	26.72	75.45	76.31	75.88	20077
南开区	Nankai District	28.05	28.46	81.08	81.86	81.47	21236
河北区	Hebei District	23.16	23.40	63.44	63.53	63.49	21448
红桥区	Hongqiao District	20.42	20.57	55.76	55.84	55.80	26267
塘沽区	Tanggu District	17.97	18.31	50.13	51.22	50.68	655
# 经济技术开发区	TEDA	0.89	0.97	3.21	3.63	3.42	
汉沽区	Han'gu District	6.54	6.65	17.09	17.19	17.14	420
大港区	Dagang District	13.44	13.68	36.97	37.66	37.32	362
东丽区	Dongli District	12.83	13.05	32.35	33.09	32.72	692
西青区	Xiqing District	12.32	12.49	33.24	34.00	33.62	600
津南区	Jinnan District	14.33	14.65	39.06	39.79	39.43	1026
北辰区	Beichen District	12.88	13.27	34.22	34.68	34.45	733
武清区	Wuqing District	26.16	26.40	82.49	83.11	82.80	528
宝坻区	Baodi District	20.73	20.92	65.71	66.12	65.92	438
天津铁厂	Tianjin Iron Works	0.97	0.99	2.47	2.49	2.48	
市辖县	**Counties under City Administration**	**53.88**	**54.81**	**170.98**	**172.75**	**171.87**	**396**
宁河县	Ninghe County	11.43	11.73	36.89	37.32	37.11	288
静海县	Jinghai County	17.64	17.97	52.88	53.59	53.24	363
蓟 县	Jixian County	24.81	25.11	81.21	81.84	81.53	515

3-4 按户口性质分的户籍户数
Registered Households by Registered Character

单位：万户 (10 000 households)

地 区	Region	非农业 Non-agricultural		农 业 Agricultural	
		2006	2007	2006	2007
全市总计	**Total**	**210.28**	**213.50**	**118.38**	**119.92**
市辖区	**Districts under City Administration**	**196.57**	**199.27**	**78.21**	**79.34**
# 市内六区	Six Urban Districts	135.79	137.37	0.82	0.83
滨海区	Coastal District	30.24	30.81	7.71	7.83
和平区	Heping District	12.99	13.05		
河东区	Hedong District	25.61	25.96	0.04	0.04
河西区	Hexi District	26.20	26.58	0.14	0.14
南开区	Nankai District	27.55	27.96	0.50	0.50
河北区	Hebei District	23.15	23.38	0.01	0.02
红桥区	Hongqiao District	20.29	20.44	0.13	0.13
塘沽区	Tanggu District	15.55	15.86	2.42	2.45
# 经济技术开发区	TEDA	0.89	0.97		
汉沽区	Han'gu District	4.91	5.00	1.63	1.65
大港区	Dagang District	9.78	9.95	3.66	3.73
东丽区	Dongli District	5.13	5.23	7.70	7.82
西青区	Xiqing District	3.60	3.62	8.72	8.87
津南区	Jinnan District	4.31	4.38	10.02	10.27
北辰区	Beichen District	5.65	5.84	7.23	7.43
武清区	Wuqing District	5.75	5.85	20.41	20.55
宝坻区	Baodi District	5.13	5.18	15.60	15.74
天津铁厂	Tianjin Iron Works	0.97	0.99		
市辖县	**Counties under City Administration**	**13.71**	**14.23**	**40.17**	**40.58**
宁河县	Ninghe County	3.65	3.84	7.78	7.89
静海县	Jinghai County	4.23	4.39	13.41	13.58
蓟 县	Jixian County	5.83	6.00	18.98	19.11

3-5 按户口性质分的户籍人口数
Registered Population by Registered Character

单位：万人 (10 000 persons)

地　区	Region	非农业 Non-agricultural		农　业 Agricultural	
		2006	2007	2006	2007
全市总计	**Total**	**571.04**	**580.34**	**377.85**	**378.76**
市辖区	**Districts under City Administration**	**540.02**	**548.10**	**237.89**	**238.25**
# 市内六区	Six Urban Districts	382.47	385.29	1.71	1.71
滨海区	Coastal District	83.09	84.91	21.10	21.16
和平区	Heping District	38.51	38.71		
河东区	Hedong District	69.87	70.69	0.07	0.06
河西区	Hexi District	75.17	76.03	0.28	0.28
南开区	Nankai District	79.99	80.76	1.09	1.10
河北区	Hebei District	63.42	63.51	0.02	0.02
红桥区	Hongqiao District	55.51	55.59	0.25	0.25
塘沽区	Tanggu District	44.08	45.14	6.05	6.08
# 经济技术开发区	TEDA	3.21	3.63		
汉沽区	Han'gu District	12.48	12.61	4.61	4.58
大港区	Dagang District	26.53	27.16	10.44	10.50
东丽区	Dongli District	12.50	13.10	19.85	19.99
西青区	Xiqing District	9.93	10.55	23.31	23.45
津南区	Jinnan District	11.08	11.47	27.98	28.32
北辰区	Beichen District	14.58	14.92	19.64	19.76
武清区	Wuqing District	13.05	13.93	69.44	69.18
宝坻区	Baodi District	10.85	11.44	54.86	54.68
天津铁厂	Tianjin Iron Works	2.47	2.49		
市辖县	**Counties under City Administration**	**31.02**	**32.24**	**139.96**	**140.51**
宁河县	Ninghe County	8.95	9.33	27.94	27.99
静海县	Jinghai County	9.53	9.89	43.35	43.70
蓟　县	Jixian County	12.54	13.02	68.67	68.82

3-6 按性别分的户籍人口数
Registered Population by Sex

单位：万人 (10 000 persons)

地 区	Region	男 性 Male		女 性 Female		性别比(女=100) Sex Ratio (Female=100)	
		2006	2007	2006	2007	2006	2007
全市总计	**Total**	**478.34**	**483.17**	**470.55**	**475.93**	**101.65**	**101.52**
市辖区	**Districts under City Administration**	**391.28**	**395.20**	**386.63**	**391.15**	**101.20**	**101.04**
#市内六区	Six Urban Districts	192.39	193.67	191.79	193.33	100.31	100.18
滨海区	Coastal District	53.71	54.64	50.48	51.43	106.40	106.24
和平区	Heping District	18.59	18.68	19.92	20.03	93.33	93.26
河东区	Hedong District	35.22	35.62	34.72	35.13	101.45	101.39
河西区	Hexi District	37.22	37.61	38.23	38.70	97.34	97.18
南开区	Nankai District	41.09	41.41	39.99	40.45	102.74	102.37
河北区	Hebei District	32.00	32.02	31.44	31.51	101.76	101.62
红桥区	Hongqiao District	28.27	28.33	27.49	27.51	102.87	102.98
塘沽区	Tanggu District	25.83	26.41	24.30	24.81	106.26	106.45
#经济技术开发区	TEDA	1.64	1.87	1.57	1.76	104.58	106.25
汉沽区	Han'gu District	8.64	8.68	8.45	8.51	102.37	102.00
大港区	Dagang District	19.24	19.55	17.73	18.11	108.51	107.95
东丽区	Dongli District	16.22	16.57	16.13	16.52	100.60	100.30
西青区	Xiqing District	16.54	16.85	16.70	17.15	98.97	98.25
津南区	Jinnan District	19.55	19.89	19.51	19.90	100.23	99.95
北辰区	Beichen District	17.12	17.33	17.10	17.35	100.16	99.88
武清区	Wuqing District	41.31	41.57	41.18	41.54	100.31	100.07
宝坻区	Baodi District	33.17	33.40	32.54	32.72	101.94	102.08
天津铁厂	Tianjin Iron Works	1.27	1.28	1.20	1.21	105.69	105.79
市辖县	**Counties under City Administration**	**87.06**	**87.97**	**83.92**	**84.78**	**103.74**	**103.76**
宁河县	Ninghe County	18.73	18.95	18.16	18.37	103.15	103.16
静海县	Jinghai County	26.95	27.32	25.93	26.27	103.93	104.00
蓟 县	Jixian County	41.38	41.70	39.83	40.14	103.88	103.89

3-7 计划生育情况（2004-2007年）
Family Planning, 2004-2007

指　标　Item	2004	2005	2006	2007
政策生育率(%) Family Planning Rate (%)	98.99	99.02	98.95	99.02
一孩率(%) One-child Rate (%)	80.64	78.91	79.03	80.37
二孩率(%) Two-child Rate (%)	19.34	21.05	20.91	19.62
多孩率(%) Multi-child Rate (%)	0.03	0.04	0.06	0.01
总和生育率 General Fertility Rate	1.00	1.00	1.11	1.12

资料来源：政策生育率、孩次率为计生委年报数，总和生育率为历年人口抽样调查数据。
Source: Family planning rate and child rate are obtained from annual reports of Tianjin Birth Control Committee; General Fertility Rate is obtained from annual population sample survey.

3-8 人口婚姻登记情况（2004-2007年）
Marriage Registration, 2004-2007

指　标　Item	2004	2005	2006	2007
结婚对数合计(对) **Total Marriages (couple)**	**76950**	**63600**	**83580**	**75714**
# 恢复结婚对数 Remarriage with Former Spouse	1446	1303	1361	1609
涉外婚姻 Chinese-Foreigner Marriage	361	399	452	406
# 女　性(人) Female (person)	298	345	384	328
初婚人数(万人) First Marriages (10 000 persons)	13.2	10.3	14.34	12.49
再婚人数(万人) Remarriages (10 000 persons)	2.2	2.4	2.4	2.65
离婚对数(对) **Divorces (couple)**	**16146**	**17073**	**19769**	**22106**
法院判决离婚 Mediated by the Court	3590	3554	4031	5259
民政协议离婚 Approved by Civil Administration Agencies	12556	13519	15738	16847

3-9 各种特征年龄组的户籍人口(2007年)
Registered Population by Age Groups, 2007

单位：万人 (10 000 persons)

年龄组	Age Groups	合计 Total	# 市内六区 Six Urban Districts	男性 Male	# 市内六区 Six Urban Districts	女性 Female	# 市内六区 Six Urban Districts
按学龄人口分组	Grouped by School Age						
0-2岁	Age 0-2	21.17	5.40	11.23	2.80	9.94	2.60
3-5岁	Age 3-5	19.52	4.39	10.35	2.27	9.17	2.12
6-14岁	Age 6-14	69.66	16.87	36.69	8.64	32.97	8.23
15-17岁	Age 15-17	34.87	10.14	18.07	5.10	16.80	5.04
18-21岁	Age 18-21	69.53	26.84	35.43	13.68	34.10	13.16
按婚育人口分组	Grouped by Marriage Age and Child-bearing Age						
进入法定婚龄人口	Reaching Legal Marriage Age	17.65	7.65	8.39	4.02	9.26	3.63
育龄妇女人口 (15-49岁)	Women at Child-bearing Age (between 15-49)	262.93	103.05			262.93	103.05
按劳龄人口分组	Grouped by Labor Age						
进入劳龄人口	Reaching Labor Age						
国内标准	Domestic Standard	10.20	2.77	5.30	1.39	4.90	1.38
国际标准	International Standard	10.49	3.08	5.47	1.56	5.02	1.52
劳动年龄内人口	Within Labor Age						
国内标准	Domestic Standard	648.79	267.33	344.03	142.66	304.76	124.67
国际标准	International Standard	737.31	303.60	371.73	153.72	365.58	149.88
退出劳龄人口	Over Labor Age						
国内标准	Domestic Standard	13.67	5.92	5.50	2.37	8.17	3.55
国际标准	International Standard	7.44	3.31	3.62	1.62	3.82	1.69
按老年人口分组	Grouped by Aged Population						
60岁及以上人口	Age 60 and over	156.29	75.75	75.39	35.74	80.90	40.01
占总人口比重(%)	Proportion in Total (%)	16.30	19.57	15.60	18.45	17.00	20.69
65岁及以上人口	Age 65 and over	111.43	56.75	53.16	26.25	58.27	30.50
占总人口比重(%)	Proportion in Total (%)	11.62	14.66	11.00	13.55	12.24	15.78
80岁及以上人口	Age 80 and over	21.67	12.18	9.81	5.57	11.86	6.61
占总人口比重(%)	Proportion in Total (%)	2.26	3.15	2.03	2.88	2.49	3.42

3-10 常住人口主要数据 Main Statistics on Permanent Population

指　标	Item	2006	2007	2007比2006年增长(%) Increase Rate in 2007 over 2006 (%)
常住人口(万人)	**Permanent Population (10 000 persons)**	**1075.00**	**1115.00**	**3.7**
按性别分	By Sex			
男性人口	Male	546.41	569.64	4.3
女性人口	Female	528.59	545.36	3.2
性别比(女=100)	Sex Ratio (Female=100)	103.37	104.45	
按户别分组	By Household Type			
家庭户	Family	1010.13	1039.93	3.0
集体户	Collective	64.87	75.07	15.7
按城乡分组	By Residence			
城　镇	Urban Population	814.10	850.89	4.5
占总人口比重(%)	Proportion in Total (%)	75.73	76.31	
乡　村	Rural Population	260.90	264.11	1.2
按年龄分组	By Age			
0-14岁	Age 0-14	135.55	128.37	-5.3
15-64岁	Age 15-64	835.81	879.57	5.2
65岁及以上	Age 65 and above	103.64	107.06	3.3
人口负担系数(%)	Population Dependency Ratio (%)			
人口总负担系数	Total Dependency Ratio	28.62	26.76	
负担少儿系数	Children Dependency Ratio	16.22	14.59	
负担老年系数	The Aged Dependency Ratio	12.40	12.17	
老少比	Ratio of Aged to Children	76.46	83.40	
常住人口户数(万户)	**Number of Households (10 000 households)**	**359.83**	**362.77**	**0.8**
家庭户	Family Households	341.13	346.12	1.5
集体户	Collective Households	18.70	16.65	-11.0
家庭平均户规模(人/户)	**Average Family Size (person/household)**	**2.96**	**3.00**	**1.4**
人口变动情况(万人)	**Change of Population (10 000 persons)**			
出生人口	Birth	8.12	8.66	6.7
死亡人口	Death	6.43	6.42	-0.2
净迁入人口	Net Immigration	139.00	171.00	23.0

注：此表为人口抽样调查推算数据。
Note: Data in this table are calculated according to population sample survey.

3-11 按年龄分的6岁及以上各种受教育程度人口（2007年）
Education Status of Population Aged 6 and above by Age, 2007

单位：人 (person)

年 龄 Age	6岁及以上人口合计 Aged 6 and above	#小 学 Primary School	#初 中 Junior Middle School	#高 中 Senior Middle School	#大学专科 Junior College	#大学本科 Undergraduate	#研究生 Graduate
全市总计							
Total	**73332**	**14705**	**28186**	**16507**	**5536**	**4347**	**335**
6-9	2249	1881					
10-14	3556	1961	1556				
15-19	5794	276	2426	2447	323	267	2
20-24	6184	231	2129	1504	1205	1047	41
25-29	5601	277	2139	1476	778	824	72
30-34	4921	379	2279	1167	534	464	58
35-39	6733	834	3418	1431	534	404	52
40-44	7440	905	3795	1879	419	302	57
45-49	6475	823	2418	2568	346	172	23
50-54	7457	1521	3409	1628	475	174	13
55-59	5154	1687	2002	766	341	112	3
60-64	3625	1239	1092	641	232	166	6
65岁及以上							
(≥65)	8143	2691	1523	1000	349	415	8
#女 性							
Female	**36213**	**7735**	**12906**	**8060**	**2693**	**2029**	**125**
6-9	1064	883					
10-14	1685	910	759				
15-19	2749	131	1071	1228	186	109	2
20-24	3074	114	1006	700	631	585	20
25-29	2739	147	1005	679	408	445	42
30-34	2451	215	1110	582	278	219	23
35-39	3233	458	1580	693	275	179	16
40-44	3629	512	1772	981	189	116	13
45-49	3215	523	1097	1289	149	68	4
50-54	3741	920	1542	801	235	63	1
55-59	2595	946	883	391	127	55	
60-64	1865	694	505	306	96	64	2
65岁及以上							
(≥65)	4173	1282	576	410	119	126	2

注：此表为2007年人口抽样调查数据，3-12至3-14表相同。
Note: Data in this table are obtained from population sample survey in 2007. Same as table 3-12 to 3-14.

3-12 按年龄分的15岁及以上各种婚姻状况人口（2007年）
Marriage Status of Population Aged 15 and above by Age, 2007

单位：人 (person)

年龄 Age	15岁及以上 人口合计 Aged 15 and above	未婚 Unmarried	初婚有配偶 First Marriages	再婚有配偶 Remarriages	离婚 Divorces	丧偶 Widowed
全市总计						
Total	**67527**	**13373**	**48904**	**961**	**727**	**3562**
15-19	5794	5794				
20-24	6184	4818	1323	23	14	6
25-29	5601	1730	3765	47	51	8
30-34	4921	357	4419	54	81	10
35-39	6733	211	6248	131	116	27
40-44	7440	134	6975	152	119	60
45-49	6475	86	6008	151	133	97
50-54	7457	75	6945	141	114	182
55-59	5154	53	4733	84	48	236
60-64	3625	35	3175	56	23	336
65岁及以上						
(≥65)	8143	80	5313	122	28	2600
#女性						
Female	**33464**	**6122**	**24069**	**504**	**361**	**2408**
15-19	2749	2749				
20-24	3074	2311	748	7	6	2
25-29	2739	762	1923	28	18	8
30-34	2451	136	2232	33	42	8
35-39	3233	58	3009	82	62	22
40-44	3629	31	3413	83	61	41
45-49	3215	16	2995	75	64	65
50-54	3741	22	3456	78	57	128
55-59	2595	12	2347	43	21	172
60-64	1865	3	1586	20	16	240
65岁及以上						
(≥65)	4173	22	2360	55	14	1722

3-13 按地区分的家庭户规模(2007年)
Family Households by Size and Region, 2007

单位：户 (household)

地　区	Region	合　计 Total	一人户 One-person	二人户 Two-person	三人户 Three-person	四人户 Four-person	五人户 Five-person	六人及以上户 Six-person and over
全市总计	**Total**	**24280**	**1796**	**5820**	**10093**	**3864**	**2147**	**560**
市辖区	**Districts under City Administration**	**20007**	**1585**	**4979**	**8860**	**2751**	**1551**	**281**
和平区	Heping District	885	105	259	348	107	51	15
河东区	Hedong District	1867	162	478	925	198	83	21
河西区	Hexi District	1832	170	429	943	184	103	3
南开区	Nankai District	2172	206	611	985	230	117	23
河北区	Hebei District	1520	160	410	724	146	70	10
红桥区	Hongqiao District	1618	190	484	758	109	74	3
塘沽区	Tanggu District	1319	117	352	651	120	63	16
汉沽区	Han'gu District	375	33	98	167	43	30	4
大港区	Dagang District	1190	49	309	537	225	58	12
东丽区	Dongli District	820	36	169	392	113	97	13
西青区	Xiqing District	948	51	204	391	161	120	21
津南区	Jinnan District	972	37	201	430	181	105	18
北辰区	Beichen District	908	102	193	371	131	97	14
武清区	Wuqing District	1941	90	451	730	392	252	26
宝坻区	Baodi District	1640	77	331	508	411	231	82
市辖县	**Counties under City Administration**	**4273**	**211**	**841**	**1233**	**1113**	**596**	**279**
宁河县	Ninghe County	914	36	143	239	265	167	64
静海县	Jinghai County	1353	70	286	454	360	151	32
蓟　县	Jixian County	2006	105	412	540	488	278	183

3-14 按地区分有65岁及以上老年人口的家庭户（2007年）
Households with Population Aged 65 and over by Region, 2007

单位：户 (household)

地区	Region	合计 Total	#单身老人户 Single	#一对老夫妇户 One Couple	#一个老人与亲属户 One Aged Population and Relatives	#二个老人与亲属户 Two Aged Population and Relatives
全市总计	**Total**	**4358**	**836**	**1217**	**1477**	**814**
市辖区	**Districts under City Administration**	**3914**	**738**	**1091**	**1324**	**748**
和平区	Heping District	300	46	65	124	64
河东区	Hedong District	424	82	96	151	94
河西区	Hexi District	483	83	114	168	117
南开区	Nankai District	505	87	151	157	105
河北区	Hebei District	421	79	118	142	78
红桥区	Hongqiao District	453	116	138	139	59
塘沽区	Tanggu District	204	38	75	54	37
汉沽区	Han'gu District	90	21	26	25	18
大港区	Dagang District	161	24	59	56	22
东丽区	Dongli District	101	18	29	31	23
西青区	Xiqing District	171	30	41	72	28
津南区	Jinnan District	117	20	29	49	19
北辰区	Beichen District	115	15	31	40	29
武清区	Wuqing District	205	41	61	77	26
宝坻区	Baodi District	164	38	58	39	29
市辖县	**Counties under City Administration**	**444**	**98**	**126**	**153**	**66**
宁河县	Ninghe County	99	18	22	34	25
静海县	Jinghai County	133	38	27	57	11
蓟　县	Jixian County	212	42	77	62	30

3-15 社会从业人员(1990-2007年)
Total Employment Personnel, 1990-2007

单位：万人 (10 000 persons)

年份 Year	劳动力资源总数 Number of Labour Force	社会从业人员合计 Number of Employment Personnel	按城乡分组 Grouped by Urban and Rural Areas					
			城镇 Urban Areas	国有单位 State-owned Units	集体单位 Collective-owned Units	其他 Others	个体、私营单位 Private and Individual Units	乡村 Rural Areas
1990	558.93	470.07	290.01	217.26	62.55	4.50	5.70	180.06
1991	564.15	479.67	300.58	219.34	66.17	6.05	9.02	179.09
1992	569.70	485.70	303.70	212.73	72.39	8.85	9.73	182.00
1993	566.10	503.10	312.70	210.90	75.50	16.30	10.00	190.40
1994	694.30	513.00	318.60	206.50	71.40	24.40	16.30	194.40
1995	701.60	515.30	319.80	202.10	68.40	29.20	20.10	195.50
1996	708.80	512.00	317.10	199.10	62.80	31.00	24.20	194.90
1997	716.26	513.33	318.60	196.16	58.19	35.80	28.45	194.73
1998	728.68	508.10	312.65	183.49	53.00	41.58	34.58	195.45
1999	740.76	508.14	313.89	176.54	47.54	49.80	40.01	194.25
2000	753.27	486.89	296.61	163.84	40.58	55.37	36.82	190.28
2001	761.11	488.34	295.37	153.25	32.13	60.94	49.05	192.97
2002	771.69	492.61	295.71	137.81	26.60	82.54	48.76	196.90
2003	793.86	510.90	299.95	128.52	22.80	93.72	54.91	210.95
2004	798.43	527.78	302.47	126.36	20.21	103.59	52.31	225.31
2005	858.88	542.52	312.76	99.18	11.31	148.01	54.26	229.76
2006	888.51	562.92	402.12	97.34	30.00	158.21	116.57	160.80
2007	933.57	613.93	447.97	95.58	29.73	185.00	137.66	165.96

年份 Year	按三次产业分 Grouped by Three Industries					
	绝对数 Number			构成(%) Composition in Percentage (%)		
	第一产业 Primary Industry	第二产业 Secondary Industry	第三产业 Tertiary Industry	第一产业 Primary Industry	第二产业 Secondary Industry	第三产业 Tertiary Industry
1990	93.63	232.17	144.27	19.9	49.4	30.7
1991	94.27	237.24	148.16	19.7	49.5	30.8
1992	92.50	238.40	154.80	19.0	49.1	31.9
1993	89.00	245.20	168.90	17.7	48.7	33.6
1994	85.60	246.50	180.90	16.7	48.0	35.3
1995	82.90	247.10	185.30	16.1	47.9	36.0
1996	82.10	241.40	188.50	16.0	47.2	36.8
1997	81.26	235.69	196.38	15.8	45.9	38.3
1998	80.88	233.21	194.01	15.9	45.9	38.2
1999	79.57	230.33	198.24	15.7	45.3	39.0
2000	81.29	222.15	183.45	16.7	45.6	37.7
2001	82.70	212.65	192.99	16.9	43.6	39.5
2002	82.25	205.38	204.98	16.7	41.7	41.6
2003	83.19	219.44	208.27	16.3	42.9	40.8
2004	82.83	223.89	221.06	15.7	42.4	41.9
2005	81.79	227.38	233.35	15.1	41.9	43.0
2006	81.11	234.85	246.96	14.4	41.7	43.9
2007	76.98	261.35	275.60	12.5	42.6	44.9

注：1. 1998-2004年城镇从业人员中包括由于各种原因已经离开本人的生产或工作岗位，但仍与本单位保留劳动关系的职工。2. 从2006年起社会从业人员城乡划分执行国统字[2006]60号划分标准。

Note: a) From 1998 to 2004, the number of urban employment personnel include those staff and workers who still keep their relation with their units, but have left their working post at there. b) Since 2006, the division of urban and rural person employed has adopted the standard of Regulation No. 60 [2006], National Bureau of Statistics.

3-16 城镇单位从业人员(1990-2007年)
Employment Personnel in Urban Units, 1990-2007

单位:万人 (10 000 persons)

年 份 Year	合 计 Total	按三次产业分 Grouped by Three Industries			按登记注册类型分 Grouped by Registration Status		
		第一产业 Primary Industry	第二产业 Secondary Industry	第三产业 Tertiary Industry	国有单位 State-owned Units	集体单位 Collective-owned Units	其他单位 Others
总 计 Total							
1990	284.31	4.10	167.68	112.53	217.26	62.55	4.50
1991	291.56	4.34	171.57	115.65	219.34	66.17	6.05
1992	293.97	4.10	171.41	118.46	212.73	72.39	8.85
1993	293.45	2.55	171.18	119.72	206.52	70.89	16.04
1994	291.94	2.30	168.72	120.92	201.75	66.21	23.98
1995	289.59	1.90	167.33	120.36	197.01	64.19	28.39
1996	283.98	1.73	163.07	119.18	194.32	59.62	30.04
1997	281.34	1.71	158.68	120.95	191.64	55.28	34.42
1998	218.56	1.43	113.47	103.66	144.18	36.26	38.12
1999	211.76	1.10	110.27	100.39	135.08	30.46	46.22
2000	201.75	1.11	105.63	95.01	125.00	25.82	50.93
2001	192.30	1.09	99.82	91.39	116.24	20.05	56.00
2002	185.50	1.09	92.68	91.73	107.79	16.47	61.24
2003	191.01	0.97	97.60	92.44	101.57	13.95	75.49
2004	193.91	0.87	96.82	96.22	102.09	12.46	79.36
2005	194.12	0.81	97.52	95.79	99.18	11.33	83.61
2006	195.00	0.73	98.37	95.90	97.34	9.61	88.05
2007	200.22	0.74	99.31	100.17	96.69	8.75	94.78
#女 性 Female							
1990	120.90	1.25	71.76	47.89	84.44	34.39	2.07
1991	124.24	1.44	73.87	48.93	85.78	35.61	2.85
1992	124.05	1.23	73.38	49.44	83.89	35.89	4.27
1993	123.14	0.86	72.00	50.28	81.46	34.00	7.68
1994	123.73	0.81	72.00	50.92	80.64	31.79	11.30
1995	123.60	0.68	72.03	50.89	79.27	30.81	13.52
1996	120.23	0.57	69.84	49.82	77.39	28.59	14.25
1997	118.75	0.55	67.48	50.72	76.61	26.15	15.99
1998	89.89	0.46	46.11	43.32	56.17	15.93	17.79
1999	82.95	0.31	41.33	41.31	51.80	13.22	17.93
2000	77.28	0.33	38.85	38.10	47.26	10.76	19.26
2001	77.40	0.36	40.09	36.95	43.26	8.11	26.03
2002	73.59	0.33	36.00	37.26	39.60	6.52	27.47
2003	76.27	0.28	38.49	37.50	37.73	5.33	33.21
2004	73.66	0.26	35.30	38.10	37.56	4.39	31.71
2005	68.66	0.23	33.01	35.42	33.94	4.09	30.63
2006	70.28	0.22	33.95	36.11	33.13	3.41	33.74
2007	71.27	0.21	33.21	37.85	33.30	3.04	34.93

注:1998年以前为职工人数。
Note: The data before 1998 of this table refer to staff and workers.

3-17 按国民经济行业分各类从业人员(2007年)
Employment Personnel Grouped by Sector, 2007

单位：万人 (10 000 persons)

项 目 Item	社会从业人员 Employment Personnel	城镇单位从业人员 Employment Personnel in Urban Units	在岗职工人数 On-post Staff and Workers	其他从业人员 Other Employment Personnel
总 计 Total	**613.93**	**200.22**	**176.04**	**24.18**
按三次产业分 Grouped by Three Industries				
第一产业 Primary Industry	76.98	0.74	0.69	0.05
第二产业 Secondary Industry	261.35	99.31	91.05	8.26
第三产业 Tertiary Industry	275.60	100.17	84.30	15.87
按国民经济行业分 Grouped by Sector				
农、林、牧、渔业 Farming, Forestry, Animal Husbandry and Fishery	76.98	0.74	0.69	0.05
采矿业 Minerals Mining	12.54	7.70	6.24	1.46
制造业 Manufacturing	200.01	77.61	72.24	5.37
电力、燃气及水的生产和供应业 Production & Supply of Power, Gas and Water	5.94	3.45	3.24	0.21
建筑业 Construction	42.86	10.55	9.33	1.22
交通运输、仓储及邮政业 Transportation, Storage and Post Services	44.97	12.02	10.37	1.65
信息传输、计算机服务和软件业 Information Transmitting, Computer Services and Software	5.09	2.38	2.19	0.19
批发和零售业 Wholesale and Retail Trade	75.74	12.76	10.67	2.09
住宿和餐饮业 Accommodation and Catering Services	16.49	3.56	2.52	1.04
金融业 Finance Intermediation	9.09	5.55	3.53	2.02
房地产业 Real Estate	5.62	2.50	1.99	0.51
租赁和商务服务业 Leasing and Business Services	13.39	6.85	5.32	1.53
科学研究、技术服务和地质勘察业 Scientific Research, Technical Services and Geological Prospecting	9.15	5.82	5.12	0.70
水利、环境和公共设施管理业 Management for Water Conservancy, Environment and Public Facilities	6.34	3.53	3.00	0.53
居民服务和其他服务业 Resident Services and Other Social Services	25.39	5.52	2.99	2.53
教 育 Education	26.56	16.62	15.79	0.83
卫生、社会保障和社会福利业 Health Care, Social Security and Social Welfare	14.10	7.91	6.99	0.92
文化、体育和娱乐业 Culture, Sports and Recreational Services	4.21	1.85	1.68	0.17
公共管理和社会组织 Public Management and Social Organizations	19.46	13.30	12.14	1.16

3-18 社会从业人员及构成
Number and Composition of Employment Personnel

项 目	Item	绝对数(万人) Number (10 000 persons)		构 成(%) Composition in Percentage (%)	
		2006	2007	2006	2007
总 计	**Total**	**562.92**	**613.93**	**100.0**	**100.0**
按登记注册类型分	**Grouped by Registration Status**				
内资单位	Domestic Investment Units				
国有单位	State-owned Units	100.81	98.85	17.9	16.1
集体单位	Collective-owned Units	113.93	118.49	20.2	19.3
联营单位	Joint-owned Units	5.71	6.75	1.0	1.1
股份有限公司	Share Holding Corporations Ltd.	34.47	38.68	6.1	6.3
有限责任公司	Limited Liability Corporations	56.32	62.62	10.0	10.2
股份合作单位	Cooperative Units	4.81	6.75	0.9	1.1
私营单位	Private	93.48	109.28	16.6	17.8
个 体	Individual	75.83	83.49	13.5	13.6
其他单位	Others	20.49	24.56	3.6	4.0
港澳台商投资单位	Units with Funds from Hong Kong, Macao and Taiwan	11.60	14.12	2.1	2.3
外商投资单位	Foreign Funded Units	45.47	50.34	8.1	8.2
按国民经济行业分	**Grouped by Sector**				
农、林、牧、渔业	Farming, Forestry, Animal Husbandry and Fishery	81.11	76.98	14.4	12.5
采矿业	Minerals Mining	11.68	12.54	2.1	2.0
制造业	Manufacturing	186.29	200.01	33.1	32.6
电力、燃气及水的生产和供应业	Production & Supply of Power, Gas and Water	5.53	5.94	1.0	1.0
建筑业	Construction	31.35	42.86	5.6	7.0
交通运输、仓储及邮政业	Transportation, Storage and Post Services	39.90	44.97	7.1	7.3
信息传输、计算机服务和软件业	Information Transmitting, Computer Services and Software	4.52	5.09	0.8	0.8
批发和零售业	Wholesale and Retail Trade	67.21	75.74	11.9	12.3
住宿和餐饮业	Accommodation and Catering Services	14.29	16.49	2.6	2.7
金融业	Finance Intermediation	8.07	9.09	1.4	1.5
房地产业	Real Estate	4.98	5.62	0.9	0.9
租赁和商务服务业	Leasing and Business Services	11.88	13.39	2.1	2.2
科学研究、技术服务和地质勘察业	Scientific Research, Technical Services and Geological Prospecting	8.12	9.15	1.4	1.5
水利、环境和公共设施管理业	Management for Water Conservancy, Environment and Public Facilities	5.62	6.34	1.0	1.1
居民服务和其他服务业	Resident Services and Other Social Services	20.32	25.39	3.6	4.1
教 育	Education	25.34	26.56	4.5	4.3
卫生、社会保障和社会福利业	Health Care, Social Security and Social Welfare	12.51	14.10	2.2	2.3
文化、体育和娱乐业	Culture, Sports and Recreational Services	3.74	4.21	0.7	0.7
公共管理和社会组织	Public Management and Social Organizations	20.46	19.46	3.6	3.2

3-19 城镇单位从业人员及构成
Number and Composition of Employment Personnel in Urban Units

项 目	Item	绝对数(万人) Number (10 000 persons)		构 成(%) Composition in Percentage (%)	
		2006	2007	2006	2007
总 计	Total	**195.00**	**200.22**	**100.0**	**100.0**
按登记注册类型分	**Grouped by Registration Status**				
国有单位	State-owned Units	97.34	96.69	49.9	48.3
集体单位	Collective-owned Units	9.61	8.75	4.9	4.4
其他单位	Others	88.05	94.78	45.2	47.3
#外商及港澳台商投资单位	Units with Funds from Foreign Countries, Hong Kong, Macao & Taiwan	54.98	57.84	28.2	28.9
股份有限公司	Share Holding Corporations Ltd.	9.87	11.54	5.1	5.8
按国民经济行业分	**Grouped by Sector**				
农、林、牧、渔业	Farming, Forestry, Animal Husbandry and Fishery	0.73	0.74	0.4	0.4
采矿业	Minerals Mining	7.49	7.70	3.9	3.8
制造业	Manufacturing	78.48	77.61	40.2	38.8
电力、燃气及水的生产和供应业	Production & Supply of Power, Gas and Water	3.47	3.45	1.8	1.7
建筑业	Construction	8.93	10.55	4.6	5.3
交通运输、仓储及邮政业	Transportation, Storage and Post Services	11.58	12.02	5.9	6.0
信息传输、计算机服务和软件业	Information Transmitting, Computer Services and Software	2.30	2.38	1.2	1.2
批发和零售业	Wholesale and Retail Trade	11.04	12.76	5.7	6.4
住宿和餐饮业	Accommodation and Catering Services	3.43	3.56	1.8	1.8
金融业	Finance Intermediation	5.15	5.55	2.6	2.8
房地产业	Real Estate	2.23	2.50	1.1	1.2
租赁和商务服务业	Leasing and Business Services	6.53	6.85	3.3	3.4
科学研究、技术服务和地质勘察业	Scientific Research, Technical Services and Geological Prospecting	5.35	5.82	2.7	2.9
水利、环境和公共设施管理业	Management for Water Conservancy, Environment and Public Facilities	3.57	3.53	1.8	1.8
居民服务和其他服务业	Resident Services and Other Social Services	5.00	5.52	2.6	2.8
教 育	Education	16.75	16.62	8.6	8.3
卫生、社会保障和社会福利业	Health Care, Social Security and Social Welfare	7.76	7.91	4.0	3.9
文化、体育和娱乐业	Culture, Sports and Recreational Services	1.84	1.85	0.9	0.9
公共管理和社会组织	Public Management and Social Organizations	13.37	13.30	6.9	6.6
按企业、事业、机关分	**Grouped by Enterprise, Institution and Agency**				
企 业	Enterprises	148.77	153.57	76.3	76.7
中 央	Central	27.02	27.62	13.9	13.8
地 方	Local	121.75	125.95	62.4	62.9
#国 有	State-owned	33.12	32.42	17.0	16.2
事 业	Institutions	33.61	34.00	17.2	17.0
中 央	Central	2.31	2.40	1.2	1.2
地 方	Local	31.30	31.60	16.0	15.8
机 关	Government Agencies	12.62	12.65	6.5	6.3
中 央	Central	1.15	1.16	0.6	0.6
地 方	Local	11.47	11.49	5.9	5.7

3-20 城镇单位在岗职工及构成
Number and Composition of On-post Staff and Workers in Urban Units

项 目	Item	绝对数(万人) Number (10 000 persons)		构 成(%) Composition in Percentage (%)	
		2006	2007	2006	2007
总 计	**Total**	**172.03**	**176.04**	**100.0**	**100.0**
按登记注册类型分	**Grouped by Registration Status**				
国有单位	State-owned Units	86.21	84.69	50.1	48.1
集体单位	Collective-owned Units	7.80	7.16	4.5	4.1
其他单位	Others	78.02	84.19	45.4	47.8
#外商及港澳台商投资单位	Units with Funds from Foreign Countries, Hong Kong, Macao & Taiwan	50.30	53.33	29.2	30.3
股份有限公司	Share Holding Corporations Ltd.	8.35	9.59	4.9	5.4
按国民经济行业分	**Grouped by Sector**				
农、林、牧、渔业	Farming, Forestry, Animal Husbandry and Fishery	0.72	0.69	0.4	0.4
采矿业	Minerals Mining	6.36	6.24	3.7	3.5
制造业	Manufacturing	72.90	72.24	42.4	41.0
电力、燃气及水的生产和供应业	Production & Supply of Power, Gas and Water	3.18	3.24	1.8	1.8
建筑业	Construction	8.18	9.33	4.8	5.3
交通运输、仓储及邮政业	Transportion, Storage, Post Services	9.96	10.37	5.8	5.9
信息传输、计算机服务和软件业	Information Transmitting, Computer Services and Software	2.10	2.19	1.2	1.3
批发和零售业	Wholesale and Retail Trade	8.75	10.67	5.1	6.1
住宿和餐饮业	Accommodation and Catering Services	2.30	2.52	1.4	1.4
金融业	Finance Intermediation	3.58	3.53	2.1	2.0
房地产业	Real Estate	1.67	1.99	1.0	1.1
租赁和商务服务业	Leasing and Business Services	5.01	5.32	2.9	3.0
科学研究、技术服务和地质勘察业	Scientific Research, Technical Services and Geological Prospecting	4.69	5.12	2.7	2.9
水利、环境和公共设施管理业	Management for Water Conservancy, Environment and Public Facilities	3.13	3.00	1.8	1.7
居民服务和其他服务业	Resident Services and Other Social Services	2.96	2.99	1.7	1.7
教 育	Education	15.98	15.79	9.3	9.0
卫生、社会保障和社会福利业	Health Care, Social Security and Social Welfare	6.85	6.99	4.0	4.0
文化、体育和娱乐业	Culture, Sports and Recreational Services	1.62	1.68	0.9	1.0
公共管理和社会组织	Public Management and Social Organizations	12.09	12.14	7.0	6.9

3-21 城镇单位其他从业人员及构成
Number and Composition of Other Employment Personnel in Urban Units

项　目	Item	绝对数(万人) Number (10 000 persons)		构 成(%) Composition in Percentage (%)	
		2006	2007	2006	2007
总　计	**Total**	**22.97**	**24.18**	**100.0**	**100.0**
按登记注册类型分	**Grouped by Registration Status**				
国有单位	State-owned Units	11.13	12.00	48.5	49.6
集体单位	Collective-owned Units	1.81	1.59	7.8	6.6
其他单位	Others	10.03	10.59	43.7	43.8
#外商及港澳台商投资单位	Units with Funds from Foreign Countries, Hong Kong, Macao & Taiwan	4.68	4.51	20.4	18.7
股份有限公司	Share Holding Corporations Ltd.	1.52	1.95	6.7	8.1
按国民经济行业分	**Grouped by Sector**				
农、林、牧、渔业	Farming, Forestry, Animal Husbandry and Fishery	0.01	0.05		0.2
采矿业	Minerals Mining	1.13	1.46	4.9	6.0
制造业	Manufacturing	5.58	5.37	24.3	22.2
电力、燃气及水的生产和供应业	Production & Supply of Power, Gas and Water	0.29	0.21	1.3	0.9
建筑业	Construction	0.75	1.22	3.3	5.0
交通运输、仓储及邮政业	Transportation, Storage and Post Services	1.62	1.65	7.0	6.8
信息传输、计算机服务和软件业	Information Transmitting, Computer Services and Software	0.20	0.19	0.9	0.8
批发和零售业	Wholesale and Retail Trade	2.29	2.09	10.0	8.7
住宿和餐饮业	Accommodation and Catering Services	1.13	1.04	4.9	4.3
金融业	Finance Intermediation	1.57	2.02	6.8	8.4
房地产业	Real Estate	0.56	0.51	2.4	2.1
租赁和商务服务业	Leasing and Business Services	1.52	1.53	6.6	6.3
科学研究、技术服务和地质勘察业	Scientific Research, Technical Services and Geological Prospecting	0.66	0.70	2.9	2.9
水利、环境和公共设施管理业	Management for Water Conservancy, Environment and Public Facilities	0.44	0.53	1.9	2.2
居民服务和其他服务业	Resident Services and Other Social Services	2.04	2.53	8.9	10.5
教　育	Education	0.77	0.83	3.4	3.4
卫生、社会保障和社会福利业	Health Care, Social Security and Social Welfare	0.91	0.92	4.0	3.8
文化、体育和娱乐业	Culture, Sports and Recreational Services	0.22	0.17	0.9	0.7
公共管理和社会组织	Public Management and Social Organizations	1.28	1.16	5.6	4.8

3-22 城镇单位从业人员变动情况(2007年)
Changes of Employment Personnel in Urban Units, 2007

单位：人 (person)

项目 Item	合计 Total	按登记注册类型分 Grouped by Registration Status			按企事业机关分 Grouped by Enterprise, Institution and Agency		
		国有单位 State-owned Units	集体单位 Collective-owned Units	其他单位 Others	企业 Enterprises	事业 Institutions	机关 Government Agencies
从业人员增加合计							
Number of Employment Personnel Increased	**328009**	**84293**	**20067**	**223649**	**298894**	**22334**	**6781**
1. 从农村招收人员							
Recruited from Rural Area	88783	10843	4756	73184	87904	719	160
2. 从城镇招收失业人员							
Recruited from Urban Area	36519	7581	2197	26741	34926	1247	346
3. 录用的退伍军人							
Employment of Demobilized Soldiers	2185	1538	80	567	1501	180	504
4. 录用及使用的大中专技校毕业生							
Employment of Graduate	61586	19443	1377	40766	51765	7548	2273
5. 调入人数							
Job Changes	46235	19360	1779	25096	37190	6339	2706
# 市外调入							
From Outside Tianjin	1846	672	9	1165	1495	335	16
6. 其 他							
Others	92701	25528	9878	57295	85608	6301	792
从业人员减少合计							
Number of Employment Personnel Decreased	**315078**	**89989**	**25486**	**199603**	**287169**	**21554**	**6355**
1. 离退休退职人员							
Retire and Quit	47064	21993	2946	22125	35938	9169	1957
2. 开除、除名、辞退							
Discharge	18180	2944	396	14840	17758	352	70
3. 终止、解除合同							
Contract Expiration	111201	18648	5178	87375	108874	2052	275
4. 在岗人员转不在岗							
Not On-post from On-post	16507	9916	1334	5257	15764	702	41
5. 死 亡							
Death	1520	1099	80	341	1011	377	132
6. 调出人数							
Job Changes	47520	19655	3163	24702	39116	5940	2464
# 调至市外							
To Outside Tianjin	1570	437	1	1132	1327	225	18
7. 其 他							
Others	73086	15734	12389	44963	68708	2962	1416

3-23 市属部分局(总公司)国有经济单位从业人员年末人数
Year-end Number of Employment Personnel by State-owned Units in Part of Bureaus (Corporations)

单位:人 (person)

局(总公司)	Bureau (Corporation)	2006	2007
经委系统	**Tianjin Economical Committee System**		
机电工业控股集团公司	Tianjin Machinery & Electric Industry Holding Group Company	6090	5368
中环电子信息集团有限公司	Tianjin Zhonghuan Electronics & Information Group	12608	12530
冶金集团(控股)有限公司	Tianjin Metallurgical Group (Holding) Corporation	9619	8136
渤海化工集团公司	Tianjin Bohai Chemical Industry Group Corporation	29903	29772
纺织集团(控股)有限公司	Tianjin Textile Industrial General Corporation	21099	18279
一轻集团(控股)有限公司	Tianjin First Light Industry Group (Holding) Co., Ltd.	3348	3454
二轻集团(控股)有限公司	Tianjin Second Light Industry Group (Holding) Co., Ltd.	1989	1643
医药集团有限公司	Tianjin Pharmaceutical Holdings	2389	1963
汽车工业(集团)有限公司	Tianjin Automobile Industry Group Co., Ltd.	907	1099
飞鸽集团有限公司	Tianjin Flying Pigeon Group Co., Ltd.	1039	1836
塑料集团	Tianjin Plastics Group	508	466
天铁冶金集团有限公司	Tianjin Tian Tie Metallurgical Group Co., Ltd.	19346	19432
建筑材料集团(控股)有限公司	Tianjin Building Materials Group (Holding) Co., Ltd.	2764	3294
农委系统	**Tianjin Agricultural Committee System**		
农业局	Tianjin Agriculture Bureau	439	443
畜牧局	Tianjin Animal Husbandry Bureau	342	330
农垦集团总公司	Tianjin State Farms Agribusiness Group Company	3206	3572
水产局	Tianjin Aquatic Products Bureau	736	434
建委系统	**Tianjin Construction Committee System**		
建工集团总公司	Tianjin Construction Engineering Group Corporation	2138	2087
市政工程局	Tianjin Municipal Engineering Bureau	13740	13362
房地产管理局	Tianjin Real Estate Administrative Bureau	9300	10127
住宅建设发展集团	Tianjin House Construction Development Group	1138	1179
公共交通集团公司	Tianjin Public Traffic Group Corporation	10680	11892
自来水集团	Tianjin Tap Water Group	3535	3426
燃气集团	Tianjin Gas Group	6589	5627
交委系统	**Tianjin Transportation Committee System**		
天津港(集团)有限公司	Tianjin Port Group Corporation Ltd.	11998	9883
天津交通运输总公司	Tianjin Communication Corporation	5776	5413
商委系统	**Tianjin Commercial Committee System**		
粮食粮油集团有限公司	Tianjin Grain & Oil Group Co., Ltd.	2549	1816
一商集团有限公司	Tianjin First Commercial Group Co., Ltd.	1665	1538
二商集团有限公司	Tianjin Second Commercial Group Co., Ltd.	2932	2792

3-24 市属部分局（总公司）国有经济单位从业人员年平均人数
Average Number of Employment Personnel by State-owned Units in Part of Bureaus (Corporations)

单位：人 (person)

局(总公司)	Bureau (Corporation)	2006	2007
经委系统	**Tianjin Economical Committee System**		
机电工业控股集团公司	Tianjin Machinery & Electric Industry Holding Group Company	6787	5596
中环电子信息集团有限公司	Tianjin Zhonghuan Electronics & Information Group	12709	12785
冶金集团(控股)有限公司	Tianjin Metallurgical Group (Holding) Corporation	9712	8619
渤海化工集团公司	Tianjin Bohai Chemical Industry Group Corporation	30038	30382
纺织集团(控股)有限公司	Tianjin Textile Industrial General Corporation	21941	19443
一轻集团(控股)有限公司	Tianjin First Light Industry Group (Holding) Co., Ltd.	3765	3550
二轻集团(控股)有限公司	Tianjin Second Light Industry Group (Holding) Co., Ltd.	2091	1698
医药集团有限公司	Tianjin Pharmaceutical Holdings	2454	2103
汽车工业(集团)有限公司	Tianjin Automobile Industry Group Co., Ltd.	796	931
飞鸽集团有限公司	Tianjin Flying Pigeon Group Co., Ltd.	1125	1867
塑料集团	Tianjin Plastics Group	480	489
天铁冶金集团有限公司	Tianjin Tian Tie Metallurgical Group Co., Ltd.	19259	19433
建筑材料集团(控股)有限公司	Tianjin Building Materials Group (Holding) Co., Ltd.	2915	3414
农委系统	**Tianjin Agricultural Committee System**		
农业局	Tianjin Agriculture Bureau	443	432
畜牧局	Tianjin Animal Husbandry Bureau	336	334
农垦集团总公司	Tianjin State Farms Agribusiness Group Company	3299	3410
水产局	Tianjin Aquatic Products Bureau	804	428
建委系统	**Tianjin Construction Committee System**		
建工集团总公司	Tianjin Construction Engineering Group Corporation	2118	2109
市政工程局	Tianjin Municipal Engineering Bureau	13819	13520
房地产管理局	Tianjin Real Estate Administrative Bureau	9326	10043
住宅建设发展集团	Tianjin House Construction Development Group	1153	1135
公共交通集团公司	Tianjin Public Traffic Group Corporation	10586	12169
自来水集团	Tianjin Tap Water Group	3647	3548
燃气集团	Tianjin Gas Group	6748	5588
交委系统	**Tianjin Transportation Committee System**		
天津港(集团)有限公司	Tianjin Port Group Corporation Ltd.	12144	10082
天津交通运输总公司	Tianjin Communication Corporation	5940	5689
商委系统	**Tianjin Commercial Committee System**		
粮食粮油集团有限公司	Tianjin Grain & Oil Group Co., Ltd.	2820	2224
一商集团有限公司	Tianjin First Commercial Group Co., Ltd.	1780	1534
二商集团有限公司	Tianjin Second Commercial Group Co., Ltd.	2971	2830

3-25 离退休退职人员情况（2004-2007年）
Basic Statistics on Retired and Quited Personnel, 2004-2007

指　标　Item	2004	2005	2006	2007
离退休、退职人数(万人)				
Number of Retired and Quited Personnel (10 000 persons)	**118.6**	**131.2**	**136.1**	**139.6**
劳动部门				
Labour Department	118.0	130.6	135.6	138.9
国有单位				
State-owned Units	83.0	94.6	98.2	99.7
集体单位				
Collective-owned Units	19.1	20.9	21.7	21.7
其他单位				
Others	15.9	15.1	15.7	17.5
民政部门				
Civil Administration Department	0.6	0.6	0.5	0.7
离退休退职人员与在职职工之比(以在职职工为100)				
Ratio of Retired and Quited Personnel to On-post Staff and Workers (take on-post staff and workers as 100)	**68.7**	**77.2**	**79.2**	**79.3**

资料来源：天津市劳动和社会保障局、天津市民政局。
Sources: Tianjin Municipal Labour & Social Insurance Bureau and Tianjin Civil Administration Bureau.

3-26 城镇登记失业人员情况（2004-2007年）
Basic Statistics on Registered Unemployed Personnel in Urban Area, 2004-2007

单位：万人 (10 000 persons)

指　标　Item	2004	2005	2006	2007
新登记失业人数				
Number of Newly Registered Unemployed Personnel	**6.61**	**6.03**	**8.51**	**8.56**
#女　性				
Female	3.33	3.14	4.42	4.47
由就业转失业人数				
Unemployment Turned from Employment	4.01	4.11	6.90	5.80
本期失业人员就业人数				
Newly Employed Personnel Turning from Unemployment	**6.87**	**6.09**	**8.55**	**5.24**
期末实有登记失业人数				
Registered Unemployed Personnel Year-end	**11.77**	**11.72**	**11.67**	**14.99**
#女　性				
Female	5.92	6.09	6.07	7.80
长期失业者				
Permanent Unemployed Personnel	5.20		4.67	6.00
登记失业率(%)				
Registered Unemployed Rate (%)	**3.76**	**3.70**	**3.60**	**3.60**

资料来源：天津市劳动和社会保障局。
Sources: Tianjin Municipal Labour & Social Insurance Bureau.

3-27 职业技能培训与就业服务情况（2004-2007年）
Statistics on Vocational Skill Training and Employment Service, 2004-2007

项目 Item	2004	2005	2006	2007
参加职业技能鉴定人次 (person-times)				
Persons Attending Vocational Technical Appraisal	**206427**	**227984**	**236060**	**251415**
初级工 Junior Worker	138398	144874	133502	153587
中级工 Middle Worker	49393	59594	73171	70413
高级工 Senior Worker	14634	17058	22243	21748
技师 Technician	3596	6082	6678	4862
高级技师 Senior Technician	406	376	466	805
取得职业资格证书人数 (person)				
Persons Gaining Vocational Certificate	**193218**	**215217**	**223313**	**238946**
初级工 Junior Worker	131097	137961	128219	145986
中级工 Middle Worker	44877	55256	68195	66557
高级工 Senior Worker	13565	16102	20307	20998
技师 Technician	3292	5549	6151	4638
高级技师 Senior Technician	387	349	441	767
人才和劳务市场情况(万人次)				
Statistics on Talent and Labor Force Market (10 000 person-times)				
进场择业洽谈人次 Number of Person-times Entering for Interview	329.57	331.83	341.48	353.70
# 劳动力市场 Labour Force Market	271.00	275.80	276.90	291.00
达成初步意向人次 Number of Person-times Reached Initial Intent	90.43	90.19	91.39	96.39
# 劳动力市场 Labour Force Market	69.00	70.10	70.60	77.60

3-28 全市就业和再就业情况（2004-2007年）
Statistics on Employment and Re-employment, 2004-2007

单位：万人 (10 000 persons)

项目 Item	2004	2005	2006	2007
新增就业岗位人数 Persons Employed on New Job Posts	**21.45**	**26.21**	**29.49**	**33.37**
下岗失业人员 Laid-off and Unemployed	13.70	14.22	12.91	10.45
下岗人员 Laid-off	6.83	7.16	4.31	2.02
失业人员 Unemployed	6.87	7.06	8.60	8.43
其他人员 Others	7.75	11.99	16.58	22.92
领取再就业优惠证人数 Persons Gaining Re-employment Favourable Prove	**11.10**	**6.14**	**3.30**	**1.80**
# "4050"人员 Female Aged 40-50 and Male Aged 50-60	3.01	2.05	1.29	0.62

主要统计指标解释

常住人口

指实际经常居住在某地区一定时间（指半年以上）的人口。按人口普查和抽样调查规定，主要包括：(1) 除离开本地半年以上（不包括在国外工作或学习的人）的全部常住本地的户籍人口；(2) 户口在外地，但在本地居住半年以上者，或离开户口地半年以上而调查时在本地居住的人口；(3) 调查时居住在本地，但在任何地方都没有登记常住户口，如手持户口迁移证、出生证、退伍证、劳改劳教释放证等尚未办理常住户口的人，即所谓“口袋户口”的人。

户籍人口

指公民依照《中华人民共和国户口登记条例》，已在其经常居住地的公安户籍管理机关登记了常住户口的人。这类人口不管其是否外出，也不管外出时间长短，只要在某地注册有常住户口，则为该地区的户籍人口。

人口密度

指单位土地面积上的人口数。通常使用常住人口计算人口密度，用于说明人口的拥挤程度。通常以每平方公里的居民人数来表示。计算公式：

$$人口密度 = \frac{常住人口}{总土地面积}$$

人口出生率

指一定时期内出生的人口数与该时期内平均人口数之比，通常以年为单位计算，用千分比来表示，表明某年 1000 人中活产的人数。计算公式：

$$人口出生率 = \frac{年内出生人数}{年平均人口数} \times 1000‰$$

人口死亡率

指一定时期内死亡的人口数与该时期内平均人口数之比，通常以年为单位计算，用千分比来表示，表明某年 1000 人中死亡的人数。计算公式：

$$人口死亡率 = \frac{年内死亡人数}{年平均人口数} \times 1000‰$$

人口自然增长率

指一定时期内人口自然增长数（出生人数减死亡人数）与该时期内平均人口数之比，通常以年为单位计算，用千分比来表示，计算公式：

$$人口自然增长率 = \frac{年内出生人数 - 年内死亡人数}{年平均人口数} \times 1000‰$$

$$人口自然增长率 = 人口出生率 - 人口死亡率$$

总和生育率

是将特定时点上全体妇女生育率综合起来，以一个数字来表示。实际上，它就是假设一个妇女在整个育龄期都按照某一年的年龄别生育率生育，她所生育孩子的总数，即平均每个妇女在育龄期生育的孩子数。

总负担系数

指 14 岁及以下少年儿童人口数和 65 岁及以上老年人口数与 15-64 岁劳动力年龄人口数的比例。表明的是每百名劳动年龄人口负担多少非劳动年龄人口。计算公式：

$$总负担系数 = \frac{14岁及以下人数 + 65岁及以上人数}{15-64岁人数} \times 100\%$$

劳动力资源

指在劳动年龄内，具有劳动能力，在正常情况下，可能或实际参加社会劳动的总人口数。具体的范围是：劳动年龄内（16 周岁及以上），有劳动能力、实际参加社会劳动和未参加社会劳动的人员。

社会从业人员

指在劳动年龄内，有劳动能力，参加社会劳动取得劳动报酬或经营收入的人员。具体指城镇单位从业人员，乡镇企业从业人员，乡村农林牧渔劳动者，私营、个体雇员，私营、个体雇主以及其他从业人员。从空间范围上讲社会从业人员既包括城镇中的从业人员，又包括乡村中的从业人员。

主要统计指标解释

城镇单位从业人员

指在各级国家机关、政党机关、社会团体、事业单位以及城镇范围内的各类企业中工作，并取得劳动报酬的全部人员。包括在岗职工和其他从业人员，但不包括不在岗职工。

城镇私营和个体从业人员

指在工商管理部门注册登记，其经营地址设在县城关镇（含城关镇）以上的私营企业从业人员；包括私营企业投资者和雇工。

城镇个体从业人员指在工商管理部门注册登记，并持有城镇户口或在城镇长期居住，经批准从事个体工商经营的从业人员；包括个体经营者和在个体工商户劳动的家庭帮工和雇工。

在岗职工

指调查时期（时点）在单位工作并领取工资的职工。具体是指那些与本单位签有劳动合同或在本单位在册，并在本单位从事有报酬的劳动人员，在岗职工还包括单位派出学习、工作及病伤产假（六个月内）且仍在单位支付劳动报酬的人员。

单位其他从业人员

单位其他从业人员劳动统计规定不作在岗职工统计，但实际参加各单位生产或工作并取得劳动报酬的人员。包括再就业的离退休人员、民办教师、在各单位工作的港、澳、台、外籍人员、聘用的外单位不在岗人员、聘用的失业人员、聘用和使用的外来人员、聘用的其他人员以及在本单位从事第二职业的外单位人员，但不包括在单位中工作并领取报酬的在校学生。

城镇登记失业人员

指有非农业户口，在一定的劳动年龄（16岁至退休年龄）内，有劳动能力，无业且要求就业，并在当地劳动保障机构进行求职登记的人员。

城镇登记失业率

指报告期末城镇登记失业人数占期末从业人员总数与期末实有城镇登记失业人数之和的比重。计算公式：

$$\text{城镇登记失业率}=\frac{\text{期末实有城镇登记失业人数}}{\text{期末从业人员总数}+\text{期末实有城镇登记失业人数}}\times 100\%$$

法定婚龄、劳龄人口

我国进入婚龄法定人口标准为男22岁、女20岁；进入劳龄人口、劳动年龄内人口、退出劳龄人口的国内标准分别是男16岁、16–59岁、60岁和女16岁、16–54岁、55岁；国际标准男女均为15岁、15–64岁、65岁。

城乡划分标准

根据国家统计局2006[60]号文件中《关于统计上划分城乡的暂行规定》，新的城乡划分标准为：城镇是指在我国市镇建制和行政区划的基础上，经该规定划定的区域，包括城区和镇区。城区是指在市辖区和不设区的市中，经该规定划定的区域。镇区是指在城区以外的镇和其他区域中，经该规定划定的区域。乡村是指该规定划定的城镇以外的其他区域。

2007年人口抽样调查资料说明

2007年人口抽样调查登记的标准时点为2007年11月1日零时；调查样本采取分层、多阶段、整群、概率比例的抽样方法。全市共抽取样本8万人，占全市总人口的0.72%，涉及全市18个区县和开发区、保税区、新技术产业园区，抽取了192个街（镇、乡）、394个居（村）委会、775个调查小区。表3–11至3–14为这次调查加权汇总数据。

Explanatory Notes on Main Statistical Indicators

Permanent Population

refers to the total number of people alive at a given area within a period (over half a year). According to the regulation of population census and sample survey, permanent resident population include (1) registered population in this area except those who have left this area over half a year (exclude those going abroad to work or study). (2) population with residence registered in other area, but having actually resided in this area over half a year or having left place of residence registration over half a year and resided in this area during the period of population survey.(3) population with residence registration in this enumeration area not yet settled, i.e. residence card on hand, migration certificate, birth certificate, demobilized soldier card, release certificate, etc..

Registered Population

refers to the population with registered in accordance with the regulation of the People's Republic of China on the Management of Registration Residence in public security organs in this area. No matter he is out or not, how long the time is, which is often expressed in.

Population Density

refers to the total number of people within unit land area. Usually, population density is calculated using permanent resident population and indicates crowd degree of population. It is often expressed in the number of people per square kilometer. The following formula is used :

$$\text{Population Density} = \frac{\text{Permanent Resident Population}}{\text{Total Area of Land}}$$

Birth Rate

refers to the ratio of the number of births to the average population during a certain period of time, usually using a year as unit for calculation, which is often expressed in ‰ and indicates the alive births per 1000 persons. The following formula is used

$$\text{Birth Rate} = \frac{\text{Number of Births}}{\text{Annual Average Number of Population}} \times 1000‰$$

Death Rate

refers to the ratio of the number of deaths to the average population during a certain period of time, usually using a year as unit for calculation, which is often expressed in ‰ and indicates the deaths per 1000 persons. The following formula is used

$$\text{Death Rate} = \frac{\text{Number of Deaths}}{\text{Annual Average Number of Population}} \times 1000‰$$

Natural Growth Rate of Population

refers to the ratio of natural increase in population (number of births minus number of deaths) in a certain period of time to the average population of the same period, usually using a year as unit for calculation, which is often expressed in ‰. The following formula is used :

$$\text{Natural Growth Rate of Population} = \frac{\text{Number of Births} - \text{Number of Deaths}}{\text{Annual Average Number of Population}} \times 1000‰$$

$$\text{Natural Growth Rate of Population} = \text{Birth Rate} - \text{Death Rate}$$

General Fertility Rate

refers to the total of birth rate of women aged 15-49 during a certain period of time, which is expressed in a data. It actually refers to the number of children of average woman aged 15-49.

Gross Dependency Ratio

refers to the ratio of children aged 0-14 and elderly population aged 65 and over to the working-age population aged 15-64.It describes in general the number of non-working-age population that every 100 people at working ages will take care of. The following formula is used:

$$\text{Gross Dependency Ratio} = \frac{(\text{Population Aged 0-14}) + (\text{Population Aged 65 and over})}{\text{Population Aged 15-64}} \times 100\%$$

Labour Force Resources

refer to the number of population at working ages (aged 16 and over) who have capacity for physical labor, have engaged in social labor or not.

Social Employment Personnel

refer to the persons aged 16 and over who are engaged in social labor and receive remuneration payment or earn business income, including employment personnel worked in units in urban areas, employment personnel worked in township enterprises, rural labor engaged in farming, forestry, animal husbandry and fishery, employees in private enterprises and individual economy, employers of private enterprises and individual economy and other employment personnel. Social employment personnel not only include those in urban areas, also include those in rural areas.

Persons Employed in Urban Units

refer to all the persons working in government agencies of various levels, political and party organizations, social organizations, enterprises and institutions, and receiving remuneration payment. They

Explanatory Notes on Main Statistical Indicators

include on-post staff and workers and other employment personnel in various units, but exclude staff and workers who have left their working units.

Persons Employed in Private Enterprises and Individual Economy in Urban Areas

refer to the persons employed in the private enterprises which have been registered at the departments of industrial and commercial administration and are situated at a town (i.e. at own where the county government is located) for business operation or at urban areas with the level higher than a county town. The individual economy in urban areas refer to persons who hold the certificates of residence in urban areas or have resided in the urban areas for a long time and have been registered at the departments of industrial and commercial administration and approved to be engaged in individual industrial or commercial business, including self-employed persons as well as helpers and hired laborers who work in the individual households engaged in industrial or commercial business.

On-post Staff and Workers

refer to staff and workers who work in and receive wages from their working units during a survey period. They include the persons who have signed working contracts with units or registered in units, also include those receive wages from units but are temporarily absent from work for reasons of study, work or on sick, injury or maternal leave no more than six months.

Other Employment Personnel in Urban Units

refer to the numbers receiving wages or other forms of payment, include re-employed retirees, teachers in schools run by the local people, foreigners and Chinese compatriots from Hong Kong, Macao, and Taiwan working in various units, employees of other units working temporarily at current posts, unemployment personnel, non-locals, and employees holding the second job of other units, exclude students enrolled in universities and colleges who work at the units and receive wages.

Registered Urban Unemployed Personnel

refer to the persons who are registered as permanent residents in the urban areas engaged in non-agricultural activities, aged within the range of working age (16-retired age), capable to labor, unemployed but desirous to be employed and have been registered at the local employment service agencies to apply for a job.

Registered Urban Unemployment Rate

refers to the ratio of the number of the registered unemployed persons to the sum of the number of employed persons and the registered unemployed persons. The formula is as follows

$$\text{Registered Urban Unemployment Rate} = \frac{\text{Number of Urban Registered Unemployed Persons}}{\text{Urban Employed Persons} + \text{Number of Registered Urban Unemployed Persons}} \times 100\%$$

Legal Marriage Age, Labor Age Population

The standard of legal marriage age is 22 for male and 20 for female the domestic standard of "reaching labor age", "within labor age" and "over labor age" are 16, 16 to 59, 60 for male respectively and 16, 16 to 54,55 for female respectively the international standard of these items are 15, 15-64 and 65 respectively for both male and female.

The Division Standard of Urban and Rural Areas

According to <The Temporary Regulation on The Division of Urban and Rural Areas in Statistics > of National Bureau of Statistics 2006 [60], The new division standard of Urban and Rural Areas is as follows: Urban Area refers to the areas defined by the temporary regulation on the base of administrative divisions, including city and township. City refers to the areas in the districts of city and the city without districts, which defined by the temporary regulation. Township refers to the towns outside city zones and other areas, which defined by the temporary regulation. Rural areas refer to the other areas besides urban areas defined by the temporary regulation.

Brief introduction for Sample Survey on Population in 2007

The reference time of 2007 sample survey was zero o'clock of November 1, 2007. The sample survey was conducted with a multi-stage systematic cluster-sampling scheme. The exact sample of registration is 80 thousand people, which take 0.72% of total population in Tianjin, were selected as the sample from 775 areas in 394 resident's committees & village committees in 192 streets (towns) of 18 districts (counties), TEDA, TFTZ and THIP.

第4篇

CHAPTER 4

固定资产投资和房地产

Investment in Fixed Assets and Real Estate

4-1 全社会固定资产投资（1990-2007年）
Total Investment in Fixed Assets, 1990-2007

单位：亿元 (100 million yuan)

年份 Year	全社会固定资产投资 Total Investment in Fixed Assets	国有经济 State-owned	集体经济 Collective -owned	#农村非农户 Rural Non-agricultural	个体经济 Individuals	#农村农户 Rural Agricultural
总计 Total						
1990	87.69	72.18	10.56	9.48	4.95	4.36
1991	128.95	109.69	12.18	10.84	7.08	6.68
1992	169.88	137.81	25.21	23.59	6.86	6.08
1993	226.56	187.83	30.51	27.34	8.22	6.36
1994	315.97	265.32	40.14	36.98	10.51	8.51
1995	393.18	324.20	58.65	46.52	10.33	9.36
1996	435.81	351.59	66.67	57.35	17.55	15.28
1997	498.66	422.84	61.77	52.39	14.05	10.63
1998	575.86	491.87	68.39	56.70	15.60	12.45
1999	567.36	488.45	61.59	49.00	17.32	11.50
2000	608.80	526.20	61.80	56.47	20.80	13.10
2001	705.10	612.50	66.10	61.50	26.50	16.40
2002	811.26	695.75	85.90	74.00	29.61	20.01
2003	1046.72	919.59	98.04	89.73	29.09	22.86
2004	1258.98	1114.98	109.72	99.06	34.28	27.20
2005	1516.84	1364.07	123.34	101.85	29.43	29.29
2006	1849.80	1678.70	141.10	110.14	30.00	30.00
2007	2388.63	2204.47	151.46	128.27	32.70	32.70
#地方 Local Investment						
1990	57.47	41.96	10.56	9.48	4.95	4.36
1991	93.13	73.87	12.18	10.84	7.08	6.68
1992	123.85	91.78	25.21	23.59	6.86	6.08
1993	176.14	137.41	30.51	27.34	8.22	6.36
1994	256.88	206.23	40.14	36.98	10.51	8.51
1995	309.75	240.77	58.65	46.52	10.33	9.36
1996	325.71	241.49	66.67	57.35	17.55	15.28
1997	376.69	300.87	61.77	52.39	14.05	10.63
1998	452.11	368.12	68.39	56.70	15.60	12.45
1999	405.31	326.40	61.59	49.00	17.32	11.50
2000	463.83	381.23	61.80	56.47	20.80	13.10
2001	567.40	474.80	66.10	61.50	26.50	16.40
2002	677.60	562.09	85.90	74.00	29.61	20.01
2003	893.73	766.60	98.04	89.73	29.09	22.86
2004	1067.91	923.91	109.72	99.06	34.28	27.20
2005	1288.85	1136.08	123.34	101.85	29.43	29.29
2006	1523.01	1360.45	132.56	110.14	30.00	30.00
2007	1915.38	1731.89	150.79	128.27	32.70	32.70

注：本表国有经济中包括"三资"、股份制、联营、私营经济。以下各表同。

Note: State-owned units of this table include foreign funded economic units, share holding economic units, joint ownership economic units and private economic units. Same as following tables.

4-2 全社会新增固定资产(1990-2007年)
Total Newly Increased Fixed Assets, 1990-2007

单位：亿元 (100 million yuan)

年 份 Year	全社会新增固定资产 Total Newly Increased Fixed Assets	国有经济 State-owned	集体经济 Collective-owned	# 农村非农户 Rural Non-agricultural	个体经济 Individuals	# 农村农户 Rural Agricultural
总 计 Total						
1990	65.16	49.66	10.55	9.55	4.95	4.36
1991	74.11	54.99	12.03	10.85	7.09	6.68
1992	102.27	73.24	22.17	21.26	6.86	6.08
1993	140.00	105.82	25.96	24.11	8.22	6.36
1994	261.12	216.98	33.63	32.36	10.51	8.51
1995	300.86	247.08	43.45	40.19	10.33	9.36
1996	313.12	246.63	48.94	41.61	17.55	15.28
1997	320.46	259.08	47.33	41.76	14.05	10.63
1998	439.58	379.21	44.77	42.54	15.60	12.45
1999	459.54	383.73	58.49	47.78	17.32	11.50
2000	434.28	372.48	50.48	46.15	11.32	7.140
2001	476.92	385.67	64.75	61.00	26.50	16.40
2002	537.98	427.98	80.39	71.14	29.61	20.01
2003	656.99	534.66	96.66	87.03	25.67	22.86
2004	696.56	567.65	98.46	92.64	30.45	27.20
2005	847.79	711.58	109.26	95.97	26.95	26.81
2006	1423.73	1255.52	138.21	110.14	30.00	30.00
2007	1302.95	1143.57	128.60	103.83	30.78	30.78
# 地 方 Local Investment						
1990	49.46	33.96	10.55	9.55	4.95	4.36
1991	47.38	28.26	12.03	10.85	7.09	6.68
1992	69.15	40.12	22.17	21.26	6.86	6.08
1993	93.59	59.41	25.96	24.11	8.22	6.36
1994	244.01	199.87	33.63	32.36	10.51	8.51
1995	218.06	164.28	43.45	40.19	10.33	9.36
1996	241.66	175.17	48.94	41.61	17.55	15.28
1997	243.63	182.25	47.33	41.76	14.05	10.63
1998	351.27	290.90	44.77	42.54	15.60	12.45
1999	353.35	277.54	58.49	47.78	17.32	11.50
2000	350.97	289.17	50.48	46.15	11.32	7.140
2001	356.46	263.86	66.10	61.50	26.50	16.40
2002	434.61	324.61	80.39	71.14	29.61	20.01
2003	543.59	421.26	96.66	87.03	25.67	22.86
2004	522.43	393.52	98.46	92.64	30.45	27.20
2005	727.65	591.44	109.26	95.97	26.95	26.81
2006	1223.30	1063.64	129.66	110.14	30.00	30.00
2007	1185.39	1026.41	128.20	103.83	30.78	30.78

4-3 全社会固定资产投资和房屋建筑面积(2005-2007年)
Total Investment in Fixed Assets and Floor Space of Buildings, 2005-2007

指　　标	Item	2005	2006	2007	2007比2006年增长(%) Increase Rate in 2007 over 2006 (%)
投资总额(亿元)	**Total Investment (100 million yuan)**	**1516.84**	**1849.80**	**2388.63**	**29.1**
按经济类型分	**Grouped by Ownership**				
国有经济	State-owned	1364.07	1678.70	2204.47	31.3
集体经济	Collective-owned	123.34	141.10	151.46	7.3
#农村非农户	Rural Non-agricultural	101.85	110.14	128.27	16.5
个体经济	Individuals	29.43	30.00	32.70	9.0
#农村农户	Rural Agricultural	29.29	30.00	32.70	9.0
按隶属关系分	**Grouped by Administrative Relationship**				
中　央	Central Government	227.99	326.79	473.25	44.8
地　方	Local Government	1288.85	1523.01	1915.38	25.8
按城乡分	**By Urban and Rural**				
城镇投资	Urban Investment	1385.56	1709.66	2227.66	30.3
#房地产开发	Real Estate Development	327.54	402.32	505.30	25.6
农村投资	Rural Investment	131.14	140.14	160.97	14.9
按构成分	**Grouped by Use of Funds**				
建筑工程	Construction	852.6	1006.09	1271.32	26.4
安装工程	Installation	75.59	113.26	144.73	27.8
设备工器具购置	Purchases of Equipment and Instruments	316.1	394.28	488.92	24.0
其他费用	Others	272.55	336.17	483.66	43.9
按三次产业分	**Grouped by Industry**				
第一产业	Primary Industry	13.71	16.04	15.84	-1.2
第二产业	Secondary Industry	614.63	765.49	1051.03	37.3
第三产业	Tertiary Industry	888.5	1068.27	1321.76	23.7
房屋建筑面积(万平方米)	**Floor Space of Buildings (10 000 sq. m)**				
施工面积	Floor Space under Construction	6295.19	7248.78	7709.61	6.4
#住　宅	Residential Buildings	3450.97	4048.30	4164.09	2.9
竣工面积	Floor Space Completed	2863.36	2960.32	2600.70	-12.1
#住　宅	Residential Buildings	1662.53	1726.71	1648.29	-4.5

4-4 按行业分全社会固定资产投资
Total Investment in Fixed Assets Grouped by Sector

单位：万元 (10 000 yuan)

行 业 Sector	2006	2007	2007比2006年增长(%) Increase Rate in 2007 over 2006 (%)
总 计 Total	**18497987**	**23886353**	**29.1**
农、林、牧、渔业 Farming, Forestry, Animal Husbandry and Fishery	160392	158445	-1.2
采矿业 Minerals Mining	1828278	1811919	-0.9
制造业 Manufacturing	4817537	6790172	40.9
电力、燃气及水的生产和供应业 Production & Supply of Power, Gas and Water	838526	1632268	94.7
建筑业 Construction	170512	275951	61.8
交通运输、仓储和邮政业 Transportation, Storage and Post Services	2117386	3508328	65.7
信息传输、计算机服务和软件业 Information Transmitting, Computer Services and Software	271309	357310	31.7
批发和零售业 Wholesale and Retail Trade	268414	267282	-0.4
住宿和餐饮业 Accommodation and Catering Services	81874	159646	95.0
金融业 Finance Intermediation	1173	7603	548.2
房地产业 Real Estate	4573036	5362934	17.3
租赁和商务服务业 Leasing and Business Services	121342	291412	140.2
科学研究、技术服务和地质勘查业 Scientific Research, Technical Services and Geological Prospecting	22456	52424	133.5
水利、环境和公共设施管理业 Management for Water Conservancy, Environment and Public Facilities	2188194	2153357	-1.6
居民服务和其他服务业 Resident Services and Other Social Services	76256	33529	-56.0
教 育 Education	413713	364272	-12.0
卫生、社会保障和社会福利业 Health Care, Social Security and Social Welfare	139106	182764	31.4
文化、体育和娱乐业 Culture, Sports and Recreational Services	167148	143667	-14.0
公共管理和社会组织 Public Management and Social Organizations	241335	333070	38.0

4-5 全市固定资产投资及新增固定资产
Municipal Investment in Fixed Assets and Newly Increased Fixed Assets

单位：万元 (10 000 yuan)

项　目	Item	2006	2007	2007比2006年增长(%) Increase Rate in 2007 over 2006 (%)
固定资产投资	**Total Investment in Fixed Assets**	**17096567**	**22276551**	**30.3**
按三次产业分	**Grouped by Industry**			
第一产业	Primary Industry	33840	65409	93.3
第二产业	Secondary Industry	7018329	9622747	37.1
#工　业	Industry	6903357	9384429	35.9
第三产业	Tertiary Industry	10044398	12588395	25.3
按隶属关系分	**Grouped by Administrative Relationship**			
中　央	Central Government	3267865	4732470	44.8
地　方	Local Government	13828702	17544081	26.9
按建设性质分	**Grouped by Type of Construction**			
#新　建	New Construction	8107851	8887717	9.6
改、扩建及其他	Expansion, Reconstruction and Others	4965532	13388834	169.6
按构成分	**Grouped by Use of Funds**			
建筑工程	Construction	9355628	11816062	26.3
安装工程	Installation	1083887	1369904	26.4
设备工器具购置	Purchases of Equipment and Instruments	3405465	4420083	29.8
其他费用	Others	3251587	4670502	43.6
按登记注册类型分	**Grouped by Registered Status**			
内资企业	Domestic-funded Enterprises	14210480	18916116	33.1
国有企业	State-owned Enterprises	5762904	7700528	33.6
集体企业	Collective-owned Enterprises	265754	165590	-37.7
股份合作企业	Cooperative Enterprises	106856	66189	-38.1
私　营	Private Enterprises	1388885	1662053	19.7
股份有限公司	Share Holding Corporations Ltd.	3335708	2518943	-24.5
有限责任公司	Limited Liability Corporations	3080017	6623655	115.1
#国有独资	Sole State-funded Corporations	1178453	1440139	22.2
联营企业	Joint Ownership Enterprises	73763	90248	22.3
#国有与国有联营企业	State Joint Ownership Enterprises	64918	87511	34.8
集体与集体联营企业	Collective Joint Ownership Enterprises	6285	100	-98.4
其他内资企业	Other Domestic-funded Enterprises	196593	100675	-48.8
港澳台商投资企业	Enterprises with Investment from Hong Kong, Macao and Taiwan	540484	585838	8.4
外商投资企业	Foreign Funded Enterprises	2344893	2762832	17.8
个体经济	Individuals	710		
新增固定资产	**Newly Increased Fixed Assets**	**12680334**	**11683409**	**-7.9**
第一产业	Primary Industry	22390	70229	213.7
第二产业	Secondary Industry	5801706	4397554	-24.2
#工　业	Industry	5728786	4207817	-26.5
第三产业	Tertiary Industry	6856238	7215626	5.2
固定资产交付使用率(%)	**Rate of Fixed Assets Put into Use (%)**	**74.2**	**52.4**	

注：1. 全市固定资产投资为城镇口径，不含农村非农户和农户的投资，4-13、4-14表同。2. 表中按建设性质分组数据不含房地产开发投资。
Note: a) Municipal investment in fixed assets refers to urban data, excluding rural non-agricultural and agricultural households. Same as following tables 4-13 and 4-14. b) Investment grouped by type of construction of this table excludes real estate development.

4-6 按行业分全市固定资产投资
Municipal Investment in Fixed Assets by Sector

单位：万元 (10 000 yuan)

行　业　Sector	2006	2007	2007 比 2006 年增长 (%) Increase Rate in 2007 over 2006 (%)
总　计 Total	**17096567**	**22276551**	**30.3**
农、林、牧、渔业 Farming, Forestry, Animal Husbandry and Fishery	33840	65409	93.3
采矿业 Minerals Mining	1828278	1811534	-0.9
制造业 Manufacturing	4236553	5975471	41.0
电力、燃气及水的生产和供应业 Production & Supply of Power, Gas and Water	838526	1597424	90.5
建筑业 Construction	114972	238318	107.3
交通运输、仓储和邮政业 Transportation, Storage and Post Services	2039652	3443872	68.8
信息传输、计算机服务和软件业 Information Transmitting, Computer Services and Software	271124	355860	31.3
批发和零售业 Wholesale and Retail Trade	231822	170637	-26.4
住宿和餐饮业 Accommodation and Catering Services	72829	142364	95.5
金融业 Finance Intermediation	1173	7603	548.2
房地产业 Real Estate	4142624	5183803	25.1
租赁和商务服务业 Leasing and Business Services	112003	121657	8.6
科学研究、技术服务和地质勘查业 Scientific Research, Technical Services and Geological Prospecting	22456	52424	133.5
水利、环境和公共设施管理业 Management for Water Conservancy, Environment and Public Facilities	2177124	2119309	-2.7
居民服务和其他服务业 Resident Services and Other Social Services	39139	17395	-55.6
教　育 Education	405433	364072	-10.2
卫生、社会保障和社会福利业 Health Care, Social Security and Social Welfare	136379	182764	34.0
文化、体育和娱乐业 Culture, Sports and Recreational Services	157234	134417	-14.5
公共管理和社会组织 Public Management and Social Organizations	235406	292218	24.1

4-7 按制造业主要行业分全市固定资产投资
Municipal Investment in Fixed Assets of Main Manufacturing

单位：万元 (10 000 yuan)

行　业	Sector	2006	2007	2007比2006年增长(%) Increase Rate in 2007 over 2006 (%)
总　计	**Total**	**4236553**	**5975471**	**41.0**
# 农副食品加工业	Processing of Food from Agricultural Products	36586	66360	81.4
食品制造业	Manufacture of Food	81805	116694	42.6
饮料制造业	Manufacture of Beverage	63883	114469	79.2
纺织业	Manufacture of Textile	96722	146499	51.5
纺织服装、鞋、帽制造业	Manufacture of Textile Wearing Apparel, Footware and Caps	13114	25285	92.8
皮革、皮毛、羽毛及其制品业	Manufacture of Leather, Fur, Feather and Related Products	14050	6339	-54.9
木材加工及木、竹、藤、棕、草制品业	Processing of Timber, Manufacture of Wood, Bamboo, Rattan, Palm and Straw Products	1578	6773	329.2
家具制造业	Manufacture of Furniture	28141	57583	104.6
造纸及纸制品业	Manufacture of Paper and Paper Products	28234	82873	193.5
印刷和记录媒介的复制	Printing, Reproduction of Recording Media	27115	59602	119.8
文教体育用品制造业	Manufacture of Articles for Culture, Education and Sport Activity	15341	38953	153.9
石油加工、炼焦及核燃料加工	Processing of Petroleum, Coking, Processing of Nuclear Fuel	143491	454722	216.9
化学原料及化学制品制造业	Manufacture of Raw Chemical Materials and Chemical Products	406263	467581	15.1
医药制造业	Manufacture of Medicines	94313	125910	33.5
化学纤维制造业	Manufacture of Chemical Fibers	1	23764	
橡胶制品业	Manufacture of Rubber	124902	67523	-45.9
塑料制品业	Manufacture of Plastics	110099	90338	-17.9
非金属矿物制品业	Manufacture of Non-metallic Mineral Products	120489	116013	-3.7
黑色金属冶炼及压延加工业	Smelting and Pressing of Ferrous Metals	938461	1311495	39.7
有色金属冶炼及压延加工业	Smelting and Pressing of Non-Ferrous Metals	40959	39893	-2.6
金属制品业	Manufacture of Metal Products	136264	203435	49.3
通用设备制造业	Manufacture of General Purpose Machinery	196470	292956	49.1
专用设备制造业	Manufacture of Special Purpose Machinery	155943	288362	84.9
交通运输设备制造业	Manufacture of Transport Equipment	645824	898184	39.1
电气机械及器材制造业	Manufacture of Electrical Machinery and Equipment	189234	286044	51.2
通信设备、计算机及其他电子设备制造业	Manufacture of Communication Equipment, Computers and Other Electronic Equipment	469240	478550	2.0
仪器仪表及文化、办公用机械制造业	Manufacture of Measuring Instruments and Machinery for Cultural Activity and Office Work	31994	37479	17.1

4-8 按行业分全市新增固定资产
Municipal Newly Increased Fixed Assets by Sector

单位：万元 (10 000 yuan)

行业 Sector	2006	2007	2007比2006年增长(%) Increase Rate in 2007 over 2006 (%)
总计 Total	**12680334**	**11683409**	**-7.9**
农、林、牧、渔业 Farming, Forestry, Animal Husbandry and Fishery	22390	70229	213.7
采矿业 Minerals Mining	1535368	322236	-79.0
制造业 Manufacturing	3758398	3605770	-4.1
电力、燃气及水的生产和供应业 Production & Supply of Power, Gas and Water	435020	279811	-35.7
建筑业 Construction	72920	189737	160.2
交通运输、仓储和邮政业 Transportation, Storage and Post Services	1182775	758496	-35.9
信息传输、计算机服务和软件业 Information Transmitting, Computer Services and Software	91801	186494	103.2
批发和零售业 Wholesale and Retail Trade	239126	125357	-47.6
住宿和餐饮业 Accommodation and Catering Services	65416	64581	-1.3
金融业 Finance Intermediation	1013	7763	666.3
房地产业 Real Estate	4008336	5074410	26.6
租赁和商务服务业 Leasing and Business Services	42820	77245	80.4
科学研究、技术服务和地质勘查业 Scientific Research, Technical Services and Geological Prospecting	8083	11189	38.4
水利、环境和公共设施管理业 Management for Water Conservancy, Environment and Public Facilities	545526	454779	-16.6
居民服务和其他服务业 Resident Services and Other Social Services	22470	53715	139.1
教育 Education	256837	167284	-34.9
卫生、社会保障和社会福利业 Health Care, Social Security and Social Welfare	104195	139137	33.5
文化、体育和娱乐业 Culture, Sports and Recreational Services	134268	16390	-87.8
公共管理和社会组织 Public Management and Social Organizations	153572	78786	-48.7

4-9 按制造业主要行业分全市新增固定资产
Municipal Newly Increased Fixed Assets of Main Manufacturing

单位：万元 (10 000 yuan)

行业	Sector	2006	2007	2007比2006年增长(%) Increase Rate in 2007 over 2006 (%)
总计	**Total**	**3758398**	**3605770**	**-4.1**
#农副食品加工业	Processing of Food from Agricultural Products	31920	84955	166.1
食品制造业	Manufacture of Food	76636	68701	-10.4
饮料制造业	Manufacture of Beverage	94501	95910	1.5
纺织业	Manufacture of Textile	168735	41643	-75.3
纺织服装、鞋、帽制造业	Manufacture of Textile Wearing Apparel, Footware and Caps	10485	19055	81.7
皮革、皮毛、羽毛及其制品业	Manufacture of Leather, Fur, Feather and Related Products	2500		-100.0
木材加工及木、竹、藤、棕、草制品业	Processing of Timber, Manufacture of Wood, Bamboo, Rattan, Palm and Straw Products	472	7750	1541.9
家具制造业	Manufacture of Furniture	14970	16620	11.0
造纸及纸制品业	Manufacture of Paper and Paper Products	26756	62405	133.2
印刷和记录媒介的复制	Printing, Reproduction of Recording Media	15438	50971	230.2
文教体育用品制造业	Manufacture of Articles for Culture, Education and Sport Activity	6715	32252	380.3
石油加工、炼焦及核燃料加工	Processing of Petroleum, Coking, Processing of Nuclear Fuel	74880	119092	59.0
化学原料及化学制品制造业	Manufacture of Raw Chemical Materials and Chemical Products	182042	354356	94.7
医药制造业	Manufacture of Medicines	79473	26077	-67.2
化学纤维制造业	Manufacture of Chemical Fibers		1500	
橡胶制品业	Manufacture of Rubber	119576	54109	-54.7
塑料制品业	Manufacture of Plastics	117231	82125	-29.9
非金属矿物制品业	Manufacture of Non-metallic Mineral Products	140543	62257	-55.7
黑色金属冶炼及压延加工业	Smelting and Pressing of Ferrous Metals	1465894	747764	-49.0
有色金属冶炼及压延加工业	Smelting and Pressing of Non-Ferrous Metals	31259	11692	-62.6
金属制品业	Manufacture of Metal Products	126244	138953	10.1
通用设备制造业	Manufacture of General Purpose Machinery	146873	173470	18.1
专用设备制造业	Manufacture of Special Purpose Machinery	122925	150787	22.7
交通运输设备制造业	Manufacture of Transport Equipment	147457	673611	356.8
电气机械及器材制造业	Manufacture of Electrical Machinery and Equipment	89283	137589	54.1
通信设备、计算机及其他电子设备制造业	Manufacture of Communication Equipment,Computers and Other Electronic Equipment	412639	333183	-19.3
仪器仪表及文化、办公用机械制造业	Manufacture of Measuring Instruments and Machinery for Cultural Activity and Office Work	30264	25609	-15.4

4-10 全市固定资产投资资金来源
Source of Funds for Municipal Investment in Fixed Assets

单位：万元 (10 000 yuan)

项　目	Item	2006	2007	2007 比2006年增长(%) Increase Rate in 2007 over 2006 (%)
资金来源合计	**Total Funds**	**23303457**	**30265692**	**29.9**
上年末结余资金	Balance of Funds Brought Forward from the Previous Year	1897210	3088110	62.8
本年资金来源小计	Subtotal of the Sources of Funds in Current Year	21406247	27177582	27.0
国家预算内资金	State Budgetary Appropriation	234157	282308	20.6
国内贷款	Domestic Loans	5341054	7055798	32.1
债　券	Bonds	78469	5296	-93.3
利用外资	Foreign Investment	1504615	1600115	6.3
# 外商直接投资	Foreign Direct Investment	823153	1111708	35.1
自筹资金	Fundraising	10427108	13150519	26.1
# 企、事业单位自有资金	Owned by Enterprises and Institutions	7927731	8298055	4.7
其他资金	Others	3820844	5083546	33.0

4-11 全市施工和竣工房屋建筑面积
Municipal Floor Space of Buildings under Construction and Completed

单位：万平方米 (10 000 sq. m)

项　目	Item	2006	2007	2007 比2006年增长(%) Increase Rate in 2007 over 2006 (%)
全市房屋建筑施工面积	**Floor Space of Buildings under Construction**	**6134.1**	**6834.79**	**11.42**
# 房地产开发企业	Real Estate Development	4142.6	4836.49	16.75
# 住宅施工面积	Residential Buildings	3459.18	3785.50	9.43
# 房地产开发企业	Real Estate Development	3396.45	3744.87	10.26
全市房屋建筑竣工面积	**Floor Space of Buildings Completed**	**2098.05**	**2217.34**	**5.69**
# 房地产开发企业	Real Estate Development	1520.24	1704.36	12.11
# 住宅竣工面积	Residential Buildings	1333.01	1418.89	6.44
# 房地产开发企业	Real Estate Development	1308.95	1398.61	6.85

注：本表不含农村非农户和农户建房数。
Note: The data of this table excludes rural non-agricultural and agricultural houses.

4-12 按行业分全市固定资产投资资金来源(2007年)
Source of Funds for Municipal Investment in Fixed Assets by Sector, 2007

行　业　Sector	资金来源合　计 Total Funds	上年末结余资金 Balance of Funds Brought Forward From The Previous Year	本年资金来源小计 Subtotal of the Sources of Funds in Current Year
总　计 Total	**30265692**	**3088110**	**27177582**
农、林、牧、渔业 Farming, Forestry, Animal Husbandry and Fishery	66029	5185	60844
采矿业 Minerals Mining	1812292		1812292
制造业 Manufacturing	6059679	306127	5753552
电力、燃气及水的生产和供应业 Production & Supply of Power, Gas and Water	1623004	14159	1608845
建筑业 Construction	236853	2577	234276
交通运输、仓储和邮政业 Transportation, Storage and Post Services	3770645	326634	3444011
信息传输、计算机服务和软件业 Information Transmitting, Computer Services and Software	323939	17561	306378
批发和零售业 Wholesale and Retail Trade	190074	4894	185180
住宿和餐饮业 Accommodation and Catering Services	161432	1270	160162
金融业 Finance Intermediation	7603		7603
房地产业 Real Estate	12040302	2033194	10007108
租赁和商务服务业 Leasing and Business Services	143025	19515	123510
科学研究、技术服务和地质勘查业 Scientific Research, Technical Services and Geological Prospecting	62527	7740	54787
水利、环境和公共设施管理业 Management for Water Conservancy, Environment and Public Facilities	2629834	78071	2551763
居民服务和其他服务业 Resident Services and Other Social Services	19295		19295
教　育 Education	377126	47790	329336
卫生、社会保障和社会福利业 Health Care, Social Security and Social Welfare	249528	129326	120202
文化、体育和娱乐业 Culture, Sports and Recreational Services	183210	28026	155184
公共管理和社会组织 Public Management and Social Organizations	309295	66041	243254

单位：万元 (10 000 yuan)

国家预算内资金 State Budgetary Appropriation	国内贷款 Domestic Loans	债　券 Bonds	利用外资 Foreign Investment	#外　商直接投资 Foreign Direct Investment	自筹资金 Fundraising	#企事业单位自有资金 Owned by Enterprises and Institutions	其他资金 Others
282308	**7055798**	**5296**	**1600115**	**1111708**	**13150519**	**8298055**	**5083546**
5946	190		302	302	49842	9812	4564
			387243	387243	1424469	1424436	580
49008	951186		804744	375287	3908519	2503825	40095
5282	454793	800	14667	14667	552459	296936	580844
5045					228733	201068	498
65565	1394727	4000	147957	144757	1787577	1257564	44185
	3300				301078	96751	2000
	8879		9794	9794	164507	79699	2000
	10620		1398	1398	144094	102924	4050
					7603		
	2784163		210722	176641	2805605	1671835	4206618
500	24623		414	414	75973	30178	22000
2727					43668	8778	8392
74955	1358997	496	21069	100	966976	282932	129270
310					18785	3760	200
7068	30529				287086	113504	4653
28113	19791				61536	41577	10762
27047	14000		1105	1105	101662	6413	11370
10742			700		220347	166063	11465

4-13 按行业分全市固定资产投资施工项目个数
Number of Municipal Investment Projects under Construction in Fixed Assets by Sector

单位：个 (unit)

项　目 Item	2006	2007	2007 比 2006 年增长 (%) Increase Rate in 2007 over 2006 (%)
总　计 Total	**1923**	**2073**	**7.8**
农、林、牧、渔业 Farming, Forestry, Animal Husbandry and Fishery	43	45	4.7
采矿业 Minerals Mining	32	16	-50.0
制造业 Manufacturing	730	885	21.2
电力、燃气及水的生产和供应业 Production & Supply of Power, Gas and Water	184	118	-35.9
建筑业 Construction	27	28	3.7
交通运输、仓储和邮政业 Transportation, Storage and Post Services	72	90	25.0
信息传输、计算机服务和软件业 Information Transmitting, Computer Services and Software	25	33	32.0
批发和零售业 Wholesale and Retail Trade	95	95	
住宿和餐饮业 Accommodation and Catering Services	32	47	46.9
金融业 Finance Intermediation	2	2	
房地产业 Real Estate	11	13	18.2
租赁和商务服务业 Leasing and Business Services	25	30	20.0
科学研究、技术服务和地质勘查业 Scientific Research, Technical Services and Geological Prospecting	12	14	16.7
水利、环境和公共设施管理业 Management for Water Conservancy, Environment and Public Facilities	311	372	19.6
居民服务和其他服务业 Resident Services and Other Social Services	20	15	-25.0
教　育 Education	132	128	-3.0
卫生、社会保障和社会福利业 Health Care, Social Security and Social Welfare	58	46	-20.7
文化、体育和娱乐业 Culture, Sports and Recreational Services	34	28	-17.6
公共管理和社会组织 Public Management and Social Organizations	78	68	-12.8

注：本表不含房地产开发企业。
Note: The data of this table excludes real estate enterprises.

4-14 按行业分全市固定资产投资建成投产项目个数 Number of Municipal Investment Projects in Fixed Assets Completed and Put into Use by Sector

单位：个 (unit)

项 目 Item	2006	2007	2007 比2006年增长(%) Increase Rate in 2007 over 2006 (%)
总 计 Total	**1085**	**1079**	**-0.6**
农、林、牧、渔业 Farming, Forestry, Animal Husbandry and Fishery	19	35	84.2
采矿业 Minerals Mining	5	5	
制造业 Manufacturing	369	399	8.1
电力、燃气及水的生产和供应业 Production & Supply of Power, Gas and Water	85	63	-25.9
建筑业 Construction	18	17	-5.6
交通运输、仓储和邮政业 Transportation, Storage and Post Services	47	28	-40.4
信息传输、计算机服务和软件业 Information Transmitting, Computer Services and Software	6	15	150.0
批发和零售业 Wholesale and Retail Trade	76	66	-13.2
住宿和餐饮业 Accommodation and Catering Services	24	31	29.2
金融业 Finance Intermediation	1	2	100.0
房地产业 Real Estate	5	4	-20.0
租赁和商务服务业 Leasing and Business Services	10	13	30.0
科学研究、技术服务和地质勘查业 Scientific Research, Technical Services and Geological Prospecting	4	4	
水利、环境和公共设施管理业 Management for Water Conservancy, Environment and Public Facilities	236	229	-3.0
居民服务和其他服务业 Resident Services and Other Social Services	17	10	-41.2
教 育 Education	80	82	2.5
卫生、社会保障和社会福利业 Health Care, Social Security and Social Welfare	31	27	-12.9
文化、体育和娱乐业 Culture, Sports and Recreational Services	19	11	-42.1
公共管理和社会组织 Public Management and Social Organizations	33	38	15.2

注：本表不含房地产开发企业。
Note: The data of this table excludes real estate enterprises.

4-15 全市能源工业固定资产投资
Municipal Investment in Fixed Assets of Energy Industry

单位：万元 (10 000 yuan)

部门	Department	2006	2007	2007比2006年增长(%) Increase Rate in 2007 over 2006 (%)
总计	**Total**	**2803922**	**3842787**	**37.1**
石油和天然气开采业	Petroleum and Natural Gas Extraction	1821905	1790641	-1.7
电力、热力的生产和供应业	Production and Supply of Electric Power and Heating Energy	702096	1447735	106.2
水的生产和供应业	Production and Supply of Water	109445	90464	-17.3
燃气生产和供应业	Production and Supply of Gas	26985	59225	119.5
石油加工、炼焦业及核燃料加工	Petroleum Processing, Coking and Nuclear Fuel Processing	143491	454722	216.9
能源投资占全市固定资产投资比重(%)	**As Percentage of Total Investment in Fixed Assets (%)**	**16.4**	**17.3**	

4-16 全市城市基础设施固定资产投资
Municipal Urban Infrastructure Investment in Fixed Assets

单位：万元 (10 000 yuan)

部门	Department	2006	2007	2007比2006年增长(%) Increase Rate in 2007 over 2006 (%)
总计	**Total**	**5181674**	**7348718**	**41.8**
交通运输、仓储和邮政业	Transportation, Storage and Post Services	2039652	3443872	68.8
电信和其他信息传输服务业	Telecommunication and Other Information Transmitting Services	260795	354110	35.8
电力、热力的生产和供应业	Production and Supply of Electric Power and Heating Energy	702096	1447735	106.2
燃气生产和供应业	Production and Supply of Gas	26985	59225	119.5
水的生产和供应业	Production and Supply of Water	109445	90464	-17.3
公共设施管理	Management for Public Facilities	2042701	1953312	-4.4
城市基础设施占全市固定资产投资比重(%)	**As Percentage of Total Investment in Fixed Assets (%)**	**30.3**	**33.0**	

4-17 全市地方固定资产投资
Municipal Local Investment in Fixed Assets

单位：万元 (10 000 yuan)

项　目	Item	2006	2007	2007 比 2006 年增长 (%) Increase Rate in 2007 over 2006 (%)
总　计	**Total**	**13828702**	**17544081**	**26.9**
按构成分	**Grouped by Use of Funds**			
建筑工程	Construction	6996370	9374161	34.0
安装工程	Installation	728271	748272	2.7
设备工器具	Equipment and Instruments	3042768	3253380	6.9
其他费用	Others	3061293	4168268	36.2
按建设性质分	**Grouped by Type of Construction**			
新　建	New Construction	6933183	7725064	11.4
扩　建	Expansion	1158647	1349335	16.5
改　建	Reconstruction	800432	1942360	142.7
其　他	Others	913256	1474366	61.4
按行业分	**Grouped by Sector**			
农、林、牧、渔业	Farming, Forestry, Animal Husbandry & Fishery	33840	65409	93.3
采矿业	Minerals Mining	7703	20893	171.2
制造业	Manufacturing	4096505	5380419	31.3
电力、煤气及水的生产和供应业	Production & Supply of Power, Gas and Water	330569	585212	77.0
建筑业	Construction	114972	91666	-20.3
交通运输、仓储和邮政	Transportation, Storage and Post Services	1539134	2612985	69.8
信息传输、计算机服务和软件业	Information Transmitting, Computer Services and Software	13799	55602	302.9
批发和零售业	Wholesale and Retail Trade	231822	158047	-31.8
住宿和餐饮业	Accommodation and Catering Services	72829	142364	95.5
金融业	Finance Intermediation	1173	7603	548.2
房地产业	Real Estate	4142624	5183803	25.1
租赁和商务服务业	Leasing and Business Services	112003	121657	8.6
科学研究、技术服务和地质勘查业	Scientific Research, Technical Services and Geological Prospecting	20361	46447	128.1
水利、环境和公共设施管理业	Management for Water Conservancy, Environment and Public Facilities	2177124	2119309	-2.7
居民服务和其他服务业	Resident Services and Other Social Services	39139	17395	-55.6
教　育	Education	371308	333679	-10.1
卫生、社会保障和社会福利业	Health Care, Social Security and Social Welfare	132879	175411	32.0
文化、体育和娱乐业	Culture, Sports and Recreational Services	157054	134417	-14.4
公共管理和社会组织	Public Management and Social Organizations	233864	291763	24.8

注：表中按建设性质分组数据不包括房地产开发投资。
Note: Investment grouped by type of construction excludes real estate development.

4-18 全市房地产开发投资、建设情况（1990-2007年）
Investment and Construction of Municipal Real Estate Development, 1990-2007

单位：万元 (10 000 yuan)

年份 Year	本年完成投资额 Investment Completed in Current Year	住宅 Residential Buildings	办公楼 Office Buildings	商业营业用 Buildings for Business Use	其他 Others
1990	24934	19589			
1991	32403	27237			
1992	45842	33994			
1993	180957	136882			
1994	256571	136627			
1995	694364	444015	86703	78455	85191
1996	715103	428672	66798	124930	94703
1997	808041	396370	86881	140582	184208
1998	1067035	630053	65161	111459	260362
1999	1169569	868972	36045	46569	217983
2000	1339294	900198	31251	71834	336011
2001	1612662	963985	45157	156497	447023
2002	1758446	1031788	75122	147244	504292
2003	2113876	1509252	77808	242564	284252
2004	2639165	1752377	157504	282388	446896
2005	3275403	2349240	119477	417449	389237
2006	4023184	3113391	237419	356585	315789
2007	5052956	3428187	345476	637558	641735

单位：万平方米 (10 000 sq. m)

年份 Year	施工面积 Floor Space of Building under Construction	#住宅 Residential Buildings	竣工面积 Floor Space of Building Completed	#住宅 Residential Buildings
1990	129.71	117.3	60.79	53.03
1991	117.7	104.5	50.9	46.37
1992	185.29	157.66	64.81	55.71
1993	377.66	296.42	89.03	80.13
1994	418.46	313.11	128.08	111.43
1995	1016.95	788.22	394.75	344.58
1996	988.66	712.76	366.51	318.5
1997	1116.23	773.92	299.63	254.39
1998	1379.77	1093.69	428.74	357.17
1999	1596.67	1274.32	454.81	431.12
2000	1783	1582.15	583.51	532.63
2001	1863.48	1590.62	690.48	626.63
2002	2135.56	1746.13	746.44	673
2003	2314.43	1953.5	911.27	750.67
2004	2865.55	2352.98	1108.13	1014.46
2005	3470.57	2827.87	1479.22	1270.96
2006	4142.6	3396.45	1520.24	1308.95
2007	4836.49	3744.87	1704.36	1398.61

4-19 全市房地产开发投资情况
Municipal Investment in Real Estate Development

单位：万元 (10 000 yuan)

项　目	Item	2006	2007	2007 比 2006 年增长 (%) Increase Rate in 2007 over 2006 (%)
本年完成投资额	**Investment Completed in Current Year**	**4023184**	**5052956**	**25.6**
按隶属关系分	**Grouped by Administrative Relationship**			
中　央	Central Government			
地　方	Local Government	4023184	5052956	25.6
按登记注册类型分	**Grouped by Registered Status**			
1. 内资企业	Domestic-funded Enterprises	3519255	4199609	19.3
国有企业	State-owned Enterprises	569503	500485	-12.1
集体企业	Collective-owned Enterprises	25949	26860	3.5
股份合作企业	Cooperative Enterprises	43340		
私　营	Private Enterprises	1160336	1330873	14.7
股份有限公司	Share Holding Corporations Ltd.	251575	332029	32.0
有限责任公司	Limited Liability Corporations	1398156	1979653	41.6
# 国有独资	Sole State-funded Corporations	117036	104327	-10.9
联营企业	Joint Ownership Enterprises	21372	6660	-68.8
# 国有联营	State Joint Ownership Enterprises	21372	6660	-68.8
集体联营	Collective Joint Ownership Enterprises			
其他内资企业	Other Domestic-funded Enterprises	49024	23049	-53.0
2. 港澳台商投资企业	Enterprises with Investment from Hong Kong, Macao and Taiwan	180522	158822	-12.0
3. 外商投资企业	Foreign Funded Enterprises	323407	694525	114.8
按构成分	**Grouped by Use of Funds**			
建筑工程	Construction	2406112	3167400	31.6
安装工程	Installation	254804	166265	-34.7
设备工器具	Equipment and Instruments	54786	26891	-50.9
其他费用	Others	1307482	1692400	29.4
按工程用途分	**Grouped by Use of Projects**			
住　宅	Residential Buildings	3113391	3428187	10.1
# 别墅、高档公寓	Top Grade Apartment	346048	286624	-17.2
办公楼	Office Buildings	237419	345476	45.5
商业营业用房	Commerce Buildings	356585	637558	78.8
其　他	Others	315789	641735	103.2
本年新增固定资产	**Newly Increased Fixed Assets in Current Year**	**3960974**	**5069050**	**28.0**

4-20 全市房地产开发建设情况
Construction of Municipal Real Estate Development

项　目	Item	2006	2007	2007 比2006年增长(%) Increase Rate in 2007 over 2006 (%)
施工房屋面积(万平方米)	**Floor Space of Buildings under Construction (10 000 sq. m)**	**4142.6**	**4836.49**	**16.8**
住　宅	Residential Buildings	3396.45	3744.87	10.3
办公楼	Office Buildings	193.21	208.12	7.7
商业营业用房	Houses for Business Use	401.17	530.72	32.3
其　他	Others	151.77	352.79	132.5
竣工房屋面积(万平方米)	**Floor Space of Buildings Completed (10 000 sq. m)**	**1520.24**	**1704.36**	**12.1**
住　宅	Residential Buildings	1308.95	1398.61	6.8
办公楼	Office Buildings	43.68	49.54	13.4
商业营业用房	Houses for Business Use	139.29	133.59	-4.1
其　他	Others	28.32	122.62	333.0
竣工房屋价值(万元)	**Value of Buildings Completed (10 000 yuan)**	**3537483**	**4423780**	**25.1**
住　宅	Residential Buildings	2934495	3646693	24.3
办公楼	Office Buildings	162982	157731	-3.2
商业营业用房	Houses for Business Use	375546	325779	-13.3
其　他	Others	64460	293577	355.4
资金来源合计(万元)	**Total Funds (10 000 yuan)**	**9119485**	**11903281**	**30.5**
上年末结余资金	Balance of Funds Brought Forward from the Previous Year	1460385	2027694	38.8
本年资金来源合计	Subtotal of the Sources of Funds in Current Year	7659100	9875587	28.9
国家预算内资金	State Budgetary Appropriation			
国内贷款	Domestic Loans	1810468	2746213	51.7
债　券	Bonds			
利用外资	Foreign Investment	60939	210722	245.8
#外商直接投资	Foreign Direct Investment	30949	176641	470.7
自筹资金	Fundraising	2507418	2719034	8.4
#企、事业单位自有资金	Owned by Enterprises and Institutions	1434019	1636738	14.1
其他资金	Others	3280275	4199618	28.0

4-21 房地产销售、中介服务和物业管理情况
Basic Statistics on Real Estate Sales, Agency Services and Property Management

指　标	Item	2006	2007
商品房销售情况	**Statistics on Commercial Houses Sales**		
商品房销售面积(万平方米)	Floor Space of Commercial Houses Sold (10 000 sq. m)	1458.60	1548.59
住　宅	Residential Buildings	1332.49	1401.85
办公楼	Office Buildings	37.08	42.95
商业营业用房	Houses for Business Use	61.72	91.40
其　他	Others	27.31	12.40
商品房销售额(万元)	Total Sales of Commercial Houses (10 000 yuan)	6962674	8999047
住　宅	Residential Buildings	6195083	7816306
办公楼	Office Buildings	228792	318348
商业营业用房	Houses for Business Use	386330	811559
其　他	Others	152469	52834
房地产中介服务情况	**Statistics on Real Estate Agency Services**		
房屋代理成交面积(万平方米)	Transaction Floor Space by Agency (10 000 sq. m)	312.63	300.02
房屋代理成交合同金额(万元)	Transaction Value by Agency (10 000 yuan)	1502800	1971629
房地产物业管理情况	**Statistics on Real Estate Property Management**		
企业总数(个)	Number of Enterprises (unit)	842	886
物业管理项目个数(个)	Number of Projects Managed (unit)	2356	2682
房屋建筑面积(万平方米)	Floor Space of Buildings (10 000 sq. m)	14071.46	16108.07
住　宅	Residential Buildings	12326.58	14167.39
办公用房	Office Buildings	705.75	756.77
商业营业用房	Houses for Business Use	388.37	382.74
工业仓储用房	Houses for Industry and Storage	375.08	503.59
其　他	Others	275.68	297.58
从业人员(人)	Employment Personnel (person)	102407	58841
#管理人员	Administrative Personnel	17983	8518
年经营收入(万元)	Annual Income (10 000 yuan)	130915.9	167765.48
从业人员报酬(万元)	Remuneration of Employment Personnel (10 000 yuan)	43220.06	88167.43

4-22 农村非农户固定资产投资
Total Investment in Fixed Assets of Rural Non-agricultural Households

项　目	Item	2006	2007
投资额(万元)	**Total Investment (10 000 yuan)**	**1101420**	**1282722**
按主要行业分	Grouped by Sector		
#农、林、牧、渔业	Farming, Forestry, Animal Husbanday, Fishery	41665	37056
工　业	Industry	717934	832338
建筑业	Construction	17336	14965
交通运输业	Transportation	6495	13520
批发和零售业	Wholesale and Retail Trade	41646	93728
房地产业	Real Estate	177140	11000
水利、环境和公共设施管理业	Management for Water Conservancy, Environment and Public Facilities	11704	34048
新增固定资产(万元)	**Newly Increased Fixed Assets (10 000 yuan)**	**1101420**	**1038291**
房屋面积(万平方米)	**Floor Space of Buildings (10 000 sq. m)**		
施工面积	Under Construction	765.73	572.64
#住　宅	Residential Buildings	302.27	124.96
竣工面积	Completed	615.3	164.69
#住　宅	Residential Buildings	163.53	26.09
竣工住宅价值(万元)	**Value of Residential Buildings Completed (10 000 yuan)**	**295171**	**35435**
竣工住宅造价(元/平方米)	**Cost of Residential Buildings Completed (yuan/sq. m)**	**1805**	**1358**

4-23 农村农户固定资产投资
Total Investment in Fixed Assets of Rural Agricultural Households

项　目	Item	2006	2007
投资额(万元)	**Total Investment (10 000 yuan)**	**300000**	**327080**
按主要行业分	Grouped by Sector		
#农、林、牧、渔业	Farming, Forestry, Animal Husbanday, Fishery	53814	55980
工　业	Industry	14044	17591
建筑业	Construction	20280	22668
交通运输业	Transportation	40410	50935
批发和零售业	Wholesale and Retail Trade	2584	2916
房地产业	Real Estate	159719	168131
水利、环境和公共设施管理业	Management for Water Conservancy, Environment and Public Facilities	1098	
房屋面积(万平方米)	**Floor Space of Buildings (10 000 sq. m)**		
施工面积	Under Construction	348.95	302.18
#住　宅	Residential Buildings	286.85	253.63
竣工面积	Completed	246.97	218.68
#住　宅	Residential Buildings	230.18	203.31
竣工住宅价值(万元)	**Value of Residential Buildings Completed (10 000 yuan)**	**168768**	**160994**
竣工住宅造价(元/平方米)	**Cost of Residential Buildings Completed (yuan/sq. m)**	**733**	**792**

4-24 重点建设项目一览表（2007年）
Basic Statistics on Key Projects, 2007

项目名称 Name of Project	开工时间 Starting Time	计划总投资（万元） Total Planned Investment (10 000 yuan)	累计完成投资（万元） Investment Accumulated (10 000 yuan)	本年完成投资（万元） Investment in 2007 (10 000 yuan)
总 计(60项)		**33706494**	**12654713**	**7013449**
一、工业项目(15项)		**7964709**	**2708903**	**1759458**
1. 中石化天津公司100万吨/年乙烯及配套项目	2006.06	2610000	441682	429126
2. 天碱搬迁	2007.03	890915	200000	200000
3. 天津一汽丰田新花冠汽车(三工厂)项目	2005.06	350000	357054	70000
4. 天铁板材基地项目	2005.05	864453	653748	261631
5. 铁前系统改造项目(天铁集团)	2007.12	188000	32187	32187
6. 天津钢管公司扩建工程	2004.09	601280	394210	296255
7. 中芯国际芯片扩能		640000	9960	9960
8. 飞思卡尔半导体(中国)有限公司增资项目		199200	47950	28446
9. 中环半导体平面型分立器件开发生产基地建设	2006.05	60961	33500	32500
10. 力神电池锂离子电池五期扩建工程	2006.01	80000	13116	12183
11. 玻璃衬底非晶硅薄膜太阳能电池扩产项目	2006.05	32000	11910	6964
12. 新泉海水淡化项目	2007.03	72000	15670	15670
13. 金耀生物工程产业化基地	2005.06	210000	49300	31700
14. 空客A320系列飞机总装线及相关配套设施建设	2006.08	700000	287073	225482
15. 建设现代纺织工业基地项目	2005.03	465900	161543	107354
二、能源交通项目(15项)		**8290919**	**2825936**	**2149153**
16. 杨柳青热电厂四期扩建工程	2005.05	242046	200000	100140
17. 陈塘庄热电厂三期扩建工程	2006.06	261000	203197	183050
18. 北疆电厂工程	2007.05	1230000	113007	113007
19. 东北郊热电厂工程	2007.07	304907	30176	30176
20. 津蓟高速延长线	2006.01	114391	101163	65163
21. 津汕高速天津段	2007.04	500000	104560	104560
22. 京津塘高速公路二线		1052211	28000	274341
23. 国道112线高速天津东段工程	2007.07	875000	28000	28000
24. 京津城际铁路客运专线	2005.07	1300000	873435	439417
25. 天津滨海机场扩建工程	2005.08	259780	269600	104551
26. 空客A320飞机组装项目配套跑道建设		170000		
27. 机场配套项目	2008.01	51453	48300	48300
28. 天津港扩建工程	2005.11	1230131	606326	410276
29. 天津港东疆港区基础设施工程	2007.01	500000	204589	204589
30. 天津国际贸易与航运服务区工程	2005.02	200000	43583	43583

4-24 续表 Continued

项目名称 Name of Project	开工时间 Starting Time	计划总投资(万元) Total Planned Investment (10 000 yuan)	累计完成投资(万元) Investment Accumulated (10 000 yuan)	本年完成投资(万元) Investment in 2007 (10 000 yuan)
三、基础设施和环保项目(15项)		**12085770**	**5560498**	**2060715**
31. 海河开发基础设施建设	2003.02	1960000	1179096	191529
32. 城市快速路	2003.07	1730000	1565201	128846
33. 地铁二号线	2006.12	1090000	222490	180490
34. 地铁三号线	2007.06	1210000	150476	150476
35. 津滨轻轨西段工程	2005.01	389000	86964	31391
36. 天津站交通枢纽工程	2007.01	700000	172473	172473
37. 滨海新区中央大道	2007.04	640000	72892	72892
38. 天津集疏港公路一期工程	2007.04	477500	89711	89711
39. 城市供热管网改造工程	2005.01	331900	70128	34581
40. 城市电网建设与改造工程	2005.01	1791675	1427673	883376
41. 城市路网改造	2004.01	131492	346927	54011
42. 津滨自来水厂	2006.06	75524	24227	10300
43. 贯庄垃圾焚烧厂		50679	1000	1000
44. 天津临港工业区滩涂开发工程	2005.06	1200000	102528	52741
45. 市区河道及旧供水管网改造工程	2001.05	308000	48712	6898
四、农林水利和小城镇建设项目(3项)		**3079543**	**575615**	**625928**
46. 永定新河治理一期工程	2007.03	101119	28500	23454
47. 示范镇建设		2835700	520634	586000
48. 农村饮水安全及管网入户改造工程	2006.09	142724	26481	16474
五、社会事业项目(6项)		**1018805**	**536435**	**263480**
49. 高等教育布局调整项目	2005.01	436194	291769	112524
50. 基础教育布局调整项目	2006.09	100211	62210	24253
51. 卫生资源调整项目	2004.06	190820	127325	71718
52. 滨湖剧院重建	2007.18	9000	3013	3013
53. 今晚传媒大厦	2006.09	13980	2746	2600
54. 数字电视整体转换工程	2006.01	268600	49372	49372
六、商贸旅游及其它项目(6项)		**1266750**	**419326**	**154715**
55. 现代城大型商业设施		320000	131350	6300
56. 和记黄埔地铁广场		153800	68550	10089
57. 新南马路五金城一期工程		78950	108372	108372
58. 京津新城工商贸物流中心项目	2005.07	600000	96400	17400
59. 天津北方国际水产物流中心	2006.12	60000	11654	9554
60. 杨柳青大院旅游区		54000	3000	3000

4-25 建设项目主要新增生产能力(2007年)
Main Newly Increased Production Capacity of Construction Projects, 2007

生产能力名称	Item	建设规模 Construction Size	累计新增生产能力 Accumulated Newly Increased
天然原油(万吨/年)	Natural Petroleum (10 000 tons/year)	3072	53.4
石油加工: 蒸馏设备能力	Oil Processed: Distillation Equipment Ability		
(处理万吨/年)	(10 000 tons processed/year)	5	
生 铁(万吨/年)	Pig Iron (10 000 tons/year)	229	
粗 钢(万吨/年)	Crude Steel (10 000 tons/year)	1	
热轧钢材(万吨/年)	Steel-Hot Rolling (10 000 tons/year)	1263.5	280
冷轧钢材(万吨/年)	Steel-Cold Rolling (10 000 tons/year)	10268.5	10028.5
火力发电(万千瓦)	Thermal Power (10 000 kW)	386	
输电线路长度(公里)	Length of Electricity Transmission Line (km)	2677.28	265.28
水 泥(万吨/年)	Cement (10 000 tons/year)	2	2
平板玻璃(万重量箱/年)	Plate Glass (10 000 weight cases)	100	
乙 烯(吨/年)	Ethene (ton/year)	1000000	
汽车制造 (辆/年)	Motor Vehicle (unit/year)	201000	201000
塑料树脂及共聚合物(吨/年)	Plastic Resin and Plastic Resin Polymer (ton/year)	592500	592500
烧 碱(吨/年)	Caustic Soda (ton/year)	25000	25000
纯 碱(吨/年)	Soda Ash (ton/year)	800000	
化学原料药(吨/年)	Chemical Raw Medicine (ton/year)	4355	155
中成药(吨/年)	Traditional Chinese Medicine (ton/year)	500	
新建公路(公里)	Length of New Roads (km)	448.2	115
#高速公路(公里)	Highway (km)	448.2	115
轿车制造(辆/年)	Car (unit/year)	200000	200000
卷烟(箱/年)	Cigarettes (unit/year)	700000	
医院病床(张)	Number of Hospital Beds (bed)	3689	1300
民航机场跑道(条)	Civil Aviation Airport Runway (strip)	1	
民航机场跑道(米)	Civil Aviation Airport Runway (m)	3600	
候机楼(座)	Urban Permanent Bridges (unit)	1	
候机楼(平方米)	Urban Permanent Bridges (sq.m)	116000	
高等院校	Universities and Colleges		
学生席位(个)	Students Capacity (unit)	34151	23800
建筑面积(平方米)	Floor Space of Construction (sq.m)	344944	244749
新(扩)建港口码头	Newly Built and Expanded Ports		
吞吐量 (万吨/年)	Handling Capacity (10 000 tons/year)	2400	
泊 位(个)	Berths (unit)	7	

4-26 房地产开发企业投资额、销售额五十强（2007年）
Top 50 Real Estate Enterprises Ordered by Investment and Sales, 2007

投资额名次 Position of Investment	企业名称 Name of Enterprises	销售额名次 Position of Sales	企业名称 Name of Enterprises
1	天津市东丽区滨丽小城镇建设开发投资有限公司	1	天津泰瑞房地产开发有限公司
2	天津市房地产发展(集团)股份有限公司	2	天津北方五金机电城有限公司
3	天津北方五金机电城有限公司	3	天津泰达建设集团有限公司
4	天津市津房置业发展有限责任公司	4	天津市房地产发展(集团)股份有限公司
5	天津复地浦和发展有限公司	5	天津富力城房地产开发有限公司
6	天津塘沽贻成实业有限公司	6	天津市远驰房地产开发有限公司
7	天津中新信捷房地产开发有限公司	7	天津鸿正集团有限公司
8	天津耀华投资发展有限公司	8	天津市宁发发展有限公司
9	金融街津塔(天津)置业有限公司	9	天津瀚华置业发展有限公司
10	天津市远驰房地产开发有限公司	10	天津星运(集团)有限公司
11	天津富力城房地产开发有限公司	11	天津中新信捷房地产开发有限公司
12	天津万泰时尚置业有限责任公司	12	天津优联投资发展集团有限公司
13	天津松江集团有限公司	13	天津开发区福林发展有限公司
14	天津海景实业有限公司	14	天津合生珠江房地产开发有限公司
15	天津富铭置业有限公司	15	天津市红磡房地产开发有限公司
16	天津优联投资发展集团有限公司	16	天津梅江建设发展有限公司
17	天津中新嘉业房地产开发有限公司	17	天津乐康置业有限公司
18	天津中新华安房地产开发有限公司	18	天津静安地产有限公司
19	天津乾徽城镇建设开发投资有限公司	19	天津万科兴业发展有限公司
20	天津泰达建设集团有限公司	20	天津融创置地有限公司
21	金融街津门(天津)置业有限公司	21	天津市安居建设发展总公司
22	天津鸿正集团有限公司	22	天津市新创置业有限公司
23	天津中新滨城房地产开发有限公司	23	贻成融科(天津)置业有限公司
24	天津市红磡房地产开发有限公司	24	天津经济技术开发区房地产开发公司
25	天津市南开房地产开发公司	25	天津奥林匹克花园置业投资有限公司
26	天津市宁发发展有限公司	26	天津朗钜地产有限公司
27	天津泰瑞房地产开发有限公司	27	天津万泰时尚置业有限责任公司
28	天津津投金厦房地产发展股份有限公司	28	天津滨海发展投资控股有限公司
29	天津市天创置业有限公司	29	天津市津南区建设开发公司
30	天津梅江建设发展有限公司	30	天津爱家投资有限公司
31	天津中信置业有限公司	31	天津市金厦中天房地产开发有限公司
32	天津市新创置业有限公司	32	天津市东丽区滨丽小城镇建设开发投资有限公司
33	天津静安地产有限公司	33	天津弘泽建设集团有限公司
34	天津长芦房地产开发有限公司	34	天津津滨创辉发展有限公司
35	天津星际房地产开发有限公司	35	天津开发区福祺置业发展有限公司
36	天津市河北区环金安居建设有限公司	36	天津中新置地有限公司
37	天津泰达广洋置业有限公司	37	天津世茂置业发展有限公司
38	天津星运(集团)有限公司	38	天津泰达广洋置业有限公司
39	天津新塘投资有限公司	39	天津阳光鑫地投资有限公司
40	天津瀚华置业发展有限公司	40	天津市津房置业发展有限责任公司
41	天津经济技术开发区房地产开发公司	41	天津市万顺置业有限公司
42	天津滨海发展投资控股有限公司	42	天津市先行房地产开发有限公司
43	天津市天屋房地产有限公司	43	金地(集团)天津房地产开发有限公司
44	天津滨海快速交通发展有限公司	44	天津万科新锐房地产有限公司
45	天津市汇森房地产开发有限公司	45	天津塘沽贻成实业有限公司
46	天津金岛房地产发展有限公司	46	天津兴海房地产开发有限公司
47	天津弘泽建设集团有限公司	47	天津中新嘉业房地产开发有限公司
48	天津万科房地产有限公司	48	天津市金茂投资发展有限公司
49	天津津滨雅都置业发展有限公司	49	天津泰达万通房地产开发有限公司
50	天津市长业房地产开发有限公司	50	天津融创奥城投资有限公司

主要统计指标解释

固定资产投资额

是以货币表现的在一定时期内建造和购置固定资产的工作量以及与此有关的费用的总称。全社会固定资产投资的统计范围包括城镇固定资产投资、农村非农户投资和农村农户投资。全市固定资产投资的统计范围是全社会固定资产投资中扣除农村非农户投资和农村农户投资。（从 2006 年开始，按国家制度规定，个体投资中取消“城镇和工矿区私人建房投资”）。

房地产开发投资

指房地产开发公司、商品房建设公司及其他房地产开发单位进行土地开发工程、商品房屋建设工程所完成的投资额。是以货币表现的房地产开发工作量。

固定资产投资按构成分组

建筑工程 指各种房屋建筑物的建造工程，又称建筑工程量。这部分投资额必须兴工动料，通过施工才能实现。建筑工程包括各种房屋的建造，设备基础及各种窑炉的砌筑和金属结构工程，为施工而进行的建筑场地布置、地质勘探、平整场地、施工用水、电、气、路和清理绿化等。矿井的开凿、铁路、公路、桥梁、水利及防空、地下建筑等特殊工程。

安装工程 指各种设备、装置的安装工程，又称安装工作量。在安装工程投资额中，不包括被安装设备本身的价值。安装工程包括生产、动力、起重、运输、传动和医疗试验等各种需安装设备的装配与设备相连的工作台、梯子栏杆以及管线敷设、保温、油漆、防腐和单机试运系统联动无负簧试运（不包括投料试运）。

设备、工具、器具购置 指购置和自制达到固定资产标准的设备、工具、器具的价值。但新建单位、扩建单位的新建车间，按照设计和计划要求购置或自制的全部设备、工具、器具，不论是否达到固定资产标准均计入“设备、工具、器具购置”中。

其他费用 指除建筑安装、设备工具器具购置和商品房屋购置以外的构成固定资产投资完成额的各种费用。主要包括牲畜购置费、营建费、办公和生活家具、器具购置费、土地青苗补偿费和安置补助费、建设单位管理费、研究试验费、勘察设计费、联合试运转费、引进技术和进口设备项目的其他费用、生产职工培训费、施工机构迁移费、报废工程损失费和供电站费、矿山巷道维修费等。

固定资产投资按建设性质分组

反映固定资产投资使用方向，研究各类性质的比重和对比分析投资效果。具体包括：

新建 一般指从无到有“平地起家”新开始建设的企事业和行政单位及新建输电线路、输油管道、铁路、公路等独立工程。有的项目原有基础很小，经扩大建设后，其新增加的固定资产价值（原值）超过原有固定资产价值三倍以上的也应算为新建。

扩建 指为扩大原有产品生产能力或新的产品能力，在厂内或其他地点增建主要生产车间（或主要工程），独立的生产线等。事业单位和行政单位在原单位增建业务用房，也作为扩建。

改建 现有企事业单位为了技术进步对现有设施、工艺条件进行技术改造或更新（包括相应配套的辅助性生产、生活设施建设）。有的还充分发挥现有的生产能力，进行填平补齐而增建不直接增加本单位主要产品生产能力的车间等，也属于改建。

新增固定资产

指报告期内交付使用的固定资产价值，包括建成投入生产或交付使用的工程投资和达到固定资产标准的设备、工具器具的投资以及有关的摊入费用和属于增加固定资产价值的其他建设费用。

固定资产交付使用率

指报告期内新增固定资产与同期完成投资额的比率。它反映各个时期固定资产动用速度，衡量建设过程中投资效果的一个综合性指标。

Explanatory Notes on Main Statistical Indicators

Total Investment in Fixed Assets

refers to the volume of activities in construction and purchases of fixed assets and related fees, expressed in monetary terms. Total investment in fixed assets in the whole country includes urban investment, rural non-agricultural investment and rural agricultural investment. Investment in fixed assets in Tianjin refers to total investment in fixed assets in the whole country deducting rural non-agricultural investment and rural agricultural investment. (Since 2006, "Private Investment in House Construction in Urban Areas, Industrial and Mining Areas" in individual investment was canceled according to national system).

Investment in Real Estate Development

refers to the investment by the real estate development companies, commercial buildings construction companies and other real estate development units of various types of ownership in the construction of house buildings. It is finished work in monetary terms.

Investment in Fixed Assets by Structure

Construction Project refers to the construction of various houses and buildings, it also is called the work volume of construction, including construction of various houses, equipment foundations and industrial kilns and stoves, preparation works for project construction, and clearing up works post project construction, geological examination, land-leveling, water, electricity, gas road-cleaning, planting trees, drilling of mines, pavement of railways and roads, highway, bridge, construction of projects of water conservancy, construction of underground air-raid shelters and construction of other special projects.

Installation Project refers to the installation of various kinds of equipment and instruments (work volume of installation). The value of equipment installed is excluded in the value of installation projects. Including various kinds of equipment, i.e. production, power-driven, lifting, transport, transmission, medical experiment etc. and working table, stepladder railing, putting up of pipes, keep warm, paint, rot-proofing, try operation (excluding put in material try operation).

Purchases of Equipment and Instruments refers to the total value of equipment, tools, and vessels purchased or self-produced which come up to standards for fixed assets. Equipment, tools and vessels purchased or self- produced for new workshops by newly established or expanded units are categorized as "purchase of equipment and instruments" no matter whether they come up to the standards for fixed assets or not.

Other Expenses refer to investment excluded in above items, which consist of construction and installation, purchase of equipment and instruments, purchase of commercial buildings, including purchase of animals by agricultural and forestry units, planting and operating of various economic forest, purchase of office and home furniture, purchase of instruments and vessels, compensation for the loss of land and young crops, subsidies for moving, administration expenses of construction units, and expenses on research and testing, geological prospecting and designing, joint trial running, and the other purchase introduction of technology and imports of equipment, expenses on training of staff and workers, transportation of construction machines, loss of discarded projects, powers supply station, mine harbor maintenance.

Investment in Fixed Assets by Type of Construction

refers to reflect use direction of investment in fixed assets, researching various proportions and analyzing result of investment. It includes:

New Construction refers to newly constructed units. In the case, in which the value of the original fixed assets is quite small, and the value of newly added fixed assets exceeds the original ones by three times, the expansion construction is considered as new construction.

Expansion Construction refers to construction of new major production workshop or independent production line within a factory or in other locations, or construction of a branch factory so as to increase the production capacity of the original products. Newly constructed business houses in institutions and administrative organizations are also classified as expansion.

Reconstruction refers to technical innovation and transformation of the existing equipment and technical conditions undertaken by enterprises and institutions for the purposes of technological advancement, (including accessory facilities for production or for living and welfare purposes). The construction of new workshops for improving existing production capacity rather than increasing production capacity is also considered as reconstruction.

Newly Increased Fixed Assets

refer to the newly increased value of fixed assets through investment, including the value of projects completed and put into production, the value of equipment, tools, and vessels considered as fixed assets, as well as the relevant expenses as investment in fixed assets and other construction expansion of increased the volume in fixed assets.

Rate of Fixed Assets Put into Use

refers to the ratio of the newly increased fixed assets to the total investment made in the same period. This is a comprehensive indicator, reflecting the speed of the employment of fixed assets and the investment efficiency.

第5篇
CHAPTER 5
能源生产和消费
Energy Production and Consumption

5-1 能源生产总量及构成(1990-2007年)
Total Production of Energy and Its Composition, 1990-2007

年 份 Year	能源生产总量 (万吨标准煤) Total Energy Production (10 000 tons of SCE)	占能源生产总量的比重(%) As Percentage of Total Energy Production (%)	
		原 油 Crude Oil	天然气 Natrual Gas
1990	719.41	93.23	6.77
1991	726.45	93.39	6.61
1992	757.45	92.75	7.25
1993	790.99	93.38	6.62
1994	936.65	89.84	10.16
1995	978.82	90.61	9.39
1996	1036.17	89.15	10.85
1997	1014.77	90.93	9.07
1998	1079.73	91.46	8.54
1999	1084.63	90.45	9.55
2000	1201.94	90.81	9.19
2001	1494.84	92.73	7.27
2002	1844.92	94.16	5.84
2003	1983.56	94.80	5.20
2004	2171.95	95.12	4.88
2005	2663.93	95.61	4.39
2006	2915.55	95.21	4.79
2007	2926.45	93.94	6.06

5-2 能源终端消费量(1990-2007年)
Final Consumption of Energy, 1990-2007

单位：万吨标准煤 (10 000 tons of SCE)

年 份 Year	能源终端消费量 Final Consumption of Energy	第一产业 Primary Industry	第二产业 Secondary Industry	第三产业 Tertiary Industry	生活消费 Living Consumption
1990	1961.58	64.12	1320.02	365.11	212.33
1991	1920.61	56.99	1260.45	381.56	221.61
1992	2062.35	65.24	1383.16	394.86	219.09
1993	2233.06	65.80	1540.61	412.10	214.55
1994	2250.85	55.70	1583.40	424.92	186.83
1995	2539.46	69.30	1773.03	478.40	218.73
1996	2374.07	70.72	1735.50	311.33	256.52
1997	2312.79	44.76	1605.60	420.96	241.47
1998	2353.71	44.00	1588.62	437.27	283.82
1999	2352.21	53.61	1435.11	535.14	328.35
2000	2553.60	58.17	1570.08	635.23	290.12
2001	2724.32	68.83	1694.78	608.05	352.66
2002	2966.56	76.64	1935.92	575.96	378.04
2003	3084.49	58.86	1975.56	650.27	399.80
2004	3522.15	62.00	2296.39	737.35	426.41
2005	3901.28	73.28	2562.80	791.21	473.99
2006	4294.93	76.41	2897.63	827.14	493.76
2007	4715.07	78.55	3232.26	870.28	533.98

5-3 综合能源平衡表(标准量)
Overall Energy Balance Sheet (Standard Equivalent)

单位: 万吨标准煤 (10 000 tons of SCE)

项　目	Item	2006	2007
可供本地区消费的能源量	**Volume of Energy Available for Consumption**	**4524.02**	**4945.00**
年初库存量	Stock at the Beginning of the Year	416.78	375.05
一次能源生产量	Primary Energy Output	2915.55	2926.45
回收能	Recovery of Energy	21.91	64.35
外省(区、市)调入量	Inflow from Other Provinces (Regions, Cities)	7336.03	7662.97
进口量	Import	748.90	803.20
我轮、机在外国加油量	Our Steamship and Plane Oiled Abroad	81.27	129.67
本市调出量(-)	Outflow to Other Provinces (Regions, Cities) (-)	-6185.92	-6156.50
出口量(-)	Export (-)	-333.46	-268.43
外轮、机在本市加油量(-)	Foreign Steamship and Plane Oiled in Tianjin (-)	-58.24	-75.67
年末库存量(-)	Stock at Year-end	-417.81	-516.11
加工转换投入(-)产出(+)量	**Input (-) or Output (+) of Processing and Transformation**	**-121.61**	**-112.42**
火力发电	Thermal Power		
供　热	Heating		
洗选煤	Clean Coal		
炼　焦	Coke Making	-33.36	-24.83
炼　油	Oil Refining	-88.25	-87.59
制　气	Gas Making		
# 焦炭再投入量(-)	Input of Coke (-)		
煤制品加工	Processing of Coal Products		
损失量	**Loss Volume**	**108.60**	**116.99**
终端消费量	**Final Consumption**	**4294.93**	**4715.07**
第一产业	Primary Industry	76.41	78.55
第二产业	Secondary Industry	2897.63	3232.26
工　业	Industry	2837.56	3161.39
建筑业	Construction	60.07	70.87
第三产业	Tertiary Industry	827.14	870.28
交通运输、仓储及邮政业	Transportation, Storage and Post Services	348.93	351.23
批发和零售业、住宿和餐饮业	Wholesale and Retail Trade, Accommodation and Catering Services	308.49	329.59
其　他	Others	169.72	189.46
生活消费	Living Consumption	493.76	533.98
平衡差额	**Balance**	**-0.97**	**0.51**
消费量合计	**Total Consumption**	**4525.14**	**4944.49**

5-4 能源消耗基本情况(1990-2007年)
Basic Statistics on Energy Consumption, 1990-2007

年 份 Year	能源消耗 (万吨标准煤) Energy Consumption (10 000 tons of SCE)	#工 业 Industry	电力消耗(亿千瓦小时) Electricity Power Consumption (100 million kWh)	#工 业 Industry
1990	2037.93	1355.97	124.15	97.78
1991	1989.63	1294.48	130.11	102.72
1992	2140.73	1433.05	134.29	103.08
1993	2292.67	1565.67	151.55	117.36
1994	2345.10	1653.91	167.42	128.55
1995	2568.79	1714.57	178.99	122.14
1996	2500.22	1816.55	187.51	111.35
1997	2452.34	1698.19	194.09	142.45
1998	2502.24	1698.82	200.38	147.43
1999	2553.07	1608.66	211.19	151.09
2000	2793.71	1776.94	236.55	171.83
2001	2918.04	1855.60	250.47	181.89
2002	3022.15	1969.20	281.00	205.33
2003	3214.97	2087.57	313.00	230.16
2004	3696.68	2434.14	350.97	259.61
2005	4115.19	2726.29	396.33	292.49
2006	4525.14	3067.77	445.73	330.51
2007	4944.49	3390.81	510.68	380.90

年 份 Year	生产总值能耗 (吨标准煤/万元) Energy Consumption of GDP (tons of SCE/10 000 yuan)	生产总值电耗 (千瓦小时/万元) Electricity Power Consumption of GDP (kWh/10 000 yuan)	工业增加值能耗 (吨标准煤/万元) Energy Consumption of Value Added in Industry (tons of SCE/10 000 yuan)	工业增加值电耗 (千瓦小时/万元) Electricity Power Consumption of Value Added in Industry (kWh/10 000 yuan)
1990	3.56	2169.35	5.27	3800.23
1991	3.28	2145.44	4.76	3774.25
1992	3.16	1983.31	4.68	3368.99
1993	3.02	1997.23	4.50	3376.83
1994	2.70	1930.33	4.17	3242.53
1995	2.58	1796.02	3.78	2691.53
1996	2.19	1646.08	3.49	2141.55
1997	1.92	1520.31	2.92	2450.07
1998	1.79	1434.95	2.73	2369.84
1999	1.66	1374.94	2.30	2156.90
2000	1.64	1389.94	2.26	2186.25
2001	1.53	1313.51	2.09	2053.52
2002	1.41	1308.20	1.94	2023.65
2003	1.30	1268.95	1.74	1912.95
2004	1.29	1228.33	1.67	1776.40
2005	1.11	1040.80	1.45	1551.64
2006	1.07	1024.05	1.38	1488.98
2007	1.02	1017.15	1.31	1466.03

注：1. 能源消耗指标采用等价值计量。2. 生产总值、工业增加值的能耗和电耗 2005 年及以后为 2005 年可比价，2005 年以前年份为 2000 年可比价。
Note: a) Indicators of energy consumption are converted into same value. b) Since 2005, energy or electricity power consumption of GDP, energy or electricity power consumption of value added in industry are calculated at 2005 comparable prices; data before 2005 are calculated at 2000 comparable prices.

5-5 主要年份电力平衡表
Electricity Balance Sheet in Main Years

单位：亿千瓦小时 (100 million kWh)

项 目 Item	2000	2005	2006	2007
可供量				
Total Energy Available for Consumption	**236.55**	**396.33**	**445.73**	**510.68**
生产量(火电)				
Output (Thermal Power)	219.13	376.36	366.74	403.12
外省(区、市)调入量				
Inflow from Other Provinces (Regions, Cities)	17.65	20.38	79.58	108.51
本市调出量				
Outflow to Other Provinces	0.23	0.41	0.59	0.95
消费量				
Total Energy Consumption	**236.55**	**396.33**	**445.73**	**510.68**
在消费量中:				
Consumption by Sector				
农、林、牧、渔、水利业				
Farming, Forestry, Animal Husbandry, Fishery and Water Conservancy	8.35	9.73	10.88	11.27
工 业				
Industry	171.83	292.49	330.51	380.90
建筑业				
Construction	1.47	3.77	4.80	6.01
交通运输、仓储和邮政业				
Transportation, Storage and Post Services	4.26	6.52	6.90	9.35
批发和零售业、住宿和餐饮业				
Wholesale & Retail Trade, Accommodation & Catering Services	12.63	19.31	21.14	23.17
其 他				
Others	13.31	26.55	28.46	32.48
生活消费				
Living Consumption	24.70	37.96	43.04	47.50
在消费量中:				
Consumption by Usage				
终端消费				
Final Consumption	220.98	373.37	420.40	482.46
#工 业				
Industry	156.26	269.53	305.18	352.68
输配电损失量				
Losses in Transmission	15.57	22.96	25.33	28.22
平衡差额				
Balance				

5-6 能源消费弹性系数（1991-2007年）
Elasticity of Energy Consumpion, 1991-2007

年 份 Year	能源消费比上年增长(%) Growth Rate of Energy Consumption over Preceding Year (%)	电力消费比上年增长(%) Growth Rate of Electricity Power Consumption over Preceding Year (%)	生产总值比上年增长(%) Growth Rate of GDP over Preceding Year (%)	能源消费弹性系数 Elasticity Ratio of Energy Consumption	电力消费弹性系数 Elasticity Ratio of Electricity Consumption
1991	-2.4	4.8	6.0		0.80
1992	7.6	3.2	11.7	0.65	0.28
1993	7.1	12.9	12.1	0.59	1.07
1994	2.3	10.5	14.3	0.16	0.73
1995	9.5	6.9	14.9	0.64	0.46
1996	-2.7	4.8	14.3		0.33
1997	-1.9	3.5	12.1		0.29
1998	2.0	3.2	9.3	0.22	0.34
1999	2.0	5.4	10.0	0.20	0.54
2000	9.4	12.0	10.8	0.87	1.11
2001	4.5	5.9	12.0	0.37	0.49
2002	3.6	12.2	12.7	0.28	0.96
2003	6.4	11.4	14.8	0.43	0.77
2004	15.0	12.1	15.8	0.95	0.77
2005	11.3	12.9	14.7	0.77	0.88
2006	10.0	12.5	14.5	0.69	0.87
2007	9.3	14.6	15.2	0.61	0.96

5-7 主要年份平均每天能源消费量
Average Daily Energy Consumption in Main Years

能源品种 Item	单 位 Unit	2000	2005	2006	2007
合 计 Total	**万吨标准煤 10 000 tons of SCE**	**7.65**	**11.27**	**12.40**	**13.55**
煤 炭 Coal	万 吨 10 000 tons	6.77	10.41	10.44	10.76
焦 炭 Coke	万 吨 10 000 tons	0.39	0.90	1.48	1.83
原 油 Crude Oil	万 吨 10 000 tons	1.94	2.36	2.47	2.60
燃料油 Fuel Oil	万 吨 10 000 tons	0.22	0.31	0.29	0.25
汽 油 Gasoline	万 吨 10 000 tons	0.31	0.33	0.35	0.38
煤 油 Kerosene	万 吨 10 000 tons	0.05	0.04	0.04	0.05
柴 油 Diesel Oil	万 吨 10 000 tons	0.54	0.67	0.68	0.71
天然气 Natural Gas	亿立方米 100 million cu. m	0.01	0.02	0.03	0.04
电 力 Electricity	亿千瓦小时 100 million kWh	0.65	1.09	1.22	1.40

5-8 主要年份生活能源消费量
Energy Consumption for Non-production Purpose in Main Years

能源品种 Item	单 位 Unit	2000	2005	2006	2007
合 计 Total	万吨标准煤 10 000 tons of SCE	**290.12**	**473.99**	**493.76**	**533.98**
煤 炭 Coal	万 吨 10 000 tons	99.65	88.98	75.86	75.48
液化石油气 LPG	万 吨 10 000 tons	11.76	7.13	7.04	8.08
天然气和煤气 Natural Gas and Coal Gas	亿立方米 100 million cu. m	4.28	3.85	3.60	3.46
热 力 Heat	万百万千焦 10 000 million kilo-joule	3182.29	4482.00	4701.00	5072.00
电 力 Electricity	亿千瓦小时 100 million kWh	24.70	37.96	43.04	47.50

5-9 人均生活能源消费量(1990-2007年)
Annual per Capita Energy Consumption for Non-production Purpose, 1990-2007

年 份 Year	平均每人生活消费能源(千克标准煤) Annual Per Capita Consumption for Non-production Purpose (kg of SCE)	煤 炭(千克) Coal (kg)	电 力(千瓦小时) Electricity (kWh)	液化石油气(千克) LPG (kg)	天然气和煤气(立方米) Natural Gas and Coal Gas (cu. m)
1990	247	247	93	3	21
1991	255	254	102	3	27
1992	250	224	116	3	25
1993	243	212	127	3	24
1994	210	168	151	4	31
1995	245	165	161	5	31
1996	286	214	189	6	21
1997	269	188	211	5	22
1998	315	141	227	5	22
1999	362	131	265	19	22
2000	318	109	271	13	47
2001	386	97	286	12	43
2002	413	87	320	11	42
2003	433	99	344	12	33
2004	459	91	360	10	31
2005	459	86	367	7	37
2006	466	72	406	7	35
2007	488	69	434	7	32

5-10 工业行业主要能源终端消费量（2007年）
The Final Consumption of Main Energy by Industrial Sector, 2007

行业	Sector	煤炭（万吨）Coal (10 000 tons)	焦炭（万吨）Coke (10 000 tons)	原油（万吨）Crude Oil (10 000 tons)	汽油（万吨）Gasoline (10 000 tons)
总计	**Total**	**860.35**	**667.75**	**12.1**	**9.49**
煤炭开采和洗选业	Mining and Washing of Coal				0.01
石油和天然气开采业	Extraction of Petroleum and Natural Gas	16.49		11.72	1.25
有色金属矿采选业	Mining and Processing of Non-Ferrous Metal Ores	2.18			0.02
非金属矿采选业	Mining and Processing of Nonmetal Ores	3.36			0.06
农副食品加工业	Processing of Food from Agricultural Products	8.84			0.18
食品制造业	Manufacture of Food	11.57			0.15
饮料制造业	Manufacture of Beverage	45.24			0.06
烟草制品业	Manufacture of Tobacco	2.24			
纺织业	Manufacture of Textile	21.45			0.15
纺织服装鞋帽制造业	Manufacture of Textile Wearing Apparel, Footware and Caps	7.64			0.27
皮革毛皮羽毛(绒)及其制品业	Manufacture of Leather, Fur, Feather and Related Products	1.65			0.05
木材加工及木、竹、藤、棕、草制品业	Processing of Timber, Manufacture of Wood, Bamboo, Rattan, Palm, and Straw Products	2.11			0.07
家具制造业	Manufacture of Furniture	2.83	0.05		0.14
造纸及纸制品业	Manufacture of Paper and Paper Products	13.67			0.19
印刷业和记录媒介的复制	Printing, Reproduction of Recording Media	1.44			0.11
文教体育用品制造业	Manufacture of Articles For Culture, Education and Sport Activity	2.7	0.05		0.09
石油加工炼焦及核燃料加工业	Processing of Petroleum, Coking, Processing of Nuclear Fuel	10.8			0.07
化学原料及化学制品制造业	Manufacture of Raw Chemical Materials and Chemical Products	120.57	1.52		0.71
医药制造业	Manufacture of Medicines	17.34			0.19
化学纤维制造业	Manufacture of Chemical Fibers	0.38			0.03
橡胶制品业	Manufacture of Rubber	18.29			0.21
塑料制品业	Manufacture of Plastics	6.09		0.02	0.34
非金属矿物制品业	Manufacture of Non-Metallic Mineral Products	103.99	0.06	0.36	0.34
黑色金属冶炼及压延加工业	Smelting and Pressing of Ferrous Metals	353.59	657.77		0.38
有色金属冶炼及压延加工业	Smelting and Pressing of Non-Ferrous Metals	4.96	0.11		0.08
金属制品业	Manufacture of Metal Products	20.05	1.73		0.74
通用设备制造业	Manufacture of General Purpose Machinery	11	6.02		0.7
专用设备制造业	Manufacture of Special Purpose Machinery	3.27	0.12		0.39
交通运输设备制造业	Manufacture of Transport Equipment	19.1	0.17		1.07
电气机械及器材制造业	Manufacture of Electrical Machinery and Equipment	12.98	0.02		0.47
通信设备计算机及其他电子设备制造业	Manufacture of Communication Equipment, Computers and Other Electronic Equipment	3.58			0.36
仪器仪表及文化办公用机械制造业	Manufacture of Measuring Instruments and Machinery for Cultural Activity and Office Work	0.52			0.12
工艺品及其他制造业	Manufacture of Artwork and Other Manufacturing	3.46			0.09
废弃资源和废旧材料回收加工业	Recycling and Disposal of Waste	0.01	0.13		
电力热力的生产和供应业	Production and Supply of Electric Power and Heat Power	6.46			0.29
燃气生产和供应业	Production and Supply of Gas	0.06			0.08
水的生产和供应业	Production and Supply of Water	0.44			0.03

5-10 续表 1 Continued

行 业	Sector	柴 油 (万吨) Diesel Oil (10 000 tons)	燃料油 (万吨) Fuel Oil (10 000 tons)	天然气 (亿立方米) Natural Gas (100 million cu.m)
总 计	**Total**	**27.8**	**36.9**	**6.92**
煤炭开采和洗选业	Mining and Washing of Coal			
石油和天然气开采业	Extraction of Petroleum and Natural Gas	15.39		1.14
有色金属矿采选业	Mining and Processing of Non-Ferrous Metal Ores	0.1		
非金属矿采选业	Mining and Processing of Nonmetal Ores	0.15		
农副食品加工业	Processing of Food from Agricultural Products	0.49		0.02
食品制造业	Manufacture of Food	0.11	0.67	0.08
饮料制造业	Manufacture of Beverage	0.29		0.01
烟草制品业	Manufacture of Tobacco			
纺织业	Manufacture of Textile	0.08		0.05
纺织服装鞋帽制造业	Manufacture of Textile Wearing Apparel, Footware and Caps	0.15		0.02
皮革毛皮羽毛(绒)及其制品业	Manufacture of Leather, Fur, Feather and Related Products	0.04		
木材加工及木、竹、藤、棕、草制品业	Processing of Timber, Manufacture of Wood, Bamboo, Rattan, Palm, and Straw Products	0.1		0.02
家具制造业	Manufacture of Furniture	0.06		0.01
造纸及纸制品业	Manufacture of Paper and Paper Products	0.17	0.08	0.02
印刷业和记录媒介的复制	Printing, Reproduction of Recording Media	0.03		0.01
文教体育用品制造业	Manufacture of Articles For Culture, Education and Sport Activity	0.05		
石油加工炼焦及核燃料加工业	Processing of Petroleum, Coking, Processing of Nuclear Fuel	0.4	11.12	0.01
化学原料及化学制品制造业	Manufacture of Raw Chemical Materials and Chemical Products	1.33	16.9	1.03
医药制造业	Manufacture of Medicines	0.26		0.04
化学纤维制造业	Manufacture of Chemical Fibers	0.02		
橡胶制品业	Manufacture of Rubber	0.14	1.36	0.23
塑料制品业	Manufacture of Plastics	0.24		0.07
非金属矿物制品业	Manufacture of Non-Metallic Mineral Products	2.16	1.73	0.69
黑色金属冶炼及压延加工业	Smelting and Pressing of Ferrous Metals	1.52	2.56	2.42
有色金属冶炼及压延加工业	Smelting and Pressing of Non-Ferrous Metals	0.16	0.43	0.08
金属制品业	Manufacture of Metal Products	0.91	1.87	0.13
通用设备制造业	Manufacture of General Purpose Machinery	0.42	0.01	0.06
专用设备制造业	Manufacture of Special Purpose Machinery	0.39	0.02	0.01
交通运输设备制造业	Manufacture of Transport Equipment	1.05		0.22
电气机械及器材制造业	Manufacture of Electrical Machinery and Equipment	0.45	0.07	0.12
通信设备计算机及其他电子设备制造业	Manufacture of Communication Equipment, Computers and Other Electronic Equipment	0.34	0.01	0.35
仪器仪表及文化办公用机械制造业	Manufacture of Measuring Instruments and Machinery for Cultural Activity and Office Work	0.03	0.01	0.03
工艺品及其他制造业	Manufacture of Artwork and Other Manufacturing	0.04	0.03	
废弃资源和废旧材料回收加工业	Recycling and Disposal of Waste	0.04	0.02	
电力热力的生产和供应业	Production and Supply of Electric Power and Heat Power	0.68	0.01	0.01
燃气生产和供应业	Production and Supply of Gas	0.01		0.04
水的生产和供应业	Production and Supply of Water			

5-10 续表 2 Continued

行　业	Sector	热　力(万百万千焦) Heat (10 000 million kilo-joule)	电　力(亿千瓦时) Electricity (100 million kWh)	其他石油制品(万吨) Other Petroleum Product (10 000 tons)
总　计	**Total**	**5721.42**	**352.68**	**130.34**
煤炭开采和洗选业	Mining and Washing of Coal	0.2		
石油和天然气开采业	Extraction of Petroleum and Natural Gas	1.7	11.5	
有色金属矿采选业	Mining and Processing of Non-Ferrous Metal Ores		0.87	
非金属矿采选业	Mining and Processing of Nonmetal Ores	260.46	1.31	
农副食品加工业	Processing of Food from Agricultural Products	148.38	2.88	
食品制造业	Manufacture of Food	95.08	3.08	
饮料制造业	Manufacture of Beverage	61.85	5.24	
烟草制品业	Manufacture of Tobacco		0.16	
纺织业	Manufacture of Textile	121.51	8.05	
纺织服装鞋帽制造业	Manufacture of Textile Wearing Apparel, Footware and Caps	6.48	1.15	
皮革毛皮羽毛(绒)及其制品业	Manufacture of Leather, Fur, Feather and Related Products	0.17	0.51	
木材加工及木、竹、藤、棕、草制品业	Processing of Timber, Manufacture of Wood, Bamboo, Rattan, Palm, and Straw Products	0.4	0.61	
家具制造业	Manufacture of Furniture	4.62	1.27	
造纸及纸制品业	Manufacture of Paper and Paper Products	37.3	2.64	
印刷业和记录媒介的复制	Printing, Reproduction of Recording Media	19.84	1.02	
文教体育用品制造业	Manufacture of Articles For Culture, Education and Sport Activity	4.84	0.78	
石油加工炼焦及核燃料加工业	Processing of Petroleum, Coking, Processing of Nuclear Fuel	1015.78	17.2	128.69
化学原料及化学制品制造业	Manufacture of Raw Chemical Materials and Chemical Products	3128.05	63.63	0.49
医药制造业	Manufacture of Medicines	173.97	5.94	
化学纤维制造业	Manufacture of Chemical Fibers		0.2	
橡胶制品业	Manufacture of Rubber	78.25	5.48	0.02
塑料制品业	Manufacture of Plastics	9.68	10.02	
非金属矿物制品业	Manufacture of Non-Metallic Mineral Products	14.22	10.08	0.68
黑色金属冶炼及压延加工业	Smelting and Pressing of Ferrous Metals	60.73	89.76	
有色金属冶炼及压延加工业	Smelting and Pressing of Non-Ferrous Metals	2.32	2.05	
金属制品业	Manufacture of Metal Products	17.39	11.91	0.03
通用设备制造业	Manufacture of General Purpose Machinery	26.01	9.43	0.04
专用设备制造业	Manufacture of Special Purpose Machinery	33.23	3.03	0.05
交通运输设备制造业	Manufacture of Transport Equipment	158.22	14.88	0.24
电气机械及器材制造业	Manufacture of Electrical Machinery and Equipment	19.92	10.98	0.07
通信设备计算机及其他电子设备制造业	Manufacture of Communication Equipment, Computers and Other Electronic Equipment	60.07	19.11	
仪器仪表及文化办公用机械制造业	Manufacture of Measuring Instruments and Machinery for Cultural Activity and Office Work	10.08	1.39	0.01
工艺品及其他制造业	Manufacture of Artwork and Other Manufacturing	1.32	0.83	
废弃资源和废旧材料回收加工业	Recycling and Disposal of Waste		0.29	
电力热力的生产和供应业	Production and Supply of Electric Power and Heat Power	149.35	33.33	0.02
燃气生产和供应业	Production and Supply of Gas		0.08	
水的生产和供应业	Production and Supply of Water		1.99	

主要统计指标解释

能源生产总量

指一定时期内全市一次能源生产量的总和。该指标是观察全市能源生产水平、规模、构成和发展速度的总量指标。一次能源生产量包括原煤、原油、天然气、水电、核能及其他动力能（如风能、地热能等）发电量，不包括低热值燃料生产量、生物质能、太阳能等的利用和由一次能源加工转换而成的二次能源产量。

能源消费总量

指一定时期内全市物质生产部门、非物质生产部门和生活消费的各种能源的总和。该指标是观察能源消费水平、构成和增长速度的总量指标。能源消费总量包括原煤和原油及其制品、天然气、电力，不包括低热值燃料、生物质能和太阳能等的利用。能源消费总量分为终端能源消费量、能源加工转换损失量和能源损失量三部分。

终端能源消费量

指一定时期内全市生产和生活消费的各种能源在扣除了用于加工转换二次能源消费量和损失量以后的数量。

能源加工转换损失量

指一定时期内全市投入加工转换的各种能源数量之和与产出各种能源产品之和的差额。该指标是观察能源在加工转换过程中损失量变化的指标。

能源损失量

指一定时期内能源在输送、分配、储存过程中发生的损失和由客观原因造成的各种损失量，不包括各种气体能源放空、放散量。

能源生产弹性系数

是研究能源生产增长速度与国民经济增长速度之间关系的指标。计算公式为：

$$\text{能源生产弹性系数}=\frac{\text{能源生产总量年平均增长速度}}{\text{国民经济年平均增长速度}}$$

国民经济年平均增长速度，可根据不同的目的或需要，用生产总值等指标来计算，本年鉴是采用生产总值指标计算的。

电力生产弹性系数

是研究电力生产增长速度与国民经济增长速度之间关系的指标。一般来说，电力的发展应当快于国民经济的发展，也就是说电力应超前发展。计算公式为：

$$\text{电力生产弹性系数}=\frac{\text{电力生产量年平均增长速度}}{\text{国民经济年平均增长速度}}$$

能源消费弹性系数

反映能源消费增长速度与国民经济增长速度之间比例关系的指标。计算公式为：

$$\text{能源消费弹性系数}=\frac{\text{能源消费量年平均增长速度}}{\text{国民经济年平均增长速度}}$$

电力消费弹性系数

反映电力消费增长速度与国民经济增长速度之间比例关系的指标。计算公式为：

$$\text{电力消费弹性系数}=\frac{\text{电力消费量年平均增长速度}}{\text{国民经济年平均增长速度}}$$

Explanatory Notes on Main Statistical Indicators

Total Energy Production

refers to the total production of primary energy by all energy producing enterprises in the city in a given period of time. It is a comprehensive indicator to show the capacity, scale, composition and development of energy production of the country. The production of primary energy includes that of coal, crude oil, natural gas, hydropower and electricity generated by nuclear energy and other means such as wind power and geothermal power. However, it excludes the production of fuels of low calorific value, bio-energy, solar energy and the secondary energy converted from the primary energy.

Total Energy Consumption

refers to the total consumption of energy of various kinds by material production sectors, non material production sectors and households in the city in a given period of time. It is a comprehensive indicator to show the scale, composition and development of energy consumption. The total energy consumption includes that of coal, crude oil and their products, natural gas and electricity; however, it excludes the consumption of fuel of low calorific value, bio-energy and solar energy. Total domestic energy consumption can be divided into three parts: final energy consumption, loss during the process of energy conversion, and energy loss.

Final Consumption of Energy

refers to the total energy consumption by material production sectors, non material production sectors and households in the city in a given period of time, but excludes the consumption in conversion of the primary energy into the secondary energy and the loss in the process of energy conversion.

Loss during the Process of Energy Conversion

refers to the total input of various kinds of energy for conversion, minus the total output of various kinds of energy in the city in a given period of time. It is an indicator to show the loss that occurs during the process of energy conversion.

Energy Loss

refers to the total of the loss of energy during the course of energy transport, distribution and storage and the loss caused by any objective reason in a given period of time. The loss of various kinds of gas due to gas discharges and stocktaking is excluded.

Elasticity Ratio of Energy Production

is an indicator to show the relationship between the growth rate of energy production and the growth rate of the national economy. The formula is:

$$\text{Elasticity Ratio of Energy Production} = \frac{\text{Average Annual Growth Rate of Energy Production}}{\text{Average Annual Growth Rate of National Economy}}$$

The average annual growth rate of the national economy can be measured by indicators such as the Gross National Product and the Gross Domestic Product, depending on the purposes or needs. The Gross Domestic Product has been used in the calculation of the ratio in this Yearbook.

Elasticity Ratio of Electricity Production

is an indicator to show the relationship between the growth rate of electricity production and the growth rate of the national economy. Generally speaking, the growth rate of the electricity production should be higher than that of the national economy. Its formula is:

$$\text{Elasticity Ratio of Electricity Production} = \frac{\text{Average Annual Growth Rate of Electricity Production}}{\text{Average Annual Growth Rate of National Economy}}$$

Elasticity Ratio of Energy Consumption

is an indicator to show the relationship between the growth rate of energy consumption and the growth rate of the national economy. The formula is:

$$\text{Elasticity Ratio of Energy Consumption} = \frac{\text{Average Annual Growth Rate of Energy Consumption}}{\text{Average Annual Growth Rate of National Economy}}$$

Elasticity Ratio of Electricity Consumption

is an indicator to show the relationship between the growth rate of electricity consumption and the growth rate of the national economy. The formula is:

$$\text{Elasticity Ratio of Electricity Consumption} = \frac{\text{Average Annual Growth Rate of Electricity}}{\text{Average Annual Growth Rate of National Economy}}$$

第6篇

CHAPTER 6

财政

Government Finance

6-1 全市财政收支(1994-2007年)
Total Government Revenue and Expenditure, 1994-2007

年 份 Year	全市财政收入 Total Government Revenue	一般预算收入 General Budgetary Government Revenue	基金预算收入 Fund Budgetary Revenue	全市财政支出 Total Government Expenditure	一般预算支出 General Budgetary Government Expenditure	基金预算支出 Fund Budgetary Expenditure
绝对数(亿元) Value (100 million yuan)						
1994	95.99	95.99		69.00	69.00	
1995	117.34	117.34		90.37	90.37	
1996	137.45	137.45		110.19	110.19	
1997	169.12	151.42	17.70	140.08	122.78	17.30
1998	186.55	170.07	16.47	155.15	137.93	17.22
1999	206.89	187.14	19.75	177.62	157.41	20.21
2000	244.81	222.70	22.11	209.57	187.05	22.52
2001	304.52	279.41	25.12	259.78	234.67	25.11
2002	375.92	339.81	36.11	300.07	265.21	34.86
2003	451.74	410.95	40.79	350.63	312.08	38.56
2004	502.17	445.15	57.03	431.49	375.02	56.47
2005	725.81	645.09	80.71	520.28	442.12	78.16
2006	926.33	814.53	111.79	654.15	543.12	111.03
2007	1204.65	1032.46	172.18	839.35	674.33	165.02
比上年增长(%) Increase Rate over Preceding Year (%)						
1995	22.2	22.2		31.0	31.0	
1996	15.8	15.8		21.9	21.9	
1997	13.5	10.2		13.8	11.4	
1998	10.3	12.3	-6.9	8.0	6.9	16.8
1999	10.9	10.0	19.9	14.5	14.1	17.3
2000	18.3	19.0	11.9	16.4	17.1	11.2
2001	24.4	25.5	13.6	25.7	27.3	11.8
2002	18.4	14.7	43.8	15.5	13.0	39.6
2003	20.2	21.0	12.9	16.8	17.8	10.0
2004	26.7	25.4	39.8	23.3	20.2	48.8
2005	26.8	26.3	41.5	20.6	17.9	38.4
2006	27.7	26.3	38.5	25.7	22.8	42.1
2007	30.1	26.9	54.0	28.3	24.2	48.6

资料来源：天津市财政局。
Sources: Tianjin Municipal Finance Bureau.
注：1. 本表收支均未含以港养港收支。2. 增长速度均按可比口径计算。3. 6-2至6-6表同。
Note: a) Revenue and expenditure in this table exclude expenses charged and used for operation of Tianjin Port. b) Increase rate is calculated on the basis of comparable coverage. c) Same as following table 6-2 to 6-6.

6-2 地方一般预算财政收入(1994-2007年)
Local General Budgetary Government Revenue, 1994-2007

年 份 Year	地方一般预算收入 Local General Budgetary Government Revenue	# 增值税(25%) Value-added Tax (25%)	# 营业税 Operating Tax	# 企业所得税 Income Tax of Enterprises	# 个人所得税 Individual Income Tax
绝对数(亿元) Value (100 million yuan)					
1994	46.83	14.26	15.17	11.21	2.41
1995	58.94	16.66	19.86	12.67	3.77
1996	76.02	17.25	24.67	19.06	5.30
1997	89.91	17.30	27.60	21.48	6.49
1998	101.40	18.99	30.71	20.34	7.91
1999	112.81	20.83	33.88	24.02	8.86
2000	133.61	26.12	38.16	29.25	11.34
2001	163.64	34.87	42.99	39.38	16.58
2002	171.83	38.73	51.65	26.24	13.20
2003	204.53	45.19	64.32	23.80	12.53
2004	246.18	35.17	78.39	32.12	15.98
2005	331.85	64.24	96.45	41.11	18.82
2006	417.05	80.67	115.92	53.20	21.21
2007	540.44	94.81	146.38	76.41	29.36
比上年增长(%) Increase Rate over Preceding Year (%)					
1995	16.0	28.8	42.6	13.0	56.5
1996	29.0	3.6	24.2	50.4	40.4
1997	18.3	0.3	11.9	12.7	22.5
1998	12.8	9.8	11.3	-5.3	21.9
1999	11.3	9.7	10.3	18.1	12.1
2000	18.4	25.4	12.6	21.8	27.9
2001	22.5	33.5	12.7	34.6	46.2
2002	16.9	11.1	20.1	9.6	23.1
2003	24.8	16.7	24.5	13.6	18.7
2004	28.9	16.7	21.9	34.8	27.5
2005	28.2	21.8	23.0	27.8	17.5
2006	25.7	25.6	20.2	29.8	12.7
2007	29.7	17.5	26.3	44.4	38.4

注：2002年开始中央与地方实施所得税收入分享改革，所得税中央与地方分享比例2002年为5∶5，2003年以来为6∶4。下同。
Note: Since 2002, the distribution of income tax has reformed. Central government and local government shared income tax at equal share of 50% each in 2002, central government shares 60% and local government shares 40% since 2003. Same as following table next.

6-3 全市财政收入(2007年)
Total Government Revenue, 2007

单位：万元 (10 000 yuan)

项　目	Item	2007	2007比2006年增长(%) Increase Rate in 2007 over 2006 (%)
合　计	**Total**	**12046453**	**30.1**
# 一般预算收入	General Budgetary Government Revenue	10324611	26.9
一、地方财政收入	**Local Government Revenue**	**7126232**	**34.8**
1. 一般预算收入	**General Budgetary Government Revenue**	**5404390**	**29.7**
税收收入	Revenue from Taxs	4383644	28.0
# 增值税(25%)	Value-added Tax (25%)	948117	17.5
营业税	Operating Tax	1463822	26.3
企业所得税	Income Tax of Enterprises	764129	44.4
个人所得税	Individual Income Tax	293615	38.4
非税收入	Non-tax Income	1020746	37.2
专项收入	Special Project Income	134613	23.1
行政事业性收费收入	Income from Administrative Fees	722168	35.0
罚没收入	Penalty and Confiscatory Income	78833	-11.4
国有资本经营收入	State-owned Capital Operation Income	13608	-154.4
国有资源(资产)有偿使用收入	Paid Use of State-owned Resources(assets) Income	28750	52.2
其他收入	Others	42774	156.9
基金预算收入	**Budgetary Fund Revenue**	**1721842**	**54.0**
2. 市级财政收入	**Government Revenue at City Level**	**3568024**	**33.9**
一般预算收入	General Budgetary Government Revenue	2448532	31.7
基金预算收入	Budgetary Fund Revenue	1119492	38.9
区县级财政收入	**Government Revenue at District & County Level**	**3558208**	**35.8**
一般预算收入	General Budgetary Government Revenue	2955858	28.0
基金预算收入	Budgetary Fund Revenue	602350	93.2
二、上划中央收入小计	**Revenue Transferred to Central Government**	**4920221**	**23.9**

6-4 全市财政支出(2007年) Total Government Expenditure, 2007

单位：万元 (10 000 yuan)

项 目	Item	2007	2007比2006年增长(%) Increase Rate in 2007 over 2006 (%)
合 计	Total	**8393469**	**28.3**
1. 一般预算支出	**General Budgetary Government Expenditure**	**6743262**	**24.2**
# 一般公共服务	General Public Service	723190	23.3
国 防	National Defense	10148	93.3
公共安全	Public Safety	538765	25.0
教 育	Education	1100248	24.3
科学技术	Science and Technology	223384	26.8
文化体育与传媒	Culture, Sports and Media	159616	21.1
社会保障和就业	Social Security and Employment	795714	25.0
医疗卫生	Health Care	330964	39.0
环境保护	Environmental Protection	58013	33.8
城乡社区事务	Urban & Rural Community Affairs	1557246	20.5
农林水事务	Agriculture, Forestry and Irrigation Affairs	267950	35.7
交通运输	Transportation	84864	36.9
工业商业金融等事务	Industry, Commerce and Finance Affairs	530863	45.2
其他支出	Others	362297	14.7
基金预算支出	**Budgetary Fund Expenditure**	**1650207**	**48.6**
2. 市级财政支出	**Government Expenditure at City Level**	**4268453**	**25.9**
一般预算支出	General Budgetary Government Expenditure	3154113	23.3
基金预算支出	Budgetary Fund Expenditure	1114340	33.8
区县级财政支出	**Government Expenditure at District & County Level**	**4125016**	**31.0**
一般预算支出	General Budgetary Government Expenditure	3589149	25.0
基金预算支出	Budgetary Fund Expenditure	535867	93.2

6-5 区县级一般预算财政收入（2007年）
General Budgetary Government Revenue at District & County Level, 2007

单位：万元 (10 000 yuan)

地　区	Region	一般预算财政收入 General Budgetary Government Revenue	增值税 Value-added Tax	营业税 Operating Tax	企业所得税 Income Tax of Enterprises	个人所得税 Individual Income Tax
总　计	**Total**	**2955858**	**599425**	**639371**	**464054**	**122114**
区级合计	**Total at District Level**	**2807296**	**566554**	**616671**	**443830**	**118396**
和平区	Heping District	144457	10472	38952	26513	6686
河东区	Hedong District	113531	10256	36654	12392	4052
河西区	Hexi District	173629	11629	51115	23995	6528
南开区	Nankai District	184532	14605	54775	22016	5539
河北区	Hebei District	78012	7437	20068	7463	2559
红桥区	Hongqiao District	47464	4186	10054	4899	1356
塘沽区	Tanggu District	243701	18894	57939	21665	4006
汉沽区	Han'gu District	30666	6733	6202	3191	614
大港区	Dagang District	71988	13385	17206	9497	2786
东丽区	Dongli District	186408	38828	24941	19187	4526
西青区	Xiqing District	197935	42815	32082	31154	5886
津南区	Jinnan District	122599	26057	18260	26942	2993
北辰区	Beichen District	150646	41510	23579	21460	3706
武清区	Wuqing District	153657	26881	35045	27602	5255
宝坻区	Baodi District	66938	8186	18686	5498	1592
天津经济技术开发区	TEDA	600297	233732	106587	125513	44468
天津保税区	TFTZ	136448	26713	37731	35729	9087
天津新技术产业园区	THIP	104388	24235	26795	19114	6757
县级合计	**Total at County Level**	**148562**	**32871**	**22700**	**20224**	**3718**
宁河县	Ninghe County	27711	4795	5615	2425	1018
静海县	Jinghai County	56528	15144	8465	5918	1332
蓟　县	Jixian County	64323	12932	8620	11881	1368

6-5 续表 Continued

单位：万元 (10 000 yuan)

地　区	Region	城市维护建设税 Tax on Urban Maintenance and Construction	契　税 Deed Tax	其他各项税收收入 Other Tax	非税收入 Non-tax Income
总　计	**Total**	**168928**	**317237**	**327177**	**317552**
区级合计	**Total at District Level**	**158130**	**305844**	**316403**	**281468**
和平区	Heping District	8767	21716	20903	10448
河东区	Hedong District	9519	19463	12823	8372
河西区	Hexi District	10059	35077	24175	11051
南开区	Nankai District	10497	35545	28924	12631
河北区	Hebei District	4924	13868	15773	5920
红桥区	Hongqiao District	3133	8666	6676	8494
塘沽区	Tanggu District	13134	38614	18713	70736
汉沽区	Han'gu District	3158	1395	5576	3797
大港区	Dagang District	6595	5136	10840	6543
东丽区	Dongli District	21317	11087	16996	49526
西青区	Xiqing District	12146	30999	22434	20419
津南区	Jinnan District	9277	14953	13313	10804
北辰区	Beichen District	12016	17176	19196	12003
武清区	Wuqing District	9064	10626	18332	20852
宝坻区	Baodi District	4787	7949	8287	11953
天津经济技术开发区	TEDA	8894	20006	50865	10232
天津保税区	TFTZ	4546	3802	14948	3892
天津新技术产业园区	THIP	6297	9766	7629	3795
县级合计	**Total at County Level**	**10798**	**11393**	**10774**	**36084**
宁河县	Ninghe County	2208	1759	2479	7412
静海县	Jinghai County	4052	5054	4271	12292
蓟　县	Jixian County	4538	4580	4024	16380

6-6 区县级一般预算财政支出(2007年)
General Budgetary Government Expenditure at District & County Level, 2007

单位：万元 (10 000 yuan)

地　　区	Region	一般预算财政支出 General Budgetary Government Expenditure	#一般公共服务 General Public Service	#公共安全 Public Safety	#教育 Education	#社会保障和就业 Social Security and Employment
总　　计	**Total**	**3589149**	**391696**	**268653**	**723081**	**162221**
区级合计	**Total at District Level**	**3293590**	**345154**	**244116**	**626558**	**147843**
和平区	Heping District	160938	22808	16117	46207	11021
河东区	Hedong District	129997	14058	15137	43609	19448
河西区	Hexi District	155824	23099	15142	45620	13304
南开区	Nankai District	184630	20255	23936	44188	13309
河北区	Hebei District	115333	12548	13418	41249	15386
红桥区	Hongqiao District	96540	11114	11993	34043	10065
塘沽区	Tanggu District	277318	30665	26590	69187	9380
汉沽区	Han'gu District	61555	8985	6572	16250	4362
大港区	Dagang District	113899	19611	12198	41464	3599
东丽区	Dongli District	193983	15775	14851	34928	14185
西青区	Xiqing District	219247	20686	16377	25775	9098
津南区	Jinnan District	170413	21558	12193	30576	4878
北辰区	Beichen District	152322	24626	15554	33623	4529
武清区	Wuqing District	242107	17877	12485	56261	6100
宝坻区	Baodi District	130714	22905	9871	40404	5835
天津经济技术开发区	TEDA	635566	34830	16588	18035	2909
天津保税区	TFTZ	167146	15127	2625	1946	297
天津新技术产业园区	THIP	86058	8627	2469	3193	138
县级合计	**Total at County Level**	**295559**	**46542**	**24537**	**96523**	**14378**
宁河县	Ninghe County	68756	9953	5724	20565	2993
静海县	Jinghai County	112257	18836	7961	33857	5197
蓟　县	Jixian County	114546	17753	10852	42101	6188

6-6 续表 *Continued*

单位：万元 (10 000 yuan)

地 区	Region	# 医疗卫生 Health Care	# 城乡社区事 务 Urban & Rural Community Affairs	# 农林水事务 Agriculture, Forestry and Irrigation Affairs	# 工业商业金融等事务 Industry, Commerce and Finance Affairs
总 计	**Total**	**214911**	**900900**	**105207**	**405963**
区级合计	**Total at District Level**	**190883**	**875046**	**71867**	**399781**
和平区	Heping District	10711	19235		12309
河东区	Hedong District	9590	17968		5187
河西区	Hexi District	10937	23901		1272
南开区	Nankai District	11899	23605		21050
河北区	Hebei District	9949	11371		6722
红桥区	Hongqiao District	9570	14397		2937
塘沽区	Tanggu District	16706	13857	5231	57852
汉沽区	Han'gu District	6828	8733	2976	980
大港区	Dagang District	6714	9759	5889	3568
东丽区	Dongli District	13390	33475	5186	19587
西青区	Xiqing District	12508	98696	7028	11020
津南区	Jinnan District	8808	47033	8840	21391
北辰区	Beichen District	10362	17020	6868	20360
武清区	Wuqing District	12027	104548	18517	884
宝坻区	Baodi District	7628	5462	11332	2519
天津经济技术开发区	TEDA	33192	333145		117441
天津保税区	TFTZ		77848		60982
天津新技术产业园区	THIP	64	14993		33720
县级合计	**Total at County Level**	**24028**	**25854**	**33340**	**6182**
宁河县	Ninghe County	4718	4007	6016	1042
静海县	Jinghai County	8332	19147	11649	2876
蓟 县	Jixian County	10978	2700	15675	2264

6-7 主要年份天津市国家税务局各项税收情况
Tax Revenue of Tianjin National Tax Bureau in Main Years

单位：万元 (10 000 yuan)

项 目	Item	2000	2005	2006	2007
总 计	**Total**	**2576539**	**7189915**	**9294321**	**11067888**
税收合计	**Total Tax**	**2570504**	**8377271**	**10540397**	**12865081**
# 增值税	Value-added Tax	2005818	5836010	7115949	8815333
消费税	Consumption Tax	142186	447750	785393	1081220
营业税	Operating Tax	53496	32106	40761	57213
企业所得税	Income Tax of Enterprises	78624	365496	513778	818469
# 国有企业	State-owned Enterprises	22789	37525	66681	94285
集体企业	Collective-owned Enterprises	3505	8410	11796	7739
股份合作企业	Cooperative Enterprises		1462	523	9271
联营企业	Joint Ownership Enterprises	338	2704	5570	7906
股份有限公司	Share-holding Corporations Ltd.	51833	291765	380637	571145
私营企业	Private Enterprises		23583	48229	126984
外商投资企业和外国企业所得税	Income Tax of Foreign and Foreign-founded Enterprises	248107	1470901	1937033	1905366
个人所得税	Individual Income Tax	38390	107602	130658	170605
城市维护建设税	Tax on Urban Maintenance and Construction	2704	7036	9632	10073
房产和城市房地产税	Tax on Real Estates and Land		681	880	1020
印花税	Stamp Tax	1179	4970	6157	5610
城镇土地使用税	Tax on the Use of Urban Land		136	138	138
车船使用和牌照税	Vehicle and Vessel License Tax		24	18	34
出口退税合计	**Total Tax Returned from Export Enterprises**		**-1232311**	**-1313082**	**-1870900**
其他收入合计	**Total Others**	**6035**	**44955**	**67006**	**73707**
# 教育费附加收入	Revenue from Extra-Charges for Education	1159	3014	4128	4312

主要统计指标解释

财政收入

指国家可直接支配的财力，主要包括税收收入和其他收入两大类。1994 年我国统一实行分税制财政体制，按税种分为上划中央收入和地方财政收入。上划中央收入包括：增值税的 75% 和消费税的 100% 等；地方财政收入包括：增值税的 25%、营业税（不含银行总行、铁道、保险总公司的营业税）、地方企业交纳的企业所得税、外商投资企业和外国企业所得税、个人所得税、土地使用税、固定资产投资方向调节税、城市维护建设税（不含银行总行、铁道、保险总公司集中交纳的部分）、资源税（不包括海洋石油资源税）、房产税、车船使用税、印花税、屠宰税、农牧业税、耕地占用税、契税、遗产和赠与税、土地增值税、国有土地有偿使用收入以及基金收入等。地方财政收入加上划中央收入为全市财政收入。需要指出的是 1994 年以后地方财政收入与以前实行的总额分成财政体制下的地方财政收入在内容和范围上有一定差别，历年数据不完全可比。

一般预算财政收入

是通过一定的形式和程序，由各级财政部门组织并纳入预算管理的各项收入，也就是会计制度改革以前所称的“预算收入”。

基金预算收入 是按规定收取，转入或通过当年财政安排，由财政管理并具有指定用途的政府性基金预算收入等。

一般预算财政支出

是各级财政部门对集中的一般预算收入有计划地分配和使用而安排的支出。

基金预算支出 是各级财政部门用基金预算收入安排的支出。

Explanatory Notes on Main Statistical Indicators

Government Revenue

refers to the revenue of the government directly disposable finance, including various tax revenue and other revenue. In accordance with the classification of the structure of the government finance in 1994 on the basis of the classification of channels for collection of tax revenue, the revenue of the central government and the revenue of the local governments have different coverage. Revenue of the central government includes 75% of the value added tax and 100% of the value consumption tax, etc, The revenue of the local governments includes 25% of the value added tax, business tax, (excluding business taxes of head offices of bank, profits of railways, head office of insurance company) , income tax of the local enterprises subordinated to the local government, income tax of foreign, Hong Kong, Macao and Taiwan funded enterprises, personal income tax, tax on the use of urban land, tax on the adjustment of the investment in fixed assets, tax on town maintenance and construction, tax on resources (excluding tax on ocean petroleum resources), tax on real estates, tax on the use of vehicles and ships, stamp tax, slaughter tax, tax on agriculture and animal husbandry, tax on the occupancy of cultivated land, contract tax, inheritance tax, gift tax, land value added tax, income of non -gratuitous use on the state-owned land and income of funds. Total of government revenue included the revenue of the central government and the revenue of the local governments. Now the content and coverage of the local financial revenue is difference from that before 1994, the figures in 2002 are not comparable with the previous years, please pay attention to distinguish when you use.

General Budgetary Government Revenue

refers to financial revenue with budgetary management through certain form and procedure by financial departments at each level, also called "budgetary revenue" before reformation of accounting system.

Fund Budgetary Revenue refers to government fund budgetary revenue with financial management and assigned uses gathered by rules or through financial arrangement.

General Budgetary Government Expenditure

refers to expenditure distributed and used from general budgetary financial revenue by financial departments at each level.

Fund Budgetary Expenditure refers to expenditure arranged from fund budgetary revenue by financial departments at each level.

第7篇 CHAPTER 7

价格指数 Price Indices

7-1 城市物价总指数（1978-2007年）
Urban General Price Indices, 1978-2007

年 份 Year	上年=100 Preceding Year=100		1978年=100 Year of 1978=100		1990年=100 Year of 1990=100	
	商品零售价格指数 Retail Price Index	居民消费价格指数 Consumer Price Index	商品零售价格指数 Retail Price Index	居民消费价格指数 Consumer Price Index	商品零售价格指数 Retail Price Index	居民消费价格指数 Consumer Price Index
1978	100.0	100.0	100.0	100.0		
1979	101.1	101.0	101.1	101.0		
1980	105.5	105.1	106.7	106.2		
1981	101.5	101.3	108.3	107.5		
1982	100.5	100.5	108.8	108.1		
1983	100.5	100.5	109.3	108.6		
1984	101.8	101.8	111.3	110.6		
1985	113.9	113.1	126.8	125.0		
1986	107.2	106.8	135.9	133.6		
1987	106.9	106.8	145.3	142.6		
1988	117.7	116.9	171.0	166.7		
1989	115.1	114.7	196.8	191.2		
1990	102.7	103.0	202.1	197.0	100.0	100.0
1991	108.0	110.2	218.3	217.1	108.0	110.2
1992	109.4	111.4	238.8	241.8	118.2	122.8
1993	114.3	117.6	273.0	284.4	135.0	144.4
1994	115.6	124.0	315.6	352.6	156.1	179.0
1995	110.6	115.3	349.0	406.6	172.7	206.4
1996	105.1	109.0	366.8	443.2	181.5	225.0
1997	100.7	103.1	369.4	456.9	182.7	232.0
1998	96.6	99.5	356.8	454.6	176.5	230.8
1999	97.5	98.9	347.9	449.6	172.1	228.3
2000	98.6	99.6	343.1	447.8	169.7	227.3
2001	98.6	101.2	338.2	453.2	167.3	230.1
2002	97.4	99.6	329.5	451.4	163.0	229.2
2003	97.4	101.0	320.9	455.9	158.7	231.4
2004	100.8	102.3	323.5	466.4	160.0	236.8
2005	99.9	101.5	323.1	473.4	159.8	240.3
2006	100.4	101.5	324.4	480.5	160.5	243.9
2007	103.2	104.2	334.8	500.7	165.6	254.2

7-2 城市居民消费价格分类指数（2005-2007年）
Urban Consumer Price Indices by Category, 2005-2007

上年=100 (Preceding Year=100)

项　目　Item	2005	2006	2007
居民消费价格总指数 General Consumer Price Index	**101.5**	**101.5**	**104.2**
#服务项目价格指数 Services	101.6	101.5	101.6
1.食　品 Food	**103.4**	**102.7**	**111.6**
粮　食 Grain	103.8	103.7	106.3
淀　粉 Starches	109.3	107.4	111.1
干豆类及豆制品 Beans and Related Products	100.8	98.6	109.9
油　脂 Oil or Fat	94.7	97.6	126.8
肉禽及其制品 Meat, Poultry and Related Products	104.5	96.6	129.8
蛋 Eggs	103.5	95.5	122.4
水产品 Aquatic Products	95.7	103.7	108.6
菜 Vegetables	112.1	110.9	101.5
调味品 Flavoring	101.7	101.0	102.1
糖 Sugar	103.0	105.6	103.0
茶及饮料 Tea and Drink	101.0	99.8	101.4
干鲜瓜果 Dried and Fresh Melons and Fruits	109.6	111.9	97.8
糕点饼干面包 Pasty, Biscuit and Bread	105.3	102.9	105.5
液体乳及乳制品 Liquid Dairy and Related Products	100.3	100.9	102.0
在外用膳食品 Catering Trade	104.1	102.7	113.1
其他食品 Other Food	101.4	101.4	112.0
2.烟酒及用品 Tobacco, Liquor and Related Goods	**99.7**	**103.0**	**102.7**
烟　草 Tobacco	101.2	101.5	100.5
酒 Liquor	103.2	102.7	109.2
吸烟饮酒用品 Related Goods	88.6	107.1	97.4
3.衣　着 Clothing	**96.3**	**97.5**	**98.9**
服　装 Garments	99.9	98.3	99.8

注：根据国家统计制度的新规定，2006年以前淀粉为淀粉及薯类；液体乳及乳制品为奶及奶制品；其他食品为其他食品及食品加工服务。7-3表同。
Note: According to the regulations of national statistics system, before 2006, Starches and Tubers were used instead of Starches; Milk and Related Products were used instead of Liquid Dairy and Related Products; Other Food and Cooking Services were used instead of Other Food. Same as table 7-3.

7-2 续表 Continued

上年 =100 (Preceding Year=100)

项　目 Item	2005	2006	2007
衣着材料 Clothing Materials	100.0	100.7	102.1
鞋袜帽 Shoes, Socks and Hats	85.2	94.8	95.7
衣着加工服务 Processing Services	99.7	98.3	102.3
4. 家庭设备用品及维修服务 Household Appliances, Articles and Repair Services	**99.1**	**100.5**	**102.1**
耐用消费品 Durable Consumer Goods	97.6	98.9	103.4
室内装饰品 Indoors Decorations	95.9	89.6	95.9
床上用品 Bed Articles	103.2	94.6	90.2
家庭日用杂品 Daily Use Household Articles	100.4	103.3	101.3
家庭服务及加工维修服务 Household Services and Repair Services	107.2	116.3	112.1
5. 医疗保健和个人用品 Medical, Health Care and Individual Goods	**97.6**	**101.4**	**100.0**
医疗保健 Medicine and Medical Services	97.6	101.5	99.5
个人用品及服务 Individual Goods and Services	97.4	101.0	101.6
6. 交通和通信 Transportation and Communications	**98.6**	**98.9**	**97.5**
交　通 Transportations	104.1	103.4	100.8
通　信 Communications	94.8	94.7	94.5
7. 娱乐教育文化用品及服务 Recreational, Educational & Cultural Articles and Services	**100.0**	**99.0**	**98.6**
文娱用耐用消费品及服务 Durable Consumer Goods & Services for Recreational Use	95.1	91.9	88.8
教　育 Education	100.5	100.0	99.9
文化娱乐 Recreation and Culture	103.5	97.1	99.6
旅　游 Tourism	100.8	111.2	106.9
8. 居　住 Residence	**106.7**	**104.4**	**103.5**
建房及装修材料 Building and Decoration Materials	102.1	107.8	103.6
租　房 Rent	102.1	100.7	100.0
自有住房 Individual Housing	103.6	101.7	104.2
水、电、燃料 Water, Electricity and Fuel	112.5	104.9	103.9

注：根据国家统计制度的规定，2006年以前交通和通信为交通和通讯；文化娱乐为文化娱乐用品；旅游为旅游及外出。7-3表同。

Note: According to the regulations of national statistics system, before 2006, Transportation and Telecommunications were used instead of Transportation and Communications; Recreation and Culture Articles were used instead of Recreation and Culture; Tourism and Going-out were used instead of Tourism. Same as table 7-3.

7-3 城市商品零售价格分类指数(2005-2007年)
Urban Retail Price Indices by Category, 2005-2007

上年=100 (Preceding Year=100)

项 目 Item	2005	2006	2007
商品零售价格总指数 General Retail Price Index	**99.9**	**100.4**	**103.2**
1. 食 品 Food	**103.5**	**102.8**	**111.9**
粮 食 Grain	103.8	103.7	106.3
淀 粉 Starches	109.3	107.4	111.1
干豆类及豆制品 Beans and Related Products	100.8	98.6	109.9
油 脂 Oil or Fat	94.7	97.6	126.8
肉禽及其制品 Meat, Poultry and Related Products	104.5	96.6	129.9
蛋 Eggs	103.5	95.5	122.4
水产品 Aquatic Products	95.7	103.7	108.6
菜 Vegetables	112.1	110.9	101.5
调味品 Flavoring	101.7	101.0	102.1
糖 Sugar	103.0	105.6	103.0
干鲜瓜果 Dried and Fresh Melons and Fruits	109.6	111.9	97.8
糕点饼干面包 Pasty, Biscuit and Bread	105.3	102.9	105.5
液体乳及乳制品 Milk and Related Products	100.3	100.9	102.3
在外用膳食品 Catering Trade	104.1	102.7	113.1
其他食品 Other Food	101.3	101.4	112.0
2. 饮料烟酒 Beverage, Tobacco and Liquor	**101.8**	**101.4**	**103.3**
茶及饮料 Tea and Beverage	101.0	99.8	101.4
烟 草 Tobacco	101.2	101.5	100.5
酒 Liquor	103.2	102.7	109.2
3. 服装鞋帽 Garments, Shoes and Hats	**96.1**	**97.4**	**98.8**
服 装 Garments	99.9	98.3	99.9
鞋袜帽 Shoes, Socks and Hats	85.2	94.8	95.7
其 他 Others	98.3	98.0	103.0

7-3 续表 1 Continued

上年 =100 (Preceding Year=100)

项　目　Item	2005	2006	2007
4. 纺织品			
Textiles	**102.2**	**97.7**	**93.9**
衣着材料			
Clothing Materials	100.0	100.7	102.1
床上用品			
Bed Articles	103.2	96.3	90.1
5. 家用电器及音像器材			
Household Appliances and Stereo Sets & Camera Facilities	**96.3**	**95.0**	**94.7**
家庭设备			
Household Facilities	98.3	98.2	101.7
文娱用耐用消费品			
Durable Consumer Goods for Recreational Use	92.7	90.4	85.0
音像器材			
Stereo Sets & Camera Facilities	96.5	97.6	98.0
6. 文化办公用品			
Culture and Office Articles	**98.8**	**95.2**	**93.2**
7. 日用品			
Articles for Daily Use	**100.4**	**101.2**	**102.5**
日用百货			
General Merchandise for Daily Use	99.6	100.5	104.6
日用杂品			
Sundry Articles	100.4	106.6	100.2
洗涤用品			
Washing Articles	100.6	103.0	103.4
其他日用品			
Other Articles for Daily Use	101.4	98.8	100.7
8. 体育娱乐用品			
Sport and Recreation Articles	**97.6**	**97.7**	**97.5**
体育用品			
Sport Articles	100.6	100.0	96.8
娱乐用品			
Recreation Articles	95.8	97.0	97.8
9. 交通、通信用品			
Transportation and Communications Articles	**88.6**	**90.0**	**89.2**
交通运输机械			
Transportation Machinery	99.1	98.2	99.7
通信器材			
Communications Facilities	70.5	68.0	64.9
10. 家　具			
Furniture	**97.2**	**99.7**	**105.5**
11. 化妆品			
Cosmetics	**98.2**	**101.7**	**102.1**
12. 金银珠宝			
Gold, Silver and Jewelry	**102.9**	**123.5**	**109.8**
13. 中西药品及医疗保健用品			
Traditional Chinese & Western Medicine and Medical, Health Care Goods	**96.5**	**102.3**	**99.3**
医疗器具及用品			
Medical Facilities and Goods	98.4	99.5	94.4
中药材及中成药			
Traditional Chinese Raw Medicine and Medicine	95.3	105.0	100.2

7-3 续表 2 Continued

上年 =100 (Preceding Year=100)

项　目 Item	2005	2006	2007
西　药 Western Medicine	96.2	100.3	99.3
保健器具及用品 Health Care Facilities and Goods	98.6	103.2	97.2
14. 书报杂志及电子出版物 Books, Newspapers and Magazines, Electronics Publications	**100.6**	**99.0**	**97.0**
教材及参考书 Teaching Materials and Reference Books	100.9	98.0	94.2
书报杂志 Books, Newspapers and Magazines	100.0	100.0	100.0
电子音像制品 Electronics Stereo Goods	101.8	99.3	96.5
15. 燃　料 Fuels	**112.9**	**106.8**	**104.8**
煤炭及制品类 Coal and Related Products	121.9	102.2	105.8
石油及制品类 Petroleum and Related Products	112.4	107.0	104.5
16. 建筑材料及五金电料 Construction Materials and Hardware Materials	**101.6**	**107.7**	**104.0**
建筑装璜材料 Construction and Decoration Materials	102.1	109.4	104.5
五金电料类 Hardware Materials	100.0	100.5	101.9

7-4 居民货币购买力指数（1991-2007年）
Indices of Monetary Purchasing Power of Residents, 1991-2007

年　份 Year	上年=100 Preceding Year=100	年　份 Year	1990年=100 Year of 1990=100
1991	90.7	1991	90.7
1992	89.8	1992	81.4
1993	85.0	1993	69.3
1994	80.6	1994	55.9
1995	86.7	1995	48.4
1996	91.7	1996	44.4
1997	97.0	1997	43.1
1998	100.5	1998	43.3
1999	101.1	1999	43.8
2000	100.4	2000	44.0
2001	98.8	2001	43.5
2002	100.4	2002	43.6
2003	99.0	2003	43.2
2004	97.8	2004	42.2
2005	98.5	2005	41.6
2006	98.5	2006	41.0
2007	96.0	2007	39.3

7-5 固定资产投资价格指数（2004-2007年）
Price Indices of Investment in Fixed Assets, 2004-2007

上年=100 (Preceding Year=100)

项 目 Item	2004	2005	2006	2007
固定资产投资价格总指数 General Price Index of Investment in Fixed Assets	**107.3**	**101.2**	**100.7**	**102.6**
建筑安装、装饰工程 Building Installation	111.3	101.4	100.3	103.5
# 材料费用 Expense of Materials	114.8	101.1	99.2	103.4
设备工器具购置 Purchase of Equipment, Tools and Instruments	100.5	99.1	99.9	99.1
其他费用 Others	101.0	102.6	102.9	103.6

7-6 工业品出厂价格指数（2004-2007年）
Ex-factory Price Indices of Industrial Products, 2004-2007

上年=100 (Preceding Year=100)

项 目 Item	2004	2005	2006	2007
工业品出厂价格总指数 General Industrial Products Price Index	**104.1**	**100.1**	**100.6**	**101.5**
轻工业 Light Industry	101.2	98.2	98.7	100.3
以农产品为原料 Using Farm Products as Raw Materials	104.0	98.9	99.5	106.2
以非农产品为原料 Using Non-farm Products as Raw Materials	100.3	98.0	98.5	98.2
重工业 Heavy Industry	106.3	101.5	101.7	102.2
采掘业 Mining and Quarrying Industry	121.0	131.0	124.5	106.6
原料工业 Raw Materials Industry	118.4	108.1	106.0	108.1
加工工业 Processing Industry	97.2	92.9	95.1	98.2
生产资料 Production Goods	105.6	101.0	101.2	101.5
采掘业 Mining and Quarrying Industry	121.1	130.4	122.8	107.0
原料工业 Raw Materials Industry	117.7	107.4	107.0	107.6
加工工业 Processing Industry	99.7	95.4	96.2	98.6
生活资料 Consumer Goods	99.2	97.3	98.6	101.4
食 品 Food	103.5	98.3	99.9	108.7
衣 着 Clothing	100.9	98.0	99.4	104.0
一般日用品 Daily Use Articles	99.8	101.0	98.5	102.0
耐用消费品 Durable Consumer Goods	95.6	95.1	97.8	96.7

7-7 按行业分工业品出厂价格指数(2005-2007年)
Ex-factory Price Indices of Industrial Products by Sector, 2005-2007

上年=100 (Preceding Year=100)

行 业 Sector	2005	2006	2007
煤炭开采和洗选业 Mining and Washing of Coal	107.2	95.1	113.0
石油和天然气开采业 Extraction of Petroleum and Natural Gas	132.7	124.4	106.9
有色金属矿采选业 Mining and Processing of Non-Ferrous Metal Ores	107.0	133.1	109.2
非金属矿采选业 Mining and Processing of Nonmetal Ores	150.4	88.3	80.3
农副食品加工业 Processing of Food from Agricultural Products	94.2	98.1	120.9
食品制造业 Manufacture of Food	101.3	101.6	103.1
饮料制造业 Manufacture of Beverage	102.1	101.4	101.1
烟草制品业 Manufacture of Tobacco	100.0	101.2	100.2
纺织业 Manufacture of Textile	100.3	101.9	100.6
纺织服装、鞋、帽制造业 Manufacture of Textile Wearing Apparel, Footware, and Caps	95.1	97.7	101.8
皮革、毛皮、羽毛(绒)及其制品业 Manufacture of Leather, Fur, Feather and Related Products	102.8	100	110.7
木材加工及木、竹、藤、棕、草制品业 Processing of Timber, Manufacture of Wood, Bamboo, Rattan, Palm and Straw Products	103.9	101.6	103.9
家具制造业 Manufacture of Furniture	99.6	100.3	97.6
造纸及纸制品业 Manufacture of Paper and Paper Products	99.8	98.6	101.4
印刷业和记录媒介的复制 Printing and Record Medium Reproduction	100.4	99.7	106.8
文教体育用品制造业 Cultural, Educational and Sports Goods	100.1	99.6	101.3
石油加工、炼焦及核燃料加工业 Processing of Petroleum, Coking, Processing of Nuclear Fuel	118.7	119.5	103.5
化学原料及化学制品制造业 Manufacture of Raw Chemical Materials and Chemical Products	102.1	100.1	103.5

7-7 续表 1 Continued

上年=100 (Preceding Year=100)

行业 Sector	2005	2006	2007
医药制造业 Manufacture of Medicines	95.4	96.2	99.8
化学纤维制造业 Manufacture of Chemical Fibers	107.4	100.3	103.3
橡胶制品业 Manufacture of Rubber	103.4	105.6	104.6
塑料制品业 Manufacture of Plastics	101.5	100.0	101.4
非金属矿物制品业 Manufacture of Non-metallic Mineral Products	101.3	102.8	102.1
黑色金属冶炼及压延加工业 Smelting and Pressing of Ferrous Metals	102.2	94.4	114.3
有色金属冶炼及压延加工业 Smelting and Pressing of Non-ferrous Metals	114.6	139.7	104.0
金属制品业 Manufacture of Metal Products	102.4	95.0	107.4
通用设备制造业 Manufacture of General Purpose Machinery	100.8	99.5	100.2
专用设备制造业 Manufacture of Special Purpose Machinery	99.4	100.1	99.7
交通运输设备制造业 Manufacture of Transport Equipment	92.3	98.9	97.0
电气机械及器材制造业 Manufacture of Electrical Machinery and Equipment	100.6	108.0	103.5
通信设备、计算机及其他电子设备制造业 Manufacture of Communication Equipment, Computers and Other Electronic Equipment	87.2	91.2	89.4
仪器仪表及文化、办公用机械制造业 Manufacture of Measuring Instruments and Machinery for Cultural Activity and Office Work	94.6	91.4	94.2
工艺品及其他制造业 Manufacture of Artwork and Other Manufacturing	98.4	99.6	103.5
废弃资源和废旧材料回收加工业 Recycling and Disposal of Waste	127.2	122.5	101.9
电力、热力的生产和供应业 Production and Supply of Electric Power and Heat Power	109.0	104.9	104.3
煤气生产和供应业 Production and Supply of Gas	100.6	104.3	107.7
水的生产和供应业 Production and Supply of Water	102.4	120.0	108.2

7-8 工业主要原材料、燃料及动力购进价格指数（2004-2007年）
Main Raw Materials, Fuels and Motive Power Purchasing Price Indices of Industry, 2004-2007

上年=100 (Preceding Year=100)

项　目　Item	2004	2005	2006	2007
原材料燃料动力购进价格总指数 Purchasing Price Index of Raw Materials, Fuel and Power	**115.4**	**104.9**	**104.7**	**105.7**
燃料、动力类 Fuels and Power	118.3	122.9	111.9	106.2
黑色金属材料类 Ferrous Metals	134.3	103.3	93.9	110.6
有色金属材料及电线类 Non-ferrous Metals and Wires	130.5	117.3	153.6	110.8
化工原料类 Chemical Raw Materials	114.4	111.7	102.0	103.8
木材及纸浆类 Wood and Paper Pulps	99.0	104.6	103.4	106.3
建筑材料及非金属矿类 Construction Materials and Non-mental Ores	106.3	114.5	96.6	93.8
其他工业原材料及半成品类 Other Industrial Raw Materials and Semi-products	105.5	98.3	101.9	105.5
农副产品类 Farm and Sideline Products	115.6	91.9	108.5	104.4
纺织原料类 Textile Raw Materials	118.6	97.9	100.0	100.8

7-9 房地产价格指数（2004-2007年）
Price Indices of Real Estate, 2004-2007

上年=100 (Preceding Year=100)

项　目　Item	2004	2005	2006	2007
房屋销售价格指数 Price Index of Real Estate Sales	**113.5**	**106.0**	**106.7**	**107.0**
商品房 Commercial House	111.7	106.3	106.9	107.1
经济适用房 Low-cost and Policy Related House	111.2	104.7	104.7	104.3
普通住宅 Common Residence	111.7	107.1	108.2	108.3
高档住宅 High-grade Residence	110.3	107.2	105.5	106.0
二手房 Second-hand House	119.5	105.0	106.2	106.7
房屋租赁价格指数 Price Index of Real Estate Rent	**101.2**	**101.3**	**100.2**	**100.3**
住　宅 Residence	100.4	101.6	100.0	100.5
办公楼 Office	101.7	102.7	100.6	99.2
商业娱乐用房 Business and Entertainment Housing	103.1	100.4	100.5	100.9
工业仓储用房 Industry Storehouses	101.4	100.4	100.1	100.0
土地交易价格指数 Price Index of Land Transaction	**116.3**	**103.9**	**103.4**	**122.1**

主要统计指标解释

商品零售价格指数

是工业、商业、餐饮业和其他零售企业向城乡居民、机关团体出售生活消费品和办公用品的价格水平变动趋势和变动程度的相对数。其目的在于掌握零售商品价格的变动趋势，为国家宏观调控和国民经济核算提供参考依据。

商品零售价格的调查范围涉及到各种类型的工业、商业、餐饮业和其他行业的零售商品以及农民对非农业居民出售商品的价格。包括食品、饮料烟酒、服装鞋帽、纺织品、家用电器及音像器材、文化办公用品、日用品、体育娱乐用品、交通通信用品、家具、化妆品、金银珠宝、中西药品及医疗保健用品、书报杂志及电子出版物、燃料、建筑材料及五金电料等 16 个大类。

居民消费价格指数

反映居民家庭购买的消费品及服务价格水平的变动趋势和变动程度的相对数。它是宏观经济分析和决策、价格总水平监测和调控以及国民经济核算的重要指标。其按年度计算的变动率通常被用来作为反映通货膨胀（或紧缩）程度的指标。

居民消费价格的调查范围包括居民家庭购买并用于日常生活消费的商品和服务项目价格。按用途划分为 8 个大类，包括食品、烟酒及用品、衣着、家庭设备用品及维修服务费、医疗保健及个人用品、交通和通信、娱乐教育文化用品及服务、居住等。

固定资产投资价格指数

反映一定时期内固定资产投资额价格变动趋势和程度的相对数。固定资产投资额是由建筑安装工程投资完成额、设备、工器具购置投资完成额和其他费用投资完成额三部分组成的。编制固定资产投资价格指数首先分别编制上述三部分投资的价格指数，然后采用加权算术平均法求出固定资产投资价格总指数。该指数可以准确地反映固定资产投资中涉及的各类商品和取费项目价格变动趋势和变动幅度，消除按现价计算的固定资产投资指标中的价格变动因素，真实地反映固定资产投资的规模、速度、结构和效益，为国家科学地制定、检查固定资产投资计划并提高宏观调控水平，为完善国民经济核算体系提供科学的、可靠的依据。

工业品出厂价格指数

反映一定时期内全部工业产品出厂价格总水平的变动趋势和程度的相对数，包括工业企业售给本企业以外所有单位的各种产品和直接售给居民用于生活消费的产品。通过工业品出厂价格指数能观察出厂价格变动对工业总产值的影响。

工业原材料、燃料及动力购进价格指数

反映一定时期内全部工业企业作为生产投入，从物资交易市场和能源、原材料生产企业购买原材料、燃料和动力产品时，所支付的价格水平变动趋势和程度的相对数，是扣除工业企业物质消耗成本中的价格变动影响的重要依据。

房地产价格指数

反映全部房地产价格总水平的变动趋势和程度的相对数。包括土地交易价格指数、房地产销售价格指数、房地产租赁价格指数。

土地交易价格指数

反映一定时期内房地产开发商或其他建设单位在进行商品房、生产和商业用房及其他生产经营用地开发前为取得土地使用权而实际支付的价格的变动趋势和程度的相对数。

房屋销售价格指数

反映一定时期内房屋销售价格总水平变动趋势和程度的相对数。

房屋租赁价格指数

反映一定时期内房屋租赁价格总水平变动趋势和程度的相对数。

Explanatory Notes on Main Statistical Indicators

Retail Price Index

reflects the trend and degree of changes in retail prices of living consumer goods and office equipment which are sold to residents and organizations by retail enterprises. It can be used to know about the change tendency of the price of retailed goods, provides reliable data for government decision making and further improving the current national accounting system.

Its survey field covers the retail price of industry, commerce, catering trade and other sectors and prices of goods sold to non-agricultural population by farmers. Now it is classified into 16 categories by food, beverages, tobacco and liquor, garments, shoes and hats, textiles, household appliances, stereo sets & camera facilities, cultural and office goods, articles for daily use, sports and recreational goods, transport and communications goods, furniture, cosmetics, jewelry, traditional Chinese and western medicines, newspapers, magazines and electronics publications, fuels, building decoration materials, hardware materials.

Consumer Price Index

reflects the trend and degree of changes in prices of consumer goods and services purchased by citizens. It is an indicator used for government decision making, price monitoring & controlling and improving the current national accounting system. The annual price index is used to reflect the degree of inflation and deflation.

Its survey field covers the prices of goods and services purchased by citizens and used for living. It is classified into 8 categories by food, tobacco and use articles, clothing, household facilities and articles, repair services, medicine and medical articles, means of transportation and communication, recreation, education and culture articles, residence, services.

Price Index of Investment in Fixed Assets

reflects the trend and degree of changes in prices of investment in fixed assets during a given period. The investment in fixed assets consists of three components, namely the investment in construction and installation, the investment in purchases of equipment and instrument, and the investment in other items. Price index of investment in fixed assets is calculated as the weighted arithmetic mean of the price indices of the three components of investment in fixed assets. Removing the factor of price change in the aggregates of investment at current prices, this indicator shows the changes in the prices of commodities and fees involved in the investment of fixed assets, and can be used to observe the actual size, growth, structure, and efficiency of investment in fixed assets and provides reliable and scientific data for government planning, management, decision making, and further improving the current national accounting system.

Ex-factory Price Index of Industrial Products

reflects the trend and degree of changes in general ex-factory prices of all industrial products during a given period, including sales of industrial products by an industrial enterprise to all units outside the enterprise, as well as sales of consumer goods to residents. It can be used to analyze the impact of ex-factory prices on gross industrial output value.

Purchasing Price Index of Raw Material, Fuel and Power

reflects the trend and degree of changes in purchasing price of raw material, fuel and power paid by industrial enterprises when they purchase production as input from the market or other energy and raw material producers during a given period, and provide basis for measuring the material consumption of industrial enterprises after removing influence of price from cost.

Price Index of Real Estate

reflects the trend and degree changes in real estate price, including price index of land transaction, price index of real estate sales, price index of real estate leasing.

Price Index of Land Transaction

reflects the trend and degree changes in land transaction price which paid actually by developing enterprises or construction units to get land use rights before development of commodity buildings during a given period.

Price Index of Real Estate Sales

reflects the trend and degree changes in real estate sales during a given period.

Price Index of Real Estate Leasing

reflects the trend and degree changes in real estate leasing during a given period.

Explanatory Notes on Main Statistical Indicators

第8篇
CHAPTER 8
人民生活
People's Life

8-1 城乡居民物质文化生活水平提高情况（2003-2007年）
Improvement in Urban and Rural Residents' Material and Cultural Life, 2003-2007

指 标	Item	2003	2004	2005	2006	2007
居民收入支出(元)	**Income and Expenditure of Urban and Rural Residents (yuan)**					
城镇单位从业人员人均劳动报酬	Per Capita Annual Remuneration of Employment Personnel in Urban Units	18511	21146	24122	27628	33312
城市居民人均可支配收入	Per Capita Annual Disposable Income of Urban Residents	10313	11467	12639	14283	16357
城市居民人均消费性支出	Per Capita Annual Expenditures for Consumption of Urban Residents	7868	8802	9653	10548	12029
农村居民人均纯收入	Per Capita Annual Net Income of Rural Residents	5861	6525	7202	7942	8752
农村居民人均生活消费支出	Per Capita Annual Living Expenditures of Rural Residents	3015	3297	3590	3829	4118
储 蓄(万元)	**Savings (10 000 yuan)**					
人均年末储蓄存款余额	Per Capita Saving Deposit Balance	1.97	2.27	2.36	2.61	2.76
住 房(平方米)	**Floor Space of Residential Buildings (sq. m)**					
城市人均住宅建筑面积	Per Capita Floor Space of Urban Residential Buildings	23.10	24.70	24.97	26.05	27.09
农村人均住房面积	Per Capita Living Floor Space of Rural Residents	24.4	25.2	26.1	26.4	26.6
交通和通信	**Transportation and Communications**					
城市每万人拥有公共交通车辆(标台)	Number of Public Transportations Vehicles per 10 000 Persons in City (standard vehicles)	9.4	10.7	11.2	12.7	13.2
城市每万人拥有铺装道路长度(公里)	Length of Paved Roads per 10 000 Persons in City (km)	6.55	6.71	8.52	10.6	8.7
每人每年函件交寄(件)	Per Capita Annual Letters Delivered (piece)	23.9	11.4	8.1	8.4	8.5
全市每百人拥有电话机(含移动)(部)	Telephones Owned per 100 Persons (Include Mobile) (set)	82.3	89.5	90.1	106.7	111.1
电、水、燃气、供热	**Electricity, Water, Gas and Heating**					
全市人均生活用电量(千瓦小时)	Per Capita Electric Consumption for Living of All Residents (kWh)	344	360	367	406	434
城市人均生活用水量(吨)	Per Capita Water Consumption for Living of Urban Households (ton)	47.8	45.6	45.1	47.6	44.7
城市用气普及率(%)	Popularization Rate of Urban Households in Gas Use (%)	97.1	98.5	98.5	99.2	100
城市住宅集中供热面积(万平方米)	Heating Area of Urban Residential Buildings (10 000 sq. m)	8118	8970	10967	12041	12768

8-1 续表 Continued

指　标	Item	2003	2004	2005	2006	2007
文　化	**Culture**					
每百户城市居民	Per 100 Urban Households					
家庭拥有(台)	Possession (set)					
彩色电视机	Color TV Sets	135	137	136	136	135
家用电脑	Personal-Computers	34	41	51	59	67
每百户农村居民	Per 100 Rural Households					
家庭拥有(台)	Possession (set)					
彩色电视机	Color TV Sets	110	115	116	120	124
家用电脑	Personal-Computers	7	8	10	12	16
平均每人每年有图书(册)	Annual Per Capita Number of Books (copy)	6.7	8.2	5.7	4.8	4.1
平均每百人每天	Number of Newspapers per 100					
有报纸(份)	Persons Per Day (copy)	22.4	23.3	23.2	24.5	23.1
教　育	**Education**					
每万人口中有各级	Number of Students Enrollment					
学校在校学生(人)	Per 10 000 Population (person)	1617	1589	1615	1519	1461
# 大学生	University Students	243	281	330	337	339
卫　生	**Public Health**					
每万人拥有医院、	Number of Hospital Beds Per 10 000					
卫生院床位(张)	Persons (bed)	35.6	36	37.1	34.6	39.8
每万人拥有医生(人)	Number of Doctors Per 10 000 Persons (person)	25.7	24.9	25	24	24
赡养人口(人)	**Persons Supported by Others (person)**					
城镇每一就业者	Number of Persons Supported by					
赡养人口	Each Urban Employee	1.46	1.41	1.38	1.69	1.59
农村每一劳动力	Number of Persons Supported by					
负担人口	Each Rural Labour	1.48	1.48	1.42	1.40	1.41
城市绿化	**City Afforestation**					
建成区绿化覆盖率(%)	Coverage Rate of Afforestation					
	in Developed Area (%)	31.0	35.0	36.4	37.0	37.5
环境卫生与保护	**Environment Sanitation and Protection**					
年末拥有公共厕所(座)	Public Lavatories (unit)	2430	2731	2778	2458	1376
环境空气质量优良率(%)	Ambient Air Quality Fine Rate (%)	72.3	81.7	81.6	83.6	87.7

8-2 城镇单位从业人员劳动报酬总额(1990-2007年)
Total Remuneration of Employment Personnel in Urban Units, 1990-2007

单位：亿元 (100 million yuan)

年 份 Year	合 计 Total	按三次产业分 Grouped by Three Industries			按登记注册类型分 Grouped by Registration Status		
		第一产业 Primary Industry	第二产业 Secondary Industry	第三产业 Tertiary Industry	国有单位 State-owned Units	集体单位 Collective-owned Units	其他单位 Others
1990	69.38	0.79	38.47	30.11	55.50	12.63	1.25
1991	79.73	0.90	44.87	33.95	62.34	15.42	1.97
1992	91.56	1.03	54.03	36.51	71.97	16.51	3.08
1993	116.78	0.72	69.12	46.94	90.32	19.21	7.24
1994	154.04	0.80	86.93	66.32	116.07	21.69	16.28
1995	184.80	0.86	105.50	78.44	135.22	26.00	23.59
1996	212.05	0.96	116.32	94.77	154.34	27.14	30.57
1997	223.25	1.04	118.71	103.50	160.47	26.46	36.32
1998	225.39	1.07	118.56	105.75	151.80	23.94	49.64
1999	234.42	0.97	121.53	111.92	151.93	21.25	61.23
2000	253.53	1.07	131.15	121.32	161.86	19.86	71.82
2001	277.56	1.16	137.48	138.92	176.26	16.86	84.44
2002	304.23	1.38	145.74	157.11	182.27	15.47	106.49
2003	350.60	1.32	172.76	176.53	194.80	15.49	140.32
2004	407.99	1.38	199.12	207.49	222.60	16.21	169.18
2005	458.26	1.32	219.72	237.23	247.30	16.69	194.27
2006	530.29	1.35	256.63	272.31	283.14	17.99	229.16
2007	653.05	1.66	310.10	341.29	337.13	19.71	296.21

注：1. 1998年以前为职工工资总额。2. 1993年以前各项指标中均不包括交通费、洗理费。下同。

Note: a) Data before 1998 of this table refer to total wages of staff and workers. b) Each item before 1993 excludes expenses of transport and washing. Same as following next.

8-3 城镇单位从业人员人均劳动报酬(1990-2007年)
Per Capita Remuneration of Employment Personnel in Urban Units, 1990-2007

单位：元 (yuan)

年 份 Year	合 计 Total	按三次产业分 Grouped by Three Industries			按登记注册类型分 Grouped by Registration Status		
		第一产业 Primary Industry	第二产业 Secondary Industry	第三产业 Tertiary Industry	国有单位 State-owned Units	集体单位 Collective-owned Units	其他单位 Others
1990	2438	1932	2270	2715	2611	1866	2946
1991	2724	3102	2572	2980	2912	2114	3455
1992	3118	2430	3088	3188	3383	2285	3553
1993	4080	2972	4167	3980	4410	2780	5869
1994	5364	2610	5116	5297	5806	3370	7100
1995	6501	4844	6237	6357	6963	4138	8640
1996	7643	5710	7131	7787	8072	4745	10522
1997	8238	6476	7691	8372	8689	5083	10599
1998	9895	7541	9778	10062	10169	6020	12818
1999	11046	8476	11000	11127	11169	6821	13601
2000	12414	9414	12259	12622	12690	7485	14317
2001	14242	10333	13503	15107	14823	8159	15263
2002	16223	12492	15432	17081	16632	9152	17449
2003	18511	13257	17772	19357	18929	10865	19424
2004	21146	15450	20398	21972	22031	12545	21421
2005	24122	15954	23370	24936	24832	14693	24583
2006	27628	17975	26711	28631	29135	17752	27081
2007	33312	23040	32051	34624	34894	21539	32814

8-4 城镇单位从业人员劳动报酬总额
Total Remuneration of Employment Personnel in Urban Units

单位：亿元 (100 million yuan)

项 目	Item	2006	2007	2007比2006年增长(%) Increase Rate in 2007 over 2006 (%)
总 计	**Total**	**530.29**	**653.05**	**23.1**
按登记注册类型分	**Grouped by Registration Status**			
国有单位	State-owned Units	283.14	337.13	19.1
集体单位	Collective-owned Units	17.99	19.71	9.6
其他单位	Others	229.16	296.21	29.3
#外商及港澳台商投资单位	Foreign Countries, Hong Kong, Macao & Taiwan Funded Units	142.88	180.74	26.5
股份有限公司	Share Holding Corporations Ltd.	35.81	45.41	26.8
按国民经济行业分	**Grouped by Sector**			
农、林、牧、渔业	Farming, Forestry, Animal Husbandry and Fishery	1.35	1.66	23.0
采矿业	Minerals Mining	25.08	31.51	25.6
制造业	Manufacturing	185.85	221.40	19.1
电力、燃气及水的生产和供应业	Production & Supply of Power, Gas and Water	17.91	21.16	18.1
建筑业	Construction	27.79	36.03	29.7
交通运输、仓储及邮政业	Transportation, Storage and Post Services	39.25	47.08	19.9
信息传输、计算机服务和软件业	Information Transmitting, Computer Services and Software	9.26	11.72	26.6
批发和零售业	Wholesale and Retail Trade	25.34	33.02	30.3
住宿和餐饮业	Accommodation and Catering Services	5.23	6.12	17.0
金融业	Finance Intermediation	25.51	31.78	24.6
房地产业	Real Estate	5.22	7.26	39.1
租赁和商务服务业	Leasing and Business Services	10.25	13.42	30.9
科学研究、技术服务和地质勘察业	Scientific Research, Technical Services and Geological Prospecting	21.90	28.17	28.6
水利、环境和公共设施管理业	Management for Water Conservancy, Environment and Public Facilities	7.77	9.25	19.0
居民服务和其他服务业	Resident Services and Other Social Services	7.11	8.23	15.8
教 育	Education	48.08	57.61	19.8
卫生、社会保障和社会福利业	Health Care, Social Security and Social Welfare	22.20	27.67	24.6
文化、体育和娱乐业	Culture, Sports and Recreational Services	5.16	6.99	35.5
公共管理和社会组织	Public Management and Social Organizations	40.03	52.97	32.3
按企业、事业、机关分	**Grouped By Enterprise, Institution and Agency**			
企 业	Enterprises	398.11	486.61	22.2
中 央	Central	111.04	132.26	19.1
地 方	Local	287.07	354.35	23.4
#国 有	State-owned	75.19	45.18	-39.9
事 业	Institutions	94.31	115.84	22.8
中 央	Central	8.75	9.81	12.1
地 方	Local	85.56	106.03	23.9
机 关	Government Agencies	37.87	50.60	33.6
中 央	Central	4.30	5.40	25.6
地 方	Local	33.57	45.20	34.6

8-5 城镇单位从业人员人均劳动报酬
Per Capita Remuneration of Employment Personnel in Urban Units

单位：元 (yuan)

项　目	Item	2006	2007	2007 比2006年增长(%) Increase Rate in 2007 over 2006 (%)
总　计	**Total**	**27628**	**33312**	**20.6**
按登记注册类型分	**Grouped by Registration Status**			
国有单位	State-owned Units	29135	34894	19.8
集体单位	Collective-owned Units	17752	21539	21.3
其他单位	Others	27081	32814	21.2
#外商及港澳台商投资单位	Foreign Countries, Hong Kong, Macao & Taiwan Funded Units	27763	33534	20.8
股份有限公司	Share Holding Corporations Ltd.	36161	42349	17.1
按国民经济行业分	**Grouped by Sector**			
农、林、牧、渔业	Farming, Forestry, Animal Husbandry and Fishery	17975	23040	28.2
采矿业	Minerals Mining	34097	41361	21.3
制造业	Manufacturing	24354	29358	20.5
电力、燃气及水的生产和供应业	Production & Supply of Power, Gas and Water	53764	63291	17.7
建筑业	Construction	30613	34729	13.4
交通运输、仓储及邮政业	Transportation, Storage and Post Services	34260	39554	15.5
信息传输、计算机服务和软件业	Information Transmitting, Computer Services and Software	40591	49220	21.3
批发和零售业	Wholesale and Retail Trade	22677	26541	17.0
住宿和餐饮业	Accommodation and Catering Services	15424	17789	15.3
金融业	Finance Intermediation	49810	60294	21.0
房地产业	Real Estate	24184	30193	24.8
租赁和商务服务业	Leasing and Business Services	15810	20017	26.6
科学研究、技术服务和地质勘察业	Scientific Research, Technical Services and Geological Prospecting	41473	49896	20.3
水利、环境和公共设施管理业	Management for Water Conservancy, Environment and Public Facilities	22215	26115	17.6
居民服务和其他服务业	Resident Services and Other Social Services	14863	15428	3.8
教　育	Education	28752	34707	20.7
卫生、社会保障和社会福利业	Health Care, Social Security and Social Welfare	28959	35224	21.6
文化、体育和娱乐业	Culture, Sports and Recreational Services	28349	37794	33.3
公共管理和社会组织	Public Management and Social Organizations	30156	40136	33.1
按企业、事业、机关分	**Grouped By Enterprise, Institution and Agency**			
企　业	Enterprises	27265	32519	19.3
中　央	Central	41217	48626	18.0
地　方	Local	24108	28941	20.0
#国　有	State-owned	22578	24741	9.6
事　业	Institutions	28260	34258	21.2
中　央	Central	38250	41745	9.1
地　方	Local	27524	33699	22.4
机　关	Government Agencies	30176	40203	33.2
中　央	Central	37850	46887	23.9
地　方	Local	29413	39529	34.4

8-6 在岗职工工资总额
Total Wages of On-post Staff and Workers

单位：亿元 (100 million yuan)

项　目	Item	2006	2007	2007比2006年增长(%) Increase Rate in 2007 over 2006 (%)
总　计	**Total**	**487.46**	**602.65**	**23.6**
按登记注册类型分	**Grouped by Registration Status**			
国有单位	State-owned Units	270.10	321.77	19.1
集体单位	Collective-owned Units	15.73	17.19	9.3
其他单位	Others	201.63	263.69	30.8
# 外商及港澳台商投资单位	Foreign Countries, Hong Kong, Macao & Taiwan Funded Units	124.58	160.35	28.7
股份有限公司	Share Holding Corporations Ltd.	32.10	40.78	27.0
按国民经济行业分	**Grouped by Sector**			
农、林、牧、渔业	Farming, Forestry, Animal Husbandry and Fishery	1.34	1.59	18.7
采矿业	Minerals Mining	22.85	27.26	19.3
制造业	Manufacturing	168.04	202.02	20.2
电力、燃气及水的生产和供应业	Production & Supply of Power, Gas and Water	17.54	20.78	18.4
建筑业	Construction	26.75	33.75	26.2
交通运输、仓储及邮政业	Transportation, Storage and Post Services	36.43	43.74	20.1
信息传输、计算机服务和软件业	Information Transmitting, Computer Services and Software	9.03	11.24	24.5
批发和零售业	Wholesale and Retail Trade	20.89	28.25	35.2
住宿和餐饮业	Accommodation and Catering Services	4.22	4.91	16.4
金融业	Finance Intermediation	21.57	26.92	24.8
房地产业	Real Estate	4.45	6.49	45.8
租赁和商务服务业	Leasing and Business Services	8.51	11.99	40.9
科学研究、技术服务和地质勘察业	Scientific Research, Technical Services and Geological Prospecting	20.75	26.30	26.7
水利、环境和公共设施管理业	Management for Water Conservancy, Environment and Public Facilities	7.33	8.78	19.8
居民服务和其他服务业	Resident Services and Other Social Services	5.59	7.15	27.9
教　育	Education	47.07	56.53	20.1
卫生、社会保障和社会福利业	Health Care, Social Security and Social Welfare	21.26	26.53	24.8
文化、体育和娱乐业	Culture, Sports and Recreational Services	4.83	6.56	35.8
公共管理和社会组织	Public Management and Social Organizations	38.99	51.86	33.0

8-7 在岗职工平均工资
Per Capita Wages of On-post Staff and Workers

单位：元 (yuan)

项　　目	Item	2006	2007	2007比2006年增长(%) Increase Rate in 2007 over 2006 (%)
总　　计	**Total**	**28682**	**34938**	**21.8**
按登记注册类型分	**Grouped by Registration Status**			
国有单位	State-owned Units	31287	37859	21.0
集体单位	Collective-owned Units	19125	23465	22.7
其他单位	Others	26743	32890	23.0
# 外商及港澳台商投资单位	Foreign Countries, Hong Kong, Macao & Taiwan Funded Units	26213	32276	23.1
股份有限公司	Share Holding Corporations Ltd.	38064	45313	19.0
按国民经济行业分	**Grouped by Sector**			
农、林、牧、渔业	Farming, Forestry, Animal Husbandry and Fishery	18092	23244	28.5
采矿业	Minerals Mining	35847	42883	19.6
制造业	Manufacturing	23545	28800	22.3
电力、燃气及水的生产和供应业	Production & Supply of Power, Gas and Water	56971	65959	15.8
建筑业	Construction	32107	37014	15.3
交通运输、仓储及邮政业	Transportation, Storage and Post Services	36666	42385	15.6
信息传输、计算机服务和软件业	Information transmitting, Computer Services and Software	43366	51115	17.9
批发和零售业	Wholesale and Retail Trade	23750	27773	16.9
住宿和餐饮业	Accommodation and Catering Services	18286	19757	8.0
金融业	Finance Intermediation	59796	77259	29.2
房地产业	Real Estate	27939	34487	23.4
租赁和商务服务业	Leasing and Business Services	17528	23150	32.1
科学研究、技术服务和地质勘察业	Scientific Research, Technical Services and Geological Prospecting	44993	53304	18.5
水利、环境和公共设施管理业	Management for Water Conservancy, Environment and Public Facilities	24401	29351	20.3
居民服务和其他服务业	Resident Services and Other Social Services	19099	24353	27.5
教　育	Education	29512	35738	21.1
卫生、社会保障和社会福利业	Health Care, Social Security and Social Welfare	31299	38275	22.3
文化、体育和娱乐业	Culture, Sports and Recreational Services	30148	39139	29.8
公共管理和社会组织	Public Management and Social Organizations	32524	43116	32.6

8-8 其他从业人员劳动报酬总额
Total Remuneration of Other Employment Personnel

单位：亿元 (100 million yuan)

项 目	Item	2006	2007	2007比2006年增长(%) Increase Rate in 2007 over 2006 (%)
总 计	**Total**	**42.83**	**50.40**	**17.7**
按登记注册类型分	**Grouped by Registration Status**			
国有单位	State-owned Units	13.04	15.36	17.8
集体单位	Collective-owned Units	2.26	2.52	11.5
其他单位	Others	27.53	32.52	18.1
#外商及港澳台商投资单位	Foreign Countries, Hong Kong, Macao & Taiwan Funded Units	18.30	20.39	11.4
股份有限公司	Share Holding Corporations Ltd.	3.71	4.63	24.8
按国民经济行业分	**Grouped by Sector**			
农、林、牧、渔业	Farming, Forestry, Animal Husbandry and Fishery	0.01	0.06	500.0
采矿业	Minerals Mining	2.23	4.25	90.6
制造业	Manufacturing	17.81	19.38	8.8
电力、燃气及水的生产和供应业	Production & Supply of Power, Gas and Water	0.37	0.38	2.7
建筑业	Construction	1.04	2.28	119.2
交通运输、仓储及邮政业	Transportation, Storage and Post Services	2.81	3.34	18.9
信息传输、计算机服务和软件业	Information Transmitting, Computer Services and Software	0.22	0.48	118.2
批发和零售业	Wholesale and Retail Trade	4.45	4.77	7.2
住宿和餐饮业	Accommodation and Catering Services	1.01	1.22	20.8
金融业	Finance Intermediation	3.94	4.86	23.4
房地产业	Real Estate	0.78	0.77	-1.3
租赁和商务服务业	Leasing and Business Services	1.74	1.43	-17.8
科学研究、技术服务和地质勘察业	Scientific Research, Technical Services and Geological Prospecting	1.15	1.87	62.6
水利、环境和公共设施管理业	Management for Water Conservancy, Environment and Public Facilities	0.44	0.47	6.8
居民服务和其他服务业	Resident Services and Other Social Services	1.52	1.08	-28.9
教 育	Education	1.01	1.08	6.9
卫生、社会保障和社会福利业	Health Care, Social Security and Social Welfare	0.94	1.14	21.3
文化、体育和娱乐业	Culture, Sports and Recreational Services	0.33	0.43	30.3
公共管理和社会组织	Public Management and Social Organizations	1.03	1.11	7.8

8-9 其他从业人员人均劳动报酬
Per Capita Remuneration of Other Employment Personnel

单位：元 (yuan)

项　目	Item	2006	2007	2007比2006年增长(%) Increase Rate in 2007 over 2006 (%)
总　计	**Total**	**19481**	**21403**	**9.9**
按登记注册类型分	**Grouped by Registration Status**			
国有单位	State-owned Units	12017	13211	9.9
集体单位	Collective-owned Units	11845	13822	16.7
其他单位	Others	29846	32209	7.9
# 外商及港澳台商投资单位	Foreign Countries, Hong Kong, Macao & Taiwan Funded Units	46473	48361	4.1
股份有限公司	Share Holding Corporations Ltd.	25248	26860	6.4
按国民经济行业分	**Grouped by Sector**			
农、林、牧、渔业	Farming, Forestry, Animal Husbandry and Fishery	10619	18794	77.0
采矿业	Minerals Mining	22733	33683	48.2
制造业	Manufacturing	36034	36789	2.1
电力、燃气及水的生产和供应业	Production & Supply of Power, Gas and Water	14709	19578	33.1
建筑业	Construction	13911	18160	30.5
交通运输、仓储及邮政业	Transportation, Storage and Post Services	18526	21094	13.9
信息传输、计算机服务和软件业	Information Transmitting, Computer Services and Software	11242	26362	134.5
批发和零售业	Wholesale and Retail Trade	18705	21023	12.4
住宿和餐饮业	Accommodation and Catering Services	9318	12687	36.2
金融业	Finance Intermediation	26031	27220	4.6
房地产业	Real Estate	13676	14753	7.9
租赁和商务服务业	Leasing and Business Services	10685	9360	-12.4
科学研究、技术服务和地质勘察业	Scientific Research, Technical Services and Geological Prospecting	17191	26288	52.9
水利、环境和公共设施管理业	Management for Water Conservancy, Environment and Public Facilities	8946	8569	-4.2
居民服务和其他服务业	Resident Services and Other Social Services	8172	4507	-44.8
教　育	Education	13065	13808	5.7
卫生、社会保障和社会福利业	Health Care, Social Security and Social Welfare	10762	12323	14.5
文化、体育和娱乐业	Culture, Sports and Recreational Services	15137	24721	63.3
公共管理和社会组织	Public Management and Social Organizations	8042	9488	18.0

8-10 市属部分局（总公司）国有经济单位从业人员劳动报酬总额 Total Remuneration of Employment Personnel in State-owned Units in Part of Bureaus (Corporations)

单位：万元 (10 000 yuan)

局(总公司)	Bureau (Corporation)	2006	2007
经委系统	**Tianjin Economical Committee System**		
机电工业控股集团公司	Tianjin Machinery & Electric Industry Holding Group Company	12743.0	13387.2
中环电子信息集团有限公司	Tianjin Zhonghuan Electronics & Information Group	26600.9	32629.6
冶金集团(控股)有限公司	Tianjin Metallurgical Group (Holding) Corporation	21203.4	22219.0
渤海化工集团公司	Tianjin Bohai Chemical Industry Group Corporation	79279.2	94640.7
纺织集团(控股)有限公司	Tianjin Textile Industrial General Corporation	31775.0	32215.0
一轻集团(控股)有限公司	Tianjin First Light Industry Group (Holding) Co., Ltd.	9117.3	9062.3
二轻集团(控股)有限公司	Tianjin Second Light Industry Group (Holding) Co., Ltd.	3900.9	4455.1
医药集团有限公司	Tianjin Pharmaceutical Holdings	6033.6	5973.9
汽车工业(集团)有限公司	Tianjin Automobile Industry Group Co., Ltd.	2043.9	2583.8
飞鸽集团有限公司	Tianjin Flying Pigeon Group Co., Ltd.	1469.1	3077.9
塑料集团	Tianjin Plastics Group	805.1	986.4
天铁冶金集团有限公司	Tianjin Tiantie Metallurgical Group Co., Ltd.	47573.8	54431.0
建筑材料集团(控股)有限公司	Tianjin Building Materials Group (Holding) Co., Ltd.	5548.4	7325.6
农委系统	**Tianjin Agricultural Committee System**		
农业局	Tianjin Agriculture Bureau	1090.4	1331.6
畜牧局	Tianjin Animal Husbandry Bureau	848.3	1160.4
农垦集团总公司	Tianjin State Farms Agribusiness Group Company	8305.0	10133.8
水产局	Tianjin Aquatic Products Bureau	1396.7	1602.9
建委系统	**Tianjin Construction Committee System**		
建工集团总公司	Tianjin Construction Engineering Group Corporation	4759.1	5471.8
市政工程局	Tianjin Municipal Engineering Bureau	35552.0	39663.8
房地产管理局	Tianjin Real Estate Administrative Bureau	27865.1	36537.5
住宅建设发展集团	Tianjin House Construction Development Group	3346.4	3701.3
公共交通集团公司	Tianjin Public Traffic Group Corporation	17656.4	23107.7
自来水集团	Tianjin Tap Water Group	11037.7	11786.2
燃气集团	Tianjin Gas Group	20159.7	18202.4
交委系统	**Tianjin Transportation Committee System**		
天津港(集团)有限公司	Tianjin Port Group Corporation Ltd.	81951.7	77073.5
天津交通运输总公司	Tianjin Communication Corporation	10001.6	11794.5
商委系统	**Tianjin Commercial Committee System**		
粮食粮油集团有限公司	Tianjin Grain & Oil Group Co., Ltd.	5545.8	5022.9
一商集团有限公司	Tianjin First Commercial Group Co., Ltd.	3751.9	4073.1
二商集团有限公司	Tianjin Second Commercial Group Co., Ltd.	6340.4	6367.6

8-11 市属部分局（总公司）国有经济单位从业人员人均劳动报酬
Per Capita Remuneration of Employment Personnel in State-owned Units in Part of Bureaus (Corporations)

单位：元 (yuan)

局(总公司)	Bureau (Corporation)	2006	2007
经委系统	**Tianjin Economical Committee System**		
机电工业控股集团公司	Tianjin Machinery & Electric Industry Holding Group Company	18776	23923
中环电子信息集团有限公司	Tianjin Zhonghuan Electronics & Information Group	20931	25522
冶金集团(控股)有限公司	Tianjin Metallurgical Group (Holding) Corporation	21832	25779
渤海化工集团公司	Tianjin Bohai Chemical Industry Group Corporation	26393	31150
纺织集团(控股)有限公司	Tianjin Textile Industrial General Corporation	14482	16569
一轻集团(控股)有限公司	Tianjin First Light Industry Group (Holding) Co., Ltd.	24216	25528
二轻集团(控股)有限公司	Tianjin Second Light Industry Group (Holding) Co., Ltd.	18656	26237
医药集团有限公司	Tianjin Pharmaceutical Holdings	24587	28407
汽车工业(集团)有限公司	Tianjin Automobile Industry Group Co., Ltd.	25677	27753
飞鸽集团有限公司	Tianjin Flying Pigeon Group Co., Ltd.	13059	16486
塑料集团	Tianjin Plastics Group	16773	20172
天铁冶金集团有限公司	Tianjin Tiantie Metallurgical Group Co., Ltd.	24702	28010
建筑材料集团(控股)有限公司	Tianjin Building Materials Group (Holding) Co., Ltd.	19034	21458
农委系统	**Tianjin Agricultural Committee System**		
农业局	Tianjin Agriculture Bureau	24614	30824
畜牧局	Tianjin Animal Husbandry Bureau	25247	34743
农垦集团总公司	Tianjin State Farms Agribusiness Group Company	25174	29718
水产局	Tianjin Aquatic Products Bureau	17372	37451
建委系统	**Tianjin Construction Committee System**		
建工集团总公司	Tianjin Construction Engineering Group Corporation	22470	25945
市政工程局	Tianjin Municipal Engineering Bureau	25727	29337
房地产管理局	Tianjin Real Estate Administrative Bureau	29879	36381
住宅建设发展集团	Tianjin House Construction Development Group	29023	32611
公共交通集团公司	Tianjin Public Traffic Group Corporation	16679	18989
自来水集团	Tianjin Tap Water Group	30265	33219
燃气集团	Tianjin Gas Group	29875	32574
交委系统	**Tianjin Transportation Committee System**		
天津港(集团)有限公司	Tianjin Port Group Corporation Ltd.	67486	76447
天津交通运输总公司	Tianjin Communication Corporation	16838	20732
商委系统	**Tianjin Commercial Committee System**		
粮食粮油集团有限公司	Tianjin Grain & Oil Group Co., Ltd.	19666	22585
一商集团有限公司	Tianjin First Commercial Group Co., Ltd.	21078	26552
二商集团有限公司	Tianjin Second Commercial Group Co., Ltd.	21341	22500

8-12 职工劳保福利费发放情况(2004-2007年) Total Insurance Welfare of Staff and Workers, 2004-2007

指标 Item	2004	2005	2006	2007
在职职工保险福利费用总额(万元) Total Insurance Welfare of On-post Staff & Workers (10 000 yuan)	**323589**	**227406**	**251659**	**289022**
国有单位 State-owned Units	219670	150359	158377	161407
集体单位 Collective-owned Units	26308	5762	4267	4711
其他单位 Others	77611	71285	89015	122904
非在职职工保险福利费用总额(万元) Total Insurance Welfare of Staff & Workers not On-post (10 000 yuan)	**1358726**	**1672527**	**1771985**	**2160749**
# 国有单位 State-owned Units	1075571	1303997	1389786	1688690
在职职工人均保险福利费(元) Per Capita Insurance Welfare of On-post Staff & Workers (yuan)	**1539**	**1369**	**1472**	**1467**
国有单位 State-owned Units	1864	1699	1846	1627
集体单位 Collective-owned Units	1460	663	581	402
其他单位 Others	1044	1034	1143	1427
非在职职工人均保险福利费(元) Per Capita Insurance Welfare of Staff & Workers not On-post (yuan)	**11513**	**12809**	**13072**	**15567**
# 国有单位 State-owned Units	12954	13791	14158	16941

注：1. 资料来源:天津市劳动和社会保障局、民政局。2. 非在职职工保险福利费不含民政部门支付。
Note: a) Data are obtained from Tianjin Municipal Labour & Social Insurance Bureau and Tianjin Civil Administration Bureau. b) Insurance welfare of staff and workers not on-post exclude those paid by civil administration department.

8-13 职工保险福利费构成(2004-2007年) Composition of Insurance Welfare of Staff and Workers, 2004-2007

单位：万元 (10 000 yuan)

指标 Item	2004	2005	2006	2007
在职职工 On-post Staff & Workers	**323589**	**227406**	**251659**	**289022**
集体福利设施、事业补贴费 Collective Welfare Facilities, Insurance Subsidies	43562	37977	42299	70229
文体宣传费 Culture and Sport Expenses	8833	9288	8080	
医疗卫生费 Medical, Health Care Expenses	96968	82266	80229	81936
其　他 Others	174226	97876	121051	136857
非在职职工 Staff and Workers not On-post	**1358726**	**1672527**	**1771985**	**2160749**
离休费 Retirement Pensions	69304	60036	66784	82789
退休费 Pension Pensions	1158782	1440552	1654876	1945748
退职生活费 Resignation Living Expenses	7019			
医疗卫生费 Medical, Health Care Expenses	70006	90252		55167
其　他 Others	53615	81688	50325	77045

8-14 城市居民家庭人均收支及增幅（1990-2007年）
Capita Income & Expenditures and Increase Rate of Urban Households, 1990-2007

年 份 Year	人均可支配收入(元) Per Capita Annual Disposable Income (yuan)	人均消费性支出(元) Per Capita Annual Expenditures for Consumption (yuan)	人均可支配收入增幅(%) Increase Rate of per Capita Annual Disposable Income (%)		人均消费性支出增幅(%) Increase Rate of per Capita Annual Expenditures for Consumption (%)	
			扣除物价 Deducting Price Factor	未扣除物价 Including Price Factor	扣除物价 Deducting Price Factor	未扣除物价 Including Price Factor
1990	1638.92	1440.47	7.7	10.9	8.3	11.6
1991	1844.98	1585.71	2.2	12.6	-0.1	10.1
1992	2238.38	1907.17	8.9	21.3	8.0	20.3
1993	2769.26	2322.19	5.2	23.7	3.6	21.8
1994	3982.13	3301.37	16.0	43.8	14.7	42.2
1995	4929.53	4064.10	7.4	23.8	6.8	23.1
1996	5967.71	4679.61	11.1	21.1	5.6	15.1
1997	6608.56	5204.29	7.4	10.7	7.9	11.2
1998	7110.54	5471.01	8.1	7.6	5.6	5.1
1999	7649.83	5851.53	8.8	7.6	8.1	7.0
2000	8140.55	6121.07	6.8	6.4	5.0	4.6
2001	8958.70	6987.22	8.7	10.1	12.8	14.2
2002	9337.54	7191.97	12.1	11.6	5.8	5.4
2003	10312.91	7867.53	9.4	10.4	8.3	9.4
2004	11467.16	8802.44	8.7	11.2	9.4	11.9
2005	12638.55	9653.26	8.6	10.2	8.0	9.7
2006	14283.09	10548.05	11.3	13.0	7.7	9.3
2007	16357.35	12028.88	9.9	14.5	9.4	14.0

8-15 城市居民家庭生活基本情况（1990-2007年）
Basic Statistics of Urban Households, 1990-2007

年 份 Year	调查户数(户) Number of Households Surveyed (household)	平均每户家庭人口(人) Average Persons per Household (person)	平均每户就业人口(人) Average Employees per Household (person)	平均每户就业面(%) Percentage of Employment per Household (%)	平均每一就业者负担人数(人) Persons Supported by Each Employee (person)
1990	1000	3.20	1.87	58.4	1.71
1991	1000	3.20	1.85	57.8	1.73
1992	500	3.23	1.88	58.2	1.71
1993	500	3.19	1.86	58.3	1.72
1994	500	3.15	1.75	55.6	1.79
1995	500	3.14	1.74	55.4	1.80
1996	500	3.11	1.73	55.6	1.80
1997	500	3.10	1.70	54.8	1.82
1998	500	3.06	1.72	56.2	1.78
1999	500	3.09	1.68	54.4	1.84
2000	500	3.08	1.63	52.9	1.89
2001	500	3.09	1.59	51.5	1.94
2002	1500	3.02	1.44	47.7	2.11
2003	1500	2.99	1.41	47.2	2.12
2004	1500	2.96	1.47	49.7	2.01
2005	1500	2.92	1.45	49.7	2.01
2006	1500	2.88	1.42	49.3	2.03
2007	1500	2.89	1.46	50.5	1.98

8-16 城市不同收入水平居民家庭基本情况（2007年）（按平均每人每年可支配收入分组）
Basic Statistics of Urban Households with Different Income Level, 2007
(Grouped by Annual per Capita Disposable Income)

项 目	Item	调查户数(户) Number of Households Surveyed (household)	平均每户人口(人) Average Persons per Household (person)	平均每户就业人口(人) Average Employees per Household (person)	平均每一就业者负担人口(人) Persons Supported by Each Employee (person)
全 市	**Total**	**1500**	**2.89**	**1.46**	**1.98**
1. 最低收入户	Lowest Income Households				
(7510.00元以下)	(Below 7 510.00 yuan)	150	3.11	1.50	2.07
# 更低收入户	Even More Lowest Income				
(6170.67元以下)	Households (Below 6 170.67 yuan)	75	3.06	1.41	2.17
2. 低收入户	Low Income Households				
(7513.33-9206.67元)	(7 513.33-9 206.67 yuan)	150	3.21	1.57	2.04
3. 中等偏下收入户	Lower Middle Income Households				
(9221.00-12466.67元)	(9 221.00-12 466.67 yuan)	300	3.03	1.52	1.99
4. 中等收入户	Middle Income Households				
(12467.50-16030.00元)	(12 467.50-16 030.00 yuan)	300	2.81	1.34	2.10
5. 中等偏上收入户	Upper Middle Income Households				
(16053.67-22567.49元)	(16 053.67-22 567.49 yuan)	300	2.86	1.53	1.87
6. 高收入户	High Income Households				
(22590.00-28729.20元)	(22 590.00-28 729.20 yuan)	150	2.61	1.35	1.93
7. 最高收入户	Highest Income Households				
(28732.72元以上)	(Over 28 732.72 yuan)	150	2.54	1.44	1.76

单位：元 (yuan)

项 目	Item	人均总收入 Per Capita Annual Income	# 人均可支配收入 Per Capita Annual Disposable Income	人均消费性支出 Per Capita Annual Expenditures for Consumption	# 人均服务性消费支出 Per Capita Annual Expenditures for Services
全 市	**Total**	**17828.15**	**16357.35**	**12028.88**	**3354.81**
1. 最低收入户	Lowest Income Households				
(7510.00元以下)	(Below 7 510.00 yuan)	6659.81	6000.38	6326.38	1944.76
# 更低收入户	Even More Lowest Income				
(6170.67元以下)	Households (Below 6 170.67 yuan)	5900.73	5091.40	6089.68	1838.79
2. 低收入户	Low Income Households				
(7513.33-9206.67元)	(7 513.33-9 206.67 yuan)	9126.08	8435.32	7688.65	2018.60
3. 中等偏下收入户	Lower Middle Income Households				
(9221.00-12466.67元)	(9 221.00-12 466.67 yuan)	11740.57	10856.10	9108.00	2546.64
4. 中等收入户	Middle Income Households				
(12467.50-16030.00元)	(12 467.50-16 030.00 yuan)	15359.22	14048.07	10959.34	2892.21
5. 中等偏上收入户	Upper Middle Income Households				
(16053.67-22567.49元)	(16 053.67-22 567.49 yuan)	20640.20	18884.93	13042.98	3669.40
6. 高收入户	High Income Households				
(22590.00-28729.20元)	(22 590.00-28 729.20 yuan)	27939.33	25300.78	19050.10	5065.18
7. 最高收入户	Highest Income Households				
(28732.72元以上)	(Over 28 732.72 yuan)	44771.85	41478.84	23897.10	7124.74

8-17 城市居民家庭人均收入及构成(2004-2007年)
Per Capita Income & Composition of Urban Households, 2004-2007

项　目	Item	2004	2005	2006	2007
家庭人均总收入(元)	**Per Capita Annual Income (yuan)**	**12279.73**	**13563.32**	**15476.04**	**17828.15**
#可支配收入	Per Capita Disposable Income	11467.16	12638.55	14283.09	16357.35
家庭人均总收入构成(%)	**Composition of per Capita Annual Income (%)**	**100.0**	**100.0**	**100.0**	**100.0**
工薪收入	Salaries	61.1	60.3	59.8	61.0
#工资及补贴收入	Wage and Subsidies	59.1	59.1	58.9	60.4
经营净收入	Net Business Income	4.9	4.9	4.8	4.5
财产性收入	Property Income	1.0	1.1	1.1	1.3
转移性收入	Transferred Income	33.0	33.7	34.3	33.2
#养老金或离退休金	Pensions and Retirement Pay	25.5	24.9	27.2	26.3

8-18 城市居民家庭人均消费性支出及构成(2004-2007年)
Composition of per Capita Living Expenditures of Rural Residents, 2004-2007

项　目	Item	2004	2005	2006	2007
人均消费性支出(元)	**Per Capita Annual Expenditures for Consumption (yuan)**	**8802.44**	**9653.26**	**10548.05**	**12028.88**
#服务性消费支出	Expenditures for Services	2502.3	2798.4	3110.9	3354.81
人均消费性支出构成(%)	**Per Capita Annual Expenditures for Consumption (%)**	**100.0**	**100.0**	**100.0**	**100.0**
#服务性消费支出	Expenditures for Services	28.4	29.0	29.5	27.9
食　品	Food	37.2	36.7	34.9	35.3
衣　着	Clothing	7.1	7.2	8.2	8.5
居　住	Residence	14.0	13.4	13.0	11.8
家庭设备、用品及服务	Household Facilities, Articles and Services	5.6	5.4	6.0	6.3
医疗保健	Medicine and Medical Services	9.4	10.3	9.9	9.7
交通和通讯	Transportation and Communication Services	9.0	10.4	10.4	10.9
娱乐、教育、文化服务	Recreation, Education and Cultural Services	14.0	13.3	13.8	13.6
杂项商品和服务	Miscellaneous Commodities and Services	3.7	3.3	3.8	3.9

8-19 城市居民家庭人均消费性支出分类(2007年) The Classification of per Capita Annual Expenditures for Consumption of Urban Households, 2007

单位：元 (yuan)

项　目	Item	总平均 Average	最低收入 10% Lowest Income 10 percent	低收入 10% Low Income 10 percent	中等偏下收入 20% Lower Middle Income 20 percent
人均消费性支出	**Per Capita Total Expenditures for Consumption**	**12028.88**	**6326.38**	**7688.65**	**9108.00**
一、食　品	Food	4249.31	2574.05	3219.86	3677.09
(一)粮油类	Grain and Oil	442.22	335.18	382.26	431.74
1. 粮　食	Grain	244.24	185.20	215.90	235.99
2. 淀粉及薯类	Starches and Tubers	33.38	27.50	29.83	32.85
3. 干豆类及豆制品	Beans and Bean Products	36.98	26.29	30.79	34.05
4. 油脂类	Oil and Fats	127.62	96.19	105.73	128.85
(二)肉禽蛋水产品类	Meat, Poultry, Egg and Related Products	1068.94	719.15	915.51	986.06
1. 肉　类	Meat	510.40	346.93	440.20	479.29
2. 禽　类	Poultry	112.45	73.01	97.33	102.98
3. 蛋　类	Eggs	122.70	91.95	108.31	113.51
4.水产品类	Aquatic Products	323.39	207.26	269.67	290.28
(三)蔬菜类	Vegetables	351.32	241.30	302.40	327.26
(四)调味品	Flavouring	67.73	47.68	53.83	60.88
(五)糖烟酒饮料类	Sugar, Tobacco, Liquor and Beverage	433.53	253.10	333.46	361.42
1. 糖　类	Sugar	36.99	22.55	27.35	30.43
2. 烟草类	Tobacco	157.57	99.20	140.42	137.45
3. 酒　类	Liquor	140.17	73.47	97.82	112.22
4. 饮　料	Beverage	98.80	57.88	67.88	81.31
(六)干鲜瓜果类	Dry and Fresh Melons and Fruits	361.90	220.68	288.18	330.19
(七)糕点、奶及奶制品	Cake, Milk and Related Produts	301.27	179.99	239.75	262.45
(八)其他食品	Other Food	90.27	47.09	67.35	70.50
(九)饮食服务	Dining	1132.10	529.88	637.13	846.60
# 在外饮食	Dining Out	1131.58	529.68	636.78	846.13
二、衣　着	Clothing	1024.15	443.44	593.60	685.17
# 服　装	Garments	717.60	301.95	397.19	463.00
衣着材料	Clothing Materials	13.80	4.93	9.97	11.79
鞋　类	Shoes	243.17	118.72	155.15	176.21
衣着加工服务费	Tailoring and Laundering Service Fees	9.46	3.11	5.21	7.87
三、居　住	Residence	1417.45	907.24	840.96	1031.06
# 燃　料	Fuels	106.97	97.24	107.81	105.67
四、家庭设备、用品及服务	Household Facilities, Articles and Services	760.56	236.52	361.16	427.33
# 耐用消费品	Durable Consumer Goods	423.16	99.79	177.66	212.69
室内装饰品	Room Decorations	40.81	5.94	18.60	10.62
家庭服务	Household Services	45.33	7.36	13.44	30.44
五、医疗保健	Medicine and Medical Services	1163.98	426.54	757.02	942.40
六、交通与通讯	Transportation and Communication Services	1309.94	502.16	661.76	834.51
七、娱乐、教育、文化服务	Recreation, Education and Cultural Services	1639.83	1074.12	1037.84	1248.30
# 文化娱乐用品	Cultural and Recreational Articles	498.69	125.41	257.92	296.01
八、杂项商品与服务	Miscellaneous Commodities and Services	463.64	162.32	216.44	262.15

8-19 续表 Continued

单位：元 (yuan)

项　目	Item	中等收入 20% Middle Income 20 percent	中等偏上收入 20% Upper Middle Income 20 percent	高收入 10% High Income 10 percent	最高收入 10% Highest Income 10 percent
人均消费性支出	**Per Capita Total Expenditures for Consumption**	**10959.34**	**13042.98**	**19050.10**	**23897.10**
一、食　品	Food	4243.77	4637.21	5282.07	6927.18
(一)粮油类	Grain and Oil	457.99	466.58	503.71	515.91
1.粮　食	Grain	252.36	259.42	278.98	281.30
2.淀粉及薯类	Starches and Tubers	33.99	35.22	36.20	37.66
3.干豆类及豆制品	Beans and Bean Products	38.87	40.51	43.28	45.65
4.油脂类	Oil and Fats	132.77	131.42	145.25	151.30
(二)肉禽蛋水产品类	Meat, Poultry, Egg and Related Products	1116.49	1172.46	1272.20	1323.54
1.肉　类	Meat	534.82	558.09	587.70	624.11
2.禽　类	Poultry	119.71	124.14	132.75	137.30
3.蛋　类	Eggs	130.00	130.30	142.75	145.13
4.水产品类	Aquatic Products	331.95	359.93	409.00	417.00
(三)蔬菜类	Vegetables	369.23	381.57	412.35	429.21
(四)调味品	Flavouring	70.21	74.81	84.41	86.54
(五)糖烟酒饮料类	Sugar, Tobacco, Liquor and Beverage	418.97	456.88	539.66	809.56
1.糖　类	Sugar	35.53	37.71	46.44	73.21
2.烟草类	Tobacco	149.44	167.50	186.29	260.54
3.酒　类	Liquor	135.64	144.95	166.31	308.74
4.饮　料	Beverage	98.36	106.73	140.61	167.07
(六)干鲜瓜果类	Dry and Fresh Melons and Fruits	379.17	395.64	441.84	499.50
(七)糕点、奶及奶制品	Cake, Milk and Related Produts	316.47	330.30	392.31	421.05
(八)其他食品	Other Food	97.42	96.81	120.17	155.41
(九)饮食服务	Dining	1017.82	1262.15	1515.42	2686.46
#在外饮食	Dining Out	1016.84	1261.55	1515.07	2686.17
二、衣　着	Clothing	924.14	1232.89	1635.79	2163.46
#服　装	Garments	639.84	886.97	1128.84	1571.33
衣着材料	Clothing Materials	14.32	15.44	20.09	22.51
鞋　类	Shoes	228.61	277.01	391.34	461.33
衣着加工服务费	Tailoring and Laundering Service Fees	10.02	10.09	17.51	15.22
三、居　住	Residence	1260.66	1468.82	2610.37	2659.85
#燃　料	Fuels	108.04	108.24	109.05	113.12
四、家庭设备、用品及服务	Household Facilities, Articles and Services	610.92	757.81	1517.25	2217.59
#耐用消费品	Durable Consumer Goods	320.62	368.06	1000.19	1363.95
室内装饰品	Room Decorations	17.89	43.39	99.41	164.52
家庭服务	Household Services	28.49	69.33	71.63	120.08
五、医疗保健	Medicine and Medical Services	1191.23	1349.77	1933.84	1802.11
六、交通与通讯	Transportation and Communication Services	934.90	1318.91	2983.14	3281.23
七、娱乐、教育、文化服务	Recreation, Education and Cultural Services	1429.03	1742.50	2319.02	3505.25
#文化娱乐用品	Cultural and Recreational Articles	410.17	562.58	993.59	1258.91
八、杂项商品与服务	Miscellaneous Commodities and Services	364.69	535.08	768.62	1340.43

8-20 城市居民家庭平均每百户耐用消费品年末拥有量(2003-2007年)
Per 100 Urban Households Year-end Possessions of Major Durable Consumer Goods, 2003-2007

商品名称	Item	2003	2004	2005	2006	2007
摩托车(辆)	Motorcycle (unit)	8.9	8.5	8.1	6.3	3.8
助力车(辆)	Helping Hand Car (unit)	4.4	7.4	11.1	15.5	16.5
家用汽车(辆)	Automobile (unit)	2.2	2.3	3.0	4.6	5.6
洗衣机(台)	Washing Machine (unit)	96.3	95.9	95.8	96.8	97.8
电冰箱、柜(台)	Refrigerator (unit)	115.2	115.7	112.3	112.2	106.0
彩色电视机(台)	Color TV Set (unit)	134.5	136.5	136.3	135.9	134.8
家用电脑(台)	Personal-computer (unit)	34.1	41.2	51.1	59.2	66.6
组合音响(台)	Hi-Fi Stereo Component System (unit)	26.8	28.9	28.8	27.7	29.5
摄像机(台)	Vidicon (unit)	3.4	3.9	5.7	7.9	9.5
照像机(架)	Camera (unit)	56.3	54.3	52.5	59.5	62.8
钢　琴(架)	Piano (unit)	1.4	1.1	1.3	1.3	1.2
其他中高档乐器(件)	Other Instrument (unit)	4.1	3.3	2.7	3.2	1.7
微波炉(台)	Microwave Oven (unit)	61.4	68.9	74.3	77.9	82.2
空调器(台)	Air-conditioner (unit)	90.9	95.3	102.1	115.7	123.0
淋浴热水器(台)	Shower (unit)	82.7	85.8	86.5	87.1	88.6
消毒碗柜(台)	Dish-sterlization Boxes (unit)	1.4	1.3	2.6	2.4	1.4
洗碗机(台)	Dish-Washer (unit)	0.2	0.3	0.3	0.3	0.3
健身器材(套)	Gymnasfic Equipment (set)	5.4	4.9	3.1	4.3	3.0
固定电话(部)	Telephone (unit)	97.7	95.7	93.4	91.5	87.4
移动电话(部)	Mobile Telephone (unit)	77.8	107.1	122.1	143.7	162.3

8-21 城市居民家庭住房基本情况构成(2004-2007年)
Composition of Basic Living Condition of Urban Households, 2004-2007

单位：% (%)

指　标	Item	2004	2005	2006	2007
建筑式样	**Style of Building**	**100.0**	**100.0**	**100.0**	**100.0**
单栋住宅	Single Building		0.1	0.1	0.2
四居室	Four-room	0.7	1.1	1.0	0.9
三居室	Three-room	8.7	9.3	10.5	10.3
二居室	Two-room	63.0	60.8	61.5	62.5
一居室	One-room	20.7	18.8	17.5	18.8
普通楼房	Common Building	5.9	7.5	6.4	5.6
平房及其它	Cottage and Others	1.0	2.5	3.0	1.6
用水情况	**Water Supply**	**100.0**	**100.0**	**100.0**	**100.0**
独用自来水	Private Tap Water	97.5	97.4	98.1	98.9
公用自来水	Public Tap Water	2.5	2.6	1.9	1.1
井、河水	Well & River Water				
卫生设备	**Sanitary Facilities**	**100.0**	**100.0**	**100.0**	**100.0**
无卫生设备	None				
有厕所浴室	Restroom & Bathroom	74.8	77.1	87.2	90.1
有厕所无浴室	Restroom without Bathroom	20.7	15.9	6.2	4.7
公　用	Pulic Facilities	4.5	7.1	6.6	5.2
取暖设备	**Heating Facilities**	**100.0**	**100.0**	**100.0**	**100.0**
无取暖设备	None				
空调设备	Air-conditioner	0.6	0.5	0.3	0.3
暖　气	Central Heating	76.0	76.1	81.6	89.1
其　他	Others	23.4	23.4	18.1	10.6
炊用燃料使用情况	**Fuel Used for Cooking**	**100.0**	**100.0**	**100.0**	**100.0**
管道煤气	Pipeline Gas	92.3	91.9	92.1	92.1
液化石油气	Liquefied Petroleunm	7.7	7.1	7.0	7.6
煤	Coal		1.0	0.9	0.3
其　他	Others				

8-22 农村居民家庭基本情况(2004-2007年) Basic Statistics of Rural Households, 2004-2007

项目	Item	单位	Unit	2004	2005	2006	2007
户均常住人口	Average Permanent Residents per Household	人	person	3.56	3.55	3.47	3.48
#劳动力	Labors per Household	人	person	2.41	2.49	2.48	2.48
平均每个劳动力负担人口	Dependents per Labor	人	person	1.48	1.42	1.40	1.41
年末户均生产性固定资产原值	Year-end Productive Original Value of Fixed Assets per Household	元	yuan	8311	10150	10837	11724
#役畜、产品畜	Draught Animals and Commodity Animals	元	yuan	469	515	522	517
大中型铁木农具	Large and Medium Wood and Iron Farm Tools	元	yuan	363	162	172	162
农林牧渔业机械	Machinery for Farming, Forestry, Animal Husbandry and Fishery	元	yuan	1480	1910	1809	2056
户均经营耕地面积	Cultivated Land Areas per Household	公顷	hectare	0.32	0.32	0.29	0.30
年内人均新建住房面积	New Living Space per Capita in Current Year	平方米	sq. m	0.31	0.73	0.21	0.37
年末人均住房面积	Year-end Living Space per Capita	平方米	sq. m	25.22	26.06	26.43	26.60
全年人均纯收入	Annual Net Income per Capita	元	yuan	6525	7202	7942	8752
全年人均生活消费支出	Annual per Capita Living Expenditures	元	yuan	3297	3590	3829	4118
年末百户生产性固定资产拥有量	Year-end Productive Original Value of Fixed Assets per 100 Households						
汽车	Motor Vehicles	辆	set	5.50	6.67	6.50	6.50
大中型拖拉机	Large and Medium Tractors	台	set	2.50	1.67	1.67	1.67
小型和手扶拖拉机	Mini-tractors	台	set	21.67	18.00	17.83	17.83
水泵	Pumps	台	set	19.25	19.00	19.00	19.00

8-23 农村居民家庭劳动力文化程度(2004-2007年) Education Level of Labors in Rural Households, 2004-2007

单位：人 (person)

项目	Item	2004	2005	2006	2007
每百个劳动力中：	In per 100 Labors:				
不识字或识字很少	Illiterate or Semi-illiterate	1.64	1.64	1.60	1.60
小学	Primary School	24.65	18.08	18.28	18.10
初中	Junior Middle School	53.13	59.68	59.63	59.76
高中	Senior Middle School	14.78	13.90	13.37	13.47
中专	Specialized Secondary School	4.35	4.89	5.17	5.12
大专及以上	Junior College and Above	1.45	1.81	1.95	1.95

8-24 农村居民人均纯收入(2005-2007年)
Per Capita Net Income of Rural Residents, 2005-2007

单位：元 (yuan)

项　目	Item	2005	2006	2007
人均纯收入	**Per Capita Annual Net Income**	**7202**	**7942**	**8752**
1. 工资性收入	Rewards of Labours	3840	4234	4701
# 在非企业组织中劳动得到	From Collective Organization	684	689	731
在本地企业中劳动得到	From Labour in Local Enterprises	2512	2595	2624
2. 家庭经营纯收入	Income from Family Business	2959	3210	3514
# 农　业	Farming	1399	1454	1542
畜牧业	Animal Husbandry	191	174	197
采矿业和制造业	Minerals Mining and Manufacturing	38	50	68
建筑业	Construction	182	194	215
交通运输、仓储和邮政业	Transportation, Storage and Post Service	371	460	562
批发和零售业	Wholesale and Retail Trade	165	226	278
住宿和餐饮业	Accommodation and Catering Service	82	82	72
3. 转移性、财产性纯收入	Transferred and Property Income	403	498	537

8-25 农村居民人均纯收入构成(2005-2007年)
Composition of per Capita Net Income of Rural Residents, 2005-2007

单位：% (%)

项　目	Item	2005	2006	2007
人均纯收入	**Per Capita Annual Net Income**	**100.0**	**100.0**	**100.0**
1. 工资性收入	Rewards of Labours	53.3	53.3	53.7
# 在非企业组织中劳动得到	From Collective Organization	9.5	8.7	8.4
在本地企业中劳动得到	From Labour in Local Enterprises	34.9	32.7	30.0
2. 家庭经营纯收入	Income from Family Business	41.1	40.4	40.2
# 农　业	Farming	19.4	18.3	17.6
畜牧业	Animal Husbandry	2.7	2.2	2.3
采矿业和制造业	Minerals Mining and Manufacturing	0.5	0.6	0.8
建筑业	Construction	2.5	2.4	2.5
交通运输、仓储和邮政业	Transportation, Storage and Post Service	5.2	5.8	6.4
批发和零售业	Wholesale and Retail Trade	2.3	2.9	3.2
住宿和餐饮业	Accommodation and Catering Service	1.1	1.0	0.8
3. 转移性、财产性纯收入	Transferred and Property Income	5.6	6.3	6.1

8-26 农村居民人均生活消费支出(2005-2007年)
Per Capita Annual Living Expenditures of Rural Residents, 2005-2007

单位：元 (yuan)

项　目	Item	2005	2006	2007
人均生活消费支出	**Per Capita Annual Living Expenditures**	**3590**	**3829**	**4118**
食　品	Food	1376	1456	1603
衣　着	Clothing	362	371	390
居　住	Residence	844	947	993
家庭设备、用品及服务	Household Facilities, Articles and Services	108	117	119
医疗保健	Medicine and Medical Services	268	269	281
交通通讯	Transportation and Communications	270	298	315
文教娱乐用品及服务	Culture, Education and Recreation Articles and Services	252	250	278
其他商品和服务	Other Commodities and Services	110	121	139

8-27 农村居民人均生活消费支出构成(2005-2007年)
Composition of per Capita Living Expenditures of Rural Residents, 2005-2007

单位：% (%)

项　目	Item	2005	2006	2007
人均生活消费支出	**Per Capita Annual Living Expenditures**	**100.0**	**100.0**	**100.0**
食　品	Food	38.3	38.0	38.9
衣　着	Clothing	10.1	9.7	9.5
居　住	Residence	23.5	24.7	24.1
家庭设备、用品及服务	Household Facilities, Articles and Services	3.0	3.1	2.9
医疗保健	Medicine and Medical Services	7.5	7.0	6.8
交通通讯	Transportation and Communications	7.5	7.8	7.6
文教娱乐用品及服务	Culture, Education and Recreation Articles and Services	7.0	6.5	6.8
其他商品和服务	Other Commodities and Services	3.1	3.2	3.4

8-28 农村居民家庭每百户耐用消费品年末拥有量(2003-2007年)
Per 100 Rural Households Year-end Possessions of Durable Consumer Goods, 2003-2007

商品名称	Item	2003	2004	2005	2006	2007
自行车(辆)	Bicycle (unit)	198	191	183	181	184
电动自行车(辆)	Electric Bicycle (unit)	3	4	8	16	27
摩托车(辆)	Motorcycle (unit)	45	49	50	48	51
生活用汽车(辆)	Car (unit)	3	4	6	7	8
空调器(台)	Air-Conditioner (set)	32	36	42	50	57
洗衣机(台)	Washing Machine (set)	90	92	95	96	98
电冰箱(台)	Refrigerator (set)	75	78	84	88	92
微波炉(台)	Microwave Oven (set)	10	12	16	20	25
吸尘器(台)	Dust Catcher (unit)	6	6	6	7	7
热水器(台)	Shower (set)	15	21	32	38	44
抽油烟机(台)	Smoke Absorber (set)	12	14	18	22	22
普通电话(部)	Telephone (unit)	84	87	88	86	86
移动电话(部)	Mobile Telephone (unit)	54	65	89	108	130
家用电脑(台)	Personal-computer (unit)	7	8	10	12	16
彩色电视机(台)	Color TV Set (set)	110	115	116	120	124
照相机(架)	Camera (set)	20	20	20	20	20
影碟机(台)	Video Disc Player (set)	31	33	40	38	39
摄像机(台)	Vidicon (set)	1	1	1	1	1

8-29 农村居民人均食品消费量(2003-2007年)
Per Capita Annual Consumption on Food of Rural Households, 2003-2007

单位：千克 (kg)

商品名称	Item	2003	2004	2005	2006	2007
粮　食	Grain	195.0	182.3	173.5	165.5	160.9
蔬菜及其制品	Vegetables and Related Products	134.3	136.4	124.7	132.2	134.9
食用植物油	Vegetable Oil	9.3	9.4	9.4	9.3	9.8
食用动物油	Animal Oil	0.7	0.5	0.3	0.4	0.2
猪　肉	Pork	9.4	9.3	9.8	11.2	8.3
牛　肉	Beef	0.7	0.9	1.0	0.8	1.0
羊　肉	Mutton	1.0	1.1	1.2	1.4	1.5
家　禽	Poultry	1.1	0.9	0.7	0.6	1.1
肉禽制品	Meat, Poultry and Related Products	1.2	1.1	1.1	1.3	1.1
蛋类及其制品	Eggs and Related Products	16.6	18.0	17.4	17.6	17.6
奶及其制品	Milk and Related Products	1.9	2.4	3.4	5.7	6.2
水产品	Aquatic Products	9.4	10.2	12.8	14.8	16.4
水果及其制品	Fruits and Related Products	30.1	31.4	28.8	32.0	32.1
食　糖	Sugar	1.1	0.7	0.6	0.7	0.7
白　酒	Wine	3.2	3.1	3.5	3.5	3.1
啤　酒	Beer	7.0	7.3	7.3	6.9	7.7

主要统计指标解释

城镇单位从业人员劳动报酬

指各单位在一定时期内直接支付给本单位全部从业人员的劳动报酬总额。包括在岗职工工资总额和本单位其他从业人员劳动报酬两部分。

在岗职工工资总额

指各单位在一定时期内直接支付给本单位在岗职工的全部劳动报酬总额。在岗职工工资总额构成包括：计时工资（含计时标准工资）、计件工资、奖金、计件超额工资、津贴和补贴、加班加点工资、特殊情况下支付的工资等。

其他从业人员劳动报酬

指各单位在一定时期内直接支付给本单位其他从业人员的全部劳动报酬。包括支付给再就业的离退休人员的劳动报酬和民办教师、港澳台和外籍人员的劳动报酬总额。还包括支付给聘用的外单位不在岗人员、聘用的失业人员、聘用和使用的外来人员、聘用的在本单位从事第二职业人员的劳动报酬。

职工保险福利费总额

指各单位在工资以外实际支付给职工个人和用于集体的劳动保险福利费用总额。

城市居民家庭就业人口

指从事社会劳动并取得报酬或经营收入的人口，不论在全民、集体和其他所有制单位工作或从事个体劳动，不论有固定性职业或临时性职业都是就业人口。

城市居民家庭总收入

指调查户中生活在一起的所有家庭成员在调查期得到的工资性收入、经营性收入、财产性收入、转移性收入的总和，不包括出售财物和借贷收入。收入的统计标准以实际发生的数额为准，无论收入是补发还是预发，只要是调查期得到的都应如实计算，原则上不作分摊。考虑到对样本量小的市县影响较大，大笔收入可以分摊记入，但要尽量减少分摊次数，并要在本年度内分摊完毕。

城市居民家庭可支配收入

指调查户可用于最终消费支出和其它非义务性支出以及储蓄的总和，即居民家庭可以用来自由支配的收入。它是家庭总收入扣除交纳的个人所得税、个人交纳的社会保障费以及调查户的记账补贴后的收入。计算公式为：

可支配收入＝家庭总收入－交纳个人所得税－个人交纳的社会保障支出－记账补贴

城市居民工薪收入 指就业人员通过各种途径得到的全部劳动报酬，包括所从事的主要职业的工资以及从事第二职业、其他兼职和零星劳动得到的其他劳动收入。

城市居民经营净收入 指家庭成员从事生产经营活动所获得的净收入。是全部生产经营收入中扣除生产成本和税金后所得的收入。

城市居民财产性收入 指家庭所拥有的动产（如银行存款、有价证券）、不动产（如房屋、车辆、土地、收藏品等）所获得的收入。包括出让财产使用权所获得的利息、租金、专利收入；财产运营所获得的红利收入、财产增值收益等。

城市居民转移性收入 指国家、单位、社会团体对居民家庭的各种转移支付和居民家庭间的收入转移。包括政府对个人收入转移的离退休金、失业救济金、赔偿等；单位对个人收入转移的辞退金、保险索赔、住房公积金、家庭间的赠送和赡养等。

城市居民家庭消费性支出

指调查户用于本家庭日常生活的全部支出，包括食品、衣着、居住、家庭设备用品及服务、医疗保健、交通和通信、娱乐教育文化服务、其它商品和服务八大类等。包括用于赠送的商品或服务。

城市居民家庭服务性消费支出

指调查户用于本家庭支付社会提供的各种文化和生活方面的非商品性服务费用。包括为别人付款的服

主要统计指标解释

务。服务消费与商品消费不同，其特点在于其劳动过程和消费过程在时间与空间上的统一。

服务性消费支出 = 食品加工服务费用 + 在外饮食 ×50%+ 衣着加工服务费 + 家庭服务 + 医疗费 + 交通工具服务支出 + 交通费 + 通信服务 + 文化娱乐服务费 + 教育费用 + 房租 + 住房装潢支出 ×40%+ 居住服务费 + 其它服务费

农村居民常住人口

指全年经常在家或在家居住六个月以上，而且经济和生活与本户连成一体的人口。外出从业人员在外居住时间虽然在六个月以上，但收入主要带回家中，经济与本户连成一体，仍视为家庭常住人口;在家居住、生活和本户连成一体的国家职工、退休人员也视为家庭常住人口。但是现役军人、中专及以上（走读生除外）的在校学生、以及常年在外（不包括探亲、看病等）且已有稳定的职业与居住场所的外出从业人员，不应当作为家庭常住人口。

农村居民纯收入

指农村住户当年从各个来源得到的总收入相应地扣除所发生的费用后的收入总和。纯收入主要用于再生产投入和当年生活消费支出，也可用于储蓄和各种非义务性支出。计算公式为：

农村居民纯收入=总收入 − 家庭经营费用支出 − 税费支出 − 生产性固定资产折旧 − 农村亲友赠送

农村居民工资性收入 指农村住户成员受雇于单位或个人，靠出卖劳动而获得的收入。包括：

1. 在非企业组织中劳动得到的收入：指农村住户成员在不具备企业性质的行政事业单位和各种组织中劳动得到的收入。包括村干部和民办教师的工资（奖金、补贴)，乡及以上行政、事业单位工作人员的工资（奖金、补贴）等。

2. 在本地劳动得到的收入：指农村住户成员在所属乡（镇）地域范围内受雇于单位或个人，靠出卖劳动而获得的收入。

3. 常住人口外出从业得到的收入：指农村住户成员到住户所属乡镇地域范围以外从业得到的收入。

农村居民家庭经营收入 指农村住户以家庭为生产经营单位进行生产筹划和管理而获得的收入。家庭经营活动按行业划分为农业、林业、畜牧业、渔业、工业、建筑业、交通运输和邮电业、批发和零售贸易餐饮业、社会服务业、文教卫生业和其他家庭经营。

农村居民财产性收入 指金融资产或有形非生产性资产的所有者向其他机构单位提供资金或将有形非生产性资产供其支配，作为回报而从中获得的收入。包括利息收入、股息收入、租金收入、土地征用补偿收入等。

农村居民转移性收入 指农村住户和住户成员无须付出任何对应物而获得的货物、服务、资金或资产所有权等，不包括无偿提供的用于固定资本形成的资金。一般情况下，指农村住户在二次分配中的所有收入。包括家庭非常住人口寄回或带回、城市亲友赠送、农村亲友赠送等。

农村居民生活消费支出

指农村住户用于物质生活和精神生活方面的支出。包括食品，衣着，居住，家庭设备、用品及服务，医疗保健，交通和通讯，文化教育娱乐用品及服务，其他商品和服务等消费支出。

Explanatory Notes on Main Statistical Indicators

Remuneration of Employment Personnel Worked in Urban Units

refer to total reward payment of employment personnel worked in units during a certain period. It includes total wages of working staff and workers and reward of other employment personnel.

Total Wages of On-post Staff and Workers

refer to the total reward payment to working staff and workers in their units during a certain period of time. It includes time wage, piece wage, cash awards, exceed wage, subsidy, working overtime wage and other special wage.

Total Remuneration of Other Employment Personnel

refers to the total reward payment to other persons employed in their units during a certain period of time. It includes reward payment to re-employed retirees, teachers in schools run by the local people, foreigners and Chinese compatriots from Hong Kong, Macao, and Taiwan working in various units, employees of other units working temporarily at current posts, unemployment personnel, non-locals, and employees holding the second job of other unit.

Total Insurance Welfare of Staff and Workers

refer to the total labor insurance welfare funds payment to every staff and worker in various units and collective of the units.

Employment Personnel of Urban Households

refer to the persons who are engaged in social labor and receive payment or earn business income, including the staff and workers in the state-owned, the staff and workers in collective-owned, other employed, employed persons individual business, etc. No matter he is permanent or temporary.

Total Income of Urban Households

refers to the total income of all the members of the sample households, including wage, income from business, income from property, transfer income, excluding proceeds from sales of belongings and credit income. It is calculated on real income, no matter the income is supplied again or beforehand. Accounting for the greater impact on small-sample-sized cities and counties, large revenue-sharing can be credited, but the number of assessments should be minimized and shared before the end of year.

Disposable Income of Urban Households

refers to the disposable income of the sample households, including those which can be used for final expenditure and other non-obligation expenditure and savings. It refers to the difference of total income minus income tax, expenditure for social security and subsidies of account. The following formula is used :

Disposable Income of Urban Households=Total Income−Income Tax-Expenditure for Social Security−Survey Subsidies

Salaries of Urban Households refer to all labor compensation from working units, including the wage of major career and the subsidies from the second career and other job.

Net Business Income of Urban Households refer to net income earned by household members from production and management activities, which equals total income from production and management activities minus cost and taxes.

Property Income of Urban Households refer to income from movables (savings, securities) and non-movables (houses, vehicle, land, collection, etc.), including interest income dividends and bonuses, income from leasing houses and intellectual property income, etc..

Transferred Income of Urban Households refer to income transferred from state, unit, social organization to households or between different households, including income, parental support, boarding fees paid by relatives and friends and housing accumulation funds, etc..

Expenditure for Consumption of Urban Households

refer to total expenditure of the sample households in daily life. It is classified into 8 categories: food, clothing, household facilities and articles service, medicine and medical service, transportation and communication, recreation, education and culture service, residence, miscellaneous commodities services, including commodities and service as gift.

Service Expenditure for Consumption of Urban Households

refers to total non-commodity expenditure of the sample households for consumption in culture and life, including service expenditure paid for other persons. Service expenditure is different from commodity expenditure, with the character of uniform of labour process and consumes process in time and space.

Service Expenditure for Consumption of Urban Households= Food Processing Service Fees + Dining Out Fees× 50% + Tailoring and Laundering Service Fees + Household Services Expenditures + Medical Services Expenditures + Transportation Tools Service Fees + Transportation Expenditures + Communications Service Expenditures + Cultural and Recreation Service Expenditures + Education Expenditures + Rent + Room Decorations Expenditures × 40% + Residence Service Expenditures + Other Service Expenditures

Explanatory Notes on Main Statistical Indicators

Rural Permanent Population

refers to population staying at home permanently or for over 6 months during a year and sharing life economically with the household. Members of the household staying away from the household for over 6 months but keeping a close economic life with the household by sending the majority of income to the household are regarded as resident population of the household. Government staff and workers or retirees living as close members of the household are also considered as resident population. However, servicemen, students of secondary technical schools or schools of higher education and persons with stable jobs and residence outside the household (excluding those visiting relatives or seeking medical service) are not included as resident population of the household.

Net Income of Rural Residents

refers to the total income of the rural households after the deduction of the expenses for the various cost, which can then be spent for investment in reproduction, expenditure for living consumption, saving, non-productive construction. The formula for calculating is as follows:

Net Income of Rural Households=Total Income-Expenses for Productive Operation−Taxes−Depreciation of Fixed·Assets for Production−Gifts to Relatives

Rewards of Labours of Rural Residents

refers to income from labor earned by members of rural households employed by other units or individuals. It includes :

1. Income by members of rural households employed by administration business units and social organizations, including wages (Cash awards and subsidy) of village staff and teachers in schools run by the local people, ages (Cash awards and subsidy) of staff employed by administration business units at township and higher level.

2. Income earned at local region income from labor earned by members of rural households employed by other units or individuals at local township.

3. Income of permanent residence outside the household income from labor earned by members of rural households employed by other units or individuals at outside local region.

Income of Family Business of Rural Households refers to income obtained from family productive operation. Family productive operation cover farming, forestry, animal husbandry, fishery, industry, construction, transport, post, telecommunication, wholesale and retail trade, catering, social services, culture, education, health care and other household operation.

Property Income of Rural Residents refers to the income received as returns by owners of financial assets or tangible non-productive assets by providing capital or tangible non-productive assets to other institutional units. It includes interest income, bonus stock income, rent income, compensatory income of collected land.

Transferred Income of Rural Residents refers to the receipt by rural hou seholds and their members of goods, services, capitals or rights of assets without giving or repaying accordingly, excluding capitals provided to them for the formation of fixed assets. In general, it refers to all income received by rural household through redistribution. It includes income receipt by non-permanent residents, gifts of urban & rural relatives.

Living Expenditure on Consumption of Rural Residents

is use on material life and cultural life by rural households, including food expenditure, clothing expenditure, residence, household facilities, articles and services, medicines and medical services, transportation and communications, cultural, education and recreation articles and services, other commodity and services.

第9篇
CHAPTER 9
城市建设和环境保护
Urban Construction and Environment Protection

9-1 城市建设用地（2005-2007年）City Construction Land-used, 2005-2007

单位：平方公里 (sq. km)

指　标	Item	2005	2006	2007
建成区面积	**Developed Area**	**530.00**	**539.98**	**571.53**
市中心区	Central Districts	269.05	270.3	270.69
滨海新区	Binhai New Area	188.65	194.78	221.95
塘沽地区小计	Tanggu District	127.26	133.39	150.50
塘沽城区和天津港	Central District of Tanggu and Tianjin Port	93.11	95.37	110.39
经济技术开发区	TEDA	28.86	32.73	34.82
天津港保税区	TPFTZ	5.29	5.29	5.29
汉沽区	Han'gu District	16.16	16.16	18.44
大港区	Dagang District	45.23	45.23	53.01
西青区	Xiqing District	15.49	15.49	15.49
津南区	Jinnan District	6.95	6.95	7.15
武清区	Wuqing District	34.95	37.55	41.34
宝坻区	Baodi District	14.91	14.91	14.91
城市建设用地	**City Construction Land-used**	**530.00**	**539.98**	**571.53**
居住用地	Dwelling	167.56	168.47	174.38
公共设施用地	Public Facilities	65.42	67.2	69.18
工业用地	Industry	119.63	119.05	123.89
仓储用地	Warehouse	27.02	31.44	42.82
对外交通用地	Traffic	18.31	18.51	19.84
道路广场用地	Road and Square	43	46.2	47.99
市政公用设施用地	Public Facilities of Municipal Administration	19.13	20.41	21.04
绿　地	Green Land	58.25	57.07	60.91
特殊用地	Special Land	11.67	11.63	11.48

资料来源：天津市建委，9-3表同。
Sources: Tianjin Construction Administration Committee, same as table 9-3.

9-2 城市房屋建筑面积（2005-2007年）Floor Space of Buildings in City, 2005-2007

单位：万平方米 (10 000 sq. m)

项　目	Item	2005	2006	2007
年末实有房屋建筑面积	**Total Floor Space of Buildings (year-end)**	**22578.12**	**24450.45**	**26286.22**
#房管部门直管产	Under House Management Department	2949.64	2924.86	3379.33
私　产	Private Property	11089.9	12328.42	12983.74
年末实有住宅建筑面积	**Floor Space of Residential Buildings (year-end)**	**14043.16**	**14875.76**	**15800.51**
#房管部门直管产	Under House Management Department	1678.62	1617.52	17644.58
私　产	Private Property	10120.23	11057.48	11746.97
人均住宅建筑面积(平方米/人)	**Per Capita Floor Space of Residential Buildings (sq. m/person)**	**24.97**	**26.05**	**27.09**

资料来源：天津市国土资源和房屋管理局。
Sources: Bureau of Land Resources and Housing Management of Tianjin.

9-3 城市市政设施情况 Municipal Facilities in City

指　标	Item	单 位	Unit	2006	2007
年末实有道路	**Road (year-end)**				
铺装道路长度	Length of Paved Roads	公　里	km	5991	5679
铺装道路面积	Area of Paved Roads	万平方米	10 000 sq. m	7933	7775
# 人行道面积	Area of Footway	万平方米	10 000 sq. m	1788	1764
人均拥有道路面积	Per Capita Area of Paved Roads	平方米	sq. m	14.0	11.94
年末实有桥梁	**Bridges (year-end)**				
桥梁座数	Number of Bridges	座	unit	376	395
# 立交桥	Flyover	座	unit	49.0	62
年末实有路灯盏数	**Number of Road Lamps (year-end)**	**万　盏**	**10 000 units**	**20.3**	**21.6**
排泄污水能力	**Capacity of Sewage Drainage**				
污水年排放量	Annual Volume of Sewage Drainage	万　吨	10 000 tons	63932	69273
排水管道长度	Length of Drainpipes	公　里	km	11939	12784
污水处理厂	Sewage Treatment Works	座	set	14	14
污水处理厂能力	Disposal Capacity of Sewage Treatment Works	万吨/日	10 000 tons/day	176.1	178.5
排水管道密度	Density of Drainpipes	公里/平方公里	km/sq. km	5.45	5.72
污水处理率	**Percentage of Sewage Disposed**	**%**	**%**	**58.9**	**61.4**

资料来源：天津市市政工程管理局。
Sources: Tianjin Municipal Administration Bureau.

9-4 城市自来水 Urban Tap Water

指　标	Item	单 位	Unit	2006	2007
综合生产能力	Production Capacity	万吨／日	10 000 tons/ day	357.3	370.45
供水管道	Length of Water Supply Pipelines	公　里	km	7335	8083
供水总量	Total Annual Volume of Water Supply	万　吨	10 000 tons	68180	68733
售水总量	Total Annual Volume of Water Sold	万　吨	10 000 tons	58680	62497
# 生活用水	For Residential Use	万　吨	10 000 tons	15201	16920
生产用水	For Productive Use	万　吨	10 000 tons	31597	31461
用水人口	Number of Residents with Access to Tap Water	万　人	10 000 persons	567.5	651.12
人均日生活用水量	Per Capita Daily Living Consumption of Tap Water	公　斤	kg	130.4	122.38

资料来源：天津市公共办，9-5、9-9表同。
Sources: Tianjin Municipal Public Department, same table 9-5 and 9-9.

9-5 城市燃气设备能力、销售量和用气户数(2005-2007年)
Gas Equipment Capacity, Gas Sold and Gas Users in City, 2005-2007

项　目	Item	2005	2006	2007
液化石油气	**Liquefied Petroleum Gas**			
储气能力(吨)	Storage Capacity (ton)	15829	47486	31726
销售量(吨)	Volume of Gas Sold (ton)	61503	23770	20502
工业用	For Industrial Use	37704	4439	2597
民　用	For Residential Use	23799	19331	17905
用气户数(户)	Gas Users (household)	449511	303054	268260
工业用	For Industrial Use	5838	3516	778
民　用	For Residential Use	443673	309538	267482
天然气	**Natural Gas**			
储气能力(万立方米)	Storage Capacity (10 000 cu. m)	120.4	130.2	129.4
管道长度(公里)	Length of Pipelines (km)	6751	8515	9076
销售量(万立方米)	Volume of Gas Sold (10 000 cu. m)	68966	92561	120100
工业用	For Industrial Use	26190	44723	58896
福利用	For Welfare Use	14568	17468	26150
民　用	For Residential Use	15465	17730	21304
用气户数(户)	Gas Users (household)	1493271	1760126	2034541
工业用	For Industrial Use	270	483	718
福利用	For Welfare Use	7347	9359	9763
民　用	For Residential Use	1485654	1750274	2024060
煤制气	**Coal Gas**			
销售量(万立方米)	Volume of Gas Sold (10 000 cu. m)	26078	24031	
# 工业用	For Industrial Use	16246	17009	
福利用	For Welfare Use	2052	1452	
民　用	For Residential Use	7421	5357	
用气普及率(%)	**Percentage of Population with Access to Gas (%)**	**98.5**	**99.2**	**100.0**

注：1. 工业用液化石油气数据含福利、商业和其他用。2. 2007年煤制气停止生产和使用。
Note: a) Volume of liquefied petroleum gas sold for industrial use include those of welfare,commerce and other use. b) From 2007, coal gas stop production and using.

9-6 城市园林绿化情况(2006年)
Parks, Gardens and Green Areas in City, 2006

指　标	Item	数　量 Amount
公　园(个)	Parks (unit)	62
花　圃(个)	Gardens (unit)	16
建成区园林绿地面积(公顷)	Total Area of Parks, Gardens and Green Areas of Developed Areas (hectare)	15658.44
公园绿地	Park Green Areas	3738.78
生产绿地	Production Green Areas	1076.65
防护绿地	Protection Green Areas	1616.80
附属绿地	Accessarial Green Areas	6173.56
其他绿地	Other Green Areas	3052.65
年末实有树木(万株)	Trees (year-end) (10 000 trees)	2221.4
#行道树	Roadside Trees	167.7
全年植树(万株)	Trees Planted (10 000 trees)	140.1
建成区绿化覆盖率(%)	Coverage Rate of Afforestation in Developed Areas (%)	37.0
建成区绿地率(%)	Coverage Rate of Green Areas in Developed Areas (%)	29.0
人均公园面积(平方米)	Per Capita Area of Parks (sq. m)	6.59

资料来源：天津市园林局。
Sources: Tianjin Municipal Bureau of Parks.

9-7 公园分布(2007年)
Distribution of Parks, 2007

地　区	Region	公园个数(个) Number of Parks (unit)	地　区	Region	公园面积(公顷) Area of Parks (hectare)
合　计	Total	**62**	合　计	Total	**1100.35**
河东区	Hedong District	1	河东区	Hedong District	10
河西区	Hexi District	8	河西区	Hexi District	89.8
南开区	Nankai District	5	南开区	Nankai District	286.67
河北区	Hebei District	3	河北区	Hebei District	58.95
红桥区	Hongqiao District	6	红桥区	Hongqiao District	48.55
塘沽区	Tanggu District	6	塘沽区	Tanggu District	91.82
开发区	TEDA	7	开发区	TEDA	62.43
汉沽区	Han'gu District	2	汉沽区	Han'gu District	23.81
大港区	Dagang District	4	大港区	Dagang District	103.52
东丽区	Dongli District	3	东丽区	Dongli District	15.2
津南区	Jinnan District	5	津南区	Jinnan District	190.37
北辰区	Beichen District	3	北辰区	Beichen District	10.3
武清区	Wuqing District	6	武清区	Wuqing District	75.75
宝坻区	Baodi District	3	宝坻区	Baodi District	33.18

9-8 城市集中供热（2005-2007年）
Heating in City, 2005-2007

项　目	Item	单　位	Unit	2005	2006	2007
供热能力	Heating Capacity					
蒸　汽	Steam	吨/小时	ton/hour	3294	3551	3620
热　水	Hot Water	兆瓦/小时	mega watts/hour	10563	12106	13866
供热总量	Volume Supplied					
蒸　汽	Steam	万吉焦/年	10 000 giga-joules/year	1966	1891	2092
热　水	Hot Water	万吉焦/年	10 000 giga-joules/year	7572	8451	7830
管道长度	Length of Pipelines	公　里	km	8705	9494	9842
供热面积	Heating Area	万平方米	10 000 sq. m	14041	15611.3	16907.9
#住　宅	Residential Buildings	万平方米	10 000 sq. m	10967	12040.7	12768.3

资料来源：天津市供热办。
Sources: Tianjin Municipal Heating Department.

9-9 城市公共交通（2005-2007年）
Public Traffic in City, 2005-2007

指　标	Item	单　位	Unit	2005	2006	2007
公共汽车	**Public Transportation Vehicles**					
营运车辆	Operation Vehicles	辆	unit	6768	7401	7489
线路条数	Number of Routes	条	route	432	447	456
线路长度	Length of Routes	公　里	km	9354	10140	10878
乘客人数	Passengers	万人次	10 000 person-time	89529	94241	102415
日均乘客人数	Average Daily Passengers	万人次	10 000 person-time	249	262	284
每万人拥有公共交通车辆	**Number of Public Transportation Vehicles per 10 000 Persons**	标　台	unit	**11.2**	**12.7**	**13.2**
营运出租汽车	**Operating Taxis**	辆	unit	**31939**	**31940**	**31940**

9-10 城市环境卫生事业发展情况（2005-2007年）
Development of Urban Environmental Sanitation, 2005-2007

指　标	Item	单　位	Unit	2005	2006	2007
清运垃圾粪便工作量	**Volume of Garbage, Excrement and Urine Disposal**					
道路清扫保洁面积	Area of Road Cleaned	万平方米	10 000 sq. m	7357	7998	5249
清运生活垃圾	Volume of Living Garbage Disposal	万　吨	10 000 ton	167	154	165
清运粪便	Volume of Excrement and Urine Disposal	万　吨	10 000 ton	27	30	29
垃圾无害化处理量	Volume of Garbage Innocuous Disposal	万　吨	10 000 ton	119	136	154
生活垃圾无害化处理率	**Innocuous Disposal Rate of Garbage**	%	%	**80.5**	**85.0**	**93.0**
环境卫生设施	**Environmental Sanitation Facilities**					
公共厕所	Lavatories	座	unit	2778	2458	1557
垃圾无害化处理厂	Garbage Innocuous Disposal Plant	座	unit	6	6	7
无害化处理厂能力	Capacity of Innocuous Disposal Plant	吨/日	ton/day	6800	7000	7600
环卫职工人数	**Number of Environment Sanitation Staff & Workers**	人	person	**19087**	**20059**	**20062**

资料来源：天津市市容委。
Sources: Tianjin Municipal Environment Committee.

9-11 水资源情况（2001-2007年）
Water Resources, 2001-2007

年 份 Year	水资源总量 (亿立方米) Total Amount of Water Resources (100 million cu. m)	地表水 Surface Water	地下水 Underground Water	地表水与地下水资源重复量 Duplicated Measurement between Surface and Underground	人均水资源量 (立方米/人) Per Capita Water Resources (cu. m/person)
2001	5.66	3.53	2.41	0.28	56.37
2002	3.67	1.85	2.09	0.27	36.44
2003	10.60	6.15	4.82	0.37	104.82
2004	14.31	9.79	5.16	0.64	139.79
2005	10.63	7.13	4.44	0.94	101.92
2006	10.11	6.62	4.46	0.97	94.05
2007	11.31	7.50	4.76	0.95	101.43

9-12 供水用水情况（2001-2007年）
Water Supply and Water Use, 2001-2007

单位：万立方米 (10 000 cu. m)

年 份 地 区	Year Region	供用水总量 Water Supply & Use	地表水 Surface Water	地下水 Underground Water	# 农业用水 Agricultural Use
2001		188141	111738	76403	99056
2002		199610	117421	82189	106244
2003		205118	133713	71405	114072
2004		219623	148932	70691	121529
2005		225193	160224	64969	135267
2006		224996	161001	63995	133965
2007		**230060**	**164917**	**65143**	**138408**
市内六区	Six Urban Districts	53061	52720	341	
塘沽区	Tanggu District	8285	6652	1633	436
汉沽区	Han'gu District	3746	1135	2611	758
大港区	Dagang District	4219	205	4014	561
东丽区	Dongli District	1855	98	1757	394
西青区	Xiqing District	11441	9170	2271	10000
津南区	Jinnan District	3146	300	2846	934
北辰区	Beichen District	5074	2985	2089	3755
武清区	Wuqing District	28658	18925	9733	24463
宝坻区	Baodi District	71050	60332	10718	67969
宁河县	Ninghe County	18067	11401	6666	14118
静海县	Jinghai County	5060		5060	3579
蓟 县	Jixian County	15621	328	15293	10812
其 他	Others	777	666	111	629

资料来源：天津市水利局。
Sources: Tianjin Municipal Water Conservancy Bureau.

9-13 工业废水、废气、固体废物排放及处理情况（2004-2007年）
Emission and Treatment of Industrial Waste Water, Waste Gas, Waste Residue and Dust, 2004-2007

指 标 Item	2004	2005	2006	2007
工业废水 Industrial Waste Water				
工业废水排放量(万吨) Volume of Waste Water Discharged (10 000 tons)	22628	30081	22978	21444
工业废水排放达标率(%) Rate of Reaching the Standard of Industrial Waste Water (%)	99.0	99.60	99.77	99.71
工业废气 Industrial Waste Gas				
工业废气排放总量(亿标立方米) Total Volume of Industrial Waste Gas Emission (100 million cu. m)	3058	4602	6512	5506
生产工艺过程中废气排放量 Volume of Waste Gas from the Process of Production	835	1222	1945	1998
燃料燃烧过程中废气排放量 Volume of Waste Gas from the Burning Process of Fuel	2223	3380	4567	3508
废气中二氧化硫排放量(万吨) Sulphur Dioxide in Waste Gas (10 000 tons)	20	24	23	22
工业粉尘产生量(万吨) Amount of Industrial Dust Produced (10 000 tons)	26	28	44	83
工业粉尘排放量 Volume of Industrial Dust Emission	2	2	1	1
工业粉尘去除量 Volume of Industrial Dust Removed	24	26	43	82
工业粉尘去除率(%) Rate of Industrial Dust Removed (%)	93	93	97.7	98.8
工业固体废物 Industrial Waste Residue				
工业固体废物产生量(万吨) Amount of Industrial Waste Residue Produced (10 000 tons)	753	1123	1292	1399
工业固体废物处置量 Volume of Treatment of Industrial Waste Residue	21	20	20	22
工业固体废物综合利用量 Volume of Comprehensive Utilization of Industrial Waste Residue	782	1153	1271	1380
工业固体废物处置率(%) Disposal Rate of Industrial Waste Residue (%)	3	1	1.5	1.6
工业固体废物综合利用率(%) Rate of Comprehensive Using Industrial Waste Residue (%)	97	98	98.4	98.4

9-14 城市水、大气、声、生态环境基本情况(2004-2007年) Urban Water, Atmospheric, Acoustic and Ecological Environment, 2004-2007

指 标 Item	2004	2005	2006	2007
水环境情况 Water Environment Conditions				
城市饮用水源地水质达标率(%) Urban Drinking Water Sources Quality Rate (%)	100	100	100	100
近海海域功能区水质达标率(%) Inshore Area Water Quality Rate (%)	57.1	59.5	60.0	59.4
大气环境情况 Atmospheric Environment Conditions				
可吸入颗粒物(毫克/立方米) (PM_{10}) Paticulate Matters (milligram/cu. m)	0.111	0.106	0.113	0.093
二氧化硫(毫克/立方米) (SO_2) Sulphur Dioxide (milligram/cu. m)	0.073	0.077	0.065	0.062
二氧化氮(毫克/立方米) (NO_2) Nitrogen Dioxide (milligram/cu. m)	0.052	0.047	0.048	0.043
空气质量达到及好于二级的天数(天) Days of Air Quality Equal to or Above Grade II (day)	299	298	305	320
环境空气质量优良率(%) Ambient Air Quality Fine Rate (%)	81.7	81.6	83.6	87.7
声环境情况 Acoustic Environment Conditions				
城市交通噪声等效声级(分贝) Equivalent Sound Level of City Traffic Noise (decibel)	68	68	67.7	67.7
城市区域环境噪声平均声级(分贝) Urban Area Average Environmental Noise Level (decibel)	54.9	54.9	54.9	54.7
生态环境情况 Ecological Environment Conditions				
自然保护区(个) Nature Reserves (unit)	9	8	8	8
自然保护区面积(万公顷) Nature Reserves Area (10 000 hectare)	16.45	16.30	16.28	16.28

9-15 环境保护系统人员构成(2004-2007年) Composition of Environment Protection Personnel, 2004-2007

指 标	Item	2004	2005	2006	2007
年末实有人数(人)	Persons (year-end) (person)	1781	1853	1851	1895
科技人员	Science and Technology Personnel	728	839	846	836
# 科研人员	Scientific Research Personnel	176	176	171	159
监测人员	Monitoring Personnel	421	688	711	509
行政干部	Administrative Personnel	457	522	484	416
科技业务人员占全部人员比重(%)	Percentage of Science and Technology Personnel in Total (%)	41	45	46	44

9-16 环境管理“三同时”制度执行情况(2004-2007年)
Implementation of "Three Meantime" System of Environmental Management, 2004-2007

指 标	Item	2004	2005	2006	2007
当年建成投产项目数(个)	Projects Putting into Use (unit)	1121	1181	1073	1165
应执行“三同时”项目数(个)	Number of Project Executing "Three Meantime" (unit)	1121	1181	1073	1165
实际执行“三同时”项目(个)	Number of Actual Executing Project (unit)	1121	1181	1073	1165
项目实际投资额(亿元)	Actual Investment of Project (100 million yuan)	113.0	253.0	274.7	409.4
# 环保工程实际投资额	Actual Investment of Protecting Environment	4.0	24.0	7.9	24.7
“三同时”执行率(%)	Rate of Executing "Three Meantime" (%)	100	100	100	100
“三同时”合格率(%)	Qualified Rate of Executing "Three Meantime" (%)	100	100	100	100

注:“三同时”指同时设计、同时施工、同时使用。
Note: "Three Meantime" refers to design, construction, and use at the same time.

9-17 排污费征收、工业污染治理情况(2004-2007年)
Collection of Discharge Fee and Industrial Pollution Harnessing Projects, 2004-2007

单位:个、万元 (unit, 10 000 yuan)

指 标	Item	2004	2005	2006	2007
排污费收支情况	**Revenue And Expenditure of Discharge Fee**				
排污费交纳单位	Unit of Paying Discharge Fee	6508	5875	6182	6824
排污费征收额	Collection of Discharge Fee	14675	20177	23953	24614
工业污染治理情况	**Industrial Pollution Harnessing Projects**				
本年完成投资	Investment Completed in Current Year	72546	186316	149534	150527
治理废水	Treating Waste Water	20352	28530	26537	37118
治理废气	Treating Waste Gas	42940	101091	68426	67063
治理固体废物	Treating Waste Residue	1560	4328	148	1750
治理噪声	Treating Noise Pollution	711	1707	260	117
其 他	Others	6984	50660	54163	44478
本年安排治理项目	Number of Project of Treating in Current Year	262	235	162	218
本年竣工项目	Number of Project Completed in Current Year	194	178	149	188
治理废水	Treating Waste Water	73	60	55	66
治理废气	Treating Waste Gas	72	70	55	82
治理固体废物	Treating Waste Residue	10	20	4	16
治理噪声	Treating Noise Pollution	9	4	3	4
其 他	Others	30	24	32	20

主要统计指标解释

建成区面积

指城市行政区内实际已成片开发建设、市政公用设施和公共设施基本具备的区域。对核心城市，它包括集中连片的部分以及分散的若干个已经成片建设起来的市政公用设施和公共设施基本具备的地区；对一城多镇来说，它包括由几个连片开发建设起来的市政公用设施和公共设施基本具备的地区组成。因此建成区范围，一般是指建成区外轮廓线所能包括的地区，也就是这个城市实际建设用地所达到的范围。

园林绿地面积

指报告期末用作园林和绿化的各种绿地面积。包括公园绿地、生产绿地、防护绿地、附属绿地和其他绿地的面积。其中，公园绿地是城市中向公众开放的、以游憩为主要功能，有一定的游憩设施和服务设施，同时兼有健全生态、美化景观、防灾减灾等综合作用的绿化用地。它是城市建设用地、城市绿地系统和城市市政公用设施的重要组成部分。

建成区绿化覆盖率

指报告期末建成区内绿化覆盖面积与建成区面积之比。用百分数表示。计算公式：

$$\text{建成区绿化覆盖率}=\frac{\text{建成区内绿化覆盖面积}}{\text{建成区面积}}\times 100\%$$

工业废水排放量

指经过企业厂区所有排放口排到企业外部的工业废水量。包括生产废水、外排的直接冷却水、超标排放的矿井地下水和与工业废水混排的厂区生活污水，不包括外排的间接冷却水（清污不分流的间接冷却水应计算在内）。

工业废水排放达标率

指工业废水排放达标量占工业废水排放量的百分率，计算公式为：

$$\text{工业废水排放达标率}=\frac{\text{工业废水排放达标量}}{\text{工业废水排放量}}\times 100\%$$

工业废气排放量

指报告期内企业厂区内燃料燃烧和生产工艺过程中产生的各种排入大气的含有污染物的气体的总量，以标准状态 (273K，101325Pa) 计算。测算公式为：

工业废气排放量 = 燃料燃烧过程中废气排放量 + 生产工艺过程中废气排放量

工业粉尘排放量

指企业在生产工艺过程中排放的能在空气中悬浮一定时间的固体颗粒物排放量。如钢铁企业的耐火材料粉尘、焦化企业的筛焦系统粉尘、烧结机的粉尘、石灰窑的粉尘、建材企业的水泥粉尘等。不包括电厂排入大气的烟尘。

工业固体废物产生量

指报告期内企业在生产过程中产生的固体状、半固体状和高浓度液体状废弃物的总量，包括危险废物、冶炼废渣、粉煤灰、炉渣、煤矸石、尾矿、放射性废物和其他废物等；不包括矿山开采的剥离废石和掘进废石（煤矸石和呈酸性或碱性的废石除外）。酸性或碱性废石指采掘的废石其流经水、雨淋水的 pH 值小于 4 或 pH 值大于 10.5 者。

工业固体废物综合利用量

指报告期内企业通过回收、加工、循环、交换等方式，从固体废物中提取或者使其转化为可以利用的资源、能源和其他原材料的固体废物量（包括当年利用往年的工业固体废物贮存量），如用作农业肥料、生产建筑材料、筑路等。

工业固体废物综合利用率

指工业固体废物综合利用量占工业固体废物产生量（包括综合利用往年贮存量）的百分率。计算公式为：

$$\text{工业固体废物综合利用率}=\frac{\text{工业固体废物综合利用量}}{\text{工业固体废物产生量}+\text{综合利用往年贮存量}}\times 100\%$$

噪声等效声级（简称 LEQ）

指在规定的时间内，某一连续稳态声的 A〔计权〕声压，具有与时变的噪声相同的均方 A〔计权〕声压，则这一连续稳态声的声级，就是此时变噪声的等效声级。噪声等效声级（分贝）数值越小越好。

Explanatory Notes on Main Statistical Indicators

Developed Areas

refer to the land in administrative areas having been developed concentratedly with municipal public facilities. For core city, developed areas include concentrated areas and decentralized areas, having basic perfect municipal public facilities; for the city with several towns, developed areas are composed of several concentrated areas with municipal public facilities. Therefore, the scope of developed areas refers to actual construction land of a city.

Area of Parks, Gardens and Green Areas

refers to the total area used for gardens and green by the report period, including park green areas, production green areas, protection green areas, accessarial green areas and other green areas. Among them, park green areas are green areas opening for public recreations, with certain recreational facilities and services facilities, and having an integrated role of ecological development, landscape beauty, disaster prevention and reduction. It is an important part of urban construction, urban green area systems and urban municipal utilities.

Coverage Rate of Afforestation in Developed Areas

refers to the ratio of gardens and green areas to the developed zones areas, which is often expressed in percentage. The following formula is used:

$$\text{Coverage Rate of Afforestation in Developed Areas} = \frac{\text{Gardens and Green Areas}}{\text{the Developed Zones Areas}} \times 100\%$$

Waste Water Discharged by Industry

refers to the volume of waste water discharged by industrial enterprises through all their outlets, including waste water from production process, directly cooled water, groundwater from mining wells which does not meet discharge standards and sewage from households mixed with waste water produced by industrial activities, but excluding indirectly cooled water discharged (It should be included if the discharge is not separated with waste water).

Ratio of Reaching the Standard of Industrial Waste Water

refers to percentage of industrial waste water meeting discharge standards over total industrial waste water discharge. It is calculated as:

$$\text{Ratio of Reaching the Standard of Industrial Waste Water} = \frac{\text{Industrial Waste Water Meeting Discharge Standards}}{\text{Total Industrial Waste Water Discharge}} \times 100\%$$

Industrial Waste Gas Emission

refers to discharge into atmosphere of waste air containing pollutants generated from fuel burning and production process in enterprises within a given period of time. It is calculated at standard status (273K, 101325Pa) as:

Industrial Waste Gas Emission=Emission through Fuel Burning+ Emission through Production Process

Industrial Dust Emission

refers to volume of dust emitted by production process of enterprises and suspended in the air for a given period of time, including dust from refractory material of iron and steel works, dust from coke-screening systems and sintering machines of coke plants, dust from lime kilns and dust from cement production in building material enterprises, but excluding soot and dust emitted from power plants.

Industrial Waste Residue Produced

refers to total volume of solid, semi-solid and high concentration liquid residues produced by industrial enterprises from production process in a given period of time, including hazardous wastes, slag, coal ash, gangue, tailings, radioactive residues and other wastes, but excluding stones stripped or dug out in mining (gangue and acid or alkaline stones not included). A stone is acid or alkaline depending on the pH value of the water below 4 or above 10.5 when the stone is in, or soaked by, the water.

Comprehensive Utilization of Industrial Waste Residue

refers to volume of solid wastes from which useful materials can be extracted or which can be converted into usable resources, energy or other materials by means of reclamation, processing, recycling and exchange (including utilizing in the year the stocks of industrial solid wastes of the previous year). Examples of such utilizations include fertilizers, building materials and road materials.

Ratio of Comprehensive Using Industrial Waste Residue

refers to the percentage of industrial solid wastes utilized over industrial solid wastes produced (including stocks of the previous years). It is calculated as:

$$\text{Ratio of Comprehensive Using Industrial Waste Residue} = \frac{\text{Volume of Industrial Solid Wastes Utilized}}{\text{Industrial Solid Wastes Produced+Stock of Previous Years}} \times 100\%$$

Level of Equivalent Noise (LEQ)

refer to the A sound pressure of a continuous steady state sound, in the specified time interval with the same mean square A sound pressure as the time variant noise. This sound level of a continuous steady state sound is the equivalent sound level of the time variant noise. The smaller of the value of noise equivalent sound level (dB), the better.

第10篇

CHAPTER 10

农村经济

Rural Economy

10-1 农村经济主要指标
Major Indicators of Rural Economy

项　目	Item	2006	2007	2007比2006年增长(%) Increase Rate in 2007 over 2006 (%)
农林牧渔业总产值	**Gross Output Value of Farming, Forestry, Animal**			
(亿元)	**Husbandry and Fishery (100 million yuan)**	**225.04**	**240.74**	**1.5**
农　业	Farming	110.05	117.60	2.1
林　业	Forestry	2.01	2.08	4.6
牧　业	Animal Husbandry	70.52	76.93	-1.1
渔　业	Fishery	35.32	36.13	4.0
农林牧渔服务业	FFAF Services	7.14	8.00	3.7
农林牧渔业增加值	**Value Added of Farming, Forestry, Animal**			
(亿元)	**Husbandry and Fishery (100 million yuan)**	**103.35**	**110.19**	**1.4**
农业机械及灌溉	**Agricultural Machinery and Irrigation**			
农机总动力(万千瓦)	Total Power of Agricultural Machinery (10 000 kW)	603.39	604.90	0.3
大中型拖拉机(台)	Large and Medium-sized Tractors (set)	10700	11000	2.8
小型拖拉机(万台)	Mini-tractors (10 000 sets)	3.51	3.41	-2.8
年末实有机电井(眼)	Motor-pumped Well (year-end) (unit)	25990	26258	1.0
有效灌溉面积(万公顷)	Effective Irrigated Areas (10 000 hectares)	34.96	34.93	-0.1
节水灌溉面积(万公顷)	Water-saving Irrigated Areas (10 000 hectares)	19.77	21.17	7.1
农作物总播种面积	**Total Sown Areas of Farm Crops (10 000 hectares)**			
(万公顷)		**42.98**	**43.40**	**1.0**
# 粮　食	Grain	28.43	29.20	2.7
蔬　菜	Vegetables	6.38	6.34	-0.6
总产量(万吨)	**Yield of Farm Crops (10 000 tons)**			
# 粮　食	Grain	141.90	147.15	3.7
蔬　菜	Vegetables	275.50	274.37	-0.4
水果产量(万吨)	**Yield of Fruits (10 000 tons)**	**66.96**	**61.91**	**-7.5**
# 果用瓜	Melon-Fruits	36.96	31.71	-14.2
年末实有林地面积	**Forest Area (year-end) (10 000 hectares)**			
(万公顷)		**19.35**	**18.73**	**-3.2**
# 当年造林面积	Afforested Area in Current Year	0.30	0.51	70.0

注：农林牧渔业总产值按当年价格计算，增长速度按可比价格计算（下同）。
Note: Gross output value of farming, forestry, animal husbandry and fishery are calculated at current prices, while increase rate based on comparable prices (same as following next).

10-1 续表 Continued

项　　目	Item	2006	2007	2007 比 2006 年增长 (%) Increase Rate in 2007 over 2006 (%)
畜牧业生产	**Production of Animal Husbandry**			
生猪年末存栏(万头)	Pigs in Hand (year-end) (10 000 heads)	145.56	147.88	1.6
生猪当年出栏(万头)	Number of Slaughtered Pigs (10 000 heads)	280.33	262.08	-6.5
牛年末存栏(万头)	Cattle in Hand (year-end) (10 000 heads)	24.88	27.16	9.2
#乳　牛	Cows	15.19	15.37	1.2
牛当年出栏(万头)	Number of Slaughtered Cattle (10 000 heads)	22.89	23.11	1.0
羊年末存栏(万只)	Sheep & Goats in Hand (year-end) (10 000 heads)	34.80	35.29	1.4
羊当年出栏(万只)	Number of Slaughtered Sheep and Goats (10 000 heads)	59.50	60.35	1.4
家禽年末存栏(万只)	Poultry in Hand (year-end) (10 000heads)	1748.32	1776.28	1.6
#产蛋鸡	Hens	1490.04	1513.87	1.6
家禽当年出栏(万只)	Number of Slaughtered Poultry (10 000 heads)	5594.62	5684.10	1.6
畜禽产品产量(万吨)	**Output of Animal and Poultry (10 000 tons)**			
肉类总产量	Output of Meat	34.95	33.76	3.4
#猪　肉	Pork	21.80	20.45	6.2
牛羊肉	Beef and Mutton	5.20	5.25	1.0
禽　肉	Poultry	7.60	7.72	1.6
禽蛋产量	Output of Poultry Eggs	19.04	19.43	2.0
奶类产量	Output of Milk	65.77	67.21	2.2
渔业生产	**Production of Fishery**			
水产养殖面积(万公顷)	Cultured Areas of Aquatic Products (10 000 hectares)	4.34	4.19	-3.4
#淡　水	Fresh Water	3.79	3.71	-2.2
水产品产量(万吨)	Output of Aquatic Products (10 000 tons)	31.40	32.50	3.5
#淡　水	Fresh Water	26.90	27.70	3.0

10-2 农业生产条件情况（1990-2007年）
Conditions of Agricultural Production, 1990-2007

年份 Year	年末实有常用耕地面积(万公顷) Cultivated Area (year-end) (10 000 hectares)	年末实有林地面积(万公顷) Forest Area (year-end) (10 000 hectares)	# 当年造林面积 Afforested Area in Current Year	水产养殖面积(万公顷) Cultured Area of Aquatic Products (10 000 hectares)	有效灌溉面积(万公顷) Effective Irrigated Area (10 000 hectares)
1990	43.15	4.47	0.73	2.68	32.69
1991	43.16	6.40	0.55	2.65	32.88
1992	42.95	7.12	0.72	2.70	32.75
1993	42.87	7.37	0.77	2.73	32.85
1994	42.74	8.32	0.78	2.90	32.96
1995	42.61	8.70	0.48	3.12	33.24
1996	42.58	9.26	0.62	3.41	33.26
1997	42.52	9.85	0.90	3.81	33.28
1998	42.49	11.14	0.91	3.71	33.29
1999	42.46	12.74	0.94	3.76	34.39
2000	42.43	13.69	0.93	3.64	35.32
2001	42.39	14.19	0.50	3.67	35.43
2002	42.28	17.53	0.85	3.82	35.44
2003	41.85	18.21	0.69	3.83	35.41
2004	41.53	18.75	0.53	4.04	35.34
2005	41.45	19.05	0.36	4.17	35.52
2006		19.35	0.30	4.34	34.96
2007	40.60	18.73	0.51	4.19	34.93

年份 Year	农用机械总动力(万千瓦) Total Power of Agricultural Machinery (10 000 kW)	机耕面积(万公顷) Cultivated Area Using Machinery (10 000 hectares)	机播面积(万公顷) Sown Area Using Machinery (10 000 hectares)	化肥施用量(折纯)(万吨) Consumption of Chemical Fertilizers (Pureness) (10 000 tons)	农村用电量(万千瓦小时) Rural Electricity Consumption (10 000 kWh)
1990	311.27	39.90	13.21	40.99	165331
1991	303.76	40.17	14.53	42.53	180834
1992	308.63	40.65	17.13	41.19	218273
1993	302.22	38.47	15.00	40.13	231072
1994	335.72	39.93	17.22	41.06	250611
1995	364.08	38.08	19.50	45.29	325482
1996	384.22	39.85	22.28	48.82	358184
1997	417.37	39.66	25.00	49.15	330249
1998	440.57	40.13	24.99	51.48	337565
1999	481.54	39.62	24.93	47.24	343667
2000	593.40	39.62	25.73	16.64	354946
2001	603.32	37.26	24.11	17.31	377823
2002	612.72	38.17	23.95	17.59	402785
2003	601.66	37.05	23.57	17.80	423157
2004	608.13	37.35	27.66	22.85	484221
2005	611.94	37.62	28.94	23.29	522492
2006	603.39	37.74	29.91		
2007	604.90	37.71	34.32	25.82	525220

注：化肥施用量2000年以前为实物量。
Note: Consumption of chemical fertilizers refered to full-scale quantity before 2000.

10-3 农林牧渔业总产值和增长速度(1990-2007年)
Gross Output Value and Increase Rate of Farming, Forestry, Animal Husbandry and Fishery, 1990-2007

年 份 Year	合 计 Total	农 业 Farming	林 业 Forestry	牧 业 Animal Husbandry	渔 业 Fishery	农林牧渔服务业 FFAF Services
总产值(亿元) Gross Output Value (100 million yuan)						
1990	51.72	34.71	0.45	11.54	5.02	
1991	54.55	36.68	0.34	12.88	4.65	
1992	58.50	39.24	0.45	13.44	5.37	
1993	66.32	44.28	0.44	15.82	5.78	
1994	88.74	57.71	0.60	22.91	7.52	
1995	125.44	85.25	0.85	28.76	10.58	
1996	133.53	90.17	0.96	30.27	12.13	
1997	140.47	89.77	1.00	33.99	15.71	
1998	156.16	98.83	1.19	38.09	18.05	
1999	150.11	91.58	1.42	38.95	18.16	
2000	156.30	83.42	1.37	51.75	19.76	
2001	169.51	86.73	1.46	60.76	20.56	
2002	181.07	86.06	1.52	69.21	24.28	
2003	193.44	88.20	1.61	77.22	26.41	
2004	221.35	95.29	1.66	92.55	31.85	
2005	238.34	97.49	1.89	102.71	36.25	
2006	225.04	110.05	2.01	70.52	35.32	7.14
2007	240.74	117.60	2.08	76.93	36.13	8.00
比上年增长(%) Increase Rate over Preceding Year (%)						
1990	6.7	6.6	17.4	7.4	5.0	
1991	6.7	7.0	-16.3	10.2	-0.2	
1992	4.1	4.5	21.5	3.0	3.4	
1993	4.3	5.6	-12.3	7.8	-9.6	
1994	7.3	4.3	4.1	14.3	8.4	
1995	13.0	13.5	-1.0	5.1	33.4	
1996	7.5	8.5	10.3	3.5	10.6	
1997	7.6	5.1	2.6	10.5	15.7	
1998	11.8	8.2	39.7	15.4	21.2	
1999	0.4	-6.3	15.1	13.7	3.1	
2000	4.2	-4.4	-5.7	19.6	6.1	
2001	8.0	4.1	7.2	15.9	3.0	
2002	6.0	-8.9	13.7	14.9	36.2	
2003	6.6		3.8	13.6	6.7	
2004	5.2	3.1	2.6	5.8	10.5	
2005	4.8	0.2	13.6	7.5	10.6	
2006						
2007	1.5	2.1	4.6	-1.1	4.0	3.7

注：2006年数据为天津市第二次农业普查数(表10-4、10-5、10-6同)。
Note: The data in 2006 are collected from the Second Agriculture Census of Tianjin (same as table 10-4, 10-5, 10-6).

10-4 农林牧渔业总产值结构（1990-2007年）
Structure of Gross Output Value of Farming, Forestry, Animal Husbandry and Fishery, 1990-2007

单位：% (%)

年 份 Year	合 计 Total	农 业 Farming	林 业 Forestry	牧 业 Animal Husbandry	渔 业 Fishery	农林牧渔服务业 FFAF Services
1990	100	67.1	0.9	22.3	9.7	
1991	100	67.2	0.6	23.6	8.6	
1992	100	67.1	0.8	23.0	9.1	
1993	100	66.8	0.7	23.9	8.6	
1994	100	65.0	0.7	25.8	8.5	
1995	100	68.0	0.7	22.9	8.4	
1996	100	67.5	0.7	22.7	9.1	
1997	100	63.9	0.7	24.2	11.2	
1998	100	63.3	0.8	24.4	11.5	
1999	100	61.0	0.9	25.9	12.2	
2000	100	53.4	0.9	33.1	12.6	
2001	100	51.2	0.9	35.8	12.1	
2002	100	47.5	0.8	38.3	13.4	
2003	100	45.6	0.8	39.9	13.7	
2004	100	43.1	0.7	41.8	14.4	
2005	100	40.9	0.8	43.1	15.2	
2006	100	48.9	0.9	31.3	15.7	3.2
2007	100	48.8	0.9	32.0	15.0	3.3

10-5 农作物播种面积（1990-2007年）
Sown Areas of Farm Crops, 1990-2007

单位：万公顷 (10 000 hectares)

年 份 Year	合 计 Total	粮 食 Grain	棉 花 Cotton	油 料 Oil-bearing Crops	蔬 菜 Vegetables	其他农作物 Others
1990	54.95	45.23	1.04	2.21	5.08	1.39
1991	55.30	45.19	1.74	1.93	5.24	1.20
1992	54.56	44.03	1.67	1.85	5.71	1.30
1993	54.61	44.64	0.57	1.83	6.12	1.45
1994	53.00	41.74	1.33	1.72	7.02	1.19
1995	54.91	43.78	1.00	1.69	7.50	0.94
1996	56.44	45.57	0.38	1.37	8.08	1.04
1997	55.73	43.99	0.28	1.61	8.82	1.03
1998	56.32	44.45	0.35	1.69	8.64	1.19
1999	56.29	43.10	0.60	1.62	9.86	1.11
2000	53.31	34.59	1.51	2.63	12.83	1.75
2001	54.45	32.85	4.50	2.05	12.95	2.10
2002	52.28	31.13	4.48	1.89	12.84	1.94
2003	50.15	25.81	7.06	1.58	13.46	2.24
2004	50.43	26.35	8.69	0.61	13.19	1.59
2005	49.94	28.77	6.12	0.51	12.97	1.57
2006	42.98	28.43	6.89	0.20	6.38	1.08
2007	43.40	29.20	6.75	0.18	6.34	0.93

10-6 主要农产品产量情况（1990-2007年）
Yield of Major Farm Crops, 1990-2007

单位：万吨 (10 000 tons)

年 份 Year	粮 食 Grain	#小 麦 Wheat	#玉 米 Corn	棉 花 Cotton	油 料 Oil-bearing Crops	蔬 菜 Vegetables
1990	188.75	64.74	74.00	1.53	4.68	268.14
1991	198.50	62.00	79.90	2.55	4.50	282.56
1992	198.74	62.00	76.04	1.63	3.96	310.41
1993	199.82	59.07	80.80	0.76	4.45	354.34
1994	190.33	50.76	77.65	0.93	4.03	407.86
1995	207.46	65.40	80.50	1.12	4.01	434.17
1996	207.00	67.35	75.41	0.51	3.13	452.71
1997	206.16	77.41	65.45	0.39	3.01	486.23
1998	210.12	76.06	75.51	0.63	3.76	505.35
1999	174.85	71.60	56.30	0.57	2.34	486.07
2000	124.05	59.91	40.95	1.75	3.31	530.60
2001	143.33	45.09	75.19	6.36	3.90	564.50
2002	137.82	44.11	71.05	6.24	3.40	584.31
2003	119.29	35.91	64.81	9.47	3.08	602.78
2004	125.27	37.81	70.71	12.03	1.55	585.43
2005	137.50	47.42	73.16	8.36	1.29	542.74
2006	141.90	49.90	79.70	9.50	0.50	275.50
2007	147.15	50.59	85.08	9.31	0.46	274.37

年 份 Year	肉 类 Meats	#猪 肉 Pork	#牛羊肉 Beef and Mutton	禽 蛋 Poultry Eggs	奶 类 Milk	水产品 Aquatic Products
1990	9.13	7.07	0.84	13.01	7.40	10.83
1991	9.89	7.19	1.05	15.01	8.41	10.81
1992	11.31	7.43	1.24	14.95	9.10	11.10
1993	11.47	7.26	1.61	15.08	9.14	11.39
1994	13.69	8.32	2.37	17.48	9.43	12.83
1995	15.86	9.59	3.09	16.94	10.47	15.35
1996	16.94	10.50	3.30	16.65	10.69	16.99
1997	18.70	11.77	3.44	17.71	12.13	18.98
1998	21.74	13.88	3.74	22.68	11.69	21.38
1999	23.53	14.59	4.24	23.56	12.94	23.03
2000	29.49	17.96	4.76	25.60	16.52	24.22
2001	36.40	21.92	5.97	26.00	24.06	26.46
2002	44.88	26.09	7.39	24.47	33.59	28.56
2003	52.41	30.56	8.53	24.25	43.23	29.83
2004	53.73	33.05	8.73	24.38	54.24	31.00
2005	57.78	35.63	9.28	23.47	63.41	33.81
2006	34.95	21.80	5.20	19.04	65.77	31.40
2007	33.76	20.45	5.25	19.43	67.21	32.50

10-7 农村居民家庭户均生产性固定资产原值(2004-2007年)
Original Value of Productive Fixed Assets per Rural Household, 2004-2007

单位: 元 (yuan)

项　目	Item	2004	2005	2006	2007
年末户均生产性固定资产原值	**Original Value of Productive Fixed Assets (year-end)**	**8311**	**10150**	**10837**	**11724**
1. 农、林、牧、渔业	Farming, Forestry, Animal Husbandry and Fishery	4781	5006	5110	5433
# 役畜、产品畜	Draught Animals and Commodity Animals	469	515	522	517
大中型铁木农具	Large and Medium-sized Wood & Iron Farm Tools	363	162	172	162
农林牧渔业机械	Machinery for Farming, Forestry, Animal Husbandry and Fishery	1480	1910	1809	2056
2. 制造业	Manufacturing	286	1151	1478	1524
3. 批发和零售业	Wholesale and Retail Trade	247	448	724	720
4. 住宿和餐饮业	Accommodation and Catering Services	348	33	33	33
5. 文化、体育和娱乐业	Culture, Sports and Recreational Services	25			
6. 其　他	Others	2624	3512	3492	4014

注: 本表数据为农村住户抽样调查数。
Note: The data of this table are collected from sample survey on rural households.

10-8 农村居民家庭每百户生产性固定资产拥有量(2004-2007年)
Number of Productive Fixed Assets per 100 Rural Households, 2004-2007

项　目	Item	2004	2005	2006	2007
汽　车(辆)	Motor Vehicles (set)	5.50	6.67	6.50	6.50
大中型拖拉机(台)	Large and Medium-sized Tractors (set)	2.50	1.67	1.67	1.67
小型和手扶拖拉机(台)	Mini-tractors (set)	21.67	18.00	17.83	17.83
机动脱粒机(台)	Motorized Threshing Machines (set)	1.67	0.67	1.33	1.33
胶轮大车(辆)	Carts with Rubber Tires (set)	3.83	4.67	5.00	4.00
水　泵(台)	Pumps (set)	19.25	19.00	19.00	19.00
役　畜(头)	Draught Animals (head)	10.50	5.50	5.83	6.17
产品畜(头)	Commodity Animals (head)	22.50	25.00	27.00	27.00

注: 本表数据为农村住户抽样调查数。
Note: The data of this table are collected from sample survey on rural households.

10-9 各区县主要农作物播种面积(2007年)
Sown Areas of Major Farm Crops by District and County, 2007

单位：公顷 (hectare)

地　区	Region	粮食作物 Grain Crops	#小　麦 Wheat	#稻　谷 Rice	#玉　米 Corn
塘沽区	Tanggu District	299	0.3	1.2	244
汉沽区	Han'gu District	276		146	109
大港区	Dagang District	9245	591		6157
东丽区	Dongli District	585		124	359
西青区	Xiqing District	5660	1553	365	3699
津南区	Jinnan District	3487		134	2720
北辰区	Beichen District	7105	682	3	5750
武清区	Wuqing District	90396	37640	88	52146
宝坻区	Baodi District	79370	32281	10457	35030
宁河县	Ninghe County	7813	164	3246	3388
静海县	Jinghai County	35774	3293		26289
蓟　县	Jixian County	62626	25549	1167	35134

地　区	Region	油料作物 Oil-bearing Crops	#花　生 Peanuts	棉　花 Cotton	蔬　菜 Vegetables
塘沽区	Tanggu District			1800	666
汉沽区	Han'gu District			912	341
大港区	Dagang District	80	28	630	75
东丽区	Dongli District			4677	1901
西青区	Xiqing District	220	33	3433	10797
津南区	Jinnan District			4351	3915
北辰区	Beichen District	336	151	3876	3261
武清区	Wuqing District	1069	423	9134	19186
宝坻区	Baodi District	258	161	9402	9486
宁河县	Ninghe County	116	3	24689	6074
静海县	Jinghai County	910	87	20884	3556
蓟　县	Jixian County	909	907	475	3526

10-10 各区县主要农作物产量(2007年)
Yield of Major Farm Crops by District and County, 2007

地　区	Region	粮食作物 Grain Crops	#小　麦 Wheat	#稻　谷 Rice	#玉　米 Corn
产　量(吨)	**Total Yield (ton)**				
塘沽区	Tanggu District	1166	1	6	1009
汉沽区	Han'gu District	1899		1116	670
大港区	Dagang District	28235	682		21500
东丽区	Dongli District	3107		898	1833
西青区	Xiqing District	31414	7385	2577	21139
津南区	Jinnan District	17940		898	14850
北辰区	Beichen District	39162	3318	22	34326
武清区	Wuqing District	578975	216286	745	359976
宝坻区	Baodi District	517629	168658	90820	251687
宁河县	Ninghe County	60580	824	29167	25919
静海县	Jinghai County	179867	13342		151380
蓟　县	Jixian County	398039	149459	9228	236629
单　产(公斤/公顷)	**Unit Yield (kg/hectare)**				
塘沽区	Tanggu District	3900	3333	5000	4135
汉沽区	Han'gu District	6880		7644	6147
大港区	Dagang District	3054	1154		3492
东丽区	Dongli District	5311		7242	5106
西青区	Xiqing District	5550	4755	7060	5715
津南区	Jinnan District	5145		6701	5460
北辰区	Beichen District	5512	4865	7333	5970
武清区	Wuqing District	6405	5746	8466	6903
宝坻区	Baodi District	6522	5225	8685	7185
宁河县	Ninghe County	7754	5024	8986	7650
静海县	Jinghai County	5028	4052		5758
蓟　县	Jixian County	6356	5850	7907	6735

10-10 续表 Continued

地　区	Region	油料作物 Oil-bearing Crops	#花　生 Peanuts	棉　花 Cotton	蔬　菜 Vegetables
产　量(吨)	**Total Yield (ton)**				
塘沽区	Tanggu District			1191	22658
汉沽区	Han'gu District			1118	27598
大港区	Dagang District	102	34	653	2689
东丽区	Dongli District			5151	104748
西青区	Xiqing District	446	28	3915	410242
津南区	Jinnan District			4585	140420
北辰区	Beichen District	771	453	3908	153040
武清区	Wuqing District	2938	1463	11524	1008530
宝坻区	Baodi District	686	493	17642	354629
宁河县	Ninghe County	269	8	30248	240480
静海县	Jinghai County	1934	227	26756	202545
蓟　县	Jixian County	3898	3897	834	262575
单　产(公斤/公顷)	**Unit Yield (kg/hectare)**				
塘沽区	Tanggu District			662	34021
汉沽区	Han'gu District			1226	80933
大港区	Dagang District	1275	1214	1037	35853
东丽区	Dongli District			1101	55102
西青区	Xiqing District	2027	848	1140	37996
津南区	Jinnan District			1054	35867
北辰区	Beichen District	2295	3000	1008	46930
武清区	Wuqing District	2748	3459	1262	52566
宝坻区	Baodi District	2659	3062	1876	37384
宁河县	Ninghe County	2319	2667	1225	39592
静海县	Jinghai County	2125	2609	1281	56959
蓟　县	Jixian County	4288	4297	1756	16154

10-11 各区县畜牧业生产情况（2006年）
Production of Animal Husbandry by District and County, 2006

地　区	Region	猪出栏(万头) Slaughtered Pigs (10 000 heads)	牛出栏(万头) Slaughtered Cattle (10 000 heads)	羊出栏(万只) Slaughtered Sheep and Goats (10 000 heads)	家禽出栏(万只) Slaughtered Poultry (10 000 heads)	#鸡 Cocks and Hens	产蛋鸡存栏(万只) Hens in Hand (10 000 heads)	乳牛存栏(头) Cows in Hand (head)
塘沽区	Tanggu District	8.60	0.12	0.89	18.78	18.45	2.46	217
汉沽区	Han'gu District	9.97	0.08	0.44	113.00	113.00	5.47	578
大港区	Dagang District	6.74	0.27	4.89	263.00	263.00	33.10	2000
东丽区	Dongli District	16.74	0.57	2.99	347.43	346.93	11.88	1361
西青区	Xiqing District	16.65	0.06	1.03	782.74	647.78	33.71	4465
津南区	Jinnan District	9.83	0.17	1.48	1265.77	1265.77	33.42	430
北辰区	Beichen District	22.51	0.90	11.70	605.09	590.09	116.11	28485
武清区	Wuqing District	69.13	4.43	32.56	1903.03	1837.76	215.74	61076
宝坻区	Baodi District	92.73	7.63	14.67	428.58	360.89	215.19	2635
宁河县	Ninghe County	105.54	0.97	4.61	852.00	848.00	112.00	32000
静海县	Jinghai County	48.80	1.75	23.40	1873.78	1867.95	60.47	28430
蓟　县	Jixian County	158.60	18.13	23.62	1209.93	840.40	561.72	2955

地　区	Region	肉类总产量(吨) Output of Meat (ton)	#猪肉 Pork	#牛羊肉 Beef & Mutton	#禽肉 Meat of Poultry	禽蛋产量(吨) Output of Poultry Eggs (ton)	#鸡蛋 Eggs	牛奶产量(吨) Output of Milk (ton)
塘沽区	Tanggu District	7011	6125	598	287	727	516	619
汉沽区	Han'gu District	10168	7481	101	2246	1083	1083	2679
大港区	Dagang District	10293	5730	1205	3156	3110	3110	5538
东丽区	Dongli District	21839	12509	2297	6948	1645	1645	5099
西青区	Xiqing District	25692	12656	282	12729	6652	4231	12989
津南区	Jinnan District	17430	7371	680	9379	3485	3403	3497
北辰区	Beichen District	29887	15757	5193	8929	18609	18010	118342
武清区	Wuqing District	91071	48388	17967	24604	42868	33539	245988
宝坻区	Baodi District	103361	76666	16674	14759	36902	36652	12396
宁河县	Ninghe County	93485	73878	2716	16865	19000	17890	90000
静海县	Jinghai County	81287	37573	10670	32864	15678	14395	112388
蓟　县	Jixian County	164733	115528	27463	21427	76575	74552	16213

10-12 林业生产、果园面积及产量(2005-2007年)
Forestry Production, Orchard Areas and Output, 2005-2007

项　目	Item	2005	2006	2007
年末实有林地面积(万公顷)	**Forestry Areas (year-end) (10 000 hectares)**	**19.05**	**19.35**	**18.73**
#当年造林面积	Afforested Areas in Current Year	0.36	0.30	0.51
封山育林面积(万公顷)	**Afforested Areas on Sealed Mountain (10 000 hectares)**	**2.20**	**2.60**	**2.60**
育苗面积	Areas Used for Cultivating Sapling	0.52	0.90	0.37
年末实有果园面积(万公顷)	**Areas of Orchards (year-end) (10 000 hectares)**	**3.71**	**3.64**	**3.51**
干果产量(吨)	**Output of Dry Fruits (ton)**	**754**	**827**	**1044**
#核　桃	Walnuts	442	478	496
栗　子	Chestnuts	312	349	548
园林水果产量(吨)	**Output of Fruits in Orchards (ton)**	**277877**	**300038**	**302013**
#苹　果	Apples	66039	64076	59709
梨	Pears	22553	25719	28870
桃	Peaches	48997	52399	48776
鲜　枣	Fresh Jujubes	24691	30574	29240
葡　萄	Grapes	93229	104103	109545
柿　子	Persimmons	11402	12456	16902

10-13 各区县渔业生产情况(2006年)
Fishery Production by District and County, 2006

地　区	Region	水产品总产量(吨) Total Aquatic Products (ton)	海水产品 Seawater Aquatic Products	淡水产品 Freshwater Aquatic Products	水产养殖面积(公顷) Cultured Areas of Aquatic Products (hectare)	海水养殖 Seawater Cultured	淡水养殖 Freshwater Cultured
塘沽区	Tanggu District	21402	16198	5204	4081	1747	2334
汉沽区	Han'gu District	25863	19538	6325	1434	967	467
大港区	Dagang District	7652	2270	5382	5470	2568	2902
东丽区	Dongli District	21017		21017	2733		2733
西青区	Xiqing District	50789		50789	5169		5169
津南区	Jinnan District	20406		20406	3932		3932
北辰区	Beichen District	13056		13056	2117		2117
武清区	Wuqing District	55522		55522	6334		6334
宝坻区	Baodi District	35788		35788	3521		3521
宁河县	Ninghe County	18382	420	17962	3371	133	3238
静海县	Jinghai County	27929		27929	2661		2661
蓟　县	Jixian County	27876		27876	1800		1800

10-14 农垦集团总公司主要指标（2005-2007年）
Major Indicators of State Farms of Agribusiness Group Corporation, 2005-2007

项　目	Item	2005	2006	2007
直属企事业单位(个)	Number of Units (unit)	40	41	44
# 农场个数	Farms	14	15	15
工业企业个数	Industrial Enterprises	12	20	15
商业企业个数	Commercial Enterprises	2	2	2
土地面积(公顷)	Land Areas (hectare)	9077	7874	8325
# 耕地面积	Cultivated Areas	3039	2920	3108
工农业总产值(万元)	Gross Output Value of Agriculture and Industry (10 000 yuan)	236404	242830	259148
# 农业总产值	Gross Agricultural Output Value	32638	33078	37790
增加值 (万元)	Value-added (10 000 yuan)	73001	73624	86997
第一产业	Primary Industry	5825	6693	8005
第二产业	Secondary Industry	56103	56420	59672
第三产业	Tertiary Industry	11073	10511	19320
种植业生产情况	Production of Planting			
农作物播种面积(公顷)	Sown Areas of Farm Crops (hectare)	2997	3021	2886
# 粮　食	Grain	2019	1973	1898
商品蔬菜	Vegetables for Sale	56	125	46
农作物总产量(吨)	Total Yield of Farm Crops (ton)			
# 粮　食	Grain	9192	17996	12212
商品蔬菜	Vegetables for Sale	2712	6888	1886
水果生产情况	Production of Fruits			
果园面积(公顷)	Areas of Orchards (hectare)	181	178	145
水果总产量(吨)	Total Yield of Fruits (ton)	853	715	742
畜牧水产生产情况	Production of Animal Husbandry and Fishery			
奶牛年末存栏(头)	Cows in Hand (year-end) (head)	21469	21865	21860
# 成母牛	Female Cows	11040	12677	12671
牛奶总产量(吨)	Output of Milk (ton)	79585	86787	92419

10-14 续表 Continued

项　目	Item	2005	2006	2007
鸡年末存栏(万只)	Cocks and Hens in Hand (year-end) (10 000 heads)	22.59	27.68	72.5
#产蛋鸡	Hens	22.59	27.68	46.88
鸡蛋总产量(吨)	Total Output of Eggs (ton)	3905	1505	416
肉类总产量(吨)	Total Output of Meat (ton)	1054	834	3511
养殖水面(公顷)	Cultured Water Areas (hectare)	646	687	774
水产品产量(吨)	Total Aquatic Products (ton)	6877	7511	8239
农业机械总动力(万千瓦)	Total Power of Agricultural Machinery (10 000 kW)	1.09	1.06	1.01
#大中型拖拉机(台)	Large and Medium-sized Tractors (set)	31	28	20
小型拖拉机(台)	Mini-tractors (set)	4	6	
汽　车(辆)	Number of Motor Vehicles (set)	321	368	349
#载重汽车(辆)	Trucks (set)	62	78	51
用电量(万千瓦小时)	Electricity Consumption (10 000 kWh)	5295	7379	9086
农用化肥施用量(折纯)(吨)	Consumption of Chemical Fertilizers (pureness) (ton)	686	884	826
主要工业产品产量	Output of Major Industrial Products			
葡萄酒(吨)	Wine (ton)	38151	41137	42908
奶　粉(吨)	Milk Powder (ton)	2028	3491	2776
消毒牛奶(吨)	Sterilized Milk (ton)	66125	92123	97927
饲料添加剂(吨)	Added Preparation for Forage (ton)	288	300	406
固定资产投资总额(万元)	Total Investment in Fixed Assets (10 000 yuan)	10000	13403	23733
新增固定资产	Newly Increased Fixed Assets	10000	13403	12030
外贸出口总值(万元)	Total Value of Exports (10 000 yuan)	6897	6023	7136
利润总额(万元)	Total Profits (10 000 yuan)	20038	12884	18161
年末职工人数(人)	Number of Staff and Workers (year-end) (person)	6489	6392	6139
工资总额(万元)	Total Wages (10 000 yuan)	12934	15239	17327
职工年平均工资(元)	Annual Average Wage (yuan)	18739	23202	27803
年末固定资产原值(万元)	Original Value of Fixed Assets (year-end) (10 000 yuan)	148534	172586	204693
年末固定资产净值(万元)	Net Value of Fixed Assets (year-end) (10 000 yuan)	107894	127772	150255

10-15 大型水库基本情况（2007年）
Large Reservoirs of Tianjin, 2007

项　目	Item	于桥水库 Yuqiao Reservoir	北大港水库 Beidagang Reservoir	团泊洼水库 Tuanbowa Reservoir
建设地点	Construction Site	蓟　县	大港区	静海县
		Jixian	Dagang	Jinghai
所属河系	Location River	蓟运河	大清河	独流减河
		Jiyun River	Daqing River	Duliujian River
总库容(万立方米)	Total Capacity of Reservoir (10 000 cu. m)	155900	50000	18000
设计灌溉面积(万公顷)	Designed Irrigated Areas (10 000 hectares)	4.20	1.38	3.00
有效灌溉面积(万公顷)	Effective Irrigated Areas (10 000 hectares)	3.00	0.66	2.60

10-16 中型水库基本情况（2007年）
Medium Reservoirs of Tianjin, 2007

水库名称 Name of Reservoir	座　落 地　点 Site	所在河系 Location River	总库容 (万立方米) Total Capacity of Reservoir (10 000 cu. m)	灌溉面积(万公顷) Irrigated Areas (10 000 hectares)		年设计灌溉用　水 (万立方米) Annual Irrigated Water (10 000 cu. m)
				设　计 Designed Areas	有　效 Effective Areas	
七里海水库	宁河县	潮白新河				
Qilihai Reservoir	Ninghe	Chaobaixin River	2400	1.00	0.40	1800
新地河水库	东丽区	金钟河				
Xindihe Reservoir	Dongli	Jinzhong River	2200	0.27	0.27	1000
鸭淀水库	西青区	津港运河				
Yadian Reservoir	Xiqing	Jingang Canal	3150	0.47	0.47	1997
黄港一库	塘沽区	黑猪河				
Huanggang Ⅰ Reservoir	Tanggu	Heizhu River	1295	0.09	0.06	800
黄港二库	塘沽区	黑猪河				
Huanggang Ⅱ Reservoir	Tanggu	Heizhu River	4615	0.21	0.18	400
北塘水库	塘沽区	永定新河				
Beitang Reservoir	Tanggu	Yongdingxin River	1580			
营城水库	汉沽区	蓟运河				
Yingcheng Reservoir	Han'gu	Jixian Canal	3000	0.04	0.04	400
上马台水库	武清区	北运河				
Shangmatai Reservoir	Wuqing	North Canal	2680	0.86	0.86	1900
津南水库	津南区	海　河				
Jinnan Reservoir	Jinnan	Haihe River	2966	0.15	0.15	600
尔王庄水库	宝坻区	潮白新河				
Erwangzhuang Reservoir	Baodi	Chaobaixin River	4530			

主要统计指标解释

农林牧渔业总产值

指以货币表现的农、林、牧、渔业全部产品和对农林牧渔业生产活动进行的各种支持性服务活动的价值总量，它反映一定时期内农林牧渔业生产总规模和总成果。1957 年以前的农林牧渔业总产值中包括了厩肥和农民自给性手工业（如农民自制衣服、鞋、袜，自己从事粮食初步加工等）。1958 年及以后，林业中增加了村及村以下竹木采伐产值；牧业中取消了厩肥产值；副业中取消了农民自给性手工业产值，增加了村及村以下办的工业产值；渔业中增加了海洋捕捞水产品产值。1980 年及以后，在副业中增加了农民家庭兼营工业商品部分的产值。从 1984 年起村及村以下工业产值划归工业。从 1993 年起取消副业，将野生动物的捕猎划入牧业，野生植物采集和农民家庭兼营商品性工业划归农业。从 2003 年起，执行新的国民经济行业分类标准，农林牧渔业总产值中包括了农林牧渔服务业产值。

农林牧渔业总产值的计算方法通常是按农、林、牧、渔业产品及其副产品的产量分别乘以各自单位产品价格求得；少数生产周期较长，当年没有产品或产品产量不易统计的，则采用间接方法匡算其产值；然后将四业产品产值相加即为农林牧渔业总产值。

农林牧渔业增加值

指各种经济类型的农业生产单位和农户从事农业生产营活动所提供的社会最终产品的货币表现。其计算方法有两种，一是生产法：农牧渔业增加值=农林牧渔业总产值－农林牧渔业中间消耗；二是分配法：农林牧渔业增加值=固定资产折旧+劳动者报酬+生产税净额（生产税－生产补贴）+营业盈余。

农用化肥施用量

指本年内实际用于农业生产的化肥数量，包括氮肥、磷肥、钾肥和复合肥。化肥施用量要求按折纯量计算数量。折纯量是指把氮肥、磷肥、钾肥分别按含氮、含五氧化二磷、含氧化钾的百分之百成份进行折算后的数量。复合肥按其所含主要成分折算。公式为：

折纯量＝实物量×某种化肥有效成份含量的百分比

农业机械总动力

指主要用于农、林、牧、渔业的各种动力机械的动力总和。包括耕作机械、排灌机械、收获机械、农用运输机械、植物保护机械、牧业机械、林业机械、渔业机械和其他农业机械。不包括专门用于乡、镇、村、组办工业、基本建设、非农业运输、科学试验和教学等非农业生产方面用的动力机械与作业机械。

有效灌溉面积

指灌溉工程或设备已基本配套，有一定水源，土地比较平整，在一般年景可以进行正常灌溉的耕地面积。在一般情况下，有效灌溉面积应等于灌溉工程或设备已经配套，能够进行灌溉的水田和水浇地面积之和。

当年出栏头数

指农林牧渔企业生产单位饲养的，供屠宰并已出栏的全部牲畜头数。包括交售给国家，集市上出售的部分。

肉类总产量

指当年出栏并已屠宰的猪、牛、羊、马、骡、驴、家禽、兔等肉产量。即屠宰后除去头、蹄、下水后带骨肉的重量，也叫胴体重。

水产品产量

指本年度内捕捞的水产品（包括人工养殖并捕捞的水产品和捕捞天然生长的水产品）产量。不论自食或出售的，都应计算在内。用作继续扩大再生产的水产品（如鱼苗、鱼种、鱼饵及转塘鱼、存塘鱼等）不作水产品产量统计。在淡水生长的各种水生植物，如莲藕、菱角等，因属农作物范畴，均不包括在水产品产量之内。

Explanatory Notes on Main Statistical Indicators

Gross Output Value of Farming, Forestry, Animal Husbandry and Fishery

refers to the total value of products of farming, forestry, animal husbandry and fishery, and total value of services rendered to support farming, forestry, animal husbandry and fishery activities. It reflects the total scale and results of agricultural production during a given period. Prior to 1957, Chinas gross agricultural output value included barnyard manure and handicraft products for self-consumption (clothes, shoes, stockings, and initial grain processing undertaken by peasants). Since 1958, cutting and felling of bamboo and trees by villages and other cooperative organizations under villages have been included in forestry; value of barnyard manure has been excluded from animal husbandry; self consumed handicrafts has been excluded from sideline occupations, while the output value of industries run by villages and cooperative organizations under village had been included in sideline occupations and the output value of fish catches by motor fishing boats has been added to fishery. Since 1980, the value of handicraft products made for sale by individuals in households had been added to sideline occupations. Since 1984, industries run by villages and under villages have been included in the sector of industry. Since 1993, the subdivision of sideline occupations has been canceled, and the hunting of wild animals has been classified into animal husbandry, and the gathering of wild plants and commodity industry run by rural household have been included in farming. A new industrial classification of economic activities was introduced in 2003. Under the new classification, value of services to farming, forestry, animal husbandry and fishery is included in the gross output value of agriculture.

Gross output value of agriculture is obtained by first multiplying the output of each product or by product by its price, resulting in the output value of each single item. For a small number of products, annual output of which is not available or difficult to get due to the long production (growing) process involved, the output value is estimated through an indirect approach. The sum of output value of all products of farming, forestry, animal husbandry and fishery is then equal to the gross output value of agriculture.

Value-added of Farming, Forestry, Animal Husbandry and Fishery

refers to the final results of various agricultural production and trade units in money terms. It is calculated with two approaches. First, *production approach, value-added of farming, forestry, animal husbandry and fishery=gross output value of farming, forestry, animal husbandry and fishery intermediate input of farming, forestry, animal husbandry and fishery.* Second, *distribution approach, value-added of farming, forestry, animal husbandry and fishery=depreciation of fixed assets + laborers remuneration +net taxes on production (taxes on production subsidies production) + operating surplus.*

Consumption of Chemical Fertilizers in Agriculture

refers to the quantity of chemical fertilizers applied in agriculture in the year, including nitrogenous fertilizer, phosphate fertilizer, potash fertilizer, and compound fertilizer. The consumption of chemical fertilizers is required in calculation to convert the gross weight into weight containing 100% effective component (e.g. 100% nitrogen content in nitrogenous fertilizer, 100% phosphorous pent oxide contents in phosphate fertilizer, 100% potassium oxide contents in potash fertilizer). Compound fertilizer is converted with its major component. The formula is:

Volume of effective component= physical quantity x effective component of certain chemical fertilizer (%)

Total Power of Agricultural Machinery

refers to total mechanical power of machinery used in farming, forestry, animal husbandry, and fishery, including ploughing, irrigation and drainage, harvesting, transport, plant protection, stock breeding, forestry and fishery and other agricultural machineries. Machinery employed for non-agricultural purposes, such as the machines used in township run and village-run industry, construction, non-agricultural transport, scientific experiments and teaching, is excluded.

Effective Irrigated Area

refers to areas that are effectively irrigated, i.e. level land which has water source and complete sets of irrigation facilities to lift and move adequate water for irrigation purpose under normal conditions. In general, irrigated area equal sum area of paddy fields and irrigated land for irrigated engineering or complete sets.

Number of Livestock Slaughtered

refers to the total number of animals for butchering by farming, forestry, animal husbandry and fishery, including parts of selling to country and markets.

Output of Meat

refers to output of having butchered of pork, beef, mutton, horse, mule, donkey, fowls, and rabbit in the current year, namely the heaviness minus head, hoof, offal.

Output of Aquatic Products

refer to amount of fishing (including artificially cultured, naturally grown), in respective consumption by peasants themselves or sold. It excludes aquatic (i.e. fish fry, fish grows, fish bait and transferred fish from piscine, leave fish) for continuing expanded reproduction aquatic. Various fresh water plants (i.e. lotus roots, water chestnut) are not included.

第11篇 CHAPTER 11

工业 Industry

11-1 工业总产值及增长速度(1990-2007年)
Gross Output Value and Increase Rate of Industry, 1990-2007

年份 Year	全部工业 Gross Industry			全部国有及规模以上工业 All State-owned and above Designated Size Industry		
	合计 Total	轻工业 Light Industry	重工业 Heavy Industry	合计 Total	轻工业 Light Industry	重工业 Heavy Industry
绝对数(亿元) Gross Output Value (100 million yuan)						
1990	679.94	354.50	325.44	543.47	266.27	277.20
1991	786.60	392.29	394.31	599.31	274.65	324.66
1992	997.91	465.48	532.43	722.35	308.34	414.01
1993	1401.84	530.05	871.79	1068.09	354.79	713.30
1994	1754.30	760.80	993.50	1293.80	504.40	789.40
1995	1879.65	752.03	1127.62	1382.43	536.06	816.37
1996	2177.42	1014.46	1162.96	1666.26	678.68	987.58
1997	2450.21	1130.04	1320.17	1782.35	675.23	1107.21
1998	2562.62	1157.09	1405.53	2068.51	767.01	1301.50
1999	2751.37	1128.47	1622.90	2264.55	838.30	1426.25
2000	3080.74	1263.10	1817.64	2606.38	895.24	1711.14
2001	3366.53	1153.73	2212.80	2940.40	942.37	1998.03
2002	3717.72	1207.88	2509.84	3323.12	1012.41	2310.71
2003	4370.76	1254.68	3116.08	4049.61	1095.39	2954.22
2004	6186.04	1398.65	4787.39	5853.72	1265.73	4587.98
2005	7169.62	1569.06	5600.56	6774.10	1372.88	5401.23
2006	8907.45	1664.03	7243.42	8527.70	1475.67	7052.03
2007	10502.91	1967.37	8535.54	10075.07	1755.16	8319.91
比上年增长(%) Increase Rate over Preceding Year (%)						
1990	7.8	5.3	11.2	3.7	3.1	4.4
1991	12.2	7.1	17.8	5.9	2.3	12.3
1992	24.2	22.5	26.3	16.7	12.9	20.1
1993	25.1	8.9	40.5	27.6	8.5	43.6
1994	19.1	33.8	8.2	13.9	30.8	3.1
1995	23.5	11.2	34.8	16.4	11.6	20.3
1996	24.7	31.8	19.5	19.3	20.0	18.8
1997	12.9	13.6	12.2	13.2	8.8	16.5
1998	8.5	9.9	7.2	8.3	5.0	10.6
1999	13.0	5.9	19.4	16.3	21.8	12.7
2000	17.5	19.7	16.0	17.7	15.3	19.3
2001	14.0	-6.6	28.4	17.7	7.6	23.1
2002	19.6	13.3	23.7	22.8	17.1	26.0
2003	24.1	18.5	27.0	26.1	20.8	28.7
2004	31.0	19.4	35.5	31.8	19.2	36.3
2005	19.5	9.3	22.8	20.8	9.6	24.0
2006	25.1	6.1	29.3	25.3	12.4	28.3
2007	20.1	19.4	20.2	20.4	20.1	20.4

注：工业总产值绝对数按当年价格计算，增长速度按可比价格计算(下同)。
Note: Gross output value of industry are calculated at current prices, increase rate are calculated at comparable prices (same as following next).

11-2 全部国有及规模以上工业总产值
Gross Output Value of All State-owned and above Designated Size Industry

单位：亿元 (100 million yuan)

项 目	Item	2006	2007	2007比2006年增长(%) Increase Rate in 2007 over 2006 (%)
全市总计	**Total**	**8527.70**	**10075.07**	**20.4**
# 国有及国有控股企业	State-owned and State-holding Enterprises	3415.84	3844.92	16.1
按登记注册类型分	**Grouped by Status of Registration**			
内资企业	Domestic-funded Enterprises	4157.15	5090.68	24.2
国有企业	State-owned Enterprises	673.18	938.04	28.5
集体企业	Collective-owned Enterprises	148.48	141.80	-5.9
股份合作企业	Cooperative Enterprises	57.84	101.31	32.6
私营企业	Private Enterprises	891.03	1081.80	45.9
股份有限公司	Share-holding Corporations Ltd.	1265.32	1219.33	-5.0
有限责任公司	Limited Liability Corporations	1091.23	1572.09	25.5
# 国有独资	Sole State-funded Corporations	295.50	460.34	20.8
联营企业	Joint Ownership Enterprises	21.91	26.00	14.9
# 国有与国有联营企业	State Joint Ownership Enterprises	0.90	0.63	-25.0
集体与集体联营企业	Collective Joint Ownership Enterprises	0.47	0.73	14.4
其他内资企业	Other Domestic-funded Enterprises	8.16	10.32	31.3
港澳台商投资企业	Enterprises with Investment from Hong Kong, Macao and Taiwan	425.08	700.43	8.2
外商投资企业	Foreign Funded Enterprises	3945.47	4283.96	18.0
按经济类型分	**Grouped by Ownership**			
国有经济	State-owned	969.58	1399.01	26.3
集体经济	Collective-owned	206.79	243.84	20.5
私有经济	Private and Individual	891.03	1081.80	40.9
港澳台商投资经济	Hong Kong, Macao and Taiwan Funded	425.08	700.43	8.2
外商投资经济	Foreign Funded	3945.47	4283.96	18.0
其 他	Others	2089.76	2366.03	17.2

11-2 续表 1 Continued

单位：亿元 (100 million yuan)

项　目	Item	2006	2007	2007比2006年增长(%) Increase Rate in 2007 over 2006 (%)
按隶属关系分	**Grouped by Administrative Relationship**			
中央工业	Central Industry	1409.07	1590.90	12.2
地方工业	Local Industry	7118.63	8484.17	22.1
#市管工业	City Industry	4946.48	5753.58	16.8
#工业系统	Industry System	2816.00	3555.50	26.1
区县管工业	District & County Industry	485.34	874.01	13.8
街管工业	Neighbour Industry	9.04	47.54	55.5
乡镇管工业	Town and Country Industry	1547.47	1645.63	39.3
按轻重工业分	**Grouped by Light & Heavy Industry**			
轻工业	Light Industry	1475.67	1755.16	20.1
重工业	Heavy Industry	7052.03	8319.91	20.4
按企业规模分	**Grouped by Size of Enterprises**			
大　型	Large-sized	3461.16	3976.20	2.1
中　型	Medium-sized	2871.49	3415.88	26.3
小　型	Small-sized	2195.05	2683.00	39.2
按行业分	**Grouped by Sector**			
煤炭开采和洗选业	Mining and Washing of Coal	24.49	51.39	109.0
石油和天然气开采业	Extraction of Petroleum and Natural Gas	656.70	712.65	8.1
非金属矿采选业	Mining and Processing of Nonmetal Ores	8.14	9.60	6.2
农副食品加工业	Processing of Food from Agricultural Products	149.92	192.22	37.1
食品制造业	Manufacture of Food	88.96	101.30	20.3
饮料制造业	Manufacture of Beverage	72.27	95.14	32.0
烟草制品业	Manufacture of Tobacco	11.47	13.40	16.8
纺织业	Manufacture of Textile	70.83	77.97	14.0
纺织服装鞋帽制造业	Manufacture of Textile Wearing Apparel, Footware, and Caps	71.81	71.96	6.0
皮革毛皮羽毛(绒)及其制品业	Manufacture of Leather, Fur, Feather and Related Products	29.82	27.90	-15.4
木材加工及木、竹、藤棕、草制品业	Processing of Timber, Manufacture of Wood, Bamboo, Rattan, Palm, and Straw Products	20.12	15.74	-7.9

11-2 续表 2 Continued

单位：亿元 (100 million yuan)

项　目	Item	2006	2007	2007比2006年增长(%) Increase Rate in 2007 over 2006 (%)
家具制造业	Manufacture of Furniture	36.94	34.44	-4.5
造纸及纸制品业	Manufacture of Paper and Paper Products	51.51	51.49	-1.4
印刷业和记录媒介的复制	Printing, Reproduction of Recording Media	23.17	27.99	26.6
文教体育用品制造业	Manufacture of Articles For Culture, Education and Sport Activity	30.56	35.33	16.8
石油加工炼焦及核燃料加工业	Processing of Petroleum, Coking, Processing of Nuclear Fuel	453.79	519.26	13.4
化学原料及化学制品制造业	Manufacture of Raw Chemical Materials and Chemical Products	400.25	489.63	28.7
医药制造业	Manufacture of Medicines	166.35	183.71	22.1
化学纤维制造业	Manufacture of Chemical Fibers	2.56	3.49	7.9
橡胶制品业	Manufacture of Rubber	63.10	84.35	26.4
塑料制品业	Manufacture of Plastics	146.36	171.67	19.4
非金属矿物制品业	Manufacture of Non-metallic Mineral Products	100.33	137.70	24.6
黑色金属冶炼及压延加工业	Smelting and Pressing of Ferrous Metals	1159.41	1693.84	42.2
有色金属冶炼及压延加工业	Smelting and Pressing of Non-Ferrous Metals	148.44	172.51	29.9
金属制品业	Manufacture of Metal Products	270.80	343.77	30.0
通用设备制造业	Manufacture of General Purpose Machinery	280.81	424.02	47.5
专用设备制造业	Manufacture of Special Purpose Machinery	145.60	204.82	16.9
交通运输设备制造业	Manufacture of Transport Equipment	800.29	1043.14	27.4
电气机械及器材制造业	Manufacture of Electrical Machinery and Equipment	456.39	542.24	33.8
通信设备计算机及其他电子设备制造业	Manufacture of Communication Equipment, Computers and Other Electronic Equipment	2045.26	1980.99	-0.6
仪器仪表及文化办公用机械制造业	Manufacture of Measuring Instruments and Machinery for Cultural Activity and Office Work	103.20	98.62	-5.8
工艺品及其他制造业	Manufacture of Artwork and Other Manufacturing	30.40	39.66	11.3
废弃资源和废旧材料回收加工业	Recycling and Disposal of Waste	11.85	22.56	25.5
电力热力的生产和供应业	Production and Supply of Electric Power and Heat Power	320.53	374.00	17.4
燃气生产和供应业	Production and Supply of Gas	12.48	10.58	-21.3
水的生产和供应业	Production and Supply of Water	13.42	15.97	11.6

11-3 地方全部国有及规模以上工业总产值
Gross Output Value of All State-owned and above Designated Size Local Industry

单位：亿元 (100 million yuan)

项　目	Item	2006	2007	2007 比 2006 年 增长 (%) Increase Rate in 2007 over 2006 (%)
全市总计	**Total**	**7118.63**	**8484.17**	**22.1**
按登记注册类型分	**Grouped by Status of Registration**			
内资企业	Domestic-funded Enterprises	2774.19	3529.12	30.7
国有企业	State-owned Enterprises	395.88	619.61	33.1
集体企业	Collective-owned Enterprises	148.29	141.57	-5.9
股份合作企业	Cooperative Enterprises	57.84	101.31	32.6
私营企业	Private Enterprises	891.03	1081.80	45.9
股份有限公司	Share-holding Corporations Ltd.	328.32	218.52	-34.4
有限责任公司	Limited Liability Corporations	922.79	1329.99	26.5
# 国有独资	Sole State-funded Corporations	216.03	347.43	19.8
联营企业	Joint Ownership Enterprises	21.89	26.00	14.9
# 国有与国有联营企业	State Joint Ownership Enterprises	0.88	0.63	-25.0
集体与集体联营企业	Collective Joint Ownership Enterprises	0.47	0.73	14.4
其他内资企业	Other Domestic-funded Enterprises	8.16	10.32	31.3
港澳台商投资企业	Enterprises with Investment from Hong Kong, Macao and Taiwan	424.36	700.24	8.2
外商投资企业	Foreign Funded Enterprises	3920.08	4254.80	18.1
按经济类型分	**Grouped by Ownership**			
国有经济	State-owned	612.78	967.67	27.4
集体经济	Collective-owned	206.60	243.62	20.5
私有经济	Private and Individual	891.03	1081.80	40.9
港澳台商投资经济	Hong Kong, Macao and Taiwan Funded	424.36	700.24	8.2
外商投资经济	Foreign Funded	3920.08	4254.80	18.1
其　他	Others	1063.78	1236.04	26.9

11-3 续表 1 Continued

单位：亿元 (100 million yuan)

项　目	Item	2006	2007	2007 比 2006 年增长 (%) Increase Rate in 2007 over 2006 (%)
按隶属关系分	**Grouped by Administrative Relationship**			
# 市管工业	City Industry	4946.48	5753.58	16.8
# 工业系统	Industry System	2816.00	3555.50	26.1
区县管工业	District & County Industry	485.34	874.01	13.8
街管工业	Neighbour Industry	9.04	47.54	55.5
乡镇管工业	Town and Country Industry	1547.47	1645.63	39.3
按轻重工业分	**Grouped by Light & Heavy Industry**			
轻工业	Light Industry	1457.17	1732.81	20.9
重工业	Heavy Industry	5661.46	6751.36	22.2
按企业规模分	**Grouped by Size of Enterprises**			
大　型	Large-sized	2663.69	3088.62	7.7
中　型	Medium-sized	2328.06	2820.49	33.4
小　型	Small-sized	2126.88	2575.06	30.7
按行业分	**Grouped by Sector**			
煤炭开采和洗选业	Mining and Washing of Coal	24.49	51.39	109.0
非金属矿采选业	Mining and Processing of Nonmetal Ores	8.14	9.60	6.2
农副食品加工业	Processing of Food from Agricultural Products	149.92	192.22	37.1
食品制造业	Manufacture of Food	88.31	100.91	19.7
饮料制造业	Manufacture of Beverage	72.27	95.14	32.0
纺织业	Manufacture of Textile	70.81	77.97	14.0
纺织服装鞋帽制造业	Manufacture of Textile Wearing Apparel, Footware, and Caps	71.81	71.96	6.0
皮革毛皮羽毛(绒)及其制品业	Manufacture of Leather, Fur, Feather and Related Products	29.82	27.90	-15.4
木材加工及木、竹、藤、棕、草制品业	Processing of Timber, Manufacture of Wood, Bamboo, Rattan, Palm, and Straw Products	19.77	15.56	-7.8

11-3 续表 2 Continued

单位：亿元 (100 million yuan)

项　目	Item	2006	2007	2007 比2006年 增长(%) Increase Rate in 2007 over 2006 (%)
家具制造业	Manufacture of Furniture	36.94	34.44	-4.5
造纸及纸制品业	Manufacture of Paper and Paper Products	51.51	51.49	-1.4
印刷业和记录媒介的复制	Printing, Reproduction of Recording Media	22.52	27.44	24.4
文教体育用品制造业	Manufacture of Articles For Culture, Education and Sport Activity	30.56	35.33	16.8
石油加工炼焦及核燃料加工业	Processing of Petroleum, Coking, Processing of Nuclear Fuel	57.41	88.81	38.5
化学原料及化学制品制造业	Manufacture of Raw Chemical Materials and Chemical Products	381.25	471.27	29.2
医药制造业	Manufacture of Medicines	163.11	180.40	23.4
化学纤维制造业	Manufacture of Chemical Fibers	2.56	3.49	7.9
橡胶制品业	Manufacture of Rubber	63.10	84.35	26.4
塑料制品业	Manufacture of Plastics	145.60	171.03	19.4
非金属矿物制品业	Manufacture of Non-metallic Mineral Products	99.91	135.27	25.4
黑色金属冶炼及压延加工业	Smelting and Pressing of Ferrous Metals	1159.41	1693.84	42.2
有色金属冶炼及压延加工业	Smelting and Pressing of Non-Ferrous Metals	148.44	172.51	29.9
金属制品业	Manufacture of Metal Products	247.85	315.20	36.0
通用设备制造业	Manufacture of General Purpose Machinery	280.70	421.58	46.1
专用设备制造业	Manufacture of Special Purpose Machinery	136.27	189.23	23.5
交通运输设备制造业	Manufacture of Transport Equipment	779.62	1019.78	28.1
电气机械及器材制造业	Manufacture of Electrical Machinery and Equipment	451.76	537.62	31.9
通信设备计算机及其他电子设备制造业	Manufacture of Communication Equipment, Computers and Other Electronic Equipment	2041.96	1949.48	-1.8
仪器仪表及文化办公用机械制造业	Manufacture of Measuring Instruments and Machinery for Cultural Activity and Office Work	100.37	95.40	-6.3
工艺品及其他制造业	Manufacture of Artwork and Other Manufacturing	30.40	39.66	11.3
废弃资源和废旧材料回收加工业	Recycling and Disposal of Waste	11.85	22.56	25.5
电力热力的生产和供应业	Production and Supply of Electric Power and Heat Power	64.91	74.76	22.6
燃气生产和供应业	Production and Supply of Gas	12.48	10.58	-21.3
水的生产和供应业	Production and Supply of Water	13.42	15.97	11.6

11-4 主要工业产品生产能力 Production Capacity of Major Industrial Products

产品名称	Item	单 位	Unit	生产能力 Production Capacity
	2006 年			
原 油	Crude Oil	万 吨	10 000 tons	2011.67
发电量	Electricity	亿千瓦小时	100 million kWh	520.65
生 铁	Pig Iron	万 吨	10 000 tons	922.40
粗 钢	Crude Steel	万 吨	10 000 tons	998.07
钢 材	Rolled Steel	万 吨	10 000 tons	2356.08
水 泥	Cement	万 吨	10 000 tons	505.99
农用化肥	Chemical Fertilizer	万 吨	10 000 tons	16.75
焦 炭	Coke	万 吨	10 000 tons	331.00
电 石	Calcium Carbide	万 吨	10 000 tons	11.90
化学纤维	Chemical Fiber	万 吨	10 000 tons	26.36
平板玻璃	Plate Glass	万重量箱	10 000 weight cases	450.00
卷 烟	Cigarettes	亿 支	100 million pieces	231.27
金属切削机床	Metal-cutting Machines	台	unit	398.00
汽 车	Motor Vehicles	万 辆	10 000 units	54.00
#轿 车	Cars	万 辆	10 000 units	53.00
彩色电视机	Color Television Sets	万 台	10 000 units	130.00
家用电冰箱	Household Refrigerators	万 台	10 000 units	60.00
房间空气调节器	Air Conditioners	万 台	10 000 units	560.00
移动电话机	Mobile phones	万 部	10 000 units	10580.00
微型电子计算机	Micro-computers	万 部	10 000 units	5.60
	2007 年			
原 油	Crude Oil	万 吨	10 000 tons	1935.25
发电量	Electricity	亿千瓦小时	100 million kWh	609.98
生 铁	Pig Iron	万 吨	10 000 tons	1665.08
粗 钢	Crude Steel	万 吨	10 000 tons	1875.81
钢 材	Rolled Steel	万 吨	10 000 tons	4286.99
水 泥	Cement	万 吨	10 000 tons	944.88
农用化肥	Chemical Fertilizer	万 吨	10 000 tons	22.02
焦 炭	Coke	万 吨	10 000 tons	330.26
电 石	Calcium Carbide	万 吨	10 000 tons	11.90
化学纤维	Chemical Fiber	万 吨	10 000 tons	27.26
平板玻璃	Plate Glass	万重量箱	10 000 weight cases	462.03
卷 烟	Cigarettes	亿 支	100 million pieces	227.71
金属切削机床	Metal-cutting Machines	台	unit	1645.00
汽 车	Motor Vehicles	万 辆	10 000 units	71.06
#轿 车	Cars	万 辆	10 000 units	70.00
彩色电视机	Color Television Sets	万 台	10 000 units	160.00
家用电冰箱	Household Refrigerators	万 台	10 000 units	85.00
房间空气调节器	Air Conditioners	万 台	10 000 units	660.00
移动电话机	Mobile phones	万 部	10 000 units	12920.00
微型电子计算机	Micro-computers	万 部	10 000 units	12.20

11-5 主要工业产品产量(1990-2007年)
Output of Major Industrial Products, 1990-2007

年份 Year	布(万米) Cloth (10 000 m)	纱(万吨) Yarn (10 000 tons)	机制纸及纸板(万吨) Machine-made Paper and Paperboards (10 000 tons)	合成洗涤剂(万吨) Synthetic Detergent (10 000 tons)	饮料酒(万千升) Alcoholic Beverage (10 000 kiloliter)	家用电冰箱(万台) Household Refrigerators (10 000 units)	电视机(万台) Television Sets (10 000 units)	#彩色电视机 Color Television Sets
1990	49194	11.69	26.75	8.54	9.28	23.34	143.93	62.46
1991	46790	11.23	27.18	9.34	10.75	6.71	140.27	72.63
1992	43031	10.86	33.32	10.56	10.88	9.27	140.99	68.29
1993	39259	11.59	36.84	10.00	11.40	2.71	134.88	73.30
1994	41437	13.19	31.01	9.68	11.09	3.95	124.00	80.37
1995	49803	12.35	41.42	11.95	12.34	3.70	160.82	109.54
1996	39662	10.51	45.89	12.07	10.72	0.29	157.34	117.80
1997	49845	13.61	40.56	10.28	13.73	0.69	84.36	59.16
1998	33326	8.37	33.64	9.65	15.25	2.29	82.94	47.87
1999	27308	8.45	25.50	8.75	14.21	9.93	84.67	50.34
2000	29217	8.80	25.18	7.19	15.75	8.42	94.27	72.28
2001	25861	8.13	20.63	5.68	20.71	3.85	66.24	51.42
2002	27082	9.18	27.98	5.41	20.64	19.14	87.06	76.35
2003	25114	7.47	17.76	5.09	24.72	29.17	121.09	112.41
2004	30805	7.51	36.03	5.04	23.65	28.25	110.99	109.42
2005	25850	7.32	18.89	1.40	20.81	19.30	66.01	64.90
2006	28346	7.62	26.71	0.74	29.80	9.34	98.51	98.11
2007	27782	7.28	33.90	0.58	35.27	50.03	153.75	153.75

年份 Year	原油(万吨) Crude Oil (10 000 tons)	发电量(亿千瓦小时) Electricity (100 million kWh)	粗钢(万吨) Crude Steel (10 000 tons)	水泥(万吨) Cement (10 000 tons)	硫酸(万吨) Sulfuric Acid (10 000 tons)	烧碱(万吨) Caustic Soda (10 000 tons)	农用化肥(万吨) Chemical Fertilizer (10 000 tons)	化学农药(万吨) Chemical Pesticide (10 000 tons)
1990	469.50	94.85	166.74	122.14	7.70	25.23	7.21	1.97
1991	474.90	90.27	175.43	137.24	8.31	27.25	7.85	2.12
1992	491.76	98.62	183.45	144.58	8.15	27.99	7.84	2.01
1993	517.00	126.65	221.98	152.39	7.36	28.27	10.61	2.37
1994	589.00	122.47	188.55	177.00	7.79	29.28	15.75	2.81
1995	620.82	133.65	171.57	200.62	5.58	32.57	9.74	1.69
1996	646.60	146.04	200.99	207.88	8.11	50.75	11.31	2.95
1997	645.90	166.53	236.79	209.00	11.33	44.15	10.91	3.27
1998	691.28	172.51	255.27	250.00	10.36	39.90	10.26	3.38
1999	686.72	182.56	317.69	240.51	11.47	47.04	26.82	3.68
2000	763.99	211.49	356.76	267.81	11.17	49.28	17.04	2.79
2001	970.29	217.43	395.30	338.99	11.27	49.39	14.91	0.71
2002	1215.94	268.83	482.58	377.75	12.15	63.65	16.03	3.30
2003	1316.30	319.95	565.95	449.31	10.96	79.89	16.40	2.10
2004	1446.21	339.76	788.48	520.52	9.99	81.14	15.96	0.44
2005	1782.89	365.70	955.28	519.15	11.95	80.45	16.94	1.26
2006	1943.09	359.24	1285.34	607.33	13.76	88.86	16.33	1.23
2007	1924.28	393.13	1602.13	611.44	26.90	134.49	21.62	1.60

11-6 主要工业产品产量（2007年）
Output of Major Industrial Products, 2007

产品名称	Item	单 位	Unit	2007	2007比2006年增长(%) Increase Rate in 2007 over 2006 (%)
原 油	Crude Oil	万 吨	10 000 tons	1924.28	-1.0
原油加工量	Crude Oil Processed	万 吨	10 000 tons	533.92	0.2
发电量	Electricity	亿千瓦小时	100 million kWh	393.13	8.8
供热量	Heating Supply	万百万千焦	10 000 billion joule	5092.15	5.6
天然气	Natural Gas	亿立方米	100 million cu. m	13.34	27.1
液化气	Liquefied Petroleum Gas	万 吨	10 000 tons	50.70	20.7
原 盐	Salt	万 吨	10 000 tons	237.03	0.4
食用植物油	Edible Vegetable Oil	万 吨	10 000 tons	103.27	0.2
饮料酒	Alcoholic Beverage	万千升	10 000 kiloliter	35.27	17.1
#啤 酒	Beer	万千升	10 000 kiloliter	26.52	21.1
方便主食品	Staple Food	万 吨	10 000 tons	12.91	40.2
软饮料	Soft Drinking	万 吨	10 000 tons	96.11	-20.8
卷 烟	Cigarettes	亿 支	100 million pieces	165.25	13.2
家 具	Furniture	万 件	10 000 pieces	829.95	-0.3
化学纤维	Chemical Fiber	万 吨	10 000 tons	17.32	-7.7
纱(混合)	Yarn	万 吨	10 000 tons	7.28	0.0
布(混合)	Cloth	万 米	10 000 m	27781.72	1.6
毛 线	Knitting Wool	吨	ton	2488.52	-23.8
呢 绒	Woolen Piece Goods	万 米	10 000 m	703.56	-9.6
服 装	Garments	万 件	10 000 pieces	18018.12	8.0
人造板	Artificial Board	万立方米	10 000 cu. m	11.93	23.6
机制纸及纸板	Machine-made Paper & Paperboards	万 吨	10 000 tons	33.90	29.3
电子琴	Electronic Organ	万 架	10 000 units	144.26	11.2
硫 酸	Sulfuric Acid	万 吨	10 000 tons	26.90	95.5
纯 碱	Soda Ash	万 吨	10 000 tons	89.46	1.2
烧 碱	Caustic Soda	万 吨	10 000 tons	134.49	44.6
电 石	Calcium Carbide	万 吨	10 000 tons	10.56	-4.4
合成氨	Synthetic Ammonia	万 吨	10 000 tons	22.02	-2.0
农用化肥	Chemical Fertilizer	万 吨	10 000 tons	21.62	2.8
化学农药	Chemical Pesticide	吨	ton	15957.43	-0.3
乙 烯	Ethene	万 吨	10 000 tons	22.55	-2.7

11-6 续表 Continued

产品名称	Item	单 位	Unit	2007	2007 比2006年 增长(%) Increase Rate in 2007 over 2006 (%)
油 漆	Paint	吨	ton	139090	15.3
染 料	Dyestuff	吨	ton	56863	5.0
轮胎外胎	Tires	万 条	10 000 units	1775.13	39.7
农用塑料薄膜	Plastic Film for Farm Use	吨	ton	19577.36	-7.6
合成洗涤剂	Synthetic Detergents	吨	tons	5801	1.8
化学原料药	Chemical Raw Medicine	吨	ton	12769.25	1.6
中成药	Traditional Chinese Medicine	吨	ton	4980.66	-10.2
水 泥	Cement	万 吨	10 000 tons	611.44	2.8
平板玻璃	Plate Glass	万重量箱	10 000 weight cases	186.06	-38.8
生 铁	Pig Iron	万 吨	10 000 tons	1435.40	22.8
粗 钢	Crude Steel	万 吨	10 000 tons	1602.13	26.7
钢 材	Rolled Steel	万 吨	10 000 tons	2840.28	28.4
黄 金	Gold	千 克	kg	38423	-7.5
焦 炭	Coke	万 吨	10 000 tons	339.09	3.9
电焊条	Welding Rod	万 吨	10 000 tons	114.88	5.0
内燃机	Internal Combustion Engine	万千瓦	10 000 kW	2786.88	24.1
金属切削机床	Metal-cutting Machine	台	unit	629	14.8
升降移动机械	Lift	台	unit	40147	32.1
汽 车	Motor Vehicle	辆	unit	456934	3.3
#轿 车	Car	辆	unit	454278	3.2
摩托车	Motorcycle	万 辆	10 000 units	21.65	11.6
自行车	Bicycle	万 辆	10 000 units	1711.10	18.9
家用电冰箱	Household Refrigerator	万 台	10 000 units	50.03	435.9
房间空气调节器	Air Conditioner	万 台	10 000 units	532.64	10.5
微波炉	Microwave Oven	万 台	10 000 units	1380.53	-3.8
移动电话机	Mobile Phone	万 部	10 000 units	9778.77	-6.6
微型计算机	Micro-computer	万 部	10 000 units	3.40	65.9
半导体集成电路	Semiconductor Integrated Circuit	亿 块	100 million pieces	6.31	10.3
电视机	Television Sets	万 台	10 000 units	153.75	56.7
#彩色电视机	Color Television Sets	万 台	10 000 units	153.75	56.7
录像机	Videocorder	万 台	10 000 units	198.63	40.0
吸尘器	Vacuum Cleaners	万 台	10 000 units	405.55	11.2
无缝钢管	Seamless Steel Pipe	万 吨	10 000 tons	276.03	26.1
照相机	Cameras	万 台	10 000 units	713.16	75.1

11-7 主要工业产品销售量和产销率
Sales Volume and Sales Ratio of Major Industrial Products

产品名称	Item	单 位	Unit	2006		2007	
				销售量 Sales Volume	产销率(%) Sales Ratio (%)	销售量 Sales Volume	产销率(%) Sales Ratio (%)
生 铁	Pig Iron	万 吨	10 000 tons	125.50	11.1	173.95	12.1
钢 材	Rolled Steel	万 吨	10 000 tons	2130.94	100.6	2757.98	97.2
无缝钢管	Seamless Steel Pipe	万 吨	10 000 tons	213.39	98.5	276.53	100.2
硫 酸	Sulfuric Acid	万 吨	10 000 tons	13.40	97.4	28.63	106.4
烧 碱	Caustic Soda	万 吨	10 000 tons	86.72	97.6	129.65	96.4
纯 碱	Soda Ash	万 吨	10 000 tons	86.67	98.1	86.60	96.8
轮胎外胎	Tires	万 条	10 000 units	1207.22	99.3	1773.41	99.4
水 泥	Cement	万 吨	10 000 tons	605.43	99.7	610.15	99.8
平板玻璃	Plate Glass	万重量箱	10 000 weight cases	285.28	93.9	167.88	90.2
焦 炭	Coke	万 吨	10 000 tons	245.96	65.4	199.02	58.7
原 油	Crude Oil	万 吨	10 000 tons	1913.63	98.5	1883.12	97.9
汽 车	Motor Vehicle	万 辆	10 000 units	40.95	98.8	45.37	99.3
电视机	Television Sets	万 台	10 000 units	97.61	99.1	153.01	99.5
#彩色电视机	Color Television Sets	万 台	10 000 units	97.22	99.1	153.01	99.5
家用电冰箱	Household Refrigerators	万 台	10 000 units	8.00	85.7	50.01	100.0
吸尘器	Vacuum Cleaners	万 台	10 000 units	365.00	100.0	403.96	99.6
房间空气调节器	Air Conditioners	万 台	10 000 units	482.80	100.1	532.91	100.1
微波炉	Microwave Ovens	万 台	10 000 units	1433.35	99.9	1380.77	100.0
移动电话机	Mobile Phones	万 部	10 000 units	10085.29	99.6	9759.45	99.8
纱(混合)	Yarn	万 吨	10 000 tons	4.18	54.8	4.73	65.0
布(混合)	Cloth	万 米	10 000 m	27688.85	97.7	27224.43	98.0
毛 线	Knitting Wool	吨	ton	4177.00	97.6	2400.52	96.5
呢 绒	Woolen Piece Goods	万 米	10 000 m	758.86	65.2	701.60	99.7
合成洗涤剂	Synthetic Detergents	万 吨	10 000 tons	0.77	103.1	0.58	100.0
录像机	Videocorders	万 台	10 000 units	143.80	101.4	198.54	100.0
照相机	Cameras	万 台	10 000 units	408.47	100.3	713.38	100.0
服 装	Garments	万 件	10 000 pieces	14386.19	99.0	18151.37	100.5
自行车	Bicycles	万 辆	10 000 units	1691.28	99.2	1716.62	100.2
微型计算机	Micro-computer	万 部	10 000 units	3.10	97.4	3.20	94.1
人造板	Artificial Board	万立方米	10 000 cu. m	12.43	95.4	12.39	103.9
摩托车	Motorcycles	万 辆	10 000 units	19.39	99.9	22.13	102.2

11-8 各区县工业企业主要指标（2007年）
Main Indicators of Industrial Enterprises by District and County, 2007

单位：亿元 (100 million yuan)

地区	Region	企业单位数（个） Number of Enterprises (unit)	资产总计 Total Assets	固定资产原价 Original Value of Fixed Assets	固定资产净值年平均余额 Annual Average Balance of Net Value of Fixed Assets	流动资产年平均余额 Annual Average Balance of Circulating Funds
全市总计	**Total**	**6361**	**8329.26**	**4870.64**	**2666.74**	**3952.73**
和平区	Heping District	61	311.44	129.35	72.90	119.96
河东区	Hedong District	146	346.28	102.51	55.27	163.81
河西区	Hexi District	227	442.60	149.98	94.98	224.98
南开区	Nankai District	364	224.81	73.80	42.70	115.60
河北区	Hebei District	180	352.25	307.85	180.82	65.10
红桥区	Hongqiao District	90	45.51	18.88	10.46	21.07
塘沽区	Tanggu District	658	2035.05	1404.33	721.67	1056.93
汉沽区	Han'gu District	130	106.66	66.97	42.30	41.43
大港区	Dagang District	255	713.40	754.51	305.39	239.51
东丽区	Dongli District	571	919.82	426.51	266.00	366.46
西青区	Xiqing District	1056	1131.93	618.99	349.69	622.31
津南区	Jinnan District	559	293.11	121.41	84.49	159.26
北辰区	Beichen District	639	607.53	233.44	146.45	356.23
武清区	Wuqing District	486	275.56	172.41	100.67	137.73
宝坻区	Baodi District	337	79.17	42.72	30.02	35.08
宁河县	Ninghe County	142	82.56	36.95	25.21	48.10
静海县	Jinghai County	330	259.87	85.13	70.03	154.55
蓟 县	Jixian County	130	101.69	124.89	67.67	24.63

地区	Region	主营业务收入 Revenue from Principal Business	主营业务税金及附加 Sales Tax and Extra Charge of Principal Business	利税总额 Total Pre-tax Profits	#利润总额 Total Profits	工业总产值 Gross Industrial Output Value	工业增加值 Value Added of Industry
全市总计	**Total**	**10180.91**	**79.77**	**1097.50**	**767.12**	**10075.07**	**2952.68**
和平区	Heping District	260.72	0.61	13.42	4.80	221.92	60.63
河东区	Hedong District	188.19	0.54	15.81	10.09	136.55	37.39
河西区	Hexi District	382.42	0.58	11.38	5.94	336.93	134.99
南开区	Nankai District	171.79	0.48	19.45	13.20	160.15	56.33
河北区	Hebei District	244.58	1.16	24.89	9.55	294.54	112.20
红桥区	Hongqiao District	34.31	0.45	3.57	2.23	38.96	15.45
塘沽区	Tanggu District	3022.93	40.23	501.46	384.15	3038.18	1121.99
汉沽区	Han'gu District	106.51	0.50	6.98	2.86	103.95	35.44
大港区	Dagang District	833.77	15.33	119.54	77.33	846.30	232.94
东丽区	Dongli District	867.28	8.51	82.59	44.26	833.27	229.20
西青区	Xiqing District	1887.66	4.27	130.63	101.64	1853.43	383.32
津南区	Jinnan District	416.71	0.95	35.07	23.88	409.27	114.98
北辰区	Beichen District	753.87	2.74	55.43	34.46	745.07	144.02
武清区	Wuqing District	277.18	0.34	24.43	17.46	293.22	85.54
宝坻区	Baodi District	91.42	0.36	5.32	2.47	96.19	30.36
宁河县	Ninghe County	101.94	1.25	7.76	4.55	108.70	22.72
静海县	Jinghai County	465.30	0.51	24.31	19.66	481.90	102.90
蓟 县	Jixian County	74.32	0.98	15.46	8.58	76.55	32.29

11-9 工业企业主要经济指标（1990-2007年）
Main Economic Indicators of Industrial Enterprises, 1990-2007

单位：亿元 (100 million yuan)

年 份 Year	固定资产原价 Original Value of Fixed Assets	固定资产净值年平均余额 Annual Average Balance of Net Value of Fixed Assets	流动资产年平均余额 Annual Average Balance of Circulating Funds	主 营 业务收入 Revenue from Principal Business	利税总额 Total Pre-tax Profits	从业人员年平均人数(万人) Annual Average Employment Personnel (10 000 persons)
全 市 Total						
1990	329.93	217.17	148.83	465.55	48.36	159.31
1991	379.97	252.86	173.89	538.50	52.61	155.64
1992	458.50	276.80	207.99	646.92	59.40	160.30
1993	611.67	312.14	559.47	1040.49	83.94	178.08
1994	852.75	429.40	756.09	1101.71	109.86	177.93
1995	1273.46	628.11	888.92	1376.70	133.51	173.58
1996	1338.28	892.14	1044.83	1498.67	139.73	165.56
1997	1590.96	1092.54	1232.07	1668.15	139.96	158.52
1998	1899.35	1289.83	1386.17	1943.89	148.69	142.99
1999	2157.03	1446.46	1490.98	2182.17	175.66	128.75
2000	2488.60	1561.39	1488.27	2656.98	274.27	120.19
2001	2763.94	1657.85	1772.75	2983.26	326.55	122.15
2002	2940.21	1729.50	1874.76	3437.46	325.07	120.95
2003	3036.78	1793.13	1991.12	4202.02	401.35	115.28
2004	3415.23	2076.99	2682.47	5861.43	608.91	122.85
2005	3845.17	2155.41	3058.69	7125.93	815.63	122.21
2006	4240.28	2308.49	3425.59	8794.35	1003.39	116.33
2007	4870.64	2666.74	3952.73	10180.91	1097.50	118.62
# 国有经济 State-owned						
1990	273.52	176.86	112.41	356.60	37.35	97.07
1991	314.71	207.30	129.89	407.79	39.01	96.74
1992	376.34	245.69	255.46	459.59	37.32	96.08
1993	467.63	292.18	345.77	663.86	37.91	117.79
1994	612.46	363.96	444.30	584.78	44.50	93.50
1995	942.91	644.15	474.69	625.98	44.91	90.70
1996	910.56	647.65	518.45	594.08	37.06	83.05
1997	1031.89	732.58	577.59	625.22	39.26	78.99
1998	1130.86	773.73	601.69	587.69	29.63	69.34
1999	1261.91	817.29	631.78	594.55	26.88	56.84
2000	1193.87	836.48	648.06	667.84	18.70	48.12
2001	1151.07	699.45	615.11	649.26	17.08	42.99
2002	1087.90	693.21	605.08	629.86	22.63	36.42
2003	1066.98	704.47	576.42	817.42	52.83	30.71
2004	882.16	585.60	575.46	738.40	40.14	23.52
2005	898.32	549.77	627.10	841.32	50.27	20.61
2006	913.23	531.41	658.50	1133.61	78.97	18.20
2007	1101.97	633.28	761.82	1470.25	113.70	18.71

注：1. 本表统计范围1998年以前为街乡及以上工业，以后为全部国有及规模以上工业。2. 从业人员年平均人数1998年以前为职工平均人数。
Note: a) Data before 1998 of this table refers to industrial enterprises at township and higher level.Since 1998, data refers to all the enterprises of state-owned and above designated size. b) Annual average employment personnel before 1998 refer to average staff and workers.

11-10 全部国有及规模以上工业企业主要经济指标（2007年）
Main Economic Indicators of All State-owned and above Designated Size Industrial Enterprises, 2007

项　目	Item	企业单位数(个) Number of Enterprises (unit)	从业人员年平均人数(人) Annual Average Employment Personnel (person)	工业增加值(万元) Value Added of Industry (10 000 yuan)
全市总计	**Total**	**6361**	**1186235**	**29526847**
#国有及国有控股企业	State-owned and State-holding Enterprises	1310	380139	13185526
按登记注册类型分	**Grouped by Status of Registration**			
内资企业	Domestic-funded Enterprises	4343	708400	16356443
国有企业	State-owned Enterprises	709	99349	3382760
集体企业	Collective-owned Enterprises	398	42700	374849
股份合作企业	Cooperative Enterprises	134	13932	171972
私营企业	Private Enterprises	2098	219554	2519917
股份有限公司	Share-holding Corporations Ltd.	96	69191	5521510
有限责任公司	Limited Liability Corporations	855	255163	4335260
#国有独资	Sole State-funded Corporations	47	87256	1387690
联营企业	Joint Ownership Enterprises	33	5042	23990
#国有与国有联营企业	State Joint Ownership Enterprises	3	489	2723
集体与集体联营企业	Collective Joint Ownership Enterprises	10	1276	2702
其他内资企业	Other Domestic-funded Enterprises	20	3469	26187
港澳台商投资企业	Enterprises with Investment from Hong Kong, Macao and Taiwan	421	95189	2283465
外商投资企业	Foreign Funded Enterprises	1597	382646	10886939
按经济类型分	**Grouped by Ownership**			
国有经济	State-owned	759	187094	4773173
集体经济	Collective-owned	542	57908	549523
私有经济	Private and Individual	2098	219554	2519917
港澳台商投资经济	Hong Kong, Macao and Taiwan Funded	421	95189	2283465
外商投资经济	Foreign Funded	1597	382646	10886939
其　他	Others	944	243844	8513831
按隶属关系分	**Grouped by Administrative Relationship**			
中央工业	Central Industry	94	108104	7072099
地方工业	Local Industry	6267	1078131	22454748
#市管工业	City Industry	2390	525400	15496790
#工业系统	Industry System	1087	320174	7447544
区县管工业	District & County Industry	1035	147857	2691504
街管工业	Neighbour Industry	87	10138	96101
乡镇管工业	Town and Country Industry	2470	362714	3877292
按轻重工业分	**Grouped by Light & Heavy Industry**			
轻工业	Light Industry	2438	417961	5049639
重工业	Heavy Industry	3923	768274	24477209
按企业规模分	**Grouped by Size of Enterprises**			
大　型	Large-sized	52	294570	10164756
中　型	Medium-sized	549	388433	10930649
小　型	Small-sized	5760	503232	8431443

资产总计 (万元) Total Assets (10 000 yuan)	流动资产年平均余额 (万元) Annual Average Balance of Circulating Funds (10 000 yuan)	固定资产原价 (万元) Original Value of Fixed Assets (10 000 yuan)	固定资产净值年平均余额(万元) Annual Average Balance of Net Value of Fixed Assets (10 000 yuan)	主营业务收入 (万元) Revenue from Principal Business (10 000 yuan)	利税总额 (万元) Total Pre-tax Profits (10 000 yuan)	#利润总额 Total Profits
83292629	**39527318**	**48706430**	**26667399**	**101809056**	**10974987**	**7671218**
42803327	15201291	31223759	15879174	39778111	6540122	4407357
51871869	21030146	33532739	17598758	51946479	6857175	4793715
12560458	4659321	6279840	3625144	9434469	557527	144594
956284	623184	311623	171411	1322073	91339	48452
581333	374984	181617	117480	1008756	56033	21803
6934366	4070936	2368061	1704276	10572870	575671	368182
10211673	2585738	13617615	5658106	12152735	4096620	3349417
20232401	8477223	10665530	6253466	17093023	1464766	853925
8434873	2951277	4729952	2700816	5260927	579344	349560
325295	193153	80162	51761	258298	7767	2507
15985	7610	9950	6875	7140	137	-1326
9747	5187	5437	4096	6644	551	150
70060	45607	28292	17114	104255	7452	4834
5699762	3036403	2672514	1471202	7110541	590844	442682
25720997	15460769	12501178	7597440	42752036	3526968	2434821
21011316	7618207	11019743	6332835	14702535	1137008	492828
1547364	1003356	498677	292986	2337473	147922	70405
6934366	4070936	2368061	1704276	10572870	575671	368182
5699762	3036403	2672514	1471202	7110541	590844	442682
25720997	15460769	12501178	7597440	42752036	3526968	2434821
22378823	8337647	19646258	9268661	24333600	4996574	3862300
14888702	3497660	19029895	8311460	15430060	4568849	3534942
68403927	36029658	29676535	18355939	86378997	6406138	4136276
47716896	24765526	20449297	12102465	59485074	4478370	2804901
29899205	14724371	12579736	7298071	37743338	2939523	1738289
7538035	3880800	3459103	2331278	8641311	684648	474464
271635	158035	92747	59423	450771	20918	13584
12075696	6696924	5379317	3690249	16267162	1123477	772342
18279417	9054387	8273995	5253356	17944257	1551599	1003132
65013212	30472930	40432435	21414043	83864799	9423388	6668086
30498844	13782944	18176817	9214477	40678300	3674631	2125805
29382573	13658047	20114220	10594018	35836252	5506734	4408729
23411212	12086327	10415393	6858905	25294505	1793622	1136684

11-11 地方全部国有及规模以上工业企业主要经济指标（2007年）
Main Economic Indicators of All State-Owned and above Designated Size Local Industrial Enterprises, 2007

项 目	Item	企业单位数(个) Number of Enterprises (unit)	从业人员年平均人数(人) Annual Average Employment Personnel (person)	工业增加值(万元) Value Added of Industry (10 000 yuan)
全市总计	**Total**	**6267**	**1078131**	**22454748**
按登记注册类型分	**Grouped by Status of Registration**			
内资企业	Domestic-funded Enterprises	4256	603469	9383002
国有企业	State-owned Enterprises	662	69193	2374216
集体企业	Collective-owned Enterprises	397	42631	374291
股份合作企业	Cooperative Enterprises	134	13932	171972
私营企业	Private Enterprises	2098	219554	2519917
股份有限公司	Share-holding Corporations Ltd.	90	42998	549331
有限责任公司	Limited Liability Corporations	822	206650	3343099
# 国有独资	Sole State-funded Corporations	40	47619	963499
联营企业	Joint Ownership Enterprises	33	5042	23990
# 国有与国有联营企业	State Joint Ownership Enterprises	3	489	2723
集体与集体联营企业	Collective Joint Ownership Enterprises	10	1276	2702
其他内资企业	Other Domestic-funded Enterprises	20	3469	26187
港澳台商投资企业	Enterprises with Investment from Hong Kong, Macao and Taiwan	420	95117	2282693
外商投资企业	Foreign Funded Enterprises	1591	379545	10789053
按经济类型分	**Grouped by Ownership**			
国有经济	State-owned	705	117301	3340438
集体经济	Collective-owned	541	57839	548965
私有经济	Private and Individual	2098	219554	2519917
港澳台商投资经济	Hong Kong, Macao and Taiwan Funded	420	95117	2282693
外商投资经济	Foreign Funded	1591	379545	10789053
其 他	Others	912	208775	2973683
按隶属关系分	**Grouped by Administrative Relationship**			
# 市管工业	City Industry	2390	525400	15496790
# 工业系统	Industry System	1087	320174	7447544
区县管工业	District & County Industry	1035	147857	2691504
街管工业	Neighbour Industry	87	10138	96101
乡镇管工业	Town and Country Industry	2470	362714	3877292
按轻重工业分	**Grouped by Light & Heavy Industry**			
轻工业	Light Industry	2423	414515	4936774
重工业	Heavy Industry	3844	663616	17517975
按企业规模分	**Grouped by Size of Enterprises**			
大 型	Large-sized	45	216097	7699722
中 型	Medium-sized	521	363972	6975772
小 型	Small-sized	5701	498062	7779254

资产总计（万元）Total Assets (10 000 yuan)	流动资产年平均余额（万元）Annual Average Balance of Circulating Funds (10 000 yuan)	固定资产原价（万元）Original Value of Fixed Assets (10 000 yuan)	固定资产净值年平均余额(万元) Annual Average Balance of Net Value of Fixed Assets (10 000 yuan)	主 营 业务收入（万元）Revenue from Principal Business (10 000 yuan)	利税总额（万元）Total Pre-tax Profits (10 000 yuan)	#利 润 总 额 Total Profits
68403927	**36029658**	**29676535**	**18355939**	**86378997**	**6406138**	**4136276**
37179482	17679123	14555596	9319700	36787903	2309455	1278364
8927426	4068191	2418980	1558536	6514276	253747	84899
955428	622476	311509	171365	1319795	91023	48287
581333	374984	181617	117480	1008756	56033	21803
6934366	4070936	2368061	1704276	10572870	575671	368182
3029585	1471087	1581279	958397	2334108	235808	124763
16355990	6832689	7585696	4740771	14675545	1081956	623089
6609361	2054423	3766123	2290670	4143379	479398	293210
325295	193153	80162	51761	258298	7767	2507
15985	7610	9950	6875	7140	137	-1326
9747	5187	5437	4096	6644	551	150
70060	45607	28292	17114	104255	7452	4834
5692574	3030714	2670208	1469798	7108962	590686	442619
25531871	15319820	12450732	7566441	42482132	3505997	2415293
15552773	6130223	6195053	3856081	10664795	733282	376783
1546508	1002648	498564	292941	2335196	147606	70239
6934366	4070936	2368061	1704276	10572870	575671	368182
5692574	3030714	2670208	1469798	7108962	590686	442619
25531871	15319820	12450732	7566441	42482132	3505997	2415293
13145835	6475316	5493918	3466402	13215042	852897	463159
47716896	24765526	20449297	12102465	59485074	4478370	2804901
29899205	14724371	12579736	7298071	37743338	2939523	1738289
7538035	3880800	3459103	2331278	8641311	684648	474464
271635	158035	92747	59423	450771	20918	13584
12075696	6696924	5379317	3690249	16267162	1123477	772342
18130799	8999457	8154065	5179379	17725157	1476794	999917
50273128	27030201	21522470	13176560	68653840	4929344	3136359
21403990	11425203	8592799	4889731	31740710	2361662	1332843
24530284	12878068	11669557	7097693	30065977	2417110	1765715
22469653	11726387	9414179	6368514	24572310	1627367	1037718

11-12 分行业全部国有及规模以上工业企业主要经济指标（2007年）
Main Economic Indicators of All State-owned and above Designated Size Industrial Enterprises by Sector, 2007

项目	Item	企业单位数(个) Number of Enterprises (unit)	从业人员年平均人数(人) Annual Average Employment Personnel (person)	工业增加值(万元) Value Added of Industry (10 000 yuan)
总计	**Total**	**6361**	**1186235**	**29526847**
煤炭开采和洗选业	Mining and Washing of Coal	2	106	157609
石油和天然气开采业	Extraction of Petroleum and Natural Gas	6	58299	5137743
非金属矿采选业	Mining and Processing of Nonmetal Ores	9	10313	81423
农副食品加工业	Processing of Food from Agricultural Products	163	16501	486080
食品制造业	Manufacture of Food	138	23312	320630
饮料制造业	Manufacture of Beverage	50	14380	333221
烟草制品业	Manufacture of Tobacco	1	944	82837
纺织业	Manufacture of Textile	256	44585	241356
纺织服装鞋帽制造业	Manufacture of Textile Wearing Apparel, Footware, and Caps	296	72561	246994
皮革毛皮羽毛(绒)及其制品业	Manufacture of Leather, Fur, Feather and Related Products	59	13246	73519
木材加工及木、竹、藤、棕、草制品业	Processing of Timber, Manufacture of Wood, Bamboo, Rattan, Palm, and Straw Products	64	6485	46902
家具制造业	Manufacture of Furniture	88	18607	105041
造纸及纸制品业	Manufacture of Paper and Paper Products	174	14780	117688
印刷业和记录媒介的复制	Printing, Reproduction of Recording Media	96	9211	114514
文教体育用品制造业	Manufacture of Articles For Culture, Education and Sport Activity	61	14593	84599
石油加工炼焦及核燃料加工业	Processing of Petroleum, Coking, Processing of Nuclear Fuel	35	15820	375511
化学原料及化学制品制造业	Manufacture of Raw Chemical Materials and Chemical Products	574	64194	1508523
医药制造业	Manufacture of Medicines	130	37713	771207
化学纤维制造业	Manufacture of Chemical Fibers	15	1210	19442
橡胶制品业	Manufacture of Rubber	106	22835	219597
塑料制品业	Manufacture of Plastics	297	39307	432408
非金属矿物制品业	Manufacture of Non-metallic Mineral Products	222	28566	330787
黑色金属冶炼及压延加工业	Smelting and Pressing of Ferrous Metals	269	91989	4817669
有色金属冶炼及压延加工业	Smelting and Pressing of Non-Ferrous Metals	84	6102	167399
金属制品业	Manufacture of Metal Products	588	71593	839906
通用设备制造业	Manufacture of General Purpose Machinery	482	71737	1385981
专用设备制造业	Manufacture of Special Purpose Machinery	402	44469	666867
交通运输设备制造业	Manufacture of Transport Equipment	512	114065	2383851
电气机械及器材制造业	Manufacture of Electrical Machinery and Equipment	364	51749	1052285
通信设备计算机及其他电子设备制造业	Manufacture of Communication Equipment, Computers and Other Electronic Equipment	407	136925	5136991
仪器仪表及文化办公用机械制造业	Manufacture of Measuring Instruments and Machinery for Cultural Activity and Office Work	154	14447	234256
工艺品及其他制造业	Manufacture of Artwork and Other Manufacturing	133	18949	107742
废弃资源和废旧材料回收加工业	Recycling and Disposal of Waste	30	3372	52933
电力热力的生产和供应业	Production and Supply of Electric Power and Heat Power	63	24078	1248556
燃气生产和供应业	Production and Supply of Gas	13	5270	60527
水的生产和供应业	Production and Supply of Water	18	3922	84255

资产总计 (万元) Total Assets (10 000 yuan)	流动资产年平均余额 (万元) Annual Average Balance of Circulating Funds (10 000 yuan)	固定资产原价 (万元) Original Value of Fixed Assets (10 000 yuan)	固定资产净值年平均余额(万元) Annual Average Balance of Net Value of Fixed Assets (10 000 yuan)	主 营 业务收入 (万元) Revenue from Principal Business (10 000 yuan)	利税总额 (万元) Total Pre-tax Profits (10 000 yuan)	#利 润 总 额 Total Profits
83292629	**39527318**	**48706430**	**26667399**	**101809056**	**10974987**	**7671218**
346100	124475	13956	9438	720138	71214	55813
6959531	1394995	10964809	4409631	6907621	3999119	3484316
361335	149980	160990	103727	88223	13278	504
1223312	639357	441038	309027	2085282	99341	84682
1089946	551663	637020	352320	988363	95079	56404
958651	381950	594374	371005	870721	124864	42592
27630	2718	67654	44128	133209	62597	-4573
1542347	529147	746360	650296	755379	25590	8003
561652	319377	251660	161249	690934	39413	17827
238891	150814	83773	57109	258611	9293	4662
169746	107848	66674	40456	176190	13767	8056
482373	193376	203733	133123	350585	21092	15092
448518	261311	209436	136598	496005	30344	15740
634349	329134	226643	122472	248680	29957	19538
261230	150523	166457	81039	346829	18729	16651
2952758	1100215	2577809	1022553	5329652	20282	-184382
4636382	2180159	2696604	1627768	4778192	402429	250492
3877479	1776327	1226740	745942	2176647	389846	262124
54675	13329	33912	23486	26334	322	41
987525	428201	640056	344125	840890	33567	8029
1452310	786346	749693	484156	1644089	104340	71784
1698460	780208	975152	698672	1342202	106588	56391
14246914	7304251	4525627	2954534	17735031	1095654	705961
647545	407399	166497	111955	1925112	43055	12543
2527864	1423648	866524	577521	3683313	155196	98976
3871645	2186942	1453416	892509	4294331	527001	414158
2188008	1405763	738950	429855	2121058	281535	207442
7200452	3570058	3876789	2297051	10661169	1383980	741105
3939202	2567785	1397039	836163	5453190	336756	244088
9338507	6642657	3980103	2076047	18797250	798326	655768
680701	412464	211535	134416	1183877	75602	56203
354539	178763	190784	120136	391291	32554	21371
180891	84603	111164	76141	227779	12684	5270
5734641	671249	6525179	3605314	3667294	494943	211912
572666	181742	284578	179042	256635	8878	-1091
843855	138544	643706	448400	156956	17774	7727

11-13 分行业国有大中型工业企业主要经济指标(2007年)
Main Economic Indicators of Large and Medium-sized State-owned Enterprises by Sector, 2007

项 目	Item	企业单位数(个) Number of Enterprises (unit)	从业人员年平均人数(人) Annual Average Employment Personnel (person)	工业总产值(万元) Gross Industrial Output Value (10 000 yuan)
总 计	**Total**	**53**	**60961**	**7217750**
石油和天然气开采业	Extraction of Petroleum and Natural Gas	2	5887	143803
农副食品加工业	Processing of Food from Agricultural Products	2	1462	147531
食品制造业	Manufacture of Food	1	663	46414
饮料制造业	Manufacture of Beverage	1	806	130514
烟草制品业	Manufacture of Tobacco	1	944	134028
纺织业	Manufacture of Textile	2	1547	16099
纺织服装鞋帽制造业	Manufacture of Textile Wearing Apparel, Footware, and Caps	1	459	4080
石油加工炼焦及核燃料加工业	Processing of Petroleum, Coking, Processing of Nuclear Fuel	2	1431	269132
化学原料及化学制品制造业	Manufacture of Raw Chemical Materials and Chemical Products	5	4049	104373
医药制造业	Manufacture of Medicines	1	560	30785
非金属矿物制品业	Manufacture of Non-metallic Mineral Products	2	1505	25385
黑色金属冶炼及压延加工业	Smelting and Pressing of Ferrous Metals	6	15194	3611426
金属制品业	Manufacture of Metal Products	4	2422	84705
通用设备制造业	Manufacture of General Purpose Machinery	3	3315	57055
专用设备制造业	Manufacture of Special Purpose Machinery	4	2850	38963
交通运输设备制造业	Manufacture of Transport Equipment	6	2576	73907
通信设备计算机及其他电子设备制造业	Manufacture of Communication Equipment, Computers and Other Electronic Equipment	1	377	16850
仪器仪表及文化、办公用机械制造业	Manufacture of Measuring Instruments and Machinery for Cultural Activity and Office Work	1	608	30268
废弃资源和废旧材料回收加工业	Recycling and Disposal of Waste	1	996	70226
电力热力的生产和供应业	Production and Supply of Electric Power and Heat Power	7	13310	2182206

工业增加值(万元) Value Added of Industry (10 000 yuan)	资产总计(万元) Total Assets (10 000 yuan)	流动资产年平均余额(万元) Annual Average Balance of Circulating Funds (10 000 yuan)	固定资产原价(万元) Original Value of Fixed Assets (10 000 yuan)	固定资产净值年平均余额(万元) Annual Average Balance of Net Value of Fixed Assets (10 000 yuan)	主营业务收入(万元) Revenue from Principal Business (10 000 yuan)	利税总额(万元) Total Pre-tax Profits (10 000 yuan)	#利润总额 Total Profits
1607734	**9642064**	**3648215**	**4921443**	**2801068**	**8752645**	**541769**	**157643**
29029	302721	111200	204133	102314	145118	-15595	-20234
11599	84506	44335	28994	18987	151128	4484	3854
1837	29823	7439	20893	16999	25539	-1125	-1681
26623	42451	23519	33212	17775	110578	10076	2466
82837	27630	2718	67654	44128	133209	62597	-4573
5723	26982	13030	12049	9730	17093	276	139
1645	4433	2037	1830	548	3779	108	-4
18408	143896	72394	107399	65870	268943	7168	2680
22268	232491	100565	91666	45681	107623	2927	203
5991	24892	12525	16775	11171	34841	5511	3658
7528	100438	33771	98383	63210	25707	2053	-402
707672	5180432	2734487	688586	439325	5136355	214916	96834
12438	157952	74815	46398	28509	128817	2709	1485
17658	66362	31591	36904	13097	56396	4586	1233
13048	54248	32376	40546	9663	42837	1485	-174
22998	101331	53863	54385	31928	67883	1159	-2806
2180	26847	10557	21249	13230	18160	472	360
14883	44143	29404	10453	6635	22678	2988	2609
17793	61267	6377	66230	40075	70227	4875	600
585578	2929219	251213	3273704	1822193	2185734	230100	71395

11-14 全部国有及规模以上工业企业主要经济效益指标（1990-2007年）
Main Indicators on Economic Benefit of All State-owned and above Designated Size Industrial Enterprises, 1990-2007

年 份 Year	产销率(%) Sales Ratio(%)	资金利税率(%) Ratio of Pre-tax Profits to Total Assets(%)	总资产贡献率(%) Ratio of Total Assets to Industrial Output Value(%)	成本费用利润率(%) Ratio of Profits to Industrial Cost(%)	万元产值耗能源(现价、吨标准煤) Energy Consumption per 10 000 yuan Output Value (tons of SCE)	工业增加值率(%) Ratio of Value Added to Gross Industrial Output Value(%)	全员劳动生产率(元/人) Overall Labor Productivity (yuan/person)
全市合计 Total							
1990	88.8	10.7			1.99		
1991	93.1	9.6			1.65	22.5	8574
1992	92.7	9.2			1.44	22.7	9864
1993	97.6	9.6	9.1	3.5	1.12	20.8	11814
1994	85.2	9.3			0.94	20.9	15214
1995	86.4	8.8	9.6	4.5	0.91	21.9	20084
1996	91.6	7.2	8.3	5.0	0.83	21.3	20993
1997	96.4	6.0	7.1	3.7	0.69	20.4	23073
1998	97.9	5.6	6.6	2.9	0.66	20.1	29055
1999	98.6	6.0	6.5	3.6	0.58	20.7	35730
2000	98.4	9.0	8.9	6.5	0.58	24.2	52425
2001	96.7	9.5	9.3	6.6	0.55	24.8	59605
2002	99.1	9.0	8.7	5.8	0.53	25.4	69728
2003	98.9	10.6	9.9	6.0	0.48	26.5	93235
2004	99.0	12.8	12.8	7.5	0.39	26.1	124367
2005	100.6	15.6	14.5	8.5	0.38	27.1	150260
2006	99.2	17.5	15.9	8.7	0.34	28.7	210084
2007	99.7	16.6	15.0	8.1	0.31	29.3	248912
#国有经济 State-owned							
1990	92.1	10.7					
1991	97.6	7.3				22.9	10126
1992	98.2	7.9				23.2	11371
1993	100.8	6.7	7.0	0.7		20.3	10813
1994	97.9	6.3				23.0	15910
1995	107.5	5.6	6.5	0.5		27.3	20536
1996	98.2	3.3	5.0	0.3		27.3	18365
1997	95.8	3.2	4.7			25.0	19587
1998	99.2	2.2	4.1			25.8	21340
1999	101.0	1.9	3.2			28.4	26743
2000	100.0	1.3	1.3			28.0	32545
2001	99.0	1.3	2.4			23.2	29470
2002	100.5	1.7	2.4			22.5	32058
2003	100.2	4.1	4.2	1.6		28.9	56402
2004	101.0	3.5	3.3	0.4		28.0	85329
2005	102.0	4.3	3.7	1.5		22.3	80057
2006	99.9	6.6	7.1	2.6		28.7	152738
2007	99.5	8.2	6.9	3.4		34.1	255122

11-15 全部国有及规模以上工业企业主要经济效益指标（2007年）
Main Indicators on Economic Benefit of All State-owned and above Designated Size Industrial Enterprises, 2007

项　目	Item	单　位	Unit	全　市 Total	#地　方 Local
全　市	Total				
总资产贡献率	Ratio of Total Assets to Industrial Output Value	%		15.0	10.8
增加值率	Ratio of Value Added to Gross Industrial Output Value	%		29.3	26.5
全员劳动生产率	Overall Labor Productivity	元/人	yuan/person	248912	208275
流动资产周转次数	Number of Times of Turnover of Circulating Funds	次	times	2.6	2.4
亏损企业个数	Number of Loss-suffering Enterprises	个	unit	1495	1476
亏损企业亏损额	Total Loss of Loss-suffering Enterprises	亿元	100 million yuan	82.87	53.42
国有及国有控股经济	State-owned and State-holding				
总资产贡献率	Ratio of Total Assets to Industrial Output Value	%		17.4	8.6
增加值率	Ratio of Value Added to Gross Industrial Output Value	%		34.3	27.1
全员劳动生产率	Overall Labor Productivity	元/人	yuan/person	346861	224498
流动资产周转次数	Number of Times of Turnover of Circulating Funds	次	times	2.6	2.1
亏损企业个数	Number of Loss-suffering Enterprises	个	unit	523	506
亏损企业亏损额	Total Loss of Loss-suffering Enterprises	亿元	100 million yuan	45.40	15.95
国有经济	State-owned				
总资产贡献率	Ratio of Total Assets to Industrial Output Value	%		6.9	6.4
增加值率	Ratio of Value Added to Gross Industrial Output Value	%		34.1	34.5
全员劳动生产率	Overall Labor Productivity	元/人	yuan/person	255122	284775
流动资产周转次数	Number of Times of Turnover of Circulating Funds	次	times	1.9	1.7
亏损企业个数	Number of Loss-suffering Enterprises	个	unit	393	379
亏损企业亏损额	Total Loss of Loss-suffering Enterprises	亿元	100 million yuan	12.57	7.35
集体经济	Collective-owned				
总资产贡献率	Ratio of Total Assets to Industrial Output Value	%		10.8	10.8
增加值率	Ratio of Value Added to Gross Industrial Output Value	%		22.5	22.5
全员劳动生产率	Overall Labor Productivity	元/人	yuan/person	94896	94913
流动资产周转次数	Number of Times of Turnover of Circulating Funds	次	times	2.3	2.3
亏损企业个数	Number of Loss-suffering Enterprises	个	unit	109	109
亏损企业亏损额	Total Loss of Loss-suffering Enterprises	亿元	100 million yuan	1.50	1.50
"三资"经济	Foreign, Hong Kong, Macao and Taiwan Funded				
总资产贡献率	Ratio of Total Assets to Industrial Output Value	%		14.2	14.2
增加值率	Ratio of Value Added to Gross Industrial Output Value	%		26.4	26.4
全员劳动生产率	Overall Labor Productivity	元/人	yuan/person	275627	275391
流动资产周转次数	Number of Times of Turnover of Circulating Funds	次	times	2.7	2.7
亏损企业个数	Number of Loss-suffering Enterprises	个	unit	539	537
亏损企业亏损额	Total Loss of Loss-suffering Enterprises	亿元	100 million yuan	32.58	32.57
股份制经济	Share-holding				
总资产贡献率	Ratio of Total Assets to Industrial Output Value	%		25.7	8.1
增加值率	Ratio of Value Added to Gross Industrial Output Value	%		36.3	24.4
全员劳动生产率	Overall Labor Productivity	元/人	yuan/person	357197	144976
流动资产周转次数	Number of Times of Turnover of Circulating Funds	次	times	3.0	2.1
亏损企业个数	Number of Loss-suffering Enterprises	个	unit	163	160
亏损企业亏损额	Total Loss of Loss-suffering Enterprises	亿元	100 million yuan	32.42	8.19

11-16 国有及国有控股大中型工业企业主要经济指标及占全市比重
Main Economic Indicators of Large & Medium-sized State-owned and State-holding Enterprises as Percentage of Whole Industry

单位：亿元 (100 million yuan)

指　标	Item	全市工业 Total	国有及国有控股大中型 Large & Medium-sized State-owned and State-holding 绝对数 Number	占全市比重(%) As Percentage of Whole Industry (%)
2006 年				
企业单位数(个)	Number of Enterprises (unit)	6301	179	2.8
从业人员年平均人数 (万人)	Annual Average Employment Personnel (10 000 persons)	116.33	29.99	25.8
工业总产值	Gross Industrial Output Value	8527.70	2999.98	35.2
工业增加值	Value Added of Industry	2443.84	1006.84	41.2
资产总计	Total Assets	7129.02	3079.85	43.2
# 流动资产年平均余额	Annual Average Balance of Circulating Funds	3425.59	1116.80	32.6
固定资产净值年平均余额	Annual Average Balance of Net Value of Fixed Assets	2308.49	1208.12	52.3
主营业务收入	Revenue from Principal Business	8794.35	3171.00	36.1
# 主营业务成本	Cost of Principal Business	7400.42	2542.41	34.4
主营业务税金及附加	Tax and Extra Charges of Principal Business	89.68	80.14	89.4
利税总额	Total Pre-tax Profits	1003.39	587.64	58.6
总资产贡献率(%)	Ratio of Total Assets to Industrial Output Value (%)	15.9	24.3	
全员劳动生产率(元/人)	Overall Labor Productivity (yuan/person)	210084	335771	
亏损企业个数(个)	Number of Loss-suffering Enterprises (unit)	1439	47	3.3
亏损企业亏损额	Total Loss of Loss-suffering Enterprises	91.11	42.39	46.5
2007 年				
企业单位数(个)	Number of Enterprises (unit)	6361	178	2.8
从业人员年平均人数 (万人)	Annual Average Employment Personnel (10 000 persons)	118.62	29.64	25.0
工业总产值	Gross Industrial Output Value	10075.07	3277.44	32.5
工业增加值	Value Added of Industry	2952.68	1043.44	35.3
资产总计	Total Assets	8329.26	3602.82	43.3
# 流动资产年平均余额	Annual Average Balance of Circulating Funds	3952.73	1250.66	31.6
固定资产净值年平均余额	Annual Average Balance of Net Value of Fixed Assets	2666.74	1370.07	51.4
主营业务收入	Revenue from Principal Business	10180.91	3543.61	34.8
# 主营业务成本	Cost of Principal Business	8700.76	2903.77	33.4
主营业务税金及附加	Tax and Extra Charges of Principal Business	79.77	67.81	85.0
利税总额	Total Pre-tax Profits	1097.50	623.35	56.8
总资产贡献率(%)	Ratio of Total Assets to Industrial Output Value (%)	15.0	19.7	
全员劳动生产率(元/人)	Overall Labor Productivity (yuan/person)	248912	352034	
亏损企业个数(个)	Number of Loss-suffering Enterprises (unit)	1495	46	3.1
亏损企业亏损额	Total Loss of Loss-suffering Enterprises	82.87	36.59	44.2

11-17 大中型工业企业主要经济指标及占全市比重
Main Economic Indicators of Large & Medium-sized Industrial Enterprises and as Percentage of Whole Industry

单位：亿元 (100 million yuan)

指 标	Item	大中型 Large & Medium-sized		# 国有大中型 State-owned	
		绝对数 Number	占全市比重(%) As Percentage of Whole Industry (%)	绝对数 Number	占全市比重(%) As Percentage of Whole Industry (%)
2006 年					
企业单位数(个)	Number of Enterprises (unit)	562	8.9	73	1.2
从业人员年平均人数(万人)	Annual Average Employment Personnel (10 000 persons)	66.03	56.8	14.24	12.2
工业总产值	Gross Industrial Output Value	6332.65	74.3	803.71	9.4
工业增加值	Value Added of Industry	1811.64	74.1	178.40	7.3
资产总计	Total Assets	5142.83	72.1	1472.75	20.7
# 流动资产年平均余额	Annual Average Balance of Circulating Funds	2360.46	68.9	547.81	16.0
固定资产净值年平均余额	Annual Average Balance of Net Value of Fixed Assets	1734.36	75.1	457.33	19.8
主营业务收入	Revenue from Principal Business	6703.59	76.2	1042.14	11.9
# 主营业务成本	Cost of Principal Business	5565.91	75.2	953.00	12.9
主营业务税金及附加	Tax and Extra Charges of Principal Business	84.30	94.0	10.03	11.2
利税总额	Total Pre-tax Profits	859.24	85.6	81.03	8.1
总资产贡献率(%)	Ratio of Total Assets to Industrial Output Value (%)	18.7		8.5	
全员劳动生产率(元/人)	Overall Labor Productivity (yuan/person)	274363		125238	
亏损企业个数(个)	Number of Loss-suffering Enterprises (unit)	112	7.8	27	1.9
亏损企业亏损额	Total Loss of Loss-suffering Enterprises	57.76	63.4	9.70	10.6
2007 年					
企业单位数(个)	Number of Enterprises (unit)	601	9.4	53	0.8
从业人员年平均人数(万人)	Annual Average Employment Personnel (10 000 persons)	68.30	57.6	6.10	5.1
工业总产值	Gross Industrial Output Value	7392.07	73.4	721.78	7.2
工业增加值	Value Added of Industry	2109.54	71.4	160.77	5.4
资产总计	Total Assets	5988.14	71.9	964.21	11.6
# 流动资产年平均余额	Annual Average Balance of Circulating Funds	2744.10	69.4	364.82	9.2
固定资产净值年平均余额	Annual Average Balance of Net Value of Fixed Assets	1980.85	74.3	280.11	10.5
主营业务收入	Revenue from Principal Business	7651.46	75.2	875.26	8.6
# 主营业务成本	Cost of Principal Business	6461.17	74.3	820.55	9.4
主营业务税金及附加	Tax and Extra Charges of Principal Business	73.68	92.4	9.36	11.7
利税总额	Total Pre-tax Profits	918.14	83.7	54.18	4.9
总资产贡献率(%)	Ratio of Total Assets to Industrial Output Value (%)	17.4		7.3	
全员劳动生产率(元/人)	Overall Labor Productivity (yuan/person)	308863		263731	
亏损企业个数(个)	Number of Loss-suffering Enterprises (unit)	109	7.3	18	1.2
亏损企业亏损额	Total Loss of Loss-suffering Enterprises	53.57	64.6	5.94	7.2

11-18 主要工业集团(总公司)部分经济指标(2007年)
Partial Economic Indicators of Main Industrial Group Corporation, 2007

单位：万元 (10 000 yuan)

集团名称 Name of Group Corporation	企业单位数(个) Number of Enterprises (unit)	资产总计 Total Assets	固定资产原价 Original Value of Fixed Assets	固定资产值年平均余额 Annual Average Balance of Net Value of Fixed Assets	流动资产年平均余额 Annual Average Balance of Circulating Funds	主营业务收入 Revenue from Principal Business
冶金集团(控股)有限公司 Tianjin Metallurgical Group (Holding) Corporation	39	2775384	608690	457765	1687808	3007963
渤海化工集团公司 Tianjin Bohai Chemical Industry Group Corporation	141	2469632	1748980	940161	1006880	2429425
机电工业控股集团公司 Tianjin Machinery & Electric Industry Holding Group Company	120	2214683	764339	423616	1229217	2705559
中环电子信息集团有限公司 Tianjin Zhonghuan Electronics & Information Group	156	3719873	1511315	737897	2487149	9749368
纺织集团(控股)有限公司 Tianjin Textile Industrial General Corporation	308	1339789	545275	554172	421817	465645
一轻集团(控股)有限公司 The First Light Industry Group (Holding) Co., Ltd.	196	1589960	618911	367326	928036	1754692
二轻集团(控股)有限公司 The Second Light Industry Group (Holding) Co., Ltd.	189	1094695	468722	251259	746617	1492516
医药集团有限公司 Tianjin Pharmaceutical Holdings	81	1838027	446330	280423	830250	1270046
建筑材料集团(控股)有限公司 Tianjin Building Materials Group (Holding) Co., Ltd.	34	420572	331032	199583	193399	200331
汽车工业(集团)有限公司 Tianjin Automobile Industry Group Co., Ltd.	34	3055454	1955959	1032533	1338424	6056963
飞鸽集团有限公司 Tianjin Flying Pigeon Group Co., Ltd.	92	132061	42115	25753	63905	87979
钢管集团有限公司 Tianjin Pipe Group Co., Ltd.	28	3200742	2180434	1371066	1133703	3795218
有色金属集团有限公司 Tianjin Non-ferrous Metals Group Co., Ltd.	18	187663	28735	20602	138995	423738
天铁冶金集团有限公司 Tianjin Tian Tie Metallurgical Group Co., Ltd.	3	2446227	833853	441497	1181843	3129431
天钢集团有限公司 Tianjin Tian Gang Group Co., Ltd.	5	3303622	176793	76301	1648887	3001014
金耀集团有限公司 Tianjin Jin Yao Group Co., Ltd.	9	1260631	238498	140975	500186	440578
天津天士力制药集团有限公司 Tianjin TASLY Pharmaceutical Co., Ltd.	6	333738	116314	88793	138540	150254
天津环球磁卡集团有限公司 Tianjin Global Magnetic Card Group Corporation	35	468792	113790	70768	260953	56230

11-18 续表 Continued

单位：万元 (10 000 yuan)

集团名称 Name of Group Corporation	主营业务税金及附加 Tax and Extra Charge of Principal Business	利税总额 Total Pre-tax Profits	利 润 总 额 Total Profits	工业总产值 Gross Industrial Output Value	工业总产值比上年增长(%) Increase Rate of Gross Industrial Output Value Over Preceding Year (%)	工 业 增加值 Value Added of Industry
冶金集团(控股)有限公司 Tianjin Metallurgical Group (Holding) Corporation	2789	54817	19167	1905720	31.0	110450
渤海化工集团公司 Tianjin Bohai Chemical Industry Group Corporation	10959	127740	47441	2342869	18.3	575108
机电工业控股集团公司 Tianjin Machinery & Electric Industry Holding Group Company	4149	252363	175688	2450723	28.5	561391
中环电子信息集团有限公司 Tianjin Zhonghuan Electronics & Information Group	1859	574868	521447	9568272	29.4	1010345
纺织集团(控股)有限公司 Tianjin Textile Industrial General Corporation	1273	19528	5304	450035	16.8	1107870
一轻集团(控股)有限公司 The First Light Industry Group (Holding) Co., Ltd.	10542	116603	76580	1469494	34.7	215145
二轻集团(控股)有限公司 The Second Light Industry Group (Holding) Co., Ltd.	343	17666	10294	1497002	11.3	146378
医药集团有限公司 Tianjin Pharmaceutical Holdings	5027	181882	108116	590356	11.9	273213
建筑材料集团(控股)有限公司 Tianjin Building Materials Group (Holding) Co., Ltd.	1033	-934	-11784	219868	1.0	58296
汽车工业(集团)有限公司 Tianjin Automobile Industry Group Co., Ltd.	306966	888759	380098	5940263	17.4	948181
飞鸽集团有限公司 Tianjin Flying Pigeon Group Co., Ltd.	84	2132	683	87486	31.5	9869
钢管集团有限公司 Tianjin Pipe Group Co., Ltd.	11676	384252	257473	2784399	38.9	504508
有色金属集团有限公司 Tianjin Non-ferrous Metals Group Co., Ltd.	105	764	-4371	368984	-7.9	22640
天铁冶金集团有限公司 Tianjin Tian Tie Metallurgical Group Co., Ltd.	7371	147650	60096	2561409	31.0	311085
天钢集团有限公司 Tianjin Tian Gang Group Co., Ltd.	24996	180479	80204	2136956	52.62	254023
金耀集团有限公司 Tianjin Jin Yao Group Co., Ltd.	1585	72742	56884	307020	16.0	79306
天津天士力制药集团有限公司 Tianjin TASLY Pharmaceutical Co., Ltd.	1903	51308	29043	194620	21.9	41922
天津环球磁卡集团有限公司 Tianjin Global Magnetic Card Group Corporation	159	3712	2095	55317	24.2	4580

11-19 高新技术产业主要经济指标
Main Economic Indicators of High & New Technology Industry

单位：亿元 (100 million yuan)

项 目 Item	工业总产值 Gross Industrial Output Value		主营业务收入 Revenue from Principal Business		利税总额 Total Pre-tax Profits	
	2006	2007	2006	2007	2006	2007
全市总计 Total	**2713.01**	**2824.52**	**2802.67**	**2781.87**	**218.70**	**181.37**
按企业规模分 Grouped by Size of Enterprises						
大型企业 Large-sized	1235.24	1022.92	1316.25	982.99	108.07	33.72
中型企业 Medium-sized	1186.62	1391.33	1190.10	1382.13	89.80	108.45
小型企业 Small-sized	291.15	410.27	296.32	416.75	20.83	39.20
按经济类型分 Grouped by Ownership						
国有经济 State-owned	18.03	35.77	17.54	47.02	1.39	8.42
集体经济 Collective-owned	13.71	24.82	13.63	24.22	1.07	0.90
私有经济 Private and Individual	40.35	42.13	39.54	41.37	3.99	3.64
外商及港澳台商投资经济 Foreign, Hong Kong, Macao and Taiwan Funded	2395.78	2528.81	2435.67	2461.61	183.61	140.94
其他经济 Others	245.14	193.01	296.29	207.65	28.64	27.47
按技术领域分 Grouped by Technical Field						
电子信息 Electronics and Information	2149.35	2059.63	2182.54	1985.21	149.04	83.16
航空航天 Aviation and Spaceflight	3.47	4.40	3.22	4.19	0.81	1.41
光机电一体化 Photoeletric Mechanical Electron Incorporated	235.91	363.55	252.96	381.89	27.52	41.34
生物技术和医药 Biology Technology and Pharmaceutical	167.65	200.22	209.40	209.35	31.60	41.85
新材料 New Materials	81.78	123.83	82.67	123.38	4.95	10.92
新能源和节能材料 New Energy and Energy Saving Materials	74.15	70.23	71.13	65.88	4.71	2.17
环境保护 Environmental Protection	0.70	2.66	0.75	11.99	0.07	0.52

11-20 电子信息产品制造业主要经济指标（2007年）
Main Economic Indicators of Electronic and Information Products Manufacturing, 2007

单位：亿元 (100 million yuan)

项　目 Item	工业总产值 Gross Industrial Output Value	主营业务收入 Revenue from Principal Business	利税总额 Total Pre-tax Profits
全市总计 Total	**2315.45**	**2230.87**	**96.14**
按企业规模分 Grouped by Size of Enterprises			
大型企业 Large-sized	1329.92	1256.91	39.14
中型企业 Medium-sized	684.73	674.66	38.29
小型企业 Small-sized	300.81	299.30	18.71
按经济类型分 Grouped by Ownership			
国有经济 State-owned	7.37	6.38	0.30
集体经济 Collective-owned	28.73	28.29	1.06
私有经济 Private and Individual	37.72	37.24	2.67
外商及港澳台商投资经济 Foreign, Hong Kong, Macao and Taiwan Funded	2149.43	2068.05	82.44
其他经济 Others	92.20	90.91	9.67
按行业分 Grouped by Sector			
雷达业 Radar	0.43	0.38	0.07
通信设备业 Telecommunication Equipment	1018.04	947.76	26.75
广播电视设备业 Equipment of Radio and Television	0.95	0.78	0.19
电子计算机业 Electronic Computer	173.12	173.86	7.46
家电业 Home Appliances	127.83	129.36	14.25
电子测量仪器业 Instruments of Electronic Survey	6.66	6.54	0.68
电子工业专用设备业 Industrial Electronic Equipment for Special Use	47.94	46.11	4.91
电子元件业 Electronic Element	443.93	437.94	20.91
电子器件业 Electronic Implements	254.34	252.44	8.84
电子信息机电产品业 Machinery & Electric Products	234.82	228.04	10.28
电子信息专用材料业 Electronic and Information Materials for Special Use	7.39	7.66	1.80

11-21 主营业务收入百强工业企业(2007年)
Top 100 Industrial Enterprises on Business Revenue, 2007

名 次 Position	企业名称 Name of Enterprises	名 次 Position	企业名称 Name of Enterprises
1	摩托罗拉(中国)电子有限公司	51	天津太钢天管不锈钢有限公司
2	天津一汽丰田汽车有限公司	52	天津乐金大沽化学有限公司
3	中海石油(中国)有限公司天津分公司	53	诺和诺德(中国)制药有限公司
4	天津三星通信技术有限公司	54	天津钢管还原铁厂
5	中国石油化工股份有限公司天津分公司	55	歌美飒风电有限公司
6	天津天铁冶金集团有限公司	56	天津顶益国际食品有限公司
7	天津轧一钢铁集团有限公司	57	天津电装电子有限公司
8	天津市电力公司	58	天津新龙桥工程塑料有限公司
9	天津钢铁有限公司	59	天津大桥焊材集团有限公司
10	中国石油天然气股份有限公司大港油田公司	60	天津富士通天电子有限公司
11	天津钢管集团股份有限公司	61	西门子电气传动有限公司
12	中国石油天然气股份有限公司大港石化分公司	62	天津华能杨柳青热电有限责任公司
13	天津三星电子显示器有限公司	63	天津大唐国际盘山发电有限责任公司
14	飞思卡尔半导体(中国)有限公司	64	天津市通达福利线缆厂
15	乐金电子(天津)电器有限公司	65	大成万达(天津)有限公司
16	大港油田集团有限责任公司	66	天津塑力线缆集团有限公司
17	天津友发钢管集团有限公司	67	SEW-传动设备(天津)有限公司
18	天津津亚电子有限公司	68	JPOWER科技(天津)有限公司
19	奥的斯电梯(中国)投资有限公司	69	天津达亿钢铁有限公司
20	天津天钢集团有限公司	70	天津新港船舶重工有限责任公司
21	天津荣程联合钢铁集团有限公司	71	九三集团天津大豆科技有限公司
22	天津三星光电子有限公司	72	天津阿尔斯通水电设备有限公司
23	天津市新利钢铁有限公司	73	维斯塔斯风力发电设备(中国)有限公司
24	天津大沽化工股份有限公司	74	天津市兆博实业有限公司
25	天津大无缝铜材有限公司	75	天津国华盘山发电有限责任公司
26	天津一汽夏利汽车股份有限公司	76	天津市飞龙制管有限公司
27	天津三星电子有限公司	77	天津顶津食品有限公司
28	天津市天铁轧二制钢有限公司	78	天津市力拓钢制品有限公司
29	嘉里粮油(天津)有限公司	79	天津中集北洋集装箱有限公司
30	天津金耀集团有限公司	80	蓝星石化有限公司天津石油化工厂
31	俊安(天津)实业有限公司	81	PPG涂料(天津)有限公司
32	天津通广三星电子有限公司	82	中芯国际集成电路制造(天津)有限公司
33	新大洲本田摩托有限公司	83	天津三美电机有限公司
34	天津一汽丰田发动机有限公司	84	天津市燃气集团有限公司
35	天津市金桥焊材集团有限公司	85	天津鑫泰石油化工有限公司
36	天津三星电机有限公司	86	天津丰津汽车传动部件有限公司
37	三星高新电机(天津)有限公司	87	天津渤海化工有限责任天津碱厂
38	北海粮油工业(天津)有限公司	88	天津市岐丰钢铁有限公司
39	天津渤天化工有限责任公司	89	亚光耐普罗精密注塑(天津)有限公司
40	天津市静海县宝来工贸有限公司	90	天津市华北电缆厂
41	天津三星视界移动有限公司	91	天津乐金渤海化学有限公司
42	天津俊安煤焦化工有限公司	92	天津市无缝钢管厂
43	天津英泰汽车饰件有限公司	93	天津矢崎汽车配件有限公司
44	天津中新药业集团股份有限公司	94	天津天铁炼焦化工有限公司
45	天津三星视界有限公司	95	天津市东益钢铁有限公司
46	天津大通铜业有限公司	96	大陆汽车系统(天津)有限公司
47	天津荣程祥矿产有限公司	97	丹佛斯(天津)有限公司
48	天津奥的斯电梯有限公司	98	天津丰田合成有限公司
49	日新(天津) 塑胶有现公司	99	爱信(天津)车身零部件有限公司
50	富士能(天津)光学有限公司	100	天津市江天型钢有限公司

11-22 实现利税百强工业企业(2007年)
Top 100 Industrial Enterprises on Total Pre-tax Profits, 2007

名 次 Position	企业名称 Name of Enterprises	名 次 Position	企业名称 Name of Enterprises
1	中海石油(中国)有限公司天津分公司	51	天津丰田合成有限公司
2	中国石油天然气股份有限公司大港油田公司	52	维斯塔斯风力发电设备(中国)有限公司
3	天津一汽丰田汽车有限公司	53	埃克森美孚天津石油有限公司
4	天津钢管集团股份有限公司	54	JPOWER科技(天津)有限公司
5	天津三星通信技术有限公司	55	天津津亚电子有限公司
6	天津市电力公司	56	日新(天津) 塑胶有现公司
7	奥的斯电梯(中国)投资有限公司	57	大陆汽车系统(天津)有限公司
8	天津天铁冶金集团有限公司	58	天津悦泰石化科技有限公司
9	天津钢铁有限公司	59	天津阿尔斯通水电设备有限公司
10	大港油田集团有限责任公司	60	天津华丰汽车装饰有限公司
11	飞思卡尔半导体(中国)有限公司	61	中天仕名科技集团有限公司
12	天津通广三星电子有限公司	62	天津三星电机有限公司
13	天津友发钢管集团有限公司	63	天津力生制药股份有限公司
14	天津金耀集团有限公司	64	天津市金桥焊材集团有限公司
15	天津电装电子有限公司	65	SEW-工业减速机(天津)有限公司
16	天津英泰汽车饰件有限公司	66	天津雀巢有限公司
17	天津荣程祥矿产有限公司	67	天津天狮生物发展有限公司
18	天津荣程联合钢铁集团有限公司	68	诺和诺德(中国)制药有限公司
19	上海烟草(集团)公司天津卷烟厂	69	天津渤天化工有限责任公司
20	天津大唐国际盘山发电有限责任公司	70	天津顶益国际食品有限公司
21	天津三星电子有限公司	71	天津达祥精密工业有限公司
22	天津国华盘山发电有限责任公司	72	天津富奥电装空调有限公司
23	天津三星电子显示器有限公司	73	葛兰素史克(天津)有限公司
24	天津华能杨柳青热电有限责任公司	74	天津军粮城发电有限公司
25	天津市新利钢铁有限公司	75	天津大港广安津能发电有限责任公司
26	天津轧一钢铁集团有限公司	76	电装(天津)汽车导航系统有限公司
27	天津大沽化工股份有限公司	77	天津南玻工程玻璃有限公司
28	天津一汽夏利汽车股份有限公司	78	天津双叶协展机械有限公司
29	中美天津史克制药有限公司	79	天津顶津食品有限公司
30	施耐德电气低压(天津)有限公司	80	天津天铁炼焦化工有限公司
31	中法合营王朝葡萄酿酒有限公司	81	天津塑力线缆集团有限公司
32	爱信(天津)车身零部件有限公司	82	乐金电子(天津)电器有限公司
33	天津天士力制药股份有限公司	83	约翰·迪尔天拖有限公司
34	歌美飒风电有限公司	84	天津中新药业集团股份有限公司
35	天津俊安煤焦化工有限公司	85	天津矢崎汽车配件有限公司
36	天津市静海县宝来工贸有限公司	86	西门子机械传动(天津) 有限公司
37	PPG涂料(天津)有限公司	87	富士能(天津)光学有限公司
38	SEW-传动设备(天津)有限公司	88	中国大冢制药有限公司
39	诺维信(中国)生物技术有限公司	89	天津大港华实发电有限责任公司
40	天津一汽丰田发动机有限公司	90	天津赛瑞机器设备有限公司
41	嘉里粮油(天津)有限公司	91	天津天管特钻具有限公司
42	西门子电气传动有限公司	92	亚光耐普罗精密注塑(天津)有限公司
43	新大洲本田摩托有限公司	93	天津奥的斯电梯有限公司
44	丹佛斯(天津)有限公司	94	申克(天津)工业技术有限公司
45	俊安(天津)实业有限公司	95	博福-益普生(天津)制药有限公司
46	斯必克冷却技术(天津)有限公司	96	天津可口可乐饮料有限公司
47	天津天钢集团有限公司	97	因塔思(天津)电子有限公司
48	阿克苏诺贝尔涂料(天津)有限公司	98	艾默生过程管理(天津)阀门有限公司
49	天津三星光电子有限公司	99	天津市环欧半导体材料技术有限公司
50	天津丰铁汽车部件有限公司	100	天津莱尔德电子材料有限公司

主要统计指标解释

工 业

指从事自然资源的开采，对采掘品和农产品进行加工和再加工的物质生产部门。具体包括：(1) 对自然资源的开采，如采矿、晒盐等（但不包括禽兽捕猎和水产捕捞）；(2) 对农副产品的加工、再加工，如粮油加工、食品加工、缫丝、纺织、制革等；(3) 对采掘品的加工、再加工，如炼铁、炼钢、化工生产、石油加工、机器制造、木材加工等，以及电力、自来水、煤气的生产和供应等；(4) 对工业品的修理、翻新，如机器设备的修理、交通运输工具（包括小卧车）的修理等。

1984 年以前农村的村及村以下办工业归属农业，1984 年以后划归工业。工业统计调查单位为独立核算法人工业企业。

独立核算法人工业企业指从事工业生产经营活动的单位。独立核算法人工业企业应同时具备以下条件：(1) 依法成立，有自己的名称、组织机构和场所，能够承担民事责任；(2) 独立拥有和使用资产，承担负债，有权与其他单位签订合同；(3) 独立核算盈亏，并能够编制资产负债表。

轻工业

指主要提供生活消费品和制作手工工具的工业。按其所使用的原料不同，可分为两大类：(1) 以农产品为原料的轻工业，是指直接或间接以农产品为基本原料的轻工业。主要包括食品制造、饮料制造、烟草加工、纺织、缝纫、皮革和毛皮制作、造纸以及印刷等工业；(2) 以非农产品为原料的轻工业，是指以工业品为原料的轻工业。主要包括文教体育用品、化学药品制造、合成纤维制造、日用化学制品、日用玻璃制品、日用金属制品、手工工具制造、医疗器械制造、文化和办公用机械制造等工业。

重工业

指为国民经济各部门提供物质技术基础的主要生产资料的工业。按其生产性质和产品用途，可以分为下列三类：(1) 采掘（伐）工业，是指对自然资源的开采，包括石油开采、煤炭开采、金属矿开采、非金属矿开采等工业；(2) 原材料工业，指向国民经济各部门提供基本材料、动力和燃料的工业。包括金属冶炼及加工、炼焦及焦炭、化学、化工原料、水泥、人造板以及电力、石油和煤炭加工等工业；(3) 加工工业，是指对工业原材料进行再加工制造的工业。包括装备国民经济各部门的机械设备制造工业、金属结构、水泥制品等工业，以及为农业提供的生产资料如化肥、农药等工业。根据上述划分原则，修理业中以重工业产品为修理作业对象的划为重工业，反之划为轻工业。

规模以上工业企业

包括全部国有（含国有联营、国有独资）工业企业和年主营业务收入在 500 万元及以上的非国有工业企业。

工业总产值

1. 定义：工业总产值是以货币形式表现的，工业企业在一定时期内生产的工业最终产品或提供工业性劳务活动的总价值量。它反映一定时间内工业生产的总规模和总水平。

2. 计算原则：工业生产的原则，即凡是企业在报告期生产的经检验合格的产品，不管是否在报告期销售，均包括在内。

最终产品的原则，即凡是计入工业总产值的产品，必须是本企业生产的经检验合格的，不需要再进行任何加工的最终产品。如果企业有中间产品（半成品）对外销售，则对外销售的中间产品应视为企业的最终产品。

工厂法原则，即工业总产值是以工业企业作为基本计算（核算）单位，即按企业的最终产品计算工业总产值。按这种方法计算的工业总产值，不允许同一产品价值在企业内部重复计算，不能把企业内部各个车间（分厂）生产的成果相加，但允许企业间的重复计算。

工业增加值

指工业企业在报告期内以货币表现的工业生产活动的最终成果。

工业增加值有两种计算方法：一是生产法，即工业总产出减去工业中间投入加上应交增值税；二是收入法，即从收入的角度出发，根据生产要素在生产过程中应得到的收入份额计算，具体构成项目有固定资产折旧、劳动者报酬、生产税净额、营业盈余，这种

主要统计指标解释

方法也称要素分配法。本年鉴中的工业增加值是以生产法计算的。生产法工业增加值的计算方法为：

工业增加值 = 工业总产出 − 工业中间投入 + 应交增值税

1. 工业总产出：指工业企业在一定时期内工业生产活动的总成果。工业总产出包括：成品生产价值，对外加工费收入，自制半成品、在产品期末期初差额价值。1995 年后用新规定计算的工业总产值代替。

2. 工业中间投入：指工业企业在工业生产活动中消耗的外购物质产品和对外支付的服务费用。服务费用包括支付给物质生产部门（工业、农业、批发零售贸易业、建筑业、运输邮电业）的服务费用和支付给非物质生产部门（如保险、金融、文化教育、科学研究、医疗卫生、行政管理等）的服务费用。工业中间投入的确定须遵循以下原则：必须从外部购入的，并已计入工业总产出的产品和服务价值；必须是本期投入生产，并一次性消耗掉（包括本期摊销的低值易耗品等）的产品和服务价值。

工业中间投入包括直接材料费用、制造费用中的工业中间投入、管理费用中的工业中间投入、销售费用中的工业中间投入和利息支出五部分。

大、中、小型企业

根据 2003 年国家统计局制定的《统计上大中小型企业划分办法（暂行）》，以从业人员数、销售额和资产总额三项指标为依据，将工业企业划分为大、中、小型，而不再按照企业产品的年生产能力和生产用固定资产原值划分。划分标准如下：

指标名称	单 位	大 型	中 型	小 型
从业人员数	人	2000 及以上	300−2000	300 以下
销售额	万元	30000 及以上	3000−30000	3000 以下
资产总额	万元	40000 及以上	4000−40000	4000 以下

主营业务收入

指企业在销售商品、提供劳务及让渡资产使用权等日常活动中所发生的收入。

主营业务成本

指企业因销售商品、提供劳务或让渡资产使用权等日常活动而发生的实际成本。

主营业务税金及附加

反映企业经营主营业务应负担的营业税、消费税、城市维护建设税、资源税、土地增值税和教育费附加等。

利润总额

指企业在生产经营过程中各种收入扣除各种耗费后的盈余，反映企业在报告期内实现的亏盈总额，包括营业利润、补贴收入、投资净收益和营业外收支净额。

利税总额

指利润总额、产品销售税金及附加和本期应交增值税之和。

固定资产净值年平均余额

固定资产净值指固定资产原价减去累计折旧后的净额，其平均余额指报告期内余额的平均数。计算公式为：

$$固定资产净值年平均余额 = \frac{1至12月各月月初、月末固定资产净值之和}{24}$$

或：

$$固定资产净值年平均余额 = \frac{1至12月各月固定资产净值平均余额}{12}$$

产品销售率

反映工业产品已实现销售的程度，是分析工业产销衔接情况，研究工业产品满足社会需求的指标。计算公式为：

$$产品销售率(\%) = \frac{工业销售产值}{工业总产值(现价)} \times 100\%$$

总资产贡献率

反映企业全部资产的获利能力，是企业经营业绩和管理水平的集中体现，是评价和考核企业盈利能力的核心指标。计算公式为：

主要统计指标解释

$$总资产贡献率(\%)=\frac{利润总额+税金总额+利息支出}{平均资金总额}\times 100\%$$

公式中：税金总额为产品销售税金及附加与应交增值税之和；平均资产总额为期初期末资产之和的算术平均值。

资产负债率

该指标既反映企业经营风险的大小，也反映企业利用债权人提供的资金从事经营活动的能力。计算公式为：

$$资产负债率(\%)=\frac{负债总额}{资产总额}\times 100\%$$

流动资产周转次数

指一定时期内流动资产完成的周转次数，反映投入工业企业流动资金的周转速度。计算公式为：

$$流动资产周转次数=\frac{产品销售收入}{全部流动资产平均余额}$$

公式中：全部流动资产平均余额为期初和期末的流动资产之和的算术平均值。

成本费用利润率

反映企业投入的生产成本及费用的经济效益，同时也反映企业降低成本所取得的经济效益。计算公式为：

$$成本费用利润(\%)=\frac{利润总额}{成本费用总额}\times 100\%$$

公式中：成本费用总额为产品销售成本、销售费用、管理费用、财务费用之和。

全员劳动生产率

反映企业的生产效率和劳动投入的经济效益。计算公式为：

$$全员劳动生产率(元/人)=\frac{工业增加值}{全部从业人员平均人数}$$

Explanatory Notes on Main Statistical Indicators

Industry

refers to the material production sector which is engaged in extraction of natural resources and processing and reprocessing of minerals and agricultural products, including (1) extraction of natural resources, such as mining, salt production (but not including hunting and fishing); (2) processing and reprocessing of farm and sideline produces, such as rice husking, flour milling, wine making, oil pressing, silk reeling, spinning and weaving, and leather making; (3) manufacture of industrial products, such as steel making, iron smelting, chemicals manufacturing, petroleum processing, machine building, timber processing; water and gas production and electricity generation and supply; (4)repairing of industrial products such as the repairing of machinery and means of transport (including cars).

Prior to 1984, the rural industry run by villages and cooperative organizations under village was classified into agriculture. Since 1984, it has been grouped into industry. Units of industrial statistics survey corporate industrial enterprises with independent accounting system.

Corporate industrial enterprises with independent accounting system refer to enterprises engaging in industrial production activities, which meet the following requirements: They are established legally, having their own names, organizations, location, able to take civil liability; They possess and use their assets independently, assume liabilities, and are entitled to sign contracts with other units; They are financially independent and compile their own balance sheets.

Light Industry

refers to the industry that produces consumer goods and hand tools. It consists of two categories, depending on the materials used: (1) Industries using farm products as raw materials. These are branches of light industry which directly or indirectly use farm products as basic raw materials, including the manufacture of food and beverages, tobacco processing, textile, clothing, fur and leather manufacturing, paper making, printing, etc.. (2) Industries using non farm products as raw materials. These are branches of light industry which use manufactured goods as raw materials, including the manufacture of cultural, educational articles and sports goods, chemicals, synthetic fiber, chemical products for daily use, glass products for daily use, metal products for daily use, hand tools, medical apparatus and instruments, and the manufacture of cultural and clerical machinery.

Heavy Industry

refers to the industry which produces capital goods, and provides various sectors of the national economy with necessary material and technical basis. It consists of the following three branches according to the purpose of production or the use of products: (1) Mining, quarrying and logging industry refers to the industry that extracts natural resources, including extraction of petroleum, coal, metal and non-metal ores.(2) Raw materials industry refers to the industry that provides various sectors of the national economy with raw materials, fuels and power. It includes smelting and processing of metals, coking and coke chemistry, chemical materials and building materials such as cement, plywood, and power, petroleum refining and coal dressing.(3) Manufacturing industry refers to the industry that processes raw materials. It includes machine building industry which equips sectors of the national economy, industries of metal structure and cement products, industries producing means of agricultural production, such as chemical fertilizers and pesticides. According to the above principle of classification, the repairing trades which are engaged primarily in repairing products of heavy industry are classified into heavy industry while these engaged in repairing products of light industry are classified into light industry.

Industrial Enterprises above Designated Size

refer to all state-owned (including sole state-funded, state-owned joint ownership) industrial enterprises, and other non-state-owned industrial enterprises with annual business revenue of over 5 million yuan.

Gross Industrial Output Value

1. Definition: Gross industrial output value is the total volume of final industrial products produced and industrial services provided during a given period. It reflects the total achievements and overall scale of industrial production during a given period.

2. Principles for calculation: Statistics on industrial production follow the principle that all products produced by the enterprises and accepted during the reference period are to be included no matter whether they are sold or not during the reference period.

Determination of final products follow the principle that all products that are included in the calculation of grow industrial output value are the final products of the enterprise which have been accepted through quality check and require no further processing. If an enterprise has intermediate (semi-finished) products to sell, these intermediate products are considered as the final products of the enterprise.

Gross industrial output value is calculated following the principle of factory approach, i.e. industrial enterprise is used as the basic accounting unit in calculating the gross industrial output value. By this approach, value of the same product is not to be double counted, and the output value of different workshops (branch factories) should not be added. However, this approach does not exclude the possibility of double counting between enterprises.

Value-added of Industry

refers to the final results of industrial production of industrial enterprises in money terms during the reference period.

Explanatory Notes on Main Statistical Indicators

Industrial value-added can be calculated by two approaches: the production approach, i.e. gross industrial output value minus intermediate input plus value-added tax, and the income approach, i.e. income for various factors used in the course of production, including depreciation of fixed assets, remuneration of laborers, net of production tax, and operating surplus. Value-added of industry in the Yearbook is calculated by production approach as following:

Value-added of industry = gross industrial output industrial intermediate input + value-added tax

1. Gross industrial output: refers to the total achievements of industrial production during a given period. Gross industrial output includes value of finished products, income from external processing, and value of change in semi-finished products at the end and at the beginning of the reference period. Since 1995, it was substituted by the gross industrial output value by new method.

2. Industrial intermediate input: refers to purchased goods and paid services consumed during the industrial production of enterprises. Fees paid for services include fees paid for the services provided by material production sectors (industry, agriculture, wholesale and retail trade, construction, transport, post and telecommunications) and by non-material production sectors (insurance, banking, culture, education, scientific research, health and medical care, public administration, etc.). The determination of industrial intermediate input follows the principle that the goods and services must be purchased from outside and included in the gross industrial output, and that the goods and services are inputted into production and consumed (include low-value consumables) during the reference period.

Industrial intermediate input includes 5 components, namely direct consumption of materials, industrial intermediate input in manufacturing cost, industrial intermediate input in management cost, industrial intermediate input in marketing cost and expenditure on interest.

Large, Medium, Small-sized Enterprises

Industrial enterprises are classified into large, medium, small-sized enterprises according to employment personnel, sales revenue and total assets in accordance with the regulation of Classification (temporary) of Large, Medium, Small-sized Enterprises on Statistics, are not classified according to production capacity and original value of fixed assets. The standard of classification as following:

Indicator	Unit	Large-sized	Medium-sized	Small-sized
Employment personnel	person	2 000 and over	300-2000	below 300
Sales Revenue	10 000 yuan	30000 and over	3000-30000	below 3000
Total assets	10 000 yuan	40000 and over	4000-40000	below 4000

Revenue from Principal Business

refers to revenues from the sales of products, labor services provided, alienation of using asset right and etc..

Cost of Principal Business

refers to real costs from the sales of products, labor services provided, alienation of using asset right and etc..

Tax and Extra Charges of Principal Business

refer to the tax and charges including the business tax, consumption tax, city maintenance and construction tax, resources tax, land increasing value tax and extra charges for education and etc..

Total Profits

refer to the profits gained from the revenues after deducting the costs, which means the final achievements in the reference period, including business profit, subsidies, net income of investment and net income of other business.

Total Pre-tax Profits

refers to the sum of the total net profits, products sales tax & surcharges and the value added tax payable of industrial enterprises, namely pre-tax profits.

Annual Average Balance of Net Value of Fixed Assets

Net value of fixed assets refers to the original value of fixed assets minus depreciation over the years. And the annual average of it refers to average of the net value of fixed assets during the reference period.

$$\text{Annual Average of Net Value of Fixed Assets} = \frac{\text{Sum of Net Value of Fixed Assets at the Beginning and at the End of Each Month from January to December}}{24}$$

Or

$$\text{Annual Average of Net Value of Fixed Assets} = \frac{\text{Sum of Average of Net Value of Fixed Assets of Each Month from January to December}}{12}$$

Sales Ratio of Products

reflecs the actual sale of industrial products, analyzing the production-selling and supply-demand relations. It is calculated as:

Explanatory Notes on Main Statistical Indicators

$$\text{Sales Ratio of Products (\%)} = \frac{\text{Value of Industrial Sales}}{\text{Gross Industrial Output Value (Current Prices)}} \times 100\%$$

Ratio of Total Assets to Industrial Output Value

reflects the profit-making capability of all assets of the enterprise and is a key indicator manifesting the performance and management and evaluating the profit-making potential of the enterprise. It is calculated as follows:

$$\text{Ratio of Total Assets to Industrial Output Value (\%)} = \frac{\text{Total Profits} + \text{Total Taxes} + \text{Interest Payment}}{\text{Average Assets}} \times 100\%$$

In the above formula, total taxes is the sum of tax and extra charges on the sales of products and value-added tax payable; and average assets is the arithmetic mean of the sum of beginning assets and ending assets.

Ratio of Debts to Assets

reflect both the operation risk and the capability of the enterprise in making use of the capital from the creditors. It is calculated as follows:

$$\text{Ratio of Debts to Assets (\%)} = \frac{\text{Total Debts}}{\text{Total Assets}} \times 100\%$$

Number of Times of Turnover of Circulating Funds

refers to the number of times of turnover of circulating fands in a given period of time, which reflects the speed of the turnover of circulating fands of industrial enterprises, and is calculated as follows:

$$\text{Turnover of Circulating Fands} = \frac{\text{Sales Revenue of Products}}{\text{Average Balance of Total Working Capital}}$$

In the above formula, average balance of total circulating fands refers to the arithmetic mean of the sum of circulating fands at the beginning and at the end of the reference period.

Ratio of Profits to Total Industrial Costs

refers to the ratio of profits realized in a given period to the total costs in the same period, which reflects the economic efficiency of input cost and is calculated as follows:

$$\text{Ratio of Profits to Total Industrial Cost (\%)} = \frac{\text{Total Profits}}{\text{Total Costs}} \times 100\%$$

Total costs in the above formula is the sum of cost of products sold, marketing cost, management cost and financial cost.

Overall Labour Productivity

reflects the production efficiency of an enterprise and the economic efficiency of its labour input, calculated by the formula:

$$\text{Overall Labour Productivity (yuan/person)} = \frac{\text{Industrial Value-Added}}{\text{Average of All Persons Engaged}}$$

第12篇
CHAPTER 12
建筑业
Construction

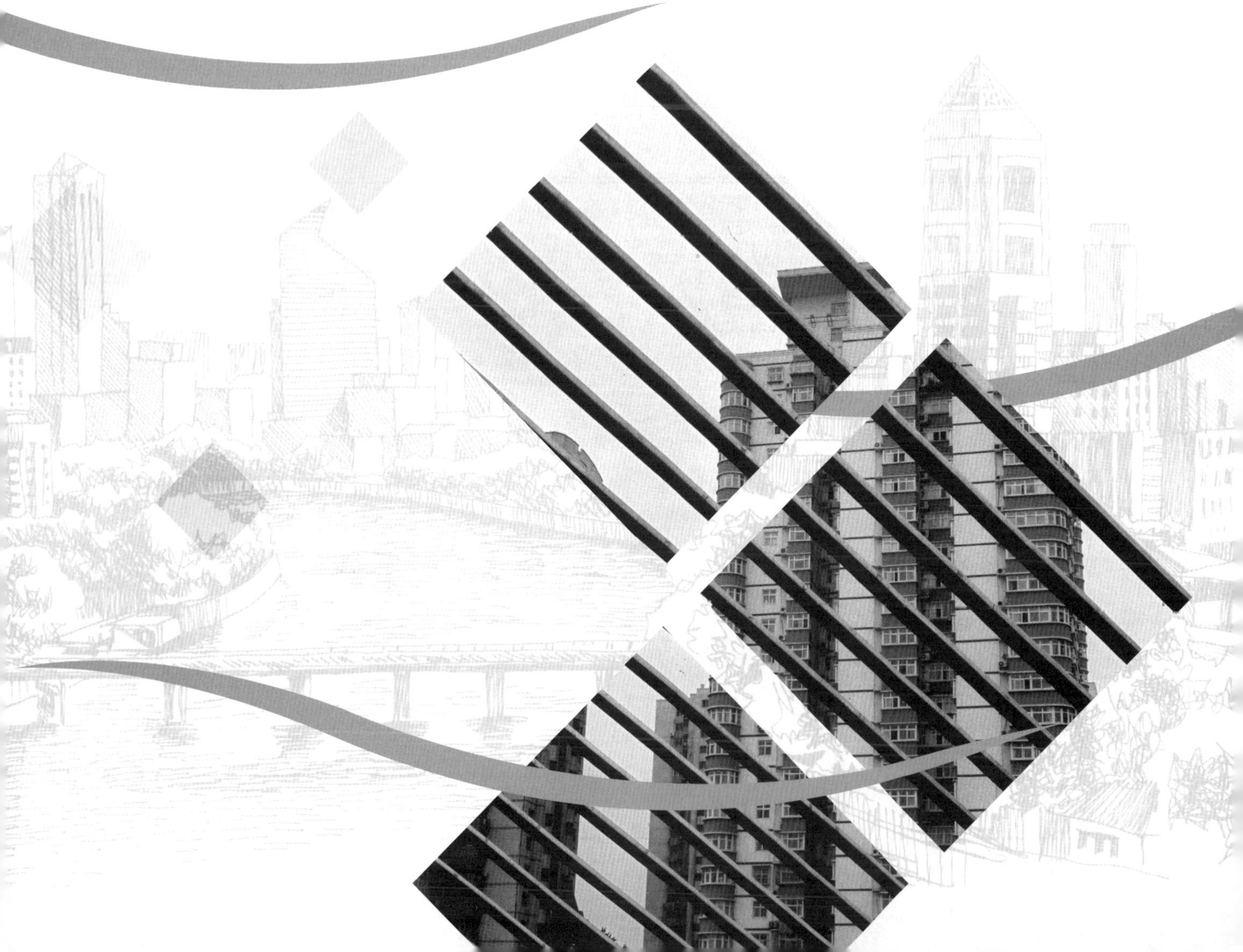

12-1 建筑企业基本情况（1990-2007年）
Basic Statistics on Construction Enterprises, 1990-2007

年 份 Year	企业个数 (个) Number of Enterprises (unit)	从业人员平均人数 (万人) Annual Average Employment Personnel (10 000 persons)	建筑业总产值 (亿元) Gross Output Value of Construction (100 million yuan)	房屋建筑施工面积 (万平方米) Floor Space of Building Under Construction (10 000 sq. m)	房屋建筑竣工面积 (万平方米) Floor Space of Building Completed (10 000 sq. m)	#住 宅 Residential Buildings
1990	82	18.71	31.70	675.46	333.60	
1991	83	18.95	36.17	582.73	295.41	
1992	96	18.76	48.43	721.50	344.70	158.50
1993	237	25.87	82.66	1210.94	505.02	270.70
1994	482	36.28	130.52	1359.96	600.15	376.97
1995	693	31.53	165.67	1604.10	640.25	328.40
1996	461	29.06	173.57	1579.53	567.98	285.82
1997	477	29.26	191.00	1752.13	727.61	398.82
1998	500	29.34	211.12	2059.23	868.00	527.98
1999	491	28.71	222.74	2087.01	901.88	637.85
2000	456	27.44	238.10	2253.99	1056.40	658.85
2001	420	25.96	288.68	2140.04	924.92	562.40
2002	925	34.56	406.16	2817.84	1332.10	726.87
2003	900	35.55	520.84	3395.94	1465.75	797.72
2004	1155	38.27	655.20	3547.76	1644.90	758.00
2005	1108	39.10	754.37	3940.56	1484.38	728.58
2006	1103	38.57	983.93	4555.08	1735.58	815.52
2007	1113	45.34	1221.94	5447.39	2101.38	1020.12

12-2 建筑企业主要经济效益指标和工程质量（1990-2007年）
Main Indicators of Economic Efficiency and Engineering Quality of Construction Enterprises, 1990-2007

年 份 Year	全员劳动生产率 (元/人) Overall Labor Productivity (yuan/person)	平均每一从业人员竣工面积 (平方米) Per Capita Floor Space of Building Completed (sq. m)	产值利润率 (%) Ratio of Profit to Gross Output Value (%)	产值利税率 (%) Ratio of Pre-tax Profit to Gross Output Value (%)	按面积计算竣工率 (%) Percentage of Building Completed in Terms of Floor Space (%)
1990	15874	16.7	-0.3	2.7	49.4
1991	17952	14.7	0.8	3.4	50.7
1992	23578	16.8	1.0	3.5	38.2
1993	33126	18.6	2.9	5.5	38.7
1994	36762	16.0	0.5	3.2	42.3
1995	52545	19.6	0.6	3.4	37.2
1996	59724	19.5	1.0	3.6	36.0
1997	65274	24.9	1.1	3.7	41.5
1998	71958	29.6	1.4	3.9	42.2
1999	77583	31.4	1.0	3.6	43.2
2000	86771	38.5	1.1	4.0	46.9
2001	111194	35.6	1.3	4.2	43.2
2002	117536	38.5	1.8	4.7	47.3
2003	146499	41.2	1.9	4.8	43.2
2004	171190	43.0	1.9	4.9	46.4
2005	192931	38.0	2.3	5.3	37.7
2006	255108	45.0	2.6	5.8	38.1
2007	269502	46.3	3.1	6.3	38.6

12-3 建筑企业基本情况（按登记注册类型和经济类型分）
Basic Statistics on Construction Enterprises (Grouped by Status of Registration and Ownership)

项 目 Item	企业个数 (个) Number of Enterprise (unit)		从业人员平均人数 (万人) Average Employment Personnel (10 000 persons)		从业人员劳动报酬 (万元) Earnings of Employment Personnel (10 000 yuan)		建筑业总产值 (万元) Gross Output Value of Construction (10 000 yuan)	
	2006	2007	2006	2007	2006	2007	2006	2007
总 计 Total	**1103**	**1113**	**38.57**	**45.34**	**615132**	**699961**	**9839320**	**12219419**
按登记注册类型分 Grouped by Status of Registration								
内资企业 Domestic-funded Enterprises	1067	1081	38.21	44.97	606788	691512	9673835	12050521
国有企业 State-owned Enterprises	117	109	9.13	9.35	135894	134190	2001217	2323259
集体企业 Collective-owned Enterprises	88	70	2.22	1.67	34685	24995	286117	278172
股份合作企业 Cooperative Enterprises	9	10	0.28	0.27	5875	5759	38238	44503
私营企业 Private Enterprises	457	510	3.72	4.47	46123	63129	674745	810111
股份有限公司 Share-holding Corporations Ltd.	34	33	1.40	1.93	39635	49254	652356	756013
有限责任公司 Limited Liability Corporations	339	340	20.81	26.95	337737	410132	5951438	7788447
#国有独资 Sole State-funded Corporations	12	14	1.36	2.69	46701	67618	1073032	1580916
联营企业 Joint Ownership Enterprises	8	9	0.39	0.33	5314	4053	32449	50016
#国有与国有联营企业 State Joint Ownership Enterprises	1	2	0.01	0.01	95	113	1040	1120
集体与集体联营企业 Collective Joint Ownership Enterprises	5	3	0.38	0.21	5176	3625	31075	22105
其他内资企业 Other Domestic-funded Enterprises	15		0.26		1525		37275	
港澳台商投资企业 Enterprises with Investment from Hong Kong, Macao and Taiwan	17	19	0.16	0.19	2293	2704	44401	60020
外商投资企业 Foreign Funded Enterprises	19	13	0.20	0.18	6051	5745	121084	108878
按经济类型分 Grouped by Ownership								
国有经济 State-owned	130	125	10.50	12.05	182690	201921	3075289	3905295
集体经济 Collective-owned	102	83	2.88	2.15	45736	34379	355430	344780
私有经济 Private and Individual	457	510	3.72	4.47	46123	63129	674745	810111
港澳台商投资经济 Hong Kong, Macao and Taiwan Funded	17	19	0.16	0.19	2293	2704	44401	60020
外商投资经济 Foreign Funded	19	13	0.20	0.18	6051	5745	121084	108878
其 他 Other	378	363	21.11	26.30	332239	392083	5568371	6990335

12-3 续表 Continued

项 目 Item	竣工产值(万元) Gross Output Value Completed (10 000 yuan)		房屋建筑施工面积(万平方米) Floor Space of Building under Construction (10 000 sq. m)		房屋建筑竣工面积(万平方米) Floor Space of Building Completed (10 000 sq. m)		#住 宅 Residential Buildings	
	2006	2007	2006	2007	2006	2007	2006	2007
总 计 Total	**6808347**	**7778242**	**4555.08**	**5447.39**	**1735.58**	**2101.38**	**815.52**	**1020.12**
按登记注册类型分 Grouped by Status of Registration								
内资企业 Domestic-funded Enterprises	6728103	7695884	4469.64	5366.46	1698.28	2063.87	815.52	1020.12
国有企业 State-owned Enterprises	1265300	1436637	1182.20	1622.52	281.86	355.12	117.02	189.76
集体企业 Collective-owned Enterprises	258113	246721	216.25	200.06	140.02	120.87	90.58	55.06
股份合作企业 Cooperative Enterprises	38238	42827	4.91	1.07	4.91	1.07		
私营企业 Private Enterprises	444385	529895	185.86	213.13	93.85	121.60	35.37	38.40
股份有限公司 Share-holding Corporations Ltd.	472721	442656	114.09	134.63	52.49	84.20	33.07	55.56
有限责任公司 Limited Liability Corporations	4196711	4936586	2712.26	3124.46	1081.70	1326.43	512.19	631.69
#国有独资 Sole State-funded Corporations	556942	720166	21.89	253.38	6.32	32.57	1.02	26.69
联营企业 Joint Ownership Enterprises	29016	60562	35.18	70.59	28.55	54.58	18.87	49.65
#国有与国有联营企业 State Joint Ownership Enterprises	1040							
集体与集体联营企业 Collective Joint Ownership Enterprises	27642	21141	35.18	17.74	28.55	16.99	18.87	12.06
其他内资企业 Other Domestic-funded Enterprises	23619		18.89		14.90		8.42	
港澳台商投资企业 Enterprises with Investment from Hong Kong, Macao and Taiwan	32650	47500						
外商投资企业 Foreign Funded Enterprises	47594	34858	85.44	80.93	37.30	37.51		
按经济类型分 Grouped by Ownership								
国有经济 State-owned	1823282	2156803	1204.09	1875.90	288.18	387.69	118.04	216.45
集体经济 Collective-owned	323993	310689	256.34	218.87	173.48	138.93	109.45	67.12
私有经济 Private and Individual	444385	529895	185.86	213.13	93.85	121.60	35.37	38.40
港澳台商投资经济 Hong Kong, Macao and Taiwan Funded	32650	47500						
外商投资经济 Foreign Funded	47594	34858	85.44	80.93	37.30	37.51		
其 他 Other	4136443	4698497	2823.35	3058.56	1142.77	1415.65	552.66	698.15

12-4 建筑企业基本情况（按行业和资质等级分）
Basic Statistics on Construction Enterprises (Grouped by Sector and Qualification Grade)

指 标 Item	企业个数（个）Number of Enterprises (unit)		从业人员平均人数（万人）Average Employment Personnel (10 000 persons)		从业人员劳动报酬（万元）Earnings of Employment Personnel (10 000 yuan)		建筑业总产值（万元）Gross Output Value of Construction (10 000 yuan)	
	2006	2007	2006	2007	2006	2007	2006	2007
按行业类别分 Grouped by Sector								
房屋工程建筑业 Building Engineering	165	172	15.12	18.17	154638	192978	2964217	3718226
土木工程建筑业 Civil Engineering	171	159	15.33	18.56	297287	332625	5149847	6475921
建筑安装业 Building Installation	370	387	5.49	5.82	132750	139170	1217482	1442394
建筑装饰业 Building Decoration	251	245	1.57	1.58	15352	17762	244791	301428
其他建筑业 Others	146	150	1.06	1.21	15105	17426	262983	281450
按资质等级分 Grouped by Qualification Grade								
施工总承包 General Contractor	**247**	**259**	**29.25**	**35.80**	**440212**	**510675**	**7477512**	**9596305**
特 级 Super Grade	8	7	8.62	10.33	108277	129330	2556176	3380950
一 级 First Grade	49	53	13.03	16.06	215644	233935	3666096	4492885
二 级 Second Grade	82	100	4.91	6.86	78483	105560	918354	1358739
三 级 Third Grade	108	99	2.69	2.55	37808	41850	336886	363731
专业承包 Specialized Contractor	**856**	**854**	**9.32**	**9.54**	**174920**	**189286**	**2361808**	**2623114**
一 级 First Grade	60	52	2.72	2.41	55752	59431	1187548	1303178
二 级 Second Grade	154	174	2.55	2.88	48295	54473	454718	505486
三 级 Third Grade	637	607	4.04	4.15	70719	73412	718672	787894
不分等级 No Grade	5	21	0.01	0.10	154	1970	870	26556

12-4 续表 Continued

指 标 Item	竣工产值 (万元) Gross Output Value Completed (10 000 yuan)		房屋建筑施工面积 (万平方米) Floor Space of Building under Construction (10 000 sq. m)		房屋建筑竣工面积 (万平方米) Floor Space of Building Completed (10 000 sq. m)		#住 宅 Residential Buildings	
	2006	2007	2006	2007	2006	2007	2006	2007
按行业类别分 Grouped by Sector								
房屋工程建筑业 Building Engineering	2014209	2402571	3612.81	4486.04	1455.42	1797.18	746.70	972.55
土木工程建筑业 Civil Engineering	3596385	4090574	787.30	824.14	217.72	249.30	57.22	46.59
建筑安装业 Building Installation	838935	899320	137.86	135.27	61.09	54.90	11.60	0.98
建筑装饰业 Building Decoration	206687	238086	2.46					
其他建筑业 Others	152131	147691	14.65	1.94	1.35			
按资质等级分 Grouped by Qualification Grade								
施工总承包 General Contractor	**5235883**	**6130653**	**4272.02**	**5276.41**	**1630.68**	**2003.37**	**795.50**	**1007.22**
特 级 Super Grade	1544661	2217425	1073.92	1373.77	224.15	308.80	83.54	92.15
一 级 First Grade	2903175	2635860	2295.11	2653.65	874.41	899.24	379.10	421.65
二 级 Second Grade	538887	1000744	637.72	995.45	355.31	635.24	238.08	422.59
三 级 Third Grade	249160	276624	265.27	253.54	176.81	160.09	94.78	70.83
专业承包 Specialized Contractor	**1572464**	**1647589**	**283.06**	**170.98**	**104.90**	**98.01**	**20.02**	**12.89**
一 级 First Grade	715558	726478	150.76	110.96	49.82	55.78	1.57	
二 级 Second Grade	320402	313444	80.75	38.51	37.98	28.61	4.75	2.62
三 级 Third Grade	535647	589076	51.55	21.46	17.10	13.62	13.70	10.27
不分等级 No Grade	857	18591		0.05				

12-5 建筑企业主要财务指标（2007年）
Main Financial Indicators of Construction Enterprises, 2007

单位：万元 (10 000 yuan)

指　标	Item	全市总计 Total	#国有经济 State-owned	#地　方 Local
资本金	**Capital**			
资本金合计	Total Capital	2272511	777056	296428
年末资产负债	**Assets and Liabilities at Year-end**			
流动资产合计	Total Circulating Funds	8883380	2457191	1034723
固定资产合计	Total Fixed Assets	2142671	455358	175881
固定资产原价	Original Value of Fixed Assets	2859029	742357	242671
#生产经营用	Used in Production and Management	2336610	663607	209382
累计折旧	Accumulative Depreciation	1084155	319471	79303
资产总计	Total Assets	12011406	3487101	1427342
损益及分配	**Profit, Loss and Distribution**			
工程结算收入	Revenue of Project Settle Accounts	13406762	4085231	987977
工程结算成本	Costs of Project Settle Accounts	12102528	3762510	907807
工程结算税金及附加	Taxes & Extra Charges of Project Settle Accounts	382110	118009	25912
工程结算利润	Profits of Project Settle Accounts	899486	201529	51610
其他业务收入	Other Revenue from Business	391506	53358	38242
其他业务利润	Other Profits from Business	42141	15041	3014
管理费用	Management Expenses	533395	138265	48768
#税　金	Taxes	12272	2342	1039
利润总额	Total Profits	378996	75200	4190
应交所得税	Income Taxes Payable	108491	17022	3437
应付利润	Profits Payable	88539	35710	3319
利税总额	Total Pre-tax Profits	773378	195551	31141
工资、福利费	**Wage and Welfare Expenses**			
应付工资总额	Total Wage Payable	659204	190098	51430
应付福利费总额	Total Welfare Expenses Payable	40757	11823	2386

注：本表按原经济类型分组，下同。
Note: Data is grouped by original ownership in this table, same as following tables.

12-5 续表 Continued

单位：万元 (10 000 yuan)

指　　标	Item	# 集体经济 Collective -owned	# 私　有 经　济 Private	# 港澳台投资经济 Hong Kong, Macao and Taiwan Funded	# 外商投资经济 Foreign Funded
资本金	**Capital**				
资本金合计	Total Capital	74009	339058	20723	17214
年末资产负债	**Assets and Liabilities at Year-end**				
流动资产合计	Total Circulating Funds	292171	580836	65801	83111
固定资产合计	Total Fixed Assets	33978	186797	8562	10404
固定资产原价	Original Value of Fixed Assets	49636	235799	16059	14503
# 生产经营用	Used in Production and Management	38222	151458	14465	13284
累计折旧	Accumulative Depreciation	18175	71240	7566	4239
资产总计	Total Assets	341356	810516	75690	94620
损益及分配	**Profit, Loss and Distribution**				
工程结算收入	Revenue of Project Settle Accounts	358890	864677	60751	98337
工程结算成本	Costs of Project Settle Accounts	312609	749656	55545	77767
工程结算税金及附加	Taxes & Extra Charges of Project Settle Accounts	12548	25384	1837	824
工程结算利润	Profits of Project Settle Accounts	31831	81498	2439	19112
其他业务收入	Other Revenue from Business	2895	22737	18931	681
其他业务利润	Other Profits from Business	1426	5277	720	582
管理费用	Management Expenses	19387	56202	2981	17193
# 税　金	Taxes	401	1820	45	80
利润总额	Total Profits	14097	26089	-2186	3618
应交所得税	Income Taxes Payable	5206	8296	72	853
应付利润	Profits Payable	2779	14497	154	-255
利税总额	Total Pre-tax Profits	27046	53293	-304	4522
工资、福利费	**Wage and Welfare Expenses**				
应付工资总额	Total Wage Payable	31932	57946	2659	5363
应付福利费总额	Total Welfare Expenses Payable	2448	5183	45	382

12-6 建筑企业年末自有机械设备总功率和净值（1990-2007年）
Total Capacity and Net Value of Machinery and Equipment Owned by Construction Enterprises (Year-end), 1990-2007

年 份 Year	年末自有机械设备总功率(万千瓦) Total Capacity of Machinery and Equipment Owned (year-end) (10 000 kW)	# 国有经济 State-owned	# 地 方 Local	年末自有机械设备净值(万元) Net Value of Machinery and Equipment Owned (year-end) (10 000 yuan)	# 国有经济 State-owned	# 地 方 Local
1990	91.70	86.70	41.40	79168	77633	28493
1991	89.74	85.46	42.95	76234	74526	27722
1992	94.60	89.90	42.60	76234	74252	29646
1993	98.92	89.57	41.20	116608	108817	55009
1994	116.58	103.91	37.47	172348	153207	47757
1995	138.36	110.17	43.77	179888	164162	60526
1996	137.98	109.22	40.47	384677	178790	47006
1997	151.18	119.22	43.87	207571	173245	54521
1998	173.03	111.19	39.28	206033	163854	49153
1999	185.54	146.77	38.00	214052	174687	67470
2000	157.27	102.26	36.14	217748	122519	45433
2001	168.83	87.31	32.16	231546	126407	51157
2002	221.56	85.37	33.03	529838	166556	83098
2003	227.81	86.32	34.65	582022	208634	79305
2004	258.80	96.86	42.66	622763	223307	63141
2005	246.33	93.87	29.07	694990	230140	53538
2006	297.62	97.08	50.98	782820	195335	52195
2007	293.46	114.79	78.94	854785	192498	55747

12-7 建筑企业技术装备率和动力装备率（1990-2007年）
Value and Power of Machines per Laborer of Construction Enterprises, 1990-2007

年 份 Year	全部职工技术装备率(元/人) Value of Machines per Labor (yuan/person)	# 国有经济 State-owned	# 地 方 Local	全部职工动力装备率(千瓦/人) Power of Machines per Labor (kW/person)	# 国有经济 State-owned	# 地 方 Local
1990	4231	4480	2893	4.90	5.00	4.20
1991	4023	4259	2697	4.70	4.90	4.10
1992	4063	4279	2878	5.00	5.20	4.10
1993	4507	5490	4461	3.80	4.50	3.30
1994	5114	5075	2350	3.46	3.44	1.84
1995	6281	6622	4299	4.83	4.44	3.11
1996	13237	7677	3647	4.75	4.69	3.14
1997	7094	7680	4300	5.17	5.28	3.46
1998	7022	7908	4134	5.90	5.37	3.30
1999	8774	11542	10233	7.61	9.70	5.76
2000	10714	9483	9008	7.74	7.92	7.17
2001	12881	14697	11768	9.39	10.15	7.40
2002	19423	18366	16571	8.12	9.41	6.59
2003	24203	27824	24187	9.47	11.51	10.57
2004	27354	33064	25506	11.37	14.34	17.23
2005	26064	26376	16793	9.24	10.76	9.12
2006	25420	21640	22518	9.66	10.75	22.00
2007	24470	18726	18829	8.40	11.17	26.66

12-8 建筑企业机械设备情况及经济效益指标
Machinery & Equipment and Economic Efficiency Indicators of Construction Enterprises

指标 Item	全市 Total	#国有经济 State-owned	#地方 Local
2006年			
建筑业机械设备情况 Machinery and Equipment of Construction Enterprises			
自有机械设备总台数(台) Number of Machinery and Equipment Owned (set)	97767	23902	10237
自有机械设备总功率(万千瓦) Power of Machinery and Equipment Owned (10 000 kW)	297.62	97.08	50.98
自有机械设备净值(万元) Net Value of Machinery and Equipment Owned (10 000 yuan)	782820	195335	52195
技术装备率(元/人) Value of Machines per Labor (yuan/person)	25420	21640	22518
动力装备率(千瓦/人) Power of Machines per Labor (kW/person)	9.66	10.75	22.00
建筑业经济效益指标 Economic Efficiency Indicators of Construction Enterprises			
全员劳动生产率(元/人) Overall Labor Productivity (yuan/person)	255108	293052	224185
房屋竣工率(%) Percentage of Buildings Completed (%)	38.1	23.9	35.7
平均每一从业人员竣工面积(平方米/人) Per Capita Floor Space of Buildings Completed (sq. m/person)	45.0	27.5	20.1
每百元产值实现利税(元) Ratio of Pre-tax Profit to per 100 yuan Output Value (yuan)	5.8	4.7	3.5
百元产值占用流动资产(元) Ratio of Circulating Funds to per 100 yuan Output Value (yuan)	67.1	56.7	91.3
全员资金占有率(元/人) Per Capita Owned Capital (yuan/person)	218831	205089	249636
2007年			
建筑业机械设备情况 Machinery and Equipment of Construction Enterprises			
自有机械设备总台数(台) Number of Machinery and Equipment Owned (set)	92060	23485	10795
自有机械设备总功率(万千瓦) Power of Machinery and Equipment Owned (10 000 kW)	293.46	114.79	78.94
自有机械设备净值(万元) Net Value of Machinery and Equipment Owned (10 000 yuan)	854785	192498	55747
技术装备率(元/人) Value of Machines per Labor (yuan/person)	24470	18726	18829
动力装备率(千瓦/人) Power of Machines per Labor (kW/person)	8.40	11.17	26.66
建筑业经济效益指标 Economic Efficiency Indicators of Construction Enterprises			
全员劳动生产率(元/人) Overall Labor Productivity (yuan/person)	269502	324309	227599
房屋竣工率(%) Percentage of Buildings Completed (%)	38.6	20.7	43.3
平均每一从业人员竣工面积(平方米/人) Per Capita Floor Space of Buildings Completed (sq. m/person)	46.3	32.2	23.1
每百元产值实现利税(元) Ratio of Pre-tax Profit to Per 100 yuan Output Value (yuan)	6.3	5.0	3.8
百元产值占用流动资产(元) Ratio of Circulating Funds to per 100 yuan Output Value (yuan)	72.7	62.9	126.2
全员资金占有率(元/人) Per Capita Owned Capital (yuan/person)	243182	241868	336111

12-9 建筑业企业房屋建筑完成情况 Building Construction of Construction Enterprises

单位：万平方米 (10 000 sq.m)

指　标	Item	2006	2007
房屋建筑施工面积	Floor Space of Buildings under Construction	4555.08	5447.39
#本年新开工面积	New Floor Space of Buildings in Current Year	2171.70	2621.24
#实行投标承包面积	Contracted Bidding Floor Space	3945.67	4970.49
房屋建筑竣工面积	Floor Space of Buildings Completed	1735.58	2101.38
厂房、仓库	Works and Warehouses	505.46	612.23
住　宅	Residential Buildings	815.52	1020.12
办公用房	Office Buildings	102.64	115.19
批发和零售用房	Wholesale and Retail Trade Buildings	54.88	80.09
住宿和餐饮用房	Hotels and Restaurants	17.07	15.61
居民服务业用房	Residential Service Buildings	15.75	24.26
教育用房	Educational Buildings	96.05	88.60
文化、体育和娱乐用房	Cultural, Sports and Entertainment Buildings	6.39	24.25
卫生医疗用房	Health Care and Medical Buildings	14.47	2.91
科研用房	Scientific and Research Buildings	4.94	11.86
其他用房	Other Buildings	102.41	106.26

12-10 劳务分包建筑企业生产经营情况 Main Indicators of Construction Enterprises of Work Subcontractors

单位：万元 (10 000 yuan)

指　标	Item	2006	2007
建筑业总产值	Gross Output Value of Construction	70581	170366
#装饰装修产值	Gross Output Value of Decoration	3623	8796
企业个数(个)	Number of Enterprises (unit)	204	204
年末从业人员(人)	Number of Employment Personnel (person)	16484	25969
#工程技术人员	Engineering	1093	1668
企业总收入	Total Revenue	70915	168245
#工程结算收入	Revenue of Project Settle Accounts	69929	163835
税　金	Taxes	2455	5947
利润总额	Total Profits	196	2203
从业人员劳动报酬	Remuneration of Employment Personnel	18886	42428

12-11 全市建筑企业建筑业总产值、利税总额五十强（2007年）
Top 50 Construction Enterprises by Gross Output Value and Total Pre-tax Profits of Construction, 2007

总产值名次 Position of Output Value	单位名称 Name of Enterprise	利税总额名次 Position of Total Pre-tax Profits	单位名称 Name of Enterprise
1	中铁十八局集团有限公司	1	海洋石油工程股份有限公司
2	中冶天工建设有限公司	2	中铁十八局集团有限公司
3	中交第一航务工程局有限公司	3	中交天津航道局有限公司
4	中交一航局第一工程有限公司	4	中冶天工建设有限公司
5	海洋石油工程股份有限公司	5	中交一航局第一工程有限公司
6	中国建筑第六工程局有限公司	6	中交第一航务工程局有限公司
7	天津二十冶建设有限公司	7	天津二十冶建设有限公司
8	天津电力建设公司	8	中国建筑第六工程局有限公司
9	中交天津航道局有限公司	9	中交一航局第四工程有限公司
10	中交一航局第四工程有限公司	10	天津电力建设公司
11	中建六局土木工程有限公司	11	中建六局土木工程有限公司
12	天津三建建筑工程有限公司	12	天津送变电工程公司
13	天津市建工工程总承包有限公司	13	中国水电基础局有限公司
14	中交一公局第六工程有限公司	14	中国建筑第六工程局第三工程公司
15	中建六局第四建筑工程有限公司	15	中交一公局第六工程有限公司
16	天津送变电工程公司	16	中国建筑第六工程局第二建筑工程公司
17	中国建筑第六工程局第二建筑工程公司	17	渤海石油航务建筑工程公司
18	天津市第一市政公路工程有限公司	18	中建六局第四建筑工程有限公司
19	中铁建工集团北方工程有限公司	19	中国石化集团第四建设公司
20	天津二建建筑工程有限公司	20	中铁建工集团北方工程有限公司
21	天津城建集团有限公司	21	天津三建建筑工程有限公司
22	天津一航安装工程有限公司	22	天津市西青区光源电力工程有限公司
23	天津第二市政公路工程有限公司	23	天津市青龙建筑安装工程有限公司
24	天津一建建筑工程有限公司	24	天津住宅建设发展集团有限公司
25	天津六建建筑工程有限公司	25	天津市建工工程总承包有限公司
26	渤海石油航务建筑工程公司	26	天津城建集团有限公司
27	中国石化集团第四建设公司	27	天津市光达电力有限责任公司
28	天津港航工程有限公司	28	天津第二市政公路工程有限公司
29	中国建筑第六工程局第三工程公司	29	天津市第一市政公路工程有限公司
30	天津市青龙建筑安装工程有限公司	30	中铁集团天津铁路建设有限公司
31	天津路桥建设工程有限公司	31	西门子楼宇科技(天津)有限公司
32	中国水电基础局有限公司	32	天津市东天建筑工程有限公司
33	天津第三市政公路工程有限公司	33	天津市建城地基基础工程有限公司
34	中铁集团天津铁路建设有限公司	34	天津武清建筑建材集团有限公司
35	中国建筑第六工程局第五建筑工程公司	35	天津二建建筑工程有限公司
36	天津四建建筑工程有限公司	36	天津蓝巢电力检修有限公司
37	天津第五市政公路工程有限公司	37	天津一航安装工程有限公司
38	天津第六市政公路工程有限公司	38	天津市泉州建筑工程有限公司
39	中铁十八局集团第四工程有限公司	39	天津六建建筑工程有限公司
40	天津大港油田集团工程建设有限责任公司	40	天津市宁通公路工程有限公司
41	西门子楼宇科技(天津)有限公司	41	天津第三市政公路工程有限公司
42	天津市管道工程集团有限公司	42	天津市城南电力工程安装有限公司
43	天津市宁发龙祥建设工程有限公司	43	天津天成基业建筑工程有限公司
44	天津市雍阳公路工程集团有限公司	44	天津市正直交通设施安装制作有限公司
45	天津市水利工程有限公司	45	天津市津南区咸水沽建筑工程公司
46	天津市津南区咸水沽建筑工程公司	46	天津小站建筑安装工程有限责任公司
47	天津富凯建设集团有限公司	47	天津市腾飞工程公司
48	天津市建城地基基础工程有限公司	48	天津大港油田集团工程建设有限责任公司
49	天津市西青区光源电力工程有限公司	49	天津市武清区建筑总公司
50	天津大港油田集团路桥工程有限责任公司	50	天津市蓟县光源电力有限公司

主要统计指标解释

建筑业总产值

是以货币形式表现的建筑业企业在一定时期内生产的建筑业产品和提供的服务的总和。建筑业总产值包括：

1. 建筑工程产值：指列入建筑工程预算内的各种工程价值；

2. 安装工程产值：指设备安装工程价值，不包括被安装设备本身的价值；

3. 其他产值：建筑业总产值中除建筑工程、安装工程以外的产值。包括房屋构筑物修理产值、非标准设备制造产值、总包企业向分包企业收取的管理费以及不能明确划分的施工活动所完成的产值。

(1) 房屋构筑物修理产值：指房屋和构筑物修理所完成的产值，但不包括被修理房屋、构筑物本身价值和生产设备的修理产值。

(2) 非标准设备制造产值：指加工制造没有定型的非标准生产设备的加工费和原材料价值（如化工厂、炼油厂用的各种罐、槽，矿井生产统一使用的各种漏斗、三角槽、阀门等）以及附属加工厂为本企业承建工程制作的非标准设备的价值。

房屋建筑施工面积

指在报告期内施过工的全部房屋建筑面积，包括本期新开工的房屋面积、上期施工跨入本期继续施工的房屋面积、上期停缓建在本期恢复施工的房屋面积、本期竣工的房屋面积及本期施工后又停缓建的房屋面积。

房屋建筑竣工面积

指在报告期内房屋建筑按照设计要求全部完工，达到了（住人和）使用条件，经验收鉴定合格，正式移交使用单位的房屋建筑面积。

年末自有机械设备总台数

指归本企业所有，属于本企业固定资产的生产性机械设备年末总台数。包括施工机械、生产设备、运输设备以及其他设备。

年末自有机械设备总功率

指本企业自有施工机械、生产设备、运输设备以及其他设备等列为在册固定资产的生产性机械设备年末总功率，按设定能力或查定能力计算。包括机械本身的动力和为该机械服务的单独动力设备，如电动机等。计算单位用千瓦，动力换算可按 1 马力 =0.735 千瓦折合成千瓦数。电焊机、变压器、锅炉不计算动力。

Explanatory Notes on Main Statistical Indicators

Gross Output Value of Construction

refers to total of construction products and services, expressed in money terms, produced or rendered by construction and installation enterprises during a given period of time. It includes:

1. Output value of construction projects, that is the value of projects covered by the project budgets;

2. Output value of installation projects, that is the value of the installation of equipment, (excluding the value of the equipment to be installed);

3. Output value of others, that is the output value of construction industry excluding that of construction projects and installation projects. It includes: output value of repair of buildings and structures; output value of non-standard equipment manufacturing; overhead expenses received by contracted enterprises to the sub-contracted enterprises and the completed output value of construction activities that have no clear definition.

(1) Output value of repair of buildings and structures, that is the value created through the repairs of buildings or structures, but does not include the value of buildings or structures being repaired and the value of the repair of production equipment;

(2) Output value of manufactured non-standard equipment, that is the value of non-standard production equipment including raw materials and manufacturing cost made for the construction project (i.e., chemical plant; kettles or tanks used by refineries; various fillers, triangle tanks, valves used by mines), and the output value of equipment manufactured by subsidiary workshops.

Floor Space of Buildings Under Construction

refers to floor space of buildings under construction during the reference period, including newly started buildings, buildings started earlier and continued during the reference period, and buildings suspended earlier but restarted during the reference period, buildings completed during the reference period, and buildings under construction and then suspended during the reference period.

Floor Space of Buildings Completed

refers to the floor space of buildings that are completed in the reference period in accordance with the requirements of the design, up to the standard for putting them into use, and have been checked and accepted by concerned departments as qualified ones.

Total Number of Machinery and Equipment Owned by the End of Year

refers to the number of machines and equipment owned by the enterprises, and listed as the fixed assets of the enterprises by the end of the year, including machinery and equipment for construction, production and transportation.

Total Capacity of Machinery and Equipment Owned by the End of Year

refers to the total power of machinery and equipment owned by the enterprises, and listed as the fixed assets of the enterprises by the end of the year, including machinery and equipment for construction, production and transportation. The power of the machinery is calculated on basis of the designed or verified capacity, covering the power of the machinery/equipment and the separate power equipment serving the machinery/equipment (such as electric motors), but excluding welders, transformers and boilers. The unit used for the calculation of power is kilowatt, with horsepower converted to kilowatt by 1 horsepower = 0.735 kilowatt.

第13篇
CHAPTER 13

交通运输和邮电
Transportation, Post and Telecommunications

13-1 社会客、货运输量和周转量(1990-2007年)
Passenger & Freight Traffic and the Turnover Volume of Passenger & Freight Traffic, 1990-2007

年 份 Year	客运量 (万人) Passenger Traffic (10 000 persons)	#铁 路 Railways	#公 路 Highways	#水 运 Waterways	旅客周转量 (百万人公里) Turnover Volume of Passenger Traffic (million passenger-km)	#铁 路 Railways	#公 路 Highways	#水 运 Waterways
1990	2175	1722	447			5409	307	
1991	2922	1718	1196			4974	941	
1992	2662	1731	897			6242	819	
1993	3225	1812	1380	4	8825	6584	1463	92
1994	3373	1863	1463	6	8299	5778	1639	49
1995	3308	1802	1464	5	7927	5437	1680	41
1996	3125	1580	1496	5	7599	4917	1772	43
1997	3136	1449	1640	5	7921	5050	2017	41
1998	3207	1511	1651	4	7950	5280	1914	33
1999	3259	1546	1671	3	8277	5780	1782	25
2000	3474	1594	1820	2	8845	6022	1864	26
2001	3302	1456	1780	6	9197	5996	2205	34
2002	3457	1498	1870	5	9255	5782	2272	33
2003	3507	1281	2109	2	9274	5526	2158	23
2004	4103	1491	2457	2.5	11713	7112	2404	30
2005	4679	1550	2961	3.2	14210	9070	2646	36
2006	5670	1632	3807	3.5	16341	9651	3564	38
2007	7104	1573	5253	3.1	18380	10228	4470	37

年 份 Year	货运量 (万吨) Freight Traffic (10 000 tons)	#铁 路 Railways	#公 路 Highways	#水 运 Waterways	货物周转量 (亿吨公里) Turnover Volume of Freight Traffic (100 million ton-km)	#铁 路 Railways	#公 路 Highways	#水 运 Waterways
1990	15929	2228	12329	1046	1139	234	52	852
1991	18308	2290	14537	1163	1216	204	37	973
1992	17522	2392	13562	1248	1321	217	37	1067
1993	21640	2618	17244	1347	1341	264	46	1030
1994	23783	2634	19270	1421	1325	225	46	1053
1995	24040	2722	19323	1517	1412	230	41	1139
1996	24133	2668	19491	1489	1052	224	41	784
1997	25090	2548	20515	1390	1031	219	44	765
1998	24505	2467	18584	2867	3710	198	60	3449
1999	27052	2380	20049	3884	4759	200	60	4497
2000	26400	3079	18764	4165	4674	275	63	4334
2001	28608	3727	19382	5037	5166	230	65	4870
2002	31016	4519	19554	6452	6484	228	66	6188
2003	35252	5662	20072	8944	8169	259	68	7840
2004	37934	6108	19560	11613	11473	286	72	11112
2005	40263	7241	19850	12375	12461	353	74	12031
2006	42863	8409	20290	13313	12184	353	76	11751
2007	51338	11288	23500	15671	15221	355	88	14774

13-2 社会客、货运输量和周转量（2005-2007年）
Passenger & Freight Traffic and the Turnover Volume of Passenger & Freight Traffic, 2005-2007

指 标	Item	2005	2006	2007	2007比2006年增长(%) Increase Rate in 2007 over 2006 (%)
客运量(万人)	**Passenger Traffic (10 000 persons)**	**4679**	**5670**	**7104**	**25.3**
铁 路	Railways	1550	1632	1573	-3.6
公 路	Highways	2961	3807	5253	38.0
水 运	Waterways	3.2	3.5	3.1	-11.4
民 航	Civil Aviation	165	227	275	21.1
旅客周转量	**Turnover Volume of Passenger Traffic**				
(百万人公里)	**(million passenger-km)**	**14210**	**16341**	**18380**	**12.5**
铁 路	Railways	9070	9651	10228	6.0
公 路	Highways	2646	3564	4470	25.4
水 运	Waterways	36	38	37	-2.6
民 航	Civil Aviation	2458	3088	3646	18.1
货运量(万吨)	**Freight Traffic (10 000 tons)**	**40263**	**42863**	**51338**	**19.8**
铁 路	Railways	7241	8409	11288	34.2
公 路	Highways	19850	20290	23500	15.8
水 运	Waterways	12375	13313	15671	17.7
民 航	Civil Aviation	1.9	2.4	2.9	20.8
管道输油气量	Traffic of Petroleum & Gas Pipelines	795	848	876	3.3
货物周转量	**Turnover Volume of Freight Traffic**				
(亿吨公里)	**(100 million ton-km)**	**12461**	**12184**	**15221**	**24.9**
铁 路	Railways	353	353	355	0.6
公 路	Highways	74	76	88	15.8
水 运	Waterways	12031	11751	14774	25.7
民 航	Civil Aviation	0.3	0.35	0.4	14.3
管道输油气量	Traffic of Petroleum & Gas Pipelines	3.1	3.8	4.4	15.8

13-3 运输线路长度（2005-2007年）
Length of Transport Routes, 2005-2007

单位：公里 (km)

指 标	Item	2005	2006	2007	2007比2006年增长(%) Increase Rate in 2007 over 2006 (%)
公路通车里程	Length of Highways Having Transport Service	10836	11316	11531	1.9
等级公路	Expressway and Class I to IV Highway	10791	11306	10839	4.1
#高速公路	Expressway	593	682	682	
等外公路	Highway Below Class IV	44	10	10	
内河航道里程	Length of Navigable Inland Waterways	412	412	412	
民航航线里程	Length of Civil Aviation Routes	19504	20297	23688	16.7
输油气管道里程	Length of Petroleum & Gas Pipelines	503	545	691	26.8

注：内河航道里程为内河清淤里程。民用航空航线里程为国航天津分公司在天津机场起降飞机的里程。
Note: Length of navigable inland waterways refer to length of inland waterways with slit cleaned up. Length of civil aviation refer to the length of Air China Tianjin Company flights at Tianjin Airport.

13-4 港口客、货吞吐量(1990-2007年)
Volume of Passenger & Freight Handled in Ports, 1990-2007

年份 Year	港口旅客吞吐量(万人次) Volume of Passenger Handled in Ports (10 000 person-times)	港口货物吞吐量(万吨) Volume of Freight Handled in Ports (10 000 tons)	出港 Out-port	比重(%) Proportion (%)	进港 In-port	比重(%) Proportion (%)	集装箱吞吐量(万国际标准箱) Handled Containers (10 000 TEU)
1990	37.0	2063	1195	57.9	868	42.1	29
1991	47.7	2378	1488	62.6	890	37.4	34
1992	61.2	2929	1915	65.4	1014	34.6	39
1993	57.6	3719	2527	68.0	1192	32.0	48
1994	51.9	4652	3507	75.4	1145	24.6	63
1995	50.4	5787	4551	78.6	1236	21.4	70
1996	58.7	6188	4839	78.2	1349	21.8	82
1997	52.7	6789	5198	76.6	1591	23.4	94
1998	45.3	6818	5124	75.2	1694	24.8	102
1999	48.7	7298	5280	72.4	2018	27.6	130
2000	40.2	9582	6936	72.4	2646	27.6	171
2001	37.1	11369	8086	71.1	3283	28.9	201
2002	33.0	12906	8802	68.2	4104	31.8	241
2003	22.7	16182	10912	67.4	5270	32.6	302
2004	32.5	20619	13217	64.1	7402	35.9	382
2005	31.6	24069	14700	61.1	9369	38.9	480
2006	34.0	25760	15285	59.3	10475	40.7	595
2007	34.0	30946	19073	61.6	11873	38.4	710

注：货物吞吐量是全港数据，即包括货主码头数据。
Note: Volume of freight handled in ports refer to the figure of ports, including those of docks.

13-5 港口设施(2005-2007年)
Ports Facilities, 2005-2007

指标	Item	2005	2006	2007
码头长度(米)	Length of Quay Line (m)	20906	24584	27320
港口泊位(个)	Number of Berths (unit)	116	132	142
天津港(集团)有限公司	Tianjin Port Group Corporation Ltd.	76	85	93
货主码头	Docks	40	47	49
# 万吨级泊位	10 000 Ton Class	55	66	71
# 天津港(集团)有限公司	Tianjin Port Group Corporation Ltd.	54	63	69
铁路专用线长度(米)	Length of Railways (m)	120665	128115	130766
仓库总面积(平方米)	Areas of Store Houses (sq. m)	282868	403541	436437
堆场总面积(平方米)	Areas of Goods Pile (sq. m)	4636202	5973896	7724981
集装箱堆场堆存能力(TEU)	Capacity of Piling Containers (TEU)	140644	238718	417510
装卸机械台数(台)	Number of Loading & Unloading Machines (unit)	1932	2179	2208

注：本表除港口泊位含货主码头数据外，其余设施均为天津港(集团)有限公司数据。
Note: Number of berths include docks, other ports facilities refer to those owned by Tianjin Port Group Corporation Ltd..

13-6 港口分货类吞吐量
Volume of Freight Handled in Ports by Category

单位：万吨 (10 000 tons)

指 标 Item	合 计 Total		出港量 Out-port		进港量 In-port	
	2006	2007	2006	2007	2006	2007
港口货物吞吐量 Volume of Freight Handled in Ports	**25760**	**30946**	**15285**	**19073**	**10475**	**11873**
国 外 Abroad	13967	16803	6695	8269	7272	8534
国 内 Domestic	11793	14143	8590	10804	3203	3339
分品种货物吞吐量 Volume of Freight Handled by Category						
煤炭及制品 Coal and Related Products	7189	8997	7163	8988	26	9
石油、天然气及制品 Petroleum, Natural Gas and Related Products	2889	3392	1271	1516	1618	1876
金属矿石 Metal Ores	4456	5383	45	58	4411	5325
钢 铁 Steel and Iron	2723	3810	2570	3649	153	161
矿建材料 Mineral Building Materials	1508	1352	152	187	1356	1165
水 泥 Cement	10	9	10	9		
木 材 Timber	47	46	28	25	19	21
非金属矿石 Nonmetal Ores	311	326	276	292	35	34
化学肥料及农药 Chemical Fertilizers and Pesticides	59	50	9	25	51	25
盐 Salt	8	22	4	4	4	18
粮 食 Grain	248	181	33	31	215	150
机械、电器、设备 Machine, Electric Machinary, Equipment	2000	2474	1150	1434	850	1040
化工原料及制品 Chemical Materials and Related Products	882	968	529	591	353	377
有色金属 Nonferrous Metals	143	144	62	63	81	81
轻工、医药产品 Light Industry, Medical and Pharmaceutical Products	1466	1853	1131	1327	335	526
农林牧渔产品 Agricultural Products	377	472	157	144	219	328
其 他 Others	1444	1467	695	730	749	737
集装箱吞吐量(万国际标准箱) Handled Containers (10 000 TEU)	**595**	**710**	**308**	**366**	**287**	**344**

13-7 公路及民航运输主要技术经济指标(2005-2007年)
Main Technical and Economic Indicators of Highway and Civil Aviation Transport, 2005-2007

指　标	Item	2005	2006	2007
公　路	Highways			
载货汽车里程利用率(%)	Utilization Rate of Length of Trucks in Operation (%)	53.8	52	55.1
载客汽车里程利用率(%)	Utilization Rate of Length of Passenger Vehicles in Operation (%)	95.6	96.0	89.1
载货汽车每百吨公里耗汽油(升)	Gasoline Consumption of Trucks (L/100 ton-km)	19	19	19
载客汽车每百吨公里耗汽油(升)	Gasoline Consumption of Passenger Vehicles (L/100 ton-km)	25.1	25.1	25.1
载货汽车每百吨公里耗柴油(升)	Diesel Oil Consumption of Trucks (L/100 ton-km)	4.5	4.5	6.7
载客汽车每百吨公里耗柴油(升)	Diesel Oil Consumption of Passenger Vehicles (L/100 ton-km)	28.6	28.6	28.6
载货汽车实载率(%)	Utilization Rate of Capacity of Freight Trucks (%)	63.4	54.0	61.4
载客汽车实载率(%)	Utilization Rate of Capcity of Passenger Vehicles (%)	47.2	55.0	82.2
民　航	Civil Aviation			
飞行小时(小时)	Flying Time (hour)	43939	55422	65159
平均每可用机飞行小时(小时)	Flying Time per Avaliable Aircraft (hour)	3881	3854	3385
正班飞行距离(万公里)	Distance under Normal Conditions (10 000 km)	2530.2	3192.2	3626.3
平均每可用机日生产飞行小时(小时)	Average Daily Flying Time per Avaliable Aircraft (hour)	10.6	10.5	9.2
正班平均载运率(%)	Average Utilization Rate of Capacity under Normal Conditions (%)	72.4	72.4	78.2

注：本表民航数据为国航天津分公司数据。
Note: In this table, the data of civil aviation is provided by Air China Tianjin Company.

13-8 民用航空机场主要指标(2005-2007年)
Main Indicators of Civil Aviation Airport, 2005-2007

指　标	Item	2005	2006	2007
旅客吞吐量(万人)	**Passenger Traffic (10 000 persons)**	**219.4**	**276.7**	**386.1**
国内旅客	Domestic Passenger Traffic	172.2	228.1	328.1
国际旅客	International Passenger Traffic	41.0	39.9	45.8
港、澳、台地区旅客	Hong Kong, Macao & Taiwan Passenger Traffic	6.2	8.7	12.2
货(邮)吞吐量(万吨)	**Freight Traffic (10 000 tons)**	**8**	**9.7**	**12.6**
国内货邮	Domestic Routes	2.4	3.2	4.4
国际货邮	International Routes	5.5	6.3	8.0
港、澳、台地区货邮	Hong Kong, Macao & Taiwan Regional Routes	0.1	0.1	0.2
起、降架次(万架次)	**Times of Ascend and Descend (10 000 times)**	**4.8**	**5.5**	**6.6**

13-9 民用车辆拥有量（2007年）
Number of Civil Motor Vehicles Owned, 2007

单位：辆 (unit)

指　标	Item	合　计 Total	#个　人 Private-owned	#当年新注册 Registered in 2007
总　计	**Total**	**1250565**	**967947**	**165598**
民用汽车	Civil Motor Vehicles	942429	675629	159261
1. 载客汽车	Passenger Vehicles	774030	585550	139312
#轿　车	cars	535682	418264	113378
大　型	Large-sized	16532	1062	2738
中　型	Medium-sized	26305	11567	1384
小　型	Small-sized	629317	479390	134810
微　型	Minisize	101876	93531	380
2. 载货汽车	Trucks	139990	77971	16705
#普通载货	Ordinary Trucks	100750	58048	9155
重　型	Heavy Trucks	18594	5824	798
中　型	Medium-sized Trucks	18442	8103	1202
轻　型	Light Trucks	98786	60489	14689
微　型	Minisize Trucks	4168	3555	16
3. 其他汽车	Other Civil Motor Vehicles	28409	12108	3244
摩托车	Motorcycles	257812	252953	4848
拖拉机	Tractor	35289	35289	
挂　车	Trailer	13409	3795	1440
其他类型车	Other Vehicles	1626	281	49

13-10 邮电业基本情况（1990-2007年）
Basic Statistics on Post and Telecommunications, 1990-2007

年　份 Year	邮电业务总量（万元） Business Value of Post and Telecommunications (10 000 yuan)	邮电局所数（处） Number of Post and Telecommunications Offices (unit)	局用电话交换机容量（门） Capacity of Office Telephone Exchanges (line)	电话机（含移动、小灵通）（万部） Telephone (Include Mobile) (10 000)	平均每百人拥有电话机数(含移动)(部/百人) Telephone per 100 persons (Include Mobile) (unit/100 persons)
1990	32735	281	230586	31.78	3.7
1991	44527	280	271356	34.28	3.9
1992	61063	273	359932	42.27	4.8
1993	97062	277	532118	63.91	7.2
1994	132464	297	1137748	96.03	10.8
1995	187195	300	1522493	135.61	15.2
1996	256978	314	1694092	174.65	19.4
1997	342848	328	1945020	207.82	23.1
1998	474067	399	2447630	259.58	28.7
1999	567242	470	2761633	329.30	36.2
2000	753669	563	3182465	431.28	46.6
2001	702206	543	3645600	511.57	56.0
2002	903296	597	3865700	601.45	65.4
2003	1157060	619	4024500	761.91	82.3
2004	1467836	700	4237700	835.01	89.5
2005	1763477	827	6288300	939.82	90.1
2006	2277902	818	6190300	1147.17	106.7
2007	3006714	842	6232700	1238.25	111.1

13-11 邮电通信业务基本情况(2005-2007年)
Basic Statistics on Post and Telecommunication Services, 2005-2007

指　标 Item	单　位 Unit	2005	2006	2007	2007比2006年增长(%) Increase Rate in 2007 over 2006 (%)
一、通信业务量 Business Value of Communication Services					
邮电业务总量 Business Value of Post and Telecommunication Services	万　元 10 000 yuan	1763477	2277902	3006714	32.0
函　件 Letters	万　件 10 000 pcs	8384.81	8889	9330	5.0
特快专递 Pieces of Express Mail Services	万　件 10 000 pcs		1313	1709	30.2
订销报刊期发数 Number of Newspapers and Magazines Subscibed	万　份 10 000 pcs	353	404	381	-5.7
集邮业务 Philately	万　枚 10 000 pcs	5000.22	3129	3849	23.0
长途电话通话量 Long Distance Calls	万　次 10 000 times	86002.92	85656.98	106193.66	24.0
国内长途电话 Domestic	万　次 10 000 times	83792.83	83205.23	104297.75	25.3
国际电话及港澳台电话 International and Hong Kong, Macao & Taiwan	万　次 10 000 times	2210.09	2451.75	1895.91	-22.7
短信业务发送量 Number of Messages Send Out	万　条 10 000 pcs	450791.82	585055	738066	26.2
移动电话年末用户 Number of Mobile Telephone Subscribers at Year-end	万　户 10 000 subscribers	502.90	601.59	738.27	22.7
固定电话年末用户 Number of Fixed Telephone Subscribers at Year-end	万　户 10 000 subscribers	436.92	435.8	411.38	-5.6
住宅电话年末用户 Number of Residential Telephone Subscribers at Year-end	万　户 10 000 subscribers	351.59	338.4	320.16	-5.4
公用电话 Number of Public Telephone Sets	万　部 10 000 sets	34.01	33.95	28.17	-17.0
数字数据用户 Digital and Data Users	户 Subscriber	6054	5274	5434	3.0
国际互联网络用户 Number of Subscriber of Internet Services	万　户 10 000 subscriber	207.36	228.85	249.89	9.2
二、邮政及通信网络 Post & Communication Facilities					
邮电局所数 Number of Post & Telecommunications Offices	处 unit	827	818	842	2.9
#邮政局所数 Number of Post Offices	处 unit	454	464	472	1.7
信筒信箱 Number of Post Boxes	处 unit	1728	1474	1436	-2.6
邮路总长度 Length of Postal Routes	公　里 km	21996	23902	26872	12.4
#汽车邮路长度 Length of Postal Routes by Highway	公　里 km	10671	11444	11788	3.0
铁路邮路长度 Length of Postal Routes by Railway	公　里 km	5754	5754	5754	
邮政汽车 Automobile for Post Bussiness	辆 unit	1104	1125	1448	28.7
农村投递线路长度 Rural Delivery Routes	公　里 km	16144	16436	16420	-0.1

资料来源：天津市邮政公司。
Sources: Tianjin Post Office.

13-12 电信主要通信能力(2005-2007年)
Main Communication Capacity of Telecommunications, 2005-2007

指　标 Item	2005	2006	2007
长途电话业务电路(2M) Number of Long-distance Telephones (2M)	3846	6623	13753
数据通信网长途电路(2M) Digital Long-distance Communication (2M)	164005	163973	253950
长途电话交换机容量(路端) Capacity of Long-distance Telephone Exchanges (circuit)	267869	263668	202048
局用电话交换机容量(万门) Capacity of Office Telephone Exchanges (10 000 lines)	628.8	619.03	623.27
移动电话交换机容量(万户) Capacity of Mobile Telephone Exchanges (10 000 subscribers)	619	845	1065
长途光缆线路长度(公里) Length of Long-distance Optical Cable Lines (km)	2244	2884.59	2960

13-13 邮政电信服务水平(2005-2007年)
Level of Post and Telecommunication Services, 2005-2007

指　标 Item	2005	2006	2007
平均每一邮电局所服务面积(平方公里) Average Area Served by Every Post Telecommunications Office (sq. km)	14.41	14.57	13.97
# 平均每一邮政局所服务面积 Average Area Served by Every Post Office	26.25	25.69	24.92
平均每一邮电局所服务人口(万人) Average People Served by Every Post & Telecommunications Office (10 000 persons)	1.26	1.31	1.32
# 平均每一邮政局所服务人口 Average People Served by Every Post Office	2.3	2.3	2.4
平均每人每年发函件数(件) Annual Average Number of Letters Mailed per Capita (piece)	8.11	8.27	8.37
平均每百人每年订销报刊期发数(件) Annual Average Number of Newspape and Magazine Subscribed and Bought per 100 Persons (piece)	34.2	37.6	34.2
平均每百人拥有电话机(含移动)(部) Telephone per 100 Persons (include mobil telephone) (set)	90.1	93.7	111.1
平均每百人拥有移动电话(部) Mobile Telephone per 100 Persons (set)	48.2	56	66.2
平均每千人拥有公用电话(部) Public Telephone per 1 000 Person (set)	32.9	31.6	25.3

13-14 邮政、电信局(所、厅)数(2005-2007年)
Number of Post and Telecommunications Offices by Region, 2005-2007

单位：处 (unit)

地　区	Region	2005	2006	2007
全　市	**Total**	**827**	**818**	**842**
# 邮政局	Post Offices	454	464	472
市辖区	**Districts Under City Administration**	**679**	**664**	**687**
# 市内六区	Six Urban Districts	320	314	318
滨海三区	Three Coastal Districts	141	134	141
和平区	Heping District	53	48	46
河东区	Hedong District	59	59	62
河西区	Hexi District	55	54	59
南开区	Nankai District	62	60	61
河北区	Hebei District	52	55	52
红桥区	Hongqiao District	39	38	38
塘沽区	Tanggu District	64	59	64
汉沽区	Han'gu District	26	25	27
大港区	Dagang District	51	50	50
东丽区	Dongli District	26	28	30
西青区	Xiqing District	33	30	39
津南区	Jinnan District	23	22	24
北辰区	Beichen District	27	26	26
武清区	Wuqing District	58	61	62
宝坻区	Baodi District	51	49	47
市辖县	**Counties under City Administration**	**148**	**154**	**155**
宁河县	Ninghe County	49	51	52
静海县	Jinghai County	59	61	60
蓟　县	Jixian County	40	42	43

主要统计指标解释

货（客）运量

指在一定时期内，各种运输工具实际运送的货物（旅客）数量。该指标是反映运输业为国民经济和人民生活服务的数量指标，也是制定和检查运输生产计划、研究运输发展规模和速度的重要指标。货运按吨计算，客运按人计算。货物不论运输距离长短、货物类别，均按实际重量统计。旅客不论行程远近或票价多少，均按一人一次客运量统计；半价票、小孩票也按一人统计。

货物（旅客）周转量

指在一定时期内，由各种运输工具运送的货物（旅客）数量与其相应运输距离的乘积之总和。该指标可以反映运输业生产的总成果，也是编制和检查运输生产计划，计算运输效率、劳动生产率以及核算运输单位成本的主要基础资料。计算货物周转量通常按发出站与到达站之间的最短距离，也就是计费距离计算。计算公式为：

货物（旅客）周转量＝∑〔货物（旅客）运输量×运输距离〕

港口货物吞吐量（又称港口吞吐量）

指经由水路运进、出港区范围，并经过装卸的货物数量。按货物流向分为进港吞吐量和出港吞吐量；按货物的贸易性质分为内贸和外贸吞吐量；按货物的类别分，可根据现行的交通行业标准《运输货物分类和代码》分类。

国际标准集装箱吞吐量

凡经过水运进、出港区范围，并经过装卸的集装箱箱数和重量（含集装箱自重），通常是按进港和出港分别统计。TEU 是“折合 20 英尺标准箱”的英文缩写。它是指各种尺寸的国际标准集装箱的自然箱数，按各自的换算比例，折算为 20 英尺标准箱数。其换算比例为：40 英尺箱 1 ：2，35 英尺箱 1 ：1.75；20 英尺箱 1 ：1；10 英尺箱 1 ：0.5。

邮电业务总量

指以价值量形式表现的邮电通信企业为社会提供各类邮电通信服务的总数量。邮电业务量按专业分类包括函件、包件、汇票、报刊发行、邮政快件、特快专递、邮政储蓄、集邮、公众电报、用户电报、传真、长途电话、出租电路、无线寻呼、移动电话、分组交换数据通信、出租代维等。计算方法为各类产品乘以相应的平均单价（不变价）之和，再加上出租电路和设备、代用户维护电话交换机和线路等的服务收入。该指标综合反映了一定时期邮电业务发展的总成果，是研究邮电业务量构成和发展趋势的重要指标。计算公式为：

邮电业务总量＝∑（各类邮电业务量×不变单价）＋出租代维及其他业务收入＝邮政业务总量＋电信业务总量

民用汽车拥有量

指报告期末，在公安交通管理部门按照《机动车注册登记工作规范》，已注册登记领有民用车辆牌照的全部汽车数量。汽车拥有量统计的主要分类：根据汽车结构分为载客汽车、载货汽车及其他汽车；根据汽车所有者不同分为个人（私人）汽车、单位汽车；根据汽车的使用性质分为营运汽车、非营运汽车和特种汽车；根据汽车大小规格不同载客汽车分为大型、中型、小型和微型，载货汽车分为重型、中型、轻型和微型。

局用电话交换机容量

指安装在电信运营企业内用于接续本地固定电话的电话交换机容量，包括现用和备用的人工或自动交换机的全部容量。不包括用户交换机容量。

移动电话交换机容量

指移动电话交换机根据一定话务模型和交换机处理能力计算出来的最大同时服务用户的数量。

Explanatory Notes on Main Statistical Indicators

Freight (Passenger) Traffic

refers to the volume of freight (passenger) transported with various means within a specific period of time. This indicator reflects the service of the transport industry towards the national economy and people's living conditions, as well as an important indicator used in formulating and monitoring transport production plans and research into the scale and pace of transport development. Freight transport is calculated in tons and passenger traffic is calculated in terms of number of persons. Freight transport is calculated in terms of the actual weight of the goods and takes no account of the type of freight and distance of travel. Passenger traffic is calculated by the principle that one person can be counted only once in one trip and takes no account of the travelling distance and ticket price. The passengers who travel with a half price ticket or a child's ticket is also calculated as one person.

Turnover Volume of Freight (Passenger) Traffic

refers to the sum of the product of the volume of transported cargo (passengers) multiplied by the transport distance. It is an important indicator to reflect the achievement of the transportation industry. This is an important indicator to show the total results of the transport industry; to prepare and examine the transport plan; and to serve as the main basic data for calculating the efficiency, labour productivity and unit cost of transport. Normally, the shortest distance between the departure station and the destination station (i.e., the payable distance) is the basis in calculating the freight ton-kilometres. The formula is as follows:

Turnover Volume of Freight (Passenger) Traffic =∑ Freight (Passenger) Traffic×Distance of Transportation

Ports Cargo Handled Capacity

refers to the volume of cargo passing in and out the harbor area and having been loaded and unloaded. The volume of freight handled may be classified as in-port & out-port. It can also be classified as national trade and international trade by the attribute of trade or be classified by the classification of cargo according to the standard of traffic in use "The Classification and Code of Transported Cargo".

International Container Handled Capacity

refers to number and weight of containers which are loaded or unloaded within port area via water carriage. It is often calculated by entering and leaving port, respectively. TEU was the abbreviation of twenty foot equivalent unit, which refers to converted number of all kinds of containers. The conversion method is based on respective conversion ratio and the number of all kinds of container is converted to the standard number of 20-foot equivalent unit. The conversion ration is 40-foot container 1∶2, 35-foot container 1∶1.75, 20-foot container 1∶1, 10-foot container 1∶0.5.

Business Value of Post and Telecommunication Services

refers to the total amount of post and telecommunication services, expressed in value terms, provided by the post and telecommunications departments for the society. Post and telecommunication services can be classified as letters, parcels, remittance, issue of newspapers and magazines, fast mail service, express mail service, savings deposits, stamps for collection, public and individual telegraph service, facsimiles, long-distance telephone service, leasing of telephone lines, urban paging service, mobile telephone service, data transfer and transmission, etc. The accounting approach is to multiply the service products of all types with their average unit price (constant price) to get sum of business value, plus income from other services such as leasing of telephone lines and equipment, maintenance of telephone switchboards and lines on behalf of customers. This indicator reflects the overall results of post and telecommunications service during a given period, and is important to study the composition of business service and the development of post and telecommunications service. The formula is as follows:

Business Value of Post and Telecommunication Services = ∑(Transaction of Post and Telecommunication Service×Constant Price) + Income from leasing, Maintenance and Other Services = Business Volume of Post + Business Volume of Telecommunication

Possession of Civil Motor Vehicles

refers to the total number of vehicles that are registered and received vehicles license tags according to the Work Standard for Motor Vehicles Registration formulated by transport management office under department of public security at the end of reference period. They are divided into following categories according to the structure of motor vehicles: passenger vehicles, trucks and others; and private vehicles and vehicles for units use according to ownerships; working vehicles, non-working vehicles and special motor vehicles according to kind of usage; large passenger vehicles, medium passenger vehicles, small passenger vehicles and mini passenger vehicle, heavy trucks, light-heavy trucks, light trucks and mini trucks according to sizes of vehicles.

Capacity of Office Telephone Exchanges

refers to the capacity (measured in gate) of telephone exchanges installed in the offices of telecommunication service providers for communication between fixed telephones. It includes the capacity of both manual and automatic exchanges in use and for stand-by purpose, excluding the capacity of subscribers' exchanges.

Capacity of Mobile Telephone Exchanges

refers to the capacity of the maximum services provided to subscribers at one time basing on a certain model and transacting capacity of the mobile telephone exchanges.

第14篇
CHAPTER 14
国内贸易
Domestic Trade

14-1 社会消费品零售总额
Total Retail Sales of Consumer Goods

单位：亿元 (100 million yuan)

指 标	Item	2006	2007	2007 比2006年 增长(%) Increase Rate in 2007 over 2006 (%)
社会消费品零售总额	**Total Retail Sales of Consumer Goods**	**1356.79**	**1603.74**	**18.2**
按销售地区分	**Grouped by Region**			
市	City	1275.38	1505.20	18.0
县	County	44.27	53.59	21.0
县以下	Under County Level	37.13	44.95	21.1
按行业分	**Grouped by Sector**			
批发和零售业	Wholesale and Retail Trade	1143.04	1350.56	18.2
住宿和餐饮业	Catering Trade	209.97	249.00	18.6
其他行业	Others	3.78	4.18	10.5

14-2 批发和零售业商品销售总额(2007年)
Total Sales of Wholesale and Retail Trade, 2007

单位：亿元 (100 million yuan)

项 目	Item	商品销售总额 Total Sales	#批 发 Wholesale
总 计	**Total**	**7959.03**	**6572.73**
批发业	**Wholesale Trade**	**6576.05**	**6310.43**
农畜产品批发	Farm & Livestock Products	77.72	74.37
食品、饮料及烟草制品批发	Food, Beverage and Tobacco	217.85	197.06
纺织、服装及日用品批发	Textile, Garments and Daily Articles	174.76	168.94
文化、体育用品及器材批发	Cultural and Sports Goods & Equipments	43.42	39.57
医药及医疗器械批发	Medicine and Medical Appliances	210.52	185.88
矿产品、建材及化工产品批发	Mineral Products, Building Material and Chemical Products	4730.57	4639.85
机械设备、五金交电及电子产品批发	Machinery Equipment, Hardware, Transport, Electric and Electronic Products	847.24	740.89
贸易经纪与代理	Trade Broker and Agent	55.51	53.85
其他批发	Others	218.45	210.01
零售业	**Retail Trade**	**1382.98**	**262.30**
综合零售	Comprehensive Retail	259.48	39.72
食品、饮料及烟草制品专门零售	Special Retail of Food, Beverage and Tobacco	50.52	7.48
纺织、服装及日用品专门零售	Special Retail of Textile, Garments and Daily Articles	62.57	12.58
文化、体育用品及器材专门零售	Special Retail of Cultural and Sports Goods & Equipments	56.41	9.57
医药及医疗器械专门零售	Special Retail of Medicine and Medical Appliances	56.69	23.80
汽车、摩托车、燃料及零配件专门零售	Special Retail of Motor Vehicles, Motorcycles, Parts and Fuel	313.89	47.84
家用电器及电子产品专门零售	Special Retail of Household Appliances and Electronic Products	219.89	42.04
五金、家具及室内装修材料专门零售	Special Retail of Hardware, Furniture and Decoration Materials for Indoors	170.89	33.06
无店铺及其他零售	Non-shop and Other Retail	192.64	46.20

14-3 限额以上批发和零售业商品购进总额
Total Purchases of Wholesale and Retail Trade above Designated Size

单位：万元 (10 000 yuan)

项　目　Item	商品购进总额 Total Goods Purchases		#进　口 Imports	
	2006	2007	2006	2007
总　计 Total	**49120941**	**66397731**	**2675563**	**2987966**
#国有及国有控股企业 State-owned and State-holding Enterprises	33751393	45344504	1140816	1549427
按登记注册类型分 Grouped by Registered Status				
内资企业 Domestic-funded Enterprises	46147407	62323904	1769110	2058900
国有企业 State-owned Enterprises	21405317	24970300	624786	977548
集体企业 Collective-owned Enterprises	578692	551747	542	685
股份合作企业 Cooperative Enterprises	74433	69491		
私营企业 Private Enterprises	8361591	12105825	488898	414764
股份有限公司 Share-holding Corporations Ltd.	3387651	4464566	104664	84410
有限责任公司 Limited Liability Corporations	11763215	19615502	542378	531550
#国有独资 Sole State-funded Corporations	2020832	2667299	23773	7248
联营企业 Joint Ownership Enterprises	480890	517580	134	48131
#国有与国有联营企业 State Joint Ownership Enterprises	323294	324627	29	
集体与集体联营企业 Collective Joint Ownership Enterprises	6435	10814		
其他内资企业 Other Domestic-funded Enterprises	95619	28892	7708	1812
港澳台商投资企业 Enterprises with Investment from Hong Kong, Macao and Taiwan	886556	1148289	130363	209831
外商投资企业 Foreign Funded Enterprises	2086978	2925539	776089	719236
按经济类型分 Grouped by Ownership				
国有经济 State-owned	23749442	27962226	648589	984797
集体经济 Collective-owned	659560	632053	542	685
股份制经济 Share-holding	13130034	21412769	623269	608711
私有经济 Private and individual	8361591	12105825	488898	414764
"三资"经济 Hong Kong, Macao, Taiwan and Foreign Funded	2973534	4073828	906453	929066
其　他 Others	246780	211031	7812	49943

14-3 续表 Continued

单位：万元 (10 000 yuan)

项　目 Item	商品购进总额 Total Goods Purchases		# 进　口 Imports	
	2006	2007	2006	2007
按国民经济行业分 Grouped by Sector				
批发业 Wholesale Trade	**45075246**	**61970685**	**2645549**	**2885242**
农畜产品批发 Farm & Livestock Products	375488	694562	48177	50774
食品、饮料及烟草制品批发 Food, Beverage and Tobacco	927890	1207649	62294	16582
纺织、服装及日用品批发 Textile, Garments and Daily Articles	1024946	1001320	93640	87979
文化、体育用品及器材批发 Cultural and Sports Goods & Equipments	215752	171050	27228	20559
医药及医疗器械批发 Medicine and Medical Appliances	1673215	1757413	30747	56889
矿产品、建材及化工产品批发 Mineral Products, Building Material and Chemical Products	33343723	48846713	1185949	1620373
机械设备、五金交电及电子产品批发 Machinery Equipment, Hardware, Transport, Electric and Electronic Products	6189488	6508479	995154	818952
贸易经纪与代理 Trade Broker and Agent	476065	437127	136310	79959
其他批发 Others	848679	1346374	66051	133178
零售业 Retail Trade	**4045695**	**4427046**	**30014**	**102724**
综合零售 Comprehensive Retail	1602587	1672634	356	3551
食品、饮料及烟草制品专门零售 Special Retail of Food, Beverage and Tobacco	49710	43743		
纺织、服装及日用品专门零售 Special Retail of Textile, Garments and Daily Articles	192309	120242		
文化、体育用品及器材专门零售 Special Retail of Cultural and Sports Goods & Equipments	109928	92130		
医药及医疗器械专门零售 Special Retail of Medicine and Medical Appliances	29423	25965		
汽车、摩托车、燃料及零配件专门零售 Special Retail of Motor Vehicles, Motorcycles, Parts and Fuel	1335536	1676105	27684	97624
家用电器及电子产品专门零售 Special Retail of Household Appliances and Electronic Products	549247	655246		1549
五金、家具及室内装修材料专门零售 Special Retail of Hardware, Furniture and Decoration Materials for Indoors	83422	89754		
无店铺及其他零售 Non-shop and Other Retail	93532	51227	1974	

14-4 限额以上批发和零售业商品销售和库存总额
Total Sales and Inventory of Wholesale and Retail Trade above Designated Size

单位：万元 (10 000 yuan)

项目 Item	商品销售总额 Total Sales		# 批发 Wholes Sale		年末库存总额 Inventory (year-end)	
	2006	2007	2006	2007	2006	2007
总计 Total	**51089993**	**60616990**	**46402472**	**55185590**	**2458739**	**3231804**
# 国有及国有控股企业 State-owned and State-holding Enterprises	35242442	40386819	33559304	38062452	1112578	1611293
按登记注册类型分 Grouped by Registered Status						
内资企业 Domestic-funded Enterprises	47978894	56456994	43808843	51902748	2083136	2726553
国有企业 State-owned Enterprises	22279634	25312064	22052844	24941349	501877	817971
集体企业 Collective-owned Enterprises	597750	536837	508385	448215	48029	38778
股份合作企业 Cooperative Enterprises	76293	71866	54352	49592	9414	11623
私营企业 Private Enterprises	8705188	11325322	7279005	10144241	669177	765258
股份有限公司 Share-holding Corporations Ltd.	3716386	4514896	2971281	3477137	155270	208370
有限责任公司 Limited Liability Corporations	12010879	14111167	10416432	12273676	684345	869799
# 国有独资 Sole State-funded Corporations	2111002	2709320	1936207	2498023	239630	279814
联营企业 Joint Ownership Enterprises	492762	540722	468913	537809	9867	13631
# 国有与国有联营企业 State Joint Ownership Enterprises	323332	327523	299482	324610	2470	2152
集体与集体联营企业 Collective Joint Ownership Enterprises	7259	11724	7259	11724		142
其他内资企业 Other Domestic-funded Enterprises	100002	44120	57632	30729	5157	1125
港澳台商投资企业 Enterprises with Investment from Hong Kong, Macao and Taiwan	775609	1161333	661284	951746	126765	220928
外商投资企业 Foreign Funded Enterprises	2335490	2998663	1932345	2331095	248838	284323
按经济类型分 Grouped by Ownership						
国有经济 State-owned	24713968	28348907	24288533	27763981	743978	1099937
集体经济 Collective-owned	681301	620427	569996	509531	57443	50543
股份制经济 Share-holding	13616263	15916743	11451506	13252791	599985	798354
私有经济 Private and Individual	8705188	11325322	7279005	10144241	669177	765258
"三资"经济 Hong Kong, Macao, Taiwan and Foreign Funded	3111099	4159996	2593629	3282842	375603	505251
其他 Others	262174	245596	219803	232205	12554	12462

14-4 续表 Continued

单位：万元 (10 000 yuan)

项目 Item	商品销售总额 Total Sales		#批发 Wholes Sale		年末库存总额 Inventory (year-end)	
	2006	2007	2006	2007	2006	2007
按国民经济行业分 Grouped by Sector						
批发业 Wholesale Trade	**46858833**	**56073831**	**45759411**	**54650700**	**2035116**	**2698156**
农畜产品批发 Farm & Livestock Products	419171	542558	416651	541286	176109	146395
食品、饮料及烟草制品批发 Food, Beverage and Tobacco	945506	1233766	937275	1214872	61019	72618
纺织、服装及日用品批发 Textile, Garments and Daily Articles	1093598	1047321	1083634	1041529	52731	52772
文化、体育用品及器材批发 Cultural and Sports Goods & Equipments	218382	176387	208448	163183	51964	51207
医药及医疗器械批发 Medicine and Medical Appliances	1678845	1892017	1477804	1674282	142476	129515
矿产品、建材及化工产品批发 Mineral Products, Building Material and Chemical Products	34831717	43380378	34416755	42993851	1024073	1537257
机械设备、五金交电及电子产品批发 Machinery Equipment, Hardware, Transport, Electric and Electronic Products	6380353	5957227	5954075	5194739	476427	464602
贸易经纪与代理 Trade Broker and Agent	388464	428413	370105	416467	21539	104895
其他批发 Others	902798	1415766	894663	1410492	28779	138897
零售业 Retail Trade	**4231160**	**4543159**	**643061**	**534890**	**423623**	**533648**
综合零售 Comprehensive Retail	1859103	1905509	228233	149259	116267	147909
食品、饮料及烟草制品专门零售 Special Retail of Food, Beverage and Tobacco	64112	56808	3384	6422	19497	6402
纺织、服装及日用品专门零售 Special Retail of Textile, Garments and Daily Articles	96057	124857	7149	3697	52193	107017
文化、体育用品及器材专门零售 Special Retail of Cultural and Sports Goods & Equipments	89856	96482	14640	20558	21795	27209
医药及医疗器械专门零售 Special Retail of Medicine and Medical Appliances	30946	31760	159	1301	5148	2859
汽车、摩托车、燃料及零配件专门零售 Special Retail of Motor Vehicles, Motorcycles, Parts and Fuel	1394844	1594283	267701	283084	141412	131327
家用电器及电子产品专门零售 Special Retail of Household Appliances and Electronic Products	511694	591163	39235	34682	48745	83850
五金、家具及室内装修材料专门零售 Special Retail of Hardware, Furniture and Decoration Materials for Indoors	83397	93240	3484	13564	11312	21577
无店铺及其他零售 Non-shop and Other Retail	101151	49056	79078	22324	7255	5499

14-5 限额以上国有及国有控股批发和零售业主要指标（2007年）
Main Indicators of State-owned & State-holding Wholesale and Retail Trade above Designated Size, 2007

项　目　Item	机　构 (个) Organization (unit)	商品购进总额 (万元) Total Purchases (10 000 yuan)	商品销售总额 (万元) Total Sales (10 000 yuan)
总　计 Total	**393**	**45344504**	**40386819**
批发业 Wholesale Trade	**307**	**43854717**	**38623926**
农畜产品批发 Farm & Livestock Products	11	172123	185623
食品、饮料及烟草制品批发 Food, Beverage and Tobacco	25	824642	868165
纺织、服装及日用品批发 Textile, Garments and Daily Articles	24	602915	655962
文化、体育用品及器材批发 Cultural and Sports Goods & Equipments	6	72601	73688
医药及医疗器械批发 Medicine and Medical Appliances	20	1437827	1539961
矿产品、建材及化工产品批发 Mineral Products, Building Material and Chemical Products	142	37660872	32755731
机械设备、五金交电及电子产品批发 Machinery Equipment, Hardware, Transport, Electric and Electronic Products	58	2639388	2076134
贸易经纪与代理 Trade Broker and Agent	10	131052	140125
其他批发 Others	11	313298	328537
零售业 Retail Trade	**86**	**1489787**	**1762893**
综合零售 Comprehensive Retail	22	814522	1005527
食品、饮料及烟草制品专门零售 Special Retail of Food, Beverage and Tobacco	10	17539	21465
纺织、服装及日用品专门零售 Special Retail of Textile, Garments and Daily Articles	4	17862	24729
文化、体育用品及器材专门零售 Special Retail of Cultural and Sports Goods & Equipments	27	56935	63116
医药及医疗器械专门零售 Special Retail of Medicine and Medical Appliances	3	3874	4652
汽车、摩托车、燃料及零配件专门零售 Special Retail of Motor Vehicles, Motorcycles, Parts and Fuel	18	573924	638165
家用电器及电子产品专门零售 Special Retail of Household Appliances and Electronic Products	1	3561	3628
五金、家具及室内装修材料专门零售 Special Retail of Hardware, Furniture and Decoration Materials for Indoors			
无店铺及其他零售 Non-shop and Other Retail	1	1571	1612

14-6 限额以上住宿业基本情况（2007年）
Basic Statistics on Accommodation Services above Designated Size, 2007

项　目	Item	门店总数（个）Number of Stores (unit)	从业人员（人）Employment Personnel (person)	餐饮营业面积（平方米）Operational Area of Catering Services (sq. m)	床位数（个）Number of Beds (unit)
总　计	**Total**	**158**	**28518**	**302048**	**39210**
#国有及国有控股企业	State-owned and State-holding Enterprises	76	14407	145039	20398
按登记注册类型分	**Grouped by Status of Registration**				
内资企业	Domestic-funded Enterprises	137	24370	258611	32941
国有企业	State-owned Enterprises	53	9534	88011	12947
集体企业	Collective-owned Enterprises	12	822	19174	1994
有限责任公司	Limited Liability Corporations	31	7052	83901	11343
国有独资公司	Sole State-funded Corporations	1	393	300	1000
其他有限责任公司	Other Limited Liability Corporations	30	6659	83601	10343
私营企业	Private Enterprises	40	6940	64725	6515
私营独资	Private-funded Enterprises	7	314	8401	788
私营有限责任公司	Private Limited Liability Corporations	32	6546	56254	5543
私营股份有限公司	Private Share-holding Corporations Ltd.	1	80	70	184
其他内资企业	Other Enterprises	1	22	2800	142
港澳台商投资企业	Enterprises with Funds from Hong Kong, Macao and Taiwan	5	1318	11689	1780
合资经营	Joint-venture Enterprises	3	1157	11289	1430
合作经营	Cooperative Enterprises	1	115	280	128
独资经营企业	Enterprises with Sole Investment	1	46	120	222
外商投资企业	Foreign Funded Enterprises	16	2830	31748	4489
中外合资经营	Joint-venture Enterprises	7	1697	19341	1759
中外合作经营	Cooperative Enterprises	8	1003	7907	2337
外商独资企业	Enterprises with Sole Investmen	1	130	4500	393
按行业分	**Grouped by Sector**				
旅游饭店	Tourism Restaurant	90	17674	240435	26336
一般旅馆	Hotel	57	9644	56092	10876
其他住宿服务	Other Accommodation Services	11	1200	5521	1998

14-6 续表 Continued

单位：万元 (10 000 yuan)

项 目	Item	资产总计 Total Assets	负债合计 Total Liabilities	营业收入 Business Revenue	主营业务成本 Cost of Principal Business
总 计	**Total**	**896337**	**586052**	**248735**	**60532**
# 国有及国有控股企业	State-owned and State-holding Enterprises	598775	394651	140098	35542
按登记注册类型分	**Grouped by Status of Registration**				
内资企业	Domestic-funded Enterprises	689834	399625	193285	50061
国有企业	State-owned Enterprises	317878	160230	66402	19617
集体企业	Collective-owned Enterprises	16102	5834	6032	2376
有限责任公司	Limited Liability Corporations	235602	163271	80122	18230
国有独资公司	Sole State-funded Corporations	28522	14547	2933	232
其他有限责任公司	Other Limited Liability Corporations	207080	148724	77189	17998
私营企业	Private Enterprises	120219	70284	40403	9558
私营独资	Private-funded Enterprises	4072	2820	2091	676
私营有限责任公司	Private Limited Liability Corporations	114948	66394	37791	8420
私营股份有限公司	Private Share-holding Corporations Ltd.	1199	1070	521	461
其他内资企业	Other Enterprises	33	5	327	281
港澳台商投资企业	Enterprises with Funds from Hong Kong, Macao and Taiwan	34436	26512	10923	1423
合资经营	Joint-venture Enterprises	28513	24435	8505	729
合作经营	Cooperative Enterprises	2590	1625	1086	148
独资经营企业	Enterprises with Sole Investment	3333	452	1333	547
外商投资企业	Foreign Funded Enterprises	172067	159916	44527	9048
中外合资经营	Joint-venture Enterprises	125529	123176	29412	6771
中外合作经营	Cooperative Enterprises	45852	36059	13541	2125
外商独资企业	Enterprises with Sole Investmen	685	680	1574	152
按行业分	**Grouped by Sector**				
旅游饭店	Tourism Restaurant	689926	432434	186507	45587
一般旅馆	Hotel	161731	117938	47012	12259
其他住宿服务	Other Accommodation Services	44679	35680	15216	2686

14-7 天津市三星级以上饭店一览表(2007年)
List of Three, Four, Five-star Hotels, 2007

宾馆名称 Name of Hotel	星 级 Star Level	客房数(间) Number of Guest Rooms (unit)	床位数(个) Number of Beds (unit)	地 址 Address
喜来登大酒店 Sheraton Tianjin Hotel	五 星 Five-star	300	380	河西区紫金山路 Zijinshan Road, Hexi Dist.
泰达国际酒店暨会馆 TEDA International Hotel	五 星 Five-star	235	331	天津经济技术开发区第二大街 Second Avenue of TEDA
天津泰达国际会馆 TEDA International Club Tianjin	五 星 Five-star	115	278	南开区复康路7号增2号 No. 7-2, Fukang Road, Nankai Dist.
天津天保国际酒店 Tianjin Tianbao International Hotel	五 星 Five-star	145	232	天津港保税区京门大道368号 No. 368, Jingmen Avenue, TFTZ
天津金皇大酒店 Tianjin Golden Crown Hotel	五 星 Five-star	259	362	河西区南京路18号 No. 18, Nanjing Road, Hexi Dist.
天津万丽泰达酒店及会议中心 Renaissance Tianjin TEDA Hotel & Convention Centre	五 星 Five-star	543	1086	天津经济技术开发区第二大街29号 No. 29, Second Avenue of TEDA
天津瑞湾酒店 Tianjin Ruiwan Hotel	五 星 Five-star	398	306	塘沽区新港一号路2527号 No. 2527, No. 1 Road, New Port, Tanggu Dist.
凯悦饭店 Hyatt Tianjin	四 星 Four-star	353	712	和平区解放北路219号 No. 219, North Jiefang Road, Heping Dist.
水晶宫饭店 The Crystal Palace Hotel	四 星 Four-star	287	404	河西区友谊路28号 No. 28, Youyi Road, Hexi Dist.
利顺德大饭店 Astor Hotel	四 星 Four-star	213	318	和平区台儿庄路33号 No. 33, Tai'erzhuang Road, Heping Dist.
津利华大酒店 Geneva Hotel	四 星 Four-star	259	480	河西区友谊路32号 No. 32, Youyi Road, Hexi Dist.
天宇大酒店 Tianjin Tianyu Hotel	四 星 Four-star	131	222	和平区电台道19号 No. 19, Diantai Road, Heping Dist.
天津假日饭店 Holiday INN Tianjin	四 星 Four-star	249	346	河北区中山路288号 No. 288, Zhongshan Road, Hebei Dist.
美都大酒店 Meidu Hotel	四 星 Four-star	158	250	河西区围堤道117号 No. 117, Weidi Road, Hexi Dist.
泰达中心酒店 TEDA Central Hotel	四 星 Four-star	238	342	天津经济技术开发区第三大街16号 No. 16, Third Avenue of TEDA
君悦酒店 Junyue Hotel	四 星 Four-star	200	247	和平区贵州路16号 No. 16, Guizhou Road, Heping Dist.
天鹅湖温泉度假村 Swan Lake Spring Vacation Village	四 星 Four-star	689	1372	武清开发区福源道20号 No. 20, Fuyuan Road, Wuqing Development Area
天津利顺德大厦 Astor Plaza	四 星 Four-star	85	125	和平区台儿庄路32号 No. 32, Tai'erzhuang Road, Heping Dist.
舒泊花园大酒店 Super Garden Hotel Tianjin	四 星 Four-star	128	256	和平区荣业大街2号 No. 2, Rongye Avenue, Heping Dist.
胜利宾馆 Victory Hotel Tianjin China	四 星 Four-star	308	471	塘沽区津塘公路11号 No. 11, Jintang Highway, Tanggu Dist.
凯德大酒店 Kind Hotel	四 星 Four-star	195	344	河北区自由道15号 No. 15, Ziyou Road, Hebei Dist.
天津世纪酒店 Century Hotel Tianjin	四 星 Four-star	140	176	河西区黑牛城道179号 No. 179, Heiniucheng Road, Hexi Dist.
天津惠中酒店 Tianjin Elegance Hotel	四 星 Three-star	151	193	天津经济技术开发区第三大街芳林泰达园A座 Building A, TEDA Fanglin Garden, Third Avenue of TEDA
渔阳宾馆 Yuyang Hotel	四 星 Four-star	363	726	蓟县城内迎宾路12号 No. 12, Yingbin Road of County, Jixian County
水上会宾园饭店 Huibinyuan Hotel	四 星 Four-star	165	272	南开区水上公园路46号 No. 46, Water Park Road, Nankai Dist.
天津美华酒店 Tianjin Mayfair Hotel	四 星 Four-star	163	393	天津经济技术开发区黄海路10号 No. 10, Huang Hai Road, TEDT, Tianjin
天津君汇度假大酒店 Tianjin Junhui Holiday Hotel	四 星 Four-star	142	212	天津大港区学府路88号 No. 88, Xuefu Road, Dagang Dist.
天津市政协俱乐部 Tianjin PPCC Club	四 星 Four-star	117	149	河西区解放南路273号 No. 273, Jiefang South Road, Hexi Dist.

14-7 续表 1 Continued

宾馆名称 Name of Hotel	星 级 Star Level	客房数(间) Number of Guest Rooms (unit)	床位数(个) Number of Beds (unit)	地 址 Address
天津市皇宫饭店	三 星			和平区解放北路177号
Tianjin Imperiac Hotel	Three-star	50	75	No. 177, North Jiefang Road, Heping Dist.
东亚大酒店	三 星			和平区昆明路86号
East Asia Hotel Co., Ltd.	Three-star	143	213	No. 86, Kunming Road, Heping Dist.
华富宫大饭店	三 星			和平区南市旅馆街
Gha Fu Palace Grand Hotel	Three-star	475	1000	Nanshi Hotel Mall, Heping Dist.
金禧国际大酒店	三 星			南开区南开三马路2号
Cairnhill International Hotel	Three-star	320	438	No. 2, Third Road, Nankai Dist.
双鹿大厦	三 星			南开区南开三马路165号
Shuanglu Hotel	Three-star	147	243	No. 165, Third Road, Nankai Dist.
金帆酒店	三 星			天津经济技术开发区第一大街49号
Golden Sail Hotel	Three-star	99	160	NO. 49, First Avenue of TEDA
夏日酒店	三 星			塘沽区滨海游乐城内
Summer Hotel	Three-star	108	108	Binhai Entertainment City, Tanggu Dist.
天大天财酒店	三 星			华苑新技术产业园区榕苑路1号
Tiancai Hotel	Three-star	198	348	No. 1, Rongyuan Road, THIP, Huayuan
柳林宾馆	三 星			河西区柳林东
Liulin Hotel	Three-star	100	190	East of Liulin, Hexi Dist.
津华饭店(天津第一饭店)	三 星			和平区解放北路158号
Jinhua Hotel	Three-star	99	128	No. 158, North Jiefang Road, Heping Dist.
月坛酒店	三 星			津南区咸水沽镇为民路4号
Moon Hotel	Three-star	110	205	No. 4, Weimin Road, Xianshuigu Town, Jinnan Dist.
新业国际饭店	三 星			塘沽区新港路129号
Xinye International Hotel	Three-star	200	349	No. 129, Xin'gang Road, Tanggu Dist.
银河大酒店	三 星			东丽区津塘公路十号桥
Yinhe Hotel	Three-star	218	400	No. 10 Bridge, Jintang Highway, Dongli Dist.
升云大酒店	三 星			大港区上古林东环海鲜街88号
Shengyun Hotel	Three-star	50	100	No. 88, Haixian Street, Shanggulin, Dagang Dist.
正达酒店	三 星			河北区万柳村大街6号
Zhengda Hotel	Three-star	84	140	No. 6, Wanliucun Street, Hebei Dist.
贵达酒店	三 星			宁河县苗庄镇刘庄村
Guida Hotel	Three-star	174	275	Liuzhuang Village, Miaozhuang Town, Ninghe County
尧舜大酒店	三 星			静海县大邱庄镇尧舜街
Tianjin Yaoshun Hotel	Three-star	46	76	Yaoshun Street, Daqiuzhuang Town, Jinghai County
石化天华宾馆	三 星			大港区北围堤路(西)68号
Tianhua Hotel	Three-star	106	195	No. 68, North Weidi Road, Dagang Dist.
和平宾馆	三 星			和平区大理道66号
Peace Hotel	Three-star	102	126	No. 66, Dali Road, Heping Dist.
天津市中泰大酒店	三 星			塘沽区和平路588号
Tianjin Zhongtai Hotel	Three-star	159	278	No. 588, Heping Road, Tanggu Dist.
大通会馆酒店	三 星			河东区中环线红星路东
Tianjin Datong Club	Three-star	83	246	East of Hongxing Road, Middle of Ring Road, Hedong Dist.
华海大酒店	三 星			天津经济技术开发区第三大街9号
Huahai Hotel	Three-star	88	143	No. 9, Third Avenue of TEDA
友谊宾馆	三 星			和平区南京路94号
Tianjin Friendship Hotel	Three-star	343	700	No. 94, Nanjing Road, Heping Dist.
凯撒皇宫大酒店	三 星			河西区气象台路46号
Caesar Palace Hotel	Three-star	96	133	No. 46, Qixiangtai Road, Hexi Dist.

14-7 续表 2 Continued

宾馆名称 Name of Hotel	星 级 Star Level	客房数(间) Number of Guest Rooms (unit)	床位数(个) Number of Beds (unit)	地 址 Address
天波大酒店(尧天大酒店) Tianbo Hotel	三 星 Three-star	173	307	河东区六经路11号 No. 11, Liujing Road, Hedong Dist.
建设大厦 Jianshe Building Tianjin	三 星 Three-star	50	100	蓟县中昌北路 North Zhongchang Road, Jixian County
体育宾馆 Sports Hotel	三 星 Three-star	101	156	南开区宾水道延长线 Continuation of Binshui Road, Nankai Dist.
红楼大酒店 Red Building Hotel	三 星 Three-star	98	182	南开区卫津南路38号 No. 38, South Weijin Road, Nankai Dist.
长青温泉宾馆 Hot Spring Hotel Tianjin	三 星 Three-star	260	520	河西区小围堤道 Xiaoweidi Road, Hexi Dist.
天津远洋宾馆 Ocean Hotel Tianjin	三 星 Three-star	126	335	河北区远洋广场5号 No. 5, Ocean Square, Hebei Dist.
大港油田宾馆 Dagang Oil Field Hotel	三 星 Three-star	133	341	大港油田三号院团结西路 No. 3 yard, Tuanjie West Road, Dagang Oil Field
东丽湖度假村 Dongli Lake Holiday Village	三 星 Three-star	117	227	东丽区东丽湖北侧 North of Dongli Lake, Dongli Dist.
宝坻宾馆 Baodi Hotel	三 星 Three-star	208	460	宝坻区城关镇广川路23号 No. 23, Guangchuan Road, Chengguan Town, Baodi Dist.
雍阳宾馆 Yongyang Hotel	三 星 Three-star	120	260	武清区杨村镇雍阳东道16号 No. 16, East Yongyang Road, Yangcun Town, Wuqing Dist.
枫林宾馆 Fenglin Hotel	三 星 Three-star	84	190	南开区宾水西道2号 No. 2, West Binshui Road, Nankai Dist.
鸿发大厦 Hongfa Building	三 星 Three-star	90	120	天津经济技术开发区洞庭路41号 No. 41, Dongting Road, TEDA
富蓝特大酒店 Tianjin Friend Hotel	三 星 Three-star	97	157	和平区新华路231号 No. 231, Xinhua Road, Heping Dist.
憩园山庄 Qiyuan Hotel	三 星 Three-star	99	203	蓟县官庄镇营房村北 North of Yingfang Village, Guanzhuang Town, Jixian County
天水大酒店 Narcissus Hotel	三 星 Three-star	120	200	河西区平山道25号 No. 25, Pingshan Road, Hexi Dist.
麓琳宾馆 Lulin Hotel	三 星 Three-star	102	151	东丽区卫国道216号(余门) No. 216, Weiguo Road, Dongli Dist.
太阳雨大酒店 Sunnyrain Hotel	三 星 Three-star	144	288	天津经济技术开发区第一大街明园路渤化小区 Bohua Area, Mingyuan Road, First Avenue of TEDA
天城度假村 Tiancheng Vacation Village	三 星 Three-star	90	180	蓟县逯庄子乡东大屯北 North of Dongdatun, Daizhuangzi Township, Jixian County
海得润滋酒店 Hydrus Hotel	三 星 Three-star	138	236	大港区津岐公路千米桥北侧 North of Qianmi Bridge, Jinqi Road, Dagang Dist.
天津市华城宾馆 Tianjin Huacheng Hotel	三 星 Three-star	97	190	南开区红旗路253号 No. 253, Hongqi Road, Nankai Dist.
天津东方之珠一八八酒店 Tianjin East Pearl 188 Hotel	三 星 Three-star	103	157	天津市津京公路与天重交口处 Crossing of Jinjing Road and Tianjin Heavy Machinery Factory
天津三泰大酒店 Tianjin Santai Hotel	三 星 Three-star	131	211	天津市塘沽区新港路82号 No. 82, Xin'gang Road, Tanggu Dist.
天津金世界酒店 Tianjin Jinshijie Hotel	三 星 Three-star	65	90	天津市塘沽区新港二号路2169号 No. 2169, Xin'gang No.2 Road, Tanggu Dist.
天津市金帆酒店 Golden Sail Hotel	三 星 Three-star	99	160	天津市经济技术开发区第一大街49号 NO. 49, First Avenue of TEDA
天津宾馆 Tianjin Hotel	三 星 Three-star	600	1190	天津市河西区友谊路宾水道1号 No. 1 Binshui Road, Youyi Street, Hexi Dist.
天津金桥宾馆 Tianjin Jinqiao Hotel	三 星 Three-star	158	259	天津市河西区卫津路241号 No. 241, Weijin Road, Hexi Dist.
天津工大碧缘宾馆 Tianjin Technology University Biyuan Hotel	三 星 Three-star	100	189	天津市河东区成林庄道63号 No. 63, Chenglinzhuang Road, Hedong Dist.
天津国际科技咨询公司(天津科技大厦) Intertech Corporation Management Consultants (Tianjin Tech Building)	三 星 Three-star	118	170	天津市河西区友谊路25号 No. 25, Youyi Road, Hexi Dist.

14-8 限额以上餐饮业基本情况(2007年)
Basic Statistics on Catering Services Enterprises above Designated Size, 2007

项 目	Item	门店总数(个) Number of Stores (unit)	从业人员(人) Employment Personnel (person)	营业面积(平方米) Operational Area (sq. m)	餐位数(位) Number of Seats (unit)
总 计	**Total**	**263**	**34482**	**616345**	**148119**
# 国有及国有控股企业	State-owned and State-holding Enterprise	22	2242	58750	6324
按登记注册类型分	**Grouped by Status of Registration**				
内资企业	Domestic-funded Enterprises	230	24583	519009	111608
国有企业	State-owned Enterprises	15	1125	29304	4476
集体企业	Collective-owned Enterprises	13	1099	21398	5072
股份合作企业	Cooperative Enterprises	2	143	1945	1146
有限责任公司	Limited Liability Corporations	43	5743	120193	23943
国有独资公司	Sole State-funded Corporations	1	40	1000	300
其他有限责任公司	Other Limited Liability Corporations	42	5703	119193	23643
股份有限公司	Share-holding Corporations Ltd.	6	417	8873	1408
私营企业	Private Enterprises	148	15410	320513	71182
私营独资	Private-funded Enterprises	35	2360	95578	15791
私营合伙企业	Private Joint-venture Enterprises	6	309	8023	3638
私营有限责任公司	Private Limited Liability Corporations	103	12385	205112	49133
私营股份有限公司	Private Share-holding Corporations Ltd.	4	356	11800	2620
其他内资企业	Other Enterprises	3	646	16783	4381
港澳台商投资企业	Enterprises with Funds from Hong Kong, Macao and Taiwan	8	682	11958	2635
合资经营	Joint-venture Enterprises	4	323	4698	1607
独资经营企业	Enterprises with Sole Investment	4	359	7260	1028
外商投资企业	Foreign Funded Enterprises	25	9217	85378	33876
中外合资经营	Joint-venture Enterprises	8	601	10473	2414
外商独资企业	Enterprises with Sole Foreign Investment	17	8616	74905	31462
按行业分	**Grouped by Sector**				
正餐服务业	Restaurant	236	25340	538497	118016
快餐服务业	Snack Counter	18	7818	60898	27176
饮料及冷饮服务业	Cafe	1	93	542	62
其他餐饮服务业	Others	8	1231	16408	2865

14-8 续表 Continued

单位：万元 (10 000 yuan)

项　目	Item	资产总计 Total Assets	负债合计 Total Liabilities	营业收入 Business Revenue	主营业务成本 Cost of Principal Business
总　计	**Total**	**396295**	**265323**	**454610**	**218679**
#国有及国有控股企业	State-owned and State-holding Enterprise	50356	26951	35315	19099
按登记注册类型分	**Grouped by Status of Registration**				
内资企业	Domestic-funded Enterprises	307702	210553	245923	140878
国有企业	State-owned Enterprises	30172	17165	10729	5531
集体企业	Collective-owned Enterprises	21000	15859	7306	4426
股份合作企业	Cooperative Enterprises	578	352	1409	788
有限责任公司	Limited Liability Corporations	91579	54159	85993	48842
国有独资公司	Sole State-funded Corporations	101	97	246	133
其他有限责任公司	Other Limited Liability Corporations	91479	54063	85748	48708
股份有限公司	Share-holding Corporations Ltd.	5231	5031	4470	2308
私营企业	Private Enterprises	155267	116557	131038	76178
私营独资	Private-funded Enterprises	16181	10999	17088	10458
私营合伙企业	Private Joint-venture Enterprises	4412	2180	2804	1693
私营有限责任公司	Private Limited Liability Corporations	132387	101818	108679	62729
私营股份有限公司	Private Share-holding Corporations Ltd.	2287	1560	2467	1299
其他内资企业	Other Enterprises	3875	1431	4977	2806
港澳台商投资企业	Enterprises with Funds from Hong Kong, Macao and Taiwan	5921	3871	7920	3916
合资经营	Joint-venture Enterprises	4186	1341	4288	1909
独资经营企业	Enterprises with Sole Investment	1735	2530	3632	2007
外商投资企业	Foreign Funded Enterprises	82673	50900	200767	73886
中外合资经营	Joint-venture Enterprises	3604	3964	7065	3221
外商独资企业	Enterprises with Sole Foreign Investment	79069	46935	193702	70665
按行业分	**Grouped by Sector**				
正餐服务业	Restaurant	276321	199189	235404	132686
快餐服务业	Snack Counter	83527	48610	192748	70577
饮料及冷饮服务业	Cafe	2143	1295	1588	903
其他餐饮服务业	Others	34304	16230	24871	14514

14-9 按登记注册类型分限额以上批发和零售企业财务状况(2007年)
Main Financial Indicators of Enterprises above Designated Size of Wholesale and Retail Trade by Status of Registration, 2007

单位：万元 (10 000 yuan)

项目	Item	主营业务收入 Revenue from Principal Business	主营业务成本 Cost of Principal Business	主营业务税金及附加 Taxes and Other Charge on Principal Business
总计	**Total**	**54352472**	**51293742**	**56827**
批发企业合计	**Wholesale Trade**	**49931802**	**47896375**	**48312**
#国有及国有控股企业	State-owned and State-holding Enterprises	34032937	32810107	37516
内资企业	Domestic-funded Enterprises	46993716	45249639	46998
国有企业	State-owned Enterprises	22297954	21537284	27524
集体企业	Collective-owned Enterprises	438731	425208	308
股份合作企业	Cooperative Enterprises	55323	51285	132
联营企业	Joint Ownership Enterprises	464486	435334	496
有限责任公司	Limited Liability Corporations	11342048	10895740	10259
股份有限公司	Share-holding Corporations Ltd.	2801794	2645593	3148
私营企业	Private Enterprises	9548310	9217036	5131
其他企业	Others	45071	42159	1
港澳台商投资企业	Enterprises with Investment from Hong Kong, Macao and Taiwan	854268	802847	109
外商投资企业	Foreign Funded Enterprises	2083818	1843890	1205
零售企业合计	**Retail Trade**	**4420669**	**3397367**	**8515**
#国有及国有控股企业	State-owned and State-holding Enterprises	1513441	998318	4091
内资企业	Domestic-funded Enterprises	3233921	2601944	7025
国有企业	State-owned Enterprises	204049	169128	846
集体企业	Collective-owned Enterprises	85577	76851	265
股份合作企业	Cooperative Enterprises	12739	11075	29
联营企业	Joint Ownership Enterprises	6224	5880	4
有限责任公司	Limited Liability Corporations	1215694	1103491	2705
股份有限公司	Share-holding Corporations Ltd.	763031	359598	1628
私营企业	Private Enterprises	946608	875921	1547
港澳台商投资企业	Enterprises with Investment from Hong Kong, Macao and Taiwan	580997	308104	622
外商投资企业	Foreign Funded Enterprises	605751	487319	868

14-9 续表 1 Contiued

单位：万元 (10 000 yuan)

项　目	Item	主营业务利润 Profits from Principal Business	资产总计 Total Assets	# 流动资产 Working Capitals
总　计	**Total**	**2336036**	**17128172**	**14050774**
批发企业合计	**Wholesale Trade**	**1751330**	**14463293**	**12279907**
# 国有及国有控股企业	State-owned and State-holding Enterprises	1115515	8290068	6780223
内资企业	Domestic-funded Enterprises	1534533	13158715	11051162
国有企业	State-owned Enterprises	695498	4581673	3714084
集体企业	Collective-owned Enterprises	11862	142065	113772
股份合作企业	Cooperative Enterprises	2861	29856	24064
联营企业	Joint Ownership Enterprises	25835	83109	62105
有限责任公司	Limited Liability Corporations	399868	3899725	3460237
股份有限公司	Share-holding Corporations Ltd.	141077	856539	501801
私营企业	Private Enterprises	254712	3554846	3164887
其他企业	Others	2821	10903	10212
港澳台商投资企业	Enterprises with Investment from Hong Kong, Macao and Taiwan	47847	355015	340928
外商投资企业	Foreign Funded Enterprises	168950	949562	887816
零售企业合计	**Retail Trade**	**584707**	**2664879**	**1770867**
# 国有及国有控股企业	State-owned and State-holding Enterprises	153143	1122501	532830
内资企业	Domestic-funded Enterprises	238681	1904360	1289303
国有企业	State-owned Enterprises	30628	233788	130807
集体企业	Collective-owned Enterprises	6970	41331	34948
股份合作企业	Cooperative Enterprises	1248	10129	7951
联营企业	Joint Ownership Enterprises	340	535	397
有限责任公司	Limited Liability Corporations	92000	749927	549805
股份有限公司	Share-holding Corporations Ltd.	51558	377383	173339
私营企业	Private Enterprises	55938	491268	392057
港澳台商投资企业	Enterprises with Investment from Hong Kong, Macao and Taiwan	265413	370912	335681
外商投资企业	Foreign Funded Enterprises	80613	389607	145883

14-9 续表 2 Contiued

单位：万元 (10 000 yuan)

项　目	Item	负债合计 Total Liabilities	所有者权益合计 Total Owners' Equities
总　计	**Total**	**12797110**	**4331062**
批发企业合计	**Wholesale Trade**	**10885708**	**3577585**
#国有及国有控股企业	State-owned and State-holding Enterprises	6197029	2093039
内资企业	Domestic-funded Enterprises	9910412	3248304
国有企业	State-owned Enterprises	3422512	1159161
集体企业	Collective-owned Enterprises	108255	33810
股份合作企业	Cooperative Enterprises	20646	9210
联营企业	Joint Ownership Enterprises	54201	28908
有限责任公司	Limited Liability Corporations	3114538	785187
股份有限公司	Share-holding Corporations Ltd.	481260	375279
私营企业	Private Enterprises	2699661	855185
其他企业	Others	9339	1564
港澳台商投资企业	Enterprises with Investment from Hong Kong, Macao and Taiwan	298945	56070
外商投资企业	Foreign Funded Enterprises	676351	273211
零售企业合计	**Retail Trade**	**1911402**	**753477**
#国有及国有控股企业	State-owned and State-holding Enterprises	800832	321669
内资企业	Domestic-funded Enterprises	1448712	455648
国有企业	State-owned Enterprises	168270	65518
集体企业	Collective-owned Enterprises	30932	10399
股份合作企业	Cooperative Enterprises	7382	2747
联营企业	Joint Ownership Enterprises	121	414
有限责任公司	Limited Liability Corporations	666613	83315
股份有限公司	Share-holding Corporations Ltd.	182682	194701
私营企业	Private Enterprises	392712	98556
港澳台商投资企业	Enterprises with Investment from Hong Kong, Macao and Taiwan	147691	223220
外商投资企业	Foreign Funded Enterprises	314998	74609

14-10 按国民经济行业分限额以上批发和零售业财务状况（2007年）
Main Financial Indicators of Enterprises above Designated Size of Wholesale and Retail Trade by Sector, 2007

项　目	Item	主营业务收入 Revenue from Principal Business	主营业务成本 Cost of Principal Business
总　计	**Total**	**54352472**	**51293742**
批发企业合计	**Wholesale Trade**	**49931802**	**47896375**
农畜产品批发业	Wholesale of Farm & Livestock Product	485722	485054
食品、饮料及烟草制品批发业	Wholesale of Food, Beverage and Tobacco	1204989	945914
纺织、服装及日用品批发业	Wholesale of Textiles, Garments and Daily Consumer Articles	1096792	1030413
文化、体育用品及器材批发业	Wholesale of Culture, Sports Appliances and Equipments	150883	141888
医药及医疗器材批发业	Wholesale of Medicines and Medical Appliances	1395298	1313664
矿产品、建材及化工产品批发业	Wholesale of Mineral Products, Building Material and Chemical Products	38568657	37380093
机械设备、五金交电及电子产品批发	Wholesale of Machinery, Hardware and Electronic Equipments	5267774	4929281
贸易经纪与代理	Trade Broker and Agency	463017	434124
其他批发业	Other Wholesales	1298671	1235945
零售企业合计	**Retail Trade**	**4420669**	**3397367**
综合零售业	Comprehensive Retail	1650765	1411711
食品、饮料及烟草制品专门零售业	Retail of Food, Beverage and Tobacco	49872	38718
纺织、服装及日用品专门零售业	Special Retail of Textiles, Garments and Daily Consumer Articles	516075	248774
文化、体育用品及器材专门零售业	Retail of Culture, Sports Appliances and Equipments	84898	67361
医药及医疗器材专门零售业	Retail of Medicines and Medical Appliances	36329	31124
汽车、摩托车、燃料及零配件专门零售业	Retail of Motor Vehicles, Motorcycles, Fuel and Parts	1447306	1013199
家用电器及电子产品专门零售业	Special Retail of Household Electric Appliances and Electronic Products	506607	476033
五金、家具及室内装修材料专门零售业	Special Retail of Hardware, Furniture and Decoration Materials	83143	67831
无店铺及其他零售业	Non-shop and Other Retails	45674	42617

单位：万元（10 000 yuan）

主营业务税金及附加 Taxes and Other Charge on Principal Business	主营业务利润 Profits from Principal Business	资产总计 Total Assets	# 流动资产 Working Capitals	负债合计 Total Liabilities	所有者权益合计 Total Owners' Equities
56827	**2336036**	**17128172**	**14050774**	**12797110**	**4331062**
48312	**1751330**	**14463293**	**12279907**	**10885708**	**3577585**
63	-1501	423149	348671	254697	168452
4063	236017	779683	651731	449097	330586
609	46247	327480	276726	255147	72333
142	8270	61512	50375	55396	6116
1549	72158	601703	538528	484659	117044
37892	1064400	9290021.5	7815294.2	7066487.6	2223533.9
3035	249705	2326988.1	2029828.7	1838173	488815.1
429	21615	199472	175094	150789	48684
530	54418	453284	393659	331264	122020
8515	**584707**	**2664879**	**1770867**	**1911402**	**753477**
4463	184125	1270511	665862	1034847	235665
269	8050	40385	28828	22416	17969
346	258970	391408	366480	157147	234261
865	13183	91522	56586	43574	47948
137	4456	20488	12053	8757	11732
1390	73581	566540	383785	399624	166916
772	27920	235011	223733	198864	36146
241	12589	34123	21096	35557	-1434
33	1834	14892	12445	10617	4275

14-11 天津市主要亿元商品交易市场情况（2007年）
Tianjin Main Market with Transaction Volume of 100 Million Yuan, 2007

市场名称	Name of Market
天津储宝钢材交易市场	Tianjin Chubao Steel Market
天津空港国际汽车园	Tianjin Airport International Autoland
天津市金钟河蔬菜贸易中心	Tianjin Jinzhonghe Vegetables Market
天津宝钢储菱钢材交易市场	Tianjin Baogang Chuling Steel Market
天津市环渤海建材中心批发市场	Tianjin Bohai Area Construction Material Center Wholesale Market
天津万隆大胡同置业有限公司万隆大胡同商业中心	Tianjin Wanlong Dahutong Development Co., Ltd. (Shopping Center)
天津石化交易中心市场有限责任公司	Tianjin Petroleum Chemical Products Exchange Market Co., Ltd.
天津大胡同天奕商城	Tianjin Dahutong Tianyi Shopping Center
北方自行车商城	North Bicycle Shopping Center
天津轻纺万象城有限公司	Tianjin Wanxiang Light Industry Products and Textile Goods Market Co., Ltd.
天津滨海国际汽车城	Tianjin Binhai International Auto City
环渤海汽车城	Bohai Area Auto City
中国(天津)粮油批发交易市场	China (Tianjin) Grain & Oil Wholesale Market
天津市兴耀粮油食品批发市场	Tianjin Xingyao Grain & Oil Wholesale Market
天津金地商贸发展有限责任公司	Tianjin Jindi Business & Commerce Development Co., Ltd.
宁河县贸易开发区综合批发市场	Ninghe County Commerce Development Area Comprehensive Wholesale Market
天津市食品公司冷冻厂	Tianjin Freezing Food Factory
天津市何庄子市场	Tianjin Hezhuangzi Market
天津市大胡同集团有限公司大胡同百货批发市场	Tianjin Dahutong Group Co., Ltd., Grocery Wholesale Market
塘沽环渤海家居购物广场	Tianjin Bohai Area living Shopping Center
天津市南开区王顶堤水产批发市场有限公司	Tianjin Nankai District Wangdingdi Aquatic Product Wholesale Market
天津钢铁炉料交易市场	Tianjin Steel & Iron Materials Market
水产集团供销有限公司(市场)	Aquatic Product Group Supply & Sale Co., Ltd. (Market)
天津市静海县范庄子蔬菜批发市场	Tianjin Jinghai County Fanzhuangzi Vegetable Wholesale Market
天津卞兴钢材批发市场	Tianjin Bianxing Steel Wholesale Market
天津空港二手车交易市场	Tianjin Airport Second-hand Car Market
天津泰丰工业园区置业有限公司都行商城市场	Tianjin Taifeng Industry Zone Co., Ltd., Duxing Shopping Market
中国北方五金城	North Metal Hardware Center, China
天津市碧城农产品批发市场	Tianjin Bicheng Agriculture Products Wholesale Market
天津危险化学品交易市场	Tianjin Hazardous Chemicals Market
蓟县兴华市场	Jixian County Xinghua Market
天津市南马路五金城	Tianjin Nanmalu Metal Hardware Center
天津市金三角农贸批发市场	Tianjin Jinsanjiao Agriculture Product Wholesale Market
天津市运达旧机动车交易市场有限公司	Tianjin Yunda Second-hand Motor Vehicle Market Co., Ltd.
天津珠江(达润)五金城	Tianjin Zhujiang(Darun) Metal Hardware Center
天津市葛沽农产品市场	Tianjin Gegu Agriculture Products Market
珠江装饰城	Zhujiang Decoration City

交易场所面积(平方米) Area of the Transaction Place (sq. m)	交易额(万元) Transaction Value (10 000 yuan)	市场类别 Market Type	地 址 Address
25631	4120000	金属材料市场	天津市北辰区天穆镇顺义道
65000	1017200	机动车市场	天津空港加工区环河西路
266800	664500	农产品综合市场	天津市东丽区金钟河大街与外环线交口
2500	610574	金属材料市场	天津市北辰区天穆镇顺义道
14500	480257	建材装饰材料市场	天津市河西区解放南路120号
80782	378351	工业品综合市场	天津市红桥区北马路138号
2500	366128	其他市场	天津市河西区珠江道58号
57300	306746	纺织品服装鞋帽市场	天津市红桥区南运河南路9号
20000	298200	小商品市场	天津市东丽区外环线15公里处
52000	253544	纺织品服装鞋帽市场	天津市河北区天纬路
28000	214889	机动车市场	天津市保税区天保大道88号
50000	201800	机动车市场	天津市河西区解放南路613号
2000	199375	粮油市场	天津市河西区台儿庄路39号
90000	178946	食品饮料烟酒市场	天津市河北区建昌道与外环线交口
18146	170110	金属材料市场	天津市南开区黄河道481号
183631	162000	农产品综合市场	天津市宁河县商业道
7000	150000	水产品市场	天津市南开区保山道18号
100000	149833	农产品综合市场	天津市津南区双港镇何庄子南
17000	143518	纺织品服装鞋帽市场	天津市红桥区金钟桥大街2号
65000	140922	木材市场	天津市塘沽区建材路18号
26000	129348	水产品市场	天津市王顶堤村复康路
500	126510	金属材料市场	天津市河西区马场道103号
200	123661	水产品市场	天津市河西区解放南路
115606	117120	蔬菜市场	天津市静海县范庄子
120000	101953	金属材料市场	天津市西青区中北镇大卞庄
21921	93557	机动车市场	天津东丽区空港物流加工区汽车园中路8号
19000	84694	纺织品服装鞋帽市场	天津市红桥区金钟桥大街
73739	84000	五金电料市场	天津市东丽区金钟公路3697号A16-203
54747	83900	蔬菜市场	天津市西青区辛口镇当城村
5600	80260	其他市场	天津市河北区新大路189号
60000	69512	农产品综合市场	天津市蓟县兴华大街
17573	67080	五金电料市场	天津市南开区南马路与西马路交口
19200	64248	农产品综合市场	天津市西青区杨柳青镇津静公路与柳口路交口
63765	63770	机动车市场	天津市河东区常州道
100600	60000	五金电料市场	天津市河西区珠江道65号
45000	58138	农产品综合市场	天津市津南区葛沽镇
10000	57700	建材装饰材料市场	天津市河西区解放南路121号

14-11 续表 Continued

市场名称	Name of Market
天津市红旗农贸综合批发市场	Tianjin Hongqi Agriculture Product Wholesale Market
天津市登发实业有限公司	Tianjin Dengfa Co., Ltd.
宝粮批发交易市场	Baoliang Grain Wholesale Market
天津市津海商城有限公司	Tianjin Jinhai Shopping Center Co., Ltd.
天津建工集团物资供应中心钢材交易市场	Tianjin Jian'gong Group Supply Center Steel Market
天津市宝坻区蔬菜水果批发市场	Tianjin Baodi District Vegetable & Fruit Wholesale Market
天津棉花市场	Tianjin Cotton Market
天津市南大桥综合市场	Tianjin Nandaqiao Comprehensive Market
天津市塘沽区蔬菜交易市场	Tianjin Tanggu District Vegetable Market
天津市登发装饰大世界有限公司	Tianjin Dengfa Decoration Co., Ltd.
天津市河北区王串场街道幸福道商业街	Tianjin Hebei District Wangchuanchang Xingfu Road Business Street
北方日用品交易市场	Beifang Industry Product Center Wholesale Market
天津市塘沽区美家装饰商城	Tianjin Tanggu District Meijia Decoration Shopping Center
天津王顶堤汽车城有限责任公司	Tianjin Wangdingdi Auto City Co., Ltd.
天津市东丽区温州城	Tianjin Dongli District Wenzhou City
天津市塘沽区新洋世纪商厦	Tianjin Tanggu District Xinyang Century Shopping Center
天津市津南区耀华市场	Tianjin Jinnan District Yaohua Market
天津市塘沽区新洋市场	Tianjin Tanggu District Xinyang Market
天津市宁河县芦台新市场	Tianjin Ninghe County Lutai New Market
天津市武清区大沙河蔬菜批发市场	Tianjin Wuqing District Dashahe Vegetable Wholesale Market
天津市塘沽区盛洋商城有限公司	Tianjin Tanggu District Shengyang Shopping Center Co., Ltd.
红星美凯龙家具广场	Redstar Meikailong Funiture Market
天津市汉沽区汉滨投资有限公司寨上农贸市场工业品市场	Tianjin Han'gu District Hanbin Investment Co., Ltd. Zhaishang Agriculture & Industry Product Market
天津华北建材陶瓷批发市场	Tianjin North China Construction Material & Ceramics Wholesale Market
天津市西青区宏旨木材交易市场	Tianjin Xiqing District Hongzhi Wood Market
天津市武清区河西务市场	Tianjin Wuqing District Hexiwu Market
天津市塘沽区巨川家饰广场、巨川金海岸	Tianjin Tanggu District Juchuan Living Decoration Center
天津市塘沽区新港濒开里市场	Tianjin Tanggu District Xin'gang Street Binkaili Market
天津市静海县静宏旧货市场	Tianjin Jinghai County Jinghong Second-hand Market
天津市河西区友谊菜市场	Tianjin Hexi District Youyi Vegetalbe Market
天津市吉云装饰材料批发市场有限公司	Tianjin Jiyun Decoration Material Wholesale Market Co., Ltd.
天津市北辰区集贤市场	Tianjin Beichen District Jixian Market
天津市武清区运来农副产品市场	Tianjin Wuqing District Yunlai Agriculture & Byproduct Market
天津市北仓市场服务有限公司	Tianjin Beicang Market Service Co., Ltd.
天津市东丽区商贸城	Tianjin Dongli District Commerce Market
天津市静海县连荣农贸市场	Tianjin Jinghai County Lianrong Agriculture Product Market
赛丰商贸有限公司	Saifeng Commerce Co., Ltd.
梅厂市场	Meichang Market

交易场所面积(平方米) Area of the Transaction Place (sq. m)	交易额(万元) Transaction Value (10 000 yuan)	市场类别 Market Type	地　址 Address
80000	56652	农产品综合市场	天津市南开区王顶堤复康路立交桥北
44643	53700	家具市场	天津市河西区大沽南路与解放南路交口
69308	53000	粮油市场	天津市宝坻区钰华街
40000	48209	纺织品服装鞋帽市场	天津市静海县津海商城
90000	44545	金属材料市场	天津市东丽区帐贵庄外环线京山立交桥东侧
6666	42070	蔬菜市场	天津市宝坻区商贸街
1000	39200	土畜产品市场	天津市保税区通达广场 1 号
28000	35979	农产品综合市场	天津市东丽区南大桥村内
44000	34945	农产品综合市场	天津市塘沽区韶山道 3 号
20800	32570	建材装饰材料市场	天津市红桥区红旗北路 10 号
3000	31733	农产品综合市场	天津市河北区幸福道
45000	30550	五金电料市场	天津市河东区张贵庄路 160 号
8000	24000	建材装饰材料市场	天津市塘沽区杭州道 4 号
1400	23981	机动车市场	天津市南开区富康路 196 号
6000	22750	纺织品服装鞋帽市场	天津市东丽区大毕庄常青村
28000	22375	家具市场	天津市塘沽区河北路 1629 号
12717	22214	农产品综合市场	天津市津南区咸水沽镇八米路
3320	21340	工业品综合市场	天津市塘沽区抚顺道 570 号
13950	20702	纺织品服装鞋帽市场	天津市宁河县商业道
73334	20099	蔬菜市场	天津市武清区河西务镇大沙河村
5018	20056	纺织品服装鞋帽市场	天津市塘沽区抚顺道418号
45000	20000	建材装饰材料市场	天津市解放南路 20 号
3000	18860	纺织品服装鞋帽市场	天津市汉沽区寨上街杨家寨上
11800	18449	建材装饰材料市场	天津市塘沽区津塘公路 7-189 号
66667	18432	木材市场	天津市西青区杨柳青镇西青道发电厂对过
71480	17430	农产品综合市场	天津市武清区河西务镇
42153	16802	工业品综合市场	天津市塘沽解放路 453 号
6967	15716	农产品综合市场	天津市塘沽区新港濒开里
23951	13550	旧货市场	天津市静海县静宏旧货市场
2380	12738	农产品综合市场	天津市紫金山路与黑牛城道交口
2200	12530	建材装饰材料市场	天津市王顶堤村复康路立交桥下
8353	11099	农产品综合市场	天津市北辰区延吉道
20000	10930	农产品综合市场	天津市武清区秧村镇
4500	10830	农产品综合市场	天津市北辰区北仓道
4300	10724	其他市场	天津市东丽区顾庄村
15000	10625	食品饮料烟酒市场	天津市静海县连荣农贸市场
15000	10350	建材装饰材料市场	天津市宁河县曹庄道口
15000	10038	农产品综合市场	天津市武清区梅厂镇

14-12 营业收入五十强餐饮业企业(2007年)
Top 50 Catering Trade Enterprises by Business Revenue, 2007

单位：万元 (10 000 yuan)

名 次 Position	单位名称 Name of Enterprise	名 次 Position	单位名称 Name of Enterprise
1	天津肯德基有限公司	26	天津开发区北塘周记餐饮服务有限公司
2	天津麦当劳食品有限公司	27	天津狗不理餐饮有限公司
3	天津市桂发祥十八街麻花总店有限公司	28	天津市大圆碗食品有限公司
4	天津市小古林集团有限公司	29	东方之珠文化娱乐有限公司
5	天津市瀚金佰餐饮有限公司	30	天津万源龙顺度假庄园
6	天津市鹏天阁时代酒楼有限公司	31	浙江老板娘食品有限公司天津大酒家
7	天津德克士食品开发有限公司	32	天津市凯德龙园美食有限责任公司
8	天津绿色时代餐饮有限公司	33	天津全聚德餐饮有限公司
9	天津泰达标准食品有限公司	34	天津西贝莜面村餐饮有限公司
10	天津市翠亨邨餐饮娱乐有限公司	35	天津空港配餐有限公司
11	天津森纳尔餐饮有限公司	36	天津市金汉斯餐饮有限公司
12	天津大岛餐饮有限公司	37	天津市宴宾美食娱乐城有限公司
13	天津开发区海港世家餐饮有限公司	38	天津市森泰贵宾楼餐饮有限公司
14	天津快客利餐饮管理服务有限公司	39	天津翠旺客家公馆餐饮有限公司
15	天津狗不理中山路大酒楼有限公司	40	天津北海明珠餐饮有限公司
16	天津市皇冠明珠餐饮娱乐有限公司	41	天津市起士林大饭店
17	天津市集贤佰悦海鲜酒楼有限公司	42	天津市集贤大酒家有限公司
18	天津天麟娱乐有限公司	43	天津市鸿起顺餐饮有限责任公司
19	天津市森泰餐饮有限公司	44	天津市食韵唐宋府美食城
20	天津市津龙湾大酒店有限公司	45	天津和兴金龙腾燕鲍翅海鲜大酒楼
21	天津市津南宝德福酒家	46	天津市桂发祥麻花饮食集团有限公司
22	天津海都世纪酒楼有限公司	47	天津市康乐饮料有限公司
23	天津市丁香餐饮发展有限公司	48	天津市峰光大酒楼有限公司
24	天津市松江酒店管理有限公司	49	天津金狮明珠海鲜酒楼有限公司
25	天津市食为天粮油便民连锁有限责任公司	50	天津市塘沽区老渔民酒店有限公司

14-13 销售总额百强批发贸易企业（2007年）
Top 100 Wholesale Trade Enterprises by Total Sales, 2007

名 次 Position	单位名称 Name of Enterprise	名 次 Position	单位名称 Name of Enterprise
1	中国石化销售有限公司华北分司	51	中化天津公司
2	天津宝钢北方贸易有限公司	52	永立建机(天津)国际贸易有限公司
3	中国石油天然气股份有限公司华北销售大港分公司	53	天津市顺鑫进出口贸易有限公司
4	中国石油化工股份有限公司天津石油分公司	54	天津市润飞贸易有限公司
5	中钢集团天津公司	55	天津市立业钢铁贸易有限公司
6	天津市咸通生产资料有限责任公司	56	天津市方正延中信息系统有限公司
7	天津荣程祥国际贸易有限公司	57	天津市北辰区北方实业发展有限公司
8	国药控股天津有限公司	58	天津金昇冶金产品有限公司
9	天津国能投资有限公司	59	天津鸿浩进出口贸易有限公司
10	天津一汽汽车销售有限公司	60	天津市浩物机电汽车贸易有限公司
11	天津市隆康国际贸易有限公司	61	天津市华物商贸有限责任公司
12	天津钢管国际经济贸易有限公司	62	天津天狮生物工程有限公司
13	天津中联进出口贸易有限公司	63	天津市天航陆地石油销售有限公司
14	天津天铁冶金集团商贸有限公司	64	天津市华茂化工轻工贸易有限公司
15	中国铁路物资天津公司	65	天津开发区嘉诚钢材贸易有限公司
16	天津市丽兴京津钢铁贸易有限公司	66	天津中煤进出口有限公司
17	中国烟草总公司天津市公司	67	天津里碑冷轧板材有限公司
18	丰田通商(天津)有限公司	68	天津市天塑物流有限公司
19	天津市盈通物资有限公司	69	天津世盛投资集团有限公司
20	天津物产金属国际贸易有限公司	70	天津市惠天承运商贸有限公司
21	天津市金属材料总公司	71	京瓷(天津)商贸有限公司
22	天津市化轻贸易有限公司	72	中国农业机械华北集团有限公司
23	天津大桥集团电焊条供销有限公司	73	天津本钢钢铁贸易有限公司
24	天津市浩通物产有限公司	74	天津市正泰实业总公司
25	天津市基建物资总公司	75	天津市赛亿通贸易有限公司
26	天津太平(集团)有限公司	76	天津中邮普泰移动通信设备有限责任公司
27	天津冶金集团贸易有限公司	77	天津辰晔实业有限公司
28	天津港保税区瀚通国际贸易有限公司	78	富士通天国际贸易(天津)有限公司
29	五矿钢铁天津有限公司	79	天津市博通华信科技发展有限公司
30	天津市物资集团总公司	80	天津盈通国际贸易有限公司
31	天津市燃料油公司	81	三星爱商(天津)国际物流有限公司
32	天津轧三物流有限公司	82	天津市福浩实业有限公司
33	天津中新药业集团股份有限公司(本部)	83	天津机电进出口有限公司
34	天津晟达石化有限公司	84	天津港保税区亨运国际贸易有限公司
35	蓝盾集团(天津)有限公司	85	天津市中铁物京钢材有限公司
36	天津滨海英驰不锈钢有限公司	86	天津经济技术开发区机电设备公司
37	天津开发区四达石化产品经销有限公司	87	天津威斯特机械设备有限公司
38	华利行(天津)国际贸易有限公司	88	天津市宏桥汇鑫商贸中心
39	大众进口汽车销售有限公司	89	中国石油物资天津公司
40	天津住友商事有限公司	90	天津百力宝商贸有限公司
41	天津大沽贸易有限公司	91	天津市物资实业发展中心
42	天津服装进出口股份有限公司	92	天津市中都锌业有公司
43	天津市浩瑞矿产有限公司	93	天津市润德中天机电设备有限公司
44	天津太钢销售有限公司	94	天津港保税区和昌物资回收有限公司
45	中化物产股份有限公司天津分公司	95	天津市京津工贸开发有限公司
46	天津中石化中海船舶燃料有限公司	96	天津开发区福源商贸有限公司
47	天津纺织集团进出口股份有限公司	97	天津市休波顿钢铁有限公司
48	天津天士力医药营销集团有限公司	98	天津市电力燃料公司
49	中冀斯巴鲁(天津)汽车销售有限公司	99	天津市神飞剪板有限公司
50	中国有色金属进出口天津分公司	100	天津钢管工程设备材料公司

14-15 实际利用内资额（2004-2007年）
Domestic Capital Actually Used, 2004-2007

单位：万元 (10 000 yuan)

地　区	Region	2004	2005	2006	2007
总　计	**Total**	**2387495**	**3399285**	**4318546**	**6120521**
各区县	**Districts and Counties**	**1796824**	**3042565**	**3840778**	**5523991**
和平区	Heping District	195000	311013	426028	541146
河东区	Hedong District	72374	117794	187906	217865
河西区	Hexi District	92800	158764	205425	335285
南开区	Nankai District	114500	293522	399244	468144
河北区	Hebei District	82000	126100	192616	455804
红桥区	Hongqiao District	120660	180990	275218	333643
塘沽区	Tanggu District	181897	290000	150537	325599
汉沽区	Han'gu District	26100	36800	50000	70000
大港区	Dagang District	55000	182850	281678	366040
东丽区	Dongli District	96370	183686	231269	472905
西青区	Xiqing District	110000	154049	190198	219648
津南区	Jinnan District	91569	155822	185830	377543
北辰区	Beichen District	74601	104441	118772	136835
武清区	Wuqing District	120273	183810	267032	388436
宝坻区	Baodi District	183860	307651	388684	480093
宁河县	Ninghe County	42300	62735	75200	79005
静海县	Jinghai County	67520	94528	104700	124000
蓟　县	Jixian County	70000	98010	110441	132000
“三　区”	**"Three Districts"**	**271081**	**356720**	**477768**	**596530**
天津经济技术开发区	TEDA	90567	117738	149900	173452
天津保税区	TFTZ	93000	124600	187965	256055
天津新技术产业园区	THIP	87514	114382	139903	167023

14-16 外省市在津投资情况
Domestic Capital from Other Provinces and Municipalities

地 区	Region	项目数(个) Number of Contracts (unit)		实际利用内资额 (万元) Total Capital Actually Used (10 000 yuan)	
		2006	2007	2006	2007
总 计	**Total**	**1840**	**2518**	**4318546**	**6120521**
北京市	Beijing	370	324	1615910	2089244
河北省	Hebei	380	565	434227	510771
山西省	Shanxi	44	69	31643	41455
内蒙古自治区	Inner Mongolia	49	72	19853	28976
辽宁省	Liaoning	83	86	60985	137623
吉林省	Jilin	57	70	12115	24333
黑龙江省	Heilongjiang	85	105	72296	57325
上海市	Shanghai	62	73	521291	764824
江苏省	Jiangsu	74	116	44755	156154
浙江省	Zhejiang	113	150	550103	477903
安徽省	Anhui	37	55	31395	30964
福建省	Fujian	68	116	148615	202480
江西省	Jiangxi	14	20	5025	1652
山东省	Shandong	111	211	49685	76729
河南省	Henan	59	108	16233	60185
湖北省	Hubei	19	60	1909	14780
湖南省	Hunan	23	33	6668	35555
广东省	Guangdong	96	133	605480	1113401
广西壮族自治区	Guangxi	2	5	80	42001
海南省	Hainan	4	9	55224	68711
重庆市	Chongqing	7	16	785	2283
四川省	Sichuan	23	44	8063	50744
贵州省	Guizhou	3	1	2065	40
云南省	Yunnan	2	8	1028	2492
陕西省	Shannxi	20	24	7015	15763
甘肃省	Gansu	12	20	10195	6979
青海省	Qinghai	4	7	419	159
宁夏回族自治区	Ningxia	7	7	3174	105358
新疆维吾尔自治区	Xinjiang	12	11	2310	1637

主要统计指标解释

社会消费品零售总额

指批发和零售业、餐饮业、新闻出版业、邮政业和其他服务业等，售予城乡居民用于生活消费的商品和社会集团用于公共消费的商品之总量。社会消费品零售总额包括：

1. 批发和零售业企业（单位）。

(1) 售予城乡居民的各种生活消费品；

(2) 售予入境旅游的外国人、华侨、港澳台同胞的各类商品；

(3) 售予行政事业单位、社会团体、军队和武警等机构的商品，以及以零售方式售予各类企业的商品。具体包括：用于非生产和社会交往的办公用品，如通讯设备、计算器具和设备、电讯网络设备、文印设备、音像视听器材和设备、纸张、本册、文具及装订文印材料、家具、日用电器、针纺织品、清洁卫生用品、文体用品、奖品、纪念品、礼品等；供内部人员乘坐的交通工具和燃料；用于办公设施修缮的各类配件、材料、工具等；用于取暖和防暑降温的设备、燃料、材料及食品等；专用于教学的用品和设备；非营利医疗机构的中、西药品、中药材和医疗设备器材；非专用的劳动保护用品；不对外营业的内部食堂用的餐具、炊具、设备、清洁卫生工具和食品、燃料等；军队、武警用于其人员生活的衣着品和个人用品；其他各类非生产性设备和用品。

2. 餐饮业出售的主食、菜肴、烟酒饮料和其他商品。

3. 新闻出版业、邮政业售予城乡居民、企事业单位、军队和武警等机构的书报杂志、音像制品、邮品等。

4. 其他服务业出售的食品、烟酒饮料、服装鞋帽、日常生活用品、医药保健用品、艺术品、工艺美术品、玩具、殡葬用品以及其他消费品。

商品购进总额

指从本企业（单位）以外的单位和个人购进（包括从境外直接进口）作为转卖或加工后转卖的商品总额。它反映批发零售贸易业从国内、国外市场上购进商品的总量。商品购进总额包括：(1) 从工农业生产者购进的商品；(2) 从出版社、报社的出版发行部门购进的图书、杂志和报纸；(3) 从各种登记注册类型的批发零售贸易企业（单位）购进的商品；(4) 从其他单位购进的商品，如从机关、团体、企业等单位购进的剩余物资，从餐饮业、服务业购进的商品，从海关、市场管理部门购进的缉私和没收的商品，从居民手中收购的废旧商品等；(5) 从国（境）外直接进口的商品。不包括企业（单位）为自身经营用和未通过买卖行为而收入的商品以及销售退回、商品升溢等。

商品销售总额

指对本企业（单位）以外的单位和个人出售（包括对境外直接出口）的商品总额。它反映批发零售贸易业在国内市场上销售商品以及出口商品的总量。商品销售总额包括：(1) 售给城乡居民和社会集团消费用的商品；(2) 售给工业、农业、建筑业、运输邮电业、批发零售贸易业、餐饮业、服务业等作为生产、经营使用的商品；(3) 售给批发零售贸易业作为转卖或加工后转卖的商品；(4) 对国（境）外直接出口的商品。不包括出售本企业（单位）自用的废旧包装用品、未通过买卖行为付出的商品、经本单位介绍，由买卖双方直接结算，本单位只收取手续费的业务、购货退出的商品以及商品损耗和损失等。

年末库存总额

指期末各种登记注册类型的批发零售贸易企业（单位）已取得所有权的商品。它反映批发零售贸易企业（单位）的商品库存情况和对市场商品供应的保证程度。期末库存包括：(1) 存放在批发零售贸易业经营单位（如门市部、批发站、经营处）仓库、货场、货柜和货架中的商品；(2) 挑选、整理、包装中的商品；(3) 已记入购进而尚未运到本单位的商品，即发货单或银行承兑凭证已到而货未到的部分；(4) 寄放他处的商品，如因购货方拒绝承付而暂时存放在购货方的商品和已办完加工成品收回手续而未提回的商品；(5) 委托其他单位代销（未作销售或调出）尚未售出的商品；(6) 代其他单位购进尚未交付的商品。不包括所有权不属于本单位的商品、拨付除批发零售贸易业以外的其他行业所属独立核算加工厂等加工生产尚未收回成品的商品、代国家物资储备部门保管的商品等。

营业收入

指企业（单位）在生产经营活动中通过销售商品或提供劳务等取得的收入。营业收入包括主营业务收入

主要统计指标解释

和其他业务收入。主营业务收入是指企业在销售商品、提供劳务等主要业务活动所产生的收入总额。其他业务收入是指各类企业主营业务以外其他业务或不独立核算的附营业务所发生的收入。

主营业务成本

指企业因销售商品、提供劳务或让渡资产使用权等日常活动而发生的实际成本。

限额以上批发和零售业、住宿和餐饮业企业划分标准

批发业是指年销售额2000万元及以上，年末从业人员20人及以上；零售业是指年销售额500万元及以上，年末从业人员60人及以上；住宿业是指星级以上及年营业收入200万元以上的宾馆、饭店；餐饮业是指年销售额200万元及以上，年末从业人员40人及以上。

Explanatory Notes on Main Statistical Indicators

Total Retail Sales of Consumer Goods

refer to the sum of retail sales of commodities sold by wholesale, retail, catering, publishing, post and telecommunications and other service industries to urban and rural households for private consumption and to social institutions for public consumption. Retail sales of consumer goods include:

1. Sales by wholesale and retail units.

(1) of consumer goods sold to urban and rural households;

(2) of commodities sold to foreigners, overseas Chinese and Chinese compatriots from Hong Kong, Macao and Taiwan visiting in China;

(3) of commodities sold to government agencies, institutions, social organizations, military and armed police units, and commodities sold to enterprises in the form of retail sales. More specifically, they include: office facilities and articles for non-production purposes such as communications equipment, computing equipment and instruments, TV and network equipment, printing and copying equipment, audio-visual equipment and instruments, paper, notebooks, stationeries, furniture, electric appliances, knitwear, sanitation and cleaning articles, cultural and sport articles, articles for prizes, souvenirs, etc.; transport vehicles and fuels for employees; materials, spare parts and tools for the maintenance of office facilities; equipment, fuels, materials and food for winter heating or summer cooling purposes; articles and equipment for teaching purpose; Chinese and western medicines and medical equipment and facilities purchased by non profit-making medical institutes; non-specialized work safety articles; cooking utensils, tableware, equipment, cleaning articles, food and fuels purchased by internal cafeterias; clothes and personal articles purchased by military or armed police units for their officials and soldiers; and other equipment and articles for non-production purposes.

2. Sales of stable food, cooked dishes, beverages, tobaccos and other articles by catering units.

3. Sales of books, newspapers, magazines, audio-visual products and post products by publishing, post and telecommunications departments to urban and rural households and to enterprises, institutions, military and armed police units.

4. Sales of food, beverages, tobaccos, clothing, hats, footwear, articles for daily use, medicines, medical and health articles, work of art, handicrafts, toys, funeral articles and other articles by other service industries.

Total Purchases of Commodities

refer to the total value of purchases of commodities by the enterprises (establishments) from other establishments or individuals (including direct import from abroad) for the purpose of re-selling, either with or without further processing of the commodities purchased. This indicator is used to show the total value of purchases of commodities by wholesale and retail establishments from domestic and overseas markets. The total purchases include: (1) agricultural and industrial products purchased from producers; (2) books, magazines and newspapers purchased from distribution departments of the publishers; (3) commodities purchased from wholesale and retail establishments of different status of registration; (4) commodities purchased from other units, such as surplus materials purchased from government agencies, enterprises or institutions, commodities purchased from catering and service establishments, confiscated goods purchased from customs authorities or market management agencies, second-hand goods and wastes purchased from residents; and (5) commodities directly imported from abroad. Excluded are commodities purchased by enterprises (establishments) for use in their own business operation, commodities obtained without buying or selling procedures, rejected commodities, etc..

Total Sales of Commodities

refer to value of commodities sold by the establishments to other establishments and individuals (including direct export). This indicator is used to show the total value of sales of commodities at domestic markets and export. The total sales include: (1) commodities sold to urban and rural residents and social groups for their consumption; (2) commodities sold to establishments in industry, agriculture, construction, transportation, post and telecommunications, wholesale and retail trades, catering trade and public utility for their production and operation; (3) commodities sold to wholesale and retail establishments for re selling, with or without further processing; and (4) commodities for direct export to other countries. Excluded are selling of waste packaging materials used by the establishments (units) themselves, commodities transferred without buying or selling procedures, commission income from brokerage in transactions whose settlement is directly handled by buyers and sellers, rejected commodities in the purchase, loss in commodities, etc..

Commodity Stock

refers to total commodities possessed by wholesale and retail enterprises (units) of various types of registration status at the end of the year, which reflects the commodity stock level of various wholesale and retail enterprises and the potential for market supply. It includes: (1) commodities located in storage, garages, counters, and shelves of operating units (such as sale stores, wholesale centers, and operating offices) of wholesale and retail enterprises; (2) commodities in the process of selecting, sorting, and packing; (3) commodities not arrived but recorded as purchase in the account, i.e. commodities not arrived but payment receipts for the commodities from the sellers or the banks arrived; (4) commodities deposited in other places rather than places mentioned above, for instance: commodities in the hold of purchasers temporarily due to the refusal of payment and commodities not taken back after going through the

Explanatory Notes on Main Statistical Indicators

formalities; (5) commodities entrusted to other units to sell but not sold yet; (6) commodities purchased for other units but not delivered yet. Commodities not included as stock are those not owned by the enterprises (units), those allocated to financially independent factories rather than wholesale and retail enterprises for processing but not taken back yet, and finally those put in stock by wholesale and retail enterprises on behalf of the state material reserves units.

Business Revenue

refers to revenue of enterprises through selling commodities or providing services. It includes income of principal business and other business income. Income of principal business refers to income of main business activities. Other business income refers to income of other business or attached business not including main business.

Cost of Principal Business

refers to real costs from the sales of products, labor services provided, alienation of using asset right and etc..

Classified Standard of Wholesale, Retail Trade, Accommodation and Catering Enterprises above Designated Size

Wholesale enterprises refer to enterprises with sales over 20 million yuan, with laborers over 20 persons. Retail enterprises refer to enterprises with sales over 5 million yuan, with laborers over 60 persons. Accommodation enterprises refer to restaurants and hotels of over star-level with sales over 2 million yuan. Catering enterprises refer to enterprises with sales over 2 million yuan, with laborers over 40 persons.

第15篇

CHAPTER 15

对外经济贸易和旅游

Foreign Trade, Economic Cooperation and Tourism

15-1 对外贸易进出口商品总值(1990-2007年)
Total Value of Imports and Exports, 1990-2007

年 份 Year	绝对数(亿美元) Absolute Value (USD 100 million)			增长速度(%) (比上年) Increase Rate (%) (Over Preceding Year)		
	进出口总值 Imports & Exports	出口总值 Exports	进口总值 Imports	进出口总值 Imports & Exports	出口总值 Exports	进口总值 Imports
1990	22.10	17.86	4.24	-0.2	5.9	-19.7
1991	20.20	16.06	4.14	-8.6	-10.0	-2.5
1992	23.76	17.52	6.23	17.6	9.1	50.7
1993	27.77	19.42	8.34	16.9	10.8	33.8
1994	33.12	24.00	9.13	19.3	23.6	9.4
1995	65.46	29.98	35.47	97.6	24.9	288.7
1996	82.97	40.49	42.48	26.8	35.0	19.8
1997	100.23	50.18	50.05	20.8	23.9	17.8
1998	106.16	54.99	51.17	5.9	9.6	2.3
1999	126.05	63.32	62.73	18.7	15.2	22.6
2000	171.57	86.29	85.28	36.1	36.3	36.0
2001	181.86	95.02	86.85	6.0	10.1	1.8
2002	228.27	115.95	112.32	25.5	22.0	29.3
2003	293.71	143.74	149.97	28.7	24.0	33.5
2004	420.19	208.65	211.54	43.2	45.4	41.4
2005	533.87	274.15	259.72	27.1	31.4	22.8
2006	645.73	335.40	310.33	21.0	22.3	19.5
2007	715.50	381.61	333.89	10.8	13.8	7.6

注：自1998年始,用海关数据。
Note: From 1998, the data of this table are provided by Tianjin Customs.

15-2 天津口岸进出口商品总值(1990-2007年)
Total Value of Imports and Exports in Tianjin Port, 1990-2007

年 份 Year	按美元计算(亿美元) Calculated by USD (USD 100 million)			按人民币计算(亿元) Calculated by RMB (100 million yuan)		
	进出口总值 Imports & Exports	出口总值 Exports	进口总值 Imports	进出口总值 Imports & Exports	出口总值 Exports	进口总值 Imports
1990	85.95	42.53	43.42	410.84	203.29	207.55
1991	91.37	46.48	44.89	486.98	239.59	247.39
1992	104.61	54.60	50.01	572.23	298.68	273.55
1993	125.04	66.03	59.01	726.48	383.63	342.85
1994	161.67	86.81	74.86	1397.96	750.65	647.31
1995	217.46	127.81	89.65	1821.23	1070.41	750.82
1996	216.85	122.89	93.96	1804.19	1022.44	781.75
1997	215.62	131.24	84.38	1787.55	1088.02	699.53
1998	223.19	134.84	88.35	1852.48	1119.17	733.31
1999	248.29	139.18	109.11	2055.34	1152.13	903.21
2000	298.03	165.29	132.74	2479.60	1375.20	1104.40
2001	323.71	178.13	145.58	2679.30	1474.40	1204.90
2002	365.35	190.55	174.80	3025.46	1577.94	1447.52
2003	461.67	259.57	202.10	3831.86	2154.43	1677.43
2004	677.66	384.80	292.86	5608.66	3184.80	2423.86
2005	819.29	446.83	372.46	6711.38	3660.30	3051.08
2006	1018.85	571.24	447.61	8122.07	4553.81	3568.26
2007	1290.00	752.87	537.13	9616.05	5612.12	4003.93

15-3 利用外资情况（1990-2007年）
Utilization of Foreign Capital, 1990-2007

年 份 Year	绝对数(万美元) Absolute Value (USD 10 000)		增长速度(%) (比上年) Increase Rate (%) (Over Preceding Year)	
	直接利用外资 Foreign Direct Investment	借用国外资金 Foreign Loans	直接利用外资 Foreign Direct Investment	借用国外资金 Foreign Loans
合同额 Foreign Investment Contracted				
1990	16367	2000	93.6	-87.3
1991	19656	4100	20.1	87.0
1992	121927	12100	520.3	195.1
1993	225567	9154	85.0	-24.3
1994	350234	52000	55.3	468.1
1995	385053	35600	9.9	-31.5
1996	392431	120400	1.9	238.2
1997	385066	202100	-1.9	67.9
1998	363729	132989	-5.5	-34.2
1999	362034	102545	-0.5	-22.9
2000	460000		27.1	
2001	463000		0.7	
2002	581220		25.5	
2003	351297		74.3	
2004	558855		59.1	
2005	732281		31.0	
2006	811156		10.8	
2007	1151856		42.0	
实际利用外资 Foreign Capital Actually Used				
1990	8315	25122	2.7	-28.6
1991	9388	38711	12.9	54.1
1992	23138	59922	146.5	54.8
1993	54120	39112	133.9	-34.7
1994	101499	75985	87.5	94.3
1995	152064	58924	49.8	-22.5
1996	200587	97771	31.9	65.9
1997	251135	91166	25.2	-6.8
1998	251803	53984	0.3	-40.8
1999	253203	21332	0.6	-60.5
2000	256000	26467	1.1	24.1
2001	322000	7688	25.8	-71.0
2002	380591	6310	18.2	17.9
2003	163325	7225	62.9	14.5
2004	247243	22993	51.4	218.2
2005	332885	31688	34.6	37.8
2006	413077	23819	24.1	-24.8
2007	527776	18257	27.8	-23.4

注：自2003年开始，直接利用外资额采用商务部新口径，速度为可比口径；15-9、15-10、15-12表同。
Note: Foreign direct investment since 2003 has adopted new coverage of Ministry of Commerce, and its increase rate is calculated on the basis of comparable coverage; same as table 15-9, 15-10 and 15-12.

15-4 人民币对主要外币年平均汇价（中间价）（1981-2007年）
Average Exchange Rate of RMB Against Main Convertible Currencies (Middle Rate), 1981-2007

单位：人民币元 (RMB yuan)

年 份 Year	100美元 100 US Dollars	100日元 100 Japanese Yen	100港元 100 Hong Kong Dollars	100欧元 100 Euros
1981	170.50	0.7735	30.41	
1982	189.25	0.7607	31.15	
1983	197.57	0.8318	27.36	
1984	232.70	0.978	29.71	
1985	293.66	1.2457	37.57	
1986	345.28	2.0694	44.22	
1987	372.21	2.5799	47.74	
1988	372.21	2.9082	47.70	
1989	376.51	2.7360	48.28	
1990	478.32	3.3233	61.39	
1991	532.33	3.9602	68.45	
1992	551.46	4.3608	71.24	
1993	576.20	5.2020	74.41	
1994	861.87	8.4370	111.53	
1995	835.10	8.9225	107.96	
1996	831.42	7.6352	107.51	
1997	828.98	6.8600	107.09	
1998	827.91	6.3488	106.88	
1999	827.83	7.2932	106.66	
2000	827.84	7.6864	106.18	
2001	827.70	6.8075	106.08	
2002	827.70	6.6237	106.07	800.58
2003	827.70	7.1466	106.24	936.13
2004	827.68	7.6552	106.23	1029.00
2005	819.17	7.4484	105.30	1019.53
2006	797.18	6.8570	102.62	1001.90
2007	760.40	6.4632	97.46	1041.75

注：欧元自2002年开始进入市场流通。
Note: Euros enters the circulating market from 2002.

15-5 对外贸易进出口商品总值（2007年）
Total Value of Imports and Exports in Foreign Trade, 2007

单位：万美元 (USD 10 000)

项　目	Item	进出口总值 Imports & Exports	出口总值 Exports	进口总值 Imports
合　计	Total	**7154981**	**3816122**	**3338859**
按口岸分	**By Port**			
本口岸	Local Port	5560463	2805279	2755185
外口岸	Outside Port	1594518	1010843	583674
按经营单位分	**By Managing Unit**			
# 国有企业	State-owned Enterprises	1019594	568802	450791
中外合资企业	Joint Venture Enterprises	2508578	1367012	1141565
中外合作企业	Cooperative Operation Enterprises	79457	40558	38900
外商独资企业	Foreign-funded Sole Enterprises	2833852	1422313	1411539
按贸易性质分	**By Way of Trade**			
# 一般贸易	General Trade	2772605	1300550	1472055
进料加工	Processing Using Import Material	3256283	2178581	1077702
外商投资企业进口设备	Equipments of Foreign-funded Enterprises Import	99142		99142
来料加工	Processing Using Provided Material	209197	122223	86974
易货贸易	Dicker Trade	6	6	
捐　赠	Donation	106		106
保税区仓储进出境货物	Goods Passed in and out TFTZ	44308	3755	40553
保税区仓储转口货物	Goods Transited in TFTZ	739539	189726	549813
按商品类别分	**By Category of Commodities**			
# 食品及活动物	Food and Living Animals	66501	20795	45706
饮料及烟类	Beverage and Tobacco	2707	896	1811
非食用原料(燃料油除外)	Non-edible Raw Materials (exclude Fuel Oil)	62572	38397	24175
矿物燃料、润滑油及有关原料	Mineral Fuels, Lubricants and Related Materials	177449	68264	109185
动植物油、脂及蜡	Animal and Vegetable Oils, Fats and Wax	130032	129618	414
化学成品及有关产品	Chemicals and Related Products	403186	163651	239530
按原料分类的制成品	Related Products By Raw Materials	1025813	454970	570843
机械及运输设备	Machinery and Transport Equipment	4219508	1860506	2359002
杂项制品	Miscellaneous Products	82334	5658	76676

15-6 对外贸易分国别、地区进出口商品总值
Total Value of Imports and Exports in Foreign Trade by Country and Region

单位：万美元 (USD 10 000)

国别、地区	Country, Region	2006 进出口总值 Imports & Exports	2006 出口总值 Exports	2006 进口总值 Imports	2007 进出口总值 Imports & Exports	2007 出口总值 Exports	2007 进口总值 Imports
合 计	**Total**	**6457292**	**3353985**	**3103307**	**7154981**	**3816122**	**3338859**
亚 洲	**Asia**	**3920600**	**1570390**	**2350209**	**4100097**	**1792639**	**2307457**
#中国香港	Hong Kong, China	300178	219830	80348	266458	189432	77026
中国澳门	Macao, China	304	291	13	449	448	1
朝 鲜	Democratic People's Republic of Korea	452	188	264	755	177	578
韩 国	Republic of Korea	1095604	324078	771526	1300184	407541	892643
日 本	Japan	972898	314597	658302	969428	312986	656443
菲律宾	Philippines	51407	14972	36435	67893	31780	36113
缅 甸	Burma	3121	2955	165	6021	5817	203
泰 国	Thailand	65023	35884	29140	84138	45345	38794
马来西亚	Malaysia	142188	72828	69359	182494	90373	92120
新加坡	Singapore	450765	266117	184648	342195	232071	110124
巴基斯坦	Pakistan	21962	21196	767	18670	17629	1041
伊 朗	Iran	24077	13370	10706	71202	62542	8660
叙利亚	Syria	5172	5025	147	15714	15704	10
中国台湾	Taiwan, China	197247	34937	162309	188157	46431	141726
黎巴嫩	Lebanon	594	594		2548	2548	
约 旦	Jordan	1688	1688		2680	2663	17
也 门	Yeman	2004	1961	44	2972	2902	70
沙 特	Saudi Arabia	19307	14087	5220	30410	26275	4135
科威特	Koweit	2559	2154	405	6326	6087	239
巴 林	Bahrein	639	632	8	978	977	1
非 洲	**Africa**	**70820**	**58057**	**12764**	**126767**	**108602**	**18165**
#埃 及	Egypt	5017	4445	572	9726	9291	435
苏 丹	Sudan	4622	4012	610	5248	5129	119
利比亚	Libya	1288	1288		1502	1502	
肯尼亚	Kenya	1714	1617	97	3241	3121	120
坦桑尼亚	Tanzania	1780	1390	390	2509	2303	206
欧 洲	**Europe**	**995858**	**676673**	**319184**	**1195406**	**756794**	**438612**
#波 兰	Poland	9322	8328	994	18085	15031	3053
俄罗斯联邦	Russia	63193	36961	26232	144576	109334	35242
爱沙尼亚	Esthonia	687	607	80	1397	1216	181
拉托维亚	Latvia	818	803	15	2052	2050	2
立陶宛	Lithuania	1660	1315	345	2046	1988	58
斯洛文尼亚	Slovenia	2350	1224	1127	1961	1503	458
斯洛伐克	Slovakia	4903	2501	2403	27866	6335	21532

15-6 续表 Continued

单位：万美元 (USD 10 000)

国 别、地 区	Country, Region	2006 进出口总值 Imports & Exports	2006 出口总值 Exports	2006 进口总值 Imports	2007 进出口总值 Imports & Exports	2007 出口总值 Exports	2007 进口总值 Imports
匈牙利	Hungary	19280	17976	1304	24233	23413	820
捷 克	Czech	4822	2968	1855	9259	5142	4117
保加利亚	Bulgaria	1665	1550	115	3618	3549	69
阿尔巴尼亚	Albania	38	38		276	231	45
罗马尼亚	Roumania	4517	3410	1107	8065	7173	892
德 国	Germany	370310	252107	118203	277356	137929	139427
南斯拉夫	Yugoslavia	654	650	4			
法 国	France	76896	41172	35724	109460	62436	47024
意大利	Italy	58920	37194	21726	90074	64358	25716
荷 兰	Netherlands	57428	48733	8696	72308	62094	10214
比利时	Belgium	27155	18094	9061	38072	25270	12802
英 国	United Kingdom	90953	59846	31107	108535	75630	32905
爱尔兰	Ireland	6524	4221	2303	7303	3928	3375
丹 麦	Danmark	27315	12036	15279	49549	15495	34054
芬 兰	Finland	53662	46364	7298	36957	30594	6363
瑞 典	Sweden	15491	9512	5979	18302	10727	7575
挪 威	Norway	4548	2989	1559	7574	3795	3779
瑞 士	Switzerland	18850	12045	6805	20165	8112	12053
奥地利	Austria	6875	2771	4104	9116	2899	6217
西班牙	Spain	41324	27749	13575	69091	42276	26815
希 腊	Greece	3830	3654	177	6076	5946	130
葡萄牙	Portugal	4500	4419	81	6582	5911	671
塞普路斯	Cyprus	469	467	2	1876	1872	4
马耳他	Malta	295	63	232	306	259	46
拉丁美洲及北美洲	**Latin and North America**	**1376027**	**999404**	**376623**	**1604703**	**1105221**	**499482**
# 墨西哥	Mexico	43652	36469	7183	65031	48857	16174
古 巴	Cuba	3537	3484	53	3268	3268	
智 利	Chile	10500	7804	2696	17848	13345	4504
加拿大	Canada	70975	49810	21165	86263	56347	29916
美 国	United States	1119933	825526	294407	1213769	877442	336328
大洋洲及太平洋地区	**Oceania and Pacific Region**	**107284**	**54807**	**52476**	**128009**	**52866**	**75143**
# 澳大利亚	Australia	80691	44114	36577	113265	46308	66958
新西兰	New Zealand	12107	4435	7672	11904	5271	6634

15-7 天津口岸进出口商品检验情况（2004-2007年）
Inspection of Imports and Exports Commodities in Tianjin Port, 2004-2007

单位：批、万美元 (batch, USD 10 000)

项　目	Item	2004	2005	2006	2007
进口商品检验	Imports Inspection				
批　数	Batches	133767	153949	141241	163985
#不合格	Disqualification	1420	2330	3223	3360
金　额	Value	1481248	1713168	2063952	2714642
#不合格	Disqualification	125877	220364	268275	312457
出口商品检验	Exports Inspection				
批　数	Batches	166023	185513	213002	249554
#不合格	Disqualification	675	766	663	485
金　额	Value	1624435	1848814	2153408	2393201
#不合格	Disqualification	16106	16123	16142	8308

15-8 本市在境外设立企业和机构情况
Municipal Overseas Enterprises and Agencies

项　目	Item	2006	2007	至2007年底累计 Accumulated at the End of 2007
企业和机构总计(个)	Total (unit)	72	60	749
企　业	Enterprises	39	50	570
机　构	Agencies	33	10	179
投资总额(万美元)	Total Investment (USD 10 000)	7545	12814	72254
#中方投资额	Chinese Investment	5983	10269	54540
中方投资占比重(%)	Proportion of Chinese Investment (%)	79.3	80.1	75.5
投资国家和地区(个)	Number of Countries and Regions (unit)	35	28	90

15-9 直接利用外资签约情况（2005-2007年）
Utilization of Foreign Direct Investment, 2005-2007

单位：个、万美元 (batch, USD 10 000)

项　目	Item	2005	2006	2007	2007比2006年增长(%) Increased Rate in 2007 over 2006 (%)
合同数	**Number of Contracts**	**1309**	**1050**	**906**	**-13.7**
合资企业	Joint Venture Enterprises	357	317	248	-21.8
合作企业	Cooperative Operation Enterprises	16	25	12	-52.0
独资企业	Sole Foreign-funded Enterprises	936	708	646	-8.8
合同投资总额	**Total Investment Contracted**	**1297272**	**1443631**	**1935090**	**34.0**
合资企业	Joint Venture Enterprises	461763	486187	641415	31.9
合作企业	Cooperative Operation Enterprises	51663	59324	36219	-39.0
独资企业	Sole Foreign-funded Enterprises	783846	898121	1257457	40.0
合同外资金额	**Foreign Investment Contracted**	**732281**	**811156**	**1151856**	**42.0**
合资企业	Joint Venture Enterprises	170925	176709	236753	34.0
合作企业	Cooperative Operation Enterprises	21408	31935	22999	-28.0
独资企业	Sole Foreign-funded Enterprises	539948	602512	892104	48.1

15-10 实际利用外资情况（2005-2007年）
Foreign Capital Actually Used, 2005-2007

单位：万美元 (USD 10 000)

项　目	Item	2005	2006	2007	2007比2006年增长(%) Increased Rate in 2007 over 2006 (%)
总　计	**Total**	**364573**	**436896**	**546033**	**25**
借用国外资金	**Foreign Loans**	**31688**	**23819**	**18257**	**-23.4**
外国政府贷款	Foreign Government Loans	1925	43	303	604.7
国际金融组织贷款	Loans from International Financial Organizations	15000		332	
出口信贷	Export Loans				
外国银行商业贷款	Commercial Loans from Foreign Banks	14763	23776	17622	-25.9
对外发行债券、股票	External Bonds, Stocks				
直接利用外资	**Foreign Direct Investment**	**332885**	**413077**	**527776**	**27.8**
合资企业	Joint Venture Enterprises	91370	118795	181363	52.7
合作企业	Cooperative Operation Enterprises	14303	37226	24647	-33.8
独资企业	Sole Foreign-funded Enterprises	227213	257057	321766	25.2

15-11 借用国外资金情况
Borrowing Foreign Capital

单位：万美元 (USD 10 000)

项 目 Item	上年结转资金 Capital Carried From Last Year		当年新增借款 New Increased Loans		偿还本金 Repaid Principals	
	2006	2007	2006	2007	2006	2007
国外贷款合计						
Total Loans	**47004**	**50520**	**23819**	**18257**	**24967**	**24958**
按债务期限分						
By Period of Debt						
中长期						
Long-term & Medium-term	38446	37395	3106	1194	10428	5435
短 期						
Short-term	8558	13125	20713	17063	14539	19523
按借款方式分						
By Mode of Borrowing						
外国政府贷款						
Government Loans	23139	23405	43	303	4388	2015
国际金融组织贷款						
Loans from International Financial Organization	856	856				40
出口信贷						
Export Loans	12959	11412		332	2277	2550
外国银行商业贷款						
Commercial Loans of Foreign Banks	10050	13517	23776	17622	18302	20131

项 目 Item	外汇汇率差额 Margin of Foreign Exchange Rate		期末借款余额 Loaned Balance of Year-end		偿还利息 Repaid Interests	
	2006	2007	2006	2007	2006	2007
国外贷款合计						
Total Loans	**622**	**1190**	**46478**	**45010**	**801**	**829**
按债务期限分						
By Period of Debt						
中长期						
Long-term & Medium-term	622	1190	31746	34345	801	829
短 期						
Short-term			14732	10665		
按借款方式分						
By Mode of Borrowing						
外国政府贷款						
Government Loans	85	422	18879	22116	148	164
国际金融组织贷款						
Loans from International Financial Organization			856	816		
出口信贷						
Export Loans	536	768	11218	9962	652	665
外国银行商业贷款						
Commercial Loans of Foreign Banks			15524	11007		

15-12 外商及港澳台商投资企业投资情况（2007年）
Investment of Foreign-funded and Hong Kong, Macao and Taiwan Funded Enterprises, 2007

项　目	Item	签订合同项目(个) Number of Contracts Signed (item)		签订合同投资总额(万美元) Total Capital of Contracted Investment (USD 10 000)	
		2007	至2007年底累计 Accumulated by the End of 2007	2007	至2007年底累计 Accumulated by the End of 2007
总　计	**Total**	**906**	**20357**	**1935090**	**11284982**
按投资方式分	**By Mode of Investment**				
合资企业	Joint Venture Enterprises	248	7198	641415	4272050
合作企业	Cooperative Operation Enterprises	12	641	36219	735780
独资企业	Foreign-funded Sole Enterprises	646	12518	1257457	6277152
按行业分	**By Sector**				
农　业	Agriculture	1	144	1498	60007
制造业	Manufacturing	431	11307	776967	6032051
建筑业	Construction	16	374	75968	219673
交通运输及仓储业	Transportation and Storage	23	221	201828	674845
批发零售贸易及餐饮业	Wholesale, Retail Trade and Catering	154	5663	152113	1294747
房地产业	Real Estate	92	870	440643	2065381
社会服务业	Social Services	189	1739	286073	910419
其他行业	Others				
按国别(地区)分	**By Country (Region)**				
# 中国香港	Hong Kong, China	260	6210	868136	3838937
中国台湾	Taiwan, China	32	1824	19793	330189
韩　国	Republic of Korea	165	2741	80982	912484
日　本	Japan	65	1879	78486	828260
美　国	United States	93	3077	136163	1433986
新加坡	Singapore	41	645	105805	512112
英　国	United Kingdom	18	223	54550	233250
德　国	Germany	21	291	36002	212189
法　国	France	13	170	58316	139052
意大利	Italy	7	112	5908	81597
英属维尔京群岛	Virgin Islands of United Kingdom	64	522	279222	1246664

15-12 续表 Continued

项　目	Item	# 外资合同额(万美元) Foreign Investment Contracted (USD 10 000)		实际直接利用外资(万美元) Foreign Investment Actually Used (USD 10 000)	
		2007	至2007年底累计 Accumulated at the End of 2007	2007	至2007年底累计 Accumulated at the End of 2007
总　计	**Total**	**1151856**	**7784293**	**527776**	**3974985**
按投资方式分	**By Mode of Investment**				
合资企业	Joint Venture Enterprises	236753	2213700	181363	1516206
合作企业	Cooperative Operation Enterprises	22999	566445	24647	256994
独资企业	Foreign-funded Sole Enterprises	892104	5004148	321766	2201785
按行业分	**By Sector**				
农　业	Agriculture	1293	35872	472	9128
制造业	Manufacturing	424319	4156498	261986	2461718
建筑业	Construction	57986	163374	189	54577
交通运输及仓储业	Transportation and Storage	63263	307491	63777	218794
批发零售贸易及餐饮业	Wholesale, Retail Trade and Catering	85653	989557	36761	608964
房地产业	Real Estate	310477	1474719	119845	372148
社会服务业	Social Services	208865	632410	44746	236377
其他行业	Others				
按国别(地区)分	**By Country (Region)**				
# 中国香港	Hong Kong, China	531787	2729019	147877	1235631
中国台湾	Taiwan, China	9520	234475	4076	108214
韩　国	Republic of Korea	43655	526195	46646	320938
日　本	Japan	42444	515642	34180	465516
美　国	United States	95873	1135817	40714	455714
新加坡	Singapore	59759	236434	53310	172099
英　国	United Kingdom	45532	118689	4413	59786
德　国	Germany	19691	140632	13113	78448
法　国	France	16799	74967	5728	31734
意大利	Italy	2320	61113	2065	23911
英属维尔京群岛	Virgin Islands of United Kingdom	179383	722915	95564	399800

15-13 外商及港澳台商投资企业生产经营情况(2007年)
Production and Operation of Foreign-funded and Hong Kong, Macao and Taiwan Funded Enterprises, 2007

单位：万元 (10 000 yuan)

项 目 Item	企业个数(个) Number of Enterprises (unit)	全部从业人员数(人) Number of Employment Personnel (person)	全部从业人员劳动报酬 Total Remuneration of Employment Personnel	销售(营业)收入 Sales (Business) Revenue	利润总额 Total Profits
合 计 Total	**6241**	**614706**	**1951448**	**57979030**	**3551268**
按投资方式分 By Mode of Investment					
港澳台合资 Hong Kong, Macao and Taiwan Joint Venture	868	83318	215375	6051675	566495
港澳台合作 Hong Kong, Macao and Taiwan Cooperative Operation	60	6729	18352	401478	45116
港澳台独资 Hong Kong, Macao and Taiwan Sole Funded	1123	81739	206062	4719859	395330
中外合资 Joint Venture	1272	162364	667698	24384505	1439941
中外合作 Cooperative Operation	123	10373	30993	556011	47207
外商独资 Foreign-funded Sole	2795	270183	812968	21865502	1057179
按国民经济行业分 By Sector					
农、林、牧、渔业 Farming, Forestry, Animal Husbandry and Fishery	20	716	1862	55448	1187
采矿业 Minerals Mining	10	991	2159	465021	29703
制造业 Manufacturing	3794	521088	1617021	50173090	2569591
# 食品制造业 Manufacture of Food	136	13437	33366	680630	24178
饮料制造业 Manufacture of Beverage	57	9146	28504	616032	30960
纺织业 Manufacture of Textile	101	8410	17189	258588	6680
纺织服装、鞋、帽制造业 Manufacture of Textile, Wearing Apparel, Footwear and Caps	205	26754	190677	390815	5727
家具制造业 Manufacture of Furniture	63	8394	16068	249771	10851
化学原料及化学制品制造业 Manufacture of Chemical Raw Materials and Chemical Products	207	11380	54896	1643951	125663
医药制造业 Manufacture of Medicines	84	12343	62260	885948	128612
塑料制品业 Manufacture of Plastic	309	32882	75308	1777020	87215
非金属矿物制品业 Manufacture of Non-metallic Mineral Products	119	9354	32821	905599	35370

15-13 续表 1 Continued

单位：万元 (10 000 yuan)

项　目 Item	企业个数(个) Number of Enterprises (unit)	全部从业人员数(人) Number of Employment Personnel (person)	全部从业人员劳动报酬 Total Remuneration of Employment Personnel	销售(营业)收　入 Sales (Business) Revenue	利润总额 Total Profits
黑色金属冶炼及压延加工业 Smelting and Pressing of Ferrous Metals	27	4617	11508	332817	11098
通用设备制造业 Manufacture of General Purpose Machinery	203	32047	117976	3230716	378304
专用设备制造业 Manufacture of Special Machinery	262	18532	56050	1065012	107899
交通运输设备制造业 Manufacture of Transport Equipment	275	64458	146873	8077518	635583
电气机械及器材制造业 Manufacture of Electric Machinery and Equipment	178	24739	65219	1850150	103606
通信设备、计算机及其他电子设备制造业 Manufacture of Communications Equipment, Computers and Other Electronic Equipment	496	138645	450863	20850291	603988
电力、燃气及水的生产和供应业 Production & Supply of Power, Gas and Water	22	4037	17123	347596	23466
建筑业 Construction	126	2220	7857	201450	8583
交通运输、仓储及邮政业 Transportation, Storage and Post Services	257	14122	74187	1259068	389438
信息传输、计算机服务和软件业 Information Transmitting, Computer Services and Software	97	4489	23151	82270	1810
批发和零售业 Wholesale and Retail Trade	1199	28041	91473	4249883	379372
住宿和餐饮业 Accommodation and Catering Services	93	15196	23911	257173	24398
金融业 Finance Intermediation	27	933	11393	184775	46792
房地产业 Real Estate	215	4344	19007	353212	19310
租赁和商务服务业 Leasing and Business Services	179	2066	10351	64886	28509
科学研究、技术服务和地质勘察业 Scientific Research, Technical Services and Geological Prospecting	126	4154	33430	233420	29849
水利、环境和公共设施管理业 Management for Water Conservancy, Environment and Public Facilities	7	62	132	764	-96
居民服务和社会服务业 Resident Services and Other Social Services	50	10814	16100	40709	497
文化、体育和娱乐业 Culture, Sports and Recreational Services	11	1286	2078	9652	-1175
其　他 Others	8	147	213	613	34

15-13 续表 2 *Continued*

单位：万元 (10 000 yuan)

项　目	Item	企业个数(个) Number of Enterprises (unit)	全部从业人员数(人) Number of Employment Personnel (person)	全部从业人员劳动报酬 Total Remuneration of Employment Personnel	销售(营业)收　入 Sales (Business) Revenue	利润总额 Total Profits
按坐落地点分	**By Site of Location**					
和平区	Heping District	455	11656	46764	1574087	124401
河东区	Hedong District	229	10584	30342	1228770	54911
河西区	Hexi District	609	25362	105353	2397161	145109
南开区	Nankai District	614	32806	108742	1680126	137057
河北区	Hebei District	151	9233	25057	381583	43362
红桥区	Hongqiao District	42	1381	3341	75934	5518
塘沽区	Tanggu District	1762	162469	782355	20745478	1316693
汉沽区	Han'gu District	51	4104	9716	383974	13076
大港区	Dagang District	70	9009	22102	465811	-455
东丽区	Dongli District	458	45194	114586	2905225	140345
西青区	Xiqing District	621	130949	300509	16849627	901603
津南区	Jinnan District	319	40386	87640	1589402	130883
北辰区	Beichen District	372	38035	118457	3944579	194052
武清区	Wuqing District	218	54509	123294	2189611	290636
宝坻区	Baodi District	70	14244	23717	277908	9911
宁河县	Ninghe County	30	3462	5999	88003	5737
静海县	Jinghai County	132	17326	33244	813657	14553
蓟　县	Jixian County	38	3997	10230	388094	23876
按国别(地区)分	**by Country (Region)**					
亚　洲	**Asia**	**4276**	**430275**	**1272235**	**38839653**	**2475868**
# 中国香港	Hong Kong, China	1607	132982	353746	9061102	877330
印度尼西亚	Indonesia	8	159	654	40915	-1186
日　本	Japan	856	117543	327690	13326635	823544
中国澳门	Macao, China	29	1174	6970	260572	8710
马来西亚	Malaysia	36	2018	3275	74965	5458
新加坡	Singapore	202	21781	51664	909189	50366
韩　国	Republic of Korea	885	106524	273532	12899962	575743
泰　国	Thailand	19	1474	150382	116046	4517
中国台湾	Taiwan, China	462	39968	86219	1969221	133758

15-13 续表 3 Continued

单位：万元 (10 000 yuan)

项　目	Item	企业个数(个) Number of Enterprises (unit)	全部从业人员数(人) Number of Employment Personnel (person)	全部从业人员劳动报酬 Total Remuneration of Employment Personnel	销售(营业)收入 Sales (Business) Revenue	利润总额 Total Profits
非　洲	**Africa**	**38**	**1445**	**5171**	**94806**	**-2728**
欧　洲	**Europe**	**551**	**50066**	**226090**	**5608113**	**604818**
#比利时	Belgium	7	115	632	6770	478
丹　麦	Danmark	15	4230	29673	720487	110193
英　国	United Kingdom	115	13514	44886	892060	93716
德　国	Germany	112	9384	42987	1475451	190036
法　国	France	66	7464	46327	831994	92160
意大利	Italy	37	3139	8819	238630	3841
荷　兰	Netherlands	39	2588	17668	614066	53425
西班牙	Spain	26	2067	4232	50462	-4498
芬　兰	Finland	8	229	1851	55669	8700
匈牙利	Hungary	7	180	289	1488	72
挪　威	Norway	2	118	733	3472	770
罗马尼亚	Roumania	6	48	81	893	31
瑞　典	Sweden	25	1960	6544	150460	18850
瑞　士	Switzerland	28	2477	12950	359237	21517
俄罗斯	Russia	9	444	1120	43434	5865
拉丁美洲	**Latin**	**214**	**43052**	**94655**	**2876662**	**165873**
#巴　西	Brazil	51	6384	13279	239391	15189
凯曼群岛	Cayman	15	6528	15513	374142	-4190
巴拿马	Panama	8	42	135	874	-482
英属维尔京群岛	Virgin Islands	123	29254	64083	2245886	155864
北美洲	**North America**	**1050**	**80878**	**332169**	**9797061**	**258223**
#加拿大	Canada	134	6623	14141	249847	8251
美　国	United States	902	73455	315879	9503676	248672
大洋洲	**Oceania**	**112**	**8990**	**21128**	**762735**	**49214**
#澳大利亚	Australia	73	5157	11577	206742	13978

15-14 新批准外商及港澳台商投资企业投资情况（2007年）
Investment of New Approved Foreign-funded and Hong Kong, Macao and Taiwan Funded Enterprises, 2007

企业名称 Name of Enterprise	投资国别(地区) Investment Country (Region)	合同投资总额(万美元) Value of Investment Contracted (USD 10 000)	# 合同外资额 Foreign Capital Contracted
中国远洋控股股份有限公司 China COSCO Holdings Company Limited	中国香港 Hong Kong,China	77162	27906
天津港欧亚国际集装箱码头有限公司 Tianjin Port Euroasia International Container Terminal Co., Ltd.	英属维尔京群岛 Virgin Islands	46739	16359
空中客车(天津)工装夹具有限公司 Airbus (Tianjin) Jigs and Tools Company Limited	法 国 France	35183	9187
银河国际货运航空有限公司 Grandstar Cargo International Airlines Co., Ltd.	韩 国 Republic of Korea	19500	3185
圣依(天津)实业发展有限公司 Shengyi (Tianjin) Industrial Co., Ltd.	中国香港 Hong Kong,China	9999	9999
雷梦(天津)实业有限公司 Lemon (Tianjin) Industrial Co., Ltd.	英属维尔京群岛 Virgin Islands	9999	4635
凯德(天津)有限公司 Capitaland (Tianjin) Co., Ltd.	新加坡 Singapore	9980	9980
玖龙纸业(天津)有限公司 Nine Dragons Paper Industries (Tianjin) Co., Ltd.	中国香港 Hong Kong,China	9980	3952
耀宇纸业(天津)有限公司 Yao Yu Paper Industries (Tianjin) Co., Ltd.	中国香港 Hong Kong,China	9980	3295
铭冠纸业(天津)有限公司 Ming Guan Paper Industries (Tianjin) Co., Ltd.	中国香港 Hong Kong,China	9980	3295
天祺纸业(天津)有限公司 Tian Qi Paper Industries (Tianjin) Co., Ltd.	中国香港 Hong Kong,China	9980	3295
锦盛纸业(天津)有限公司 Jin Sheng Paper Industries (Tianjin) Co., Ltd.	中国香港 Hong Kong,China	9980	3295
权益城市设施开发(天津)有限公司 Equity International Urban Facilities Development (Tianjin)Co., Ltd.	中国香港 Hong Kong,China	9950	7000
凤翔纸业(天津)有限公司 Feng Xiang Paper Industries (Tianjin) Co., Ltd.	中国香港 Hong Kong,China	9950	3285
耀龙纸业(天津)有限公司 Shine Dragon Paper Industries (Tianjin) Co., Ltd.	中国香港 Hong Kong,China	9950	3940
天穹纸业(天津)有限公司 Tian Qiong Paper Industries (Tianjin) Co., Ltd.	中国香港 Hong Kong,China	9950	3285
天津市天重江天重工有限公司 Tianjin Tianzhong Giant Heavyindustry Co., Ltd.	英属维尔京群岛 Virgin Islands	9945	2486
液化空气永利(天津)有限公司 Air Liquide Yongli (Tianjin) Co., Ltd.	法 国 France	9900	1815
复星科技(天津)有限公司 Fosun Technology(Tian Jin)Co., Ltd	中国香港 Hong Kong,China	9900	9900
英银(天津)不动产投资管理有限公司 British Silver (Tianjin) Real Estate Investment Management Co., Ltd.	英 国 United Kingdom	9900	9900
欣耀城市建设开发(天津)有限公司 Xin Yao Town Construction And Development (Tianjin) Co., Ltd.	英 国 United Kingdom	9900	9900
欣实城市建设开发(天津)有限公司 Xin Shi Towm Construction And Development (Tianjin) Co., Ltd.	英 国 United Kingdom	9900	9900
华大彩虹(天津)酒店管理有限公司 Orient Giant Rainbow Hotels Mangement Co., Ltd.	英属维尔京群岛 Virgin Islands	9900	9900
天津鹏泽物流有限公司 Tianjin Pengze Logistics Co., Ltd.	中国香港 Hong Kong,China	9900	5000
保利达中信地产(天津)有限公司 Polytec Citic Property (Tianjin) Co., Ltd	中国香港 Hong Kong,China	9900	4455

注：本表为合同投资总额在2500万美元以上的企业。
Note: This table includes new approved foreign-funded and Hong Kong, Macao and Taiwan funded enterprises with contracted investment of over 25 million USD.

15-14 续表 1 Continued

企 业 名 称 Name of Enterprise	投资国别(地区) Investment Country (Region)	合同投资总额(万美元) Value of Investment Contracted (USD 10 000)	# 合同外资额 Foreign Capital Contracted
天津港环球滚装码头有限公司 TPG Global RO-RO Terminal Co., Ltd.	日　本 Japan	9810	1682
邦基正大(天津)蛋白饲料科技有限公司 Bunge Chia Tai (Tianjin) Protein Feed Technology Co., Ltd.	毛里求斯 Mauritius	9800	3004
天津洋联房地产经营有限公司 Tianjin Pacific Alliance Property Limited	英属维尔京群岛 Virgin Islands	9800	9800
中粮佳悦(天津)有限公司 COFCO Excel Joy (Tianjin) Co., Ltd.	英属维尔京群岛 Virgin Islands	9743	7616
天津华业希望房地产开发有限公司 Tianjin UOL Xiwang Real Estate Development Co., Ltd.	新加坡 Singapore	9737	5842
天津港海丰保税物流有限公司 Tianjin Port Haifeng Bonded Logistics Co., Ltd.	英属维尔京群岛 Virgin Islands	9737	3895
天津赢新置业有限公司 Tianjin Magic Jump Real Estate Co., Ltd.	中国香港 Hong Kong,China	9700	4850
天津誉景置业有限公司 Tianjin Vista City Real Estate Co., Ltd.	中国香港 Hong Kong,China	9700	4850
天津嘉麒置业有限公司 Tianjin Kingdom Right Real Estate Co., Ltd.	中国香港 Hong Kong,China	9700	4850
天津瑞龙置业有限公司 Tianjin Ace Ahead Real Estate Co., Ltd.	中国香港 Hong Kong,China	9700	4850
中化天津港石化仓储有限公司 Sinochem Tianjin Port Petrochemical Terminal Co., Ltd.	巴哈马 Baha mas	9682	931
天津卓海建筑工程有限公司 Tianjin Zhuohai Construction Projects Co., Ltd.	中国香港 Hong Kong,China	9673	3313
天津忠乾建筑工程有限公司 Tianjin Zhongqian Construction Projects Co., Ltd.	中国香港 Hong Kong,China	9673	3313
天津卓宝房地产开发有限公司 Tianjin Zhuobao Real Estate Development Co., Ltd.	中国香港 Hong Kong,China	9673	9673
天津富越房地产开发有限公司 Tianjin Fuyue Real Estate Development Co., Ltd.	中国香港 Hong Kong,China	9673	9673
天津丽运置业有限公司 Tianjin Jet Sparkle Real Estate Co., Ltd.	中国香港 Hong Kong,China	9500	4750
天津丽智置业有限公司 Tianjin Grandcheer Real Estate Co., Ltd.	中国香港 Hong Kong,China	9500	4750
天津王府置业有限公司 Tianjin Wangfu Properties Limited	中国香港 Hong Kong,China	9500	5500
天津富敦置业有限公司 Tianjin Fudon Properties Limited	中国香港 Hong Kong,China	9500	5500
松逸(天津)城市建设开发有限公司 Pine Grace (Tianjin) City Facilities Development Company Limited	中国香港 Hong Kong,China	9275	9275
旭轩(天津)城市建设开发有限公司 Sunny Palace (Tianjin) City Facilities Development Company Limited	中国香港 Hong Kong,China	9275	9275
天津津汇远景贸易有限公司 Tianjin Jinhuiyuanjing Commercial Co., Ltd.	新加坡 Singapore	9122	3622
天津紫金新嘉商贸有限公司 Tianjin Zijinxinjia Business & Commercial Co., Ltd.	新加坡 Singapore	9122	3622
天津友谊新资商贸有限公司 Tianjin Youyixinzi Business & Commercial Co., Ltd.	新加坡 Singapore	9122	3622
天津光明新丽商贸有限公司 Tianjin Guangmingxinli Business & Commercial Co., Ltd.	新加坡 Singapore	9122	3622

15-14 续表 2 Continued

企业名称 Name of Enterprise	投资国别(地区) Investment Country (Region)	合同投资总额(万美元) Value of Investment Contracted (USD 10 000)	# 合同外资额 Foreign Capital Contracted
天津建设新汇商贸有限公司 Tianjin Jianshexinhui Business & Commercial Co., Ltd.	新加坡 Singapore	9122	3622
天津团泊湖建设有限公司 TianJin Tuanbo Lake Construction Co., Ltd.	中国香港 Hong Kong, China	9010	8560
天津国民地产发展有限公司 Tianjin National Properties Ltd.	中国香港 Hong Kong, China	9006	3980
天津捷安星公路建设有限公司 Tianjin Giant Star Highway Construction Co., Ltd.	中国香港 Hong Kong, China	9000	9000
天津德年投资管理咨询有限公司 Tianjin Moral Years Investment Management Limited	英属维尔京群岛 Virgin Islands	9000	9000
天津普登投资管理有限公司 Tianjin Prudent Investments Limited	中国香港 Hong Kong, China	9000	9000
建大橡胶(天津)有限公司 Kenda Rubber (Tianjin) Co., Ltd.	中国香港 Hong Kong, China	9000	3000
天津卓万投资管理咨询有限公司 Tianjin Smart International Investment Management Limit	英属维尔京群岛 Virgin Islands	8992	8992
空中客车(天津)总装有限公司 Airbus (Tianjin) Final Assembly Company Limited	中国香港 Hong Kong, China	8444	4306
天津市远滨房地产开发有限公司 Tianjin Yuan-Bin Real Estate Development Co., Ltd.	中国香港 Hong Kong, China	8439	3895
天津太钢大明金属制品有限公司 Tianjin Taigang Daming Metal Product Co., Ltd.	中国香港 Hong Kong, China	8000	3185
天津中锋投资管理有限公司 Multi-Prospect Investment Management Co., Ltd.	英属维尔京群岛 Virgin Islands	8000	4000
天津银富投资管理有限公司 Silver Project Investment Management Co., Ltd.	英属维尔京群岛 Virgin Islands	8000	4000
柏乐创业投资企业 Bole Investment Co.	巴巴多斯 Barbados	7790	1324
天津海天保税物流有限公司 Tianjin Haitian Bonded Logistics Co., Ltd.	英属维尔京群岛 Virgin Islands	7790	1336
信元担保(中国)有限公司 Credit First Guarantee (China) Company Limited	中国香港 Hong Kong, China	7448	7448
天津嘉茂中环商用设施开发有限公司 Capitaretail Tianjin Zhonghuan Infrastructure Developments Limited	中国香港 Hong Kong, China	7141	3570
天津天管元通管材制品有限公司 Tianjin Tianguanyuantong Pipe Co., Ltd.	中国香港 Hong Kong, China	7075	372
天津隆融置业有限公司 Tianjin Trophy Real Estate Co., Ltd.	中国香港 Hong Kong, China	6900	3750
天津石化液化空气气体有限公司 Air Liquide-Tpcc Gases Co., Ltd.	法 国 France	6882	1476
东津房地产开发(天津)有限公司 Dongjin Real Estate Development (Tianjin) Co., Ltd.	中国香港 Hong Kong, China	6800	6800
天津东岸建设有限公司 TianJin Dongan Construction Co., Ltd.	中国香港 Hong Kong, China	6758	4730
益飒美置业(天津)有限公司 Ecm Property Holding (Tianjin) Co., Ltd.	中国香港 Hong Kong, China	6600	3300
天津益力多乳品有限公司 Tianjin Yakult Dairy Co., Ltd	日 本 Japan	6300	2100
天津热海岛海滨假期娱乐有限公司 Tianjin Hot Island Seashore Holiday Entertainment Limited	中国香港 Hong Kong, China	6000	3000

15-14 续表 3 Continued

企业名称 Name of Enterprise	投资国别(地区) Investment Country (Region)	合同投资总额(万美元) Value of Investment Contracted (USD 10 000)	# 合同外资额 Foreign Capital Contracted
美新商务服务(天津)有限公司 Meixin Business Service (Tianjin) Co., Ltd.	开曼群岛 Cayman Lslands	6000	3000
美新投资管理(天津)有限公司 Meixin Investment Management (Tianjin) Co., Ltd.	开曼群岛 Cayman Lslands	6000	3000
天津奥顺置业有限公司 Tianjin Aoshun Property Co., Ltd.	中国香港 Hong Kong, China	5830	2915
天津港中化石化码头有限公司 Tianjin Port Sinochem & Sinopec Marina Co., Ltd	巴哈马 Baha mas	5586	559
天津欧神诺置业有限公司 Tianjin Oceano Property Co., Ltd.	巴巴多斯 Barbados	5500	2750
众天博远(天津)管理咨询有限公司 Zhongtianboyuan (Tianjin) Management Consulting Co., Ltd	英属维尔京群岛 Virgin Islands	5300	4000
天诚东方(天津)发展有限公司 Tiancheng Dongfang (Tianjin) Development Co., Ltd.	中国香港 Hong Kong, China	5063	1241
英菲尼(天津)房地产开发有限公司 Infini (Tianjin) Real Estate Development Co., Ltd.	巴巴多斯 Barbados	5000	2500
天津中汇置业有限公司 Tianjin Zhonghui Property Co., Ltd.	中国香港 Hong Kong, China	5000	2500
天津中安置业有限公司 Tianjin Zhong'an Property Co., Ltd.	中国香港 Hong Kong, China	5000	2500
天津瑞中置业有限公司 Tianjin Ruizhong Property Co., Ltd.	中国香港 Hong Kong, China	5000	2500
天津市亿宝明潮实业有限公司 Tianjin Yibaomingchao Co., Ltd.	中国台湾 Taiwan, China	5000	2000
天津高天乐投资管理有限公司 Tianjin GTL Investment Company Limited	英属维尔京群岛 Virgin Islands	5000	5000
天津滨江世茂置业有限公司 Tianjin Binjiang Shimao Property Co., Ltd.	英属维尔京群岛 Virgin Islands	4998	3493
天津新华昌运输设备有限公司 Tianjin Xinhuachang Int' lcontainers Co., Ltd.	巴哈马 Baha mas	4980	1000
加铝(天津)铝合金产品有限公司 Jialv (Tianjin) Duralumin Co., Ltd.	中国香港 Hong Kong, China	4700	2400
天津时尚舞台国际品牌服装特卖有限责任公司 Tianjin International Fashion Stage Clothing Sale Ltd.	中国香港 Hong Kong, China	4287	1215
霍曼(天津)门业有限公司 Homan(Tianjin) Door Co., Ltd.	德　国 Germany	4139	1380
亚当斯艾普顿(天津)投资管理有限公司 Adams Appleton (Tianjin) Investment Management Ltd.	英　国 United Kingdom	4000	2000
赛智(天津)置业有限公司 Saizhi (Tianjin) Property Co., Ltd.	中国香港 Hong Kong, China	4000	2000
天津天士力圣特制药有限公司 Tianjin Tasly Sent Pharmacy Co., Ltd.	英　国 United Kingdom	4000	1080
汉维宏大能源设备服务(天津)有限公司 Hanweihongda Energy Equipment Service (Tianjin) Co., Ltd	加拿大 Canada	4000	4000
荷商(天津)置业有限公司 Nederlanden (Tianjin) Property Co., Ltd.	巴巴多斯 Barbados	3551	1776
尤尼索拉津能(天津)能源有限责任公司 United Solar Jinneng (Tianjin) Energy Co., Ltd	美　国 United States	3500	900
天津德通租赁有限公司 Tianjin Detong Leasing Company Limited	英属维尔京群岛 Virgin Islands	3500	3500

15-14 续表 4 Continued

企 业 名 称 Name of Enterprise	投资国别 (地区) Investment Country (Region)	合同投资总额 (万美元) Value of Investment Contracted (USD 10 000)	# 合同外资额 Foreign Capital Contracted
天津康普森生物工程有限公司 Tianjin Copson Bioengineering Co., Ltd	中国香港 Hong Kong, China	3000	850
天津石油天然气产品交易市场有限公司 Tianjin Oil Natural Gas Petrochemical Exchange Market Co., Ltd	英属维尔京群岛 Virgin Islands	3000	1500
翱飞实业(天津)有限公司 Aofei (Tainjin) Co., Ltd.	巴巴多斯 Barbados	3000	1500
都会置业(天津)有限公司 Duhui Property (Tianjin) Co., Ltd.	中国香港 Hong Kong, China	3000	1500
索普(中国)有限公司 Super (China) Co., Ltd.	毛里求斯 Mauritius	3000	1600
亚澄(天津)投资咨询有限公司 Crystal Asia (Tianjin) Consultant Company Limited	中国香港 Hong Kong, China	3000	3000
天津冠景投资咨询有限公司 Tianjin Grand View Consultant Company Limited	中国香港 Hong Kong, China	3000	3000
佳宏华芯科技发展有限公司 Jia Hong Hua Xin Technology Development Co., Ltd.	中国香港 Hong Kong, China	3000	1000
天津市荣顺化工有限公司 Tianjin Rongshun Chemical Industry Co., Ltd	中国香港 Hong Kong, China	2999	2549
尚达科技(天津)有限公司 Shangda Tech (Tianjin) Co., Ltd.	美 国 United States	2999	1200
凯莱伊通(天津)有限公司 Xella-Ytong (Tianjin) Co., Ltd.	德 国 Germany	2999	1500
天津金盛国际家居市场开发管理有限公司 Tianjin Jinsheng International Household Market Development & Management Co., Ltd.	中国香港 Hong Kong, China	2999	2999
天津志鑫投资管理有限公司 Tianjin Zhixin Investment Management Co., Ltd.	美 国 United States	2999	2999
兆基(天津)房地产咨询有限公司 Zhao Base (Tianjin) Real Estate Consulting Co., Ltd.	中国香港 Hong Kong, China	2998	2998
天津嘉润和置业发展有限公司 Tianjin Jiarunhe Property Develepont Co., Ltd.	中国香港 Hong Kong, China	2998	2998
盛世方兴房地产开发(天津)有限公司 Shengshi Franshion Real Estate Development (Tianjin) Co.,Ltd.	中国香港 Hong Kong, China	2998	2998
仁恒商业投资(天津)有限公司 Yanlord Commercial Investment (Tianjin) Co., Ltd.	新加坡 Singapore	2996	2996
久亮(天津)燃料电池有限公司 Jiuliang (Tianjin) Fuel Cell Co., Ltd.	美 国 United States	2990	2990
白恩图(天津)投资管理有限公司 Baientu(Tianjin) Investment Management Co., Ltd.	中国香港 Hong Kong, China	2990	2990
天津纽敦布诺投资顾问有限公司 Tianjin Niudunbunuo Investment Consultation Co., Ltd.	美 国 United States	2990	1000
魏德堡(天津)投资咨询有限公司 Weidebao (Tianjin) Investment Consultation Co., Ltd.	中国香港 Hong Kong, China	2990	2990
天津恒景再生合金材料有限公司 Tianjin Everpro Alloy Recycling Corp. Ltd.	英属维尔京群岛 Virgin Islands	2990	1200
中际财富(天津)信用投资担保有限公司 Zhongji Fortune (Tianjin) Investment Credit Co., Ltd.	泰 国 Thailand	2990	1290
天津嘉润华置业发展有限公司 Tianjin Jia Run Hua Property Development Co., Ltd.	中国香港 Hong Kong, China	2988	2988
地龙纸业(天津)有限公司 Land Dragon Paper Industries (Tianjin) Co., Ltd	中国香港 Hong Kong, China	2988	1188

15-14 续表 5 Continued

企业名称 Name of Enterprise	投资国别(地区) Investment Country (Region)	合同投资总额(万美元) Value of Investment Contracted (USD 10 000)	# 合同外资额 Foreign Capital Contracted
锦龙纸业(天津)有限公司 Silk Dragon Paper Industries(Tianjin) Co., Ltd	中国香港 Hong Kong, China	2988	1188
天津晟杰琪特种电缆有限公司 Tianjin Shengjieqi Special-Type Cable Co., Ltd.	英 国 United Kingdom	2987	2987
天津娃哈哈食品有限公司 Tianjin Wahaha Food Co., Ltd.	英属维尔京群岛 Virgin Islands	2980	1140
天津东方滨海国际游艇会有限公司 Tianjin Orient Binhai International Yacht Club Co., Ltd.	中国香港 Hong Kong, China	2980	2980
豪德千网水平电池(天津)有限公司 Haodeqianwang Cell (Tianjin) Co., Ltd.	美 国 United States	2980	2100
天津中新滨海发展有限公司 Tianjin Zhongxin Binhai Developing Co., Ltd.	英属维尔京群岛 Virgin Islands	2980	2980
天津顶循环保设备有限公司 Tianjin Dingxun Environment Protection Equipment Co., Ltd.	中国香港 Hong Kong, China	2980	2980
中粮滨海地产(天津)有限公司 COFOC Binhai Real Estate (Tianjin) Co., Ltd.	中国香港 Hong Kong, China	2980	581
海龙再生资源(天津)有限公司 Hailong Recycling (Tianjin) Co., Ltd.	中国香港 Hong Kong, China	2980	1192
海龙纸业(天津)有限公司 Sea Dragon Paper Industries (Tianjin) Co., Ltd	中国香港 Hong Kong, China	2980	1188
天津顶津饮品有限公司 Tianjin Tingjin Beverage Co., Ltd.	开曼群岛 Cayman Lslands	2980	1188
保利达滨海地产(天津)有限公司 Polytec Binhai Property (Tianjin) Co., Ltd	中国香港 Hong Kong, China	2980	1341
天津极地旅游有限公司 Tianjin Polar Towrism Co., Ltd.	中国香港 Hong Kong, China	2980	1487
天津嘉宝慧房地产有限公司 Tianjin Jiabaohui Real Estate Co., Ltd.	中国香港 Hong Kong, China	2980	2980
天津天华置房地产有限公司 Tianjin Tianhua Real Estate Co., Ltd.	中国香港 Hong Kong, China	2980	2980
天津新添盈房地产有限公司 Tianjin Xintianying Real Estate Co., Ltd.	中国香港 Hong Kong, China	2980	2980
天津华谊达房地产有限公司 Tianjin Huayida Real Estate Co., Ltd.	中国香港 Hong Kong, China	2980	2980
天津海昌房地产开发有限公司 Tianjin Haichang Real Estate Development Co., Ltd.	中国香港 Hong Kong, China	2980	1487
天津多美德投资管理有限公司 Tianjin Duomeide Investment Management Co., Ltd.	中国香港 Hong Kong, China	2980	2980
天津市瑞港企业管理有限公司 Tianjin Ruigang Enterprise Management Co., Ltd	中国香港 Hong Kong, China	2967	2954
天津市隆港置业发展有限公司 Tianjin Longgang Property Development Co., Ltd.	中国香港 Hong Kong, China	2967	2954
天津市兴港置业发展有限公司 Tianjin Xinggang Property Development Co., Ltd.	中国香港 Hong Kong, China	2967	2954
捷安特(天津)有限公司 Giant (Tianjin) Co., Ltd.	新加坡 Singapore	2950	1200
起信精密模具(天津)有限公司 Qixin Precious Mould (Tianjin) Co., Ltd.	韩 国 Republic of Korea	2950	2000
亿矿矿业技术(天津)有限公司 Yikuang Mining Tech (Tianjin) Co., Ltd.	中国香港 Hong Kong, China	2950	1300

15-14 续表 6 Continued

企业名称 Name of Enterprise	投资国别(地区) Investment Country (Region)	合同投资总额(万美元) Value of Investment Contracted (USD 10 000)	# 合同外资额 Foreign Capital Contracted
天津顺驰滨海不动产投资管理有限公司 Tianjin Sunco Binhai Real Estate Investment Management Limited	英属维尔京群岛 Virgin Islands	2949	2949
天津启威不动产投资管理有限公司 Tianjin Kingsvalue Real Estate Investment Management Limited	英属维尔京群岛 Virgin Islands	2949	2949
米高化工(天津)有限公司 Migao Chemical (Tianjin) Co., Ltd.	中国香港 Hong Kong, China	2947	1260
汇昌源(天津)科技发展有限公司 Huichangyuan (Tianjin) Technology Development Co., Ltd.	墨西哥 Mexico	2925	2925
天津启威汇金不动产投资管理有限公司 Tianjin Qiweihuijin Real Estate Investment Management Limited	英属维尔京群岛 Virgin Islands	2921	2921
天津盈资汇金物业管理有限公司 Tianjin Yingzihuijin Management Co., Ltd.	英属维尔京群岛 Virgin Islands	2914	2914
天津融创不动产投资管理有限公司 Tianjin Sunac Real Estate Investment Management Limited	英属维尔京群岛 Virgin Islands	2911	2911
天津天士力盛特制药有限公司 Tianjin Tasly Sent Pharmacy Co., Ltd.	英 国 United Kingdom	2900	1080
姆珍光电子(天津)有限公司 Muzhenguang Electronic (Tianjin) Co., Ltd.	韩 国 Republic of Korea	2900	2000
天津宏竹建设咨询有限公司 Tianjin Hongzhu Construction Consultation Co., Ltd.	日 本 Japan	2890	2890
欧通摩(天津)工程管理有限公司 Outongmo (Tianjin) Engineering Management Co., Ltd.	中国香港 Hong Kong, China	2885	2885
多莆田(天津)工程咨询有限公司 Duoputian (Tianjin) Engineering Management Co., Ltd.	日 本 Japan	2880	2880
金义德(天津)电子科技有限公司 Jinyide (Tianjin) Electronic Tech Co., Ltd.	中国香港 Hong Kong, China	2880	1880
天津度庆峰物业管理有限公司 Tianjin Duqingfeng Management Co.,Ltd.	中国香港 Hong Kong, China	2860	1860
天津安利房地产开发有限公司 Tianjin Anlireal Estate Development Co., Ltd.	中国香港 Hong Kong, China	2856	1999
天津思艾达复合材料有限公司 Tianjin Siaida Composite Material Co., Ltd.	英 国 United Kingdom	2825	2825
空中客车(天津)飞机交付中心有限公司 Airbus (Tianjin) Consignation Center Co., Ltd.	法 国 France	2815	1407
天津海莱姆汽车部件有限公司 Tianjin Hailaimu Auto Part Co., Ltd.	德 国 Germany	2800	2560
天津拉芳斯装饰材料有限公司 Tianjin Lafangsi Decoration Material Co., Ltd.	法 国 France	2800	2800
密士捷(天津)汽车部品有限公司 Mishijie (Tianjin) Auto Part Co., Ltd.	美 国 United States	2800	2800
广冈纺织品(天津)有限公司 Guanggang Textile (Tianjin) Co., Ltd.	日 本 Japan	2800	2500
天津金同乐投资咨询有限公司 Tianjin Jintongle Investment Consultation Co., Ltd.	中国香港 Hong Kong, China	2800	2800
意乐(天津)铝制品有限公司 Yile (Tianjin) Aluminium Product Co., Ltd.	意大利 Italy	2791	853
天津汉塞拓电子有限公司 Tianjin Hansaituo Electronic Co., Ltd.	美 国 United States	2780	2780
天津安纯维丝电子有限公司 Tianjin Anchunweixi Electronic Co., Ltd.	英属维尔京群岛 Virgin Islands	2700	2500

15-14 续表 7 Continued

企业名称 Name of Enterprise	投资国别(地区) Investment Country (Region)	合同投资总额(万美元) Value of Investment Contracted (USD 10 000)	# 合同外资额 Foreign Capital Contracted
康福乐利(天津)生物技术有限公司 Kangfuleli (Tianjin) Biotechnology Co., Ltd.	美国 United States	2700	2700
天津多米佳德家具有限公司 Tianjin Duomijiade Furniture Co., Ltd.	美国 United States	2660	2660
拉尔森(天津)顾问有限公司 Larson (Tianjin) Consultation Co., Ltd.	中国香港 Hong Kong, China	2650	2650
美泰显示设备(天津)有限公司 Meitai Display Device (Tianjin) Co., Ltd.	中国香港 Hong Kong, China	2600	1038
天津玛格蕾工程材料有限公司 Tianjin Magelei Engineering Material Co., Ltd.	英国 United Kingdom	2600	2200
天津卓威房地产开发有限公司 Tianjin Zhuowei Real Estate Development Co., Ltd.	中国香港 Hong Kong, China	2597	2597
天津富金房地产开发有限公司 Tianjin Fujin Real Estate Development Co., Ltd.	中国香港 Hong Kong, China	2597	2597
天津鼎晟聚贤物业管理有限公司 Tianjin Dengshengjuxian Management Co., Ltd.	中国香港 Hong Kong, China	2597	2597
天津聚金物业管理有限公司 Tianjin Jujin Management Co., Ltd.	中国香港 Hong Kong, China	2597	2597
莎蒙汀(天津)投资管理有限公司 Shemengting (Tianjin) Investment Management Co., Ltd.	中国香港 Hong Kong, China	2590	2590
天津佳密传感有限公司 Tianjin Jiami Transduce Co., Ltd.	美国 United States	2560	2560
润博置地(天津)有限公司 Runbo Property (Tianjin) Co., Ltd.	英属维尔京群岛 Virgin Islands	2558	1279
天津天海同步器有限公司 Tianjin Tanhas Synchronizer Co., Ltd.	英属维尔京群岛 Virgin Islands	2500	1030
天津欧都半导体设备有限公司 Tianjin Oudu Semiconductor Equipment Co., Ltd.	中国香港 Hong Kong, China	2500	2500
米伦苏(天津)番茄制品有限公司 Milunsu (Tianjin) Tomato Products Co., Ltd.	意大利 Italy	2500	1000
丹佛斯压缩机(天津)有限公司 Denvers Compressor (Tianjin) Co., Ltd.	丹麦 Danmark	2500	1200
建泰橡胶(天津)有限公司 Jiantai Rubber (Tianjin) Co., Ltd.	开曼群岛 Cayman Lslands	2500	1000
麦克何西(天津)生物技术有限公司 Mikehossy (Tianjin) Biotechnology Co., Ltd.	美国 United States	2500	2500
天津世茂新发展置业有限公司 Tianjin Shimao New Development Property Co., Ltd.	中国香港 Hong Kong, China	2500	2500
天津世茂新世纪置业有限公司 Tianjin Shimao New Century Property Co., Ltd.	中国香港 Hong Kong, China	2500	2500
天津阿莱塔传感器有限公司 Tianjin Alata Transducer Co., Ltd.	英属维尔京群岛 Virgin Islands	2500	2000
天津欧戴拉商业有限公司 Tianjin Oudaila Commercial Co., Ltd.	韩国 Republic of Korea	2500	2500
赫氏(天津)复合材料有限公司 Hatch (Tianjin) Composite Material Co., Ltd.	中国香港 Hong Kong, China	2500	1000

15-15 接待入境旅游人数和居住天数(2004-2007年)
Number of International Tourists and Dwelling Days, 2004-2007

单位: 人次、天 (person-times, day)

项 目	Item	2004	2005	2006	2007
接待人数总计(含不过夜)	**Total Tourists (include not stay for night)**	**615900**	**740071**	**880588**	**1032268**
接待人数(过夜)	Accommodated Tourists (stay for night)	275753	309789	422227	440486
外国人	Foreigners	236004	266672	392437	388524
#日 本	Japan	80015	89648	110420	115682
韩 国	Republic of Korea	69606	72655	72787	89639
菲律宾	Philippines	1029	1356	1876	2668
新加坡	Singapore	7194	9004	10831	12788
泰 国	Thailand	958	853	1175	1480
印 尼	Indonesia	832	1166	1386	1317
美 国	United States	19271	21427	35383	34742
加拿大	Canada	2981	3624	5000	5201
英 国	United Kingdom	5897	6571	10021	12480
法 国	France	4421	4970	7552	8404
德 国	Germany	6198	8112	13259	16225
意大利	Italy	2093	3547	5784	4886
俄罗斯	Russia	3846	2782	2312	1805
澳大利亚	Australia	3556	4447	6356	7445
港澳台同胞	Hong Kong, Macao & Taiwan Compatriots	39749	43117	49790	51962
平均每人居住天数	**Per Capita Staying Days in Tianjin**	**8.3**	**8.9**	**7.7**	**8.8**

15-16 接待入境旅游外汇收入(2004-2007年)
Foreign Exchange Earning from International Tourists, 2004-2007

单位: 万美元 (USD 10 000)

项 目	Item	2004	2005	2006	2007
总 计	**Total**	**41253**	**50930**	**62590**	**77871**
长途交通	Long-distance Transportation	12012	21526	26484	25158
飞 机	Civil Aviation	10030	13636	16786	17387
火 车	Railway	1174	1147	1415	1977
汽 车	Motor Vehicles	324	1043	1283	1477
海 运	Sea Transportation	484	5700	7000	4317
游 览	Tour	2179	1435	1671	3945
住 宿	Accommodation	4841	5166	6362	9040
餐 饮	Catering Service	2172	4428	5509	6702
娱 乐	Entertainment	2077	2090	2460	7954
购 物	Shopping	11714	10046	12558	12992
邮电通讯	Posts and Telecommunications	1655	933	999	2099
市内交通	Local Transportation	1102	1160	1556	2992
其 他	Others	3501	4146	4991	6989

15-17 天津与国外结成友好城市一览表 List of Foreign Sister Cities with Tianjin

友好城市 Sister City	国别 Country of Origin	缔结时间 Time of Conclusion	友好城市 Sister City	国别 Country of Origin	缔结时间 Time of Conclusion
神户市	日本	1973年6月24日	乌兰巴托市	蒙古	1992年9月27日
Kobe	Japan	June 24, 1973	Ulan Bator	Mongolia	Sept. 27, 1992
费城	美国	1980年2月10日	哈尔科夫市	乌克兰	1993年6月14日
Philadephia	U.S.A	Feb. 10, 1980	Kharkov	Ukraine	June 14, 1993
墨尔本市	澳大利亚	1980年5月5日	延雪坪市	瑞典	1993年9月23日
Melbourne	Australia	May 5, 1980	Jon Koping	Sweden	Sept. 23, 1993
四日市市	日本	1980年10月28日	仁川市	韩国	1993年12月7日
Yokkaichi	Japan	Oct. 28, 1980	Inchon	Republic of Korea	Dec. 7, 1993
萨拉热窝市	波黑	1980年5月28日	萨尔州	德国	1994年9月28日
Sarajevo	Bosnia Herzegovina	May 28, 1980	State of Saarland	Germany	Sept. 28, 1994
北加莱海峡大区	法国	1984年10月10日	罗兹市	波兰	1994年10月11日
Region Nord Pas de Clais	France	Oct. 10, 1984	Lodz	Poland	Oct. 11, 1994
伦巴第大区	意大利	1985年5月9日	里约热内卢州	巴西	1995年4月18日
Lombardia Region	Italy	May 9, 1985	Rio de Janeiro	Brazil	Apr. 18, 1995
格罗宁根市	荷兰	1985年9月12日	橘郡	美国	1997年8月1日
Groningen	Netherlands	Sept. 12, 1985	Orange County	U.S.A	Aug. 1, 1997
千叶市	日本	1986年5月7日	亚马逊州	巴西	1997年10月20日
Chiba	Japan	May 7, 1986	State of Amazon	Brazil	Oct. 20, 1997
普罗夫迪夫大区	保加利亚	1989年10月15日	海防市	越南	1999年1月8日
Plovdiv	Bulgaria	Oct. 15, 1989	Haiphong City	Vietnam	Jan. 8, 1999
伊兹密尔市	土耳其	1991年9月23日	南蒲市	朝鲜	2002年8月11日
Izmir	Turkey	Sept. 23, 1991	Nampo City	DPRK	Aug. 11, 2002
阿比让市	科特迪瓦	1992年9月26日			
La Ville D'abidjan	Cote Divoire	Sept. 26, 1992			

15-18 对外经济合作(2004-2007年) Economic Cooperation with Foreign Countries or Regions, 2004-2007

项目	Item	2004	2005	2006	2007
签订合同份数(个)	Number of Contracts (unit)	777	907	1098	485
#对外承包工程	Contracted Foreign Projects	159	68	130	85
劳务合作	Labor Cooperation	598	828	928	366
签订合同金额(万美元)	Contracted Value (USD 10 000)	54709	43230	124737	127739
#对外承包工程	Contracted Foreign Projects	44087	32563	112097	119122
劳务合作	Labor Cooperation	9125	10003	9516	6785
实际营业额(万美元)	Fulfilling Value (USD 10 000)	52688	32017	60895	74259
#对外承包工程	Contracted Foreign Projects	40597	18013	45930	63564
劳务合作	Labor Cooperation	11581	13630	13719	10180
年末在外劳动人数(人)	Number of Outside Labors of Year-end (person)	12485	13140	11975	11082
#对外承包工程	Contracted Foreign Projects	1241	1091	1287	2291
劳务合作	Labor Cooperation	11190	11990	10611	8728

15-19 按国别（地区）分对外承包工程、劳务合作（2007年）
Contracted Foreign Projects and Labor Cooperation by Country (Region), 2007

国 别、地 区	Country, Region	对外承包工程 Contracted Foreign Projects		劳务合作 Labor Cooperation	
		合同个数(个) Number of Projects (unit)	合同金额(万美元) Contracted Value (USD 10 000)	合同个数(个) Number of Projects (unit)	合同金额(万美元) Contracted Value (USD 10 000)
合 计	**Total**	**85**	**119122**	**366**	**6785**
亚 洲	**Asia**	**19**	**100879**	**303**	**5794**
缅 甸	Myanmar	1	363		
柬埔寨	Cambodia			47	152
中国香港	Hong Kong China			46	1783
印 度	India	3	4975		
印度尼西亚	Indonesia	1	6250		
蒙 古	Mongolia	3	2727		
巴基斯坦	Pakistan	5	18301		
老 挝	Laos	1	5230		
日 本	Japan			80	1532
中国台湾	Taiwan China			34	811
越 南	Vietnam			3	11
约 旦	Jordan			1	65
泰 国	Thailand	2	6219		
韩 国	Republic of Korea			3	111
新加坡	Singapore			88	1320
沙特阿拉伯	Saudi Arabia	1	52357		
菲律宾	Philippine	1	1372		
阿联酋	United Arab Emirates	1	3085	1	9
非 洲	**Africa**	**59**	**8886**	**25**	**177**
尼日利亚	Nigeria		3586	1	3
苏 丹	Sudan	55	2347		
加 蓬	Gabon		754		
安哥拉	Angola		10		
马达加斯加	Madagascan	1	856		
突尼斯	Tunis	1			
纳米比亚	Namibia	1	870		
莱索托	Lesotho			24	174
厄立特里亚	Eritrea	1	463		
欧 洲	**Europe**	**2**	**145**		
意大利	Italy	2	50		
俄罗斯	Russia		95		
拉丁美洲	**Latin America**	**3**	**1452**	**6**	**71**
伯利兹	Venezuela	1	750		
巴 西	Brazil	2			
巴拿马	Panama			3	65
尼加拉瓜	Nicaragua			2	5
墨西哥	Mexico		702	1	1
北美洲	**North America**	**1**	**580**	**24**	**698**
加拿大	Canada	1	580		
美 国	United States			24	698
大洋洲	**Oceania**	**1**	**7180**	**8**	**45**
东萨摩亚	Eastern Samoa	1	2000		
澳大利亚	Australia		5180	8	45

15-20 外商及港澳台商投资企业利润总额百强企业（2007年）
Top 100 Foreign-funded and Hong Kong, Macao and Taiwan Funded Enterprises by Profits, 2007

名次 Position	企业名称 Name of Enterprise	名次 Position	企业名称 Name of Enterprise
1	天津大田集团有限公司	51	天津津信汽车塑料制品有限公司
2	天津丰田汽车有限公司	52	因塔思（天津）电子有限公司
3	天津三星通信技术有限公司	53	天津塑力线缆集团有限公司
4	绫致时装（天津）有限公司	54	天津五洲国际集装箱码头有限公司
5	奥的斯电梯中国投资有限公司	55	天津达祥精密工业有限公司
6	飞思卡尔半导体（中国）有限公司	56	约翰迪尔天拖有限公司
7	天津通广三星电子有限公司	57	电装（天津）汽车导航系统有限公司
8	天津荣程祥矿产有限公司	58	天津三五汽车部件有限公司
9	天津三星电子有限公司	59	天津天管特钻具有限公司
10	天津电装电子有限公司	60	申克（天津）矿业设备有限公司
11	天津英泰汽车饰件有限公司	61	天津莱尔德电子材料有限公司
12	天津三星电子显示器有限公司	62	葛兰素史克（天津）有限公司
13	诺维信（中国）生物技术有限公司	63	天津万科新锐房地产有限公司
14	爱信（天津）车身零部件有限公司	64	天津天昂高速公路有限公司
15	SEW传动设备（天津）有限公司	65	天津南玻工程玻璃有限公司
16	中美天津史克制药有限公司	66	天津双叶协展机械有限公司
17	嘉里粮油（天津）有限公司	67	天津中集北洋集装箱有限公司
18	PPG涂料（天津）有限公司	68	艾默生过程管理（天津）阀门有限公司
19	丹佛斯（天津）有限公司	69	爱德克斯（天津）汽车零部件有限公司
20	俊安（天津）实业有限公司	70	天津东方海陆集装箱码头有限公司
21	天津丰田汽车发动机有限公司	72	京瓷（天津）商贸有限公司
22	维斯塔斯风力发电设备（中国）有限公司	73	日本东京三菱银行股份有限公司天津分行
23	日新（天津）塑胶有限公司	74	天津东海理化汽车部件有限公司
24	西门子电气传动有限公司	75	中法渤海地质服务有限公司
25	斯必克冷却技术（天津）有限公司	76	天津星运（集团）有限公司
26	施耐德电气低压（天津）有限公司	77	威能极风力驱动（天津）有限公司
27	天津三星光电子有限公司	78	弗兰德机电传动（天津）有限公司
28	华利行（天津）国际贸易有限公司	79	美卓矿机（天津）有限公司
29	大陆汽车系有限公司	80	乐金电子（天津）电器有限公司
30	天津肯德基有限公司	81	中国大冢制药有限公司
31	天津港集装箱码头有限公司	82	天津矢崎汽车配件有限公司
32	天津丰铁汽车部件有限公司	83	艾尔姆玻璃纤维制品（天津）有限公司
33	美孚石油（天津）有限公司	84	亚实履带（天津）有限公司
34	天津新展高速公路有限公司	85	博福一益普生（天津）制药有限公司
35	丰田通商（天津）有限公司	86	天津丰津汽车传动部件有限公司
36	天津三星电机有限公司	87	天津电装汽车电机有限公司
37	中法合营王朝葡萄酿酒有限公司	88	天津丰田物流有限公司
38	天津丰田合成有限公司	89	天津日石润滑油脂有限公司
39	天津天惠船务企业有限公司	90	天津新龙桥工程塑料有限公司
40	天津天狮生物发展有限公司	91	天津泰达津联自来水有限公司
41	永立建机（天津）国际贸易有限公司	92	美克国际家私（天津）制造有限公司
42	天津华丰汽车装饰有限公司	92	天津东洋油墨有限公司
43	天津新伟祥工业有限公司	93	远洋地产（天津）有限公司
44	德芬工业减速机（天津）有限公司	94	天津彼恩特通信有限公司
45	诺和诺德（中国）制药有限公司	95	天津雅马哈电子乐器有限公司
46	天津泰康实业有限公司	96	天津港远航矿石码头有限公司
47	阿克苏诺贝尔涂料（天津）有限公司	97	天津赛象电气自动化技术有限公司
48	富士能（天津）光学有限公司	98	天津富奥电装空调有限公司
49	亚光耐普罗精密注塑（天津）有限公司	99	天津市琦特电力物资供应有限公司
50	日本三井住友银行股份有限公司天津分行	100	中盛粮油工业（天津）有限公司

15-21 外商及港澳台商投资企业出口创汇百强企业（2007年）
Top 100 Foreign-funded and Hong Kong, Macao and Taiwan Funded Enterprises by Exports, 2007

名次 Position	企业名称 Name of Enterprise	名次 Position	企业名称 Name of Enterprise
1	天津三星通信技术有限公司	51	可立新电子（天津）有限公司
2	摩托罗拉（中国）电子有限公司	52	天津宝星电子有限公司
3	飞思卡尔半导体（中国）有限公司	53	富士康（天津）精密工业有限公司
4	乐金电子（天津）电器有限公司	54	天津兴天科技有限公司
5	天津津亚电子有限公司	55	天津松下电子部品有限公司
6	天津三星电子显示器有限公司	56	天津津住汽车线束有限公司
7	天津三星电子有限公司	57	天津环球休闲用品有限公司
8	天津三星光电子有限公司	58	天津盛日通信电子有限公司
9	天津通广三星电子有限公司	59	天津杰麦多乐器有限公司
10	天津三星电机有限公司	60	赫比（天津）电子有限公司
11	天津三星视界移动有限公司	61	现代高新电子（天津）有限公司
12	三星高新电机（天津）有限公司	62	天津新午星机电有限公司
13	富士能（天津）光学有限公司	63	天津丰田钢材加工有限公司
14	新大洲本田摩托有限公司天津分公司	64	天津国际联合轮胎橡胶有限公司
15	天津中集北洋集装箱有限公司	65	村田电子贸易（天津）有限公司
16	天津富士通天电子有限公司	66	安施电子（天津）有限公司
17	天津三美电机有限公司	67	天津闵驰电子有限公司
18	JPOWER科技（天津）有限公司	68	天津进平电子有限公司
19	天津高利达服装有限公司	69	阿富特（天津）电线有限公司
20	天津三星视界有限公司	70	阿富特（天津）电子有限公司
21	奥的斯电梯中国投资有限公司	72	大真空有限公司
22	罗姆半导体（中国）有限公司	73	天津中集物流装备有限公司
23	天津富士达自行车有限公司	74	雅士佳（天津）汽车零件有限公司
24	天津爱普生有限公司	75	斯必克冷却技术（天津）有限公司
25	中芯国际集成电路制造（天津）有限公司	76	诺维信（中国）生物技术有限公司
26	通用半导体（中国）有限公司	77	天津北方之星运动器材有限公司
27	大陆汽车系	78	天津富川电机有限公司
28	天津太平货柜有限公司	79	麦格昆磁（天津）有限公司
29	天津乐金大沽化学有限公司	80	西迪斯（天津）电子有限公司
30	大宇微波炉（天津）有限公司	81	天津三星毛纺织有限公司
31	亚光耐普罗精密注塑（天津）有限公司	82	天津沃茨阀门有限公司
32	天津三洋通信设备有限公司	83	亚实动力系统（天津）有限公司
33	丹佛斯（天津）有限公司	84	东海橡塑（天津）有限公司
34	维斯塔斯风力发电设备（中国）有限公司	85	天津科林自行车有限公司
35	天津雅马哈电子乐器有限公司	86	霍尼韦尔（天津）有限公司
36	锦湖轮胎（天津）有限公司	87	天津港保税区四达国际贸易有限公司
37	天津中辰番茄制品有限公司	88	诺曼地橡胶有限公司
38	京瓷太阳能有限公司	89	天星科生皮革制品有限公司
39	三洋能源（天津）有限公司	90	天津南华制鞋有限公司
40	日新（天津）塑胶有限公司	91	福马（天津）缝纫机械有限公司
41	美克国际家私（天津）制造有限公司	92	天津三王丰展轮胎有限公司
42	英保达资讯（天津）有限公司	92	天津星湖实业有限公司
43	天津阿尔卑斯电子有限公司	93	亚实履带（天津）有限公司
44	天津彼恩特通信有限公司	94	天津磁化电子有限公司
45	大宇空调（天津）有限公司	95	天津矢崎汽车配件有限公司
46	天津新伟祥工业有限公司	96	天津鑫山家具有限公司
47	因塔思（天津）电子有限公司	97	达而泰（天津）实业有限公司
48	绿点（天津）精密电子有限公司	98	天津中远关西涂料化工有限公司
49	天津乐金渤海化学有限公司	99	天津佰安汽车用品有限公司
50	汤浅（天津）实业有限公司	100	天津安费诺凯翼电子有限公司

15-22 外商及港澳台商投资企业实缴税金总额百强企业（2007年）
Top 100 Foreign-funded and Hong Kong, Macao and Taiwan Funded Enterprises by Paid-up Taxes, 2007

名次 Position	企业名称 Name of Enterprise	名次 Position	企业名称 Name of Enterprise
1	天津丰田汽车有限公司	51	天津顶津食品有限公司
2	摩托罗拉（中国）电子有限公司	52	永立建机（天津）国际贸易有限公司
3	天津三星通信技术有限公司	53	天津荣程祥矿产有限公司
4	绫致时装（天津）有限公司	54	天津津住汽车线束有限公司
5	丰田通商（天津）有限公司	55	天津可口可乐饮料有限公司
6	奥的斯电梯中国投资有限公司	56	天津华丰汽车装饰有限公司
7	天津三星光电子有限公司	57	天津电装汽车电机有限公司
8	PPG涂料（天津）有限公司	58	中国大冢制药有限公司
9	天津华润超级市场有限公司	59	丹佛斯（天津）有限公司
10	大众进口汽车销售有限公司	60	华润雪花啤酒（天津）有限公司
11	美孚石油（天津）有限公司	61	天津达祥精密工业有限公司
12	天津电装电子有限公司	62	3M（天津）国际贸易有限公司
13	中美天津史克制药有限公司	63	天津泰瑞房地产开发有限公司
14	天津三星视界有限公司	64	中法渤海地质服务有限公司
15	中法合营王朝葡萄酿酒有限公司	65	天津双叶协展机械有限公司
16	天津丰田汽车发动机有限公司	66	阿克苏诺贝尔涂料（天津）有限公司
17	俊安（天津）实业有限公司	67	天津港集装箱码头有限公司
18	壳牌润滑油有限公司	68	现代高新电子（天津）有限公司
19	天津英泰汽车饰件有限公司	69	天津泰达津联电力有限公司
20	天津津亚电子有限公司	70	天津阿斯莫汽车微电机有限公司
21	天津北方五金机电城有限公司	72	美卓戴纳源克有限公司
22	西门子电气传动有限公司	73	卓轮（天津）机械有限公司
23	天津三星电子显示器有限公司	74	天津和昇塑料制品有限公司
24	天津艾达自动变速器有限公司	75	天津丰铁汽车部件有限公司
25	天津肯德基有限公司	76	天津星运（集团）有限公司
26	天津太平货柜有限公司	77	天津喜来健医疗器械有限公司
27	乐金电子（天津）电器有限公司	78	施维雅（天津）制药有限公司
28	天津三星电子有限公司	79	天津三星电机有限公司
29	天津阿尔斯通水电设备有限公司	80	天津龙威粮油工业有限公司
30	天津顶益国际食品有限公司	81	德芬工业减速机（天津）有限公司
31	SEW传动设备（天津）有限公司	82	博福—益普生（天津）制药有限公司
32	爱信（天津）车身零部件有限公司	83	天津万科新锐房地产有限公司
33	北海粮油工业（天津）有限公司	84	天津雀巢有限公司
34	诺和诺德（中国）制药有限公司	85	天津惠鑫大豆科技开发有限公司
35	施耐德电气低压（天津）有限公司	86	罗姆半导体（中国）有限公司
36	天津日石润滑油脂有限公司	87	天津南玻工程玻璃有限公司
37	诺维信（中国）生物技术有限公司	88	葛兰素史克（天津）有限公司
38	天津丰田合成有限公司	89	天津信裕房地产发展有限公司
39	日新（天津）塑胶有限公司	90	爱德克斯（天津）汽车零部件有限公司
40	天津罗升企业有限公司	91	天津顶正印刷包材有限公司
41	天津通广三星电子有限公司	92	华利行（天津）国际贸易有限公司
42	天津三五汽车部件有限公司	92	天津天狮生物发展有限公司
43	天津矢崎汽车配件有限公司	93	电装（天津）汽车导航系统有限公司
44	普利司通（天津）轮胎有限公司	94	天津东海理化汽车部件有限公司
45	天津天寰聚氨酯有限公司	95	亚光耐普罗精密注塑（天津）有限公司
46	弗兰德机电传动（天津）有限公司	96	天津加威物产开发有限公司
47	天津富奥电装空调有限公司	97	艾尔姆玻璃纤维制品（天津）有限公司
48	天津华住金属制品有限公司	98	天津南侨油脂有限公司
49	斯必克冷却技术（天津）有限公司	99	嘉里粮油（天津）有限公司
50	雪佛龙（天津）润滑油有限公司	100	天津东洋油墨有限公司

主要统计指标解释

外贸进出口总额

指海关统计中按经营单位即进出口企业在海关注册地的行政区域口径统计的数据，它反映的是天津行政辖区内各类具有进出口经营权企业（外贸企业）的进出口。它不包含外省市外贸企业途径天津口岸由天津海关结关放行及统计的进出口商品，但包含天津外贸企业经由非天津口岸进出口结关放行及统计的商品。

口岸进出口总额

指由海关统计的天津口岸实际进出的货物总金额。包括天津经营单位和其他省市经营单位经天津口岸实现的进出口货物总额。我国规定出口货物按离岸价格统计，进口货物按到岸价格统计。

利用外资

包括三部分，一是借用国外资金；二是直接利用投资；三是其他利用投资。外资包括现金、实物、工业产权或专有技术等。凡是本年内实际投资（不论是执行本年签订的协议或是执行过去几年签订的协议）均应计算在内。

借用国外资金 指由我国政府、部门、企业或其他经济组织从境外借入的资金或在境外发行的外币债券。按借款类别不同划分为：外国政府贷款、国际金融组织贷款、外国银行商业贷款、出口信贷和其他：包括对外发行债券、股票等。本年鉴公布的我市的对外借款统计数据中，不含外国及港、澳、台在津投资企业的对外借款。

直接利用投资 指国外及港澳台地区的法人和自然人按照我国有关政策、法规在中国大陆地区以现金、实物、无形资产等各种方式投资于非上市公司中的全部投资及在单个外国投资者所占股权比例不低于10%的上市公司中的投资。

其他利用投资 凡是国外及港澳台地区的法人和自然人按照我国有关政策、法规在中国大陆地区以现金、实物、无形资产等各种方式进行的投资中不属于客商直接投资的部分，均列入本类。

直接利用外资合同外资额

是根据外商投资企业合同（章程）规定，外方投资者应缴付的注册资本。包括外方从企业获得的利润对企业的再投资以及批准的企业投资总额内的外方股东贷款（2002年以前还包括以企业名义从境内外借入的其他外资）。

实际利用外资

包括借用国外资金、直接利用投资和其他利用投资三部分实际到位的外资。借用国外资金按实际提取或拨交的使用数、直接利用投资按外方实际到位资金统计（以会计师事务所出具的验资报告为准）、其他利用投资按到位数计算。

对外承包工程

包括对外承包公司以招标议标承包方式承揽的下列业务：(1) 承包国外工程建设项目。(2) 承包我国对外经济援助项目。(3) 承包我国驻外机构的工程建设项目。(4) 承包我国境内利用外资进行建设的工程项目。(5) 与外国承包公司合营或联合承包工程项目时我国公司分包部分。(6) 以服务成果向业主收费的技术服务项目（包括承担地形地貌测绘；地质资源勘探与普查；建设区域规划；提供设计文件、图纸、生产工艺技术资料和工程技术经济咨询；工程项目的可行性考察、研究和评估；进行技术指导和培训人员等）。(7) 对外承包兼营的房屋开发业务。对外承包工程的营业额是以货币表现的本期内完成的对外承包工程的工作量，包括以前年度签订的合同和本年度新签订的合同在报告期完成的工作量。

对外劳务合作

指以收取工资的形式向业主或承包商提供技术和劳动服务的活动。天津对外承包公司在境外开办的合营企业，天津公司同时又提供劳务的，其劳务部分也纳入劳务合作统计。劳务合作营业额按报告期内向雇主提交的结算数（包括工资、加班费和奖金等）统计。

Explanatory Notes on Main Statistical Indicators

Foreign Trade Imports & Exports

is offered by Customs authorities, covering the operations units, or the enterprises involved in import and export, that have registered in the administrative regions where the Customs operate. It reflects the import and export of all the enterprises with import and export rights (foreign trade enterprises) under the administration of Tianjin Municipality. It excludes those commodities of foreign trade enterprises from out of town that underwent customs clearance at Tianjin ports but includes commodities of foreign trade enterprises of Tianjin that underwent customs clearance in non-Tianjin ports.

Total Imports and Exports in Port

is offered by customs authorities, refer to the value of commodities imported into and exported from Tianjin Port. It includes the value of commodities imported into and exported from Tianjin Port of Tianjin business units and business units of other provinces (municipalities). In accordance with the stipulation of the Chinese government, imports are calculated at CIF, while exports are calculated at FOB.

Utilization of Foreign Capital

includes foreign borrowing, foreign direct investment, and other foreign investment. Foreign capital includes cash, foods, industrial property right, special technique, etc. It includes actual investment in current year or signed in previous years.

Foreign Borrowing refer to funds borrowed from abroad by the Chinese government, departments, enterprises and other economic units, foreign currency bond issued abroad. Grouped by the category of borrowing, it includes (a) loans of foreign governments, (b) loans of international financial institutions, (c) commercial loans of foreign banks, (d) export credit of foreign banks, (e) bonds, shares issued abroad, etc. The data in this yearbook excludes foreign borrowing of foreign funded and Hong Kong, Macao and Taiwan funded enterprises.

Foreign Direct Investment refers to the investment inside China by foreign funded and Hong Kong, Macao and Taiwan funded enterprises, economic organizations or individuals, following the relevant policies and laws of China and using cash, practicalities technology, for the investment of corporations that are not listed in stock market, share ownership of single foreign investor is not lower than 10%.

Other Foreign Investment refers to the investment except foreign direct investment inside China by foreign funded and Hong Kong, Macao and Taiwan funded enterprises, economic organizations or individuals, following the relevant policies and laws of China and using cash, practicalities technology.

Foreign Direct Investment Contracted

refer to the total registered capital that according to the contract, foreign investor should provide. It includes re-investment of foreign investor using the profits obtained from enterprise, loans of foreign shareholder among the total investment (also includes other investment of enterprise borrowed from China and abroad before 2002).

Foreign Capital Actually Used

refers to the actual investment of foreign borrowing, foreign direct investment and other investment by foreign enterprises. It includes actual withdraw of foreign borrowing, actual capital of foreign direct investment (in accordance with the capital report of Accountant Services), actual capital of other investment by foreign enterprises.

Overseas Contracted Projects

refer to projects undertaken by Chinese contractors (project contracting companies) through bidding process. They include: (1) overseas civil engineering construction projects financed by foreign investors. (2) overseas projects financed by the Chinese government through its foreign-aid programs. (3) construction projects of Chinese diplomatic missions, trade offices and other institutions stationed abroad. (4) construction projects in China financed by foreign investment. (5) sub-construction to be taken by Chinese-contractors through a joint umbrella project with foreign contractor. (6) technical assistance projects in the form of service results and chargeable to the owners (such as topographic surveying, geological prospecting, development zone programming, provision of documents, blueprint, materials on production process, technical consultation, project feasibility studies and evaluation, personnel training, etc.). (7) housing developing projects. The business turnover from international contracting is the work of contracted projects completed during the reporting period, expressed in monetary terms, including completed work on project contracts signed in previous years.

Overseas Labor Service Cooperation

refers to activities of providing technology and labor services to employers or contractors by collecting salaries and wages. Labor services provided by Tianjin's international contrasting corporations to their overseas joint ventures shall be included into the statistics of overseas serviced. The business turn over of overseas labor services is the settlement price (including salaries, overtime pay and bonuses) submitted to the employers during the reporting period.

第16篇
CHAPTER 16
金融业
Financial Intermediation

16-1 各类金融机构
Financial Institutions

单位：个 (unit)

项　目	Item	2006	2007
总　计	Total	**2981**	**3115**
银行类	**Banking Institutions**	**2094**	**2168**
中央银行	Central Banks	2	2
政策性银行	Policy Banks	10	10
商业银行	Commercial Banks	2065	2139
国有独资商业银行	State-owned Sole Commercial Banks	1287	1285
股份制商业银行	Share-holding Commercial Banks	80	104
天津市商业银行	Commercial Bank of Tianjin	182	182
其他城商行天津分行	Tianjin Branches of Other City's Commercial Banks		5
中德住房储蓄银行	Sino-German Bausparkasse	1	1
农村合作金融机构	Rural Cooperative Financial Institutions	515	562
外资银行	Foreign Funded Banks	17	17
非银行类	**Non-banking Institutions**	**887**	**947**
保险公司	Insurance Companies	367	426
信托投资公司	Trust Investment Companies	2	2
证券经营公司	Securities Business Companies	74	71
财务公司	Financial Companies	2	3
金融租赁公司	Finance Leasing Companies		1
典当公司	Mortgage Companies		58
产业基金公司	Industry Fund Management Companies		1
邮政储蓄银行	Postal Savings Bank	362	381
金融资产管理公司	Finance Assets Supervision Corporation	4	4

16-2 中资金融机构人民币存贷款余额(1990-2007年)
RMB Saving Deposits and Loans of Chinese Financial Institutions, 1990-2007

单位：亿元 (100 million yuan)

年 份 Year	存款合计 Total Deposits	企业存款 Deposits of Enterprises	财政性存款 Treasury Deposits	储蓄存款 Savings Deposits	农业存款 Agricultural Deposits	信托及其他类存款 Trust Deposits and Others	贷款合计 Total Loans	#工业贷款 Industrial Loans
1990	263.21	86.66	19.15	126.92	9.42	21.07	415.91	136.49
1991	336.56	106.84	24.73	163.18	13.15	28.67	487.43	158.14
1992	467.81	157.39	23.50	202.66	18.51	65.75	624.82	182.23
1993	586.12	193.71	23.78	269.70	21.75	77.19	768.57	223.91
1994	800.56	301.12	24.26	394.50	18.26	62.43	927.05	248.74
1995	1079.97	385.21	37.59	549.97	22.87	84.33	1113.95	289.50
1996	1399.06	527.68	28.54	724.91	25.82	98.64	1357.38	340.91
1997	1634.95	638.88	26.22	863.36	28.76	77.73	1502.91	379.86
1998	1860.84	655.38	12.53	1020.14	34.28	138.50	1629.12	407.52
1999	2060.02	736.03	45.78	1130.19	37.94	110.08	1825.26	429.22
2000	2281.55	871.31	53.97	1172.40	44.10	139.76	1863.60	369.25
2001	2562.55	946.89	63.82	1284.95	56.32	210.56	2159.86	433.16
2002	3018.26	1115.35	102.30	1486.38	73.86	240.37	2519.04	450.32
2003	4033.51	1542.75	136.89	1825.32	164.72	363.83	3426.02	429.13
2004	4729.61	1823.00	182.03	2116.73	157.14	450.71	3821.38	405.46
2005	5684.40	2185.23	234.75	2462.41	163.66	638.35	4417.45	425.74
2006	6531.94	2661.96	250.26	2811.02	189.50	619.20	5106.94	550.21
2007	7856.65	3344.20	387.05	3078.72	237.47	809.21	6131.63	644.76

年 份 Year	#商业贷款 Commercial Loans	#建筑业贷款 Construction Loans	#私营及个体贷款 Loans to Private and Individuals	#乡镇企业贷款 Loans to Township Enterprises	#农业贷款 Agricultural Loans	#中长期贷款 Medium-term & Long-term Loans	#信托类贷款及其他 Trust Loans and Others
1990	162.49	8.23	0.09	10.75	27.29	50.00	20.57
1991	173.04	8.86	0.11	12.20	36.26	73.88	24.95
1992	196.20	9.75	0.14	13.50	49.78	105.67	67.56
1993	223.91	10.76	0.80	16.18	65.83	143.93	83.25
1994	219.58	13.06	1.44	67.29	16.58	210.87	71.98
1995	242.71	16.18	3.47	85.70	22.46	262.01	85.70
1996	278.76	31.82	11.48	106.12	29.66	305.50	116.22
1997	297.74	36.28	8.63	125.32	41.46	298.81	67.61
1998	295.91	37.38	10.11	147.17	50.65	302.69	94.42
1999	292.08	36.00	10.15	163.59	51.33	405.04	113.77
2000	235.64	44.85	15.64	163.14	42.65	431.27	113.89
2001	249.95	60.84	38.96	174.28	47.55	637.76	137.91
2002	240.68	77.45	34.76	192.22	74.99	846.93	179.49
2003	275.22	95.23	31.50	239.98	132.30	1468.35	283.53
2004	261.13	80.47	26.89	278.72	175.25	1789.78	278.48
2005	255.02	80.85	36.15	311.35	172.37	2203.93	302.80
2006	267.43	95.39	31.13	270.92	159.48	2756.82	278.11
2007	341.98	101.75	31.71	298.05	157.02	3473.96	210.60

注：1. 中长期贷款1994年以前为固定资产贷款，1998年起中长期贷款中含中期流动资金贷款。2. 农业存款1996年以前为农村存款。3. 信托类贷款及其他含票据融资款及垫款。4. 16-3表同。

Note: a) Before 1994, medium-term & long-term loans refered to fixed assets loans, and including medium-term circulating capital loans since 1998. b) Agricultural deposits refered to rural deposits before 1996. c) Trust loans and others include bill financing and all advanced money. d) Same as table 16-3.

16-3 银行机构人民币存贷款余额(1990-2007年) RMB Saving Deposits and Loans of Banking Institutions, 1990-2007

单位：亿元 (100 million yuan)

年份 Year	存款合计 Total Deposits	企业存款 Deposits of Enterprises	财政性存款 Treasury Deposits	储蓄存款 Savings Deposits	农业存款 Agricultural Deposits	信托及其他类存款 Trust Deposits and Others	贷款合计 Total Loans	#工业贷款 Industrial Loans
1990	236.31	83.78	19.15	101.88	18.58	12.92	387.72	134.42
1991	297.65	103.33	24.73	130.31	22.86	16.43	449.95	155.69
1992	376.19	141.99	23.50	160.47	24.27	25.96	539.53	178.32
1993	461.52	158.42	23.77	215.28	28.74	35.29	655.99	218.90
1994	596.96	250.75	24.26	317.46	2.31	2.18	788.51	243.47
1995	812.45	321.99	37.59	445.14	2.89	4.83	898.43	283.26
1996	1071.75	443.35	28.54	593.35	2.59	3.93	1147.90	332.65
1997	1415.43	630.45	26.22	741.43	2.70	14.62	1334.79	379.27
1998	1605.63	648.00	12.53	880.82	2.78	61.50	1427.53	406.79
1999	1801.79	728.74	45.69	975.06	2.89	49.41	1606.22	428.54
2000	2000.58	861.62	53.88	1011.47	2.54	71.07	1635.99	368.86
2001	2255.95	934.36	63.67	1117.34	3.76	136.83	1918.86	432.23
2002	2672.47	1090.57	102.16	1308.25	3.69	167.80	2233.48	448.66
2003	3482.63	1466.20	136.63	1593.74	4.33	281.73	2973.90	427.43
2004	4096.92	1763.90	175.18	1815.25	7.60	334.99	3301.60	403.82
2005	5006.21	2118.82	234.58	2117.56	5.06	530.19	3887.17	423.95
2006	6022.91	2624.63	249.77	2528.18	88.08	532.25	4776.70	547.43
2007	7094.80	3280.46	386.15	2492.63	126.89	808.67	5783.67	642.69

年份 Year	#商业贷款 Commercial Loans	#建筑业贷款 Construction Loans	#私营及个体贷款 Loans to Private and Individuals	#乡镇企业贷款 Loans to Township Enterprises	#农业贷款 Agricultural Loans	#中长期贷款 Medium-term & Long-term Loans	#信托类贷款及其他 Trust Loans and Others
1990	160.99	8.23	0.04	10.75	7.86	50.00	15.43
1991	171.22	8.86	0.03	12.20	9.74	73.88	18.34
1992	190.01	9.75	0.03	13.50	11.16	105.67	31.09
1993	210.73	10.76	0.05	16.18	14.20	143.93	41.23
1994	214.48	13.06	0.14	21.00	12.31	203.97	18.82
1995	237.52	16.18	0.10	25.42	16.37	257.00	21.28
1996	271.66	31.82	0.29	35.78	22.66	303.03	37.28
1997	297.74	36.28	8.63	41.29	30.43	297.02	12.53
1998	295.91	37.38	10.11	51.22	35.08	301.56	19.02
1999	292.08	35.99	10.15	57.22	31.64	404.36	34.23
2000	235.64	44.85	15.64	47.34	21.57	430.05	36.89
2001	249.93	60.81	38.96	49.35	19.92	634.26	66.47
2002	240.66	77.45	34.76	53.41	20.35	841.14	109.68
2003	275.20	95.23	31.50	59.10	16.52	1460.80	167.50
2004	261.11	80.47	22.29	67.62	15.53	1782.72	167.16
2005	255.02	80.85	32.21	66.89	14.62	2198.34	211.45
2006	267.22	95.39	25.73	98.95	48.48	2744.97	276.66
2007	314.93	101.75	27.57	124.70	52.16	3462.90	204.81

注：自2001年起，银行机构没有信托(类)存贷款。
Note: Since 2001, banking institutions have no Trust loans or deposits.

16-4 中资金融机构现金收支与投放（1990-2007年）
Cash Income, Payout and Issuance of Chinese Financial Institutions, 1990-2007

单位：亿元 (100 million yuan)

年 份 Year	现金收入 Cash Income	现金支出 Cash Payout	投 放 Currency Issuance
1990	239.92	242.00	2.08
1991	287.09	295.37	8.28
1992	407.75	418.72	10.97
1993	646.66	656.34	9.68
1994	892.28	893.48	1.20
1995	1285.46	1275.46	-10.00
1996	1696.42	1704.67	8.25
1997	2637.49	2636.20	-1.29
1998	3209.96	3218.63	8.67
1999	3673.32	3689.52	16.20
2000	4277.52	4268.38	-9.14
2001	4782.14	4793.23	11.09
2002	5081.47	5126.79	45.32
2003	6561.94	6651.99	90.05
2004	8689.80	8779.70	89.90
2005	9675.45	9779.48	104.03
2006	11120.24	11267.11	146.87
2007	13068.67	13252.20	183.53

注：投放栏中的负数表示现金回笼。
Note: A negative amount in currency issue indicates cash withdrawal.

16-5 中外资金融机构存贷款余额（2004-2007年）
Saving Deposits and Loans Balance of Chinese & Foreign Financial Institutions, 2004-2007

单位：亿元 (100 million yuan)

项 目		2004	2005	2006	2007
存款余额(折人民币)	**Saving Deposits Balance (as RMB)**	**5139.72**	**6090.50**	**6839.20**	**8242.07**
中资金融机构	Chinese Financial Institutions	5044.07	5990.37	6762.39	8116.19
人民币	RMB	4729.61	5684.40	6531.94	7856.65
外 汇(亿美元)	Foreign Exchange (USD 100 million)	37.99	37.91	29.51	35.54
外资金融机构	Foreign-funded Financial Institutions	95.65	100.13	76.81	125.88
外 汇(亿美元)	Foreign Exchange (USD 100 million)	9.06	8.48	5.67	7.15
人民币	RMB	20.67	31.69	32.52	73.67
贷款余额(折人民币)	**Loans Balance (as RMB)**	**4146.49**	**4722.38**	**5415.72**	**6543.83**
中资金融机构	Chinese Financial Institutions	4010.17	4571.40	5243.71	6345.25
人民币	RMB	3821.38	4417.45	5106.94	6131.63
外 汇(亿美元)	Foreign Exchange (USD 100 million)	22.81	19.08	17.52	29.25
外资金融机构	Foreign-funded Financial Institutions	136.32	150.98	172.02	198.57
外 汇(亿美元)	Foreign Exchange (USD 100 million)	14.39	13.73	12.32	12.20
人民币	RMB	17.21	40.18	75.82	109.44

16-6 中外资金融机构本外币信贷资金平衡表
RMB & Foreign Currency Credit Funds Balance Sheet of Chinese & Foreign Financial Institutions

单位：亿元 (100 million yuan)

项　目	Item	2006	2007	2007比2006年增长(%) Increase Rate in 2007 over 2006 (%)
资金来源合计	**All Sources**	**5775.89**	**7006.83**	**21.3**
各项存款余额总计	Total Deposits Balance	6839.20	8242.07	20.5
企事业存款	Deposits of Enterprises and Institutions	2834.82	3615.83	27.6
活期存款	Current Deposits	2117.64	2792.78	31.9
定期存款	Fixed Deposits	717.18	823.05	14.8
储蓄存款	Savings Deposits	2922.70	3165.17	8.3
活期存款	Current Deposits	926.52	1067.52	15.2
定期存款	Fixed Deposits	1996.18	2097.65	5.1
信托存款	Trust Deposits			
委托存款	Entrust Deposits	9.10	35.51	290.2
其他存款	Other Deposits	1072.58	1425.56	32.9
境外联行存放	External Inter-bank Deposits			
所有者权益	Owner's Equity	213.95	289.73	35.4
其　他	Others	-1277.26	-1524.97	-19.4
资金运用合计	**All Uses**	**5775.89**	**7006.83**	**21.3**
各项贷款余额总计	Total Loans Balance	5415.72	6543.83	20.8
短期贷款	Short-term Loans	2239.24	2643.85	18.1
中长期贷款	Medium-term and Long-term Loans	2800.89	3560.61	27.1
信托贷款	Trust Loans			
委托贷款	Entrust Loans	0.32	0.29	-9.4
其他贷款	Other Loans	79.02	115.65	46.4
票据融资	Bill Financing	286.83	215.28	-24.9
各项垫款	Money Advanced	9.42	8.15	-13.5
存放境内联行	Internal Inter-bank Loans			
有价证券及投资	Securities & Investment	360.17	463.00	28.6

注：表中增长速度按可比口径计算。16-7、16-8、16-9、16-17表同。
Note: The increase rates are calculated at comparable coverage. Same as following table 16-7, 16-8, 16-9, 16-17.

16-7 中资金融机构人民币各项存贷款余额 RMB Saving Deposits and Loans Balance of Chinese Financial Institutions

单位：亿元 (100 million yuan)

项　目	Item	2006	2007	2007比2006年增长(%) Increase Rate in 2007 over 2006 (%)
各项存款总计	**Total Deposits**	**6531.94**	**7856.65**	**20.3**
企业存款	Deposits of Enterprises	2661.96	3344.20	25.6
财政性存款	Treasury Deposits	250.26	387.05	54.7
储蓄存款	Savings Deposits	2811.02	3078.72	9.5
# 定期储蓄	Fixed Deposits	1911.81	2036.66	6.5
农业存款	Agricultural Deposits	189.50	237.47	25.3
信托类存款	Trust Deposits	9.10	35.49	74.4
其他类存款	Other Deposits	610.10	773.72	21.2
各项贷款总计	**Total Loans**	**5106.94**	**6131.63**	**20.1**
短期贷款	Short-term Loans	2072.01	2447.07	18.1
工业贷款	Industrial Loans	550.21	644.76	17.2
商业贷款	Commercial Loans	267.43	341.93	27.9
建筑业贷款	Construction Loans	95.39	101.75	6.7
私营及个体贷款	Loans to Private and Individuals	31.13	31.71	1.9
乡镇企业贷款	Loans to Township Enterprises	270.92	298.05	10.0
农业贷款	Agricultural Loans	159.48	157.02	-1.5
三资企业贷款	Loans to Hong Kong, Macao, Taiwan and Foreign-funded Enterprises	34.97	35.20	0.7
其他短期贷款	Other Short-term Loans	662.48	836.65	26.3
中长期贷款	Medium-term and Long-term Loans	2756.82	3473.96	26.0
# 技术改造贷款	Loans to Technical Innovation	12.93	16.55	28.0
基本建设贷款	Loans to Capital Construction	1551.10	1806.90	16.5
信托类贷款	Trust Loans	1.43	1.26	-11.9
票据融资	Bill Financing	268.18	202.05	-24.7
各项垫款	Money Advanced	8.50	7.29	-14.2

16-8 银行机构人民币各项存贷款余额
RMB Saving Deposits and Loans Balance of Banking Institutions

单位：亿元 (100 million yuan)

项 目	Item	2006	2007	2007 比2006年 增长(%) Increase Rate in 2007 over 2006 (%)
各项存款总计	**Total Deposits**	**6022.91**	**7094.80**	**17.8**
企业存款	Deposits of Enterprises	2624.63	3280.46	25.0
财政性存款	Treasury Deposits	249.77	386.15	54.6
储蓄存款	Savings Deposits	2528.18	2492.63	-1.4
# 定期储蓄	Fixed Deposits	1719.22	1601.79	-6.8
农业存款	Agricultural Deposits	88.08	126.89	44.1
其他类存款	Other Deposits	532.25	808.67	51.9
各项贷款总计	**Total Loans**	**4776.70**	**5783.67**	**21.1**
短期贷款	Short-term Loans	1755.07	2111.68	20.3
工业贷款	Industrial Loans	547.43	642.69	17.4
商业贷款	Commercial Loans	267.22	341.93	28.0
建筑业贷款	Construction Loans	95.39	101.75	6.7
私营及个体贷款	Loans to Private and Individuals	25.73	27.57	7.2
乡镇企业贷款	Loans to Township Enterprises	98.95	124.70	26.0
农业贷款	Agricultural Loans	48.48	52.16	7.6
三资企业贷款	Loans to Hong Kong, Macao, Taiwan and Foreign-funded Enterprises	34.92	35.20	0.8
其他短期贷款	Other Short-term Loans	636.95	785.68	23.4
中长期贷款	Medium-term and Long-term Loans	2744.97	3462.90	26.2
# 技术改造贷款	Loans to Technical Innovation	12.93	16.55	28.0
基本建设贷款	Loans to Capital Construction	1549.22	1806.90	16.6
票据融资	Bill Financing	268.16	201.80	-24.7
各项垫款	Money Advanced	8.50	7.29	-14.2

16-9 中资金融机构现金收入和支出 Cash Income and Payout of Chinese Financial Institutions

单位：亿元 (100 million yuan)

项 目	Item	2006	2007	2007比2006年增长(%) Increase Rate in 2007 over 2006 (%)
现金收入总计	**Total Cash Income**	**11120.24**	**13068.67**	**17.5**
商品销售收入	Income from Commodity Sales	1579.95	1636.24	3.6
服务事业收入	Income from Service Trade	379.60	369.68	-2.6
税款收入	Income from Taxes	64.95	81.03	24.8
城乡个体经营收入	Income from Urban and Rural Individual Business	451.88	434.82	-3.8
储蓄存款收入	Income from Savings Deposits	7870.70	9738.72	23.7
其他金融机构收入	Income from Other Financial Institutions	104.73	95.51	-8.8
居民归还贷款收入	Income from Repayment of Loans by Residents	211.61	161.97	-23.5
汇兑收入	Income from Remittances	68.44	108.06	57.9
有价证券收入	Income from Securities	10.93	11.11	1.6
其他收入	Others	377.45	431.53	14.3
现金支出总计	**Total Cash Payout**	**11267.11**	**13252.20**	**17.6**
工资性支出	Wages	788.79	762.87	-3.29
农副产品采购支出	Purchases of Agricultural and Sideline Products	173.00	161.90	-6.4
工矿及其他产品采购支出	Expenditure for Purchases of Industrial and Mineral Products	182.11	174.60	-4.1
行政企事业管理费支出	Government and Enterprises Overhead	455.44	440.67	-3.2
城乡个体经营支出	Expenditure for Individual Business	694.30	763.15	9.9
储蓄存款支出	Expenditure for Savings Deposits	8377.56	10329.07	23.3
其他金融机构支出	Expenditure for Other Financial Institutions	68.34	49.72	-27.2
居民提取贷款支出	Expenditure for Loans by Residents	130.46	111.76	-14.3
汇兑支出	Expenditure for Remittances	36.22	61.45	69.7
有价证券支出	Expenditure for Securities	7.16	10.95	52.9
其他支出	Others	353.73	1148.93	224.8
货币投放(+)或回笼(-)	**Currency Issuance (+) and Cash Withdrawal (-)**	**+146.87**	**+183.53**	**25.0**

16-10 金融机构法定存款利率表（2004-2007年）
Nominal Interest Rates on Deposits of Financial Institutions, 2004-2007

单位：年利率% (% p. a.)

项　目	Item	2004年10月29日 Oct. 29, 2004	2006年8月19日 Aug. 19, 2006	2007年3月18日 Mar. 18, 2007	2007年5月19日 May 19, 2007
个人人民币储蓄存款	RMB Household Deposits				
活　期	Current Deposits	**0.72**	**0.72**	**0.72**	**0.72**
定　期	Fixed Deposits				
三个月	3 Months	1.71	1.80	1.98	2.07
半　年	6 Months	2.07	2.25	2.43	2.61
一　年	1 Year	2.25	2.52	2.79	3.06
二　年	2 Years	2.70	3.06	3.33	3.69
三　年	3 Years	3.24	3.69	3.96	4.41
五　年	5 Years	3.60	4.14	4.41	4.95
存本取息、零存整取、整存零取	Three Convenients & Flexible Ways of Savings Deposits				
一　年	1 Year	1.71	1.80	1.98	2.07
三　年	3 Years	2.07	2.25	2.43	2.61
五　年	5 Years	2.25	2.52	2.79	3.06
企业单位存款	Enterprises Deposits				
活　期	Current Deposits	**0.72**	**0.72**	**0.72**	**0.72**
定　期	Fixed Deposits				
三个月	3 Months	1.71	1.80	1.98	2.07
半　年	6 Months	2.07	2.25	2.43	2.61
一　年	1 Year	2.25	2.52	2.79	3.06
二　年	2 Years	2.70	3.06	3.33	3.69
三　年	3 Years	3.24	3.69	3.96	4.41
五　年	5 Years	3.60	4.14	4.41	4.95

项　目	Item	2007年7月21日 July 21, 2007	2007年8月22日 Aug. 22, 2007	2007年9月15日 Sep. 15, 2007	2007年12月21日 Dec. 21, 2007
个人人民币储蓄存款	RMB Household Deposits				
活　期	Current Deposits	**0.81**	**0.81**	**0.81**	**0.72**
定　期	Fixed Deposits				
三个月	3 Months	2.34	2.60	2.88	3.33
半　年	6 Months	2.88	3.15	3.42	3.78
一　年	1 Year	3.33	3.60	3.87	4.14
二　年	2 Years	3.96	4.23	4.50	4.68
三　年	3 Years	4.68	4.95	5.22	5.40
五　年	5 Years	5.22	5.49	5.76	5.85
存本取息、零存整取、整存零取	Three Convenients & Flexible Ways of Savings Deposits				
一　年	1 Year	2.34	2.61	2.88	3.33
三　年	3 Years	2.88	3.15	3.42	3.78
五　年	5 Years	3.33	3.60	3.87	4.14
企业单位存款	Enterprises Deposits				
活　期	Current Deposits	**0.81**	**0.81**	**0.81**	**0.72**
定　期	Fixed Deposits				
三个月	3 Months	2.34	2.60	2.88	3.33
半　年	6 Months	2.88	3.15	3.42	3.78
一　年	1 Year	3.33	3.60	3.87	4.14
二　年	2 Years	3.96	4.23	4.50	4.68
三　年	3 Years	4.68	4.95	5.22	5.40
五　年	5 Years	5.22	5.49	5.76	5.85

16-11 金融机构法定贷款利率表(2006-2007年)
Nominal Interest Rates on Loans of Financial Institutions, 2006-2007

单位：年利率% (% p. a.)

项　目	Item	2006年4月28日 Apr. 28, 2006	2006年8月19日 Aug. 19, 2006	2007年3月18日 Mar. 18, 2007	2007年5月19日 May 19, 2007
短期贷款	Short-term Loans				
一般流动资金	General Circulating Funds				
半年以内	Less than 6 Months	5.40	5.58	5.67	5.85
一年(六个月至一年)	1 Year (6 months to 1 year)	5.85	6.12	6.39	6.57
长期贷款	Long-term Loans				
基本建设贷款	Loans to Capital Construction				
一年以上至三年	1-3 Years	6.03	6.30	6.57	6.75
三年以上至五年	3-5 Years	6.12	6.48	6.75	6.93
五年以上至十年	5-10 Years	6.39	6.84	7.11	7.20
住房贷款	Housing Loans				
个人住房公积金贷款	Accumulation Fund Loans				
五年以内	Less than 5 Years	4.14	4.14	4.32	4.41
五年以上	More than 5 Years	4.59	4.59	4.77	4.86

项　目	Item	2007年7月21日 July 21, 2007	2007年8月22日 Aug. 22, 2007	2007年9月15日 Sep. 15, 2007	2007年12月21日 Dec. 21, 2007
短期贷款	Short-term Loans				
一般流动资金	General Circulating Funds				
半年以内	Less than 6 Months	6.03	6.21	6.48	6.57
一年(六个月至一年)	1 Year (6 months to 1 year)	6.84	7.02	7.29	7.47
长期贷款	Long-term Loans				
基本建设贷款	Loans to Capital Construction				
一年以上至三年	1-3 Years	7.02	7.20	7.47	7.56
三年以上至五年	3-5 Years	7.20	7.38	7.65	7.74
五年以上至十年	5-10 Years	7.38	7.56	7.83	7.83
住房贷款	Housing Loans				
个人住房公积金贷款	Accumulation Fund Loans				
五年以内	Less than 5 Years	4.50	4.59	4.77	4.77
五年以上	More than 5 Years	4.95	5.04	5.22	5.22

注：1. 从2005年3月17日起，自营性个人住房贷款利率改按商业性贷款利率执行，上限放开，实行下限管理，下限利率水平为相应期限档次贷款基准利率的0.9倍。2. 从2006年8月19日起，个人住房贷款利率下限由基准利率的0.9倍扩大到0.85倍。

Note: a) From Mar. 17, 2005, the loan interest rate of self-supported house loan by Commercial Banks is running as commercial loan interest rates with upper limit opened and lower limit controlled,the lower limit loan interest rate is 0.9 times of nominal interest rates at the same time & grouping. b) From Aug. 19, 2006, the lower limit interest rate of self-supported house loan was changed from 0.9 times of benchmark interest rate to 0.85 times of benchmark interest rate.

16-12 个人贷款总额(2004-2007年)
Total Amount of Personal Loans, 2004-2007

单位: 亿元 (100 million yuan)

指　标	Item	2004	2005	2006	2007
个人贷款总额	**Total Amount of Personal Loans**	**629.00**	**216.04**	**855.33**	**1041.19**
# 个人消费贷款	Personal Consumption Loans	347.04	407.22	451.52	575.09
# 个人住房贷款	Housing Mortgage Loans	306.03	375.20	419.44	531.00
汽车消费贷款	Car Consumption Loans	22.00	14.56	10.64	9.61
公积金贷款	Accumulation Fund Loans	125.79	154.04	217.89	261.20
个人住房贷款	**Percentage of Housing Mortgage Loans**				
占个人消费贷款额比重(%)	**in Personal Consumption Loans**	**88.2**	**92.1**	**92.9**	**92.3**

16-13 国内上市公司首发股票情况(1993-2007年)
Number of Domestic Listed Companies, 1993-2007

单位: 个 (unit)

年　份 Year	全市总计 Total	发行地 Place of IPO		股票类别 Share Category		
		上交所 "Shanghai Stock Exchange"	深交所 "Shenzhen Stock Exchange"	仅发A股公司 A Share Only	仅发B股公司 B Share Only	发A、B股公司 A&B Share
1993	2	1	1	2		
1994	1	1		1		
1995	1	1		1		
1996	5	3	2	3		2
1997	4	2	2	4		
1998	1	1		1		
1999	2		2	2		
2000	2	1	1	2		
2001	5	5		5		
2002	2	2		2		
2003	1	1		1		
2004						
2005						
2006						
2007	4	2	2	4		

16-14 天津股份制企业国内首次发行股票一览表
Domestic List of IPO of a Share of Tianjin Enterprises

名　称	Name	股票面值(元) Par Value of Stocks (yuan)	发行价(元) Issued Price (yuan)	总股本(万股) Aggregate of Capital Stock (10 000 shares)	发行量(万股) Issued Volume (10 000 shares)	筹资额(万元) Capital Raised (10 000 yuan)
1993年	**Year of 1993**					
广宇发展	Guangyu Development	1.00	3.68	51271.76	3340.00	11957.20
S*ST磁卡	S*ST Global Magnetic Card	1.00	3.10	55165.92	2610.00	
1994年	**Year of 1994**					
津劝业	Tianjin Quanyechang	1.00	1.50	41626.82	4050.00	
1995年	**Year of 1995**					
创业环保	Capital Environmental Protection	1.00	2.50	142722.84	6898.00	16000.00
1996年	**Year of 1996**					
国恒铁路	Guoheng Raiway	1.00	1.00	56111.62	1400.00	
泰达股份	TEDA	1.00	2.80	105398.13	2630.88	
天津港	Tianjin Port	1.00	1.40	144884.04	9977.98	13800.00
S*ST天海	S*ST Tianhai	1.00	1.50	49264.88	4756.00	
1997年	**Year of 1997**					
滨海能源	Binhai Energy	1.00	2.20	22214.75	5000.00	10932.00
鑫茂科技	Xinmao Tech	1.00	5.04	12275.46	3000.00	14400.00
中储股份	China National Materials Storage & Transportation	1.00	4.10		1900.00	7433.00
海泰发展	Haitai Development	1.00	5.18	32305.79	3000.00	15036.00
1998年	**Year of 1998**					
中体产业	China Sport Industry	1.00	5.80	73050.68	4500.00	25075.00
1999年	**Year of 1999**					
津滨发展	Jinbin Development	1.00	4.65	115519.45	7000.00	31413.10
一汽夏利	Faw Xiali	1.00	6.00	159517.40	21800.00	128142.90
2000年	**Year of 2000**					
天保基建	Tianbao Construction	1.00	4.60	23870.54	7000.00	31088.00
S*ST天香	S*ST Tianxiang	1.00	5.30	22110.00	4500.00	22590.00
2001年	**Year of 2001**					
天房发展	Tianfang Development	1.00	5.00	110570.00	12100.00	53762.50
*ST中新	*ST Zhongxin	1.00	10.00	36965.44	4000.00	38410.00
鼎盛天工	Dingsheng Tianjin Industry	1.00	6.00	13797.86	3500.00	20000.00
百利电气	Benefo Electric	1.00	6.60	31680.00	3000.00	18620.00
天药股份	Tianyao Share	1.00	11.25	54289.00	4500.00	49214.79
2002年	**Year of 2002**					
天士力	Tasley	1.00	14.70	48800.00	5000.00	71125.68
海油工程	Offshore Oil Engeneering	1.00	9.60	95040.00	8000.00	75038.00
2003年	**Year of 2003**					
中金黄金	Zhongjin Gold	1.00	4.05	28000.00	10000.00	38829.25
2007年	**Year of 2007**					
中环股份	Zhonghuan Share	1.00	5.81	36266.37	10000.00	55659.63
天津普林	Tianjin Printronics	1.00	8.28	19667.98	5000.00	39070.67
中海油服	China Offshore Oil Service	1.00	13.48	449532.00	50000.00	659875.54
中国远洋	China Ocean Shipping	1.00	8.48	1021627.44	178386.74	1488114.51

注：总股本为截至2007年12月31日的数据。
Note: Data of Aggregate of Capital Stock are figures before Dec. 31st, 2007.

16-15 保险机构
Insurance Institutions

单位：个 (unit)

项　目	Item	2006	2007
保险机构	**Insurance Institutions**	**443**	**516**
保险公司机构	**Insurance Companies**	**367**	**426**
# 总公司	Parent Companies	3	3
# 中外合资、外资公司	Joint-venture and Sole Foreign Investment	2	2
分公司	Divisions	23	29
支公司	Sub-divisions	102	109
营销服务部	Operation & Service Offices	239	285
专业保险中介机构	**Professional Insurance Intermediary Institutions**	**72**	**87**
保险代理公司	Insurance Agent Companies	51	64
保险公估公司	Insurance Assessment Companies	5	6
保险经纪公司	Insurance Broker Companies	16	17
外资保险公司代表处	**Agencies of Foreign-founded Insurance Companies**	**4**	**3**

注：本表中支公司包含中心支公司。
Note: In this table, sub-divisions insurance companies include center sub-divisions insurance companies.

16-16 保险业务主要指标（1990-2007年）
Main Indicators of Insurance Business, 1990-2007

年　份 Year	保险金额 (亿元) Amount Insured (100 million yuan)	保　费 (万元) Premium (10 000 yuan)	# 人身险 Personal Insurance	# 财产险 Property Insurance	赔款及给付 (万元) Claim and Payment (10 000 yuan)	# 人身险 Personal Insurance	# 财产险 Property Insurance
1990	918.00	34327	4384	17896	9827	334	5237
1991	1009.18	39474	5832	20222	14715	894	8651
1992	1136.06	49624	10185	23639	22843	1637	12963
1993	1514.16	67412	14492	32496	34689	4866	17885
1994	2434.06	100561	24628	47147	47434	6642	27405
1995	2274.74	123655	31588	61338	52985	6545	30973
1996	2488.21	171768	63373	74399	62613	10186	33257
1997	3306.04	243377	125327	112401	83528	18334	61900
1998	3949.15	271654	161097	110557	70075	14206	55869
1999	4848.10	291382	175804	115578	69163	14703	54460
2000	3696.19	314663	191786	122877	71950	7714	64236
2001	5176.91	417049	276050	140999	119062	56364	62698
2002	5632.35	649698	505966	143732	114818	46513	68305
2003	6497.87	753098	597450	155648	173608	72493	101115
2004	9852.79	809874	622284	187590	174178	77905	96273
2005	12141.02	906391	688629	217762	174637	67284	107353
2006	16690.02	1051842	785664	266178	218608	92220	126388
2007	20068.17	1509092	1154858	354234	413417	242197	171221

16-17 保险业务情况
Basic Statistics on Insurance Business

项　目	Item	2006	2007	2007比2006年增长(%) Increase Rate in 2007 over 2006 (%)
保险金额(亿元)	**Amount Insured (100 million yuan)**	**16690.02**	**20068.17**	**20.2**
财产保险	Property Insurance	11331.53	12918.22	14.0
人身保险	Personal Insurance	5358.49	7149.95	33.4
保　费(万元)	**Premium (10 000 yuan)**	**1051842.47**	**1509092.24**	**43.5**
财产保险	Property Insurance	266178.46	354234.39	33.1
# 机动车辆保险	Motor Vehicle Insurance	167419.47	235469.48	40.6
人寿保险	Life Insurance	678610.29	1027446.07	51.4
人身意外伤害保险	Unforeseen Human Injury Insurance	20096.06	24210.90	20.5
健康保险	Health Insurance	86957.67	103200.89	18.7
赔款及给付额 (万元)	**Claim and Payment (10 000 yuan)**	**218608.15**	**413417.12**	**89.1**
财产保险	Property Insurance	126387.88	171220.57	35.5
# 机动车辆保险	Motor Vehicle Insurance	89643.21	121089.59	35.1
人寿保险	Life Insurance	64523.96	211394.56	227.6
人身意外伤害保险	Unforeseen Human Injury Insurance	5421.30	5926.70	9.3
健康保险	Health Insurance	22275.01	24875.29	11.7
保险密度(元)	**Insurance Density (yuan)**	**978.45**	**1353.45**	**38.3**
财产保险	Property Insurance	247.61	317.69	28.3
人身保险	Personal Insurance	730.85	1035.76	41.7
保险深度(%)	**Insurance Depth (%)**	**2.42**	**3.01**	
财产保险	Property Insurance	0.61	0.71	
人身保险	Personal Insurance	1.58	2.30	
赔付率(%)	**Claim and Payment Rate (%)**	**20.78**	**27.40**	
财产保险	Property Insurance	47.48	48.34	
人身保险	Personal Insurance	53.54	51.42	

注：人身保险金额为期末有效保险金额。
Note: Amount insured of personal insurance is the efficiency amount insured at the end of term.

16-18 外资（合资）银行、保险公司在津分行、代表处一览（2007年）
Branches or Offices of Foreign Investment (Joint Venture) Banks and Insurance Companies in Tianjin, 2007

名 称 Name	行长、首席代表 Director	办公地址 Address
渣打银行（中国）有限公司天津分行	石新宇	天津津汇广场36层
Standard Chartered Bank (China) Limited Tianjin Branch	Edward	36 Floor, Exchange Office Tower of Tianjin
法国巴黎银行有限公司天津分行	宋宝成	天津国际大厦16层
BNP Paribas Tianjin Branch	Victor Song	16 Floor, International Building of Tianjin
汇丰银行（中国）有限公司天津分行	孙伟发	天津远洋广场1层
HSBC Bank (China) Company Limited Tianjin Branch	Freddy Suen	1 Floor, Ocean Shipping Plaza of Tianjin
法国东方汇理银行股份有限公司天津分行	张家麟	天津国际大厦710室
Corporate and Investment Bank Tianjin Branch	Charles Chang	Rm. 710, International Building of Tianjin
法国兴业银行有限公司天津分行	刘德凤	天津国际大厦501室
Societe Generale Tianjin Branch	Luce Liu	Rm. 501, International Building of Tianjin
华侨银行（中国）有限公司天津分行	杨伟义	天津津汇广场28层
Oversea Chinese Banking Corporation Limited Tianjin Branch	Yeo Wee Ghee	28 Floor, Exchange Office Tower of Tianjin
摩根大通银行（中国）有限公司天津分行	佟静星	天津国际大厦14层
JPMorgan Chase Bank Tianjin Branch	Charles Tong	14 Floor, International Building of Tianjin
韩国外换银行股份有限公司天津分行	李光铉	天津利顺德饭店1层
Korea Exchange Bank Tianjin Branch	Lee Kwang Hyun	1 Floor, Astor Hotel of Tianjin
韩国新韩银行股份有限公司天津分行	朴成根	天津国际大厦1901室
Shinhan Bank Tianjin Branch	Park Sung Geun	Rm. 1901, International Building of Tianjin
日本三井住友银行股份有限公司天津分行	田中隆一	天津津汇广场12层
Sumitomo Mitsui Banking Corporation Tianjin Branch	Ryuichi Tanaka	12 Floor, Exchange Office Tower of Tianjin
三菱东京日联银行（中国）有限公司天津分行	山内一英	天津国际大厦2110室
Bank of Tokyo-Mitsubishi UFJ. Ltd., Tianjin Branch	Yamauchi Kazuhide	Rm. 2110, International Building of Tianjin

16-18 续表 Continued

名 称 Name	行长、首席代表 Director	办公地址 Address
韩国中小企业银行有限公司天津分行	金龙满	天津国际大厦911室
Industrial Bank of Korea Tianjin Branch	Kim Yong Man	Rm. 911, International Building of Tianjin
瑞穗实业银行（中国）有限公司天津分行	唐沢武彦	天津国际大厦2202室
Mizuho Corporate Bank Ltd., Tianjin Branch	Karasawa Takehiko	Rm. 2202, International Building of Tianjin
花旗银行（中国）有限公司天津分行	陆 烜	天津津汇广场1801室
Citibank (China) Co., Ltd., Tianjin Branch	Luke	Rm. 1801, Exchange Office Tower of Tianjin
中德住房储蓄银行	岳慕礼	天津河西区南京路19号增1号
Sino-German Bausparkasse	Joachim Dumitsch	19-1 Nanjing Road, Hexi District, Tianjin
星展银行（香港）有限公司天津代表处	李 虹	天津津汇广场1902室
DBS Bank (Hong Kong) Limited, Tianjin Representative Office	Lillian H li	Rm. 1902, Exchange Tower of Tianjin
荷兰银行有限公司天津代表处	许 燕	天津国际大厦718室
ABN AMRO Bank N. V., Tianjin Rep. Office	Jennifer Xu	Rm. 718, International Building of Tianjin
东亚银行有限公司天津代表处	栗艳冰	天津国际大厦907室
The Bank of East Asia Limited, Tianjin Representative Office	Judy	Rm. 907, International Building of Tianjin
日本三井住友海上火灾保险公司天津代表处	今井孝行	天津国际大厦2408室
Mitsui Sumitomo Insurance Co., Ltd., Tianjin Representative Office	Takayuki Imai	Rm. 2408, International Building of Tianjin
日本东京海上日动火灾保险公司天津代表处	唐金才	天津国际大厦2201室
The Tokio Marine and Nichido Fire Insurance Co., Ltd. Tianjin Representative Office	Tang Jincai	Rm. 2201, International Building of Tianjin
爱和谊保险公司天津代表处	宫崎守	天津国际大厦1609室
Aioi Insurance Co., Ltd., Tianjin Representative Office	Miyazaki Mamoru	Rm. 1609, International Building of Tianjin

主要统计指标解释

存款

指企业、机关、团体或居民根据资金必须收回的原则，把货币资金存入金融机构保管并取得一定利息的一种信用活动形式。根据存款对象的不同可划分为企业存款、财政性存款、城乡储蓄存款、农村存款、信托及其他存款等，它是银行信贷资金的主要来源。

贷款

指金融机构根据资金必须归还的原则，按一定利率，为企业、个人等提供资金的一种信用活动形式。我国银行贷款分为工业贷款、农业贷款、商业贷款、建筑业贷款、私营和个体贷款、乡镇企业贷款、中长期贷款、信托及其他贷款等。

保险公司

指在中国境内的、经过保险监督管理部门批准设立，并依法登记注册的各类商业保险公司。

保险金额

指保险人承担赔偿或者给付保险金责任的最高限额。

保费

指投保人为取得保险人在约定范围内所承担赔偿责任而支付给保险人的费用。

赔款

指保险人根据保险合同的规定，向被保险人支付的赔偿保险责任损失的金额。

给付

包括死伤医疗给付和满期给付。死伤医疗给付是指保险人根据人寿保险及长期健康保险合同的规定，因被保险人在保险期内发生保险责任范围内的保险事故支付给被保险人（或受益人）的金额。满期给付是指被保险人生存期满，保险人按人寿保险合同规定支付给被保险人的满期保险金额。

保险密度

为按常住人口计算的人均保费收入。

保险深度

指保费收入相当于生产总值的比例。

Explanatory Notes on Main Statistical Indicators

Deposit

is a form of credit by which enterprises, institutions, organizations or households can put money into banks and other credit institutions for safekeeping and interest earning under the principle of free withdrawal. According to different depositors, deposits are divided into enterprise deposits, treasury deposits, urban and rural savings deposits, rural deposits, entrust and other deposits. Deposits are major sources of credit funds of banks.

Loan

is a form of credit by which banks and other credit institutions provide funds at certain interest rate to enterprises and individuals in the light of the principle of unconditional repayment. Loans from Chinese banks include industry loans, agriculture loans, commerce loans, construction loans, loans to private and individuals, township enterprises loans, medium & long term loans, entrust and other loans.

Insurance Companies

refer to commercial insurance companies of various forms registered by law and established in China with the approval of insurance regulatory agencies.

Amount Insured

refers to the maximum that the insurant will get for the claim of the case insured.

Premium

is the fee paid by the insurant to the insurer to obtain the obligation of compensation from the insurance within the agreed terms.

Settled Claim

is the compensation paid by the insurer to insurant in accordance with the insurance contract.

Payment

includes payment for death, injury or medical treatment and mature payment. Payment for death, injury or medical treatment refers to the money paid to insurant (or the beneficiary) in accordance with the life or health insurance contract when the insurant encounters accidents within the insured period covered in the contract. Mature payment refers to the mature payment to the insurant in accordance with the life insurance contract at the end of the insured period.

Insurance Density

refers to per capita premiums which is based on permanent resident population.

Insurance Depth

refers to the proportion of premiums to gross domestic product.

第17篇

CHAPTER 17

教育和科技

Education, Science and Technology

17-1 各级各类学校基本情况(1990-2007年)
Basic Statistics by Level and Type of School, 1990-2007

单位：人 (person)

年 份 Year	学校数(所) Number of Schools (unit)			毕业生数 Graduates			招生数 New Students Enrollment		
	高等学校 Institutions of Higher Education	中等学校 Secondary Schools	小 学 Primary Schools	高等学校 Institutions of Higher Education	中等学校 Secondary Schools	小 学 Primary Schools	高等学校 Institutions of Higher Education	中等学校 Secondary Schools	小 学 Primary Schools
1990	28	1013	3259	15200	119401	101398	13856	151254	147349
1991	27	1003	3232	15059	129497	117856	14523	171048	132025
1992	26	981	3238	14857	130538	119529	17320	173291	132209
1993	26	975	3243	13494	132538	121237	21678	180770	143268
1994	26	991	3219	14661	143373	138344	21422	203277	152941
1995	25	1059	3216	20203	151024	156641	22055	229589	148922
1996	20	1098	3185	18429	156924	145705	22664	227918	144438
1997	20	1108	3030	19535	191798	133616	22016	230692	133012
1998	20	1091	2841	18342	219593	166618	23678	273472	115988
1999	21	1041	2642	19292	216950	156584	31670	254033	104452
2000	21	1006	2323	19022	220099	155253	45468	251777	100453
2001	33	1012	1307	19103	233427	147639	56066	249761	95492
2002	37	978	1208	27295	234711	133301	69453	244181	92955
2003	37	897	1136	40221	244398	132022	86115	259174	84963
2004	40	848	1099	51666	252596	114771	96182	250591	81603
2005	42	803	1062	69211	243305	106447	103616	234837	78373
2006	45	746	1023	81983	247421	106075	107920	230246	82102
2007	45	718	1003	92288	235801	105340	109474	219249	86424

年 份 Year	在校学生数 Students Enrollment			教职工数 Teachers, Staff and Workers			# 专任教师数 Full-time Teachers		
	高等学校 Institutions of Higher Education	中等学校 Secondary Schools	小 学 Primary Schools	高等学校 Institutions of Higher Education	中等学校 Secondary Schools	小 学 Primary Schools	高等学校 Institutions of Higher Education	中等学校 Secondary Schools	小 学 Primary Schools
1990	51039	443400	855319	28821	73855	56773	11121	47056	47110
1991	49900	464700	865500	28686	73052	58307	10704	46460	47762
1992	52127	483238	872412	22338	73563	59781	10391	46935	49030
1993	60247	504963	887412	21907	73092	61377	10160	46688	50448
1994	66672	533908	896174				10170	46591	51616
1995	68080	600243	884476	27421	74887	62499	10490	47196	51401
1996	71354	662873	879772	26203	76640	62207	9811	48771	51202
1997	73630	692918	877554	20775	77045	62054	9589	51309	51048
1998	78651	735764	826732	20349	77569	60500	9496	51643	49420
1999	90450	761741	773064	21001	79345	59002	9647	53012	48293
2000	117690	712762	717146	25952	80321	56948	10137	53844	46697
2001	153998	785891	665495	29953	77277	55311	12552	52732	45651
2002	196892	792772	627242	32019	76590	54237	14175	53386	44922
2003	245213	801680	585446	33371	75531	52603	15553	53706	43829
2004	286145	775673	554844	36400	73720	50989	18973	52270	42122
2005	331553	755915	533003	39434	72009	49629	21670	51835	41076
2006	357382	714146	516823	42229	70815	47916	24464	51920	39951
2007	371136	713839	514284	42391	69409	46304	25166	51930	38725

17-2 各级各类学校数、学生数和教职工数
Schools, Students and Teachers by Level and Type of School

单位：人 (person)

学校类别	Item	学校数(所) Number of Schools (unit)		毕业生数 Graduates		招生数 New Students Enrollment	
		2006	2007	2006	2007	2006	2007
合　计	**Total**	**1814**	**1766**	**435479**	**433429**	**420268**	**415147**
高等学校	Institutions of Higher Education	45	45	81983	92288	107920	109474
中等专业学校	Specialized Secondary Schools	37	41	21416	25933	24006	26365
技工学校	Secondary Technical Schools	52	47	14406	14350	17408	18958
农业、职业中学	Rural, Vocational Secondary Schools	50	36	17383	15021	16556	13107
普通中学	Regular Secondary Schools	607	594	194216	180497	172276	160819
高　中	Senior Secondary Schools	231	221	69891	72169	68023	63942
初　中	Junior Secondary Schools	376	373	124325	108328	104253	96877
小　学	Primary Schools	1023	1003	106075	105340	82102	86424

学校类别	Item	在校学生数 Students Enrollment		教职工数 Teachers, Staff and Workers		# 专任教师数 Full-time Teachers	
		2006	2007	2006	2007	2006	2007
合　计	**Total**	**1608521**	**1599259**	**160960**	**158104**	**116335**	**115821**
高等学校	Institutions of Higher Education	357382	371136	42229	42391	24464	25166
中等专业学校	Specialized Secondary Schools	77404	87695	5301	5517	3263	3635
技工学校	Secondary Technical Schools	47878	47806	5249	5664	3515	3675
农业、职业中学	Rural, Vocational Secondary Schools	56970	48179	5414	4307	3508	2959
普通中学	Regular Secondary Schools	552064	530159	54851	53921	41634	41661
高　中	Senior Secondary Schools	216281	209319			15101	15380
初　中	Junior Secondary Schools	335783	320840			26533	26281
小　学	Primary Schools	516823	514284	47916	46304	39951	38725

17-3 平均每万人口拥有学生数（2004-2007年）
Number of Student Enrollment per 10 000 Persons, 2004-2007

单位：人 (person)

项　目	Item	2004	2005	2006	2007
合　计	**Total**	**1589**	**1615**	**1519**	**1461**
高等学校	Institutions of Higher Education	281	330	337	339
中等学校	Secondary Schools	762	712	674	654
中等专业学校	Specialized Secondary Schools	68	77	73	80
技工学校	Secondary Technical Schools	46	47	45	44
农业、职业中学	Rural, Vocational Schools	59	55	54	44
普通中学	Regular Secondary Schools	589	574	521	484
高　中	Senior Secondary Schools	195	216	204	191
初　中	Junior Secondary Schools	394	358	317	293
小　学	Primary Schools	545	531	488	470

17-4 平均每一教师负担学生数（2004-2007年）
Student-teacher Ratio, 2004-2007

单位：人 (person)

项　目	Item	2004	2005	2006	2007
合　计	**Total**	**14**	**14**	**14**	**14**
高等学校	Institutions of Higher Education	15	15	15	15
中等学校	Secondary Schools	15	14	13	13
中等专业学校	Specialized Secondary Schools	21	20	24	24
技工学校	Secondary Technical Schools	14	14	14	13
农业、职业中学	Rural, Vocational Schools	15	10	16	16
普通中学	Regular Secondary Schools	15	14	13	13
高　中	Senior Secondary Schools	15	15	14	14
初　中	Junior Secondary Schools	14	13	12	12
小　学	Primary Schools	13	13	13	13

17-5 各级学校学生升入学率（2004-2007年）
Percentage of Graduate Students and Enrollment in All Schools by Level, 2004-2007

单位：% (%)

指　标 / Item	2004	2005	2006	2007
初中毕业生升学率 Percentage of Graduates in Junior Secondary Schools Entering Senior Secondary School	94	99.28	99.75	99.85
初中学生净入学率 Percentage of Graduates in Primary Schools Entering Junior Secondary Schools	99.89	99.83	98.76	99.94
学龄儿童毛入学率 Percentage of School-age Children Enrolled	99.97	102.64	104.24	109.86

17-6 研究生在校、毕业、招生及指导教师人数(2004-2007年)
Enrolled, Graduated and Recruited Students for Master & Doctor Degree and Their Teachers, 2004-2007

单位：人 (person)

指 标	Item	2004	2005	2006	2007
总 计	Total				
在校生数	Students Enrollment	24543	28470	30614	30601
毕业生数	Graduates	4995	6142	9165	11196
招生人数	New Students Enrollment	9259	10169	10880	11778
指导教师	Teachers	3699	4271	4761	5215
攻读博士学位	Postgraduate for Doctor Degree				
在校生数	Students Enrollment	4940	5766	6732	6904
毕业生数	Graduates	982	944	1320	1584
招生人数	New Students Enrollment	1717	1787	1740	1904
攻读硕士学位	Postgraduate for Master Degree				
在校生数	Students Enrollment	19603	22704	23882	23697
毕业生数	Graduates	4013	5198	7845	9612
招生人数	New Students Enrollment	7542	8382	9140	9874

17-7 分学科在校研究生人数(2005-2007年)
Number of Enrolled Students for Master & Doctor Degree by Subject, 2005-2007

单位：人 (person)

学 科	Item	博士生 Doctor			硕士生 Master		
		2005	2006	2007	2005	2006	2007
总 计	**Total**	**5766**	**6732**	**6904**	**22704**	**23882**	**23697**
哲 学	Philosophy	98	164	113	217	168	166
经济学	Economics	616	717	856	2161	1670	1877
法 学	Law	232	291	287	1016	882	1034
教育学	Education	24	31	43	792	701	839
文 学	Literature	209	263	272	1770	1963	2299
历史学	History	270	301	286	371	312	342
理 学	Science	769	940	920	2149	2215	2353
工 学	Engineering	2153	2471	2574	8663	9627	8333
医 学	Medicine	25	22	32	22	21	44
农 学	Agriculture	454	433	488	2138	2504	2845
军事学	Strategics						6
管理学	Management	916	1099	1033	3405	3819	3559

17-8 各类高等学校基本情况
Basic Statistics on Institutions of Higher Education

单位：人 (person)

项目	Item	学校数(所) Number of Schools (unit)		在校学生数 Students Enrollment		毕业生数 Graduates	
		2006	2007	2006	2007	2006	2007
总计	Total	45	45	357382	368938	81983	91155
综合大学	Comprehensive Universities	12	12	84066	87896	20073	20850
理工院校	Science and Engineering	15	15	142490	145605	35177	39131
农林院校	Agriculture and Forestry	1	1	11043	10415	2261	2894
医药院校	Medicine	4	4	20779	22783	3525	4322
师范院校	Teacher Training	2	2	31973	32841	6007	7405
语文院校	Linguistics and Literary	2	2	13730	15010	2482	2904
财经院校	Economics and Finance	3	3	37158	37666	9190	9533
政法院校	Political Science and law	1	1	2694	3207	732	636
体育院校	Physical Culture	1	1	5708	5687	851	1449
艺术院校	Art Institutes	4	4	7741	7828	1685	2031

项目	Item	招生数 New Students Enrollment		教职工数 Teachers, Staff and Workers		# 专任教师数 Full-time Teachers	
		2006	2007	2006	2007	2006	2007
总计	Total	107920	109206	42229	42391	24464	25166
综合大学	Comprehensive Universities	28225	28749	10384	10576	5817	5960
理工院校	Science and Engineering	43444	43599	16850	16827	9376	9923
农林院校	Agriculture and Forestry	3299	2810	951	993	530	590
医药院校	Medicine	5635	6241	3771	3502	2390	2124
师范院校	Teacher Training	8856	8617	3393	3443	2067	2125
语文院校	Linguistics and Literary	4214	4156	1223	1324	851	910
政法院校	Political Science and law	9601	10318	3440	3527	2076	2148
财经院校	Economics and Finance	1187	1183	295	288	155	169
体育院校	Physical Culture	1277	1399	652	647	404	420
艺术院校	Art Institutes	2182	2134	1270	1264	798	797

17-9 高等学校分科学生数
Number of Students Enrollment in Institutions of Higher Education by Subject

单位：人 (person)

学 科	Item	本科 Undergraduate		专科 Junior Collage	
		2006	2007	2006	2007
在校学生总计	**Total Students Enrollment**	**212526**	**227082**	**144856**	**144054**
#师 范	Teacher Training	13328	14086	52	69
哲 学	Philosophy	206	189		
经济学	Economics	15681	16886	8041	7303
法 学	Law	7835	7975	5006	4886
教育学	Education	9857	10039	1027	821
文 学	Literature	37291	41298	14848	12742
历史学	History	662	680		
理 学	Science	18678	19594		
工 学	Engineering	68753	73153	73545	74986
农 学	Agriculture	2927	2630	879	878
医 学	Medicine	12108	13191	7013	7125
管理学	Management	38528	41447	34497	35313
学 科	Item	本科 Undergraduate		专科 Junior Collage	
		2006	2007	2006	2007
毕业生总计	**Total Graduates**	**39279**	**43753**	**42704**	**48535**
#师 范	Teacher Training	1346	2283	18	
哲 学	Philosophy	49	61		
经济学	Economics	3025	3366	3624	3045
法 学	Law	1496	1663	1759	1462
教育学	Education	1597	1872	256	503
文 学	Literature	6369	7474	5278	5563
历史学	History	110	118		
理 学	Science	3256	3842		
工 学	Engineering	13363	14504	19590	24201
农 学	Agriculture	446	705	346	215
医 学	Medicine	1673	1819	1898	2281
管理学	Management	7895	8329	9953	11265
学 科	Item	本科 Undergraduate		专科 Junior Collage	
		2006	2007	2006	2007
招生总计	**Total New Students Enrollment**	**61831**	**60477**	**46089**	**48997**
#师 范	Teacher Training	3284	3226	34	46
哲 学	Philosophy	53	55		
经济学	Economics	4975	4405	2214	2273
法 学	Law	2214	1987	1524	1462
教育学	Education	2158	2260	448	237
文 学	Literature	11316	11529	4336	3772
历史学	History	174	151		
理 学	Science	5304	5330		
工 学	Engineering	20772	20311	24920	26494
农 学	Agriculture	742	656	283	240
医 学	Medicine	2786	2800	1975	2318
管理学	Management	11337	10993	10389	12201

17-10 高等学校分科专任教师数（按职称分）
Number of Full-time Teachers in Institutions of Higher Education (By Subject)

单位：人 (person)

学科	Item	合计 Total 2006	合计 Total 2007	正高级 Senior Title 2006	正高级 Senior Title 2007	副高级 Asso. Senior Title 2006	副高级 Asso. Senior Title 2007
总计	**Total**	**24464**	**25166**	**3279**	**3381**	**8001**	**8090**
哲学	Philosophy	678	641	89	84	271	247
经济学	Economics	1629	1667	241	263	507	521
法学	Law	744	833	81	90	211	235
教育学	Education	1539	1637	106	114	506	508
文学	Literature	4906	5170	506	538	1289	1342
历史学	History	292	308	74	82	112	111
理学	Science	2873	3081	527	556	1000	1082
工学	Engineering	7696	8111	906	992	2708	2826
农学	Agriculture	228	259	39	50	75	96
医学	Medicine	1923	1710	494	405	693	560
管理学	Management	1956	1749	216	207	629	562

学科	Item	中级 Middle Title 2006	中级 Middle Title 2007	初级 Junior Title 2006	初级 Junior Title 2007	无职称 No Title 2006	无职称 No Title 2007
总计	**Total**	**7453**	**7860**	**4887**	**4822**	**844**	**1013**
哲学	Philosophy	200	191	108	92	10	27
经济学	Economics	482	489	316	319	83	75
法学	Law	229	279	180	196	43	33
教育学	Education	530	549	330	377	67	89
文学	Literature	1503	1609	1402	1442	206	239
历史学	History	79	81	20	27	7	7
理学	Science	872	915	405	447	69	81
工学	Engineering	2366	2589	1429	1377	287	327
农学	Agriculture	95	102	18	11	1	
医学	Medicine	493	468	233	230	10	47
管理学	Management	604	588	446	304	61	88

17-11 中等专业学校基本情况
Basic Statistics on Specialized Secondary Schools

单位：人 (person)

学 科	Item	在校学生数 Students Enrollment		毕业生数 Graduates	
		2006	2007	2006	2007
总 计	**Total**	**77404**	**82958**	**21416**	**24663**
农林类	Agriculture and Forestry	202	47	125	131
资源与环境类	Resources and Environment	1060	946	186	196
能源类	Energy	165	431		
土木水利工程类	Civil and Hydraulic Engineering	5162	6455	1718	1593
加工制造类	Processing and Manufacturing	24175	27763	4954	6468
交通运输类	Communication and Transportation	4011	3559	608	1491
信息技术类	Information Technology	21400	21902	7028	7614
医药卫生类	Medicine and Health	4625	4496	1014	1679
商贸与旅游类	Trade and Tourism	10382	10553	3864	3548
财经类	Finance and Economics	1859	2266	578	611
文化艺术与体育类	Culture, Arts and Physical Education	2444	2574	438	528
社会公共事业类	Public Affairs	380	248	370	152
师范类	Teacher Training	1140	1431	274	453
其 他	Others	399	287	259	199

学 科	Item	招生数 New Students Enrollment		专业课教师数 Special Course Teachers	
		2006	2007	2006	2007
总 计	**Total**	**24006**	**25127**	**1628**	**1311**
农林类	Agriculture and Forestry	46		19	
资源与环境类	Resources and Environment	597	261	25	9
能源类	Energy	165	363	4	5
土木水利工程类	Civil and Hydraulic Engineering	1556	1633	141	70
加工制造类	Processing and Manufacturing	8882	10074	229	264
交通运输类	Communication and Transportation	1294	715	159	54
信息技术类	Information Technology	5451	6130	361	320
医药卫生类	Medicine and Health	1049	708	95	85
商贸与旅游类	Trade and Tourism	2993	2872	83	66
财经类	Finance and Economics	675	871	179	149
文化艺术与体育类	Culture, Arts and Physical Education	964	937	152	158
社会公共事业类	Public Affairs	35	41	4	4
师范类	Teacher Training	294	478	68	65
其 他	Others	5	44	109	62

17-12 普通中学基本情况（2007年）
Basic Statistics on Regular Secondary Schools, 2007

单位：人 (person)

项　目	Item	学校数（所） Number of Schools (unit)	在校学生数 Students Enrollment	毕业生数 Graduates	招生数 New Students Enrollment	专任教师数 Full-time Teachers
总　计	**Total**	**594**	**530159**	**180497**	**160819**	**41661**
按城乡分组	**By Urban and Rural**					
城　市	City	252	220864	81981	67209	17665
县　镇	County	210	204498	65222	64873	15555
农　村	Rural	132	104797	33294	28737	8441
按部门分	**By Department**					
教育部门	Education Department	531	480147	162041	146529	39904
其他部门	Other Departments	13	10617	3794	2655	355
民　办	Private Units	50	39395	14662	11635	1402
按学校性质分组	**By School Type**					
完全中学	Whole Secondary Schools	137	189940	65860	59735	15801
#高　中	Senior		111022	39143	33646	
高级中学	Senior Secondary Schools	84	97908	32260	30151	6891
初级中学	Junior Secondary Schools	338	229046	77047	67175	17901
九年一贯制学校	Whole Primary and Junior Secondary Schools	35	11191	2387	3465	1066
其他学校附设中学班	Appendent Secondary School of Other Institutions		2074	2943	293	2
#初　中	Junior		1685	2177	148	

17-13 幼儿园基本情况（2004-2007年）
Basic Statistics on Kindergartens, 2004-2007

指　标	Item	2004	2005	2006	2007
幼儿园所数（所）	Number of Kindergartens (unit)	1636	1657	1617	1573
在园（班）儿童数(人)	Children Enrollment (person)	198558	204722	193838	190679
三岁及以上儿童	Children over Three Age	191828	198461	184690	180588
三岁以下儿童	Children under Three Age	6730	6261	9148	10091
教职工数(人)	Teachers, Staff and Workers (person)	15378	15686	14721	14631
#教养员	Teachers and Health Workers	10040	10020	9706	9814

17-14 普通中小学分布情况（2007年）
Distribution of Regular Secondary Schools and Primary Schools, 2007

地 区	Region	学校数(所) Number of Schools (unit)		在校学生数(人) Students Enrollment (person)		专任教师(人) Full-time Teachers (person)	
		普通中学 Regular Middle Schools	小 学 Primary Schools	普通中学 Regular Middle Schools	小 学 Primary Schools	普通中学 Regular Middle Schools	小 学 Primary Schools
全 市	**Total**	**594**	**1003**	**530159**	**514284**	**41661**	**38725**
市辖区	**Districts Under City Administration**	**448**	**715**	**396970**	**400234**	**31782**	**30636**
和平区	Heping District	29	32	30399	25765	2360	2042
河东区	Hedong District	23	23	25231	22101	1923	1919
河西区	Hexi District	38	46	32456	29406	2529	2026
南开区	Nankai District	37	36	30930	26075	2750	2181
河北区	Hebei District	34	28	27414	22441	1952	1603
红桥区	Hongqiao District	28	31	20944	14577	1575	1913
塘沽区	Tanggu District	33	43	23358	33831	1991	2296
汉沽区	Han'gu District	15	21	9535	9111	883	997
大港区	Dagang District	38	30	29251	26231	2469	1827
东丽区	Dongli District	23	40	16189	25116	1339	1899
西青区	Xiqing District	13	36	15061	23393	1285	1918
津南区	Jinnan District	18	43	19119	23008	1225	1577
北辰区	Beichen District	20	42	16044	26187	1363	1637
武清区	Wuqing District	48	130	46142	57442	3772	3545
宝坻区	Baodi District	49	130	53045	34255	4214	3072
天津铁厂	Tianjin Iron Works	2	4	1852	1295	152	184
市辖县	**Counties Under City Administration**	**146**	**288**	**133189**	**114050**	**9879**	**8089**
宁河县	Ninghe County	30	61	26137	24571	2286	1799
静海县	Jinghai County	51	97	44723	40858	2864	2617
蓟 县	Jixian County	65	130	62329	48621	4729	3673

注：专任教师数中不包括民办教师数。
Note: Number of full-time teachers exclude civilian teachers.

17-15 普通中学、小学及幼儿园校舍情况（2007年）
Statistics on Schoolhouses in Regular Secondary Schools, Primary Schools and Kindergartens, 2007

地区	Region	占地面积 Areas 万平方米 (10 000 sq. m)	校舍建筑面积 Floor Space of Schoolhouses 万平方米 (10 000 sq. m)			学生人均建筑面积 Average Floor Space of Students 平方米 (sq. m)		
			普通中学 Regular Middle Schools	小学 Primary Schools	幼儿园 Kindergartens	普通中学 Regular Middle Schools	小学 Primary Schools	幼儿园 Kindergartens
全　市	**Total**	**3049.34**	**55.71**	**338.41**	**90.31**	**10.51**	**6.58**	**4.74**
市辖区	**Districts under City Administration**	**2181.60**	**447.97**	**257.71**	**76.22**	**11.28**	**6.44**	**5.39**
和平区	Heping District	43.2	28.62	11.24	4.51	9.41	4.36	8.17
河东区	Hedong District	84.05	24.80	13.87	5.63	9.83	6.28	6.68
河西区	Hexi District	98.13	40.30	17.53	7.61	12.42	5.96	7.77
南开区	Nankai District	117.89	45.46	20.51	7.71	14.70	7.87	8.31
河北区	Hebei District	84.79	30.24	12.91	5.01	11.03	5.75	8.04
红桥区	Hongqiao District	53.94	20.15	12.08	3.36	9.62	8.29	6.45
塘沽区	Tanggu District	108.92	26.02	18.98	5.18	11.14	5.61	5.17
汉沽区	Han'gu District	51.86	9.85	5.42	1.08	10.33	5.95	3.69
大港区	Dagang District	277.68	42.09	17.93	8.03	14.39	6.83	9.47
东丽区	Dongli District	165.59	31.13	17.21	3.36	19.23	6.85	4.21
西青区	Xiqing District	111.49	17.45	15.94	2.63	11.59	6.81	2.93
津南区	Jinnan District	133.37	24.55	16.82	3.37	12.84	7.31	2.84
北辰区	Beichen District	129.65	20.28	17.95	5.52	12.64	6.85	4.43
武清区	Wuqing District	406.71	48.13	35.98	8.73	10.43	6.26	3.67
宝坻区	Baodi District	307.93	37.06	22.29	3.72	6.99	6.51	3.89
天津铁厂	Tianjin Iron Works	6.40	1.83	1.05	0.77	9.90	8.13	8.93
市辖县	**Counties Under City Administration**	**867.74**	**109.11**	**80.70**	**14.09**	**8.19**	**7.08**	**2.86**
宁河县	Ninghe County	149.16	19.70	16.74	1.05	7.54	6.81	1.57
静海县	Jinghai County	326.06	32.20	29.44	7.29	7.20	7.21	3.42
蓟　县	Jixian County	392.52	57.21	34.52	5.75	9.18	7.10	2.70

注：占地面积包括中等师范学校、幼儿园教师进修学校、特殊教育学校及其他。
Note: Areas of schools include middle teacher training, kindergarten teacher training, special education and other schools.

17-16 其他教育基本情况（2004-2007年）
Basic Statistics on Other Education, 2004-2007

单位：所、人 (unit, person)

指　标	Item	2004	2005	2006	2007
成人教育	**Adult Education**				
成人高等学校	Adult Higher Education Schools				
学校数	Number of Schools	20	20	16	16
在校学生数	Students Enrollment	78486	84420	91758	92810
成人中等学校	Secondary Schools for Adults				
学校数	Number of Schools	25	15	16	16
在校学生数	Students Enrollment	5367	2905	2405	2759
特殊教育	**Specific Education**				
盲聋哑学校	**Blind and Deaf-Mute Schools**				
学校数	Number of Schools	8	8	7	7
在校学生数	Students Enrollment	694	651	589	700
初　中	Junior Middle Schools	220	180	150	186
小　学	Primary Schools	474	471	439	514
教职工人数	Teachers, Staff and Workers	399	407	316	309
# 专任教师数	Full-time Teachers	256	269	235	230
弱智学校	**Schools for Low Intelligence Student**				
学校数	Number of Schools	13	14	14	13
在校学生数	Students Enrollment	1937	1957	1915	1745
# 初　中	Junior Middle Schools	414	394	386	390
小　学	Primary Schools	1523	1563	1529	1332
教职工人数	Teachers, Staff and Workers	286	293	287	280
# 专任教师数	Full-time teachers	200	215	201	200
工读学校	**Schools for Mistaken Students**				
学校数	Number of Schools	3	3	3	3
在校学生数	Students Enrollment	62	41	10	
教职工人数	Teachers, Staff and Workers	107	88	107	75
# 专任教师数	Full-time Teachers	27	25	20	19

17-17 网络教育学生情况（2007年）
Statistics on Network Education Students, 2007

单位：人 (person)

类 别 Types	毕业生人数 Graduates		招生人数 New Students Enrollment		在校学生人数 Students Enrollment	
	本 科 Undergraduate	专 科 Junior College	本 科 Undergraduate	专 科 Junior College	本 科 Undergraduate	专 科 Junior College
总 计 Total	**3760**	**335**	**3204**	**2386**	**8356**	**3211**
#女 生 Female	2 014	81	1 928	1 282	3 769	1 722
经济学 Economics	836		204	214	1 165	348
法 学 Law	301		388		843	
文 学 Literature	254					
工 学 Engineering	639	177	454	637	981	692
管理学 Management	1730	158	2 158	1 535	5 367	2 171

17-18 外国留学生情况（2007年）
Statistics on Foreign Students, 2007

单位：人 (person)

指 标	Item	毕(结)业生数 Graduates (Complete)	招生数 New Students Enrollment	在校学生数 Students Enrollment
总 计	**Total**	**1938**	**2168**	**4057**
按层次分	By Degree			
博 士	Doctor	24	25	60
硕 士	Master	39	85	182
本 科	Undergraduate	371	566	2 395
专 科	Junior College	1	7	20
培 训	Training	1 503	1 485	1 400
按经费来源分	By Fund Provided			
自 费	Commoners	1 466	1 643	3 485
中国政府资助	Chinese Government Sustentation	308	263	374
本国政府资助	Native Government Sustentation	3	24	47
学校间交换	Inter-school Communion	161	238	151

17-19 专业技术人员(2005-2007年) Special Technical Personnel, 2005-2007

单位：人 (person)

项 目 Item	全 市 Total 2005	2006	2007	平均每万人口有科技人员 Scientific and Technological Personnel per 10 000 Persons (2007)	平均每万名城镇单位从业人员有科技人员 Scientific and Technological Personnel per 10 000 Persons Employed in Urban Units (2007)
合 计 Total	**424845**	**421065**	**417769**	**382**	**2131**
自然科学专业技术人员 Natural Science	**206222**	**207958**	**211440**	**193**	**1079**
# 工程技术人员 Engineering	107745	109984	112002	102	571
农业技术人员 Agriculture	2951	3073	3075	3	16
科学研究人员 Scientific Research	3887	4042	4360	4	22
卫生技术人员 Health Care	59604	58338	58889	54	300
教学人员 Teaching	32035	32521	33114	30	169
社会科学专业技术人员 Social Science	**218623**	**213107**	**206329**	**188**	**1053**
# 科学研究人员 Scientific Research	1002	906	759	1	4
教学人员 Teaching	99029	96615	94629	86	483
经济人员 Economics	43682	41117	39640	36	202
财会人员 Accountant	34913	35179	33619	31	172
统计人员 Statistician	3787	3307	3058	3	16
翻译人员 Translator	606	631	558	1	3
图书、档案、资料人员 Librarian and Archivist	5461	5280	5088	5	26
编辑、记者、播音员 Editor, Reporter and Broadcasting	2656	2664	2649	2	14
体育教练人员 Coach	546	619	562	1	3
工艺美术人员 Arts and Craft	295	253	246		1
文艺人员 Literature and Art	2184	2102	2113	2	11

注：专业技术人员统计范围为公有制企事业单位。
Note: The coverage of special technical personnel refer to public-owned units.

17-20 专业技术人员构成（2007年）
Composition of Special Technical Personnel, 2007

单位：人 (person)

项目 Item	按性别分 By Sex	按受教育程度分 By Education Status		按职称分 By Title	
	#女专业技术人员数 Female	#受过高等专业教育人数 Having Higher Special Education Background	#受过中等专业教育人数 Having Special Secondary School Background	#高级职称人数 Senior Professional Certification	#中级职称人数 Medium Professional Certification
合计 Total	**207877**	**310815**	**78626**	**61028**	**146661**
自然科学专业技术人员 Natural Science	**94201**	**158516**	**43196**	**34417**	**65269**
#工程技术人员 Engineering	31732	85031	20158	16736	30854
农业技术人员 Agriculture	1033	1867	1025	468	834
科学研究人员 Scientific Research	1765	4294	52	1772	1447
卫生技术人员 Health Care	40762	37014	19521	5948	18455
教学人员 Teaching	18909	30310	2440	9493	13679
社会科学专业技术人员 Social Science	**113676**	**152299**	**35430**	**26611**	**81392**
#科学研究人员 Scientific Research	356	719	24	221	354
教学人员 Teaching	60976	79628	12840	16274	51740
经济人员 Economics	14819	23484	8392	1493	7468
财会人员 Accountant	21212	20886	8888	892	6304
统计人员 Statistician	2173	1759	724	211	792
翻译人员 Translator	303	549	9	165	181
图书、档案、资料人员 Librarian and Archivist	3602	4040	604	824	2164
编辑、记者、播音员 Editor, Reporter and Broadcasting	1232	2483	73	939	877
体育教练人员 Coach	157	501	42	175	169
工艺美术人员 Arts and Craft	71	171	54	45	74
文艺人员 Literature and Art	796	827	945	757	830

17-21 自然科学专业技术人员构成（2007年）（按国民经济行业分）
Composition of Special Technical Personnel of Natural Science, 2007 (Grouped by Sector)

单位：人 (person)

行 业 Sector	合 计 Total	# 工程技术人 员 Engineering	# 卫生技术人 员 Health Care	# 教学人员 Teaching
总 计 Total	**211440**	**112002**	**58889**	**33114**
农、林、牧、渔业 Farming, Forestry, Animal Husbandry and Fishery	4023	1248	44	9
采矿业 Minerals Mining	7239	6830	348	27
制造业 Manufacturing	31563	30038	1399	105
电力、燃气及水的生产和供应业 Production & Supply of Power, Gas and Water	6002	5913	52	37
建筑业 Construction	20117	19745	340	27
交通运输、仓储及邮政业 Transportation, Storage and Post Services	8439	8192	227	12
信息传输、计算机服务和软件业 Information Transmitting, Computer Services & Software	2568	2563	2	2
批发和零售业 Wholesale and Retail Trade	3099	1539	1548	1
住宿和餐饮业 Accommodation and Catering Services	82	69	13	
金融业 Finance Intermediation	1521	1496	6	
房地产业 Real Estate	2513	2479	20	5
租赁和商务服务业 Leasing and Business Services	803	739	10	
科学研究、技术服务和地质勘察业 Scientific Research, Technical Services and Geological Prospecting	19106	16759	290	19
水利、环境和公共设施管理业 Management for Water Conservancy, Environment and Public Facilities	5802	5683	54	2
居民服务和其他服务业 Resident Services and Other Social Services	592	574	6	1
教 育 Education	41316	5637	986	32653
卫生、社会保障和社会福利业 Health Care, Social Security and Social Welfare	55124	1178	53396	183
文化、体育和娱乐业 Culture, Sports and Recreational Services	849	756	47	31
公共管理和社会组织 Public Management and Social Organizations	682	564	101	

17-22 社会科学专业技术人员构成(2007年)(按国民经济行业分)
Composition of Special Technical Personnel of Social Science, 2007 (Grouped By Sector)

单位：人 (person)

行业 Sector	合计 Total	#教学人员 Teaching	#经济人员 Economics	#财会人员 Accountant	#图书、档案、资料人员 Librarian and Archivist
总计 Total	**206329**	**94629**	**39640**	**33619**	**5088**
农、林、牧、渔业 Farming, Forestry, Animal Husbandry and Fishery	1240	104	273	521	11
采矿业 Minerals Mining	4666	615	1383	996	168
制造业 Manufacturing	19872	1151	7132	4895	334
电力、燃气及水的生产和供应业 Production & Supply of Power, Gas and Water	3262	52	964	977	79
建筑业 Construction	7052	124	1838	2655	111
交通运输、仓储及邮政业 Transportation, Storage and Post Services	7553	49	3760	1641	73
信息传输、计算机服务和软件业 Information Transmitting, Computer Services & Software	772	3	311	166	17
批发和零售业 Wholesale and Retail Trade	7727	20	4108	2165	68
住宿和餐饮业 Accommodation and Catering Services	374	2	83	169	4
金融业 Finance Intermediation	26840	21	15718	9831	61
房地产业 Real Estate	2862	21	1236	930	44
租赁和商务服务业 Leasing and Business Services	1707	5	663	507	23
科学研究、技术服务和地质勘察业 Scientific Research, Technical Services and Geological Prospecting	2834	62	518	999	254
水利、环境和公共设施管理业 Management for Water Conservancy, Environment and Public Facilities	2096	3	258	897	61
居民服务和其他服务业 Resident Services and Other Social Services	712	111	150	193	9
教育 Education	102121	91964	288	2489	1543
卫生、社会保障和社会福利业 Health Care, Social Security and Social Welfare	5807	215	608	2745	323
文化、体育和娱乐业 Culture, Sports and Recreational Services	7893	102	117	582	1847
公共管理和社会组织 Public Management and Social Organizations	939	5	233	261	58

17-23 独立科学研究和技术开发机构情况
Basic Statistics on Independent Institutions on Scientific Research and Technological Development

指　标 Indicator	自然科学研究与技术开发机构 Institutions of Natural Scientific Research and Technical Development		社会、人文科研与开发机构 Institutions of Social Science and Humanities of Research and Development		科学技术情报和文献机构 Institutions of Scientific and Technological Information and Documents	
	2006	2007	2006	2007	2006	2007
机构数(个) Number of Institutions (unit)	**127**	**128**	**3**	**3**	**11**	**11**
科技活动人员(人) Number of Persons Engaged in Scientific and Technological Activities (person)	**10546**	**10692**	**306**	**292**	**609**	**620**
高级职称 Senior Professional Certification	3428	3378	144	137	206	223
中级职称 Medium Professional Certification	3048	2945	93	92	216	192
初级职称 Junior Professional Certification	2579	2684	60	49	142	147
其　他 Others	1491	1685	9	14	45	58
经费支出总额(万元) Total Expenditures of Operating Expense (10 000 yuan)	**171783**	**214188**	**2793**	**2987**	**9944**	**10961**

17-24 独立自然科学研究机构课题开展和投入(按课题类型分)
Projects and Input of Independent Institutions of Natural Science Research (Grouped by Type of Projects)

项　目 Item	课题数(项) Number of Projects (item)		投入人力(人年) Labor Force Input (person-year)		投入经费(万元) Funds Input (10 000 yuan)	
	2006	2007	2006	2007	2006	2007
合　计 Total	**1637**	**1902**	**5145**	**5592**	**66708**	**98547**
基础研究 Basic Research	59	84	135	179	1354	2203
应用研究 Application Research	195	336	617	1078	5770	15597
试验发展 Experiment and Development	528	659	2287	2411	27725	41221
R&D成果应用 R&D Achievements Used	415	352	1059	795	22221	24763
科技服务 Services of Science and Technology	421	452	1000	979	9227	11032
生产性活动 Activities of Production	19	19	47	149	411	3731

17-25 专利申请受理量和授权量(2005-2007年)
Patent Applications Examined and Granted, 2005-2007

单位：项 (item)

项目	Item	申请受理量 Patent Applications Examined			申请授权量 Patent Applications Granted		
		2005	2006	2007	2005	2006	2007
合计	**Total**	**11657**	**13299**	**15744**	**3045**	**4159**	**5584**
按种类分	**Grouped by Type**						
发明	Inventions	4470	4981	5364	763	967	1164
实用新型	Utility Models	4690	4184	5117	1543	2164	3063
外观设计	Designs	2497	4134	5263	739	1028	1357
按对象分	**Grouped by Applicator**						
职务发明	**Service Inventions**	**6956**	**8915**	**10406**	**1675**	**2873**	**3985**
# 工矿企业	Industrial and Mineral Enterprises	5600	7039	8715	1240	2237	3087
大专院校	Universities and Colleges	1008	1140	1186	317	460	648
科研单位	Scientific Research Institutions	303	362	415	103	142	202
机关团体	Government Agencies and Organizations	45	374	90	15	34	48
非职务发明	**Non-service Inventions**	**4701**	**4384**	**5338**	**1370**	**1286**	**1599**

17-26 科学技术成果(2004-2007年)
Achievements in Science and Technology, 2004-2007

单位：项 (item)

项目	Item	2004	2005	2006	2007
市级科学技术成果登记数	**Number of City Level Major Achievements in Science and Technology**	**1408**	**1508**	**1559**	**1886**
国际领先	Leading Level in the World	75	75	69	66
国际先进	Advanced World Standard	282	321	397	406
国内领先	Leading Level in China	697	732	719	876
国内先进	Advanced National Standard	306	321	328	409
其他	Others	48	59	46	129
获天津市科学技术奖	**Number of Tianjin Scientific and Technological Prizes Awarded**	**215**	**210**	**205**	**230**
# 自然科学奖	Awards for Natural Science	15	14	14	17
技术发明奖	Invention Prizes Awarded	10	17	12	13
科技进步奖	Scientific and Technological Progress Prize	190	179	179	199
获国家科学技术奖	**Number of National Scientific and Technological Prizes Awarded**	**9**	**14**	**12**	**18**
# 自然科学奖	Awards for Natural Science	1	2	1	
技术发明奖	Invention Prizes Awarded	2	1		1
科技进步奖	Scientific and Technological Progress Prize	6	11	11	17

17-27 天津市获国家科学技术奖科技成果一览(2007年)
List of National Scientific and Technological Prizes Awarded in Tianjin, 2007

获奖等级和项目 Grade and Project Awarded
技术发明二等奖(1项)
Second Class of National Awards for Natural Science (one item)
对环境友好的超高效除草剂的创制和开发研究
Innovation & Development of Environment-friendly Super-efficient Herbicide
科技进步一等奖(2项)
First Class of National Scientific and Technological Progress Award (two items)
1. 巨型工程子午线轮胎成套生产技术与设备开发
Development of Complete Technology & Equipment for Giant OTR Radial Tire
2. 长江口深水航道治理工程成套技术
Complete Technology of Deep Water Channel Control Engineering, the Mouth of Changjiang River
科技进步二等奖(15项)
Second Class of National Scientific and Technological Progress Award (fifth items)
1. 花椰菜育种新技术研究及优质、抗病和高产新品种选育与推广
Research of Cauliflower New Breeding Technology & Breeding and Promotion of High-quality, High-yield and Disease-resistant Variety
2. 卫星结构用高性能三维编织复合材料构件的研制及其生产线的建设
Research of Satellite-used 3D Braided Tubular Components & Construction of Production Line
3. 炼油分离过程大型化关键技术系统集成与节能
Magnifying of Key Technology System Management and Energy Saving of Refining Separation Process
4. PQF三辊连轧管生产线工艺及装备自主集成与创新
Independent Integration and Innovation of Technology and Equipment of PQF Line Three-rolling Production
5. 水利水电工程地质建模与分析关键技术及工程应用
Geological Modeling, Analysis of Key Technology and Applications of Water Resources and Hydropower Engineering
6. 海水循环冷却技术研究与工程示范
Research and Demonstration of Cooling Sea Water Cycle Technology
7. 新型干法水泥生产线重大配套装备研制和工程化应用
Major Complete Equipment Development and Engineering Application of New dry-process Line Cement Production Line
8. 复合生态系统理论与可持续发展模式示范研究
Research of Complex Ecosystem Theory and Demonstrations on Sustainable Development Model
9. 朔黄重载铁路建设与运营技术
Construction and Operating Technology of Shuohuang Heavy Rail
10. 渤海海域复杂油田开发技术创新——原油年产量突破1500万方
Innovation of Bohai Sea Complex Oilfield Development Technology—crude Oil Production Breakthrough 1,500 Cubic Meters
11. 石油勘探开发过程中油层保护与改造新技术研究与应用
Reservoir Protection & Research and Application of New Technologies in the Process of Oil Exploration and Development
12. 中国成矿体系与区域成矿评价
China Mineralization System and Regional Metallogenic Evaluation
13. 转基因植物产品检测体系的建立及其在国际贸易中的应用
Transgenic Plant Products Detection System and Application in International Trade
14. 贫煤、贫瘦煤高炉喷吹技术开发与应用
Development and Application of Blast Furnace Spurting Technology with Meagre Coal and Meagre Lean Coal
15. 聚合物基无机/有机纳米复合材料及其制品工业化技术
Polymer-based Inorganic / Organic Composite Nano-materials and Technology of Products Industrialization
The Research and Application of Air Drilling Technology

17-28 高等学校科研课题开展与投入(2007年)(理、工、农、医类)
Projects of Development and Input of Scientific Research in Universities and Colleges, 2007 (Science, Engineering, Agriculture and Medicine)

项 目	Item	课题数(项) Number of Projects (item)	投入人力(人年) Labor Force Input (person-year)	#科学家和工程师 Scientists and Engineers	投入经费(万元) Funds Input (10 000 yuan)
总 计	**Total**	**6317**	**6159**	**5255**	**96203**
按课题活动类型分	**Grouped by Type of Projects**				
基础研究	Basic Research	1663	1676	1449	24544
应用研究	Application Research	3449	3300	2797	39808
试验发展	Experiment Development	583	614	553	16325
R&D成果应用	R&D Achievement Used	185	177	144	3465
科技服务	Service of Science and Technology	437	392	312	12061
按(课题)项目类别分	**Grouped by Project**				
国家"973"项目	State "973" Project	70	143	132	4072
国家科技攻关项目	State S&T Strategical Project	46	65	53	1611
国家"863"项目	State "863" Project	85	149	126	4623
国家自然科学基金项目	State Natural Scientific Fund Project	854	904	810	9547
主管部门科技项目	S&T Project from Administrative Department	633	618	509	6910
国家部委其他科技项目	S&T Project from Ministry	265	315	273	6862
省、市、自治区科技项目	S&T Project from Province, Municipality, Autonomous Region	1249	1431	1191	14140
企事业单位委托科技项目	S&T Project from Enterprise, Institution	2185	1902	1645	44547
国际合作项目	International Cooperate Project	47	45	34	1898
自选项目	Self-choosing Project	867	571	468	1966
其他项目	Other Project	16	16	14	27

17-29 高等学校科技专著和论文(2004-2007年)(理、工、农、医类)
S&T Works and Papers in Universities and Colleges, 2004-2007 (Science, Engineering, Agriculture and Medicine)

项 目	Item	单位 Unit	2004	2005	2006	2007
科技专著	**Scientific and Technological Work**	**部 copy**	**60**	**88**	**85**	**77**
		万字10 000 words	**1524**	**1635**	**1800**	**2225**
#自然科学	Natural Science	部 copy	7	10	6	7
		万字10 000 words	200	272	172	93
工程科学	Engineering	部 copy	23	23	27	31
		万字10 000 words	630	556	538	980
医学科学	Medicine	部 copy	30	45	45	32
		万字10 000 words	695	709	1007	1044
农业科学	Agriculture	部 copy		10	7	7
		万字10 000 words		98	83	108
科学论文	**Scientific Papers**	**篇 piece**	**11460**	**13077**	**14361**	**16024**
#国外发表	Published Abroad	篇 piece	1968	2293	3299	5154

17-30 新技术产业园区主要经济指标
Main Indicators of Hi-tech Industrial Park

单位：亿元 (100 million yuan)

指　标	Item	2006	2007	2007比2006年增长(%) Increase Rate in 2007 over 2006 (%)
新技术产业园区	**Hi-tech Industrial Park**			
技工贸总产值	Gross Output Value of Technology, Industry and Trade	781.36	941.58	20.5
技工贸总收入	Total Income from Technology, Industry and Trade	966.01	1250.2	29.4
#技术收入	Income from Technology	65.5	137.98	110.7
#华苑产业区	**Huayuan Industry Development Area**			
地区生产总值	Gross Domestic Product	88.1	120.0	33.9
#第二产业	Secondary Industry	60.6	83.4	35.6
#工　业	Industry	57.8	72.8	24.1
第三产业	Tertiary Industry	27.5	36.6	30.1
技工贸总产值	Gross Output Value of Technology, Industry and Trade	252.5	340.9	35.0
技工贸总收入	Total Income from Technology, Industry and Trade	399.1	540.0	35.3
固定资产投资额	Investment in Fixed Assets	31.5	39.1	24.4
财政收入	Government Revenue	18.4	33.4	79.1
房屋施工面积（万平方米）	Floor Space of Buildings Under Construction (10 000 sq. m)	63.3	103	62.7

17-31 技术监督机构人员、行政执法情况
Personnel, Executing Law of Administration of Product Quality & Technique Supervision Agencies

项　目	Item	2006 全　市 Total	#市级单位 City Level	2007 全　市 Total	#市级单位 City Level
机构人员情况	**Agencies and Personnel**				
机构数(个)	Number of Agencies (unit)	78	11	78	11
职工人数(人)	Number of Employees (person)	1980	772	1982	780
行政机构人员	Administrative Agencies	632	103	633	104
事业机构人员	Institutions	1348	669	1349	676
#执法人员	Staff of Executing Law	1015	269	978	271
行政执法情况	**Administrative Cases**				
受理案件数(件)	Number of Accepted and Heared Cases (case)	6410	310	3820	245
万元以上案件	Cases over 10 000 yuan	385	85	223	103
12365接待投诉、咨询	"12365" Accepting Lawsuit & Consulting	29113		30863	
罚没金额(万元)	Total Value of Punishment (10 000 yuan)	2996	832	1873	786

资料来源：天津市质量技术监督局，17-32表同。
Sources: Tianjin Municipal Quality & Technology Supervision Bureau, same as table 17-32.

17-32 技术质量监督检验情况（2004-2007年）
Check and Administration on Quality & Technique, 2004-2007

类 别	Sort	2004	2005	2006	2007
计量仪器检定(台、件)	Measuring Implements Test (set) (piece)				
总 计	Total	1481652	1027813	644101	667660
长 度	Length	59322	40536	53648	56425
温 度	Temperature	39325	63081	45378	67590
力 学	Mechanics	767458	347050	404901	424876
#衡 器	Weighing Apparatus	77320	69384	109229	70302
电 学	Electrology	590594	541682	86597	73143
光 学	Optics	1596	426	2471	1254
声 学	Acoustics	455	576	838	984
化 学	Chemistry	2351	2126	3567	5549
电离辐射	Ionization Radiation	349	390	461	771
无线电	Radio	491	455	989	547
时间频率	Time Frequency	1070	1265	1973	1903
其 他	Others	18641	30226	43278	34618
商品质量专项监督检验	Special Check and Administration of Commodities				
检查商业企业数(个)	Number of Commercial Enterprises Checked (unit)	3173	207	628	2092
检查商品批次(批次)	Checked-times of Commodities (batch/times)	7746	352	1198	2328
合格批次(批次)	Number of Checked-times Qualified (batch/times)	6398	254	878	1554
批次合格率(%)	Rate of Batch-times Qualified (%)	82.4	72.16	73.29	66.8
产品质量定期监督检验	Fixed-period Check and Administration of Products				
检查企业(个)	Number of Enterprises Checked (unit)	4225	3636	4220	3839
检查批次 (批次)	Checked-times of Products (batch/times)	5328	4493	5269	4932
合格批次(批次)	Number of Checked-times Qualified (batch/times)	4555	3883	4709	4506
批次合格率(%)	Rate of Batch-times Qualified (%)	85.5	86.42	89.37	91.36

17-33 天津市科学技术协会和所属学会科技活动(2007年)
Scientific and Technological Activities of Tianjin Science and Technology Associations and Affiliated Institution Societies, 2007

项　目	Item	合　计 Total	市及区、县科协 Science Association of City, District and County	市级学会 Institution of City Level
机构与人员	**Institutions and Personnel**			
机　构(个)	Institutions (unit)	454	19	435
人　员(人)	Personnel (person)	136191	193	135998
学术交流情况	**Academic Activities of Exchange**			
学术会议(次)	Academic Meetings (time)	511	9	502
国　内	Domestic	497	9	488
国　际	International	14		14
参加人数(人次)	Number of Participants (person-time)	62621	684	61937
国　内	Domestic	58655	684	57971
国　际	International	3966		3966
交流论文(篇)	Number of Papers Presented (piece)	12887	10	12877
国　内	Domestic	11888	10	11878
国　际	International	999		999
科技交流(个)	Exchange of Science and Technological (unit)	94	13	81
接　待	Received	66	6	60
外　派	Sent Abroad	28	7	21
交流人数(人次)	Number of Exchange Persons (person-time)	584	189	395
接　待	Received	389	116	273
外　派	Sent Abroad	195	73	122
科学普及	**Activities for Popular Science**			
科普讲座(次)	Lectures of Popular Science (time)	2975	2263	712
参加人数(万人次)	Number of Participants (10 000 person-times)	89	67	22
科普展览(次)	Exhibitions of Popular Science (time)	1269	970	299
参加人数(万人次)	Number of Participants (10 000 person-times)	118	81	37
科技培训	**Science and Technological Training**			
培训班数(个(期))	Number of Training Classes (unit (period))	561	291	270
培训人数(人次)	Number of Persons in Training Classes (person-time)	75441	40455	34986
科技咨询服务(项)	**Service of Consultative Activities (item)**			
无偿咨询项目	Gratis Consultative Projects	901	102	799
完成技术合同数	Number of Consultative Contracts Completed	817	169	648
青少年科技活动	**Scientific and Technological Activities of Teenagers**			
科技夏(冬)令营 (次)	Scientific and Technological Summer (Winter) Camp (time)	108	101	7
参加人数(人次)	Number of Participants (person-time)	19393	18946	447
青少年科技竞赛(次)	Number of Teenagers Participating in Science and Technology Competition (time)	319	297	22
科技出版物	**Science and Technology Publication**			
出版科技期刊(种)	Science and Technology Magazine (kind)	44	1	43
年发行总数(万册)	Number of Issue (10 000 volumes)	74		74
年发表学术论文(篇)	Number of Papers Presented (piece)	4612		4612

17-34 大中型工业企业科技活动基本情况（2007年）（按企业类型和经济类型分）
S&T Activities in Large and Medium-sized Enterprises, 2007 (Grouped by Type and Ownership)

项目 Item	合计 Total	按企业类型分 Grouped by Type of Enterprises	
		大型 Large	中型 Medium
1. 有科技活动企业数(个) Number of Enterprises with Scientific and Technological Activities (unit)	239	37	202
2. 从事科技活动人员(人) Employees Engaged in Scientific and Technological Activities (person)	45044	21926	23118
#科学家和工程师 Scientists and Engineers	28486	12753	15733
研究与试验发展人员 Personnel of R&D	20424	9269	11155
3. 科技活动经费筹集(万元) Funding for Scientific and Technological Activities (10 000 yuan)	1728959	1091293	637666
4. 科技活动经费支出(万元) Expenditures of Scientific and Technological Activities (10 000 yuan)	1777899	1095784	682115
#研究与试验发展经费支出 Expenditures of R&D	621016	377497	243519
新产品开发经费支出 Expenditures of New Product Development	728566	427450	301116
5. 科技活动项目数(项) Number of Scientific and Technological Activities (item)	2077	971	1106
#研究与试验发展项目数 Number of R&D	1310	601	709
6. 科技机构数(个) Number of Scientific and Technological Institutions (unit)	209	50	159
科技机构人员数(人) Persons in Scientific and Technological Institutions (person)	18696	8956	9740
科技机构经费支出(万元) Expenditures of Scientific and Technological Institutions (10 000 yuan)	567652	372857	194795
#仪器设备经费支出 Expenditures of Instruments and Equipment	603465	354189	249277
7. 新产品产值(万元) Output Value of New Products (10 000 yuan)	22002827	16766774	5236053
新产品销售收入(万元) Sales Revenue of New Products (10 000 yuan)	21430074	16240713	5189361
#出口销售收入(万元) Sales Revenue of Exports (10 000 yuan)	6146662	4871607	1275055
8. 专利申请数(件) Number of Patent Applications (piece)	2123	940	1183
拥有发明专利数(件) Number of Patent Granted (piece)	979	584	395
9. 技术改造经费支出(万元) Expenditures of Technical Innovation (10 000 yuan)	804795	641496	163299
10. 技术引进经费支出(万元) Expenditures of Technical Introduction (10 000 yuan)	545326	447142	98184

17-34 续表 Continued

项 目 Item	按经济类型分 Grouped by Ownership			
	国有经济 State-owned	集体经济 Collective-owned	"三资"经济 Hong Kong, Macao, Taiwan and Foreign Funded	其他经济 Others
1. 有科技活动企业数(个)				
Number of Enterprises with Scientific and Technological Activities (unit)	40	2	92	105
2. 从事科技活动人员(人)				
Employees Engaged in Scientific and Technological Activities (person)	12056	102	15935	16951
# 科学家和工程师				
Scientists and Engineers	6982	72	11171	10261
研究与发展人员				
Personnel of R&D	4158	21	7139	9106
3. 企业科技活动经费筹集(万元)				
Funding for Scientific and Technological Activities (10 000 yuan)	299354	983	934627	493995
4. 企业科技活动经费支出(万元)				
Expenditures of Scientific and Technological Activities (10 000 yuan)	315954	1047	931554	529344
# 研究与试验发展经费支出				
Expenditures of R&D	140246	479	251518	228773
新产品开发经费支出				
Expenditures of New Product Development	140344	905	392751	194566
5. 企业科技活动项目数(项)				
Number of Scientific and Technological Activities (item)	746	9	514	808
# 研究与试验发展项目数				
Number of R&D	402	4	313	591
6. 科技机构数(个)				
Scientific and Technological Institutions (unit)	45	1	63	100
科技机构人员数(人)				
Persons in Scientific and Technological Institutions (person)	3302	22	5899	9473
科技机构经费支出(万元)				
Expenditures of Scientific and Technological Institutions (10 000 yuan)	124697	883	251056	191016
# 仪器设备经费支出				
Expenditures of Instruments and Equipment	76717	282	304400	222066
7. 新产品产值(万元)				
Output Value of New Products (10 000 yuan)	2590764	2723	16698703	2710637
新产品销售收入(万元)				
Sales Revenue of New Products (10 000 yuan)	2564462	2714	16138897	2724001
# 出口销售收入				
Sales Revenue of Exports (10 000 yuan)	660425		5182929	303308
8. 专利申请数(件)				
Number of Patent Applications (piece)	340	1	830	952
拥有发明专利数(件)				
Number of Patent Granted (piece)	89		539	351
9. 技术改造经费支出(万元)				
Expenditures of Technical Innovation (10 000 yuan)	68057	670	136362	599706
10. 技术引进经费支出(万元)				
Expenditures of Technical Introduction (10 000 yuan)	9280		457280	78766

17-35 大中型工业企业科技活动基本情况（2007年）（按国民经济行业分）
S&T Activities in Large and Medium-sized Enterprises, 2007 (Grouped by Sector)

项　目	Item	有科技活动企业数(个) Number of Enterprises with S&T Activities (unit)	从事科技活动人员(人) Employees Engaged in S&T Activities (person)	#科学家和工程师 Scientists and Engineers	#研究与试验发展人员 Personnel of R&D
总　计	**Total**	**239**	**45044**	**28486**	**20424**
#石油和天然气开采业	Petroleum and Natural Gas Extraction	4	2942	2373	1518
非金属矿采选业	Nonmetal Minerals Mining and Dressing	2	989	410	776
农副食品加工业	Agricultural Products and Byproducts Processing	2	107	94	
食品制造业	Food Manufacturing	3	1054	947	379
饮料制造业	Beverage Manufacturing	5	304	233	229
纺织业	Textile Industry	6	802	580	467
纺织服装、鞋、帽制造业	Textile Garments, Shoes, Caps Manufacturing	3	71	65	16
皮革、毛皮、羽毛(绒)及其制品业	Leather, Furs, Feather and Related Products	1	32		
家具制造业	Furniture Manufacturing	1	42	27	15
印刷业和记录媒介的复制	Printing and Record Medium Reproduction	1	88	71	72
文教体育用品制造业	Cultural, Educational and Sports Goods	3	327	91	
石油加工、炼焦及核燃料加工业	Petroleum Processing, Coking and Nuclear Fuel Processing	6	1557	1391	751
化学原料及化学制品制造业	Chemical Raw Materials and Chemical Products	16	2943	1375	1711
医药制造业	Medical and Pharmaceutical Products	22	2843	2133	1454
橡胶制品业	Rubber Products	8	854	401	392
塑料制品业	Plastic Products	3	302	196	55
非金属矿物制品业	Nonmetal Mineral Products	5	121	80	40
黑色金属冶炼及压延加工业	Smelting and Pressing of Ferrous Metals	9	7193	2784	1457
有色金属冶炼及压延加工业	Smelting and Pressing of Nonferrous Metals	2	176	82	60
金属制品业	Metal Products	15	913	546	469
通用设备制造业	General Purpose Equipment Manufacturing	25	4612	2807	2871
专用设备制造业	Special Purpose Equipment Manufacturing	13	1079	921	872
交通运输设备制造业	Transport Equipment Manufacturing	28	4494	2108	1235
电气机械及器材制造业	Electric Equipment and Machinery	17	2658	1916	1715
通信设备、计算机及其他电子设备制造业	Telecommunications Equipment, Computer and Other Electronic Equipment Manufacturing	32	7259	5767	3511
仪器仪表及文化、办公用机械制造业	Instruments, Meters, Cultural and Office Machinery	4	509	286	210
电力、热力的生产和供应业	Production and Supply of Electric Power and Heat Energy	1	663	663	9
煤气生产和供应业	Production and Supply of Gas	1	19	18	19
水的生产和供应业	Production and Supply of Tap Water	1	121	121	121

17-35 续表 1 Continued

项 目	Item	企业科技活动经费支出总额(万元) Expenditures of S&T Activities (10 000 yuan)	#研究与试验发展经费支出 Expenditures of R&D	企业科技活动项目数(项) Number of S&T Activities (item)	新产品销售收入(万元) Sales Revenue of New Products (10 000 yuan)
总 计	**Total**	**1777899**	**621016**	**2077**	**21430074**
#石油和天然气开采业	Petroleum and Natural Gas Extraction	123097	31125	250	80694
非金属矿采选业	Nonmetal Minerals Mining and Dressing	6093	3899	36	20138
农副食品加工业	Agricultural Products and Byproducts Processing	16058		7	243036
食品制造业	Food Manufacturing	5310	2738	20	28409
饮料制造业	Beverage Manufacturing	9535	6608	30	77154
纺织业	Textile Industry	10515	5123	26	49124
纺织服装、鞋、帽制造业	Textile Garments, Shoes, Caps Manufacturing	2035	25	6	18323
皮革、毛皮、羽毛(绒)及其制品业	Leather, Furs, Feather and Related Products	88		1	2622
印刷业和记录媒介的复制	Printing and Record Medium Reproduction	833	833	11	6978
文教体育用品制造业	Cultural, Educational and Sports Goods	2760		1	60642
石油加工、炼焦及核燃料加工业	Petroleum Processing, Coking and Nuclear Fuel Processing	53914	7607	93	239444
化学原料及化学制品制造业	Chemical Raw Materials and Chemical Products	100053	72260	99	431782
医药制造业	Medical and Pharmaceutical Products	75569	36956	190	337407
橡胶制品业	Rubber Products	12751	6157	53	60681
塑料制品业	Plastic Products	9409	1374	17	106849
非金属矿物制品业	Nonmetal Mineral Products	616	278	7	3166
黑色金属冶炼及压延加工业	Smelting and Pressing of Ferrous Metals	320134	145938	373	2654867
有色金属冶炼及压延加工业	Smelting and Pressing of Nonferrous Metals	2436	2372	2	5065
金属制品业	Metal Products	37291	25949	29	269700
通用设备制造业	General Purpose Equipment Manufacturing	77839	44464	211	790310
专用设备制造业	Special Purpose Equipment Manufacturing	25637	12174	53	178679
交通运输设备制造业	Transport Equipment Manufacturing	146107	21117	136	4885687
电气机械及器材制造业	Electric Equipment and Machinery	108006	80794	85	1704886
通信设备、计算机及其他电子设备制造业	Telecommunications Equipment, Computer and Other Electronic Equipment Manufacturing	586741	110090	256	8638049
仪器仪表及文化、办公用机械制造业	Instruments, Meters, Cultural and Office Machinery	35168	1380	5	431567
电力、热力的生产和供应业	Production and Supply of Electric Power and Heat Energy	7974	29	63	
煤气生产和供应业	Production and Supply of Gas	161	141	3	
水的生产和供应业	Production and Supply of Tap Water	1681	1343	13	

17-35 续表 2 Continued

项　　目	Item	科技机构数(个) Number of Scientific and Technological Research Institutions (unit)	科技机构经费支出(万元) Expenditures of Scientific and Technological Research Institutions (10 000 yuan)	专　利申请数(件) Number of Patent Applications (piece)	拥有发明专利数(件) Number of Invention Patent Owned (piece)
总　　计	**Total**	**209**	**567652**	**2123**	**979**
#石油和天然气开采业	Petroleum and Natural Gas Extraction	15	42736	73	12
非金属矿采选业	Nonmetal Minerals Mining and Dressing	2	2063	12	3
农副食品加工业	Agricultural Products and Byproducts Processing	1	15538	1	1
食品制造业	Food Manufacturing	2	1210	29	10
饮料制造业	Beverage Manufacturing	3	6620	49	5
纺织业	Textile Industry	4	2663	88	6
纺织服装、鞋、帽制造业	Textile Garments, Shoes, Caps Manufacturing	2	618		
印刷业和记录媒介的复制	Printing and Record Medium Reproduction	1	833	10	1
文教体育用品制造业	Cultural, Educational and Sports Goods	1	840	30	4
石油加工、炼焦及核燃料加工业	Petroleum Processing, Coking and Nuclear Fuel Processing	4	7061	13	14
化学原料及化学制品制造业	Chemical Raw Materials and Chemical Products	22	67336	154	35
医药制造业	Medical and Pharmaceutical Products	24	31548	234	178
橡胶制品业	Rubber Products	5	3351	14	12
塑料制品业	Plastic Products	1	1356	2	
非金属矿物制品业	Nonmetal Mineral Products	5	534	3	
黑色金属冶炼及压延加工业	Smelting and Pressing of Ferrous Metals	13	99817	79	48
金属制品业	Metal Products	10	20844	27	14
通用设备制造业	General Purpose Equipment Manufacturing	21	13326	220	109
专用设备制造业	Special Purpose Equipment Manufacturing	6	9823	19	20
交通运输设备制造业	Transport Equipment Manufacturing	20	20804	44	33
电气机械及器材制造业	Electric Equipment and Machinery	17	89687	633	369
通信设备、计算机及其他电子设备制造业	Telecommunications Equipment, Computer and Other Electronic Equipment Manufacturing	25	124727	313	91
仪器仪表及文化、办公用机械制造业	Instruments, Meters, Cultural and Office Machinery	2	1466	68	
电力、热力的生产和供应业	Production and Supply of Electric Power and Heat Energy	1	2785	3	1
水的生产和供应业	Production and Supply of Tap Water	1	7	5	6

17-36 技术市场基本情况(2007年)
Basic Statistics on Technical Market, 2007

项 目	Item	签订合同数(项) Number of Contracts Signed (item)	合同金额(万元) Value of Contracts Signed (10 000 yuan)	#技术交易额 Transaction Value of Technology
合 计	**Total**	**8382**	**726356**	**575231**
按技术合同类别分	**Grouped by the Type of Technical Contract**			
技术开发合同	Technology Development Contracts	2879	379409	273662
技术转让合同	Technology Transfer Contracts	369	59270	48500
技术咨询合同	Technology Consultation Contracts	1583	62537	55438
技术服务合同	Technology Services Contracts	3551	225140	197631
按合同卖方类别分	**Grouped by the Type of Sellers**			
机关法人	Agencies as Legal Persons	23	102259	68309
事业法人	Institutions as Legal Persons	2643	140170	103503
社团法人	Social Organizations as Legal Persons	372	3276	3241
企业法人	Enterprises as Legal Persons	5234	474313	394244
自然人	Persons	14	5866	5465
其他组织	Other Organizations	96	472	469
按合同买方类别分	**Grouped by the Type of Buyers**			
机关法人	Agencies as Legal Persons	661	111794	80118
事业法人	Institutions as Legal Persons	1182	40229	34381
社团法人	Social Organizations as Legal Persons	34	1169	853
企业法人	Enterprises as Legal Persons	6447	550114	448041
自然人	Persons	19	1027	965
其他组织	Other Organizations	39	22023	10873
按社会经济目标分	**Grouped by the Social and Economic Activities**			
农业、林业与渔业的发展	Development of Farming, Forestry & Fishery	61	5944	2209
促进工业的发展	Promoting the Development of Industry	2796	305585	245133
能源的生产和合理利用	Energy Production & Rational Use	620	42693	33439
基础设施的发展	Development of Basic facilities	1147	107349	89170
环境治理与保护	Environmental Inprovement & Protection	481	19544	12812
卫生(不包括污染)	Health (Excluded Pollutions)	284	34141	32652
社会发展和社会服务	Social Development & Social Service	1496	98476	76129
知识的发展	Development of Knowledge	128	6797	6092
其 他	Others	1369	105827	77595
按技术流向分类	**Grouped by the Buyer's Region**			
天 津	Tianjin	4990	418763	
外 地	Others	3392	307593	

主要统计指标解释

普通高等学校

是按国家规定的设置标准和审批程序批准举办的，通过全国普通高等教育统一招生考试，招收高中毕业生为主要培养对象，实施高等学历教育的全日制大学、独立设置的学院和高等专科学校、高等职业学校和其他机构。大学、独立设置的学院主要实施本科及本科层次以上的教育。高等专科学校、高等职业学校实施专科层次教育。

成人高等学校

是按国家规定的设置标准和审批程序批准举办的，通过全国成人高等教育统一招生考试，招收高中毕业或同等学历的人员为主要培养对象，利用函授、业余、脱产的多种形式对其实施高等学历教育的学校。包括：职工高等学校、农民高等学校、管理干部学院、教育学院、独立函授学院、广播电视大学、其他机构。

中等职业学校

是按国家规定的设置标准和审批程序批准成立的实施中等职业教育的学校（机构）。调整后的中等职业学校是指将普通中等专业学校（中等技术学校、中等师范学校）、成人中等专业学校、职业高中学校等各种实施中等职业教育的办学类型，通过合并、共建、联办、划转等形式调整为统一的办学类型，即中等职业学校。

职业中学（职业高中、职业初中）

是指经县或县以上教育行政部门批准设立，招收小学或初中毕业生实施中等职业技术教育的教学机构。职业中学按学校性质类别可分为：独立设置的职业中学（包括：职业初中、职业高中、职业初高中合设学校）；附设有普通中学班的职业中学。

普通中等学校（普通高中、普通初中）

通常称普通中学，分为普通高级中学和普通初级中学两个阶段。普通初级中学是指独立设置的招收小学毕业的适龄人口进行初级中等基础教育的机构；普通高级中学是指独立设置的招收初中毕业的适龄人口进行高级中等基础教育的机构；完全中学是指普通初、高中合设的教育机构；一贯制学校是指在一所学校连续实施中小学教育的机构。其中包括实施九年义务教育的九年一贯制学校和实施高中教育的十二年一贯制学校。（说明：一贯制学校的办学条件如能划分为小学、初中、高中，则分开填报；如不能划分清楚，可按就高不就低的方法填入初中、高中报表中，不能重复填写。）

初等教育（普通小学）

是指由县或县以上教育行政部门批准，招收学龄儿童实施初等教育的教学机构。

学前教育（幼儿园）

是指招收三周岁以上（含三周岁）学龄前幼儿，对其进行保育和教育的单位，包括全市各幼儿教学点；幼儿园以游戏为基本活动形式，寓教于乐、寓教于动。

工读学校

指由教育和公安部门联合举办的，对有轻微违法行为的中学生进行挽救教育的教学机构。

特殊教育学校

指某地独立设置的招收盲聋哑和智残儿童，以及其他特殊需要的儿童、青少年进行普通或职业初、中等教育的教学机构。

初中学生净入学率

指初级中学（普通初中和职业初中）在校学生总数占初中学龄人口数的比重。

科技活动

指在自然科学、农业科学、医药科学、工程与技术科学、人文与社会科学领域（简称科学技术领域）中与科技知识的产生、发展、传播和应用密切相关的有组织的活动。为核算科技投入的需要，科技活动可分为科学研究与试验发展（R＆D）、科学研究与试验发展成果应用及相关的科技服务三类活动。

专 利

是专利权的简称，是对发明人的发明创造经审查合格后，由专利局依据专利法授予发明人和设计人对

主要统计指标解释

该项发明创造享有的专有权。包括发明、实用新型和外观设计。反映拥有自主知识产权的科技和设计成果情况。

发 明 指对产品、方法或者其改进所提出的新的技术方案。是国际通行的反映拥有自主知识产权技术的核心指标。

实用新型 指对产品的形状、构造或者其结合所提出的适于实用的新的技术方案。反映具有一定技术含量的技术成果情况。

外观设计 指对产品的形状、图案、色彩或者其结合所作出的富有美感并适于工业上应用的新设计。反映拥有自主知识产权的外观设计成果情况。

科学研究与试验发展（R&D）

指在科学技术领域，为增加知识总量、以及运用这些知识去创造新的应用进行的系统的创造性的活动，包括基础研究、应用研究、试验发展三类活动。在工业企业开展的科学研究与试验发展（R&D）活动中，较为普遍的和大量的活动属于试验发展活动。

基础研究

指为了获得关于现象和可观察事实的基本原理的新知识（揭示客观事物的本质、运动规律，获得新发现、新学说）而进行的实验性或理论性研究，它不以任何专门或特定的应用或使用为目的。其成果以科学论文和科学著作为主要形式。

应用研究

指为获得新知识而进行的创造性研究，主要针对某一特定的目的或目标。应用研究是为了确定基础研究成果可能的用途，或是为达到预定的目标探索应采取的新方法（原理性）或新途径。其成果形式以科学论文、专著、原理性模型或发明专利为主。

试验发展

指利用从基础研究、应用研究和实际经验所获得的现有知识，为产生新的产品、材料和装置，建立新的工艺、系统和服务，以及对已生产和建立的上述各项作实质性的改进而进行的系统性工作。其成果形式主要是专利、专有技术、新产品原型或样机样件等。

研究与试验发展成果应用

指为使试验发展阶段产生的新产品、材料和装置，建立的新工艺、系统和服务以及作实质性改进后的上述各项能够投入生产或实际应用，解决所存在的技术问题而进行的系统性的工作。这类活动的成果形式大多是可供生产和实际操作的带有技术和工艺参数的图纸、技术标准和操作规范。

科技服务

指与科学研究与试验发展有关并有助于科学技术知识的产生、传播和应用的活动，包括为扩大科技成果的使用范围而进行的示范性推广工作；为用户提供科技信息和文献服务的系统性工作；为用户提供可行性报告、技术方案、建议及进行技术论证等技术咨询工作；自然、生物现象的日常观测、监测，资源的考察和勘探；有关社会、人文、经济现象的通用资料的收集，如统计、市场调查等，以及这些资料的常规分析与整理；为社会和公众提供的测试、标准化、计量、计算、质量控制和专利服务，不包括工商企业为进行正常生产而开展的上述活动。

技术市场

从狭义看，是指在一定时间、地点进行技术转让和技术商品交易的场所。目前统计反映的是企业购买技术开发、技术转让、技术咨询、技术服务项目的合同数和成交额。

Explanatory Notes on Main Statistical Indicators

Regular Institutions of Higher Education

refer to educational establishments set up according to the government evaluation and approval procedures, enrolling graduates from senior secondary schools and providing higher education courses and training for senior professionals. They include full-time universities, colleges, high professional schools, high professional vocational schools and others. Universities and colleges are mainly providing undergraduate courses; those high professional schools and high professional vocational schools are mainly providing professional trainings.

Institutions of Higher Education for Adults

refer to educational establishments, set up in line with relevant rules approved by the government, enrolling staff and workers with senior secondary school or equivalent education, and providing higher education courses in many forms of correspondence, spare time, or full time for adults. Professionals thus trained receive a qualification equivalent to graduates studying regular courses at regular universities, colleges and professional colleges. Institutions of higher learning for adults include schools of high education for staff and workers, schools of high education for peasants, colleges for management cadres, pedagogical colleges, independent correspondence colleges, Radio and TV universities and other educational establishments.

Secondary Professional Schools

refer to educational establishments, set up in line with relevant rules approved by the government, implementing secondary professional education. Secondary professional schools are original specialized secondary schools (secondary technical schools, secondary teacher training schools) , specialized secondary schools for adults, vocational secondary schools, which are named secondary professional schools after they are merged, constructed together and adjusted to be a kind of education type.

Vocational Secondary Schools (vocational senior secondary schools, vocational junior secondary schools)

refer to educational establishments approved by county or above education administrative department, enrolling graduates from primary schools and junior secondary schools and providing vocational secondary education courses. They include vocational secondary schools (including vocational senior secondary schools, vocational junior secondary schools, vocational junior & senior secondary schools), vocational secondary schools with regular secondary school classes.

Regular Secondary Schools (regular senior secondary schools, regular junior secondary schools)

are divided into regular senior secondary schools and regular junior secondary schools. Regular junior secondary schools refer to educational establishments enrolling graduates from primary schools and providing junior secondary education courses. Regular senior secondary schools refer to educational establishments enrolling graduates from junior secondary schools and providing senior secondary education courses. Whole secondary schools refer to educational establishments including senior secondary school and junior secondary school. Successive schools refer to educational establishments providing successive primary and secondary education courses including nine-year successive schools and twelve-year successive schools. (Note: If successive schools can be divided into primary school, junior secondary school and senior secondary school, should fill in respectively, otherwise, should fill in junior secondary school or senior secondary school and have no repetition.)

Primary Education (Regular Primary Schools)

refer to educational establishments approved by county or above education administrative department, enrolling school-age children and providing primary education courses.

Baby Education (Kindergartens)

refer to educational units enrolling children aged 3-6, including all baby education units. Kindergartens take games as basic activities.

Schools for Juvenile Delinquents

refer to educational establishments founded by education department and public security department, enrolling students of secondary schools with slight illegal behavior.

Special Education Schools

refer to educational establishments, enrolling blind, deaf, dumb children, weak-minded children and providing regular or vocational primary and secondary education courses.

Percentage of Graduates in Primary Schools Entering Junior Secondary Schools

refers to the proportion of students in junior secondary schools to the total number of junior school age students.

Science and Technology Activities

refer to organizational activity aimed at developing, spreading and applying the scientific technology about natural science, agriculture science, medicine science, engineering and technology science, hu-

Explanatory Notes on Main Statistical Indicators

man and social science. In order to calculate the input of science and technology, science and technology activities are divided into R&D, Achievements Applying on Researches & Experiments Developing and Science and Technique Services.

Patent

is an abbreviation for the patent right and refers to the exclusive right of ownership by the inventors or designers for the creation or inventions, given from the patent offices after due process of assessment and approval in accordance with the Patent Law. Patents are granted for inventions, utility models and designs. This indicator reflects the achievements of S&T and design with independent intellectual property.

Inventions refer to the new technical proposals to the products or methods or their modifications. This is universal core indicator reflecting the technologies with independent intellectual property.

Utility Models refer to the practical and new technical proposals on the shape and structure of the product or the combination of both. This indicator reflects the condition of technological results with certain technical content.

Designs refer to the aesthetics and industrially applicable new designs for the shape, pattern and color of the product, or their combinations. This indicator reflects the appearance design achievements with independent intellectual property.

Research and Experimental Development (R&

refers to systematic and creative endeavor aimed at expanding the overall volume of knowledge and applying the knowledge in inventing new uses. It includes basic studies, application research and experimental development. For industrial enterprises, their R&D mainly belongs to experimental development activities.

Basic Research

refers to empirical or theoretical research aiming at obtaining new knowledge on the fundamental principles of phenomena of observable facts to reveal the nature and law of movement of objects and to acquire new discoveries or new theories. Basic research takes no specific or designated application as the aim of the research. Results of basic research are mainly released or disseminated in the form of scientific papers or monographs.

Application Research

refers to creative research aiming at obtaining new knowledge on a specific objective or target. Purpose of the applied research is to identify the possible use of results from basic research, or to explore new (fundamental) methods or new approaches. Results of applied research are expressed in the form of scientific papers, monographs, fundamental models or invention patents.

Experiments and Development

refer to systematic activities aiming at using the knowledge from basic and applied researches or from practical experience to develop new products, materials and equipment, to establish new production process, system and service, or to make substantial improvement on the existing products, process and services. Results of experiment and development activities are embodied in patents, exclusive technology and monotype of new products or equipment.

Research and Experiment Development Achievements Used

means that a lot of work is systematically taken to find solutions applicable both/either to technological problems in products, materials and devices put into production and in skills, systems and services into practical use. This kind of achievements include blueprint, technical standard and operating rules with technology and technological parameter for the purpose of production and practical operation.

Services of Science and Technology

A forward movement in research of the science and development of experiment is a help in creation, spread and application of scientific and technological knowledge, including seven principal matters: (a) extending application, on scope, of an achievement in science and technique by setting an example related there to in popularization, (b) furnishing users with the systematic information on sciences and value-lasting documents as a study, (c) making technique- inquiring business available to users for requirement of technologies either by way of a suggestion or of a scheme, either analysis or feasibility report, (d) people observing day by day and/or listening and reporting on or testing, by apparatus, things appearing in or changes brought about by the nature and living beings, (e) inspecting and/or searching for resources, collecting, analyzing routinely and sorting out the general-purpose information on societies, humanities and economics, e.g. statistics and on-the-spot investigation on markets, (f) providing a test, standardization, measure, calculation, quality control and patent-related services to the society and the public, not to industrial enterprises and/or firms engaged in the above items-developing dealings made available to their normal production and/or operation.

Technique Market

can be regarded narrowly as technical-dealings office where technique transfer is made or technology-related good traded at certain time. As shown in statistical datum presently, turnovers are resulting either from purchase or from transfer of techniques, together with numbers related to the inquiry or services involved in technologies.

第18篇

CHAPTER 18

文化和体育

Culture and Sports

18-1 文化事业机构和人员情况(2001-2007年)
Basic Statistics on Cultural Institutions and Personnel, 2001-2007

单位：个、人(unit, person)

年份 Year	艺术机构 Art	公共图书馆 Public Library	档案机构 Archives Institution	群众文化活动机构 Mass Culture	文物保护机构 Agency of Historic Relics Preservation	博物馆 Museums
机构数 Institutions						
2001	49	31	494	19	8	14
2002	49	31	508	19	8	15
2003	49	31	497	19	8	17
2004	70	32	481	19	8	17
2005	61	32	410	19	8	18
2006	61	32	329	19	8	19
2007	61	32	341	19	8	18
人员数 Personnel						
2001	2562	1014	1044	752	116	672
2002	2483	974	1046	755	127	689
2003	2322	1095	999	750	131	629
2004	2937	1082	1144	706	117	658
2005	2663	1057	913	710	133	679
2006	2686	1086	784	707	132	724
2007	2509	1074	553	679	130	728

18-2 图书报纸杂志出版情况(2005-2007年)
Books, Newspapers and Magazines Publication, 2005-2007

项目	Item	种类(种) Number of Publications (kind)			总印数(万册) Total Copies (10 000 volumes)		
		2005	2006	2007	2005	2006	2007
图书出版总计	**Total Publication of Books**	**4434**	**3691**	**3345**	**5917**	**5106**	**4469**
本版	Local Publications	4213	3461	3119	4574	3803	3114
租型	Rent Copies	221	230	226	1343	1303	1355
报纸出版总计	**Total Publication of Newspapers**	**44**	**44**	**43**	**87557**	**94821**	**92309**
综合报	Comprehensive Newspapers	26	26	27	76539	84356	83926
专业报	Professional Newspapers	14	18	16	11018	10465	8383
省、直辖市级报纸合计	Newspapers at Provincial or Municipal Level	28	28	27	87409	94664	92169
区(市)级报纸合计	Newspapers at District (City) Level	16	16	16	148	157	140
杂志出版总计	**Total Publication of Magazines**	**243**	**243**	**245**	**4192**	**4060**	**3678**
综合	Comprehensive	28	17	18	584	501	344
哲学、社会科学	Philosophy and Social Sciences	34	39	41	730	802	805
自然科学、技术	Natural Sciences and Technology	133	139	136	852	811	751
文化、教育	Culture and Education	28	26	28	964	786	682
文学、艺术	Literature and Art	16	13	13	832	735	719
少年儿童读物	Juvenile and Children's Book	3	8	8	229	424	376
画刊	Pictorial	1	1	1	1	1	1

18-3 图书出版分类情况（2005-2007年）
Publication of Books by Category, 2005-2007

类别 Item	种类(种) Number of Publication (kind)			总印数(万册) Total Copies (10 000 volumes)		
	2005	2006	2007	2005	2006	2007
总计 Total	**4394**	**3691**	**3345**	**5842**	**5106**	**4469**
马列主义、毛泽东思想 Marxism-Leninism, Mao Zedong Thought	13	3	2	8	3	1
哲学 Philosophy	72	47	65	33	23	35
社会科学总论 General Social Sciences	59	21	43	46	7	16
政治、法律 Politics and Law	69	70	82	34	22	111
军事 Military Affairs	3	2	4	1	1	2
经济 Economics	270	246	211	131	107	83
文化、科学、教育、体育 Culture, Science, Education and Sports	1521	1388	1197	3902	3957	2987
语言、文字 Languages	317	290	217	195	137	106
文学 Literature	465	410	361	379	269	329
艺术 Art	680	524	469	721	241	432
历史、地理 History and Geography	121	115	110	57	50	47
自然科学总论 General Natural Sciences	6	6	4	5	7	3
数理科学、化学 Mathematics and Chemistry	106	80	67	65	34	24
天文学、地球科学 Astronomy and Geology	8	8	8	3	3	5
生物科学 Biology	11	6	6	7	4	4
医药、卫生 Medicine and Health Care	238	136	143	63	44	40
农业科学 Agricultural Science	36	5	10	8	1	5
工业技术 Industrial Technology	376	294	307	175	152	167
交通运输 Transportation	8	10	6	2	5	2
环境科学 Environmental Science	11	7	6	3	2	2
综合性图书 Comprehensive Books	4	2	15	4	1	9
其他 Others		21	12		36	59

18-4 录像和录音制品出版情况（2005-2007年）
Publication of Video Products, 2005-2007

项目	Item	种数(种) kind			数量(万盒、万张) Volume (10 000 cassettes、10 000 pieces)		
		2005	2006	2007	2005	2006	2007
数码激光视盘	VCD	50	73	22	140	120	22
高密度激光视盘	DVD	19	28	101	41	67	24
录音带	Audio-tapes	95	48	10	83.7	128	9
激光唱盘	CD	48	96	133	39.3	108	88

18-5 广播和电视节目制作情况（2007年）
Production of Broadcasting and Television, 2007

单位：小时 (hour)

项　目 Item	全年制作节目时间 Annual Production of Programs	新　闻资讯类 News	专题服务类 Special Topic Service	综艺益智类 Integrative Art and Wise Improvement	广播/影视剧类 Broadcasting Film and Teleplay	广告类 Advertisement	其他类 Others
广播电台 Broadcasting Stations	**67340**	**8566**	**15727**	**26081**	**40**	**16926**	
电视台 Television Stations	**18149**	**3750**	**7016**	**4685**	**353**	**1192**	**1153**
天津电视台 Tianjin	8992	1799	5496	1328	240	129	
塘沽区 Tanggu District	2214	899	226	296		53	740
汉沽区 Han'gu District	362	54	13	234		61	
大港区 Dagang District	207	76	27	104			
武清区 Wuqing District	823	164	298	236		84	41
宝坻区 Baodi District	585	91	182	130		182	
宁河县 Ninghe County	350	100	125			125	
静海县 Jinghai County	1580	134	85	1337		24	
蓟　县 Jixian County	1042	112	151	396		142	241

18-6 广播和电视节目播出情况（2007年）
Programs of Broadcasting and Television, 2007

单位：小时 (hour)

项　目 Item	全年播出节目时间 Annual Production of Programs	新　闻资讯类 News	专题服务类 Special Topic Service	综艺益智类 Integrative Art and Wise Improvement	广播/影视剧类 Broadcasting Film and Teleplay	广告类 Advertisement	其他类 Others
广播电台 Broadcasting Stations	**86098**	**12933**	**16907**	**38968**	**80**	**17210**	
电视台 Television Stations	**148355**	**14777**	**37292**	**15700**	**52683**	**20923**	**6980**
天津电视台 Tianjin	70378	4630	30882	4112	15350	15404	
塘沽区 Tanggu District	26280	5321	2996	5053	8467	2416	2027
汉沽区 Han'gu District	12410	274	65	2180	8411	1297	183
大港区 Dagang District	6205	357	27	104	2682	152	2883
武清区 Wuqing District	6570	289	1330	1050	2661	450	790
宝坻区 Baodi District	3726	274	365	260	2280	183	364
宁河县 Ninghe County	826	235	145		321	125	
静海县 Jinghai County	5430	621	167	1582	3011	49	
蓟　县 Jixian County	4342	112	151	396	3300	142	241

18-7 广播电台和电视台情况(2004-2007年) Statistics on Broadcasting and Television Stations, 2004-2007

单位：套、时：分、%(set, hour : minute, %)

项　目	Item	2004	2005	2006	2007
广播电台	**Broadcasting Stations**				
节目套数	Number of Programs	7	9	10	12
平均每日播音时间	Broadcasting Hours per Day	158：15	190：58	213：35	235：53
广播覆盖率	Listener Rating	100	100	100	100
电视台	**Television Stations**				
节目套数	Number of Programs	17	18	26	28
平均每周播出时间	Program Hours per Week	1545：38	1911：05	2445：40	2852：59
电视覆盖率	Viewer Rating	99	99.83	99.83	99.83

18-8 有线电视基本情况(2004-2007年) Basic Statistics on Cable Television, 2004-2007

指　标 Item	2004	2005	2006	2007
有线电视总用户数(万户) Subscribers (10 000 households)	180	194	200	213
有线电视入户率(%) Popularity Rate (%)	59.39	61.47	61.98	64.90
有线广播电视传输网络干线总长(公里) Lines Total (kilometer)	2074			3632

18-9 电影放映单位基本情况(2004-2007年) Basic Statistics on Film Projecting Units, 2004-2007

单位：个 (unit)

指　标	Item	2004	2005	2006	2007
电影院	Cinema	13	11	11	9
影剧院	Theater	12	12	12	12
开放礼堂俱乐部	Opening Auditorium	8	7	7	6
电影放映队	Projecting Team	139	139	139	139
对内俱乐部	Internal Club	15	15	15	15
电影放映单位拥有座席数	Seats	34469	30576	30576	28035
放映场次(场次)	Projecting Performances (times)	51515	34751	26305	22067
观众人次(万人次)	Audience (10 000 person-times)	117	65	37	35

18-10 艺术事业基本情况(2004-2007年) Basic Statistics on Art, 2004-2007

指 标	Item	2004	2005	2006	2007
艺术表演团体	**Art Performance Troupes**				
机构数(个)	Institutions (unit)	16	16	16	15
话剧团、儿童剧团	Drama and Children Troupes	2	3	3	2
歌舞剧团	Song and Dance Troupes	1	1	1	1
文工团、文宣队	Cultural and Performance Troupe	2	1	1	1
戏曲剧团	Local Opera Troupes	7	7	7	7
#京 剧	Local Beijing Opera Troupes	2	2	2	2
曲剧团、杂技团、木偶团	Recitation and Ballad Troupes, Acrobatic and Circus Troupes, Puppet Show Troup	3	3	3	3
乐团、合唱团	Philharmonic Troupes and Chorus	1	1	1	1
工作人员数(人)	Employment (person)	1831	1803	1821	1875
演出场次(场)	Number of Performances (times)	2500	2332	2343	2480
#到农村演出	Shows In Rural Areas	400	444	490	528
观众人次(万人次)	Number of Spectators (10 000 person-times)	212	159	186	179
艺术表演场所	**Art Performance Places**				
机构数(个)	Institutions (unit)	29	28	28	28
剧场、音乐厅	Theatre and Concert Hall	28	27	27	27
书场、曲艺厅	Storytelling Places, Rectation and Ballad Places	1	1	1	1
座席数(个)	Seats (unit)	17233	15529	14609	15190
工作人员数(人)	Employment (person)	500	395	420	395
演出场次(场)	Number of Performances (times)	28600	20025	25908	27793
观众人次(万人次)	Number of Spectators (10 000 person-times)	76	64	102	122

18-11 档案事业基本情况(2004-2007年) Basic Statistics on Archives, 2004-2007

单位：个、人 (unit, person)

项目	Item	2004	2005	2006	2007
机构数	**Number of Institutions**	**481**	**410**	**329**	**341**
#档案馆	Archives	35	34	35	15
机关事业单位档案室	Archives in Government and Institutions	158	153	125	151
大型工业企业档案馆	Archives in Large Industrial Enterprises	288	223	169	175
专职工作人员	**Full-time Personnel**	**1144**	**913**	**784**	**553**
#档案馆	Archives	425	434	435	182
机关事业单位档案室	Archives in Government and Institutions	200	176	135	160
大型工业企业档案馆	Archives in Large Industrial Enterprises	519	303	214	211
兼职工作人员	**Part-time Personnel**	**3746**	**2000**	**1011**	**1378**
#机关事业单位档案室	Archives in Government and Institutions	1017	856	221	456
大型工业企业档案馆	Archives in Large Industrial Enterprises	2729	1144	790	922

18-12 档案馆档案资料馆藏与开发利用情况(2004-2007年) Collection,Development and Utilization of Materials in Archives, 2004-2007

项目	Item	2004	2005	2006	2007
馆藏档案	**Collection of Archives**				
全宗(个)	Full-records (unit)	2851	2799	2856	2905
案卷(万卷)	Files (10 000 volumes)	419	434	472	524
录音、录像、影片(盘)	Sounds and Movies Files (cassette)	7300	30000	9500	9200
照片(张)	Photo Files (picture)	315900	304200	344500	354100
保存资料	**Collection of Materials**				
资料数量(万册)	Materials (10 000 volumes)	30	27	28	27
利用档案资料	**Utilization**				
利用人次(万人次)	Users (10 000 person-times)	3	4	5	6
利用档案(万卷次)	Access to Files (10 000 volume-times)	13	13	16	13.78
利用资料(册次)	Materials (volume-times)	13700	8000	8700	5800
利用档案资料(万页)	Copy Materials (10 000 pages)	8	10	55	83
编研档案资料	**Editing Materials**				
公开出版(种)	Public Publication (kind)	9	14	18	9
(万字)	(10 000 words)	330	208	151	250
内部参考(种)	Internal Reference (kind)	79	85	72	60
(万字)	(10 000 words)	819	456	435	337

18-13 机关事业单位档案资料保存与开发利用情况（2004-2007年）
Keeping, Development and Utilization of Government and Institution Archives and Materials, 2004-2007

项　目	Item	2004	2005	2006	2007
保存档案	**Keeping Archives**				
全　宗(个)	Full-records (unit)	232	191	173	194
案　卷(万卷)	Files (10 000 volumes)	96	82	63	85
底　图(万张)	Chart (10 000 pictures)	140	132	0.59	71
微缩胶片(万张)	Compressed Film (10 000 pictures)				11
保存资料	**Keeping Materials**				
保存数量(万册)	Number of Materials (10 000 volumes)	5	5	4	8
借阅利用档案资料	**Lending**				
利用人次(万人次)	Users (10 000 person-times)	6	5	5	3
利用档案资料数量(万卷册数)	Access to Files (10 000 volumes)	10	9	8	6
编研档案资料	**Editing Materials and Archives**				
公开出版(种)	Public Publication (kind)	30	27	14	17
(万字)	(10 000 words)	394	1400	380	412
内部参考(种)	Internal Reference (kind)	108	91	177	196
(万字)	(10 000 words)	5499	1207	1263	858

18-14 大型工业企业档案资料保存与开发利用情况（2004-2007年）
Keeping, Development and Utilization of Archives Materials in Large-sized Industrial Enterprises, 2004-2007

项　目	Item	2004	2005	2006	2007
保存档案	Keeping Archives				
全　宗(个)	Full-records (unit)	673	429	363	322
案　卷(万卷)	Files (10 000 volumes)	311	201	117	103
底　图(万张)	Chart (10 000 pictures)	339	114	52	63
缩微胶片(百张)	Compressed Film (100 pictures)				3
保存资料数量(万册)	Number of Keeping Materials (10 000 volumes)	10	3	7	3
借阅利用人次(万人次)	Borrowers (10 000 person-times)	11	6	3	3
借阅利用数量(万卷册数)	Access to Files (10 000 volumes)	23	11	7	7
编辑档案资料	Editing Materials and Archives				
公开出版(种)	Public Publication (kind)	1	1		1
(万字)	(10 000 words)	50	40		1
内部参考(种)	Internal Reference (kind)	468	739	184	148
(万字)	(10 000 words)	9093	1462	320	334

18-15 公共图书馆情况（2004-2007年） Basic Statistics on Public Libraries, 2004-2007

项 目	Item	单 位	Unit	2004	2005	2006	2007
公共图书馆	Public Libraries	个	unit	32	32	32	32
工作人员	Employment	个	person	1082	1057	1086	1074
藏 书	Collections	万 册	10 000 volumes	827	869	945	1030
书刊文献外借人次	Person-times of Borrowing-out	万人次	10 000 person-times	170	212	180	221
书刊文献外借册次	Number of Books Borrowed-out	万册次	10 000 volume-times	263	380	359	428
建筑面积	Floor Space of Buildings	平方米	sq. m	170000	168685	125942	128968
阅览室座席	Seating Capacity of Reading Room	次	unit	7959	9747	9090	9330

18-16 博物馆和文物保护单位基本情况（2004-2007年） Basic Statistics on Museums and Cultural Relic Protection Units, 2004-2007

项 目	Item	单 位	Unit	2004	2005	2006	2007
博物馆	**Museums**						
单位数	Number of Units	个	unit	17	18	19	18
工作人员数	Employment	人	person	658	679	724	728
文物藏品	Number of Collection	万 件	10 000 pieces	57	57	57	57
举办陈列展览	Number of Displays and Exhibitions	次	time	31	68	76	77
参观人次	Numbers of Visitors	万人次	10 000 person-times	88	102	126	564
文物保护单位	**Cultural Relic Protection Units**						
单位数	Number of Units	个	unit	8	8	8	8
工作人员数	Employment	人	person	117	133	132	130
藏 品	Number of Collection	件	piece	2239	2995	3042	2738

18-17 群众文化事业基本情况（2004-2007年） Basic Statistics on Mass Art, 2004-2007

项 目	Item	单 位	Unit	2004	2005	2006	2007
单位数	**Number of Units**	个	**unit**	**19**	**19**	**19**	**19**
群众艺术馆	Mass Art Centers	个	unit	1	1	1	1
文化馆	Cultural Centers	个	unit	18	18	18	18
工作人员数	**Employment**	人	**person**	**706**	**710**	**707**	**679**
文化活动情况	**Cultural Activity**						
举办展览	Number of Exhibitions	次	time	220	177	160	194
组织文艺活动次数	Number of Art Performances	次	time	1143	1345	709	957
举办训练班	Training Courses						
班 次	Number of Classes	班	class	603	660	594	848
结业人数	Number of Persons Completing Course	人	person	10491	9699	45945	61598

18-18 县及县以上举办运动会情况(2004-2007年)
Sports Meetings Held by Counties and Above, 2004-2007

单位：次、万人 (times, 10 000 persons)

指　标	Item	2004	2005	2006	2007
举办运动会次数	Sports Meetings	386	378	428	583
参加运动会人数	Athletes Attending Sports Meetings	28	33	35	114
体委系统	Physical Culture and Sports Commissions				
运动会次数	Times	96	108	84	358
参加人数	Persons	14	18	16	96
其他系统	Other Departments				
运动会次数	Times	290	270	292	225
参加人数	Persons	14	15	16	18

18-19 体委系统体育工作者(2004-2007年)
Personnel in Sports Commissions System, 2004-2007

单位：人 (person)

指　标　Item	2004	2005	2006	2007
体育工作者人数 Personnel of Sports	4080	3920	4042	3123
专职教练员 Full-time Coaches	524	531	551	452
国家级教练员 National Coaches	5	8	8	10
每十万人口中有体育工作者 Number of Physical Personnel in per 100 000 Persons	46	46	45	45

18-20 等级裁判员和运动员人数(2005-2007年)
Number of Athletes and Referees in Grades, 2005-2007

单位：人 (person)

指　标	Item	裁判员 Referees			运动员 Athletes		
		2005	2006	2007	2005	2006	2007
总人数	**Total**	**436**	**397**	**690**	**1132**	**638**	**1247**
一　级	First Grade	88	77	276	62	74	128
二　级	Second Grade	348	320	414	1070	564	1119
#女　性	**Female**	**184**	**165**	**214**	**490**	**246**	**694**
一　级	First Grade	50	40	98	30	26	46
二　级	Second Grade	134	125	116	460	220	648

主要统计指标解释

电视人口覆盖率

指用普通的电视接收机，室外天线在离地面4米高处能在晚上正常收看电视节目的人数与全市总人口数之比。

广播人口覆盖率

指用普通的收音机在中午能正常收听广播节目的人数与全市总人口数之比。

文化事业机构

指从事专业文化工作和为专业文化工作服务的单独核算、独立建制的单位，不包括文化主管部门直属单位举办的其他行业和各部门的业余文化组织。

艺术表演团体

指从事戏曲、音乐、舞蹈、杂技等专业艺术表演有独立帐户、实行单独核算的团体。

电影放映单位

指具有放映机器设备，固定或不固定的放映场所与专职或兼职的放映技术人员，经文化部门登记批准，经常为一定的观众对象映出电影的机构。包括经批准对外开放进行营业、并与电影发行放映管理机构分帐的专用放映单位或军委系统租片在内。

等级运动员人数

指经考核正式批准授予等级运动员称号的人数。分为国际级运动健将、运动健将、一、二、三级运动员和少年级运动员。

等级裁判员人数

指经考核正式批准授予等级裁判员称号的人数。分为国际裁判、国家级裁判、一级裁判、二级裁判、三级裁判。

Explanatory Notes on Main Statistical Indicators

Viewer Rate

refers to the ratio of the number of watching TV to the total population using normal television sets with outdoor antenna four meters apart from ground in the evening.

Listener Rate

refers to the ratio of the number of listening radio to the total population using normal radiogram at noon.

Cultural Institutions

refer to units which have their own organizational system and independent accounting system and specialize in or serve cultural development. They exclude other establishments run by these cultural institutions and amateur cultural groups established by various departments.

Art Troupe

refers to the troupe which is engaged in drama, opera, music, dance, acrobatics or other art performance, opens independent accounts with banks and has self-supporting accounting system.

Film Projection Units

refer to these units with film projection equipment, full or part-time projectionists, permanent or non-permanent places, approved by related administrative departments to show films regularly for certain groups of audience, including those film projection units which have been approved to give commercial shows and run business with independent accounting system as well as those film-renting units of the military system.

Number of Athletes in Grades

refers to the number of athletes who have been given titles through examination. The titles of athletes include international masters of sports, masters of sports, first-grade, second-grade and third-grade sportsmen and young athletes.

Number of Referees in Grades

refers to the number of referees who have been given titles after examination. They are classified as international referees, national referees and referees of the first, second and third grades.

第19篇

CHAPTER 19

卫生、社会保障和社会福利

Public Health, Social Security and Social Welfare

19-1 卫生事业基本情况(1990-2007年)
Statistics on Public Health, 1990-2007

年 份 Year	卫生事业机构(个) Number of Health Care Institutions (unit)	#医院、卫生院 Hospitals and Health Care Centers	卫生机构床位数(张) Beds (unit)	#医院、卫生院 Hospitals and Health Care Centers	卫生技术人员数(人) Medical Technical Personnel (person)	#执业及助理医师 Certified And Assistant Doctors	#注册护士 Registered Nurses
1990	3392	293	35581	33382	67485	32034	21228
1991	3397	300	37504	35124	68887	32385	22086
1992	3287	301	38137	36035	69815	32320	22804
1993	3182	304	39023	36724	70920	33026	22884
1994	3182	419	38986	37157	71217	33373	22936
1995	3182	416	39092	37280	71806	33693	23177
1996	4171	476	39612	38284	71014	32975	23156
1997	3571	483	40758	39467	70431	32475	23045
1998	3190	482	40471	39134	68070	31482	22209
1999	2969	487	39779	38579	65901	30273	21977
2000	2983	488	40039	38842	65145	30031	21667
2001	2665	495	41637	40394	63475	29215	21298
2002	2636	486	40090	38837	56705	23888	19257
2003	2671	485	40194	38074	55629	22780	19173
2004	2577	474	40994	38876	60722	25299	19602
2005	2489	461	41556	39491	61284	25088	19624
2006	2384	401	43643	38893	62258	25358	20030
2007	2352	411	44335	39708	63900	26228	21339

19-2 卫生事业机构数(2004-2007年)
Number of Health Care Institutions, 2004-2007

单位：个 (unit)

名 称	Item	2004	2005	2006	2007
总 计	**Total**	**2577**	**2489**	**2384**	**2352**
医院、卫生院	Hospitals and Health Care Centers	474	461	401	411
疗养院	Sanatoriums	3	3	3	3
门诊部、诊所、医务室、社区服务站	Clinics	1965	1892	1847	1805
专科疾病防治院(所、站)	Specialized Prevention Stations	18	17	16	16
卫生防疫站	Sanitation and Antiepidemic Stations	24	24	24	24
妇幼保健院(所、站)	Maternity and Children Care Centers	23	23	23	23
卫生监督所	Health Offices	3	3	4	14
医学科学研究机构	Research Institutes of Medical Science	8	8	8	8
高等医学教育机构	High Education Institutions of Medicine	3	3	3	3
其他卫生事业机构	Other Health Care Institutions	56	55	55	45
平均每个医院负担人口(人)	Average Burden Population of Each Hospital (person)	19605	22615	26409	27129

19-3 卫生事业基本情况（2007年）
Statistics on Public Health, 2007

项　目	Item	卫生机构(个) Health Care Institutions (unit)	卫生机构床位(张) Number of Institutions Beds (unit)	卫生技术人员(人) Medical Technical Personnel (person)	#执业及助理医师 Certified And Assistant Doctors
总　计	**Total**	**2352**	**44335**	**63900**	**26228**
按市县分	Grouped by City & County				
市	City	1922	41194	57089	23165
县	County	430	3141	6811	3063
按经济类型分	Grouped by Ownership				
国有经济	State-owned	1089	40545	56794	22591
集体经济	Collective-owned	194	1461	2316	1451
联营经济	Joint Ownership	161	20	882	64
私营经济	Private	788	1444	2833	1550
其　他	Others	120	865	1075	572
按设置主办单位分	Grouped by Management				
政府办	Run by Government	510	35038	51114	20202
企业办	Run by Enterprises	671	6164	6863	3172
其　他	Others	1171	3133	5923	2854

项　目	Item	注册护士 Registered Nurses	药剂人员 Pharmacists	检验人员 Laboratory Technicians	其他人员 Others
总　计	**Total**	**21339**	**4458**	**3985**	**7890**
按市县分	Grouped by City & County				
市	City	20019	4093	3643	6169
县	County	1320	365	342	1721
按经济类型分	Grouped by Ownership				
国有经济	State-owned	20216	3979	3714	6294
集体经济	Collective-owned	280	198	101	286
联营经济	Joint Ownership	18	10	6	784
私营经济	Private	554	189	102	438
其　他	Others	271	82	62	88
按设置主办单位分	Grouped by Management				
政府办	Run by Government	18208	3653	3428	5623
企业办	Run by Enterprises	2102	431	336	822
其　他	Others	1029	374	221	1445

19-4 卫生技术人员数(2007年)
Number of Medical Technical Personnel, 2007

单位：人 (person)

项　目	Item	总　计 Total	#执业及助理医师 Certified and Assistant Doctors	#注　册 护　士 Registered Nurses	#药　剂 人　员 Pharmacists	#检　验 人　员 Laboratory Technicians
总　计	**Total**	**63900**	**26228**	**21339**	**4458**	**3985**
医　院	Hospitals	46120	17461	18149	3276	2843
#综合医院	Comprehensive Hospitals	28447	10690	11528	1918	1832
专科医院	Special Hospitals	10447	3537	4343	615	630
#口腔医院	Stomatitis Hospitals	700	357	205	21	17
眼科医院	Eye Hospitals	364	146	144	23	15
耳鼻喉科医院	E. N. T. Hospitals	47	9	10	2	2
肿瘤医院	Tumour Hospitals	1256	383	513	60	58
胸科医院	Chest Hospitals	731	245	332	43	32
血液病医院	Blood Disease Hospitals	577	160	238	32	81
妇产科医院	Gynecology Hospitals	1076	359	488	46	49
儿童医院	Children Hospitals	1071	335	480	80	82
精神病医院	Mental Disease Hospitals	1234	306	508	60	42
传染病医院	Infectious Disease Hospitals	482	133	203	46	38
皮肤病医院	Skin Disease Hospitals	19	8	7	2	2
骨科医院	Orthopaedics Hospitals	1240	509	492	88	92
疗养院	Sanatoriums	231	57	95	11	14
社区卫生服务中心(站)	Community Health Care Centers	4415	1525	1080	462	232
卫生院	Health Care Centers	4213	2442	659	368	254
门诊部	Clinics	1026	611	193	109	37
急救中心(站)	First-aid Centers	54	22	14	1	
采供血机构	Blood Collection and Supplying Institutions	178	32	46	1	42
妇幼保健院(所、站)	Maternity and Children Care Centers	1586	739	489	81	144
专科疾病防治院(所、站)	Specialized Prevention Stations	441	191	123	36	60
疾病预防控制中心(防疫站)	Disease Prevention and Control Centers (Epidemic Prevention Stations)	1518	686	68	9	297
卫生监督所	Sanitation Supervision Institutions	579				
其他卫生机构	Other Health Care Institutions	3539	2462	423	104	62

19-5 卫生机构的床位数（2004-2007年）
Number of Beds in Health Care Institutions, 2004-2007

单位：张 (unit)

名称	Item	2004	2005	2006	2007
总计	**Total**	**40994**	**41556**	**43643**	**44335**
医院	Hospitals	36645	37255	36662	37302
疗养院	Sanatoriums	643	643	643	491
卫生院	Health Care Centers	2231	2236	2231	2406
门诊部	Clinics	111	201	156	225
社区卫生服务中心(站)	Community Health Care Centers			2696	2689
妇幼保健院(所、站)	Maternity and Children Care Centers	839	818	852	834
专科疾病防治院(所、站)	Specialized Prevention Stations	500	360	360	388
其他卫生机构	Other Health Care Institutions	25	43	43	
平均每千人口有医院床位	Hospital Beds per 1000 Population	3.6	3.71	3.46	3.98

19-6 医疗机构诊疗和病床使用情况（2004-2007年）
Diagnosis, Treatment and Beds Used of Medical Institutions, 2004-2007

项目	Item	2004	2005	2006	2007
诊疗情况(万人次)	**Diagnosis and Treatment (10 000 person-times)**				
诊疗人数	Patients Treated	2455	2704	3855	4531
#门诊	Out-patients	2176	2411	3530	3695
入院人数	In-patients	52	57	71	80
平均每月门诊诊疗人数	Number of Out-patients per Month	205	225	294	308
平均每月入院诊疗人数	Number of In-patients per Month	4	5	6	7
病床使用情况	**Sickbeds Used**				
病人治愈率(%)	Recovering Rate (%)	37	36	43	50
病床周转次数(次)	Turnover Beds (times)	14	16	17	20
病床使用率(%)	Utilization Rate (%)	65	68	67	72
病床工作日(日)	Working Days of Beds (day)	238	247	245	263
出院者平均 住院日数(日)	Average Hospitalization Period (day)	15	16	13	12

19-7 医院、卫生院、门诊部运营情况(2007年)
Operation of Hospitals, Health Care Centers and Out-patient Clinics, 2007

指　　标	Item	医　院 Hospitals	卫生院 Health Care Centers	门诊部 Out-patient Clinics
机构数(个)	Number of Institutions (unit)	230	181	195
总诊疗人次数(万人次)	Patients Treated (10 000 person-times)	2854	535	76
#门诊人次数	Out-patients	2555	493	51
急　诊	Emergency	247	7	1
观察室收容人数(人)	Observation Room (person)	1084986		20
健康检查人数(人)	Health Check (person)	1204233		11505
入院人数(人)	In-patients (person)	638333	114858	1994
出院人数(人)	Leaving Hospital (person)	662181	114284	1982
住院病人手术人次(万人次)	In-patients Surgery Trips (10 000 person-times)	23		
治愈率(%)	Rate of Fully Recovery (%)	41	89	99
好转率(%)	Rate of Turning Better (%)	53	10	1

19-8 社区卫生服务站基本情况(2004-2007年)
Basic Statistics on Community Health Care Stations, 2004-2007

项　　目	Item	2004	2005	2006	2007
机构总数(个)	Number of Institutions (unit)	151	143	143	154
人员总数(人)	Total Personnel (person)	685	1023	1016	791
执业医师	Certified Doctors	1	2	2	0
执业助理医师	Certified Assistant Doctors	5	11	11	11
药剂人员	Pharmacists	62	28	28	1
检验人员	Laboratory Technicians	9	10	10	
其　他	Others	608	972	965	779
诊疗人次数(万人次)	Number of Hospital Patients (10 000 person-times)	89.53	78.40	80.83	124.94

19-9 村卫生室基本情况(2004-2007年)
Basic Information of Village Health Room, 2004-2007

项　　目	Item	2004	2005	2006	2007
机构总数(个)	Number of Institutions (unit)	2252	2322	2380	1893
执业助理医师(人)	Certified Assistant Doctors (person)	331	253	295	401
乡村医生和卫生员(人)	Rural Doctors & Hygienists (person)	3859	4932	5178	4681
乡村医生	Rural Doctors	3805	4862	5123	4617
卫生员	Hygienists	54	70	55	64
诊疗人次数(万人次)	Number of Patients Treated (10 000 person-times)	697.02	722.94	819.89	

19-10 妇女儿童卫生保健状况（2004-2007年）
Basic Statistics on Maternity and Child Care, 2004-2007

指　标	Item	2004	2005	2006	2007
妇幼保健经费(万元)	Expenses for Maternity and Children Care (10 000 yuan)	1858	1718	11272	7188
计划生育事业费(万元)	Operating Expenses for Children Planning (10 000 yuan)	7676	9974	14434	22552
户籍人口(万人)	Registered Population (10 000 persons)	932.6	939.3	948.9	959.1
#女　性	Female	462	465.5	470.6	475.9
0-4岁人口	Age 0-4	29.7	30.8	32.1	33.4
#女　性	Female	13.9	14.4	15.1	15.7
0-17岁人口	Age 0-17	165	156.9	151.1	145.2
#女　性	Female	78.7	74.7	71.8	68.9
育龄妇女人口(15-49岁)	Women of Child-bearing Age (Age 15-49)	268.1	266.9	265.1	262.9
婴儿死亡率 (‰)	Death Rate of Infants (‰)	7.3	6.2	5.2	5.3
5岁以下儿童死亡率(‰)	Death Rate of Children at Age 5 and below (‰)	8.3	7.1	6.0	6.2
孕产妇死亡率(1/10万)	Death Rate of Pregnants and Lying-in Women (1/100 000)	12.2	14.7	6.6	8.6
卡介苗接种率(%)	BCG Vaccination Rate (%)	99.8	99.4	99.7	99.6
脊灰疫苗接种率(%)	Poliovirus Vaccination Rate (%)	100	99.4	99.7	99.4
白百破三联制剂接种率(%)	Pertussis, Diphtheria & Tetanus Vaccination Rate (%)	99.1	99.4	99.7	99.3
麻疹疫苗接种率(%)	Measles Virus Vaccination Rate (%)	99.3	97.7	99.5	99.8
乙肝疫苗接种率(%)	Hepatitis B Vaccination Rate (%)	99.8	99.8	99.8	99.7
5岁以下儿童中、重度营养不良患病率(%)	Incidence Disease Rate from Medium and Serious Malnutrition of Children at Age 5 and below (%)	0.3	0.16	0.17	0.13
7岁以下儿童保健管理率(%)	Management Rate of Children Health Care System at Age 7 and below (%)	86.3	83.4	85.4	84.8

19-11 全市居民前十位死亡原因、死亡专率
Cause of Death and Death Rate of Top 10 Diseases

序位及死因	Position and Cause of Death	死亡专率 Death Rate (1/100 000)		占全部死亡人数的% Proportion (%)	
		2006	2007	2006	2007
1. 心脏病	Heart Disease	162.96	180.44	25.90	27.27
2. 脑血管病	Cerebrovascular Disease	159.02	162.58	25.27	24.57
3. 恶性肿瘤	Malignant Tumour	136.77	153.03	21.73	23.13
4. 呼吸系统疾病	Respiratory Disease	65.37	62.73	10.39	9.48
5. 损伤和中毒外部原因	Trauma and Toxicosis	30.72	31.52	4.88	4.76
6. 内分泌、营养和代谢的其他疾病	Internal System, Nutrition, Metabolive and Immunity Disease	18.8	18.48	2.99	2.79
7. 消化系统疾病	Digestive Disease	12.5	11.87	1.99	1.79
8. 神经系统疾病	Neuropathy	9.52	9.25	1.51	1.4
9. 泌尿生殖系统病	Urinary Disease	7.72	6.75	1.23	1.02
10. 起源于围生期的某些情况	Causes in Perinatal Period	2.82		0.45	
11. 传染病和寄生虫病	Infectious & Parasitic Diseases		3.42		0.52

19-12 卫生总费用及构成（1995-2007年）
Total Expenditure on Health and Composition, 1995-2007

年 份 Year	卫生总费用 (亿元) Total Expenditure on Health (100 million)	人均卫生费用 (元) Per Capita Expenditure on Health (yuan)	卫生总费用占地区生产总值比重(%) Total Expenditure on Health as Percentage of GDP (%)	卫生总费用筹资构成(%) Composition by Source (%)		
				政府卫生支出 Government Health Appropriation	社会卫生支出 Social Health Expenditure	居民个人现金卫生支出 Out-of-pocket Payment
1995	32.45	344.51	3.5	18.3	57.9	23.8
1996	39.71	418.85	3.5	18.5	54.1	27.4
1997	46.40	487.04	3.7	20.4	51.2	28.4
1998	46.65	487.61	3.4	18.9	45.4	35.7
1999	53.27	555.21	3.5	17.2	42.8	40.0
2000	66.75	666.74	3.9	15.1	41.5	43.4
2001	71.21	709.25	3.7	16.6	38.0	45.4
2002	96.97	962.83	4.5	17.0	36.0	47.0
2003	117.60	1162.84	4.6	19.1	39.3	41.5
2004	129.94	1269.38	4.2	18.8	37.1	44.1
2005	152.24	1459.63	4.1	16.9	36.7	46.3
2006	171.73	1597.45	3.9	19.1	36.2	44.8
2007	224.15	2010.30	4.5	19.0	37.7	43.3

19-13 主要年份卫生总费用机构流向构成
Composition of Total Expenditure on Health by Flow

单位：% (%)

指 标	Indicators	1995	2000	2006	2007
费用总额	**Total Expenditure**	**100.0**	**100.0**	**100.0**	**100.0**
医 院	**Hospitals**	**67.2**	**67.7**	**65.6**	**63.7**
城市医院	City Hospitals	53.2	54.2	53.4	50.9
县医院	County Hospitals	3.9	4.3	4.6	4.2
社区卫生服务中心	Community Health Care Centers	0.0	0.0	5.0	6.1
卫生院	Health Care Centers	4.1	4.1	2.5	2.2
其他医院	Other Hospitals	6.1	5.1	0.2	0.3
门诊机构	**Ambulatory Health Facilities**	**10.2**	**6.2**	**6.3**	**6.3**
药品零售机构	**Retail Sale and Other Providers of Medical Goods**	**12.3**	**17.0**	**16.9**	**14.9**
公共卫生机构	**Public Health Facilities**	**7.7**	**4.9**	**5.4**	**5.8**
卫生行政管理	**Health Administration**	**0.2**	**0.2**	**0.3**	**1.0**
其他卫生	**Others**	**2.4**	**4.0**	**5.6**	**8.4**

19-14 社会保障事业发展情况（2004-2007年）
Basic Statistics on Social Security, 2004-2007

指　标　Item	单　位 Unit	2004	2005	2006	2007
基本医疗保险参保人员情况　Basic Medical Insurance					
参加基本医疗保险人数	万　人				
Personnel Participated in Medical Insurance	10 000 persons	263.03	299.1	344.20	382.46
职工人数	万　人				
Staff and Workers	10 000 persons	158.24	180.80	218.22	249.27
退休人数	万　人				
Retired Personnel	10 000 persons	104.79	118.30	125.98	133.19
基本医疗保险基金收入	亿　元				
Revenue of Basic Medical Insurance Programme	100 million yuan	25.03	38.80	52.10	62.19
基本医疗保险基金支出	亿　元				
Expenditure of Basic Medical Insurance Programme	100 million yuan	27.17	35.90	42.80	49.09
基本医疗保险基金累计结余	亿　元				
Balance of Basic Medical Insurance Programme	100 million yuan	3.72	10.00	19.30	32.12
失业保险参保人员情况　Unemployment Insurance					
参加失业保险职工人数	万　人				
Personnnel Participated in Unemployment Insurance	10 000 persons	195.06	197.50	216.66	221.50
领取失业保险金人数	万　人				
Personnel Drawing Unemployment Insurance Programme	10 000 persons	5.13	3.80	3.62	3.33
# 本年新增	万　人				
Newly Increased in Current Year	10 000 persons	3.23	2.30	2.67	2.15
失业保险基金收入	亿　元				
Revenue of Unemployment Insurance Programme	100 million yuan	6.45	8.24	10.68	12.38
失业保险基金支出	亿　元				
Expenditure of Unemployment Insurance Programme	100 million yuan	3.06	2.27	3.44	9.22
失业保险基金累计结余	亿　元				
Balance of Unemployment Insurance Programme	100 million yuan	6.73	12.69	19.94	23.09
基本养老保险参保人员情况　Basic Pension Insurance					
参加基本养老保险职工人数	万　人				
Personnnel Participated in Pension Insurance	10 000 persons	194.20	200.60	215.54	225.60
基本养老保险实际缴费人数	万　人				
Personnel Paying for Pension Insurance	10 000 persons	185.80	198.60	202.14	212.22
基本养老保险基金收入	亿　元				
Revenue of Pension Insurance Programme	100 million yuan	104.27	126.80	157.71	196.90
基本养老保险基金支出	亿　元				
Expenditure of Pension Insurance Programme	100 million yuan	94.20	102.20	130.25	151.97
基本养老保险基金累计结余	亿　元				
Balance of Pension Insurance Programme	100 million yuan	32.18	60.00	87.42	132.27
社会保障标准　Social Security Standard					
职工工资最低标准	元/月				
Minimum Standard of Wages of Staff and Workers	yuan per month	530	590	670	740
城镇居民生活保障最低标准	元/月				
Minimum Standard of Urban Living Security	yuan per month	241	265	320	330

19-15 社会福利事业、企业单位和工作人员数
Number of Social Welfare Institutions, Enterprises, Persons Engaged

部　门	Department	机　构(个) Institutions or Enterprises (unit)		职工人数(人) Staff and Workers (person)	
		2006	2007	2006	2007
收养性事业单位	Adopting Social Welfare Institutions	287	297	4422	4931
# 优抚事业单位	Subsidy Institutions	9	9	405	407
民政部门办	Run by Civil Adminstration	22	24	1480	1658
社会办	Run by Society	265	273	2942	3273
福利企业单位	Social Welfare Enterprises	692	511	27612	23638
烈士纪念建筑物管理单位	Martyr Memorial Building Management Units	11	11	198	197
救助管理单位	Collecting and Repatriation Units	10	11	204	204
殡仪服务单位	Funeral and Interment Units	26	26	1008	966
慈善团体	Lottery & Collecting Purse Units	9	9	27	30
福利彩票发行单位	Welfare Lottery Issuing Units	6	9	44	67
城镇社区服务中心	Urban Community Service Institutions	111	110	888	917

19-16 收养性社会福利事业单位基本情况（2007年）
Basic Statistics on Social Adoptive Welfare Institutions, 2007

指　标	Item	单位数(个) Institutions (unit)	职工人数(人) Staff and Workers (person)	床位数(张) Number of Beds (unit)	年末在院收养人员(人) Adopted Personnel at Year-end (person)	# 女　性 Female
总　计	**Total**	**288**	**4524**	**19157**	**14736**	**6311**
民政部门办	Run by Civil Administration	9	914	2116	2668	1001
社会福利机构	Social Welfare Homes	5	402	1036	1139	497
儿童福利机构	Welfare Homes for Children	2	145	350	898	333
社会福利医院	Social Welfare Hospital	2	367	730	631	171
社会办	Run by Society	279	3610	17041	12068	5310
城镇老年福利机构	Urban Senile Welfare	142	2912	12674	9347	4731
农村老年福利机构	Rural Senile Homes	137	698	4367	2721	579

19-17 社会救济情况(2004-2007年) Basic Statistics on Social Relief, 2004-2007

指　标 Item	2004	2005	2006	2007
社会救济总人数(人)				
Total Persons Receiving Relief Funds (person)	**239834**	**182696**	**192916**	**203534**
#城镇居民最低生活保障人数				
Urban Persons Receiving Lowest Cost-of-living	205118	150821	151275	148669
#在职人员				
On-post Staff and Workers	6038	4246	3875	6492
下岗人员				
Laid-off Staff and Workers	18618	11442	10052	14898
退休人员				
Retired	2886	2486	2133	11150
失业人员				
Unemployed	43107	37464	39511	32339
"三无人员"				
"Non-Three" persons	2816	3857	5219	4605
#农村居民最低生活保障人数				
Rural Persons Receiving Lowest Cost-of-living	28954	31875	37280	43762
临时救济人次数(人次)				
Total Persons Receiving Temporary Almsgiving (person-times)	**84624**	**88700**	**44472**	**25968**
城市临时救济人次数				
Urban Persons Receiving Temporary Almsgiving	38667	44244	7113	14538
农村临时救济人次数				
Rural Persons Receiving Temporary Almsgiving	45957	44456	37359	11430
社会救济费(万元)				
Relief Funds (10 000 yuan)	**36128**	**47176**	**69244**	**66054**
#农村低保费				
Rural Relief Funds	1310	1336	1751	3500
城镇低保费				
Urban Relief Funds	24743	26680	32914	37732
精简退职老职工救济费				
Relief for Old Staff and Workers Reduced and Discharged	505	696	839	498
自然灾害救济费(万元)				
Relief for Natural Disasters (10 000 yuan)	**1721**	**1170**	**1203**	**740**

19-18 优抚事业单位情况（2004-2007）
Situation of Administration Agencies for Martyrs, 2004-2007

指　标	Item	2004	2005	2006	2007
优抚对象(人)	**Martyrs and Disabled Veterans (person)**	**24582**	**24521**	**24653**	**29390**
烈　属	Members of Revolutionary Martyr's Family	830	799	757	769
因公牺牲病故军人家属	Families of Soldiers Sacrificed or Died of Illness	444	450	435	442
革命伤残人员	Revolutionary Disabled	7094	7251	7032	7028
在乡红军老战士	Demobilized Old Red Army Men in Hometown	2	2	1	1
在乡复员军人	Demobilized Soldiers in Hometown	7621	7436	6982	6494
在乡退伍军人	Veterans in Hometown	4758	4693	5642	5780
城镇义务兵	Urban Voluntary Soldiers	3833	3890	3804	8876
优抚对象补助金额(万元)	**Funds for Family Members of Martyrs and Disabled Veterans (10 000 yuan)**	**5757**	**5878**	**8205**	**8007**
国家支出	Government Funds	4014	4232	6213	5841
集体供给	Collective Funds	1743	1646	1992	2166
抚恤事业费(万元)	**Pensions (10 000 yuan)**	**9068**	**12879**	**15326**	**17692**

19-19 城镇社区服务情况（2004-2007年）
Basic Statistics on Urban Community Service, 2004-2007

指　标	Item	2004	2005	2006	2007
城镇社区服务设施数(个)	Number of Urban Welfare Facilities (unit)	1976	2139	2166	1775
社区从业人员(万人)	Employment Personnel in Community (10 000 persons)	10	10	10	10
# 安置下岗人员	Placement of Laid-off Staff and Workers	1	2	2	2
社区服务志愿者人数(万人)	Number of Service Volunteers in Community (10 000 persons)	33	36	34	36
便民利民服务网点(个)	Urban Service Points for Civilian (unit)	9476	8907	8833	11112
城镇社区服务中心	Urban Community Service Centers				
单位数(个)	Number of Units (unit)	108	111	101	110
年末职工人数(人)	Number of Year-end Staff and Workers (person)	821	920	888	917
活动项目数(个)	Number of Project Activities (unit)	867	918	978	1034
# 老年人活动	Senile Activities	213	238	366	367
家务劳动服务	Housework Service	325	324	228	257
活动人次(人次)	Number of Persons Coming to Center (person-times)	673304	568796	519504	558403
# 老年人活动	Senile Activities	368844	368467	395740	453686

19-20 老年事业基本情况（2005-2007年）
Basic Statistics on Senile Citizen Undertakings, 2005-2007

指 标	Item	2005	2006	2007
老年法律援助中心（个）	Senile Legal Aid Center (unit)		188	192
涉老案件数（件）	Senile Case (case)	4906	5549	6952
维权协调组织数（个）	Safeguard and Mediation Organization (unit)		2097	2012
老年活动站、中心、室（个）	Senile Activity Station, Center, Room (unit)	2570	2514	2543
老年人参与活动人数（万人）	Senile Activity Participant (10 000 persons)		36.91	40.27
老年医院（个）	Hospital for Senior (unit)	88	29	31
老年医院病床数（张）	Senile Sick Beds in Hospital (bed)		1578	1666
老年人协会个数（个）	Senile Union (unit)	3643	3741	4061
老年基金会个数（个）	Senile Fund (unit)	6	4	3
老年事业投入经费（万元）	Expenditures for Senile Undertakings (10 000 yuan)	10	967	997
老年学校个数（个）	Senile School (unit)	635	372	371
老年学校在校人数（万人）	Students Enrollment in Senile School (10 000 persons)	10.55	12.96	14.53
享受高龄补贴的老年人数（人）	Citizen with Senial Subsidy (person)		11182	10232

资料来源：天津市民政局。
Sources: Tianjin Civil Affairs Bureau.

19-21 残疾人事业基本情况
Basic Statistics on People with Disabilities

单位：人、个 (person, unit)

项 目	Item	2006	2007
白内障复明手术（例）	Sight-Restoring Cataract Surgeries (case)	5800	6000
低视力配用助视器	Vision-aids Provided for Individuals with Low-vision	313	200
综合防治康复精神病人数	Prevention and Treatment of Psychiatric Diseases	58487	58996
监护率（%）	Guardianship Rate of Psychiatric Diseases (%)	98.3	98.0
显好率（%）	Significant Improvement Rate of Psychiatric Diseases (%)	76.3	75.3
参与率（%）	Social Involvement Rate of Psychiatric Diseases (%)	65.9	65.0
肢体残疾康复训练数	Function Training Provided to Persons with Physical Disabiligy	1416	3982
#儿童机构肢体残疾	# Physical Disabled Children	223	142
社区、家庭肢体残疾人	Handicappeds in Communities and Families	1193	3840
贫困智力残疾儿童训练数	Rehabilitation Training Provided to Poor Children with Intellectual Disability	288	244
残疾人中等职业教育机构数	Handicappeds Middle Vocational Education Facilities	3	3
残疾人中等职业教育在校学生数	Students Enrollment in Handicappeds Middle Vocational Education Facilities	90	102
残疾人职业技术培训机构数	Handicappeds Vocational Education and Training Facilities	3	3
残疾人职业培训人数（人次）	Number of Handicappeds Educated and Trained (person-times)	5052	5838
当年安排城镇残疾人就业	Employment of Urban Handicappeds in Current Year	7998	5442
集中安排就业	Employed at Welfare Enterprises	418	826
按比例安排就业	Employed by Quota Scheme	6788	3759
个体就业	Self-employed	792	857
农村残疾人就业人数	Employment of Rural Handicapped	47862	56936
残疾人就业服务机构	Employment Placement Service Facilities for Disabled Jobseekers	19	19
享受城乡低保的残疾人数	Enjoy the Urban Lowest Cost-of-living Subsidizes of Handicapped	29047	32138
各级残联实有人员数	Staff and Workers of Disabled Persons Federations	776	838

资料来源：天津市残疾人联合会。
Sources: Tianjin Disabled Persons Federation.

主要统计指标解释

卫生技术人员

指卫生事业机构支付工资的全部固定职工和合同制职工中现任职务为卫生技术工作的人员。包括中医师、西医师、中西医结合高级医师、护师、中药师、西药师、检验师、其他技师、中医士、西医士、护士、助产士、中药剂士、西药剂士、检验士、其他技士、其他中医、护理员、中药剂员、西药剂员、检验员和其他初级卫生技术人员。不包括从事管理工作的卫生技术人员。

执业（助理）医师

指持有执业（助理）医师证书，并从事医疗卫生工作的人员。

妇幼保健经费

包括妇幼保健机构经费、业务费、妇幼医疗减免费等。

计划生育事业费

包括九个部分，即计划生育手术减免经费、避孕药具经费、基层计划生育专职干部经费、独生子女保健费、宣传经费、服务站经费、流动人口计划生育管理费、干部培训费、其他计划生育事业费。

婴儿死亡率

指一年内未满周岁死亡的婴儿数与当年活产数之比。计算公式为：

$$婴儿死亡率=\frac{一年内未满周岁的婴儿死亡数}{当年活产数}\times1000‰$$

5岁以下儿童死亡率

指一年内未满5岁儿童死亡人数与当年活产数之比。计算公式为：

$$5岁以下儿童死亡率=\frac{一年内未满5岁儿童死亡数}{当年活产数}\times1000‰$$

孕产妇死亡率

指年内孕产妇死亡人数与活产数之比。孕产妇死亡一般指从妊娠开始至产后42天内死亡者，包括外科原因、计划生育手术、宫外孕、葡萄胎死亡者，但不包括意外原因死亡者。

卡介苗、脊灰疫苗、百白破三联制剂、麻疹疫苗接种率

指按照儿童免疫程度进行合格接种的人数占全部应接种人数的百分比。应接种人数包括禁忌症人数和外地寄居3个月及以上的适龄人数，不包括外出3个月及以上的适龄人数。计算公式为：

$$单项疫苗接种率=\frac{合格接种该疫苗人数}{应接种人数}\times100\%$$

分子：按“合格接种判断”标准，判定当年实际完成合格接种的儿童数。

分母：按免疫程序规定当年应在12月龄内完成该项疫苗接种的儿童数。

5岁以下儿童中、重度营养不良患病率

指年内5岁以下儿童中，患中度和重度营养不良的儿童数与全部5岁以下儿童数之比。

7岁以下儿童保健管理率

指年内7岁以下儿童中当年实际接受1次及以上儿童保健服务的人数与当地7岁以下儿童数之比。

基本养老保险

1.（参保）职工人数：指报告期末按照国家法律、法规和有关政策规定参加基本养老保险并在社保经办机构已建立缴费记录档案的职工人数，包括中断缴费但未终止养老保险关系的职工人数，不包括只登记未建立缴费记录档案的人数。

2.（参保）离退休人员人数：指报告期末参加基本养老保险的离休、退休和退职人员的人数。

3. 基本养老保险基金收入：指根据国家有关规定，由纳入基本养老保险范围的缴费单位和个人按国家规定的缴费基数和缴费比例缴纳的养老保险基金，以及通过其他方式取得的形成基金来源的收入。包括单位和职工个人缴纳的基本养老保险费、基本养老保险基金利息收入、上级补助收入、下级上解收入、转移收入、财政补贴和其他收入。

主要统计指标解释

4. 基本养老保险基金支出：指按照国家政策规定的开支范围和开支标准从养老保险基金中支付给参加基本养老保险的个人的养老金、丧葬抚恤补助，以及由于保险关系转移、上下级之间调剂资金等原因而发生的支出。包括离休金、退休金、退职金、各种补贴、医疗费、死亡丧葬补助费、抚恤救济费、社会保险经办机构管理费、补助下级支出、上解上级支出、转移支出、其他支出等。

5. 基本养老保险基金累计结余：指截止报告期末基本养老保险基金收支相抵后的累计余额。

基本医疗保险

1. 参保人数：指报告期末按国家有关规定参加基本医疗保险的人数。包括参加保险的职工人数和退休人员人数。

2. 基金收入：指根据国家有关规定，由纳入基本医疗保险范围的缴费单位和个人，按国家规定的缴费基数和缴费比例缴纳的基金，以及通过其他方式取得的形成基金来源的款项，包括：单位缴纳的社会统筹基金收入、个人缴纳的个人账户基金收入、财政补贴收入、利息收入、其他收入。

3. 基金支出：指按照国家政策规定的开支范围和开支标准从社会统筹基金中支付给参加基本医疗保险的职工和退休人员的医疗保险待遇支出，和从个人帐户基金中支付给参加基本医疗保险的职工和退休人员的医疗费用支出，以及其他支出。包括：住院医疗费用支出、门急诊医疗费用支出、个人账户基金支出、其他支出。

4. 基金累计结余：指截止报告期末基本医疗保险的社会统筹和个人帐户基金累计结余金额。包括银行存款、财政专户、债券投资和其他。

失业保险

1. 参保人数：指报告期末按照国家法律、法规和有关政策规定参加了失业保险的城镇企业事业单位的职工及地方政府规定参加失业保险的其他人员的人数。

2. 失业保险基金收入：指按照规定从企业、事业及其他单位筹集的失业保险费及其他并入失业保险基金收入的总额。包括单位和个人缴纳的失业保险费、失业保险基金利息收入、上级补助收入、下级上解收入、转移收入、财政补贴和其他收入。

3. 失业保险基金支出：指报告期内为保障失业人员和下岗职工基本生活、促进其再就业等支出的基金总额。包括失业救济金、医疗费、死亡丧葬补助费、抚恤救济费、转业训练费支出、失业保险经办机构管理费、补助下级支出、上解上级支出、转移支出和其他支出。

4. 基金累计结余：指截止报告期末失业保险基金收支相抵后的累计余额。

监护率

指通过各种方式得到有效监护的精神病人数占全部精神病人总数的比重，计算公式为：

$$监护率(\%)=\frac{监护人数}{精神病人数}\times100\%$$

显好率

指经过采取有效的治疗康复措施，病情稳定，症状缓解的精神病人数占监护精神病人数的比重，计算公式为：

$$精神病人显好率(\%)=\frac{显好人数}{监护人数}\times100\%$$

参与率

指生活能自理、参加家务劳动、社会生产和社会活动的精神病人数占监护精神病人数的比重，计算公式为：

$$参与率(\%)=\frac{参与社会人数}{监护人数}\times100\%$$

Explanatory Notes on Main Statistical Indicators

Medical Technical Personnel

refer to all medical staff and workers employed by medical institutions, including doctors of Chinese and Western medicine, senior doctors who integrate traditional Chinese therapeutics with Western therapeutics in practice, senior nurses, pharmacists of Chinese and Western medicine, laboratory specialists, other specialists, paramedics of Chinese and Western medicine, nurses, midwives, druggists in Chinese and Western medicine, laboratory technicians, other technicians, other practitioners of Chinese medicine, nursing attendants, pharmacological workers of Chinese and Western medicine, laboratory workers, and other primary medical personnel, excluding management personnel.

Certified Physician (certified assistant physician)

refer to personnel with certifications working in health care institutions.

Expenses for Maternity and Child Care

include expenses for maternity and child care institutions, business cost, relief or free medicine for maternity and child, etc..

Operating Expenses for Children Planning

include nine components: namely, expenses for relief or free family planning operation, expenses for birth control medicine & tools, expenses for family planning employee, health care expenses for only son and daughter, expenses for publicity, expenses for service station, expenses for family planning management of fluid population, expenses for personnel training, other operation expenses for family planning.

The Death Rate of Infant

refers to the ratio of the number of dead infant below 1 year to the number of living in one year. The following formula is used:

$$\text{The Death Rate of Infant} = \frac{\text{Number of Dead Infant}}{\text{Number of Living}} \times 1000‰$$

The Death Rate of Baby at Age 5 and below

refers to the ratio of the number of dead baby below 5 to the living number. The following formula is used:

$$\text{The Death Rate of Baby at Age 5 and below} = \frac{\text{Number of Dead Baby below 5}}{\text{Number of Living}} \times 1000‰$$

The Death Rate of Pregnant and Lying-in Women

refers to the ratio of the number of dead pregnant women to the living number. The death of pregnant woman usually refers from gestation to die after give birth to child in 42 days, including surgery reason, family planning operation, pregnancy outside the womb, grape embryo dead women, excluding die due to accident trouble.

The Rate of Vaccine Inoculation of Bcg Vaccine, Poliomyelitis, Pertussis and Measles

refers to the ratio of the number of children inoculating vaccine to the children on the age to inoculate vaccine. The children on the age to inoculate vaccine include the children avoiding inoculating vaccine and living in some other place for 3 and more than 3 months, but exclude the children on age going out for 3 months. The following formula is used:

$$\text{The Rate of Vaccine Inoculation} = \frac{\text{the Number of Children Inoculating Vaccine}}{\text{the Children on the Age to Inoculate Vaccine}} \times 100\%$$

The molecule: the actual number of children inoculating vaccine according to the standard of vaccine inoculation.

The denominator: the number of children according to the process of immunity should inoculate the vaccine in 12 months.

The Ratio of Innutritious Child at Age 5 and below

refers to the ratio of the number of children below five-year old have modest and heavy innutrition to the total number of children below 5.

The Ratio of Health Care and Management of Child at Age 7 and below

refers to the ratio of the number of children below 7 year-old who take child health care serves more than 1 time to the total number of local children below 7 year-old.

Basic Pension Insurance

1. Number of staff and workers covered refer to staff and workers participating in the basic pension insurance programme according to national laws, regulations and related policies at the end of the reference period, who have already had payment records in social security management agencies, including those who have interrupt payment without terminating the insurance programme. Those who have registered in the programme but with no payment records are not included.

2. Number of retirees participating in the basic pension insurance programme refer to the number of retirees participating in basic pension insurance programmes by the end of the reference period.

3. Revenue of the basic pension insurance programme refers to payments made by employers and individuals participating in the pension insurance programme in accordance with the basis and proportion stipulated in State regulations, and income from other

Explanatory Notes on Main Statistical Indicators

sources that become source of pension insurance fund, including the premium paid by employers and staff and workers, interest income, subsidies from higher level agencies, income as transfer from subordinate agencies, transferred income, government financial subsidies and other income.

4. Expenditure of basic pension insurance programme refers to payment made on pensions and funeral subsidies to those retired and resigned people covered in pension insurance programmes according to related national policies on scope and standard of expenditure. Also included are expenditure which arises due to shift of the insurance relationship or adjustment of funds among agencies. More specifically, included are pensions for resigned people, pensions for retired people, pension for people quitting jobs, various subsidies, medical fees, funeral subsidies, compensation payments, management fees for social security agencies, expenses on subsidies to lower subordinates, expenses as transfer to agencies at higher level, transferred expenditure and other expenditure.

5. Balance of basic pension insurance programme refers to the balance of basic pension insurance funds at the end of the reference period after deducting expenses from revenue.

Basic Medical Care Insurance:

1. Number of people participating in the insurance programme refers to people participating in the basic medical care insurance programme according to related regulations as at the end of reference period, including number of staff and workers and retirees participating in this insurance programme.

2. Revenue of the insurance programme refers to payments made by employers and individuals participating in the medical care insurance programme in accordance with the basis and proportion stipulated in State regulations, and income from other sources that become source of medical insurance fund, including income of social comprehensive funds paid by employers, income from individual accounts, government financial subsidies, interest income and other income.

3. Expenditure of the insurance programme refers to payment made from social comprehensive funds to those retired and resigned people covered in basic medical care insurance within the scope and standards of expenditure according to related national policies, and medical care payment made from individual accounts to staff and workers and retirees, and other expenses, including medical expenses of hospital inpatients, medical expenses for outpatients and emergency patients, payment from individual accounts and other expenditure.

4. Balance of the basic medical care insurance programme refer to the balance of medical care insurance of social comprehensive funds and individual accounts at the end of the reference period, including bank savings, special fiscal accounts, investment in bonds and others.

Unemployment Insurance

1. Number of people covered refers to staff and workers in urban enterprises or institutions who have participated in unemployment insurance programme in line relevant policies and regulations, and other people who have participated according to local government regulations, by the end of reference period.

2. Revenue of unemployment insurance refer to payments made by employers and individuals participating in unemployment insurance programme in accordance with relevant regulations and other income contributed to this programme, including unemployment insurance premium made by employers and individuals, interest income, subsidies from higher level agencies, income as transfer from subordinate agencies, transferred income, government financial subsidies and other income.

3. Expenses of unemployment insurance refer to total expenses during the reference period to guarantee the basic livelihood of unemployed people and laid-off staff and workers and to encourage their re-employment. Included are unemployment relief, medical fees, funeral subsidies, compensation pension, training expenses, management fees for unemployment insurance agencies, subsidies to lower level agencies, expenses as transfer to higher level agencies, transferred expenditure and other expenditure.

4. Balance of unemployment insurance refer to the balance of unemployment revenue deducting unemployment expenses at the end of the reference period.

Guardianship Rate

refers to the ratio of psychiatric patients under effective guardianship through various ways to total psychiatric patients.

$$\text{Guardianship Rate} = \frac{\text{Psychiatric Patients under Effective Guardianship}}{\text{Total Psychiatric Patients}} \times 100\%$$

Significant Improvement Rate

refers to the ratio of psychiatric patients with significant improvement after treatments to psychiatric patients under effective guardianship.

$$\text{Significant Improvement Rate} = \frac{\text{Psychiatric Patients with Significant Improvement}}{\text{Psychiatric Patients under Guardianship}} \times 100\%$$

Social Involvement Rate

refers to the ratio of psychiatric patients who are self-sufficiency and are able to participate in the housework and social activities to psychiatric patients under effective guardianship.

$$\text{Social Involvement Rate} = \frac{\text{Psychiatric Patients with Social Involvement}}{\text{Psychiatric Patients under Guardianship}} \times 100\%$$

第20篇
CHAPTER 20
公共管理和社会组织
Public Management and Social Organizations

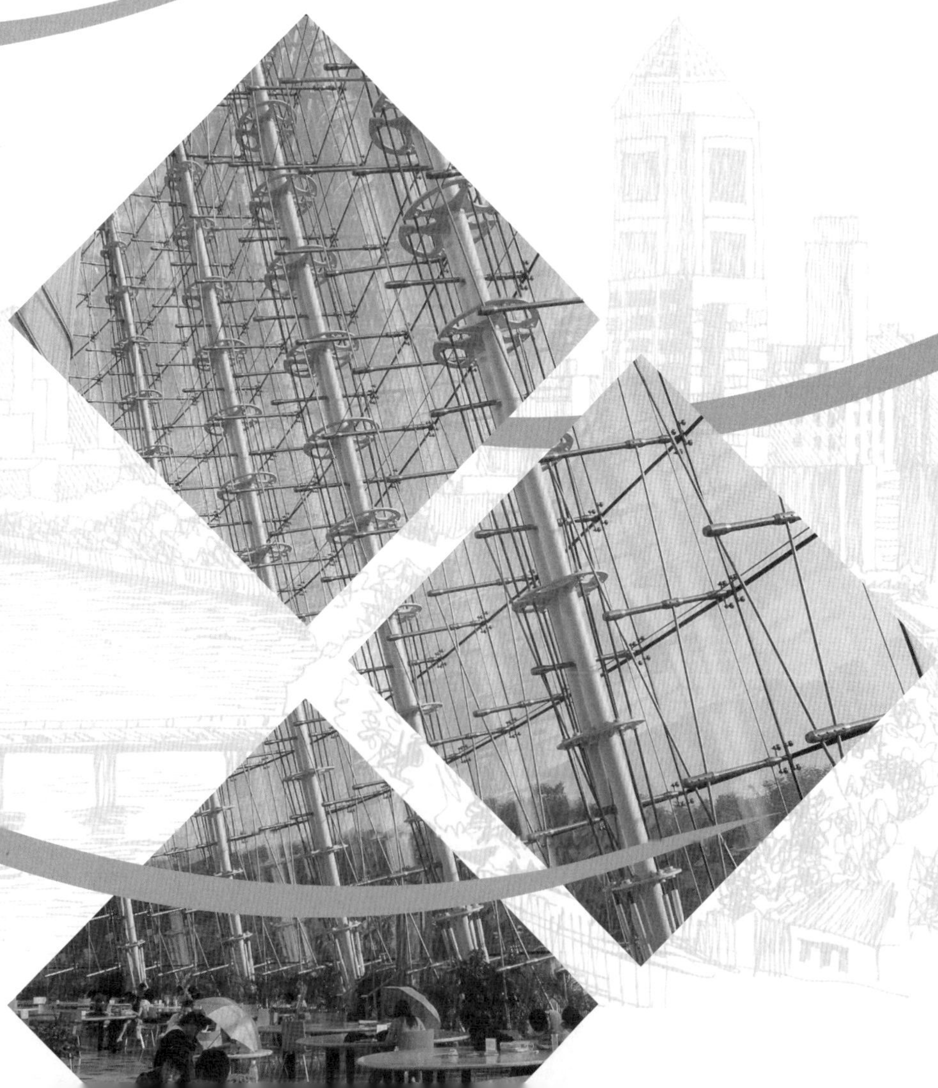

20-1 检察机关立案侦察经济案件情况(2007年)
Economic Cases under Investigation by Procuratorial Offices, 2007

项目 Item	侦查经济案件 Economic Cases Investigated	# 贪污 Corruption	# 挪用公款 Misappropriate Public Funds	# 贿赂案 Bribery	# 受贿 Accepting Bribe
立案(件)					
Cases Registered (case)	**339**	**191**	**65**	**79**	**60**
# 5万元至10万元					
50-100 thousand yuan	115	85	5	25	21
10万元至50万元					
100-500 thousand yuan	112	55	32	22	15
50万元至100万元					
500-1000 thousand yuan	22	6	13	3	1
100万元以上					
Over 1000 thousand yuan	25	7	12	5	1
犯罪嫌疑人(人)					
Criminal in Cases Registered (person)	**392**	**226**	**75**	**85**	**61**
机关工作人员					
Civil Servant	40	17	8	15	14
国有公司企业工作人员					
Personnel of State-owned Enterprises	200	111	46	39	33
国有事业单位工作人员					
Personnel of State-owned Institutions	73	49	6	16	10
委派到非国有单位从事公务人员					
Functionary Appointed to Non-state Units	1	1			
人民团体从事公务人员					
Functionary Appointed to Mass Organizations					
其他依法从事公务人员					
Other Personnel Line of Duty	55	37	13	5	4
其他					
Others	23	11	2	10	
结案					
Cases Settled					
件数(件)					
Number of Cases (case)	296	161	47	75	62
人数(人)					
Number of Persons (person)	337	187	56	78	63
# 移送起诉					
Hand over to Suit					
件数(件)					
Number of Cases (case)	267	147	44	69	60
人数(人)					
Number of Persons (person)	305	173	53	71	61
撤销案件					
Cases Withdrawed					
件数(件)					
Number of Cases (case)	13	4	1	4	1
人数(人)					
Number of Persons (person)	16	4	1	5	1
侦结认定金额(万元)					
Value Approved by Procuratorial Organs in Cases Settled (10 000 yuan)	**17366**	**3074**	**4372**	**1318**	**990**
挽回经济损失(万元)					
Retrieve Pecuniary Losses (10 000 yuan)	**7102**	**1018**	**1381**	**1614**	**1417**

20-2 法院民事案件收案和结案情况(2007年)
Cases Accepted & Settled by Courts, 2007

单位：件 (case)

项目	Item	收案 Cases Accepted	结案 Cases Settled	#调解 Mediation	#判决 Judgement
合同纠纷案件	**Contracts Disputes**	**45827**	**43876**	**8635**	**19706**
#买卖合同纠纷	Buying and Selling Contracts	8782	8273	2163	3497
房地产合同纠纷	Real Estate Contracts	699	579	61	295
借款合同纠纷	Debts Contracts	8776	8607	1874	4924
建设工程合同纠纷	Construction Project Contracts	1265	1252	270	631
运输合同纠纷	Transportation Contracts	464	474	103	221
婚姻家庭案件	**Marriages and Family Affairs**	**13425**	**13304**	**4951**	**5144**
#离　婚	Divorce	10272	10243	3839	3932
抚　育	Foster	657	636	347	161
赡　养	Support	576	576	159	258
继承纠纷案件	**Inheritance Disputes**	**534**	**480**	**151**	**211**
继　承	Inheritance	207	201	52	93
遗　嘱	Testaments	29	27	11	12
继承权	Inheritance Right	9	9	1	5
抚　养	Bring-up	5	5	3	
其　他	Others	284	238	84	101

20-3 法院行政案件收案和结案情况(2007年)
Administrative Cases Accepted and Settled by Courts, 2007

单位：件 (case)

项目	Item	收案 Cases Accepted	结案 Cases Settled	#维持 Affirmation of Original Judgement	#撤消 Cancel Settled	#撤诉 Withdraw	未结 Cases Unsettled
合　计	**Total**	**1630**	**1392**	**423**	**97**	**243**	**515**
公　安	Public Security	140	138	64	9	34	20
资　源	Resources	252	245	13	8	23	30
城　建	City Construction	836	653	253	64	105	383
工　商	Industry and Commerce	27	18	6		2	15
技术监督	Technology Supervision	2	2		1		
计划生育	Family Planning	11	12	1		2	
卫　生	Health Care		1	1			
环　保	Environment Protection	23	23	14		2	
交　通	Transportation	20	19			10	2
专　利	Patent	2	2	2			
税　务	Tax	4	3			1	1
财　政	Finance	1					1
劳动和社会保险	Labour & Social Security	50	50	16	10	14	3
水　利	Water Conservancy	3	3	3			
司法行政	Judicature	1	1				
民　政	Civil Affairs	9	9	1	2	3	1
教　育	Education	9	3			1	6
文　化	Culture	2	3	1		2	
乡政府	Township Government	3	3	1			
其　他	Others	235	204	47	3	44	53

20-4 调解工作基本情况(2004-2007年) Basic Statistics on Mediation, 2004-2007

项　目 Item	单　位 Unit	2004	2005	2006	2007
司法助理员 Judicial Assistants	人 person	645	589	551	484
人民调解委员会 People's Mediation Committees	个 unit	6428	5984	5837	5944
调解民间纠纷 Civil Disputes	件 case	29785	30647	30000	30465
调解成功案件 Success	件 case	28814	29699	28650	29480
防止民事案件转化为刑事案件数 Prevent Intensification from Civil Disputes	件 case	84	127	168	177
防止民间纠纷引起自杀案件数 Avoid Suicide of Civil Disputes	件 case	45	34	29	24

20-5 律师工作基本情况(2004-2007年) Basic Statistics on Lawyers, 2004-2007

项　目 Item	单　位 Unit	2004	2005	2006	2007
律师事务所 Law Offices	所 unit	223	239	242	256
职业律师 Lawyers	人 person	1816	1856	1967	2121
# 专职律师 Full-time Lawyers	人 person	1705	1722	1821	1913
兼职律师 Part-time Lawyers	人 person	111	134	146	154
聘请常年法律顾问的单位 Units with Permanent Legal Advisers	个 unit	4582	4657	4625	5024
民商事务 Civil and Economic Case	件 case	17465	18797	18479	17362
刑事辩护 Criminal Defense	件 case	3380	4040	3518	3292
行政诉讼代理 Agent of Administrative Action	件 case	634	539	409	283
非诉讼事务 Off-court Case	件 case	24396	20277	12552	5743
解答法律咨询 Legal Advisory Services	人 次 person-times	27900	22718	35561	27233
代写法律文书 Legal Document Written on Behalf of Clients	件 case	8144	8463	9457	6523

20-6 主要年份公证工作基本情况(2005-2007年)
Basic Statistics on Notarization in Main Years, 2005-2007

单位：件 (case)

项 目	Item	2005	2006	2007
公证机构(个)	**Notary Offices (unit)**	**21**	**21**	**21**
公证员(人)	**Notarial Personnel (person)**	**267**	**245**	**246**
办理公证(件)	**Notarized Documents (case)**	**149483**	**145171**	**150990**
国内公证总计	**Domestic Affairs Total**	**91454**	**80532**	**82168**
民事公证	**Civil Legal Relations Notarized**	**46455**	**50627**	**52520**
#收 养	Children Adoption	57	58	37
解除收养	Adoption Renouncements	1	2	2
继承权	Rights of Inheritance	6228	5688	10908
遗 嘱	Testaments	906	1109	1448
亲属关系	Kinship Confirmation	812	2763	1283
房屋买卖	Purchases and Sales of House	3420	3051	2620
房屋租赁	House Leases	428	113	18
委托书	Certificate of Entrustment	16534	14750	8809
赠予书	Presentation Documents	1072	1555	2548
声明书	Declarations	2440	3844	2282
经济公证	**Business Notarized**	**44999**	**29905**	**29648**
#购 销	Purchases and Sales of Contracts	74	164	182
联 营	Joint Ownership Contracts	450		
贷 款	Loans Contracts	15564	5398	3769
招标投标	Bidding	915	951	1171
劳务合同	Labour Contracts		11	26
建筑工程承包	Construction Project Contracts	475	409	574
农林牧副渔业承包	Farming, Forestry, Animal Husbandry, Sideline Contracts	60	41	201
财产租赁	Property Leases	2056	1761	1624
法人资格	Legal Person Identification	19	101	100
法人委托书	Legal Person Certificate of Entrustment	3094	1177	1104
涉外公证总计	**Foreign Affairs Total**	**58029**	**64639**	**68822**
#出 生	Births	7703	8770	9558
学 历	Schooling	6393	7305	8276
经 历	Personal Histories	660	770	836
生存、居住	Survial and Residence	41	326	146
死 亡	Deaths	112	147	219
亲属关系	Kinship	5023	5768	6249
婚姻状况	Marriages	2360	2460	2543
继承权	Rights of Inheritance			
委托书	Trust Deeds	539	670	715
声明书	Declarations	980	1089	1042
受、未受刑事处分	Criminal Reords & Uncriminal Records	7014	6707	7226
文本相符	Confirmation of Copies and Photo-offset Copies to Originals	3971	3966	5077
其 他	Others	10734	12120	14229

20-7 基层工会组织情况(2004-2007年) Statistics on Grassroots Unions, 2004-2007

项　目	Item	2004	2005	2006	2007
机构数(个)	**Institutions (unit)**	**15980**	**16199**	**20917**	**24037**
# 国有企业	State-owned Enterprises	2377	2112	1961	2081
集体企业	Collective-owned Enterprises	1933	1722	1496	1475
私营企业	Private Enterprises	4456	4542	6318	8297
港澳台商投资企业	Enterprises with Investment from Hong Kong, Macao and Taiwan	236	219	493	517
外商投资企业	Foreign Funded Enterprises	528	555	2211	2256
事　业	Institutions	3353	3505	3623	3846
机　关	Government Agencies	909	1055	1134	1215
# 建立职代会制度的单位	Unit of Founding Employee Congress System	5682	5216	5434	6173
职工人数(万人)	**Staff and Workers (10 000 person)**	**261.27**	**276.66**	**310.44**	**345.47**
# 女职工	Female	90.55	92.19	105.31	117.18
# 工会专职干部	Full-time Personnel	0.09	0.09	0.13	0.13
# 国有企业	State-owned Enterprises	85.78	86.95	82.63	85.61
集体企业	Collective-owned Enterprises	30.69	23.61	23.91	23.89
私营企业	Private Enterprises	31.11	36.62	45.25	62.99
港澳台商投资企业	Enterprises with Investment from Hong Kong, Macao and Taiwan	4.17	4.18	5.67	6.63
外商投资企业	Foreign Funded Enterprises	14.23	16.34	38.37	40.55
事　业	Institutions	36.46	39.42	43.1	50.01
机　关	Government Agencies	9.43	9.83	10.3	12.63

20-8 妇联组织情况(2004-2007年) Statistics on Women's Federation Organizations, 2004-2007

项　目	Item	2004	2005	2006	2007
妇联组织机构(个)	**Woman Organizations (unit)**	**248**	**246**	**275**	**269**
区妇联	District Woman Organizations	15	15	15	15
县妇联	County Woman Organizations	3	3	3	3
乡妇联	Township Woman Organizations	141	140	140	154
街妇联	Street Woman Organizations	89	88	117	97
妇联干部总数(人)	**Cadres in Woman Organizations (person)**	**544**	**510**	**502**	**492**
市妇联	Municipal Woman Organizations	64	60	61	60
区妇联	District Woman Organizations	115	110	121	121
县妇联	County Woman Organizations	23	20	17	17
乡镇、街道妇联	Township and Street Woman Organizations	342	320	303	294

20-9 妇联工作情况(2004-2007年) Women's Federation Work, 2004-2007

项　目 Item	单位	Unit	2004	2005	2006	2007
双学双比活动						
Double Study And Double Compare Activity						
实用技术培训情况						
Training of Practical Technology						
接受技术培训的妇女数						
Women Received Technology Training	人	person	136421	210049	190019	228667
女农民技术员						
Female Peasant Technicians	人	person	3307	2195	3597	1760
获绿色证书人数						
Persons Obtaining Green Certificate	人	person	3669	18958	20389	43338
扶贫情况						
Poverty Helping						
"三八"绿色基地个数						
Number of "3.8" Green Base	个	unit	43	17	50	56
脱贫户数						
Number of Female of Escaping from Poverty	人	person	3180	1144	1690	949
巾帼建功活动						
Activity of Women Making Contribution						
岗位建功成才						
Making Professional Contribution						
评选巾帼文明示范岗数						
Number of Civilization Post Chosen	个	unit	91	144	246	91
表彰标兵数						
Number of Prised Pacesetter	人	person	2345	225	211	220
下岗女工再就业情况						
Reemployment of Laid-off Female Workers						
培训下岗女工人数						
Laid-off Trained	人	person	25707	21734	21066	16729
介绍下岗女工就业人数						
Laid-off Introduced to Employment	人	person	21944	19750	11766	13283
"三八"红旗手						
3.8 Advanced Individual	人	person	1314	624	1067	752
"三八"红旗集体						
3.8 Advanced Collectivity	个	unit	284	212	262	244
五好文明家庭						
Five Good Families	户	household	38167	41858	2057	44392
家庭教育场所						
Families Educational Places						
家长学校						
Householder School	个	unit	2187	2513	2782	2462
广播电视父母学校						
Broadcasting Parents School	个	unit	98	188	193	138
实施春蕾计划						
Actualizing Spring Bud Project						
资助女童入学或返校数						
Supporting Female Children Entering or back to School	人	person	1367	1925	1157	160
社会捐资总额						
Total of Social Donation	万　元	10 000 yuan	226	143	84	15

20-10 受理消费者投诉情况(2007)
Basic Statistics on Accepted Cases of Consumer Institution, 2007

项目	Item	总计 Total	质量 Quality	安全 Safety	价格 Price	计量 Measure
受理投诉件数总计(件)	**Total Number of Accepted Cases (item)**	**4208**	**3384**	**63**	**146**	**17**
家用电子电器类	Household Electric Appliance	1488	1306	3	24	1
电视机	Television Set	186	160	3	6	
家庭影院	Household Cinema	12	8			
空调器类产品	Air-conditioner	120	102			
洗衣机类产品	Washing Machine	40	37		1	
电冰箱(冰柜)	Refrigerator (Freezer)	80	74		1	
厨房电器及相关产品	Kitchen Electric Appliances and Relative Products	64	56		1	
照摄像产品	Camera and DV	33	30			
通讯类产品	Telecommunications Products	753	682		14	
计算机类产品	Computer Series	56	49			
#计算机	Computer	47	43			
其他	Others	144	108		1	1
家用机械类	Household Machinery	256	203	10	5	
汽车	Car	58	48			
摩托车	Motorcycle	11	9			
热水器	Water Heater	57	50	1		
其他	Others	130	96	9	5	
百货类	Daily Using Commodities	1445	1199	22	39	10
#化妆用品	Cosmetic	39	29	2		
保健用品	Health Care Goods	34	28			
家俱类产品	Furniture	143	123		1	
服装鞋帽	Garments, Shoes & Hats	765	682	8	22	
保健食品	Health Care Food Stuff	31	13	2		
药品	Medicine	21	8			
医疗辅助用品	Medical Treatment Articles	7	4			
房屋及装修建材	House and Decoration Materials	199	161	2	2	1
#房屋	House	45	25	1	2	1
装饰材料	Decoration Materials	118	107	1		
农用生产资料类	Agricultural Production Materials	14	14			
#种子苗木、化肥	Seed, Young Plant, Chemical Fertilizer	8	8			
服务类	Service	709	440	24	72	4
#美容、美发、洗浴	Hairdressing and Wash	90	56	5	7	
电信	Telecommunications	97	47		31	2
邮政	Posts	17	13		1	1
洗衣业	Laundry	95	83		2	
旅游	Tourism	24	15		1	
房屋装修与物业管理	Building Decoration and Property Management	57	48	1	3	
咨询中介	Consulting Agent	26	14		3	
其他商品类	Other Commodities	97	61	2	4	1
解决件数总计(件)	**Total Cases Solved (item)**	**4208**				
为消费者挽回损失(万元)	**Exempting Expense for Consumers (10 000 yuan)**	**395**				

注：本资料为天津市消费者协会系统的统计数据，不含各监测站的统计资料。
Note: The data of this table are provided by Tianjin Municipal Consumer Institution, exclude those data calculated by each monitor station.

20-10 续表 Continued

项　目	Item	广　告 Advertise-ment	假　冒 Counter-feit	营销合同 Business Contract	其　他 Others
受理投诉件数总计(件)	**Total Number of Accepted Cases (item)**	**30**	**23**	**139**	**406**
家用电子电器类	Household Electric Appliance	10	8	27	109
电视机	Television Set	1		4	12
家庭影院	Household Cinema	1		2	1
空调器类产品	Air-conditioner	2		5	11
洗衣机类产品	Washing Machine			1	1
电冰箱(冰柜)	Refrigerator (Freezer)			3	2
厨房电器及相关产品	Kitchen Electric Appliances and Relative Products	2		1	4
照摄像产品	Camera and DV	1			2
通讯类产品	Telecommunications Products	1	6	9	41
计算机类产品	Computer Series		1	1	5
# 计算机	Computer			1	3
其　他	Others	1	2	1	30
家用机械类	Household Machinery			10	28
汽　车	Car			5	5
摩托车	Motorcycle			1	1
热水器	Water Heater			1	5
其　他	Others			3	17
百货类	Daily Using Commodities	13	10	12	140
# 化妆用品	Cosmetic	3		1	4
保健用品	Health Care Goods		4	1	1
家俱类产品	Furniture			5	14
服装鞋帽	Garments, Shoes & Hat	2		2	49
保健食品	Health Care Food Stuff	4	2		10
药　品	Medicine	2			11
医疗辅助用品	Medical Treatment Articles				3
房屋及装修建材	House and Decoration Materials			16	17
# 房　屋	House			11	5
装饰材料	Decoration Materials			3	7
农用生产资料类	Agricultural Production Materials				
# 种子苗木、化肥	Seed, Young Plant, Chemical Fertilizer				
服务类	Service	7	3	74	85
# 美容、美发、洗浴	Hairdressing and Wash	3	2	8	9
电　信	Telecommunications	2		6	9
邮　政	Posts			2	
洗衣业	Laundry			6	4
旅　游	Tourism			4	4
房屋装修与物业管理	Building Decoration and Property Management			4	1
咨询中介	Consulting Agent			4	5
其他商品类	Other Commodities		2		27
解决件数总计(件)	**Total Cases Solved (item)**				
为消费者挽回损失(万元)	**Exempting Expense for Consumers (10 000 yuan)**				

20-11 劳动争议处理情况（2005-2007年）
The Disposal of Labor Disputes, 2005-2007

单位：件 (case)

项　　目　Item	2005	2006	2007
上期未结案数 Number of Cases Left Over from Last Period	**244**	**596**	**918**
案件受理情况 Cases Accepted			
当期案件受理数 Number of Cases	4210	5682	6610
#集体劳动争议数 Number of Collective Labor Disputes	82	109	133
#劳动者申诉案件数 Number of Cases Appealed by Laborers	4139	5628	6526
按争议原因分 By Cause of Disputes			
变更劳动合同 Change the Labor Contract	7	55	61
解除劳动合同 Relieve the Labor Contract	310	401	494
终止劳动合同 End the Labor Contract	128	303	187
其　他 Others	3765	4923	5868
劳动者当事人数(人) Number of Persons Involved (person)	6096	8188	8871
#集体争议劳动者当事人数 Number of Persons Involved in Collective Disputes	1942	2549	2332
案件处理情况 Cases Settled			
结案数 Number of Cases Settled	3858	5360	5893
按处理方式分 By Manners of Settlement			
仲裁调解 By Mediation	757	1307	2271
仲裁裁决 By Arbitration Lawsuit	1530	2133	2336
其他方式 Others	1571	1920	1286
按处理结果分 By Results of Settlement			
用人单位胜诉 Won by Units	1730	1861	1289
劳动者胜诉 Won by Labors	1532	2449	3073
双方部分胜诉 Partly by Both Parties	596	1050	1531
本期未结案数 Number of Cases Dissettled	**596**	**918**	**1635**

资料来源：天津市劳动和社会保障局、天津市民政局。
Sources: Tianjin Municipal Labour & Social Insurance Bureau and Tianjin Municipal Civil Affairs Bureau.

20-12 天津市历届人代会代表人数性别构成及议案、批评建议数
Number and Sex Composition of Delegacy, Proposal and Suggestion by Tianjin Municipal People's Congress

单位：人、件 (person, unit)

届别 Mark Fall Due		代表人数 Number of Delegate			性别比例 Sex Proportion (%)		议案立案数 Number of Cases Registered of Proposal	建议批评和意见 Given Criticism and Advice
		总计 Total	女性 Female	男性 Male	女性 Female	男性 Male		
第一届	First Congress	519	109	410	21	79	1614	
第二届	Second Congress	568	122	446	21.48	78.52	1201	
第三届	Third Congress	535	110	425	20.56	79.44		
第四届	Fouth Congress	845	208	637	24.62	75.38	133	
第五届	Fifth Congress	675	169	506	25.04	74.96	104	
第六届	Sixth Congress	698	171	527	24.5	75.5	27	
第七届	Seventh Congress							
第八届	Eighth Congress	959	224	735	23.36	76.64		
第九届	Ninth Congress	960	175	785	18.23	81.77	1958	
第十届	Tenth Congress	800	179	621	22.38	77.62	26	5337
第十一届	Eleventh Congress	719	134	585	18.64	81.36	65	3762
第十二届	Twelveth Congress	719	130	589	18.08	81.92	34	1924
第十三届	Thirteenth Congress	710	141	569	19.86	80.14	80	3597
第十四届	Fourteenth Congress	710	150	560	21.13	78.87	83	3147

注：1. 资料来源天津市人民代表大会常务委员会。2. 天津市第一届至第九届人民代表大会期间代表所提出的议案、建议统称为“提案”。
Note: a) Sources: Tianjin Municipal People's Congress (MPC) Standing Committee. b) The Registered Cases and Advice Proposed from Tianjin First Congress until Ninth Congress are calculated to Proposals as total.

20-13 天津市历届政协委员会委员人数及提案立案数
Number of Delegacy, Proposal and Resolution Put on Record by Tianjin Political Consultative Conference

单位：人、件 (person, unit)

届别 Mark Fall Due		起止年月 The Time of Inauguration and Concluding	委员人数 Number of Commissary			提案立案数 Number of Resolution Put on Record
			总计 Total	女性 Female	男性 Male	
第一届	First Congress	1955.3-1960.3	188	42	146	
第二届	Second Congress	1960.3-1963.12	498	76	422	
第三届	Third Congress	1963.12-1965.11	432	73	359	
第四届	Fouth Congress	1965.11-1977.11	457	81	376	
第五届	Fifth Congress	1977.11-1980.6	615	132	483	
第六届	Sixth Congress	1980.6-1983.3	723	142	581	5028
第七届	Seventh Congress	1983.3-1988.4	739	162	577	4410
第八届	Eighth Congress	1988.4-1993.5	743	177	566	4869
第九届	Ninth Congress	1993.5-1998.5	757	179	578	3800
第十届	Tenth Congress	1998.5-2003.1	780	185	595	4563
第十一届	Eleventh Congress	2003.1-2008.1	780	200	580	5181

资料来源：中国人民政治协商会议天津市委员会。
Sources: The Chinese People's Political Consultative Conference Tianjin Committee.

主要统计指标解释

律师

指依法取得律师执业证书，担任法律顾问，民事（刑事、行政）案件代理人、刑事案件辩护人、办理非诉讼业务，解答法律询问，代写法律事务文书等，为社会提供法律服务的人员。

公证人员

指在公证处工作的人员总称，包括公证处主任、副主任、公证员、公证员助理（助理公证员）和其他从事辅助性工作的人员。

办理公证文书

指公证处根据当事人申请，依照事实和法律，按照法定程序制作的，具有法律效力的司法证明文书。根据公证书用途和使用地，公证书分为国内公证书、国内经济公证书、涉外民事公证书、涉外经济公证书四类。

调解人员

指在人民调解委员会担负调解民间纠纷工作的人员，包括调解委员会的委员和调解小组的调解员。

调解民间纠纷

指调解委员会按照法律规定，根据自愿原则，用说服教育的方法调解民间发生的有关民事权利和义务争执的件数，包括调解成功数和调解未成功数。

受理劳动争议案件数

指劳动争议仲裁委员会根据国家有关规定，对劳动争议当事人的申请予以审查，符合受理条件而正式立案、准备处理的劳动争议案件数。

Explanatory Notes on Main Statistical Indicators

Lawyers

are certified legal workers according to law, and who are employed by legal counseling firms to act as legal advisers, agents in criminal or civil lawsuits, or defenders in criminal lawsuits, or to handle non-litigious legal affairs, to advise on matters of law or to write legal papers for others, and provide service to the public.

Notarial Personnel

refers to people working for notary offices including: directors, deputy director, notaries, assistant notaries, and other people providing assistance.

Notarized Documents

refer to the judicatory notary documents drawn up by the request of the party and are in accordance with facts and laws and following certain legal proceedings. According to usage and locality, the notary documents are divided into following 4 types: domestic notary documents, domestic economic notary documents, foreign-related civil notary documents and foreign-related economic notary documents.

Mediators

refer to workers on people mediation committees responsible for mediating in civil disputes and cases of slight infraction of the law. They include members of the mediation committees and mediators of mediation groups.

Mediation of Civil Disputes

refers to number of cases made by mediation committees in mediating in civil disputes concerning civil rights and duties through persuasion and education in accordance with the provisions of law on a voluntary basis, so as to solve disputes by helping the parties involved come to an agreement and understanding, including those unsuccessful ones.

Number of Labor Dispute Cases Accepted

refers to the number of cases of labor dispute submitted that, after being reviewed by the labor dispute arbitration committees in line with the relevant national regulations, are accepted and registered for treatment.

第21篇
CHAPTER 21

企业调查资料
Enterprises Survey Information

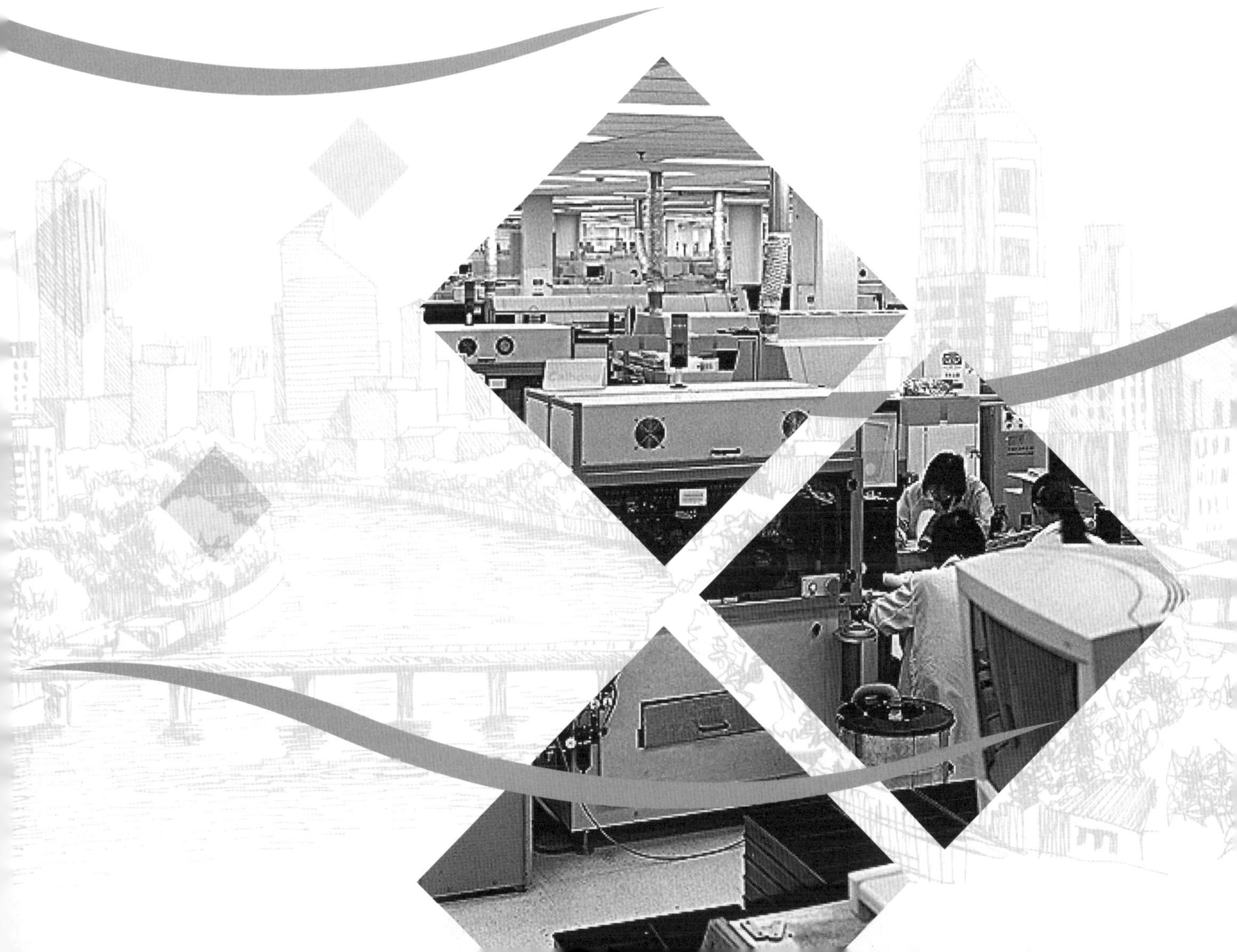

21-1 企业集团主要财务指标(2000-2007年)
Main Financial Indicators of Enterprise Groups, 2000-2007

单位：亿元 (100 million yuan)

年份 Year	企业数 (个) Number of Enterprises (unit)	从业人员 (万人) Employment Personnel (10 000 persons)	从业人员人均劳动报酬 (万元/人) Per Capita Remuneration of Employment Personnel (10 000 yuan/person)	资产总计 Total Assets
2000	174	55.77	1.25	2222.03
2001	174	52.09	1.35	2499.30
2002	176	50.65	1.58	2953.88
2003	177	49.11	1.79	3404.37
2004	181	50.18	1.97	3992.06
2005	171	47.57	2.32	4505.50
2006	166	50.22	2.90	5793.26
2007	159	47.53	3.15	6122.81

年份 Year	流动资产年平均余额 Annual Average Balance of Circulating Funds	主营业务收入 Revenue from Principal Business	投资收益 Investment Profits	利税总额 Total Pre-tax Profits
2000	1147.28	1095.59	7.29	48.52
2001	1227.97	1178.50	8.44	65.56
2002	1467.52	1476.72	12.03	79.68
2003	1619.13	1969.01	10.30	109.83
2004	1963.66	2482.58	12.36	145.00
2005	2119.43	2903.23	12.69	172.86
2006	2515.97	3944.22	22.18	261.99
2007	2772.10	4577.05	57.83	276.73

年份 Year	负债总计 Total Liabilities	累计对外投资 Accumulative Outside Investment	研究开发费用 Cost of Research and Development	出口销售额 Exports Value
2000	1427.09	191.97	2.73	121.09
2001	1551.37	240.02	4.29	111.00
2002	1824.86	329.85	5.67	134.46
2003	2156.53	320.81	8.33	169.17
2004	2589.13	311.90	15.89	201.95
2005	2967.44	297.15	24.47	154.98
2006	3793.34	520.02	34.87	359.55
2007	3981.94	895.86	41.69	342.36

21-2 企业集团主要经济效益指标(2000-2007年)
Main Indicators on Economic Efficiency of Enterprise Groups, 2000-2007

单位：% (%)

年 份 Year	资 产 负债率 Ratio of Debts to Assets	工业资产 负债率 Industrial Ratio of Debts to Assets	净资产 收益率 Earning Rate of Net Assets	流动资产 比 率 Ratio of Circulating Funds
2000	64.22	62.39	0.44	51.63
2001	62.07	59.91	1.25	49.13
2002	61.78	58.68	1.58	49.68
2003	63.35	58.25	2.86	47.56
2004	64.86	58.72	3.83	49.19
2005	65.86	60.70	4.85	47.04
2006	65.50	63.50	6.30	43.40
2007	65.00	62.80	5.70	45.30

年 份 Year	总资产 使用率 Total Assets Using Rate	总资产 报酬率 Rate of Return on Total Assets	资 产 利税率 Ratio of Pre-tax Profits to Assets	资 金 利润率 Fund-profit Ratio
2000	49.31	1.63	2.18	0.66
2001	47.15	1.90	2.62	1.25
2002	49.99	1.90	2.70	1.33
2003	57.84	2.20	3.23	2.12
2004	62.19	2.77	3.63	2.50
2005	64.44	3.15	3.84	3.24
2006	68.10	3.80	4.50	4.30
2007	74.80	3.90	4.50	4.30

年 份 Year	销 售 利润率 Sales Profit Rate	成本费用 利润率 Ratio of Profits to Cost	劳动生产率 (万元/人) Labour Productivity (10 000 yuan/person)	工业劳动生产率 (万元/人) Industrial Labour Productivity (10 000 yuan/person)
2000	1.01	1.04	20.02	17.01
2001	1.91	1.95	23.00	18.41
2002	1.87	1.90	29.65	24.47
2003	2.52	2.62	40.73	34.22
2004	2.83	2.98	50.39	43.33
2005	3.37	4.01	62.54	52.98
2006	4.10	4.30	80.00	76.20
2007	3.70	3.90	96.30	99.90

21-3 企业家信心指数（2000-2007年）
Confidence Index of Entrepreneur, 2000-2007

年份 Year	一季度 First Quarter	二季度 Second Quarter	三季度 Third Quarter	四季度 Fourth Quarter
2000	119.63	124.89	121.52	124.17
2001	122.10	111.86	107.01	105.29
2002	112.58	118.92	130.24	132.76
2003	132.71	126.68	124.54	124.32
2004	136.42	132.03	130.41	129.01
2005	137.05	129.92	129.02	131.50
2006	130.38	134.00	132.17	133.18
2007	134.71	136.35	138.16	130.57

21-4 工业企业家信心指数（2000-2007年）
Confidence Index of Industrial Entrepreneur, 2000-2007

年份 Year	一季度 First Quarter	二季度 Second Quarter	三季度 Third Quarter	四季度 Fourth Quarter
2000	121.00	132.40	133.10	132.50
2001	132.80	121.70	110.40	102.80
2002	107.40	120.40	131.40	131.80
2003	134.40	134.20	124.10	122.80
2004	133.87	129.63	128.94	129.39
2005	137.66	126.37	125.02	126.65
2006	128.00	134.50	132.91	138.50
2007	132.66	131.59	134.83	124.96

21-5 企业景气指数（2000-2007年）
Climate Index of Enterprises, 2000-2007

年份 Year	一季度 First Quarter	二季度 Second Quarter	三季度 Third Quarter	四季度 Fourth Quarter
2000	119.89	118.76	123.65	127.10
2001	113.91	121.57	120.64	113.24
2002	112.19	124.49	124.33	128.11
2003	126.93	107.01	122.62	124.44
2004	127.50	126.66	129.26	127.78
2005	131.09	126.29	128.84	128.98
2006	128.95	127.28	124.73	141.96
2007	134.21	137.50	137.72	135.87

21-6 企业集团主要财务指标（2007年）
Main Financial Indicators of Enterprise Groups, 2007

项目	Item	企业数(个) Number of Enterprises (unit)	从业人员(人) Employment Personnel (person)	从业人员劳动报酬总额(亿元) Total Remuneration of Employment Personnel (100 million yuan)
总计	**Total**	**154**	**474367**	**149.82**
按集团审批部门分	**Grouped by Examining Department**			
国务院	The State Council	2	93257	26.16
国务院主管部门	Governing Departments of the State Council	5	59538	20.80
省级人民政府	Provincial People's Government	55	213374	76.64
省级人民政府主管部门	Governing Departments of the Provincial People's Government	35	57076	13.47
其他	Others	57	51122	12.75
按控股情况分	**Grouped by Controlling Shares**			
国有控股	State-owned Holding	70	397075	132.96
集体控股	Collective-owned Holding	32	26681	4.83
私人控股	Personal-owned Holding	49	42854	10.71
港澳台商控股	Hong Kong, Macao and Taiwan-owned Holding	2	447	0.13
外商控股	Foreign-owned Holding	1	7310	1.19
按主营行业分	**Grouped by Sector**			
第一产业	Primary Industry	2	5255	1.58
第二产业	Secondary Industry	77	319784	99.29
工业	Industry	69	275089	88.45
#制造业	Manufacturing	65	223551	67.84
电力、燃气及水的生产和供应业	Production & Supply of Power, Gas and Water	3	11448	3.90
建筑业	Construction	8	44695	10.83
第三产业	Tertiary Industry	75	149328	48.96
交通运输、仓储和邮政业	Transportation, Storage and Post Services	9	44658	20.57
批发和零售业	Wholesale and Retail Trade	22	66530	18.98
住宿和餐饮业	Accommodation and Catering Services	4	3537	0.93
金融业	Finance Intermediation	1	119	0.04
房地产业	Real Estate	26	10539	2.71
租赁和商务服务业	Leasing and Business Services	12	23660	5.69
公共管理和社会组织	Public Management and Social Organizations	1	285	0.04
按登记注册类型分	**Grouped by Registered Categories**			
国有企业	State-owned Enterprises	21	49445	13.74
公司制企业	Corporations	119	368216	120.61
国有独资企业	Sole State-funded Enterprises	37	230761	81.00
其他有限责任公司	Other Limited Liability Corporations	66	106780	28.96
股份有限公司	Share Holding Corporations Ltd.	13	22918	9.33
中外合资企业	Chinese-foreign Joint Venture Enterprise	1	7310	1.19
港澳台合资企业	Hong Kong, Macao and Taiwan Joint Capital Enterprise	2	447	0.13
其他	Others	14	56706	15.48

注：本表统计范围为资产总计亿元以上企业集团。
Note: The data of this table refer to those enterprise groups with total assets of over 100 million yuan.

21-6 续表 1 Continued

单位：亿元 (100 million yuan)

项目	Item	资产总计 Total Assets	固定资产净值 Net Value of Fixed Assets	流动资产年平均余额 Annual Average Balance of Circulating Funds
总计	**Total**	**6124.35**	**1147.23**	**2772.96**
按集团审批部门分	**Grouped by Examining Department**			
国务院	The State Council	439.45	124.03	147.65
国务院主管部门	Governing Departments of the State Council	322.18	26.67	189.86
省级人民政府	Provincial People's Government	3422.16	815.01	1537.74
省级人民政府主管部门	Governing Departments of the Provincial People's Government	643.69	109.29	325.57
其他	Others	1296.87	72.23	572.14
按控股情况分	**Grouped by Controlling Shares**			
国有控股	State-owned Holding	4718.33	1028.84	2150.55
集体控股	Collective-owned Holding	762.24	26.92	291.74
私人控股	Personal-owned Holding	563.56	69.53	295.02
港澳台商控股	Hong Kong, Macao and Taiwan-owned Holding	22.36	1.38	15.38
外商控股	Foreign-owned Holding	57.86	20.56	20.28
按主营行业分	**Grouped by Sector**			
第一产业	Primary Industry	75.60	17.02	43.94
第二产业	Secondary Industry	3917.49	752.01	1724.44
工业	Industry	3611.78	725.11	1555.14
# 制造业	Manufacturing	2715.54	657.80	1241.22
电力、燃气及水的生产和供应业	Production & Supply of Power, Gas and Water	726.32	51.37	22.92
建筑业	Construction	305.71	26.90	169.30
第三产业	Tertiary Industry	2131.25	378.21	1004.58
交通运输、仓储和邮政业	Transportation, Storage and Post Services	531.17	239.37	84.13
批发和零售业	Wholesale and Retail Trade	553.49	68.94	351.52
住宿和餐饮业	Accommodation and Catering Services	23.75	4.72	2.31
金融业	Finance Intermediation	4.91	0.24	3.39
房地产业	Real Estate	571.85	23.67	356.00
租赁和商务服务业	Leasing and Business Services	443.93	41.12	207.23
公共管理和社会组织	Public Management and Social Organizations	2.15	0.15	
按登记注册类型分	**Grouped by Registered Categories**			
国有企业	State-owned Enterprises	1281.08	187.86	711.45
公司制企业	Corporations	4729.30	946.82	2017.67
国有独资企业	Sole State-funded Enterprises	3052.42	650.90	1165.81
其他有限责任公司	Other Limited Liability Corporations	1188.46	128.84	644.89
股份有限公司	Share Holding Corporations Ltd.	408.20	145.14	171.31
中外合资企业	Chinese-foreign Joint Venture Enterprise	57.86	20.56	20.28
港澳台合资企业	Hong Kong, Macao and Taiwan Joint Capital Enterprise	22.36	1.38	15.38
其他	Others	113.97	12.56	43.83

21-6 续表 2 Continued

单位：亿元 (100 million yuan)

项 目	Item	主营业务收入 Revenue from Principal Business	利税总额 Total Pre-tax Profits	#利润总额 Total Profits
总 计	**Total**	**4575.52**	**276.84**	**167.43**
按集团审批部门分	**Grouped by Examining Department**			
国务院	The State Council	312.32	13.59	3.41
国务院主管部门	Governing Departments of the State Council	282.55	16.79	6.80
省级人民政府	Provincial People's Government	2998.18	162.17	99.03
省级人民政府主管部门	Governing Departments of the Provincial People's Government	653.12	56.19	41.21
其 他	Others	329.34	28.09	16.98
按控股情况分	**Grouped by Controlling Shares**			
国有控股	State-owned Holding	3935.32	197.16	109.21
集体控股	Collective-owned Holding	112.53	12.01	9.24
私人控股	Personal-owned Holding	487.57	63.45	46.87
港澳台商控股	Hong Kong, Macao and Taiwan-owned Holding	3.13	0.56	0.35
外商控股	Foreign-owned Holding	36.97	3.67	1.77
按主营行业分	**Grouped by Sector**			
第一产业	Primary Industry	24.11	4.12	1.61
第二产业	Secondary Industry	3077.91	199.43	109.02
工 业	Industry	2752.46	186.52	105.83
#制造业	Manufacturing	2598.39	176.42	101.96
电力、燃气及水的生产和供应业	Production & Supply of Power, Gas and Water	45.04	1.31	-0.62
建筑业	Construction	325.45	12.92	3.19
第三产业	Tertiary Industry	1473.50	73.29	56.81
交通运输、仓储和邮政业	Transportation, Storage and Post Services	176.27	19.88	16.12
批发和零售业	Wholesale and Retail Trade	962.86	4.76	2.03
住宿和餐饮业	Accommodation and Catering Services	12.42	1.39	0.87
金融业	Finance Intermediation	0.13	-0.03	-0.03
房地产业	Real Estate	109.37	16.94	11.28
租赁和商务服务业	Leasing and Business Services	212.12	30.37	26.59
公共管理和社会组织	Public Management and Social Organizations	0.32	-0.03	-0.04
按登记注册类型分	**Grouped by Registered Categories**			
国有企业	State-owned Enterprises	1468.36	36.47	19.77
公司制企业	Corporations	3057.18	232.85	143.19
国有独资企业	Sole State-funded Enterprises	1461.67	85.63	45.26
其他有限责任公司	Other Limited Liability Corporations	1109.75	90.39	56.80
股份有限公司	Share Holding Corporations Ltd.	445.66	52.62	39.03
中外合资企业	Chinese-foreign Joint Venture Enterprise	36.97	3.67	1.77
港澳台合资企业	Hong Kong, Macao and Taiwan Joint Capital Enterprise	3.12	0.55	0.34
其 他	Others	49.98	7.53	4.47

21-7 企业集团主要经济效益指标（2007年）
Main Indicators on Economic Efficiency of Enterprise Groups, 2007

单位：%（%）

项　目	Item	资产负债率 Ratio of Debts to Assets	净资产收益率 Earning Rate of Net Assets	资本保值增值率 Ratio of Maintenance or Addition of the Value of Assets
总　计	**Total**	**65.02**	**5.74**	**113.99**
按集团审批部门分	**Grouped by Examining Department**			
国务院	The State Council	63.93	1.50	104.08
国务院主管部门	Governing Departments of the State Council	63.52	4.61	127.52
省级人民政府	Provincial People's Government	66.35	6.12	118.37
省级人民政府主管部门	Governing Departments of the Provincial People's Government	66.64	14.86	115.72
其　他	Others	61.53	2.49	104.88
按控股情况分	**Grouped by Controlling Shares**			
国有控股	State-owned Holding	67.39	5.02	117.09
集体控股	Collective-owned Holding	53.61	2.16	103.30
私人控股	Personal-owned Holding	58.36	15.71	114.87
港澳台商控股	Hong Kong, Macao and Taiwan-owned Holding	74.89	5.02	108.10
外商控股	Foreign-owned Holding	82.42	10.87	73.27
按主营行业分	**Grouped by Sector**			
第一产业	Primary Industry	57.30	3.11	95.52
第二产业	Secondary Industry	64.56	5.67	111.93
工　业	Industry	62.77	5.76	112.82
#制造业	Manufacturing	66.17	8.03	114.86
电力、燃气及水的生产和供应业	Production & Supply of Power, Gas and Water	55.69	-0.22	101.01
建筑业	Construction	85.78	2.72	89.94
第三产业	Tertiary Industry	66.14	5.98	119.27
交通运输、仓储和邮政业	Transportation, Storage and Post Services	56.31	5.23	126.77
批发和零售业	Wholesale and Retail Trade	80.69	0.85	114.76
住宿和餐饮业	Accommodation and Catering Services	74.83	9.62	111.67
金融业	Finance Intermediation	56.93	-1.65	155.57
房地产业	Real Estate	69.56	4.43	118.39
租赁和商务服务业	Leasing and Business Services	55.19	11.00	114.64
公共管理和社会组织	Public Management and Social Organizations	37.39	-3.21	96.89
按登记注册类型分	**Grouped by Registered Categories**			
国有企业	State-owned Enterprises	77.07	5.17	118.76
公司制企业	Corporations	62.04	5.80	113.80
国有独资企业	Sole State-funded Enterprises	59.82	2.81	113.34
其他有限责任公司	Other Limited Liability Corporations	66.83	10.28	113.79
股份有限公司	Share Holding Corporations Ltd.	61.17	17.49	122.15
中外合资企业	Chinese-foreign Joint Venture Enterprise	82.42	10.87	73.27
港澳台合资企业	Hong Kong, Macao and Taiwan Joint Capital Enterprise	74.89	5.02	108.10
其　他	Others	53.17	6.84	97.95

21-7 续表 1 Continued

单位：% (%)

项　目	Item	总资产报酬率 Rate of Return on Total Assets	资　产利税率 Ratio of Pre-tax Profits to Assets	资　金利润率 Fund-Profit Ratio
总　计	**Total**	**3.95**	**4.53**	**4.28**
按集团审批部门分	**Grouped by Examining Department**			
国务院	The State Council	1.87	3.09	1.26
国务院主管部门	Governing Departments of the State Council	2.52	5.21	3.14
省级人民政府	Provincial People's Government	4.11	4.74	4.21
省级人民政府主管部门	Governing Departments of the Provincial People's Government	7.32	8.73	9.48
其　他	Others	2.90	2.18	2.67
按控股情况分	**Grouped by Controlling Shares**			
国有控股	State-owned Holding	3.45	4.18	3.43
集体控股	Collective-owned Holding	3.22	1.58	2.90
私人控股	Personal-owned Holding	9.22	11.38	13.01
港澳台商控股	Hong Kong, Macao and Taiwan-owned Holding	3.92	2.51	2.06
外商控股	Foreign-owned Holding	3.05	6.33	4.32
按主营行业分	**Grouped by Sector**			
第一产业	Primary Industry	2.27	5.45	2.64
第二产业	Secondary Industry	4.15	5.09	4.40
工　业	Industry	4.32	5.16	4.64
# 制造业	Manufacturing	5.07	6.50	5.37
电力、燃气及水的生产和供应业	Production & Supply of Power, Gas and Water	1.97	0.18	-0.22
建筑业	Construction	2.03	4.22	1.62
第三产业	Tertiary Industry	3.64	3.45	4.13
交通运输、仓储和邮政业	Transportation, Storage and Post Services	3.75	3.74	4.98
批发和零售业	Wholesale and Retail Trade	1.76	0.86	0.48
住宿和餐饮业	Accommodation and Catering Services	3.91	5.85	12.39
金融业	Finance Intermediation	-0.69	-0.53	-0.93
房地产业	Real Estate	2.83	3.00	3.03
租赁和商务服务业	Leasing and Business Services	6.96	6.84	10.71
公共管理和社会组织	Public Management and Social Organizations	-1.37	-1.38	-28.94
按登记注册类型分	**Grouped by Registered Categories**			
国有企业	State-owned Enterprises	2.92	2.85	2.20
公司制企业	Corporations	4.20	4.93	4.84
国有独资企业	Sole State-funded Enterprises	2.60	2.81	2.49
其他有限责任公司	Other Limited Liability Corporations	5.86	7.64	7.39
股份有限公司	Share Holding Corporations Ltd.	11.52	12.89	12.33
中外合资企业	Chinese-foreign Joint Venture Enterprise	3.05	6.33	4.32
港澳台合资企业	Hong Kong, Macao and Taiwan Joint Capital Enterprise	3.92	2.51	2.06
其　他	Others	5.24	6.60	7.92

21-7 续表 2 Continued

项 目	Item	销 售 利润率 (%) Sales Profit Rate (%)	成本费用 利润率 (%) Ratio of Profits to Cost (%)	劳动生产率 (万元/人) Labour Productivity (10 000 yuan/ person)
总 计	**Total**	**3.66**	**3.89**	**96.44**
按集团审批部门分	**Grouped by Examining Department**			
国务院	The State Council	1.09	1.09	33.49
国务院主管部门	Governing Departments of the State Council	2.41	2.49	47.46
省级人民政府	Provincial People's Government	3.30	3.57	140.51
省级人民政府主管部门	Governing Departments of the Provincial People's Government	6.31	6.60	114.43
其 他	Others	5.22	5.37	64.24
按控股情况分	**Grouped by Controlling Shares**			
国有控股	State-owned Holding	2.78	2.96	99.11
集体控股	Collective-owned Holding	8.21	7.59	42.18
私人控股	Personal-owned Holding	9.66	10.42	113.56
港澳台商控股	Hong Kong, Macao and Taiwan-owned Holding	11.04	12.89	69.95
外商控股	Foreign-owned Holding	4.78	5.01	50.57
按主营行业分	**Grouped by Sector**			
第一产业	Primary Industry	6.67	7.40	45.88
第二产业	Secondary Industry	3.54	3.65	96.25
工 业	Industry	3.84	3.96	100.06
# 制造业	Manufacturing	3.92	4.08	116.23
电力、燃气及水的生产和供应业	Production & Supply of Power, Gas and Water	-1.37	-0.99	39.34
建筑业	Construction	0.98	1.02	72.82
第三产业	Tertiary Industry	3.87	4.39	98.61
交通运输、仓储和邮政业	Transportation, Storage and Post Services	9.14	10.74	39.47
批发和零售业	Wholesale and Retail Trade	0.21	0.24	144.73
住宿和餐饮业	Accommodation and Catering Services	7.02	7.57	35.12
金融业	Finance Intermediation	-25.90	-16.34	10.93
房地产业	Real Estate	10.54	12.08	102.89
租赁和商务服务业	Leasing and Business Services	12.53	12.53	89.65
公共管理和社会组织	Public Management and Social Organizations	-13.45	-11.92	11.29
按登记注册类型分	**Grouped by Registered Categories**			
国有企业	State-owned Enterprises	1.35	1.35	296.97
公司制企业	Corporations	4.69	5.12	83.00
国有独资企业	Sole State-funded Enterprises	3.10	3.48	63.34
其他有限责任公司	Other Limited Liability Corporations	5.14	5.51	103.84
股份有限公司	Share Holding Corporations Ltd.	8.76	9.19	194.46
中外合资企业	Chinese-foreign Joint Venture Enterprise	4.78	5.01	50.57
港澳台合资企业	Hong Kong, Macao and Taiwan Joint Capital Enterprise	11.04	12.89	69.95
其 他	Others	8.94	9.55	8.81

21-8 企业家信心指数(2007年) Confidence Index of Entrepreneur, 2007

指　标	Item	一季度 First Quarter	二季度 Second Quarter	三季度 Third Quarter	四季度 Fourth Quarter
总体状况	**Overall Confidence Index**	**134.71**	**136.35**	**138.16**	**130.57**
按行业门类分	**Grouped by Sector**				
工　业	Industry	132.66	131.59	134.83	124.96
采矿业	Minerals Mining	199.16	170.68	199.25	184.96
制造业	Manufacturing	127.03	126.51	131.19	118.26
电力、燃气及水的生产和供应业	Production & Supply of Electric Power, Gas & Water	167.13	177.35	116.49	164.77
建筑业	Construction	140.88	151.97	143.51	152.10
#房屋和土木工程建筑业	House & Civil Engineering	148.37	158.70	144.06	155.23
建筑安装业	Construction Installation	125.00	128.57	128.57	128.57
交通运输、仓储和邮政业	Transportation, Storage and Post Services	138.37	145.13	145.48	138.10
#铁路运输业	Railway Transport	100.00	100.00	100.00	100.00
公路运输业	Highway Transport	84.62	88.89	100.00	100.00
水上运输业	Waterway Transport	160.08	153.69	148.53	175.91
航空运输业	Civil Aviation Transport	100.00	200.00	200.00	100.00
邮政业	Post Services	200.00	200.00	200.00	200.00
信息传输和计算机服务及软件业	Information Transmitting, Computer Services and Software	146.77	154.03	154.03	143.13
信息传输业	Information Transmitting	137.57	150.07	150.07	137.57
计算机服务业	Computer Services	144.44	144.44	155.56	157.14
软件业	Software	150.00	158.82	152.94	137.50
批发和零售业	Wholesale and Retail Trade	142.25	165.48	164.29	162.23
批发业	Wholesale	135.67	159.36	155.94	154.66
零售业	Retail	173.93	162.54	153.33	165.82
住宿和餐饮业	Accommodation and Catering Services	120.00	126.90	133.15	133.89
住宿业	Accommodation	126.04	128.57	131.10	126.16
餐饮业	Catering Services	133.33	125.00	133.33	141.67
房地产业	Real Estate Trade	145.06	147.54	148.24	142.73

21-8 续表 Continued

指 标	Item	一季度 First Quarter	二季度 Second Quarter	三季度 Third Quarter	四季度 Fourth Quarter
社会服务业	Social Services	147.73	145.82	133.32	147.96
租赁业	Leasing	150.00	100.00	100.00	80.00
商务服务业	Business Services	137.50	144.44	122.22	152.17
居民服务业	Resident Services	140.00	125.00	125.00	133.33
其他服务业	Other Social Services	180.00	200.00	200.00	166.67
按企业登记注册类型分	**Grouped By Status of Registration**				
国有企业	State-owned Enterprises	137.90	141.27	132.96	145.52
集体企业	Collective-owned Enterprises	111.80	102.68	109.07	108.70
股份合作企业	Cooperative Enterprises	144.80	112.51	154.55	140.00
联营企业	Joint Ownership Enterprises	66.67	133.33	133.33	33.33
有限责任公司	Limited Liability Corporations	134.13	147.53	148.63	146.96
股份有限公司	Share-holding Corporations Ltd.	134.72	142.67	140.15	120.92
私营企业	Private Enterprises	158.82	162.50	162.50	136.64
外商及港澳台商投资企业	Enterprises with Investment from Foreign, Hong Kong, Macao and Taiwan	140.83	140.50	144.73	131.33
按企业规模分	**Grouped By Size of Enterprises**				
大型及特大型	Large and Super-sized	146.72	164.55	161.74	159.16
#特大型	Super-sized	147.28	146.58	140.39	132.15
大 型	Large-sized	146.31	177.67	177.41	176.62
中小型	Medium and Small-sized	128.10	126.87	130.44	124.07
#中 型	Medium-sized	129.36	129.15	130.46	126.32
小 型	Small-sized	127.18	125.10	130.43	122.31
其他分组	**Others**				
国家重点联系企业	State Key Enterprises	186.80	177.02	173.28	199.44
国家试点企业集团成员	State Experimental Enterprises Groups	89.61	96.05	107.03	99.73
乡镇企业	Township Enterprises	136.36	136.84	135.71	121.43
上市公司	Corporations Listed in the Stock Market	146.25	152.27	146.79	148.82

21-9 企业景气指数(2007年) Climate Index of Enterprises, 2007

指 标	Item	一季度 First Quarter	二季度 Second Quarter	三季度 Third Quarter	四季度 Fourth Quarter
总体状况	**Overall Confidence Index**	**134.21**	**137.50**	**137.72**	**135.87**
按行业门类分	**Grouped by Sector**				
工 业	Industry	135.94	135.89	135.88	133.19
采矿业	Minerals Mining	185.28	170.68	199.25	184.96
制造业	Manufacturing	131.77	132.12	132.36	127.59
电力、燃气及水的生产和供应业	Production & Supply of Electric Power, Gas & Water	153.11	149.46	111.90	160.93
建筑业	Construction	114.55	144.42	154.92	158.22
# 房屋和土木工程建筑业	House & Civil Engineering	115.10	111.42	116.03	124.34
建筑安装业	Construction Installation	111.11	111.11	122.22	127.37
交通运输、仓储和邮政业	Transportation, Storage and Post Services	123.21	147.99	145.48	133.31
# 铁路运输业	Railway Transport	100.00	100.00	100.00	100.00
公路运输业	Highway Transport	85.71	80.95	80.95	76.19
水上运输业	Waterway Transport	155.10	164.80	161.03	158.36
航空运输业	Civil Aviation Transport	100.00	200.00	200.00	200.00
邮政业	Post Services	200.00	100.00	100.00	200.00
信息传输和计算机服务及软件业	Information Transmitting, Computer Services and Software	135.34	123.75	123.75	139.90
信息传输业	Information Transmitting	150.07	134.44	134.44	137.57
计算机服务业	Computer Services	122.22	122.22	122.22	128.57
软件业	Software	133.33	117.65	117.65	143.75
批发和零售业	Wholesale and Retail Trade	155.25	158.30	157.72	160.08
批发业	Wholesale Trade	135.67	159.36	155.94	154.66
零售业	Retail Trade	173.93	162.54	153.33	165.82
住宿和餐饮业	Accommodation and Catering Services	113.40	122.30	120.21	119.78
住宿业	Accommodation	107.14	114.29	111.90	105.56
餐饮业	Catering Services	125.00	150.00	150.00	162.50
房地产业	Real Estate Trade	129.54	139.26	134.34	142.30

21-9 续表 Continued

指　标	Item	一季度 First Quarter	二季度 Second Quarter	三季度 Third Quarter	四季度 Fourth Quarter
社会服务业	Social Services	131.08	132.60	133.36	133.33
租赁业	Leasing	125.00	125.00	100.00	125.00
商务服务业	Business Services	111.11	116.67	111.11	103.93
居民服务业	Resident Services	87.50	87.50	62.50	62.50
其他服务业	Other Social Services	140.00	200.00	200.00	133.33
按企业登记注册类型分	**Grouped By Status of Registration**				
国有企业	State-owned Enterprises	125.25	139.00	131.41	139.37
集体企业	Collective-owned Enterprises	104.24	109.07	114.89	104.73
股份合作企业	Cooperative Enterprises	119.80	103.42	154.55	130.00
联营企业	Joint Ownership Enterprises	66.67	66.67	66.67	100.00
有限责任公司	Limited Liability Corporations	141.05	143.94	146.83	149.33
股份有限公司	Share-holding Corporations Ltd.	155.42	154.84	137.17	127.52
私营企业	Private Enterprises	164.71	162.50	162.50	160.00
外商及港澳台商投资企业	Enterprises with Investment from Foreign, Hong Kong, Macao and Taiwan	132.39	135.98	137.47	136.08
按企业规模分	**Grouped By Size of Enterprises**				
大型及特大型	Large and Super-sized	162.28	166.66	160.56	160.57
# 特大型	Super-sized	156.85	158.54	143.79	137.20
大　型	Large-sized	166.24	172.59	172.87	175.69
中小型	Medium and Small-sized	119.19	122.69	126.00	125.93
# 中　型	Medium-sized	124.31	124.62	125.89	131.05
小　型	Small-sized	115.44	121.18	126.09	121.90
其他分组	**Others**				
国家重点联系企业	State Key Enterprises	173.44	176.61	176.61	188.76
国家试点企业集团成员	State Experimental Enterprises Groups	147.24	137.47	133.07	143.76
乡镇企业	Township Enterprises	120.70	136.84	128.57	115.87
上市公司	Corporations Listed in the Stock Market	169.10	172.90	142.28	172.51

21-10 工业企业家信心指数（2007年）
Confidence Index of Industrial Entrepreneur, 2007

指　标	Item	一季度 First Quarter	二季度 Second Quarter	三季度 Third Quarter	四季度 Fourth Quarter
整体状况	**Overall Industrial Confidence Index**	**132.66**	**131.59**	**134.83**	**124.96**
按企业登记注册类型分	**Grouped By Status of Registration**				
国有企业	State-owned Enterprises	132.10	131.32	104.91	137.67
集体企业	Collective-owned Enterprises	104.76	100.00	109.52	105.00
有限责任公司	Limited Liability Corporations	136.50	135.34	139.59	136.73
股份有限公司	Share-holding Corporations Ltd.	137.16	139.73	138.94	108.97
私营企业	Private Enterprises	150.00	157.14	157.14	133.16
外商及港澳台商投资企	Enterprises with Investment from Foreign, Hong Kong, Macao and Taiwan	138.03	139.38	144.51	132.01
按行业门类分	**Grouped By Sector**				
采矿业	Minerals Mining	199.16	170.68	199.25	184.96
#石油和天然气开采业	Extraction of Petroleum and Natural Gas	200.00	200.00	200.00	200.00
制造业	Manufacturing	127.03	126.51	131.19	118.26
#饮料制造业	Manufacture of Beverage	179.15	178.24	172.69	185.36
纺织业	Manufacture of Textile	81.42	101.76	107.32	109.95
纺织服装鞋帽制造业	Manufacture of Textile Wearing Apparel, Footware, and Caps	100.06	109.09	100.00	110.07
造纸及纸制品业	Manufacture of Paper and Paper Products	142.36	122.36	122.36	80.91
化学原料及化学制品制造业	Manufacture of Raw Chemical Materials and Chemical Products	104.07	120.71	128.53	119.15
医药制造业	Manufacture of Medicines	123.48	123.85	128.88	145.43
化学纤维制造业	Manufacture of Chemical Fibers	100.00	100.00	100.00	100.00
塑料制品业	Manufacture of Plastics	107.49	97.97	111.21	108.51
黑色金属冶炼及压延加工业	Smelting and Pressing of Ferrous Metals	152.57	154.50	156.54	151.21
交通运输设备制造业	Manufacture of Transport Equipment	141.91	133.75	136.72	112.05
电气机械及器材制造	Manufacture of Electrical Machinery and Equipment	139.11	147.91	150.48	161.00
通信设备、计算机及其他电子设备制造业	Manufacture of Communication Equipment, Computers and Other Electronic Equipment	122.61	111.59	122.23	112.65
电力、燃气及水的生产供应业	Production & Supply of Electric Power, Gas & Water	167.13	177.35	116.49	164.77
按企业规模分	**Grouped By Size of Enterprises**				
大型及特大型	Large and Super-size	149.37	150.68	148.27	139.15
中小型	Medium and Small-sized	119.25	116.97	124.42	114.08
#中　型	Medium-sized	119.05	122.33	124.51	116.33
小　型	Small-sized	119.44	112.17	124.35	112.04
其他分组	**Others**				
国家重点联系企业	State Key Enterprises	185.52	173.34	173.34	199.34
国家试点企业集团成员	State Experimental Enterprises Groups	89.54	95.65	107.38	99.74
乡镇企业	Township Enterprises	166.67	160.00	144.44	134.69
上市公司	Corporations Listed in the Stock Market	131.07	109.96	109.96	90.04

21-11 工业企业景气指数(2007年)
Climate Index of Industrial Enterprises, 2007

指　标	Item	一季度 First Quarter	二季度 Second Quarter	三季度 Third Quarter	四季度 Fourth Quarter
整体状况	**Overall Industrial Climate Index**	**135.94**	**135.89**	**135.88**	**133.19**
按企业登记注册类型分	**Grouped By Status of Registration**				
国有企业	State-owned Enterprises	141.02	136.89	110.60	144.48
集体企业	Collective-owned Enterprises	100.00	95.24	133.33	100.00
有限责任公司	Limited Liability Corporations	139.96	139.54	142.92	145.03
股份有限公司	Share-holding Corporations Ltd.	164.56	161.17	140.02	125.65
私营企业	Private Enterprises	150.00	157.14	157.14	150.00
外商及港澳台商投资企业	Enterprises with Investment from Foreign, Hong Kong, Macao and Taiwan	133.12	137.28	138.52	138.26
按行业门类分	**Grouped By Sector**				
采矿业	Minerals Mining	185.28	170.68	199.25	184.96
制造业	Manufacturing	131.77	132.12	132.36	127.59
电力、燃气及水的生产供应业	Production & Supply of Electric Power, Gas & Water	153.11	149.46	111.90	160.93
按企业规模分	**Grouped By Size of Enterprises**				
大型及特大型	Large and Super-sized	159.08	158.18	147.11	146.72
中小型	Medium and Small-sized	117.37	118.81	127.19	122.82
#中　型	Medium-sized	122.86	125.24	126.47	128.57
小　型	Small-sized	112.04	113.04	127.83	117.59
不同观察指标景气指数	**Climate Index on Different Indicators**				
生产成本	Cost	76.99	69.55	73.67	58.23
生产总量	Gross Output	103.06	125.91	126.49	132.75
产品订货情况	Order for Product	115.84	122.27	123.27	125.91
产品销售量	Total Volume of Sales	101.34	123.13	126.56	130.61
产品销售价格	Price of Sales	99.65	110.49	113.84	118.72
产成品库存	Inventory of Product	133.78	127.17	123.02	124.41
税后利润	Profits after Tax	102.35	121.24	123.30	115.31
劳动力需求	Labour Demand	104.94	104.53	103.68	99.08
固定资产投资情况	Investment in Fixed Assets	109.06	119.22	112.16	121.28
科技开发情况	Science and Technology Development	108.50	109.61	115.11	121.00
其他分组	**Others**				
国家重点联系企业	State Key Enterprises	173.86	172.90	172.90	185.56
国家试点企业集团	State Experimental Enterprises Groups	146.51	137.35	133.48	143.72
乡镇企业	Township Enterprises	146.29	170.00	155.56	113.26
上市公司	Corporations Listed in the Stock Market	178.42	170.82	99.46	160.93

主要统计指标解释

企业家信心指数

是根据企业家对企业外部市场经济环境与宏观政策的认识、看法、判断与预期而编制的指数，用以综合反映企业家对宏观经济环境的感受与信心。分行业企业家信心指数为各行业企业家对本行业企业外部市场经济环境与宏观政策的认识、看法、判断与预期。其表现形式为纯正数，以 100 作为景气指数的临界值，其数值范围在 0–200 之间。

企业景气指数

是根据企业家对本企业综合生产经营情况的判断和预期而编制的指数，用以综合反映企业的生产经营状况。分行业企业景气指数用以反映各行业企业的生产经营状况。其表现形式为纯正数，以 100 作为景气指数的临界值，其数值范围在 0–200 之间。

Explanatory Notes on Main Statistical Indicators

Entrepreneur Confidence Index

is an index made according to the entrepreneur's understanding, view, judgment and forecast of the market economic environment out of the enterprise and macroscopic policy. It reflects the entrepreneur's feeling and confidence in macroeconomic environment comprehensively. The enterprise confidence index by sectors is a reflection of the entrepreneur's understanding, view, judgment and forecast of the market economic environment out of his own sector. It is expressed by a pure positive number between 0 and 200 with 100 as the boundary value of climate index.

Climate Index of Enterprise

is an index made according to the entrepreneur's judgment and forecast of the comprehensive production and management. The climate index by sectors reflects the production and management of each sector comprehensively. It is expressed by a pure positive number between 0 and 200 with 100 as the boundary value.

第22篇
CHAPTER 22
滨海新区
Binhai New Area

22-1 滨海新区行政建制（2007年）
Administrative Divisions of Binhai New Area, 2007

单位：个 (Unit)

项　目	Item	街道办事处 Subdistrict Offices	居民委员会 Residents' Committees	镇政府 Town Governments	村民委员 Village Committees
合　计	Total	**21**	**223**	**9**	**202**
塘沽区	Tanggu District	11	83	1	32
汉沽区	Han'gu District	4	44	4	56
大港区	Dagang District	5	85	3	74
东丽区无瑕街	Wuxia Subdistrict, Dongli District	1	5	0	15
津南区葛沽镇	Gegu Town, Jinnan District	0	6	1	25

22-2 滨海新区建成区面积（2005-2007年）
Developed Area of Binhai New Area, 2005-2007

单位：平方公里 (sq. km)

项　目	Item	2005	2006	2007
合　计	Total	**188.65**	**194.78**	**221.95**
塘沽地区小计	Subtotal in Tanggu District	127.26	133.39	150.50
塘沽城区和天津港	Central District of Tanggu and Tianjin Port	93.11	95.37	110.39
经济技术开发区	TEDA	28.86	32.73	34.82
天津港保税区	TPFTZ	5.29	5.29	5.29
汉沽区	Han'gu District	16.16	16.16	18.44
大港区	Dagang District	45.23	45.23	53.01

22-3 滨海新区主要年份户籍人口主要指标
Major Registered Population Statistics on Binhai New Area in Main Years

指　标	Item	单　位	Unit	1993	2000	2006	2007
户籍人口	Registered Population	万　人	10 000 persons	99.18	104.58	112.39	114.41
人口密度	Population Density	人/平方公里	person/sq. km	437	462	496	504
户籍户数	Registered Households	万　户	10 000 households	31.55	35.8	30.88	41.62
户规模	Family Size	人/户	person/household	3.14	2.91	3.64	2.75
按户口性质分	By Registered Character						
非农业	Non-agricultural	万　人	10 000 persons	68.55	78.03	86.28	88.17
农　业	Agricultural	万　人	10 000 persons	30.63	26.55	26.11	26.24
按性别分	By Sex						
男　性	Male	万　人	10 000 persons	51.89	54.25	57.85	58.84
女　性	Female	万　人	10 000 persons	47.29	50.34	54.54	55.57
性别比	Sex Ratio	女=100	female=100	109.74	107.78	106.07	105.88

22-4 滨海新区主要经济指标
Main Statistics on Binhai New Area

单位：亿元 (100 million yuan)

项　目	Item	2006	2007	2007比2006年增长(%) Increase Rate in 2007 over 2006 (%)
户籍人口(万人)	Registered Population (10 000 persons)	112.39	114.41	1.8
#非农业人口	Non-agricultural Population	86.28	88.17	2.2
从业人员劳动报酬	Total Remuneration of Employment Personnel	220.27	281.63	27.9
从业人员人均劳动报酬(元)	Per Capita Remuneration of Employment Personnel (yuan)	31416	37184	18.4
地区生产总值	Gross Domestic Product	1960.49	2364.08	20.5
第一产业	Primary Industry	7.51	7.15	-3.9
第二产业	Secondary Industry	1370.77	1694.84	17.9
#工　业	Industry	1310.52	1604.37	17.2
第三产业	Tertiary Industry	582.21	662.09	28.6
工业总产值	Gross Output Value of Industry	5200.52	6282.83	20.8
全社会固定资产投资	Total Investment in Fixed Assets	864.29	1152.64	33.4
#基础设施	Infrastructure	218.11	268.17	23.0
市重点项目	Key Projects	190.76	299.52	57.0
财政收入	General Budgetary Government Revenue	379.73	481.07	26.7
财政支出	General Budgetary Government Expenditures	122.29	148.63	21.5
社会消费品零售总额	Total Retail Sales of Consumer Goods	213.83	255.80	19.6
外贸出口总额(亿美元)	Total Value of Exports (USD 100 million)	226.20	245.27	8.4
直接利用外资合同数(个)	Number of Foreign Direct Investment Contracts (unit)	500	398	-20.4
直接利用外资合同额(亿美元)	Foreign Direct Investment Contracted (USD 100 million)	61.80	76.68	24.1
实际直接利用外资额(亿美元)	Actual Direct Utilization of Foreign Capital (USD 100 million)	33.45	39.24	17.3
内联资金到位项目数(个)	Number of Actual Utilization Capital Projects (unit)	647	716	10.7
外地在津投资实际到位额	Total Domestic Investment Actually Used in Tianjin	103.25	132.18	28.0

22-5 滨海新区主要社会经济指标占全市比重(2007年)
Main Statistics on Binhai New Area as Percentage of Municipality, 2007

项目	Item	滨海新区 Binhai New Area	占全市比重(%) As Percentage of Municipality
户籍人口(万人)	Registered Population (10 000 persons)	114.41	11.9
#非农业人口	Non-agricultural Population	88.17	15.2
从业人员劳动报酬总额(亿元)	Total Remuneration of Employment Personnel (100 million yuan)	281.63	43.1
从业人员人均劳动报酬(元)	Per Capita Remuneration of Employment Personnel (yuan)	40803	高7491元
地区生产总值(亿元)	Gross Domestic Product (100 million yuan)	2364.08	46.8
第一产业	Primary Industry	7.15	6.5
第二产业	Secondary Industry	1694.84	58.6
#工　业	Industry	1604.37	60.3
第三产业	Tertiary Industry	662.09	32.3
工业总产值(亿元)	Gross Output Value of Industry (100 million yuan)	6282.83	59.8
全社会固定资产投资(亿元)	Total Investment in Fixed Assets (100 million yuan)	1152.64	48.3
#基础设施	Infrastructure	260.00	35.4
市重点项目	Key Projects	299.50	42.7
财政收入(亿元)	General Budgetary Government Revenue (100 million yuan)	481.07	39.9
财政支出(亿元)	General Budgetary Government Expenditures (100 million yuan)	148.63	17.7
社会消费品零售总额(亿元)	Total Retail Sales of Consumer Goods (100 million yuan)	255.80	16.0
外贸出口总额(亿美元)	Total Value of Exports (USD 100 million)	245.27	64.3
直接利用外资合同数(个)	Number of Foreign Direct Investment Contracts (unit)	398	43.9
直接利用外资合同额(亿美元)	Foreign Direct Investment Contracted (USD 100 million)	76.68	66.6
实际直接利用外资额(亿美元)	Actual Direct Utilization of Foreign Capital (USD 100 million)	39.24	74.4
内联资金到位项目数(个)	Number of Actual Utilization Capital Projects (unit)	716	28.4
外地在津投资实际到位额(亿元)	Total Domestic Investment Actually Used in Tianjin (100 million yuan)	132.18	21.6
医院、卫生院(个)	Hospitals and Health Care Centers (unit)	69	16.8
医院床位数(张)	Number of Hospitals Beds (unit)	5336	13.4
各类学校数(个)	Number of Schools (unit)	208	11.8
高等学校在校学生数(万人)	Students Enrollment in Institutions of Higher Education (10 000 persons)	5.38	14.5

22-6 滨海新区生产总值 Gross Domestic Product of Binhai New Area

项　目	Item	2006	2007	2007比2006年增长(%) Increase Rate in 2007 over 2006 (%)
绝对数(亿元)	**Value (100 million yuan)**			
地区生产总值	Gross Domestic Product	1960.49	2364.08	20.5
第一产业	Primary Industry	7.51	7.15	-3.9
第二产业	Secondary Industry	1370.77	1694.84	17.9
#工　业	Industry	1310.52	1604.37	17.2
第三产业	Tertiary Industry	582.21	662.09	28.6
#交通运输、仓储和邮政业	Transportion, Storage and Post Services	133.17	183.43	48.6
批发和零售业	Wholesale and Retail Trade	240.36	218.68	30.0
住宿和餐饮业	Accommodation and Catering Services	18.96	25.76	7.9
金融业	Finance Intermediation	13.34	28.49	19.3
房地产业	Real Estate	33.85	48.38	6.5
构　成(%)	**Composition (%)**			
地区生产总值	**Gross Domestic Product**	**100.00**	**100.00**	**(百分点) (Percentage Points)**
第一产业	Primary Industry	0.38	0.30	-0.08
第二产业	Secondary Industry	69.92	71.69	1.77
#工　业	Industry	66.85	67.86	1.01
第三产业	Tertiary Industry	29.70	28.01	-1.69
#交通运输、仓储和邮政业	Transportion, Storage and Post Services	6.79	7.76	0.97
批发和零售业	Wholesale and Retail Trade	12.26	9.25	-3.01
住宿和餐饮业	Accommodation and Catering Services	0.97	1.09	0.12
金融业	Finance Intermediation	0.68	1.21	0.53
房地产业	Real Estate	1.73	2.05	0.32
占全市比重(%)	**As Percentage of The City's GDP (%)**			**(百分点) (Percentage Points)**
地区生产总值	Gross Domestic Product	45.00	46.81	1.81
第一产业	Primary Industry	6.35	6.49	0.14
第二产业	Secondary Industry	55.09	58.59	3.50
#工　业	Industry	57.16	60.27	3.11
第三产业	Tertiary Industry	33.22	32.33	-0.89
#交通运输、仓储和邮政业	Transportion, Storage and Post Services	52.67	62.38	9.71
批发和零售业	Wholesale and Retail Trade	51.35	43.86	-7.49
住宿和餐饮业	Accommodation and Catering Services	23.88	27.82	3.94
金融业	Finance Intermediation	7.14	9.89	2.75
房地产业	Real Estate	21.06	25.54	4.48

22-7 滨海新区分区域生产总值(2007年)
GDP of Binhai New Area by Region, 2007

单位：亿元 (100 million yuan)

项　目	Item	2007	2007 比2006年 增长(%) Increase Rate in 2007 over 2006 (%)
塘沽区	**Tanggu District**	**650.29**	**24.3**
第一产业	Primary Industry	1.03	-20.2
第二产业	Secondary Industry	480.20	28.2
第三产业	Tertiary Industry	169.06	14.3
汉沽区	**Han'gu District**	**52.52**	**19.6**
第一产业	Primary Industry	3.53	8.9
第二产业	Secondary Industry	27.61	18.7
第三产业	Tertiary Industry	21.37	23.0
大港区	**Dagang District**	**318.20**	**12.0**
第一产业	Primary Industry	1.50	2.0
第二产业	Secondary Industry	265.50	14.9
第三产业	Tertiary Industry	51.20	-1.1
经济技术开发区	**TEDA**	**939.40**	**20.3**
第一产业	Primary Industry		
第二产业	Secondary Industry	776.04	18.6
第三产业	Tertiary Industry	163.36	31.0
天津保税区	**TFTZ**	**289.45**	**41.4**
第一产业	Primary Industry		
第二产业	Secondary Industry	60.69	51.9
第三产业	Tertiary Industry	228.76	38.8
东丽区无瑕街	**Wuxia Subdistrict, Dongli District**	**17.57**	**16.8**
第一产业	Primary Industry	0.17	6.0
第二产业	Secondary Industry	10.19	20.6
第三产业	Tertiary Industry	7.21	12.0
津南区葛沽镇	**Gegu Town, Jinnan District**	**39.06**	**37.0**
第一产业	Primary Industry	0.42	5.0
第二产业	Secondary Industry	32.76	41.0
第三产业	Tertiary Industry	5.88	20.0

22-8 滨海新区固定资产投资
Investment in Fixed Assets of Binhai New Area

单位：万元 (10 000 yuan)

项　目	Item	2006	2007	2007比2006年增长(%) Increase Rate in 2007 over 2006 (%)
总　计	**Total**	**7475899**	**11449809**	**53.2**
按三次产业分	**Grouped by Industries**			
第一产业	Primary Industry	17475	7142	-59.1
第二产业	Secondary Industry	4561802	6767656	48.4
第三产业	Tertiary Industry	2896622	4675011	61.4
按隶属关系分	**Grouped by Administrative Relationship**			
中　央	Central Government	2046597	2816399	37.6
地　方	Local Government	5429302	8633410	59.0
按建设性质分	**Grouped by Type of Construction**			
新　建	New Construction	3631052	4969500	36.9
改、扩建及其他	Expansion, Reconstruction and Others	2854997	5186544	34.9
按构成分	**Grouped by Use of Funds**			
建筑工程	Construction	4394972	6280620	42.9
安装工程	Installation	326688	578799	77.2
设备工器具购置	Purchases of Equipment and Instruments	1942335	2962480	52.5
其他费用	Others	811904	1627910	100.5
按登记注册类型分	**Grouped by Registered Categories**			
内资企业	Domestic-funded Enterprises	5708040	9024204	58.1
国有企业	State-owned Enterprises	1926521	3864527	100.6
集体企业	Collective-owned Enterprises	44635	41927	-6.1
股份合作企业	Cooperative Enterprises	125887	36935	-70.7
私营企业	Private Enterprises	473347	629791	33.1
股份有限公司	Share Holding Corporations Ltd.	1648296	2002342	21.5
有限责任公司	Limited Liability Corporations	1466868	2426288	65.4
#国有独资	Sole State-funded Corporations	684623	1066236	55.7
联营企业	Joint Ownership Enterprises	2560	6100	138.3
#国有与国有联营企业	State Joint Ownership Enterprises	2200	6100	177.3
集体与集体联营企业	Collective Joint Ownership Enterprise			
其他内资企业	Other Domestic-funded Enterprises	19926	16294	-18.2
港澳台商投资企业	Enterprises with Investment from Hong Kong, Macao and Taiwan	269722	497668	84.5
外商投资企业	Foreign Funded Enterprises	1498137	1927937	28.7

注：1. 本表数据不含农村非农户和农户投资。2. 表中按建设性质分组数据不含房地产开发投资。
Note: a) The data in this table exclude rural non-agricultural and agricultural investment. b) Investment grouped by type of construction of this table exclude real estate development.

22-8 续表 Continued

单位：万元 (10 000 yuan)

项　目　Item	2006	2007	2007比2006年增长(%) Increase Rate in 2007 over 2006 (%)
按行业分			
Grouped by Sectors			
农、林、牧、渔业			
Farming, Forestry, Animal Husbandry and Fishery	17475	7142	-59.1
采矿业			
Minerals Mining	1825021	1810921	-0.8
制造业			
Manufacturing	2619315	4495886	71.6
电力、燃气及水的生产和供应业			
Production & Supply of Power, Gas and Water	102827	367761	257.7
建筑业			
Construction	14639	93088	535.9
交通运输、仓储和邮政业			
Transportation, Storage, Post Services	930964	1609865	72.9
信息传输、计算机服务和软件业			
Information Transmitting, Computer Servicesand Software		1032	
批发和零售业			
Wholesale and Retail Trade	82408	37525	-54.5
住宿和餐饮业			
Accommodation and Catering Services	21593	22296	3.3
金融业			
Finance	500		
房地产业			
Real Estate	998484	1340384	34.2
租赁和商务服务业			
Leasing and Business Services	49606	54544	10.0
科学研究、技术服务和地质勘查业			
Scientific Research, Technical Services and Geological Prospecting	5607	5000	-10.8
水利、环境和公共设施管理业			
Management for Water Conservancy, Environment and Public Facilities	565213	1225411	116.8
居民服务和其他服务业			
Resident Services and Other Social Services	9089	3670	-59.6
教　育			
Education	48158	40000	-16.9
卫生、社会保障和社会福利业			
Health Care, Social Security and Social Welfare	21735	65329	200.6
文化、体育和娱乐业			
Culture, Sports and Recreational Services	55174	48566	-12.0
公共管理和社会组织			
Public Management and Social Organizations	108091	221389	104.8

22-9 滨海新区基础设施投资（2005-2007年）
Infrastructure Investment in Fixed Assets of Binhai New Area, 2005-2007

单位：万元 (10 000 yuan)

项　目	Item	2005	2006	2007
总　计	**Total**	**1750143**	**2181119**	**2681733**
铁路和轨道交通	Railway and Track Transportation	143812	216766	280341
道路桥梁	Road and Bridge	152897	335742	671650
港　口	Port	459018	730551	1001769
排　水	Drainage	2175	4649	
供　水	Water Supply	6006	20889	
供电供热	Power and Heat Supply	86723	89215	223085
通　讯	Telecommunication	56304	23796	38900
绿化综合整治	Comprehensive Afforestation	64269	41123	32464
区域开发	Area Development			395986
其　他	Others	778939	718388	37538

注：2007年排水、供水投资含在道路桥梁和区域开发投资中。
Note: In 2007, the investment of drainage and water supply are included in the investment of road, bridge and area development.

22-10 滨海新区市政和公交设施情况（2005-2007年）
Municipal Facilities and Public Transportation of Binhai New Area, 2005-2007

项　目	Item	单　位	Unit	2005	2006	2007
市政设施	**Municipal Facilities**					
铺装道路长度	Length of Paved Roads	公　里	km	1231.35	945.39	1082.00
铺装道路面积	Area of Paved Roads	万平米	10 000 sq. m	1508.31	1657.64	1748.60
桥梁座数	Number of Bridges	座	unit	139	83	89
# 立交桥	Flyover	座	unit	25	27	31
排水水泵站	Pumping Station	座	unit	136	94	76
排水管道长度	Length of Drainpipes	公里	km	1885.47	1796.1	2166.00
公交设施	**Public Transportation Facilities**					
公共汽车	Public Transportation Vehicles					
营运车辆	Operation Vehicles	辆	unit	1174	1135	1192
线路条数	Number of Routes	条	route	76	85	86
线路长度	Length of Routes	公　里	km	2068	2534	2502
乘客人数	Passengers	万人次	10 000 person-times	9513	10079	10205
出租汽车营运车辆	Operating Taxis	辆	unit	1390	1390	1390
长途汽车	Coaches					
营运车辆	Operation Vehicles	辆	unit	1010	1047	867
乘客人数	Passengers	万人次	10 000 person-times	606	720	689

22-11 滨海新区分区域单位从业人员及劳动报酬
Employment Personnel and Remuneration of Binhai New Area by Region

项　目	Item	单位从业人员(万人) Employment Personnel by Units (10 000 persons)		人均劳动报酬(元) Per Capita Remuneration (yuan)	
		2006	2007	2006	2007
总　计	**Total**	**54.57**	**64.05**	**33336**	**37184**
塘沽区	Tanggu District	11.46	11.72	38618	44775
汉沽区	Han'gu District	3.06	3.11	23176	28027
大港区	Dagang District	10.14	10.42	32747	39729
经济技术开发区	TEDA	22.25	26.23	32322	40023
天津保税区	TFTZ	6.89	8.84	34778	40246
东丽区无瑕街	Wuxia Subdistrict, Dongli District	0.35	3.37	18082	51921
津南区葛沽镇	Gegu Town, Jinnan District	0.42	0.36	16853	17853

22-12 滨海新区分区域社会消费品零售总额
Total Retail Sales of Consumer Goods of Binhai New Area by Region

单位：亿元 (100 million yuan)

项　目	Item	2006	2007	2007比2006年增长(%) Increase Rate in 2007 over 2006 (%)
总　计	**Total**	**213.83**	**255.80**	**19.6**
塘沽区	Tanggu District	82.66	99.93	20.9
汉沽区	Han'gu District	15.43	19.94	29.2
大港区	Dagang District	38.34	42.93	12.0
经济技术开发区	TEDA	49.65	70.66	42.3
天津保税区	TFTZ	25.76	19.52	-24.2
东丽区无瑕街	Wuxia Subdistrict, Dongli District	1.86	2.06	10.8
津南区葛沽镇	Gegu Town, Jinnan District	0.13	0.75	476.92

22-13 滨海新区分区域外贸易出口总额
Total Value of Exports of Binhai New Area by Region

单位：亿元 (100 million yuan)

项　目	Item	2006	2007	2007比2006年增长(%) Increase Rate in 2007 over 2006 (%)
总　计	**Total**	**226.20**	**245.27**	**8.4**
# 塘沽区	Tanggu District	26.13	14.66	-43.9
汉沽区	Han'gu District	0.65	0.92	41.5
大港区	Dagang District	4.70	5.37	14.3
经济技术开发区	TEDA	171.45	185.00	7.9
天津保税区	TFTZ	18.88	31.22	65.4

22-14 滨海新区直接利用外资情况(2007年)
Direct Utilization of Foreign Capital of Binhai New Area, 2007

项 目	Item	直接利用外资合同数(个) Number of Contracts (unit)	直接利用外资合同额(万美元) Foreign Investment Contracted (USD 10 000)	实际直接利用外资额(万美元) Actual Direct Utilization of Foreign Capital (USD 10 000)
总 计	**Total**	**398**	**766818**	**392429**
按投资方式分	**By Mode of Investment**			
合资企业	Joint Venture Enterprises	94	146040	137119
合作企业	Cooperative Operation Enterprises	6	12564	59546
独资企业	Foreign-funded Sole Enterprises	298	608214	195764
按行业分	**By Sector**			
#农、林、牧、渔业	Farming, Forestry, Animal Husbandry and Fishery	1	800	
采矿业	Minerals Mining	2	1963	54692
制造业	Manufacturing	135	251985	144168
电力、燃气及水的生产和供应业	Production and Supply of Electric Power, Gas and Water	4	12559	1462
建筑业	Construction	8	51065	50
交通运输、仓储和邮政业	Transportation, Storage and Post Services	15	62230	62241
信息传输、计算机服务和软件业	Information Transmitting, Computer Services and Software	2	16997	5127
批发和零售业	Wholesale and Retail Trade	106	72999	31843
住宿和餐饮业	Accommodation and Catering Services	9	-1192	216
金融业	Finance Intermediation	2	8746	4230
房地产业	Real Estate	42	146339	65914
租赁和商务服务业	Leasing and Business Services	59	133511	15777
科学研究、技术服务与地质勘查业	Scientific Research, Technical Services and Geological Prospecting	7	3599	1770
水利、环境和公共设施管理业	Management for Water Conservancy, Environment and Public Facilities	3	2797	620
居民服务和其他服务	Resident Services and Other Social Services	2	-560	4209
文化、体育与娱乐业	Culture, Sports and Recreational Services	1	2980	110
按国别、地区分	**By Country (Region)**			
#中国香港	Hong Kong, China	125	298459	89746
中国台湾	Taiwan, China	45	79836	25150
韩 国	Republic of Korea	17	8380	2181
日 本	Japan	28	30912	20713
美 国	United States	34	23156	25697
新加坡	Singapore	23	42418	42968
英 国	United Kingdom	10	9878	6180
德 国	Germany	11	40163	2873
法 国	France	9	16777	2689
意大利	Italy	3	1034	1105
英属维尔京群岛	Virgin Islands of United Kingdom	45	147772	56533

22-15 滨海新区分区域直接利用外资情况
Direct Utilization of Foreign Capital of Binhai New Area

单位：亿美元 (USD 100 million)

项　目	Item	2006	2007	2007比2006年增长(%) Increase Rate in 2007 over 2006 (%)
总　计	Total			
直接利用外资合同数(个)	Number of Contracts (unit)	500	398	-20.4
直接利用外资合同额	Foreign Investment Contracted	61.80	76.68	24.1
实际直接利用外资额	Actual Direct Utilization of Foreign Capital	33.45	39.24	17.3
# 塘沽区	Tanggu District			
直接利用外资合同数(个)	Number of Contracts (unit)	29	20	-31.0
直接利用外资合同额	Foreign Investment Contracted	1.61	1.62	0.6
实际直接利用外资额	Actual Direct Utilization of Foreign Capital	0.99	1.18	19.2
汉沽区	Han'gu District			
直接利用外资合同数(个)	Number of Contracts (unit)	2	2	
直接利用外资合同额	Foreign Investment Contracted	0.02	0.34	1600.0
实际直接利用外资额	Actual Direct Utilization of Foreign Capital	0.04	0.16	300.0
大港区	Dagang District			
直接利用外资合同数(个)	Number of Contracts (unit)	20	15	-25.0
直接利用外资合同额	Foreign Investment Contracted	2.59	3.32	28.2
实际直接利用外资额	Actual Direct Utilization of Foreign Capital	0.70	1.22	74.3
经济技术开发区	TEDA			
直接利用外资合同数(个)	Number of Contracts (unit)	232	187	-19.4
直接利用外资合同额	Foreign Investment Contracted	32.50	39.11	20.3
实际直接利用外资额	Actual Direct Utilization of Foreign Capital	16.00	19.31	20.6
天津保税区	TFTZ			
直接利用外资合同数(个)	Number of Contracts (unit)	200	164	-18.8
直接利用外资合同额	Foreign Investment Contracted	24.90	31.23	25.3
实际直接利用外资额	Actual Direct Utilization of Foreign Capital	9.24	11.55	25.0

22-16 滨海新区国内招商引资情况
Investment of Domestic Investment of Binhai New Area

项　目	Item	2006	2007	2007比2006年增长(%) Increase Rate in 2007 over 2006 (%)
资金到位项目数(个)	**Number of Project Invested (unit)**	**647**	**716**	**10.7**
按区域分组	By Region			
# 塘沽区	Tanggu District	103	493	378.6
汉沽区	Han'gu District	2	1	-50.0
大港区	Dagang District	55	36	-34.5
经济技术开发区	TEDA	73	54	-26.0
天津保税区	TFTZ	411	126	-69.3
实际到位额(万元)	**Domestic Investment Actually Used (10 000 yuan)**	**1032491**	**1321829**	**28.0**
按区域和单位分组	By Region and Unit			
塘沽区	Tanggu District	150537	325599	116.3
汉沽区	Han'gu District	50000	70000	40.0
大港区	Dagang District	281678	366040	29.9
经济技术开发区	TEDA	149900	173452	15.7
天津保税区	TFTZ	187965	256055	36.2
东丽区无瑕街	Wuxia Subdistrict, Dongli District	2800	39000	1292.9
津南区葛沽镇	Gegu Town, Jinnan District	76000	91683	20.6
天津港	Tianjin Port	133611		
天津钢管公司	Tianjin Pipe Corporation			
按资金投向行业分组	By Industry Invested			
农　业	Agriculture	410	1827	345.6
工　业	Industry	454671	623510	37.1
建筑业	Construction	88753	25614	-71.1
交通运输仓储业	Transportion, Storage	204710	354815	73.3
批发和零售业	Wholesale and Retail Trade	99923	74754	-25.2
住宿和餐饮业	Accommodation and Catering Services	10000	31675	216.8
房地产业	Real Estate	120754	91418	-24.3
其　他	Others	53270	118216	121.9

22-17 滨海新区限额以上工业企业主要财务指标（2007年）
Main Financial Indicators of All State-owened and above Designated Size Industrial Enterprises of Binhai New Area, 2007

项　目	Item	从业人员年平均人数(人) Annual Average Employment Personnel (person)	工业增加值 Value Added of Industry	实收资本 Total Capital Hold
总　计	**Total**	**444892**	**18398191**	**14158611**
按登记注册类型分	**Grouped by Status of Registration**			
内资企业	Domestic-funded Enterprises	205943	8469703	7259619
国有企业	State-owned Enterprises	25570	643774	649794
集体企业	Collective-owned Enterprise	11120	82249	30043
股份合作企业	Cooperative Enterprises	2426	25058	19724
私营企业	Private Enterprises	32759	704027	273605
股份有限公司	Share-holding Corporations Ltd.	33449	5141172	3556429
有限责任公司	Limited Liability Corporations	97684	1850107	2711647
# 国有独资	Sole State-funded Corporations	63953	1168468	1998437
联营企业	Joint Ownership Enterprises	1032	8536	10991
其他内资企业	Other Domestic-funded Enterprises	1903	14779	7386
港澳台商投资企业	Enterprises with Investment from Hong Kong, Macao and Taiwan	51457	1713948	1192806
外商投资企业	Foreign Funded Enterprises	187492	8214540	5706186
按经济类型分	**Grouped by Ownership**			
国有经济	State-owned	89523	1812242	2648231
集体经济	Collective-owned	13682	107986	49988
私有经济	Private and Individual	32759	704027	273605
港澳台商投资经济	Hong Kong, Macao and Taiwan Funded	51457	1713948	1192806
外商投资经济	Foreign Funded	187492	8214540	5706186
其　他	Others	69979	5845448	4287795
按隶属关系分	**Grouped by Administrative Relationship**			
中央工业	Central Industry	80816	5676690	4742516
地方工业	Local Industry	364076	12721500	9416095
# 市管工业	City Industry	156161	4684094	3609725
按轻重工业分	**Grouped by Light & Heavy Industy**			
轻工业	Light Industry	116441	2557105	2428563
重工业	Heavy Industry	328451	15841085	11730048
按企业规模分	**Grouped by Size of Enterprises**			
大　型	Large-sized	200273	8358363	5170281
中　型	Medium-sized	129839	7131280	5652686
小　型	Small-sized	114780	2908547	3335643

单位：万元 (10 000 yuan)

资产总计 Total Assets	流动资产年平均余额 Annual Average Balance of Circulating Funds	固定资产原价 Original Value of Fixed Assets	固定资产净值年平均余额 Annual Average Balance of Net Value of Fixed Assets	主营业务收入 Revenue from Principal Business	利税总额 Total Pre-tax Profits	#利润总额 Total Profits
43450838	**20380625**	**28955348**	**14725642**	**60584474**	**7832674**	**5788150**
22407738	7725261	19074543	8892062	23799354	4923969	3802436
4112970	1839140	896378	420365	3047232	153210	49660
238410	175905	75794	39420	422384	11028	1502
105570	66468	32472	19327	98303	8410	5340
1609046	833579	602077	415657	2745212	177178	105363
7938148	1477992	12665616	5076980	10661197	3939667	3264089
8325914	3289214	4763178	2894647	6717436	626358	372209
5202732	1798742	3207031	1888105	3751962	442529	279026
32907	14106	22748	15374	46231	3784	1967
44773	28857	16281	10295	61361	4334	2307
4023156	2131515	1883470	976063	5501840	383100	301987
17019944	10523850	7997335	4857516	31283280	2525605	1683728
9315702	3637882	4103409	2308470	6799194	595739	328685
347132	244769	109716	59578	521519	19481	6840
1609046	833579	602077	415657	2745212	177178	105363
4023156	2131515	1883470	976063	5501840	383100	301987
17019944	10523850	7997335	4857516	31283280	2525605	1683728
11135858	3009030	14259341	6108358	13733430	4131570	3361548
10371593	2729718	13828253	5446331	11836480	3997606	3293037
33079245	17650907	15127095	9279311	48747994	3835067	2495113
16180451	7724057	7536466	4646213	25833828	2299618	1376395
7092097	3744720	3264648	2134360	8832059	777058	595575
36358741	16635905	25690699	12591282	51752415	7055615	5192575
21173848	10176019	13037122	6335418	31509070	2971703	1743866
13071072	5834977	11411733	5373186	19124782	4120970	3557810
9205918	4369629	4506493	3017038	9950622	740001	486474

22-18 滨海新区分行业全部国有及规模以上工业总产值（2007年）
Gross Output Value of Industry of All State-owned and above Designated Size Industrial Enterprises by Sector of Binhai New Area, 2007

项　目	Item	企业单位数（个）Number of Enterprises (unit)	工业总产值（万元）Gross Output Value of Industry (10 000 yuan)
总　计	**Total**	**1599**	**60005976**
煤炭开采和洗选业	Mining and Washing of Coal	2	513850
石油和天然气开采业	Extraction of Petroleum and Natural Gas	5	7126524
有色金属矿采选业	Mining and Processing of Non-Ferrous Metal Ores		
非金属矿采选业	Mining and Processing of Nonmetal Ores	4	82608
农副食品加工业	Processing of Food from Agricultural Products	53	1386017
食品制造业	Manufacture of Food	44	539561
饮料制造业	Manufacture of Beverage	12	448012
烟草制品业	Manufacture of Tobacco		
纺织业	Manufacture of Textile	54	261693
纺织服装鞋帽制造业	Manufacture of Textile Wearing Apparel, Footware, and Caps	47	106278
皮革毛皮羽毛(绒)及其制品	Manufacture of Leather, Fur, Feather and Related Products	8	69322
木材加工及木、竹、藤、棕、草制品业	Processing of Timber, Manufacture of Wood, Bamboo, Rattan, Palm, and Straw Products	21	51830
家具制造业	Manufacture of Furniture	16	167475
造纸及纸制品业	Manufacture of Paper and Paper Products	40	147042
印刷业和记录媒介的复制	Printing, Reproduction of Recording Media	14	117352
文教体育用品制造业	Manufacture of Articles for Culture, Education and Sport Activity	9	118283
石油加工炼焦及核燃料加工业	Processing of Petroleum, Coking, Processing of Nuclear Fuel	28	4895285
化学原料及化学制品制造业	Manufacture of Raw Chemical Materials and Chemical Products	181	3020982
医药制造业	Manufacture of Medicines	36	882174
化学纤维制造业	Manufacture of Chemical Fibers	7	30876
橡胶制品业	Manufacture of Rubber	29	378388
塑料制品业	Manufacture of Plastics	108	917247
非金属矿物制品业	Manufacture of Non-metallic Mineral Products	65	349857
黑色金属冶炼及压延加工业	Smelting and Pressing of Ferrous Metals	50	6435861
有色金属冶炼及压延加工业	Smelting and Pressing of Non-Ferrous Metals	15	678194
金属制品业	Manufacture of Metal Products	135	1120047
通用设备制造业	Manufacture of General Purpose Machinery	99	2417105
专用设备制造业	Manufacture of Special Purpose Machinery	79	558893
交通运输设备制造业	Manufacture of Transport Equipment	142	7069418
电气机械及器材制造业	Manufacture of Electrical Machinery and Equipment	76	1058063
通信设备计算机及其他电子设备制造业	Manufacture of Communication Equipment, Computers and Other Electronic Equipment	120	17554659
仪器仪表及文化办公用机械制造业	Manufacture of Measuring Instruments and Machinery for Cultural Activity and Office Work	35	728200
工艺品及其他制造业	Manufacture of Artwork and Other Manufacturing	15	57993
废弃资源和废旧材料回收加工业	Recycling and Disposal of Waste	10	44726
电力热力的生产和供应业	Production and Supply of Electric Power and Heat Power	23	563537
燃气生产和供应业	Production and Supply of Gas	8	45326
水的生产和供应业	Production and Supply of Water	9	63299

22-19 滨海新区财政收支（2007年）
Government Revenue and Expenditure of Binhai New Area, 2007

单位：亿元 (100 million yuan)

项　目	Item	2007	2007比2006年增长(%) Increase Rate in 2007 over 2006 (%)
财政收入合计	**Total Government Revenue**	**481.07**	**26.7**
#区县级财政收入	**Government Revenue at District & County Level**	**140.87**	**30.6**
一般预算收入	**General Budgetary Government Revenue**	**115.35**	**26.0**
增值税	Value-added Tax	31.51	21.5
营业税	Operating Tax	22.91	15.5
企业所得税	Income Tax of Enterprises	20.95	16.7
个人所得税	Individual Income Tax	6.14	62.0
其他收入	Other Income	33.84	40.8
基金预算收入	**Budgetary Fund Revenue**	**25.51**	**56.0**
财政支出合计	**Total Government Expenditure**	**148.63**	**21.5**
一般预算支出	**General Budgetary Government Expenditure**	**127.65**	**16.5**
#一般公共服务	General Public Service	11.11	
公共安全	Public Safety	6.46	
教　育	Education	14.98	
科学技术	Science and Technology	1.69	
文化体育与传媒	Culture, Sports and Media	3.23	
社会保障和就业	Social Security and Employment	2.07	
医疗卫生	Health Care	6.40	
环境保护	Environmental Protection	0.72	
城乡社区事务	Urban & Rural Community Affairs	44.99	
农林水事务	Agriculture, Forestry and Irrigation Affairs	1.53	
其他支出	Others	34.47	
基金预算支出	**Budgetary Fund Expenditure**	**20.98**	**65.1**

注：财政收入包括滨海新区地域内的三级财政收入及街镇财政收入（不含海关关税等中央级固定收入），还包括滨海新区地域内市级财政固定收入企业上缴的各项税收；财政支出包括滨海新区地域内各区级及街镇财政实际支出。

Note: Government revenue refer to the three grades government revenue from Binhai New Area (excluded the fixed revenue of central government such as custom tariffs etc.) and the taxes from the municipal enterprises in Binhai New Area with fixed government revenue; Government expenditure refer to real government expenditure of districts, towns and streets in Binhai New Area.

22-20 滨海新区分区域财政收支（2007年）
Government Revenue and Expenditure of Binhai New Area by Region, 2007

单位：亿元 (100 million yuan)

项　目	Item	合　计 Total	# 塘沽区 Tanggu District	# 汉沽区 Han'gu District	# 大港区 Dagang District	# 经济技术开发区 TEDA	# 天津保税区 TFTZ
财政收入合计	**Total Government Revenue**	**481.07**	**48.40**	**8.18**	**19.26**	**216.86**	**45.32**
# 区县级财政收入	**Government Revenue at District & County Level**	**140.87**	**26.84**	**3.44**	**7.85**	**76.22**	**19.48**
一般预算收入	**General Budgetary Government Revenue**	**115.35**	**24.37**	**3.07**	**7.20**	**60.03**	**13.65**
增值税	Value-added Tax	31.51	1.89	0.67	1.34	23.37	2.67
营业税	Operating Tax	22.91	5.79	0.62	1.72	10.66	3.77
企业所得税	Income Tax of Enterprises	20.95	2.17	0.32	0.95	12.55	3.57
个人所得税	Private Income Tax	6.14	0.40	0.06	0.28	4.45	0.91
其他收入	Other Income	33.84	14.12	1.40	2.91	9.00	2.73
基金预算收入	**Budgetary Fund Revenue**	**25.51**	**2.47**	**0.37**	**0.65**	**16.19**	**5.83**
财政支出合计	**Total Government Expenditure**	**148.63**	**30.02**	**6.18**	**12.05**	**79.43**	**18.85**
一般预算支出	**General Budgetary Government Expenditure**	**127.65**	**27.73**	**6.16**	**11.39**	**63.56**	**16.71**
# 一般公共服务	General Public Service	11.11	3.07	0.90	1.96	3.48	1.51
公共安全	Public Safety	6.46	2.66	0.66	1.22	1.66	0.26
教　育	Education	14.98	6.92	1.63	4.15	1.80	0.19
科学技术	Science and Technology	1.69	0.36	0.10	0.05	1.08	0.10
文化体育与传媒	Culture, Sports and Media	3.23	0.48	0.17	0.25	2.33	
社会保障和就业	Social Security and Employment	2.07	0.94	0.45	0.36	0.29	0.03
医疗卫生	Health Care	6.40	1.67	0.68	0.67	3.32	
环境保护	Environmental Protection	0.72	0.17	0.16	0.28	0.09	0.01
城乡社区事务	Urban & Rural Community Affairs	44.99	1.39	0.87	0.98	33.31	7.78
农林水事务	Agriculture, Forestry and Irrigation Affairs	1.53	0.52	0.30	0.59		
其他支出	Others	34.47	9.55	0.24	0.88	16.20	6.83
基金预算支出	**Budgetary Fund Expenditure**	**20.98**	**2.29**	**0.02**	**0.66**	**15.87**	**2.13**

22-21 滨海新区金融机构现金收入和支出
Cash Income and Payout of Financial Institutions of Binhai New Area

单位：亿元 (100 million yuan)

项　目	Item	2006	2007	2007比2006年增长(%) Increase Rate in 2007 over 2006 (%)
现金收入总计	**Total Cash Income**	**1765.39**	**2175.74**	**23.2**
商品销售收入	Income from Commodity Sales	219.74	240.64	9.5
服务事业收入	Income from Service Trade	73.10	100.68	37.7
税款收入	Income from Taxes	14.94	25.99	74.0
城乡个体经营收入	Income from Urban and Rural Individual Business	84.48	89.28	5.7
储蓄存款收入	Income from Savings Deposits	1246.34	1594.24	27.9
其他金融机构收入	Income from Other Financial Institutions	13.69	10.32	-24.6
居民归还贷款收入	Income from Repayment of Loans by Residents	35.94	32.49	-9.6
汇兑收入	Income from Remittances	9.58	11.76	22.8
有价证券收入	Income from Securities	2.24	3.24	44.4
其他收入	Other Income	65.35	67.10	2.7
现金支出总计	**Total Cash Payout**	**1870.96**	**2342.40**	**25.2**
工资性支出	Wages	103.55	116.09	12.1
农副产品采购支出	Expenditure for Purchases of Agricultural and Sideline Products	24.99	31.20	24.8
工矿及其他产品采购支出	Expenditure for Purchases of Industrial and Mineral Products	47.38	47.59	0.5
行政企事业管理费支出	Government and Enterprises Overhead	91.52	100.43	9.7
城乡个体经营支出	Expenditure for Individual Business	129.78	167.95	29.4
储蓄存款支出	Expenditure for Savings Deposits	1376.03	1785.23	29.7
其他金融机构支出	Expenditure for Other Financial Institutions	12.82	7.25	-43.4
居民提取贷款支出	Expenditure for Loans by Residents	26.66	26.55	-0.4
汇兑支出	Expenditure for Remittances	2.89	2.32	-19.6
有价证券支出	Expenditure for Securities	2.74	3.14	14.8
其他支出	Others	52.61	54.65	3.9
货币投放(+)或回笼(−)	**Currency Issuance (+) and Cash Withdrawal (−)**	**105.57**	**166.66**	**57.9**

资料来源：中国银行业监督管理委员会滨海监管分局。22-11表同。
Sources: China Banking Regulatory Commission Tianjin Binhai Field Office. Same as table 21-11.

22-22 滨海新区金融机构人民币信贷收支情况
RMB Credit Income & Expenditures of Banking Institutions of Binhai New Area

单位：万元 (10 000 yuan)

项　目	Item	2006	2007	2007比2006年增长(%) Increase Rate in 2007 over 2006 (%)
各项存款总计	**Total Deposits**	**12929999**	**16305853**	**26.1**
企业存款	Deposits of Enterprises	6939837	9639113	38.9
财政性存款	Treasury Deposits	127172	115952	-8.8
储蓄存款	Savings Deposits	4467885	5036196	12.7
#定期储蓄	Fixed Deposits	2891585	3141891	8.7
农业存款	Agricultural Deposits	302005	378742	25.4
其他类存款	Other Deposits	1093100	1135851	3.9
各项贷款总计	**Total Loans**	**10950479**	**14269677**	**30.3**
短期贷款	Short-term Loans	5660588	6398907	13.0
#工业贷款	Industrial Loans	1413321	1826317	29.2
商业贷款	Commercial Loans	320533	653122	103.8
建筑业贷款	Construction Loans	115234	98200	-14.8
私营及个体贷款	Loans to Private and Individuals	64979	65400	0.6
乡镇企业贷款	Loans to Township Enterprises	398927	409536	2.7
农业贷款	Agricultural Loans	256663	217314	-15.3
三资企业贷款	Loans to Hong Kong, Macao, Taiwan and Foreign Funded Enterprises	153163	158290	3.3
其他短期贷款	Other Short-term Loans	2937769	2970727	1.1
中长期贷款	Medium-term and Long-term Loans	5006382	7684369	53.5
#技术改造贷款	Loans to Technical Innovation	19560	13270	-32.2
基本建设贷款	Loans to Capital Construction	3367155	4677406	38.9
票据融资	Bill Financing	262049	167264	-36.2
各项垫款	Money Advanced	21460	19137	-10.8

22-23 滨海新区分区域银行类金融机构（2007年）
Banking Financial Institutions in Binhai New Area by Region, 2007

单位：个 (unit)

项　目	Item	合　计 Total	# 塘沽区 Tanggu District	# 汉沽区 Han'gu District	# 大港区 Dagang District	# 经济技术开发区 TEDA	# 天　津保税区 TFTZ
总　计	**Total**	**447**	**154**	**51**	**129**	**73**	**13**
政策性银行	Policy Banks	1				1	
商业银行	Commercial Banks	298	108	21	71	59	12
# 国有独资商业银行	State-owned Sole Commercial Banks	228	86	18	66	40	7
股份制商业银行	Share-holding Commercial Banks	70	22	3	5	19	5
城市商业银行	City Commercial Banks						
农村信用社	Rural Credit Coopertives	67	22	15	28	2	
邮政储蓄	Post Savings	74	24	15	30	4	1
外资银行	Foreign Funded Institutions	7				7	

22-24 滨海新区分区域社会事业基本情况（2007年）
Basic Statistics on Social Service of Binhai New Area by Region, 2007

单位：个 (unit)

项　目	Item	合　计 Total	# 塘沽区 Tanggu District	# 汉沽区 Han'gu District	# 大港区 Dagang District	# 经济技术开发区 TEDA
总　计	**Total**					
各类学校数	Number of Schools	216				
# 高等学校	Institutions of Higher Education	9	4	2	1	
普通中学	Regular Secondary Schools	91	33	15	38	
小　学	Primary Schools	97	43	21	30	
各类学校在校学生数(人)	Number of Students Enrollment (person)	204234				
# 高等学校	Students Enrollment of Higher Education	53804				
幼儿园数	Number of Kindergartens		34	29	64	
医院、卫生院数	Number of Hospitals and Health Care Centers	69	33	11	25	5
医院、卫生院床位数	Number of Beds in Hospital and Health Care Center	5336	2531	880	1925	416
卫生技术人员数(人)	Medical Technical Personnel (person)	9074	4866	1313	2895	1031
# 执业及助理医师	Certified and Assistant Doctors	3709	1474	566	1266	403
城乡老年福利机构	Urban and Rural Senile Welfare Institutions	10	6			
救助管理站	Collecting and Repatriation Units					
文化馆	Cultural Centers	3	1	1	1	
公共图书馆	Public Libraries	6	2	2	1	1
体育场	Stadium	19	4	1	7	6
体育馆	Coliseum	11	4	2	2	2

22-25 滨海新区工业废水、废气、固体废物排放及处理情况（2004-2007年）
Emission and Treatment of Industrial Waste Water, Waste Gas, Waste Residue and Dust of Binhai New Area, 2004-2007

指　标　Item	2004	2005	2006	2007
工业废水　Industrial Waste Water				
工业废水排放量(万吨)				
Volume of Waste Water Discharged (10 000 tons)	8310.27	16027.10	11493.82	10726.80
工业废水排放达标率(%)				
Rate of Reaching the Standard of Industrial Waste Water (%)	98.97	99.74	99.69	99.67
工业废气　Industrial Waste Gas				
工业废气排放总量(亿标立方米)				
Total Volume of Industrial Waste Gas Emission (100 million st. cu. m)	872.97	1414.02	1995.05	2159.65
生产工艺过程中废气排放量				
Volume of Waste Gas from the Process of Production	681.82	380.27	308.22	416.05
燃料燃烧过程中废气排放量				
Volume of Waste Gas from the Burning Process of Fuel	191.15	1033.75	1686.83	1743.60
工业粉尘产生量(万吨)				
Amount of Industrial Dust Produced (10 000 tons)	1.21	3.83	2.72	52.71
工业粉尘排放量				
Volume of Industrial Dust Emission	0.12	0.35	0.30	0.30
工业粉尘去除量				
Volume of Industrial Dust Removed	1.09	3.48	2.42	52.41
工业粉尘去除率(%)				
Rate of Industrial Dust Removed (%)	90.06	90.91	88.81	99.43
工业固体废物　Industrial Waste Residue				
工业固体废物产生量(万吨)				
Amount of Industrial Waste Residue Produced (10 000 tons)	261.11	447.41	516.56	524.14
工业固体废物处置量				
Volume of Treatment of Industrial Waste Residue	20.14	19.08	19.54	19.41
工业固体废物综合利用量				
Volume of Comprehensive Utilization of Industrial Waste Residue	291.76	480.06	496.90	507.49
工业固体废物综合利用率(%)				
Rate of Comprehensive Using Industrial Waste Residue (%)	93.50	96.30	96.30	96.82

22-26 经济技术开发区主要年份国民经济主要指标
Main Statistics on Economic-technological Development Area in Main Years

年 份 Year	地区生产总值 (万元) Gross Domestic Product (10 000 yuan)	工业总产值 (万元) Gross Output Value of Industry (10 000 yuan)	# 外商及港澳台商投资企业 Foreign and Hong Kong, Macao, Taiwan Funded Enterprises	工业产品销售收入 (万元) Sales Revenue of Industrial Product (10 000 yuan)	# 外商及港澳台商投资企业 Foreign and Hong Kong, Macao, Taiwan Funded Enterprises
1985					
1990	25011	78060	68859	73767	60546
1995	801102	2664551	2621361	2526011	2483428
1996	1310135	3701106	3646558	3617960	3563872
1997	1536270	4702422	4590240	4630014	4519091
1998	1801056	5402180	5203573	5337354	5141130
1999	2084516	6085483	5863637	6018543	5802137
2000	2564432	7318248	7089316	7274338	7049651
2001	3120259	8651050	8394351	8633748	8378463
2002	3800899	10312373	10016307	10291748	9996025
2003	4452278	12513994	12158648	12494722	12143923
2004	5302181	18221439	17749893	18476539	17998392
2005	6422936	23051921	22471809	23521464	22908165
2006	7805585	30301617	29522301	30744021	29821700
2007	9394042	33506742	32313392	34447412	33220623

年 份 Year	直接利用外资合同数 (个) Number of Foreign Direct Investment Contracts (unit)	实际直接利用外资额 (万美元) Actual Direct Utilization of Foreign Capital (USD 10 000)	出口总额 (万美元) Exports (USD 10 000)	从业人员 (人) Employment Personnel (person)	# 外商及港澳台商投资企业 Foreign and Hong Kong, Macao, Taiwan Funded Enterprises
1985	14	568		823	137
1990	54	3950	6370	14462	8115
1995	361	72216	90103	112874	79682
1996	187	75706	145020	140150	99853
1997	172	75558	200415	157934	113473
1998	194	101318	208135	171604	121093
1999	106	100071	255380	180466	127156
2000	99	101003	326691	191058	134496
2001	94	180072	403531	195012	137702
2002	111	41000	570563	205884	146808
2003	167	63251	688617	231957	159666
2004	164	94923	1117503	258064	179747
2005	225	128510	1397066	288264	201334
2006	232	160029	1714478	315678	221674
2007	187	193055	1849959	329290	229910

22-27 经济技术开发区国民经济主要指标（2007年） Main Statistics on Economic-technological Development Area, 2007

项　目	Item	2007	2007比2006年增长(%) Increase Rate in 2007 over 2006 (%)
地区生产总值(万元)	Gross Domestic Product (10 000 yuan)	9394042	20.3
第二产业	Secondary Industry	7760386	18.6
#工　业	Industry	7693732	18.8
第三产业	Tertiary Industry	1633656	30.9
#交通运输、仓储和邮政业	Transportation, Storage and Post Services	119633	
批发和零售业	Wholesale and Retail Trade	1017470	
住宿和餐饮业	Accommodation and Catering Services	46715	
房地产业	Real Estate	190533	
工业产品销售收入(万元)	Sales Revenue of Industrial Products (10 000 yuan)	34447412	11.2
#外商及港澳台商投资企业	Foreign and Hong Kong, Macao, Taiwan Funded Enterprises	33220623	11.4
工业总产值(万元)	Gross Output Value of Industry (10 000 yuan)	33506742	10.6
#外商及港澳台商投资企业	Foreign and Hong Kong, Macao, Taiwan Funded Enterprises	32313392	9.5
出口总额(万美元)	Total Value of Exports (USD 10 000)	1849959	7.9
直接利用外资合同数(个)	Number of Foreign Direct Investment Contracts (unit)	187	-19.4
直接利用外资合同额(万美元)	Foreign Direct Investment Contracted (USD 10 000)	391100	20.3
实际直接利用外资额(万美元)	Actual Direct Utilization of Foreign Capital (USD 10 000)	193055	20.6
单位从业人员期末人数(人)	Number of Year-end Employment Personnel (person)	329290	4.3
外商及港澳台商投资企业	Foreign and Hong Kong, Macao, Taiwan Funded Enterprises	229910	3.7
内资企业	Domestic Funded Enterprises	99380	5.7
按产业分组	Grouped by Industry		
第二产业	Secondary Industry	245339	5.3
第三产业	Tertiary Industry	83823	1.4
单位从业人员人均劳动报酬(元)	Per Capita Remuneration of Employment Personnel (yuan)	35191	12.1

22-28 经济技术开发区小区主要经济指标（2007年） Main Statistics on Subsidiaries Areas of Teda, 2007

项　目	Item	西　区 West Area	微电子工业区 MIP	逸仙科学工业区 YSP	化　学工业区 CIP
工业总产值(万元)	Gross Output Value of Industry (10 000 yuan)	608519	7823436	426309	271160
外贸出口总额(万美元)	Total Value of Exports (USD 10 000)	24928	702682	27040	6222
固定资产投资(万元)	Total Investment In Fixed Assets (10 000 yuan)	532953	126201	12699	103851
#基础设施	Infrastructure	273466		991	7089
单位从业人员期末人数(人)	Number of Year-end Employment Personnel (person)	7542	27100	4703	2300
直接利用外资项目数(个)	Number of Foreign Direct Investment Contracts (unit)	15	6		7
直接利用外资合同额(万美元)	Foreign Direct Investment Contracted (USD 10 000)	8844	1559		6628

注：微电子工业区坐落于西青区、逸仙科学工业区坐落于武清区、化学工业区坐落于汉沽区。
Note: MIP is located at Xiqing district. YSP is located at Wuqing district. CIP is located at Han'gu district.

22-29 经济技术开发区城市建设情况（截至2007年底）
Urban Construction of the Economic-technological Development Area (By the End of 2007)

项　目	Item	单　位	Unit	数 量 Amount
累计房屋开工面积	Accumulated Floor Space under Construction	万平方米	10 000 sq. m	2024.9
#2007年	in 2007	万平方米	10 000 sq. m	267.9
累计房屋竣工面积	Accumulated Floor Space Completed	万平方米	10 000 sq. m	1335.3
#2007年	in 2007	万平方米	10 000 sq. m	212.0
已开发土地面积	Developed Area	平方公里	sq. km	45
桥　梁	Bridge	座	unit	8
路　灯	Street Lamp	盏	unit	16583
污水处理量	Volume of Sewage Treatment	万立方米	10 000 cu. m	2003.56
绿化面积	Area of Green Land	万平方米	10 000 sq. m	1029.13
绿化覆盖率	Coverage Rate of Urban Green Areas	%	%	33.59
客运总量	Passenger Traffic	万人次	10 000 person-times	3374.58
#轻　轨	Light Railway	万人次	10 000 person-times	1100.00

22-30 经济技术开发区利用外资情况（1985-2007年）
Foreign Investment of Economic-technological Development Area, 1985-2007

单位：万美元 (USD 10 000)

年　份 Year	直接利用外资合同数(个) Number of Foreign Direct Investment Constracts (unit)	直接利用外资合同额 Foreign Direct Investment Constracted	实际直接利用外资额 Actual Direct Utilization of Foreign Capital
1985-2007年累计 Total of 1985-2007	**4308**	**2462100**	**1341129**
1985	14	1436	568
1986	27	1693	1231
1987	34	844	1099
1988	48	4835	1298
1989	40	6764	4071
1990	54	10034	3950
1991	121	12653	11006
1992	462	50685	24243
1993	909	75853	34460
1994	487	119908	65546
1995	361	158959	72216
1996	187	158846	75706
1997	172	130815	75558
1998	194	122845	101318
1999	106	127987	100071
2000	99	264034	101003
2001	94	220008	180072
2002	111	89324	41000
2003	167	127751	63251
2004	164	192235	94923
2005	225	259510	128510
2006	232	325081	160029
2007	187	391100	193055

注：表中数字以核发批准证书为准。
Note: The data of this table are calculated according to the certificate of agreement.

22-31 经济技术开发区外商及港澳台商投资企业按投资方式及国别（地区）分类（截至2007年底）
Teda's Foreign and Hong Kong, Macao, Taiwan Funded Enterprises by Investing Way and Country (Region) (By the End of 2007)

国别（地区）	Country (Region)	企业个数(个) Number of Enterprises (unit)	直接利用外资项目合同投资总额(万美元) Total Volume of Contract (USD 10 000)	# 直接利用外资合同额 Foreign Capital
合　计	**Total**	**1871**	**2444400**	**1033351**
按投资方式分	**Grouped by Investing Way**			
合资企业	Joint Ventures	832	1152495	440783
合作企业	Cooperative Enterprises	41	65494	24552
独资企业	Sole-foreign Enterprises	998	1226411	568016
按国别、地区分	**Grouped by Country, Region**			
#美　国	United State	288	447229	137094
中国香港	Hong Kong, China	497	449902	202878
韩　国	Republic of Korea	134	202122	77242
英属维尔京	Virgin Islands of United Kingdom	128	370213	184668
日　本	Japan	248	296238	120605
英　国	United Kingdom	37	27709	12817
新加坡	Singapore	94	117361	51395
中国台湾	Taiwan, China	111	31313	13638
开曼群岛	Qaman Islands	27	107706	44833
丹　麦	Denmark	6	43786	19041
德　国	Germany	41	63787	33752
荷　兰	Netherlands	15	34662	18824
瑞　士	Swiss	10	18248	11483
加拿大	Canada	48	41074	22363
中国澳门	Macao, China	11	10619	3835
法　国	France	24	19140	6887
西萨摩亚	Samoa Western	12	46810	21275
泰　国	Thailand	6	3992	1961
澳大利亚	Australia	16	5378	2158
马来西亚	Malaysia	10	2295	1204
芬　兰	Finland	5	1788	1055
比利时	Belgium	11	3253	2301
印度尼西亚	Indonesia	4	368	224

注：表中数字以核发营业执照的企业为准，21-20表同。
Note: The data of this table refer to enterprises which have gotten business license, same as table 21-20.

22-31 续表 Continued

国 别 (地 区)	Country (Region)	企业个数(个) Number of Enterprises (unit)	直接利用外资项目合同投资总额(万美元) Total Volume of Contract (USD 10 000)	# 直接利用外资合同额 Foreign Capital
巴哈马	Bahama	1	885	500
以色列	Israel	1	556	186
新西兰	New Zealand	5	3441	1498
意大利	Italy	4	221	119
毛里求斯	Mauritius	10	16041	8915
菲律宾	Philippines	2	1338	760
匈牙利	Hungary	4	123	115
罗马尼亚	Romania	1	50	50
巴拿马	Panama	3	209	73
捷 克	Czech	2	189	68
波 兰	Poland	1	150	105
西班牙	Spain	5	267	190
俄罗斯	Russia	2	84	42
挪 威	Norway	1	50	35
塞浦路斯	Cyprus	2	25	18
乌拉圭	Uruguay	1	68	24
奥地利	Austria	1	20	20
巴基斯坦	Pakistan	3	58	26
柬埔寨	Cambodia	2	50	50
百慕大群岛	Bermuda	3	6116	2865
巴巴多斯	Barbados	6	26250	11300
卢森堡	Luxembourg	3	2558	858
哥斯达黎加	Costa Rica	1	200	180
美属萨摩亚	American Samoa	2	1500	750
也 门	Yemen	1	28	20
乌克兰	Ukraine	1	1809	338
爱尔兰	Ireland	1	30	27
英属印度洋群岛	British Indian Ocean Territory	1	20	20

22-32 经济技术开发区外商及港澳台商投资企业按行业分类(截至2007年底)
Teda's Foreign and Hong Kong, Macao, Taiwan Funded Enterprises by Sector (By the End of 2007)

行　业	Sector	企业个数(个) Number of Enterprises (unit)	直接利用外资项目合同投资总额(万美元) Total Volume of Contract (USD 10 000)	# 直接利用外资合同额 Foreign Capital
合　计	Total	**1871**	**2444400**	**1033351**
农　业	Agriculture	1	170	30
渔　业	Fishery	1	20	20
农、林、牧、渔服务业	FFAF Services	2	892	371
煤炭开采和洗选业	Mining and Washing of Coal	3	11939	4847
有色金属矿采选业	Mining and Processing of Non-Ferrous Metal Ores	1	77	60
其他矿采选业	Processing of Other Minerals Mining	1	70	70
农副食品加工业	Processing of Food from Agricultural Products	49	54921	28880
食品制造业	Manufacture of Food	49	79152	35553
饮料制造业	Manufacture of Beverage	24	41939	13739
纺织业	Manufacture of Textile	26	24704	7969
纺织服装、鞋、帽制造业	Manufacture of Textile Wearing Apparel, Footware and Caps	56	8248	3664
皮革、毛皮、羽毛(绒)及其制品业	Manufacture of Leather, Fur, Feather and Related Products	17	3640	1524
木材加工及木竹藤棕草制品业	Processing of Timber, Manufacture of Wood, Bamboo, Rattan, Palm, and Straw Products	13	1248	852
家具制造业	Manufacture of Furniture	22	14608	5681
造纸及纸制品业	Manufacture of Paper and Paper Products	15	3881	1482
印刷业和记录媒介的复制	Printing, Reproduction of Recording Media	21	7403	4221
文教体育用品制造业	Manufacture of Articles For Culture, Education and Sport Activity	19	10517	2789
石油加工、炼焦及核燃料加工业	Processing of Petroleum, Coking, Processing of Nuclear Fuel	9	5518	2843
化学原料及化学制品制造	Manufacture of Raw Chemical Materials and Chemical Products	99	152642	59062
医药制造业	Manufacture of Medicines	45	82014	37120
化学纤维制造业	Manufacture of Chemical Fibers	4	3713	1677
橡胶制品业	Manufacture of Rubber	16	46630	18109
塑料制品业	Manufacture of Plastics	65	42379	17168
非金属矿物制品业	Manufacture of Non-metallic Mineral Products	64	36965	14949
黑色金属冶炼及压延加工	Smelting and Pressing of Ferrous Metals	9	21782	8079
有色金属冶炼及压延加工	Smelting and Pressing of Non-Ferrous Metals	9	19529	5992
金属制品业	Manufacture of Metal Products	45	24980	9884
通用设备制造业	Manufacture of General Purpose Machinery	68	56544	29483

22-32 续表 Continued

行 业	Sector	企业个数(个) Number of Enterprises (unit)	直接利用外资项目合同投资总额(万美元) Total Volume of Contract (USD 10 000)	# 直接利用外资合同额 Foreign Capital
专用设备制造业	Manufacture of Special Purpose Machinery	110	62700	27417
交通运输设备制造业	Manufacture of Transport Equipment	75	148664	63511
电气机械及器材制造业	Manufacture of Electrical Machinery and Equipment	76	87851	43216
通信设备、计算机及其他电子设备制造业	Manufacture of Communication Equipment, Computers and Other Electronic Equipment	156	727571	245920
仪器仪表及文化办公用机械制造业	Manufacture of Measuring Instruments and Machinery for Cultural Activity and Office Work	52	27348	14008
工艺品及其他制造业	Manufacture of Artwork and Other Manufacturing	27	3069	1939
废弃资源和废旧材料回收加工业	Recycling and Disposal of Waste	3	789	293
电力、热力的生产和供应业	Production and Supply of Electric Power and Heat Power	4	12545	6871
燃气生产和供应业	Production and Supply of Gas	2	1689	698
水的生产和供应业	Production and Supply of Water	3	23346	12717
房屋和土木工程建筑业	Buildings and Civil Engineering Construction	16	23034	8769
建筑安装业	Equipment Installation	5	322	164
建筑装饰业	Building Decoration	29	2116	1199
其他建筑业	Other Construction	5	230	139
道路运输业	Road Transportation	6	12461	3435
城市公共交通业	Urban Public Transportation	1	48	24
水上运输业	Water Transportation	7	9492	1758
装卸搬运和其他运输服务业	Loading, Transportation and Other Transportation Services	22	7398	2524
仓储业	Storage	25	44893	16927
电信和其他信息传输服务业	Telecommunication and Other Information Transmitting Services	17	4182	2532
计算机服务业	Computer Services	1	28	10
软件业	Software	37	12344	5406
批发业	Wholesale	38	65665	33338
零售业	Retail	9	4537	2151
餐饮业	Catering	13	356	288
其他金融活动	Other Finance	3	6251	1426
房地产业	Real Estate	104	153655	80489
租赁业	Leasing Serving	3	1673	803
商务服务业	Commercial Services	122	112841	87607
研究与试验发展	R&D	9	7283	2551
专业技术服务业	Professional Technology Services	40	15297	6449
科技交流和推广服务业	Scientific and Technological Exchange and Promotion Services	66	57191	23294
水利管理业	Water Conservancy	2	183	83
环境管理业	Management for Environment	4	573	515
公共设施管理业	Public Facilities Services	9	42717	15794
居民服务业	Resident Services	2	29	11
其他服务业	Other Services	5	124	45
教 育	Education	1	500	250
体 育	Sports	3	125	101
娱乐业	Entertainment	5	6860	2478
其他业	Others	1	295	83

22-33 天津保税区建区以来国民经济主要指标(1992-2007年)
Main Statistics on Tianjin Free Trade Zone Since Establishment, 1992-2007

年 份 Year	地区生产总值 (万元) Gross Domestic Product (10 000 yuan)	工业总产值 (万元) Gross Output Value of Industry (10 000 yuan)	固定资产投资 (亿元) Investment in Fixed Assets (100 million yuan)	进出区货物总值 (亿美元) Total Value of Goods from and to the Zone (USD 100 million)
1992	300		2.56	1.60
1993	6500	800	15.09	8.60
1994	16940	15000	7.18	6.77
1995	33930	46800	2.51	12.78
1996	77498	70010	1.56	27.01
1997	121687	69706	2.32	40.97
1998	231839	48479	10.61	46.97
1999	284363	41436	14.66	46.48
2000	346214	112921	12.22	47.00
2001	443845	169446	12.57	50.01
2002	615109	225396	15.50	65.00
2003	830186	418136	31.20	92.31
2004	1151502	910035	52.82	131.25
2005	1535838	1622752	62.06	187.61
2006	2025573	2550138	71.56	254.25
2007	2894524	3958712	105.80	330.73

年 份 Year	直接利用外资合同数(个) Number of Foreign Direct Investment Contracts (unit)	直接利用外资合同额 (万美元) Foreign Direct Investment Contracted (USD 10 000)	实际直接利用外资额 (万美元) Actual Direct Utilization of Foreign Capital (USD 10 000)	企业进出口总额 (万美元) Foreign Trade of Enterprises (USD 10 000)	#进 口 Import
1992	508	35253	6500		
1993	1169	53208	15330	6587	3507
1994	390	22179	11011	7413	3985
1995	336	27362	18027	31263	20473
1996	370	35906	20310	39281	23962
1997	413	70375	30044	60744	38970
1998	427	50213	30511	71190	45438
1999	212	55149	35331	74271	55450
2000	168	33779	35497	99284	76873
2001	134	47539	55084	121482	92580
2002	188	52549	23500	212003	173978
2003	218	96662	40177	361912	311927
2004	257	152384	56361	543963	473052
2005	338	206978	76663	814751	702335
2006	200	249044	92422	946841	758064
2007	164	312300	115500	1004087	691845

22-34 天津保税区主要经济指标 Main Statistics on Tianjin Free Trade Zone

单位：亿元 (100 million yuan)

项　目	Item	2006	2007	2007比2006年增长(%) Increase Rete in 2007 over 2006 (%)
地区生产总值	Gross Domestic Product	202.56	289.45	41.4
第二产业	Secondary Industry	33.72	60.69	51.9
第三产业	Tertiary Industry	168.84	228.76	38.8
利用外资合同数(个)	Number of Foreign Direct Investment Contracts (unit)	200	164	-18.8
实际利用外资额(万美元)	Foreign Direct Investment Actually Used (USD 10 000)	92423	115500	25.0
进出区货物总值(亿美元)	Total Value of Goods from and to the Zone (USD 100 million)	254.25	330.73	30.1
企业进出口额(亿美元)	Foreign Trade of the Enterprises (USD 100 million)	94.68	100.41	6.0
#进　口	Imports	75.81	69.18	-8.7
财政收入	Government Revenue	34.83	45.32	30.1
各项税收总额	Various Taxes	71.11	169.30	871.4
#工商税及所得税	Industrial, Commercial and Income Tax	28.67	39.30	37.7
海关关税	Tariffs	9.64	41.70	333.5
海关代征税	Tax Levied by the Customs as an Agent	32.76	88.3	169.5
企业销售(营业)收入	Sales (Business) Revenue of Enterprise	1200.74	1707.05	42.2
工业总产值	Gross Output Value of Industry	255.01	395.87	55.2
固定资产投资总额	Investment in Fixed Assets	71.56	105.80	47.9
#基础设施投资	Infrastructure Investment	15.24	15.41	1.1

22-35 天津保税区基础设施形成能力（截至2007年底） Capacity of Infrastructure on Tianjin Free Trade Zone (By the End of 2007)

项　目	Item	单　位	Unit	海　港保税区 Seaport FTZ	空港物流加工区 Air Port Industrial Park	空港国际物流区 AirPort International Industrial Park
建成道路长度	Length of Completed Roads	公　里	km	34.2	161.0	4.7
建成道路面积	Area of Completed Roads	万平方米	10 000 sq. m	52.48	157.44	
绿地面积	Area of Green Areas	万平方米	10 000 sq. m	107.9	751.4	10.9
供水能力	Capacity of Water Supply	万立方米/日	10 000 cu. m/day	2.5	5.0	0.3
排水管道长度	Length of Drainpipes	公　里	km	67.3	246.0	13.0
#污水管道	Sewage Drainpipes	公　里	km	18.45	93.40	
供电能力	Capacity of Electricity Supply	千伏安	kVA	101000.0	652500.0	9701.0
供气能力	Capacity of Gas Supply	万立方米/日	10 000 cu. m/day	2.50	2.00	
供热管道长度	Length of Drainpipes	公　里	km	39.0	100.9	0.7
供蒸汽能力	Heating Supply	吨/小时	ton/hour	100.0	233.0	
程控电话装机容量	Capacity of Office Telephone Exchanges	万　门	10 000 lines	0.8	6.2	1.0
通讯管道长度	Length of Telecommunication Pipe	孔公里	km	179.6	522.0	21.0

第23篇
CHAPTER 23

区县基本情况
Basic Statistics on Districts and Counties

23-1 和平区基本情况
Basic Statistics on Heping District

指 标	Item	2006	2007
* 户籍户数(万户)	Registered Households (10 000 households)	12.99	13.05
* 户籍人口(万人)	Registered Population (10 000 persons)	38.51	38.71
男	Male	18.59	18.68
女	Female	19.92	20.03
* 人口出生率(‰)	Birth Rate of Population (‰)	2.7	2.8
* 人口自然增长率(‰)	Natural Growth Rate of Population (‰)	-1.2	-3.7
城镇单位从业人员(万人)	Employment Personnel in Urban Units (10 000 persons)	3.13	3.30
# 在岗职工	On-post Staff and Workers	2.80	2.84
* 区县生产总值(亿元)	Gross Domestic Product (100 million yuan)	313.86	344.03
第二产业	Secondary Industry	58.35	56.90
# 工 业	Industry	44.72	46.94
第三产业	Tertiary Industry	255.51	287.13
区县生产总值增速(%)	Increase Rate of Gross Domestic Product (%)	8.2	3.1
区县增加值(亿元)	Value Added of District (100 million yuan)	70.21	83.99
区县增加值增速(%)	Increase Rate of Value Added of District (%)	16.7	16.9
区级一般预算财政收入(万元)	General Budgetary Government Revenue at District Level (10 000 yuan)	120385	144457
区级一般预算财政支出(万元)	General Budgetary Government Expenditure at District Level (10 000 yuan)	130816	160938
# 教育经费支出	Operating Expenses for Education	33240	46207
* 固定资产投资(万元)	Investment in Fixed Assets (10 000 yuan)	1238494	494109
规模以上工业企业	Industrial Enterprises above Designated Size		
单位数(个)	Number of Units (unit)	20	16
从业人员(万人)	Employment Personnel (10 000 persons)	0.12	0.09
总产值(万元)	Gross Output Value (10 000 yuan)	31618	24074
主营业务收入(万元)	Revenue from Principal Business (10 000 yuan)	32923	26232
利润总额(万元)	Total Profits (10 000 yuan)	2039	2741
资产总值(万元)	Total Assets (10 000 yuan)	27803	19643
负债总额(万元)	Liabilities (10 000 yuan)	17844	11800
社会消费品零售总额(万元)	Retail Sales of Consumer Goods (10 000 yuan)	1199757	1441793

注：1. "*"为全区(县)数据，其余为区(县)属数。2. 区县在地口径生产总值称为区县生产总值,考核口径生产总值称为区县增加值。3. 固定资产投资不含农村非农户和农户投资。4. 23-2至23-18表同。

Note: a) The data with "*" of this table refer to the whole district (county) data, others refer to that of units under the leadership of this district (county). b) GDP of districts and counties adopt the coverage of location, and value added of districts and counties adopt the coverage of examination. c) The investment in fixed assets exclude rural non-agricultrual and agricultrual households. d) Same as following table 23-2 to 23-18.

23-1 续表 Continued

指　标	Item	2006	2007
* 私营工商企业	Private Industrial and Commercial Enterprises		
户　数（户）	Number of Enterprises (unit)	4540	4890
从业人员（人）	Employment Personnel (person)	17781	17761
注册资本（万元）	Registered Capital (10 000 yuan)	670154	790747
* 个体工商业	Individual Industrial and Commercial Enterprises		
户　数（户）	Number of Enterprises (unit)	4531	4658
从业人员（人）	Employment Personnel (person)	5501	765
资金数额（万元）	Fund (10 000 yuan)	14452	15768
实际直接利用外资（万美元）	Actual Direct Utilization of Foreign Capital (USD 10 000)	11095	13921
吸引内资到位额（万元）	Domestic Investment Actually Used (10 000 yuan)	480600	584260
工业企业出口交货值（万元）	Delivery Value of Industrial Enterprises (10 000 yuan)	18093	14688
星级饭店（个）	Star Hotel (unit)	16	16
* 小学校数（所）	Number of Primary Schools (unit)	32	32
* 小学在校学生数（人）	Students Enrollment of Primary Schools (person)	27162	25765
* 普通中学校数（所）	Number of Regular Secondary Schools (unit)	30	29
* 普通中学在校学生数（人）	Students Enrollment of Regular Secondary Schools (person)	32459	30399
幼儿园数（所）	Number of Kindergartens (unit)	25	26
卫生机构数（个）	Health Care Institutions (unit)	27	29
# 医院、卫生院	Hospital and Health Care Center	9	9
卫生机构床位数（张）	Beds (unit)	723	683
# 医院、卫生院	Hospital and Health Care Center	723	643
新增就业人员（人）	Newly Employment Personnel (person)	19383	20862
享受低保户数（户）	Number of Households Receiving Lowest Cost-of-Living (household)	3036	2820
发放低保金额（万元）	Cost of Lowest Cost-of-Living (10 000 yuan)	880.6	1047.5
* 人均公园绿地面积（平方米）	Per Capita Green Area of Parks (sq. m)	1.2	1.5

23-2 河东区基本情况
Basic Statistics on Hedong District

指　　标	Item	2006	2007
* 户籍户数（万户）	Registered Households (10 000 households)	25.65	26.00
* 户籍人口（万人）	Registered Population (10 000 persons)	69.94	70.75
男	Male	35.22	35.62
女	Female	34.72	35.13
* 人口出生率 (‰)	Birth Rate of Population (‰)	4.4	5.3
* 人口自然增长率 (‰)	Natural Growth Rate of Population (‰)	-0.6	0.4
城镇单位从业人员（万人）	Employment Personnel in Urban Units (10 000 persons)	2.33	2.23
# 在岗职工	On-post Staff and Workers	1.85	1.80
* 区县生产总值（亿元）	Gross Domestic Product (100 million yuan)	148.98	158.95
第二产业	Secondary Industry	66.98	66.07
# 工　业	Industry	43.00	41.37
第三产业	Tertiary Industry	82.00	92.88
区县生产总值增速 (%)	Increase Rate of Gross Domestic Product (%)	10.1	4.6
区县增加值（亿元）	Value Added of District (100 million yuan)	61.45	74.74
区县增加值增速 (%)	Increase Rate of Value Added of District (%)	19.1	14.2
区级一般预算财政收入（万元）	General Budgetary Government Revenue at District Level (10 000 yuan)	93880	113531
区级一般预算财政支出（万元）	General Budgetary Government Expenditure at District Level (10 000 yuan)	107843	129997
# 教育经费支出	Operating Expenses for Education	33059	43609
* 固定资产投资（万元）	Investment in Fixed Assets (10 000 yuan)	800217	777236
规模以上工业企业	Industrial Enterprises above Designated Size		
单位数（个）	Number of Units (unit)	53	39
从业人员（万人）	Employment Personnel (10 000 persons)	0.38	0.27
总产值（万元）	Gross Output Value (10 000 yuan)	184241	92322
主营业务收入（万元）	Revenue from Principal Business (10 000 yuan)	182064	112581
利润总额（万元）	Total Profits (10 000 yuan)	7596	12599
资产总值（万元）	Total Assets (10 000 yuan)	119973	80416
负债总额（万元）	Liabilities (10 000 yuan)	86076	42743
社会消费品零售总额（万元）	Retail Sales of Consumer Goods (10 000 yuan)	753870	961273

23-2 续表 Continued

指　标	Item	2006	2007
* 私营工商企业	Private Industrial and Commercial Enterprises		
户　数（户）	Number of Enterprises (unit)	4732	4887
从业人员（人）	Employment Personnel (person)	36464	34288
注册资本（万元）	Registered Capital (10 000 yuan)	586679	671235
* 个体工商业	Individual Industrial and Commercial Enterprises		
户　数（户）	Number of Enterprises (unit)	12581	7482
从业人员（人）	Employment Personnel (person)	12581	2134
资金数额（万元）	Fund (10 000 yuan)	56275	26835
实际直接利用外资（万美元）	Actual Direct Utilization of Foreign Capital (USD 10 000)	1490	4646
吸引内资到位额（万元）	Domestic Investment Actually Used (10 000 yuan)	187906	271765
工业企业出口交货值（万元）	Delivery Value of Industrial Enterprises (10 000 yuan)	13316	13369
星级饭店（个）	Star Hotel (unit)	10	10
* 小学校数（所）	Number of Primary Schools (unit)	23	23
* 小学在校学生数（人）	Students Enrollment of Primary Schools (person)	19260	22101
* 普通中学校数（所）	Number of Regular Secondary Schools (unit)	23	23
* 普通中学在校学生数（人）	Students Enrollment of Regular Secondary Schools (person)	26874	25231
幼儿园数（所）	Number of Kindergartens (unit)	52	48
卫生机构数（个）	Health Care Institutions (unit)	18	18
# 医院、卫生院	Hospital and Health Care Center	15	15
卫生机构床位数（张）	Beds (unit)	978	898
# 医院、卫生院	Hospital and Health Care Center	978	898
新增就业人员（人）	Newly Employment Personnel (person)	20347	21789
享受低保户数（户）	Number of Households Receiving Lowest Cost-of-Living (household)	11867	10559
发放低保金额（万元）	Cost of Lowest Cost-of-Living (10 000 yuan)	4951	4473
* 人均公园绿地面积（平方米）	Per Capita Green Area of Parks (sq. m)	4.4	4.8

23-3 河西区基本情况 Basic Statistics on Hexi District

指　标	Item	2006	2007
* 户籍户数（万户）	Registered Households (10 000 households)	26.34	26.72
* 户籍人口（万人）	Registered Population (10 000 persons)	75.45	76.31
男	Male	37.21	37.61
女	Female	38.23	38.70
* 人口出生率 (‰)	Birth Rate of Population (‰)	4.2	5.2
* 人口自然增长率 (‰)	Natural Growth Rate of Population (‰)	-0.6	1.1
城镇单位从业人员（万人）	Employment Personnel in Urban Units (10 000 persons)	3.46	3.42
# 在岗职工	On-post Staff and Workers	3.00	3.03
* 区县生产总值（亿元）	Gross Domestic Product (100 million yuan)	314.42	346.18
第二产业	Secondary Industry	105.66	95.53
# 工　业	Industry	83.95	70.55
第三产业	Tertiary Industry	208.76	250.65
区县生产总值增速 (%)	Increase Rate of Gross Domestic Product (%)	6.4	2.2
区县增加值（亿元）	Value Added of District (100 million yuan)	78.57	92.48
区县增加值增速 (%)	Increase Rate of Value Added of District (%)	26.6	15.7
区级一般预算财政收入（万元）	General Budgetary Government Revenue at District Level (10 000 yuan)	136078	173629
区级一般预算财政支出（万元）	General Budgetary Government Expenditure at District Level (10 000 yuan)	130336	155824
# 教育经费支出	Operating Expenses for Education	36075	45620
* 固定资产投资（万元）	Investment in Fixed Assets (10 000 yuan)	746040	907351
规模以上工业企业	Industrial Enterprises above Designated Size		
单位数（个）	Number of Units (unit)	64	59
从业人员（万人）	Employment Personnel (10 000 persons)	0.34	0.31
总产值（万元）	Gross Output Value (10 000 yuan)	73486	72190
主营业务收入（万元）	Revenue from Principal Business (10 000 yuan)	74903	78852
利润总额（万元）	Total Profits (10 000 yuan)	2195	2573
资产总值（万元）	Total Assets (10 000 yuan)	85037	88114
负债总额（万元）	Liabilities (10 000 yuan)	44368	42630
社会消费品零售总额（万元）	Retail Sales of Consumer Goods (10 000 yuan)	1247481	1448371

23-3 续表 Continued

指　标	Item	2006	2007
* 私营工商企业	Private Industrial and Commercial Enterprises		
户　数(户)	Number of Enterprises (unit)	8042	8659
从业人员(人)	Employment Personnel (person)	64053	81869
注册资本(万元)	Registered Capital (10 000 yuan)	911958	949500
* 个体工商业	Individual Industrial and Commercial Enterprises		
户　数(户)	Number of Enterprises (unit)	18406	20012
从业人员(人)	Employment Personnel (person)	24356	25016
资金数额(万元)	Fund (10 000 yuan)	51230	58900
实际直接利用外资(万美元)	Actual Direct Utilization of Foreign Capital (USD 10 000)	4310	5808
吸引内资到位额(万元)	Domestic Investment Actually Used (10 000 yuan)	205425	570000
工业企业出口交货值(万元)	Delivery Value of Industrial Enterprises (10 000 yuan)	11108	11696
星级饭店(个)	Star Hotel (unit)	12	15
* 小学校数(所)	Number of Primary Schools (unit)	46	46
* 小学在校学生数(人)	Students Enrollment of Primary Schools (person)	29891	29406
* 普通中学校数(所)	Number of Regular Secondary Schools (unit)	42	38
* 普通中学在校学生数(人)	Students Enrollment of Regular Secondary Schools (person)	35777	32456
幼儿园数(所)	Number of Kindergartens (unit)	40	37
卫生机构数(个)	Health Care Institutions (unit)	24	24
# 医院、卫生院	Hospital and Health Care Center	18	18
卫生机构床位数(张)	Beds (unit)	1285	832
# 医院、卫生院	Hospital and Health Care Center	1285	832
新增就业人员(人)	Newly Employment Personnel (person)	21894	42326
享受低保户数(户)	Number of Households Receiving Lowest Cost-of-Living (household)	7842	17497
发放低保金额(万元)	Cost of Lowest Cost-of-Living (10 000 yuan)	2179	3756
* 人均公园绿地面积(平方米)	Per Capita Green Area of Parks (sq. m)	6.5	6.5

23-4 南开区基本情况
Basic Statistics on Nankai District

指　标	Item	2006	2007
* 户籍户数（万户）	Registered Households (10 000 households)	28.05	28.46
* 户籍人口（万人）	Registered Population (10 000 persons)	81.08	81.87
男	Male	41.09	41.41
女	Female	39.99	40.45
* 人口出生率 (‰)	Birth Rate of Population (‰)	4.0	5.0
* 人口自然增长率 (‰)	Natural Growth Rate of Population (‰)	-0.6	1.29
城镇单位从业人员（万人）	Employment Personnel in Urban Units (10 000 persons)	4.08	3.77
# 在岗职工	On-post Staff and Workers	2.82	2.67
* 区县生产总值（亿元）	Gross Domestic Product (100 million yuan)	220.45	233.21
第二产业	Secondary Industry	73.01	59.41
# 工　业	Industry	63.08	51.63
第三产业	Tertiary Industry	147.43	173.80
区县生产总值增速 (%)	Increase Rate of Gross Domestic Product (%)	9.9	1.1
区县增加值（亿元）	Value Added of District (100 million yuan)	72.68	87.67
区县增加值增速 (%)	Increase Rate of Value Added of District (%)	15.3	18.6
区级一般预算财政收入（万元）	General Budgetary Government Revenue at District Level (10 000 yuan)	139702	184532
区级一般预算财政支出（万元）	General Budgetary Government Expenditure at District Level (10 000 yuan)	123600	184630
# 教育经费支出	Operating Expenses for Education	34749	44188
* 固定资产投资（万元）	Investment in Fixed Assets (10 000 yuan)	1323923	1086346
规模以上工业企业	Industrial Enterprises above Designated Size		
单位数（个）	Number of Units (unit)	135	106
从业人员（万人）	Employment Personnel (10 000 persons)	0.89	0.68
总产值（万元）	Gross Output Value (10 000 yuan)	255922	269675
主营业务收入（万元）	Revenue from Principal Business (10 000 yuan)	241747	233664
利润总额（万元）	Total Profits (10 000 yuan)	11931	23479
资产总值（万元）	Total Assets (10 000 yuan)	218731	206766
负债总额（万元）	Liabilities (10 000 yuan)	121215	103527
社会消费品零售总额（万元）	Retail Sales of Consumer Goods (10 000 yuan)	1332704	1596637

23-4 续表 Continued

指　标	Item	2006	2007
* 私营工商企业	Private Industrial and Commercial Enterprises		
户　数（户）	Number of Enterprises (unit)	9314	10377
从业人员（人）	Employment Personnel (person)	69770	72880
注册资本（万元）	Registered Capital (10 000 yuan)	838009	1005511
* 个体工商业	Individual Industrial and Commercial Enterprises		
户　数（户）	Number of Enterprises (unit)	9007	8939
从业人员（人）	Employment Personnel (person)	10159	996
资金数额（万元）	Fund (10 000 yuan)	34650	41474
实际直接利用外资（万美元）	Actual Direct Utilization of Foreign Capital (USD 10 000)	10941	13752
吸引内资到位额（万元）	Domestic Investment Actually Used (10 000 yuan)	401140	563213
工业企业出口交货值（万元）	Delivery Value of Industrial Enterprises (10 000 yuan)	196998	198281
星级饭店（个）	Star Hotel (unit)	6	6
* 小学校数（所）	Number of Primary Schools (unit)	36	36
* 小学在校学生数（人）	Students Enrollment of Primary Schools (person)	26334	24211
* 普通中学校数（所）	Number of Regular Secondary Schools (unit)	39	37
* 普通中学在校学生数（人）	Students Enrollment of Regular Secondary Schools (person)	32743	30930
幼儿园数（所）	Number of Kindergartens (unit)	48	49
卫生机构数（个）	Health Care Institutions (unit)	27	27
# 医院、卫生院	Hospital and Health Care Center	19	17
卫生机构床位数（张）	Beds (unit)	1489	1489
# 医院、卫生院	Hospital and Health Care Center	1489	1489
新增就业人员（人）	Newly Employment Personnel (person)	19249	20458
享受低保户数（户）	Number of Households Receiving Lowest Cost-of-Living (household)	7722	7637
发放低保金额（万元）	Cost of Lowest Cost-of-Living (10 000 yuan)	2266	2547
* 人均公园绿地面积（平方米）	Per Capita Green Area of Parks (sq. m)	7.2	7.3

23-5 河北区基本情况
Basic Statistics on Hebei District

指　　标	Item	2006	2007
* 户籍户数（万户）	Registered Households (10 000 households)	23.16	23.40
* 户籍人口（万人）	Registered Population (10 000 persons)	63.44	63.53
男	Male	32.00	32.02
女	Female	31.44	31.51
* 人口出生率 (‰)	Birth Rate of Population (‰)	4.4	5.1
* 人口自然增长率 (‰)	Natural Growth Rate of Population (‰)	-1.1	0.01
城镇单位从业人员（万人）	Employment Personnel in Urban Units (10 000 persons)	2.20	2.21
# 在岗职工	On-post Staff and Workers	1.85	1.82
* 区县生产总值（亿元）	Gross Domestic Product (100 million yuan)	155.66	192.22
第二产业	Secondary Industry	44.99	61.86
# 工　业	Industry	40.43	55.00
第三产业	Tertiary Industry	110.67	130.36
区县生产总值增速 (%)	Increase Rate of Gross Domestic Product (%)	8.6	17.5
区县增加值（亿元）	Value Added of District (100 million yuan)	52.76	61.03
区县增加值增速 (%)	Increase Rate of Value Added of District (%)	26.0	12.6
区级一般预算财政收入（万元）	General Budgetary Government Revenue at District Level (10 000 yuan)	57421	78012
区级一般预算财政支出（万元）	General Budgetary Government Expenditure at District Level (10 000 yuan)	83270	115333
# 教育经费支出	Operating Expenses for Education	32705	41249
* 固定资产投资（万元）	Investment in Fixed Assets (10 000 yuan)	1124857	624469
规模以上工业企业	Industrial Enterprises above Designated Size		
单位数（个）	Number of Units (unit)	47	40
从业人员（万人）	Employment Personnel (10 000 persons)	0.33	0.31
总产值（万元）	Gross Output Value (10 000 yuan)	61339	56221
主营业务收入（万元）	Revenue from Principal Business (10 000 yuan)	61208	52340
利润总额（万元）	Total Profits (10 000 yuan)	-146	957
资产总值（万元）	Total Assets (10 000 yuan)	67527	68516
负债总额（万元）	Liabilities (10 000 yuan)	39596	38953
社会消费品零售总额（万元）	Retail Sales of Consumer Goods (10 000 yuan)	569656	665794

23-5 续表 Continued

指　　标	Item	2006	2007
* 私营工商企业	Private Industrial and Commercial Enterprises		
户　数 (户)	Number of Enterprises (unit)	3373	3734
从业人员 (人)	Employment Personnel (person)	36156	29526
注册资本 (万元)	Registered Capital (10 000 yuan)	460454	725402
* 个体工商业	Individual Industrial and Commercial Enterprises		
户　数 (户)	Number of Enterprises (unit)	6221	7998
从业人员 (人)	Employment Personnel (person)	6732	8449
资金数额 (万元)	Fund (10 000 yuan)	24074	26241
实际直接利用外资 (万美元)	Actual Direct Utilization of Foreign Capital (USD 10 000)	5074	6689
吸引内资到位额 (万元)	Domestic Investment Actually Used (10 000 yuan)	265000	600000
工业企业出口交货值 (万元)	Delivery Value of Industrial Enterprises (10 000 yuan)	12468	13759
星级饭店 (个)	Star Hotel (unit)	5	5
* 小学校数 (所)	Number of Primary Schools (unit)	29	27
* 小学在校学生数 (人)	Students Enrollment of Primary Schools (person)	23641	22441
* 普通中学校数 (所)	Number of Regular Secondary Schools (unit)	34	31
* 普通中学在校学生数 (人)	Students Enrollment of Regular Secondary Schools (person)	30479	27414
幼儿园数 (所)	Number of Kindergartens (unit)	37	36
卫生机构数 (个)	Health Care Institutions (unit)	22	22
# 医院、卫生院	Hospital and Health Care Center	17	17
卫生机构床位数 (张)	Beds (unit)	1535	1300
# 医院、卫生院	Hospital and Health Care Center	1535	1300
新增就业人员 (人)	Newly Employment Personnel (person)	17979	22419
享受低保户数 (户)	Number of Households Receiving Lowest Cost-of-Living (household)	10230	10934
发放低保金额 (万元)	Cost of Lowest Cost-of-Living (10 000 yuan)	3230	4246
* 人均公园绿地面积 (平方米)	Per Capita Green Area of Parks (sq. m)	3.8	4.3

23-6 红桥区基本情况
Basic Statistics on Hongqiao District

指　标	Item	2006	2007
* 户籍户数(万户)	Registered Households (10 000 households)	20.42	20.57
* 户籍人口(万人)	Registered Population (10 000 persons)	55.76	55.84
男	Male	28.27	28.32
女	Female	27.49	27.52
* 人口出生率(‰)	Birth Rate of Population (‰)	4.1	4.4
* 人口自然增长率(‰)	Natural Growth Rate of Population (‰)	-1.2	-0.1
城镇单位从业人员(万人)	Employment Personnel in Urban Units (10 000 persons)	2.14	2.45
# 在岗职工	On-post Staff and Workers	1.81	1.87
* 区县生产总值(亿元)	Gross Domestic Product (100 million yuan)	49.62	59.46
第二产业	Secondary Industry	12.08	11.64
# 工　业	Industry	10.75	9.95
第三产业	Tertiary Industry	37.54	47.82
区县生产总值增速(%)	Increase Rate of Gross Domestic Product (%)	11.9	16.1
区县增加值(亿元)	Value Added of District (100 million yuan)	46.66	56.09
区县增加值增速(%)	Increase Rate of Value Added of District (%)	17.9	12.4
区级一般预算财政收入(万元)	General Budgetary Government Revenue at District Level (10 000 yuan)	37302	47464
区级一般预算财政支出(万元)	General Budgetary Government Expenditure at District Level (10 000 yuan)	76855	96540
# 教育经费支出	Operating Expenses for Education	26581	34043
* 固定资产投资(万元)	Investment in Fixed Assets (10 000 yuan)	110535	238642
规模以上工业企业	Industrial Enterprises above Designated Size		
单位数(个)	Number of Units (unit)	39	30
从业人员(万人)	Employment Personnel (10 000 persons)	0.28	0.27
总产值(万元)	Gross Output Value (10 000 yuan)	53243	59690
主营业务收入(万元)	Revenue from Principal Business (10 000 yuan)	56659	62225
利润总额(万元)	Total Profits (10 000 yuan)	756	727
资产总值(万元)	Total Assets (10 000 yuan)	48930	53645
负债总额(万元)	Liabilities (10 000 yuan)	27474	33300
社会消费品零售总额(万元)	Retail Sales of Consumer Goods (10 000 yuan)	620656	742218

23-6 续表 Continued

指　标	Item	2006	2007
* 私营工商企业	Private Industrial and Commercial Enterprises		
户　数（户）	Number of Enterprises (unit)	1884	2251
从业人员（人）	Employment Personnel (person)	16247	17246
注册资本（万元）	Registered Capital (10 000 yuan)	186840	212284
* 个体工商业	Individual Industrial and Commercial Enterprises		
户　数（户）	Number of Enterprises (unit)	8553	9728
从业人员（人）	Employment Personnel (person)	8851	9728
资金数额（万元）	Fund (10 000 yuan)	24231	36334
实际直接利用外资（万美元）	Actual Direct Utilization of Foreign Capital (USD 10 000)	2500	6000
吸引内资到位额（万元）	Domestic Investment Actually Used (10 000 yuan)	300000	314100
工业企业出口交货值（万元）	Delivery Value of Industrial Enterprises (10 000 yuan)	17600	22000
星级饭店（个）	Star Hotel (unit)	1	1
* 小学校数（所）	Number of Primary Schools (unit)	30	24
* 小学在校学生数（人）	Students Enrollment of Primary Schools (person)	15656	14577
* 普通中学校数（所）	Number of Regular Secondary Schools (unit)	26	12
* 普通中学在校学生数（人）	Students Enrollment of Regular Secondary Schools (person)	24124	20944
幼儿园数（所）	Number of Kindergartens (unit)	15	12
卫生机构数（个）	Health Care Institutions (unit)	78	79
# 医院、卫生院	Hospital and Health Care Center	14	14
卫生机构床位数（张）	Beds (unit)	1435	1438
# 医院、卫生院	Hospital and Health Care Center	1184	1229
新增就业人员（人）	Newly Employment Personnel (person)	24146	20600
享受低保户数（户）	Number of Households Receiving Lowest Cost-of-Living (household)	10800	10801
发放低保金额（万元）	Cost of Lowest Cost-of-Living (10 000 yuan)	2844	3611
* 人均公园绿地面积（平方米）	Per Capita Green Area of Parks (sq. m)		3.9

23-7 塘沽区基本情况
Basic Statistics on Tanggu District

指　标	Item	2006	2007
* 户籍户数（万户）	Registered Households (10 000 households)	17.97	18.31
# 农业户	Agricultural Households	2.42	2.45
* 户籍人口（万人）	Registered Population (10 000 persons)	50.13	51.22
1. 农业人口	Agricultural Population	6.05	6.08
非农业人口	Non-agricultural Population	44.08	45.14
2. 男	Male	25.83	26.41
女	Female	24.30	24.81
* 人口出生率 (‰)	Birth Rate of Population (‰)	5.2	6.7
* 人口自然增长率 (‰)	Natural Growth Rate of Population (‰)	0.7	2.2
城镇单位从业人员（万人）	Employment Personnel in Urban Units (100 persons)	3.78	4.03
# 在岗职工	On-post Staff and Workers	3.5	3.63
* 乡村从业人员（万人）	Rural Employment Personnel (10 000 persons)		3.65
# 农林牧渔业	Farming, Forestry, Animal Husbandry and Fishery		0.62
* 区县生产总值（亿元）	Gross Domestic Product (100 million yuan)	518.18	650.29
第一产业	Primary Industry	1.44	1.03
第二产业	Secondary Industry	373.84	480.20
# 工　业	Industry	343.18	445.96
第三产业	Tertiary Industry	142.90	169.06
区县生产总值增速 (%)	Increase Rate of Gross Domestic Product (%)	29.4	24.3
区县增加值（亿元）	Value Added of District (100 million yuan)	117.13	165.28
区县增加值增速 (%)	Increase Rate of Value Added of District (%)	28.3	30.2
区级一般预算财政收入（万元）	General Budgetary Government Revenue at District Level (10 000 yuan)	159900	243701
区级 一般预算财政支出（万元）	General Budgetary Government Expenditure at District Level (10 000 yuan)	202654	277318
# 教育经费支出	Operating Expenses for Education	44634	69187
* 固定资产投资（万元）	Investment in Fixed Assets (10 000 yuan)	4663476	4082021
年末实有耕地面积（万公顷）	Cultivated Land (year-end) (10 000 hectare)		0.39
农林牧渔业总产值（万元）	Gross Output Value of Farming, Forestry, Animal Husbandry and Fishery (10 000 yuan)	40144	29689
农林牧渔业总产值增速 (%)	Increase Rate of Gross Output Value of Farming, Forestry, Animal Husbandry and Fishery (%)	-17.0	-17.0
* 农村居民人均年纯收入（元）	Per Capita Annual Net Income of Rural Households (yuan)	8729	9604
* 农村居民人均生活消费支出（元）	Per Capita Annual Expenditure for Consumption of Rural Households (yuan)	5077	5228
# 食品支出	Expenditure for Food	2138	2309

23-7 续表 Continued

指　标	Item	2006	2007
农村人均住房面积（平方米）	Per Capita Floor Space of Rural Households (sq. m)	24.7	25.0
规模以上工业企业	Industrial Enterprises above Designated Size		
单位数（个）	Number of Units (unit)	133	141
从业人员（万人）	Employment Personnel (10 000 persons)	1.40	1.37
总产值（万元）	Gross Output Value (10 000 yuan)	761549	1272485
主营业务收入（万元）	Revenue from Principal Business (10 000 yuan)	730694	1278577
利润总额（万元）	Total Profits (10 000 yuan)	20610	75598
资产总值（万元）	Total Assets (10 000 yuan)	864262	1292394
负债总额（万元）	Liability (10 000 yuan)	539093	816552
社会消费品零售总额（万元）	Total Retail Sales of Consumer Goods (10 000 yuan)	810358	974729
* 私营工商企业	Private Industrial and Commercial Enterprises		
户　数（户）	Number of Enterprises (unit)	5068	5216
从业人员（人）	Employment Personnel (person)	36638	35819
注册资本（万元）	Registered Capital (10 000 yuan)	1006226	1323166
* 个体工商业	Individual Industrial and Commercial Enterprises		
户　数（户）	Number of Enterprises (unit)	17079	15741
从业人员（人）	Employment Personnel (person)	22716	22026
资金数额（万元）	Fund (10 000 yuan)	76782	49380
实际直接利用外资（万美元）	Actual Direct Utilization of Foreign Capital (USD 10 000)	11505	14733
吸引内资到位额（万元）	Domestic Investment Actually Used (10 000 yuan)	617238	1005151
工业企业出口交货值（万元）	Delivery Value of Industrial Enterprises (10 000 yuan)	227689	321513
星级饭店（个）	Star Hotel (unit)	12	10
* 小学校数（所）	Number of Primary Schools (unit)	52	43
* 小学在校学生数（人）	Students Enrollment of Primary Schools (person)	33814	33831
* 普通中学校数（所）	Number of Regular Secondary Schools (unit)	33	33
* 普通中学在校学生数（人）	Students Enrollment of Regular Secondary Schools (person)	24280	23358
幼儿园数（所）	Number of Kindergartens (unit)	46	34
卫生机构数（个）	Health Care Institutions (unit)	150	174
# 医院、卫生院	Hospital and Health Care Center	21	19
卫生机构床位数（张）	Beds (unit)	2290	2395
# 医院、卫生院	Hospital and Health Care Center	1726	1824
新型农村合作医疗覆盖率 (%)	New Rural Cooperative Medical Service Overlay Rate (%)	89	96
林木覆盖率 (%)	Coverage Rate of Trees (%)	3.2	3.2
新增就业人员（人）	Newly Employment Personnel (person)	12777	15300

23-8 汉沽区基本情况
Basic Statistics on Han'gu District

指　标	Item	2006	2007
* 户籍户数（万户）	Registered Households (10 000 households)	6.54	6.65
# 农业户	Agricultural Households	1.64	1.65
* 户籍人口（万人）	Registered Population (10 000 persons)	17.09	17.19
1. 农业人口	Agricultural Population	4.61	4.58
非农业人口	Non-agricultural Population	12.48	12.61
2. 男	Male	8.64	8.68
女	Female	8.45	8.51
* 人口出生率 (‰)	Birth Rate of Population (‰)	7.6	6.8
* 人口自然增长率 (‰)	Natural Growth Rate of Population (‰)	1.4	1.0
城镇单位从业人员（万人）	Employment Personnel in Urban Units (100 persons)	1.31	1.35
# 在岗职工	On-post Staff and Workers	1.24	1.26
* 乡村从业人员（万人）	Rural Employment Personnel (10 000 persons)	2.80	2.83
# 农林牧渔业	Farming, Forestry, Animal Husbandry and Fishery	1.47	1.75
* 区县生产总值（亿元）	Gross Domestic Product (100 million yuan)	43.26	52.52
第一产业	Primary Industry	3.52	3.53
第二产业	Secondary Industry	23.1	27.61
# 工　业	Industry	17.95	22.52
第三产业	Tertiary Industry	16.64	21.37
区县生产总值增速 (%)	Increase Rate of Gross Domestic Product (%)	16.8	19.6
区县增加值（亿元）	Value Added of District (100 million yuan)	29.62	36.78
区县增加值增速 (%)	Increase Rate of Value Added of District (%)	20.1	18.9
区级一般预算财政收入（万元）	General Budgetary Government Revenue at District Level (10 000 yuan)	22964	30666
区级一般预算财政支出（万元）	General Budgetary Government Expenditure at District Level (10 000 yuan)	46174	61555
# 教育经费支出	Operating Expenses for Education	12161	16250
* 固定资产投资（万元）	Investment in Fixed Assets (10 000 yuan)	266198	427161
年末实有耕地面积（万公顷）	Cultivated Land (year-end) (10 000 hectare)	0.41	0.40
农林牧渔业总产值（万元）	Gross Output Value of Farming, Forestry, Animal Husbandry and Fishery (10 000 yuan)	86304	92310
农林牧渔业总产值增速 (%)	Increase Rate of Gross Output Value of Farming, Forestry, Animal Husbandry and Fishery (%)	6.8	7.0
* 农村居民人均年纯收入（元）	Per Capita Annual Net Income of Rural Households (yuan)	8298	9182
* 农村居民人均生活消费支出（元）	Per Capita Annual Expenditure for Consumption of Rural Households (yuan)	5014	5550
# 食品支出	Expenditure for Food	1830	1845

23-8 续表 Continued

指　标	Item	2006	2007
农村人均住房面积（平方米）	Per Capita Floor Space of Rural Households (sq. m)	29.1	30
规模以上工业企业	Industrial Enterprises above Designated Size		
单位数（个）	Number of Units (unit)	93	96
从业人员（万人）	Employment Personnel (10 000 persons)	1.17	1.17
总产值（万元）	Gross Output Value (10 000 yuan)	305471	440721
主营业务收入（万元）	Revenue from Principal Business (10 000 yuan)	303850	466200
利润总额（万元）	Total Profits (10 000 yuan)	7397	18276
资产总值（万元）	Total Assets (10 000 yuan)	239275	315676
负债总额（万元）	Liability (10 000 yuan)	163075	189584
社会消费品零售总额（万元）	Total Retail Sales of Consumer Goods (10 000 yuan)	152243	196212
* 私营工商企业	Private Industrial and Commercial Enterprises		
户　数（户）	Number of Enterprises (unit)	977	1009
从业人员（人）	Employment Personnel (person)	10348	10504
注册资本（万元）	Registered Capital (10 000 yuan)	149680	202390
* 个体工商业	Individual Industrial and Commercial Enterprises		
户　数（户）	Number of Enterprises (unit)	5060	3592
从业人员（人）	Employment Personnel (person)	5060	1947
资金数额（万元）	Fund (10 000 yuan)	5959	6667
实际直接利用外资（万美元）	Actual Direct Utilization of Foreign Capital (USD 10 000)	3900	4500
吸引内资到位额（万元）	Domestic Investment Actually Used (10 000 yuan)	96800	200000
工业企业出口交货值（万元）	Delivery Value of Industrial Enterprises (10 000 yuan)	52680	58871
星级饭店（个）	Star Hotel (unit)	3	2
* 小学校数（所）	Number of Primary Schools (unit)	21	21
* 小学在校学生数（人）	Students Enrollment of Primary Schools (person)	9488	9111
* 普通中学校数（所）	Number of Regular Secondary Schools (unit)	15	15
* 普通中学在校学生数（人）	Students Enrollment of Regular Secondary Schools (person)	10325	9535
幼儿园数（所）	Number of Kindergartens (unit)	25	29
卫生机构数（个）	Health Care Institutions (unit)	15	15
# 医院、卫生院	Hospital and Health Care Center	11	11
卫生机构床位数（张）	Beds (unit)	950	950
# 医院、卫生院	Hospital and Health Care Center	930	930
新型农村合作医疗覆盖率 (%)	New Rural Cooperative Medical Service Overlay Rate (%)	70.7	88.6
林木覆盖率 (%)	Coverage Rate of Trees (%)	19.2	19.1
新增就业人员（人）	Newly Employment Personnel (person)	6100	6723

23-9 大港区基本情况 Basic Statistics on Dagang District

指　标	Item	2006	2007
* 户籍户数（万户）	Registered Households (10 000 households)	13.44	13.68
# 农业户	Agricultural Households	3.66	3.73
* 户籍人口（万人）	Registered Population (10 000 persons)	36.97	37.66
1. 农业人口	Agricultural Population	10.44	10.50
非农业人口	Non-agricultural Population	26.53	27.16
2. 男	Male	19.24	19.55
女	Female	17.73	18.11
* 人口出生率 (‰)	Birth Rate of Population (‰)	10.2	10.2
* 人口自然增长率 (‰)	Natural Growth Rate of Population (‰)	6.5	7.0
城镇单位从业人员（万人）	Employment Personnel in Urban Units (100 persons)	2.33	2.35
# 在岗职工	On-post Staff and Workers	2.14	2.11
* 乡村从业人员（万人）	Rural Employment Personnel (10 000 persons)	6.78	4.80
# 农林牧渔业	Farming, Forestry, Animal Husbandry and Fishery	2.29	1.45
* 区县生产总值（亿元）	Gross Domestic Product (100 million yuan)	280.97	318.20
第一产业	Primary Industry	1.72	1.50
第二产业	Secondary Industry	231.19	265.50
# 工　业	Industry	217.37	250.05
第三产业	Tertiary Industry	48.06	51.20
区县生产总值增速 (%)	Increase Rate of Gross Domestic Product (%)	11.5	12.0
区县增加值（亿元）	Value Added of District (100 million yuan)	82.66	93.83
区县增加值增速 (%)	Increase Rate of Value Added of District (%)	15.0	12.4
区级一般预算财政收入（万元）	General Budgetary Government Revenue at District Level (10 000 yuan)	61386	71988
区级一般预算财政支出（万元）	General Budgetary Government Expenditure at District Level (10 000 yuan)	102620	113899
# 教育经费支出	Operating Expenses for Education	40067	41464
* 固定资产投资（万元）	Investment in Fixed Assets (10 000 yuan)	910631	1444823
年末实有耕地面积（万公顷）	Cultivated Land (year-end) (10 000 hectare)	1.23	1.32
农林牧渔业总产值（万元）	Gross Output Value of Farming, Forestry, Animal Husbandry and Fishery (10 000 yuan)	36113	37824
农林牧渔业总产值增速 (%)	Increase Rate of Gross Output Value of Farming, Forestry, Animal Husbandry and Fishery (%)	6.7	2.6
* 农村居民人均年纯收入（元）	Per Capita Annual Net Income of Rural Households (yuan)	8349	9190
* 农村居民人均生活消费支出（元）	Per Capita Annual Expenditure for Consumption of Rural Households (yuan)	4967	5405
# 食品支出	Expenditure for Food	1839	1835

23-9 续表 Continued

指　标	Item	2006	2007
农村人均住房面积（平方米）	Per Capita Floor Space of Rural Households (sq. m)	35.6	35.7
规模以上工业企业	Industrial Enterprises above Designated Size		
单位数（个）	Number of Units (unit)	209	218
从业人员（万人）	Employment Personnel (10 000 persons)	2.40	2.50
总产值（万元）	Gross Output Value (10 000 yuan)	1389895	1704060
主营业务收入（万元）	Revenue from Principal Business (10 000 yuan)	1388105	1597443
利润总额（万元）	Total Profits (10 000 yuan)	45012	39176
资产总值（万元）	Total Assets (10 000 yuan)	1023166	1176316
负债总额（万元）	Liability (10 000 yuan)	653391	740161
社会消费品零售总额（万元）	Total Retail Sales of Consumer Goods (10 000 yuan)	383425	429300
* 私营工商企业	Private Industrial and Commercial Enterprises		
户　数（户）	Number of Enterprises (unit)	2465	2565
从业人员（人）	Employment Personnel (person)	20728	21776
注册资本（万元）	Registered Capital (10 000 yuan)	443861	726796
* 个体工商业	Individual Industrial and Commercial Enterprises		
户　数（户）	Number of Enterprises (unit)	5600	6373
从业人员（人）	Employment Personnel (person)	12781	15160
资金数额（万元）	Fund (10 000 yuan)	24364	23768
实际直接利用外资（万美元）	Actual Direct Utilization of Foreign Capital (USD 10 000)	7020	12200
吸引内资到位额（万元）	Domestic Investment Actually Used (10 000 yuan)	330000	460000
工业企业出口交货值（万元）	Delivery Value of Industrial Enterprises (10 000 yuan)	369343	444788
星级饭店（个）	Star Hotel (unit)	5	5
* 小学校数（所）	Number of Primary Schools (unit)	40	38
* 小学在校学生数（人）	Students Enrollment of Primary Schools (person)	25573	26160
* 普通中学校数（所）	Number of Regular Secondary Schools (unit)	39	38
* 普通中学在校学生数（人）	Students Enrollment of Regular Secondary Schools (person)	29817	29251
幼儿园数（所）	Number of Kindergartens (unit)	74	69
卫生机构数（个）	Health Care Institutions (unit)	14	14
# 医院、卫生院	Hospital and Health Care Center	14	14
卫生机构床位数（张）	Beds (unit)	985	995
# 医院、卫生院	Hospital and Health Care Center	985	995
新型农村合作医疗覆盖率 (%)	New Rural Cooperative Medical Service Overlay Rate (%)	61.0	89.1
林木覆盖率 (%)	Coverage Rate of Trees (%)	9.3	9.4
新增就业人员（人）	Newly Employment Personnel (person)	12005	13300

注：新型农村合作医疗覆盖率(%)的指标我们填的是参合率。

23-10 东丽区基本情况 Basic Statistics on Dongli District

指　标	Item	2006	2007
* 户籍户数（万户）	Registered Households (10 000 households)	12.82	13.05
# 农业户	Agricultural Households	7.70	7.82
* 户籍人口（万人）	Registered Population (10 000 persons)	32.35	33.09
1. 农业人口	Agricultural Population	19.85	19.99
非农业人口	Non-agricultural Population	12.50	13.10
2. 男	Male	16.22	16.57
女	Female	16.13	16.53
* 人口出生率 (‰)	Birth Rate of Population (‰)	7.7	7.8
* 人口自然增长率 (‰)	Natural Growth Rate of Population (‰)	4.3	4.7
城镇单位从业人员（万人）	Employment Personnel in Urban Units (100 persons)	4.03	3.58
# 在岗职工	On-post Staff and Workers	3.97	3.48
* 乡村从业人员（万人）	Rural Employment Personnel (10 000 persons)	10.38	10.36
# 农林牧渔业	Farming, Forestry, Animal Husbandry and Fishery	1.89	1.77
* 区县生产总值（亿元）	Gross Domestic Product (100 million yuan)	203.02	242.95
第一产业	Primary Industry	4.09	2.86
第二产业	Secondary Industry	120.94	153.36
# 工　业	Industry	107.56	134.02
第三产业	Tertiary Industry	77.99	86.74
区县生产总值增速 (%)	Increase Rate of Gross Domestic Product (%)	14.4	18.4
区县增加值（亿元）	Value Added of District (100 million yuan)	115.60	126.35
区县增加值增速 (%)	Increase Rate of Value Added of District (%)	9.9	9.4
区级一般预算财政收入（万元）	General Budgetary Government Revenue at District Level (10 000 yuan)	131002	186408
区级 一般预算财政支出（万元）	General Budgetary Government Expenditure at District Level (10 000 yuan)	132466	193983
# 教育经费支出	Operating Expenses for Education	22356	34928
* 固定资产投资（万元）	Investment in Fixed Assets (10 000 yuan)	1637341	1185125
年末实有耕地面积（万公顷）	Cultivated Land (year-end) (10 000 hectare)	1.13	1.10
农林牧渔业总产值（万元）	Gross Output Value of Farming, Forestry, Animal Husbandry and Fishery (10 000 yuan)	92202	65842
农林牧渔业总产值增速 (%)	Increase Rate of Gross Output Value of Farming, Forestry, Animal Husbandry and Fishery (%)	4.8	-4.2
* 农村居民人均年纯收入（元）	Per Capita Annual Net Income of Rural Households (yuan)	9500	10458
* 农村居民人均生活消费支出（元）	Per Capita Annual Expenditure for Consumption of Rural Households (yuan)	5302	6024
# 食品支出	Expenditure for Food	2068	2381

23-10 续表 Continued

指 标	Item	2006	2007
农村人均住房面积(平方米)	Per Capita Floor Space of Rural Households (sq. m)	32.2	32.5
规模以上工业企业	Industrial Enterprises above Designated Size		
单位数(个)	Number of Units (unit)	300	310
从业人员(万人)	Employment Personnel (10 000 persons)	4.68	4.87
总产值(万元)	Gross Output Value (10 000 yuan)	2468373	3121553
主营业务收入(万元)	Revenue from Principal Business (10 000 yuan)	2389159	3184620
利润总额(万元)	Total Profits (10 000 yuan)	135806	125962
资产总值(万元)	Total Assets (10 000 yuan)	2063234	2066288
负债总额(万元)	Liability (10 000 yuan)	1106073	1224428
社会消费品零售总额(万元)	Total Retail Sales of Consumer Goods (10 000 yuan)	444211	544991
* 私营工商企业	Private Industrial and Commercial Enterprises		
户 数(户)	Number of Enterprises (unit)	4688	5547
从业人员(人)	Employment Personnel (person)	40856	42204
注册资本(万元)	Registered Capital (10 000 yuan)	783612	578139
* 个体工商业	Individual Industrial and Commercial Enterprises		
户 数(户)	Number of Enterprises (unit)	7551	9111
从业人员(人)	Employment Personnel (person)	14573	18446
资金数额(万元)	Fund (10 000 yuan)	30184	37239
实际直接利用外资(万美元)	Actual Direct Utilization of Foreign Capital (USD 10 000)	10820	17799
吸引内资到位额(万元)	Domestic Investment Actually Used (10 000 yuan)	231269	820898
工业企业出口交货值(万元)	Delivery Value of Industrial Enterprises (10 000 yuan)	670707	679470
星级饭店(个)	Star Hotel (unit)	7	7
* 小学校数(所)	Number of Primary Schools (unit)	40	40
* 小学在校学生数(人)	Students Enrollment of Primary Schools (person)	25342	25116
* 普通中学校数(所)	Number of Regular Secondary Schools (unit)	23	23
* 普通中学在校学生数(人)	Students Enrollment of Regular Secondary Schools (person)	16163	16189
幼儿园数(所)	Number of Kindergartens (unit)	66	68
卫生机构数(个)	Health Care Institutions (unit)	15	37
# 医院、卫生院	Hospital and Health Care Center	12	12
卫生机构床位数(张)	Beds (unit)	722	722
# 医院、卫生院	Hospital and Health Care Center	700	700
新型农村合作医疗覆盖率(%)	New Rural Cooperative Medical Service Overlay Rate (%)	85.6	94.9
林木覆盖率(%)	Coverage Rate of Trees (%)	10.0	10.1
新增就业人员(人)	Newly Employment Personnel (person)	6022	11651

23-11 西青区基本情况
Basic Statistics on Xiqing District

指　标	Item	2006	2007
* 户籍户数（万户）	Registered Households (10 000 households)	12.32	12.49
# 农业户	Agricultural Households	8.72	8.87
* 户籍人口（万人）	Registered Population (10 000 persons)	33.24	34.00
1. 农业人口	Agricultural Population	23.31	23.45
非农业人口	Non-agricultural Population	9.93	10.55
2. 男	Male	16.54	16.85
女	Female	16.70	17.15
* 人口出生率 (‰)	Birth Rate of Population (‰)	9.3	8.4
* 人口自然增长率 (‰)	Natural Growth Rate of Population (‰)	5.4	4.4
城镇单位从业人员（万人）	Employment Personnel in Urban Units (100 persons)	4.31	4.34
# 在岗职工	On-post Staff and Workers	3.87	4.04
* 乡村从业人员（万人）	Rural Employment Personnel (10 000 persons)	13.16	11.70
# 农林牧渔业	Farming, Forestry, Animal Husbandry and Fishery	3.20	3.25
* 区县生产总值（亿元）	Gross Domestic Product (100 million yuan)	269.77	344.80
第一产业	Primary Industry	6.57	6.75
第二产业	Secondary Industry	192.97	255.00
# 工　业	Industry	188.24	246.33
第三产业	Tertiary Industry	70.23	83.05
区县生产总值增速 (%)	Increase Rate of Gross Domestic Product (%)	13.7	27.3
区县增加值（亿元）	Value Added of District (100 million yuan)	149.55	187.11
区县增加值增速 (%)	Increase Rate of Value Added of District (%)	17.3	23.0
区级一般预算财政收入（万元）	General Budgetary Government Revenue at District Level (10 000 yuan)	148452	197935
区级 一般预算财政支出（万元）	General Budgetary Government Expenditure at District Level (10 000 yuan)	171528	219247
# 教育经费支出	Operating Expenses for Education	21073	25775
* 固定资产投资（万元）	Investment in Fixed Assets (10 000 yuan)	1886729	1180664
年末实有耕地面积（万公顷）	Cultivated Land (year-end) (10 000 hectare)	1.51	1.48
农林牧渔业总产值（万元）	Gross Output Value of Farming, Forestry, Animal Husbandry and Fishery (10 000 yuan)	136063	139690
农林牧渔业总产值增速 (%)	Increase Rate of Gross Output Value of Farming, Forestry, Animal Husbandry and Fishery (%)	2.1	2.7
* 农村居民人均年纯收入（元）	Per Capita Annual Net Income of Rural Households (yuan)	9696	10666
* 农村居民人均生活消费支出（元）	Per Capita Annual Expenditure for Consumption of Rural Households (yuan)	4475	5015
# 食品支出	Expenditure for Food	1628	1795

23-11 续表 Continued

指　标	Item	2006	2007
农村人均住房面积（平方米）	Per Capita Floor Space of Rural Households (sq. m)	28.5	30.2
规模以上工业企业	Industrial Enterprises above Designated Size		
单位数（个）	Number of Units (unit)	528	608
从业人员（万人）	Employment Personnel (10 000 persons)	9.44	10.72
总产值（万元）	Gross Output Value (10 000 yuan)	4000623	5513861
主营业务收入（万元）	Revenue from Principal Business (10 000 yuan)	3844506	5581793
利润总额（万元）	Total Profits (10 000 yuan)	177077	190893
资产总值（万元）	Total Assets (10 000 yuan)	3212174	4562955
负债总额（万元）	Liability (10 000 yuan)	1882787	2489771
社会消费品零售总额（万元）	Total Retail Sales of Consumer Goods (10 000 yuan)	510216	574413
* 私营工商企业	Private Industrial and Commercial Enterprises		
户　数（户）	Number of Enterprises (unit)	4334	5044
从业人员（人）	Employment Personnel (person)	76427	76576
注册资本（万元）	Registered Capital (10 000 yuan)	2030244	1297271
* 个体工商业	Individual Industrial and Commercial Enterprises		
户　数（户）	Number of Enterprises (unit)	7152	9724
从业人员（人）	Employment Personnel (person)	11917	16250
资金数额（万元）	Fund (10 000 yuan)	51941	53162
实际直接利用外资（万美元）	Actual Direct Utilization of Foreign Capital (USD 10 000)	23552	31540
吸引内资到位额（万元）	Domestic Investment Actually Used (10 000 yuan)	190200	231243
工业企业出口交货值（万元）	Delivery Value of Industrial Enterprises (10 000 yuan)	577600	1242997
星级饭店（个）	Star Hotel (unit)	6	3
* 小学校数（所）	Number of Primary Schools (unit)	38	36
* 小学在校学生数（人）	Students Enrollment of Primary Schools (person)	16650	23393
* 普通中学校数（所）	Number of Regular Secondary Schools (unit)	13	13
* 普通中学在校学生数（人）	Students Enrollment of Regular Secondary Schools (person)	15899	15061
幼儿园数（所）	Number of Kindergartens (unit)	65	64
卫生机构数（个）	Health Care Institutions (unit)	17	16
# 医院、卫生院	Hospital and Health Care Center	11	11
卫生机构床位数（张）	Beds (unit)	760	760
# 医院、卫生院	Hospital and Health Care Center	760	760
新型农村合作医疗覆盖率 (%)	New Rural Cooperative Medical Service Overlay Rate (%)	92.3	97.5
林木覆盖率 (%)	Coverage Rate of Trees (%)	15.7	15.8
新增就业人员（人）	Newly Employment Personnel (person)	6920	6983

23-12 津南区基本情况 Basic Statistics on Jinnan District

指 标	Item	2006	2007
* 户籍户数（万户）	Registered Households (10 000 households)	14.33	14.65
# 农业户	Agricultural Households	10.02	10.27
* 户籍人口（万人）	Registered Population (10 000 persons)	39.06	39.79
1. 农业人口	Agricultural Population	27.98	28.32
非农业人口	Non-agricultural Population	11.08	11.47
2. 男	Male	19.55	19.89
女	Female	19.51	19.90
* 人口出生率 (‰)	Birth Rate of Population (‰)	7.7	8.3
* 人口自然增长率 (‰)	Natural Growth Rate of Population (‰)	4.1	5.7
城镇单位从业人员（万人）	Employment Personnel in Urban Units (100 persons)	3.78	3.93
# 在岗职工	On-post Staff and Workers	3.67	3.85
* 乡村从业人员（万人）	Rural Employment Personnel (10 000 persons)		14.01
# 农林牧渔业	Farming, Forestry, Animal Husbandry and Fishery		3.17
* 区县生产总值（亿元）	Gross Domestic Product (100 million yuan)	117.27	147.21
第一产业	Primary Industry	2.99	3.15
第二产业	Secondary Industry	72.74	97.44
# 工 业	Industry	58.11	78.42
第三产业	Tertiary Industry	41.54	46.62
区县生产总值增速 (%)	Increase Rate of Gross Domestic Product (%)	10.9	22.3
区县增加值（亿元）	Value Added of District (100 million yuan)	105.62	120.60
区县增加值增速 (%)	Increase Rate of Value Added of District (%)	20.2	13.2
区级一般预算财政收入（万元）	General Budgetary Government Revenue at District Level (10 000 yuan)	82566	122599
区级 一般预算财政支出（万元）	General Budgetary Government Expenditure at District Level (10 000 yuan)	121314	170413
# 教育经费支出	Operating Expenses for Education	19540	30576
* 固定资产投资（万元）	Investment in Fixed Assets (10 000 yuan)	310534	803106
年末实有耕地面积（万公顷）	Cultivated Land (year-end) (10 000 hectare)	1.45	1.45
农林牧渔业总产值（万元）	Gross Output Value of Farming, Forestry, Animal Husbandry and Fishery (10 000 yuan)	61887	81229
农林牧渔业总产值增速 (%)	Increase Rate of Gross Output Value of Farming, Forestry, Animal Husbandry and Fishery (%)	4.3	31.3
* 农村居民人均年纯收入（元）	Per Capita Annual Net Income of Rural Households (yuan)	8688	9563
* 农村居民人均生活消费支出（元）	Per Capita Annual Expenditure for Consumption of Rural Households (yuan)	5615	6137
# 食品支出	Expenditure for Food	2132	2270

23-12 续表 Continued

指　标	Item	2006	2007
农村人均住房面积（平方米）	Per Capita Floor Space of Rural Households (sq. m)	26.7	26.7
规模以上工业企业	Industrial Enterprises above Designated Size		
单位数（个）	Number of Units (unit)	416	487
从业人员（万人）	Employment Personnel (10 000 persons)	6.70	7.25
总产值（万元）	Gross Output Value (10 000 yuan)	2986256	3624846
主营业务收入（万元）	Revenue from Principal Business (10 000 yuan)	3105675	3867596
利润总额（万元）	Total Profits (10 000 yuan)	191528	225727
资产总值（万元）	Total Assets (10 000 yuan)	1956981	2517076
负债总额（万元）	Liability (10 000 yuan)	1108016	1458736
社会消费品零售总额（万元）	Total Retail Sales of Consumer Goods (10 000 yuan)	546226	607658
* 私营工商企业	Private Industrial and Commercial Enterprises		
户　数（户）	Number of Enterprises (unit)	3977	4736
从业人员（人）	Employment Personnel (person)	44544	45258
注册资本（万元）	Registered Capital (10 000 yuan)	708586	1664830
* 个体工商业	Individual Industrial and Commercial Enterprises		
户　数（户）	Number of Enterprises (unit)	8658	9970
从业人员（人）	Employment Personnel (person)	17260	20130
资金数额（万元）	Fund (10 000 yuan)	28163	35952
实际直接利用外资（万美元）	Actual Direct Utilization of Foreign Capital (USD 10 000)	12937	17118
吸引内资到位额（万元）	Domestic Investment Actually Used (10 000 yuan)	185830	879474
工业企业出口交货值（万元）	Delivery Value of Industrial Enterprises (10 000 yuan)	504798	653344
星级饭店（个）	Star Hotel (unit)	2	2
* 小学校数（所）	Number of Primary Schools (unit)	43	43
* 小学在校学生数（人）	Students Enrollment of Primary Schools (person)	24232	23008
* 普通中学校数（所）	Number of Regular Secondary Schools (unit)	18	18
* 普通中学在校学生数（人）	Students Enrollment of Regular Secondary Schools (person)	18989	19119
幼儿园数（所）	Number of Kindergartens (unit)	44	66
卫生机构数（个）	Health Care Institutions (unit)	15	15
# 医院、卫生院	Hospital and Health Care Center	11	11
卫生机构床位数（张）	Beds (unit)	553	583
# 医院、卫生院	Hospital and Health Care Center	529	559
新型农村合作医疗覆盖率 (%)	New Rural Cooperative Medical Service Overlay Rate (%)	81.9	92.0
林木覆盖率 (%)	Coverage Rate of Trees (%)	13.7	14.1
新增就业人员（人）	Newly Employment Personnel (person)	1984	1564

23-13 北辰区基本情况
Basic Statistics on Beichen District

指　标	Item	2006	2007
* 户籍户数（万户）	Registered Households (10 000 households)	12.88	13.27
# 农业户	Agricultural Households	7.23	7.43
* 户籍人口（万人）	Registered Population (10 000 persons)	34.22	34.68
1. 农业人口	Agricultural Population	19.64	19.76
非农业人口	Non-agricultural Population	14.58	14.92
2. 男	Male	17.12	17.33
女	Female	17.10	17.35
* 人口出生率 (‰)	Birth Rate of Population (‰)	8.8	7.4
* 人口自然增长率 (‰)	Natural Growth Rate of Population (‰)	4.1	2.7
城镇单位从业人员（万人）	Employment Personnel in Urban Units (100 persons)	3.64	3.66
# 在岗职工	On-post Staff and Workers	3.37	3.42
* 乡村从业人员（万人）	Rural Employment Personnel (10 000 persons)	11.56	12.06
# 农林牧渔业	Farming, Forestry, Animal Husbandry and Fishery	2.76	2.74
* 区县生产总值（亿元）	Gross Domestic Product (100 million yuan)	216.48	236.94
第一产业	Primary Industry	6.62	5.29
第二产业	Secondary Industry	145.28	150.90
# 工　业	Industry	143.06	148.87
第三产业	Tertiary Industry	64.57	80.75
区县生产总值增速 (%)	Increase Rate of Gross Domestic Product (%)	9.2	8.6
区县增加值（亿元）	Value Added of District (100 million yuan)	158.15	184.57
区县增加值增速 (%)	Increase Rate of Value Added of District (%)	13.4	16.1
区级一般预算财政收入（万元）	General Budgetary Government Revenue at District Level (10 000 yuan)	117394	150646
区级一般预算财政支出（万元）	General Budgetary Government Expenditure at District Level (10 000 yuan)	93683	152322
# 教育经费支出	Operating Expenses for Education	24078	33623
* 固定资产投资（万元）	Investment in Fixed Assets (10 000 yuan)	513698	989706
年末实有耕地面积（万公顷）	Cultivated Land (year-end) (10 000 hectare)	1.85	1.85
农林牧渔业总产值（万元）	Gross Output Value of Farming, Forestry, Animal Husbandry and Fishery (10 000 yuan)	137048	146191
农林牧渔业总产值增速 (%)	Increase Rate of Gross Output Value of Farming, Forestry, Animal Husbandry and Fishery (%)	5.8	1.9
* 农村居民人均年纯收入（元）	Per Capita Annual Net Income of Rural Households (yuan)	9665	10635
* 农村居民人均生活消费支出（元）	Per Capita Annual Expenditure for Consumption of Rural Households (yuan)	5096	5363
# 食品支出	Expenditure for Food	1881	2111

23-13 续表 Continued

指　标	Item	2006	2007
农村人均住房面积（平方米）	Per Capita Floor Space of Rural Households (sq. m)	33.0	35.5
规模以上工业企业	Industrial Enterprises above Designated Size		
单位数（个）	Number of Units (unit)	505	518
从业人员（万人）	Employment Personnel (10 000 persons)	7.82	7.72
总产值（万元）	Gross Output Value (10 000 yuan)	5581721	6368946
主营业务收入（万元）	Revenue from Principal Business (10 000 yuan)	5708342	6458561
利润总额（万元）	Total Profits (10 000 yuan)	253550	308870
资产总值（万元）	Total Assets (10 000 yuan)	4234328	4980686
负债总额（万元）	Liability (10 000 yuan)	2536908	2943076
社会消费品零售总额（万元）	Total Retail Sales of Consumer Goods (10 000 yuan)	491476	552216
* 私营工商企业	Private Industrial and Commercial Enterprises		
户　数（户）	Number of Enterprises (unit)	5785	6716
从业人员（人）	Employment Personnel (person)	62975	63194
注册资本（万元）	Registered Capital (10 000 yuan)	1098372	1281758
* 个体工商业	Individual Industrial and Commercial Enterprises		
户　数（户）	Number of Enterprises (unit)	7676	10354
从业人员（人）	Employment Personnel (person)	13840	19276
资金数额（万元）	Fund (10 000 yuan)	28465	33880
实际直接利用外资（万美元）	Actual Direct Utilization of Foreign Capital (USD 10 000)	21342	26807
吸引内资到位额（万元）	Domestic Investment Actually Used (10 000 yuan)	118772	574532
工业企业出口交货值（万元）	Delivery Value of Industrial Enterprises (10 000 yuan)	1440000	1745280
星级饭店（个）	Star Hotel (unit)	1	1
* 小学校数（所）	Number of Primary Schools (unit)	42	42
* 小学在校学生数（人）	Students Enrollment of Primary Schools (person)	17097	26187
* 普通中学校数（所）	Number of Regular Secondary Schools (unit)	20	20
* 普通中学在校学生数（人）	Students Enrollment of Regular Secondary Schools (person)	15894	16044
幼儿园数（所）	Number of Kindergartens (unit)	116	122
卫生机构数（个）	Health Care Institutions (unit)	18	24
# 医院、卫生院	Hospital and Health Care Center	14	15
卫生机构床位数（张）	Beds (unit)	854	1047
# 医院、卫生院	Hospital and Health Care Center	854	1047
新型农村合作医疗覆盖率 (%)	New Rural Cooperative Medical Service Overlay Rate (%)	96.6	94.6
林木覆盖率 (%)	Coverage Rate of Trees (%)	19.2	20.0
新增就业人员（人）	Newly Employment Personnel (person)	3181	2742

23-14 武清区基本情况
Basic Statistics on Wuqing District

指　标	Item	2006	2007
* 户籍户数（万户）	Registered Households (10 000 households)	26.16	26.40
# 农业户	Agricultural Households	20.41	20.55
* 户籍人口（万人）	Registered Population (10 000 persons)	82.49	83.11
1. 农业人口	Agricultural Population	69.44	69.18
非农业人口	Non-agricultural Population	13.05	13.93
2. 男	Male	41.31	41.57
女	Female	41.18	41.54
* 人口出生率 (‰)	Birth Rate of Population (‰)	9.1	9.3
* 人口自然增长率 (‰)	Natural Growth Rate of Population (‰)	4.0	3.7
城镇单位从业人员（万人）	Employment Personnel in Urban Units (100 persons)	6.75	7.31
# 在岗职工	On-post Staff and Workers	6.71	7.26
* 乡村从业人员（万人）	Rural Employment Personnel (10 000 persons)	37.56	37.65
# 农林牧渔业	Farming, Forestry, Animal Husbandry and Fishery	19.28	18.97
* 区县生产总值（亿元）	Gross Domestic Product (100 million yuan)	156.26	168.90
第一产业	Primary Industry	21.67	17.94
第二产业	Secondary Industry	73.10	78.84
# 工　业	Industry	64.57	68.27
第三产业	Tertiary Industry	61.49	72.12
区县生产总值增速 (%)	Increase Rate of Gross Domestic Product (%)	2.4	9.2
区县增加值（亿元）	Value Added of District (100 million yuan)	134.28	151.40
区县增加值增速 (%)	Increase Rate of Value Added of District (%)	14.4	15.8
区级一般预算财政收入（万元）	General Budgetary Government Revenue at District Level (10 000 yuan)	110021	153657
区级一般预算财政支出（万元）	General Budgetary Government Expenditure at District Level (10 000 yuan)	192608	242107
# 教育经费支出	Operating Expenses for Education	43018	56261
* 固定资产投资（万元）	Investment in Fixed Assets (10 000 yuan)	593698	899588
年末实有耕地面积（万公顷）	Cultivated Land (year-end) (10 000 hectare)	8.96	8.94
农林牧渔业总产值（万元）	Gross Output Value of Farming, Forestry, Animal Husbandry and Fishery (10 000 yuan)	377954	417601
农林牧渔业总产值增速 (%)	Increase Rate of Gross Output Value of Farming, Forestry, Animal Husbandry and Fishery (%)	-2.1	6.5
* 农村居民人均年纯收入（元）	Per Capita Annual Net Income of Rural Households (yuan)	7780	8620
* 农村居民人均生活消费支出（元）	Per Capita Annual Expenditure for Consumption of Rural Households (yuan)	3295	3208
# 食品支出	Expenditure for Food	1210	1420

23-14 续表 Continued

指　标	Item	2006	2007
农村人均住房面积（平方米）	Per Capita Floor Space of Rural Households (sq. m)	25.8	26.0
规模以上工业企业	Industrial Enterprises above Designated Size		
单位数（个）	Number of Units (unit)	446	428
从业人员（万人）	Employment Personnel (10 000 persons)	7.92	7.78
总产值（万元）	Gross Output Value (10 000 yuan)	1990654	2397757
主营业务收入（万元）	Revenue from Principal Business (10 000 yuan)	1938372	2381684
利润总额（万元）	Total Profits (10 000 yuan)	157873	191085
资产总值（万元）	Total Assets (10 000 yuan)	2042234	2402115
负债总额（万元）	Liability (10 000 yuan)	1087261	1347732
社会消费品零售总额（万元）	Total Retail Sales of Consumer Goods (10 000 yuan)	473630	573519
* 私营工商企业	Private Industrial and Commercial Enterprises		
户　数（户）	Number of Enterprises (unit)	4216	5085
从业人员（人）	Employment Personnel (person)	31785	33601
注册资本（万元）	Registered Capital (10 000 yuan)	1096863	1696758
* 个体工商业	Individual Industrial and Commercial Enterprises		
户　数（户）	Number of Enterprises (unit)	17316	20303
从业人员（人）	Employment Personnel (person)	24527	28706
资金数额（万元）	Fund (10 000 yuan)	47947	55782
实际直接利用外资（万美元）	Actual Direct Utilization of Foreign Capital (USD 10 000)	8955	1904
吸引内资到位额（万元）	Domestic Investment Actually Used (10 000 yuan)	310000	410000
工业企业出口交货值（万元）	Delivery Value of Industrial Enterprises (10 000 yuan)	836000	960000
星级饭店（个）	Star Hotel (unit)	2	2
* 小学校数（所）	Number of Primary Schools (unit)	174	161
* 小学在校学生数（人）	Students Enrollment of Primary Schools (person)	56846	57442
* 普通中学校数（所）	Number of Regular Secondary Schools (unit)	49	47
* 普通中学在校学生数（人）	Students Enrollment of Regular Secondary Schools (person)	46453	46142
幼儿园数（所）	Number of Kindergartens (unit)	264	233
卫生机构数（个）	Health Care Institutions (unit)	43	52
# 医院、卫生院	Hospital and Health Care Center	36	44
卫生机构床位数（张）	Beds (unit)	1335	1659
# 医院、卫生院	Hospital and Health Care Center	1216	1486
新型农村合作医疗覆盖率 (%)	New Rural Cooperative Medical Service Overlay Rate (%)	91.2	98.8
林木覆盖率 (%)	Coverage Rate of Trees (%)	24.8	25.3
新增就业人员（人）	Newly Employment Personnel (person)	18690	19520

23-15 宝坻区基本情况
Basic Statistics on Baodi District

指　标	Item	2006	2007
* 户籍户数 (万户)	Registered Households (10 000 households)	20.73	20.92
# 农业户	Agricultural Households	15.6	15.74
* 户籍人口 (万人)	Registered Population (10 000 persons)	65.71	66.12
1. 农业人口	Agricultural Population	54.86	54.68
非农业人口	Non-agricultural Population	10.85	11.44
2. 男	Male	33.17	33.40
女	Female	32.54	32.72
* 人口出生率 (‰)	Birth Rate of Population (‰)	9.6	10.8
* 人口自然增长率 (‰)	Natural Growth Rate of Population (‰)	4.7	6.8
城镇单位从业人员 (万人)	Employment Personnel in Urban Units (100 persons)	2.56	2.37
# 在岗职工	On-post Staff and Workers	2.54	2.34
* 乡村从业人员 (万人)	Rural Employment Personnel (10 000 persons)	26.82	27.16
# 农林牧渔业	Farming, Forestry, Animal Husbandry and Fishery	13.81	13.53
* 区县生产总值 (亿元)	Gross Domestic Product (100 million yuan)	91.42	113.60
第一产业	Primary Industry	13.78	14.21
第二产业	Secondary Industry	37.33	48.75
# 工　业	Industry	34.53	44.66
第三产业	Tertiary Industry	40.31	50.64
区县生产总值增速 (%)	Increase Rate of Gross Domestic Product (%)	18.5	22.5
区县增加值 (亿元)	Value Added of District (100 million yuan)	81.97	96.42
区县增加值增速 (%)	Increase Rate of Value Added of District (%)	8.0	16.6
区级一般预算财政收入 (万元)	General Budgetary Government Revenue at District Level (10 000 yuan)	49392	66938
区级一般预算财政支出 (万元)	General Budgetary Government Expenditure at District Level (10 000 yuan)	99940	130714
# 教育经费支出	Operating Expenses for Education	30700	40404
* 固定资产投资 (万元)	Investment in Fixed Assets (10 000 yuan)	385039	649900
年末实有耕地面积 (万公顷)	Cultivated Land (year-end) (10 000 hectare)	7.61	7.61
农林牧渔业总产值 (万元)	Gross Output Value of Farming, Forestry, Animal Husbandry and Fishery (10 000 yuan)	291738	329877
农林牧渔业总产值增速 (%)	Increase Rate of Gross Output Value of Farming, Forestry, Animal Husbandry and Fishery (%)	3.3	9.0
* 农村居民人均年纯收入 (元)	Per Capita Annual Net Income of Rural Households (yuan)	7382	8153
* 农村居民人均生活消费支出 (元)	Per Capita Annual Expenditure for Consumption of Rural Households (yuan)	3389	3626
# 食品支出	Expenditure for Food	1292	1407

23-15 续表 Continued

指　标	Item	2006	2007
农村人均住房面积（平方米）	Per Capita Floor Space of Rural Households (sq. m)	23.4	24.6
规模以上工业企业	Industrial Enterprises above Designated Size		
单位数（个）	Number of Units (unit)	292	299
从业人员（万人）	Employment Personnel (10 000 persons)	5.78	5.68
总产值（万元）	Gross Output Value (10 000 yuan)	770206	957352
主营业务收入（万元）	Revenue from Principal Business (10 000 yuan)	774470	951875
利润总额（万元）	Total Profits (10 000 yuan)	23932	24609
资产总值（万元）	Total Assets (10 000 yuan)	632534	783710
负债总额（万元）	Liability (10 000 yuan)	379613	467507
社会消费品零售总额（万元）	Total Retail Sales of Consumer Goods (10 000 yuan)	429204	513565
* 私营工商企业	Private Industrial and Commercial Enterprises		
户　数（户）	Number of Enterprises (unit)	1782	1841
从业人员（人）	Employment Personnel (person)	69840	70118
注册资本（万元）	Registered Capital (10 000 yuan)	351495	434281
* 个体工商业	Individual Industrial and Commercial Enterprises		
户　数（户）	Number of Enterprises (unit)	13437	13849
从业人员（人）	Employment Personnel (person)	31542	32914
资金数额（万元）	Fund (10 000 yuan)	283000	294000
实际直接利用外资（万美元）	Actual Direct Utilization of Foreign Capital (USD 10 000)	2029	5953
吸引内资到位额（万元）	Domestic Investment Actually Used (10 000 yuan)	360998	475000
工业企业出口交货值（万元）	Delivery Value of Industrial Enterprises (10 000 yuan)	379204	379295
星级饭店（个）	Star Hotel (unit)	2	2
* 小学校数（所）	Number of Primary Schools (unit)	135	130
* 小学在校学生数（人）	Students Enrollment of Primary Schools (person)	44602	34255
* 普通中学校数（所）	Number of Regular Secondary Schools (unit)	48	39
* 普通中学在校学生数（人）	Students Enrollment of Regular Secondary Schools (person)	49351	53045
幼儿园数（所）	Number of Kindergartens (unit)	140	142
卫生机构数（个）	Health Care Institutions (unit)	46	46
# 医院、卫生院	Hospital and Health Care Center	41	41
卫生机构床位数（张）	Beds (unit)	1155	1195
# 医院、卫生院	Hospital and Health Care Center	1155	1195
新型农村合作医疗覆盖率 (%)	New Rural Cooperative Medical Service Overlay Rate (%)	81.7	86.3
林木覆盖率 (%)	Coverage Rate of Trees (%)	19.0	21.8
新增就业人员（人）	Newly Employment Personnel (person)	5235	6052

23-16 宁河县基本情况
Basic Statistics on Ninghe County

指　标	Item	2006	2007
* 户籍户数 (万户)	Registered Households (10 000 households)	11.43	11.73
# 农业户	Agricultural Households	7.78	7.89
* 户籍人口 (万人)	Registered Population (10 000 persons)	36.89	37.32
1. 农业人口	Agricultural Population	27.94	27.99
非农业人口	Non-agricultural Population	8.95	9.33
2. 男	Male	18.73	18.95
女	Female	18.16	18.37
* 人口出生率 (‰)	Birth Rate of Population (‰)	9.9	8.8
* 人口自然增长率 (‰)	Natural Growth Rate of Population (‰)	4.7	4.0
城镇单位从业人员 (万人)	Employment Personnel in Urban Units (100 persons)	1.77	1.91
# 在岗职工	On-post Staff and Workers	1.76	1.89
* 乡村从业人员 (万人)	Rural Employment Personnel (10 000 persons)	11.30	11.46
# 农林牧渔业	Farming, Forestry, Animal Husbandry and Fishery	6.40	6.50
* 区县生产总值 (亿元)	Gross Domestic Product (100 million yuan)	61.80	67.21
第一产业	Primary Industry	14.04	13.11
第二产业	Secondary Industry	27.35	29.41
# 工　业	Industry	24.97	24.70
第三产业	Tertiary Industry	20.41	24.69
区县生产总值增速 (%)	Increase Rate of Gross Domestic Product (%)	8.6	8.7
区县增加值 (亿元)	Value Added of District (100 million yuan)	58.63	62.07
区县增加值增速 (%)	Increase Rate of Value Added of District (%)	4.4	8.1
县级一般预算财政收入 (万元)	General Budgetary Government Revenue at District Level (10 000 yuan)	29958	27711
县级 一般预算财政支出 (万元)	General Budgetary Government Expenditure at District Level (10 000 yuan)	58405	68756
# 教育经费支出	Operating Expenses for Education	16750	20565
* 固定资产投资 (万元)	Investment in Fixed Assets (10 000 yuan)	296319	479301
年末实有耕地面积 (万公顷)	Cultivated Land (year-end) (10 000 hectare)	3.87	3.87
农林牧渔业总产值 (万元)	Gross Output Value of Farming, Forestry, Animal Husbandry and Fishery (10 000 yuan)	288320	314612
农林牧渔业总产值增速 (%)	Increase Rate of Gross Output Value of Farming, Forestry, Animal Husbandry and Fishery (%)	10.8	9.1
* 农村居民人均年纯收入 (元)	Per Capita Annual Net Income of Rural Households (yuan)	7650	8468
* 农村居民人均生活消费支出 (元)	Per Capita Annual Expenditure for Consumption of Rural Households (yuan)	3023	3061
# 食品支出	Expenditure for Food	1447	1483

23-16 续表 Continued

指 标	Item	2006	2007
农村人均住房面积（平方米）	Per Capita Floor Space of Rural Households (sq. m)	23.8	24.4
规模以上工业企业	Industrial Enterprises above Designated Size		
单位数（个）	Number of Units (unit)	139	126
从业人员（万人）	Employment Personnel (10 000 persons)	2.16	2.36
总产值（万元）	Gross Output Value (10 000 yuan)	779800	1050838
主营业务收入（万元）	Revenue from Principal Business (10 000 yuan)	778188	982558
利润总额（万元）	Total Profits (10 000 yuan)	43598	44311
资产总值（万元）	Total Assets (10 000 yuan)	572861	796126
负债总额（万元）	Liability (10 000 yuan)	353461	542052
社会消费品零售总额（万元）	Total Retail Sales of Consumer Goods (10 000 yuan)	260003	312000
* 私营工商企业	Private Industrial and Commercial Enterprises		
户 数（户）	Number of Enterprises (unit)	1560	1796
从业人员（人）	Employment Personnel (person)	13536	14725
注册资本（万元）	Registered Capital (10 000 yuan)	384266	421656
* 个体工商业	Individual Industrial and Commercial Enterprises		
户 数（户）	Number of Enterprises (unit)	6989	7699
从业人员（人）	Employment Personnel (person)	9447	10656
资金数额（万元）	Fund (10 000 yuan)	17974	21734
实际直接利用外资（万美元）	Actual Direct Utilization of Foreign Capital (USD 10 000)	3884	4932
吸引内资到位额（万元）	Domestic Investment Actually Used (10 000 yuan)	316355	414000
工业企业出口交货值（万元）	Delivery Value of Industrial Enterprises (10 000 yuan)	60924	62773
星级饭店（个）	Star Hotel (unit)	1	1
* 小学校数（所）	Number of Primary Schools (unit)	61	61
* 小学在校学生数（人）	Students Enrollment of Primary Schools (person)	25381	24571
* 普通中学校数（所）	Number of Regular Secondary Schools (unit)	30	30
* 普通中学在校学生数（人）	Students Enrollment of Regular Secondary Schools (person)	28383	26137
幼儿园数（所）	Number of Kindergartens (unit)	140	140
卫生机构数（个）	Health Care Institutions (unit)	56	50
# 医院、卫生院	Hospital and Health Care Center	8	8
卫生机构床位数（张）	Beds (unit)	569	569
# 医院、卫生院	Hospital and Health Care Center	569	569
新型农村合作医疗覆盖率 (%)	New Rural Cooperative Medical Service Overlay Rate (%)	76.7	97.7
林木覆盖率 (%)	Coverage Rate of Trees (%)	13.4	13.5
新增再就业人员（人）	Newly Re-employment Personnel (person)	6100	5895

23-17 静海县基本情况
Basic Statistics on Jinghai County

指　标	Item	2006	2007
* 户籍户数（万户）	Registered Households (10 000 households)	17.64	17.97
# 农业户	Agricultural Households	13.41	13.58
* 户籍人口（万人）	Registered Population (10 000 persons)	52.88	53.59
1. 农业人口	Agricultural Population	43.35	43.70
非农业人口	Non-agricultural Population	9.53	9.89
2. 男	Male	26.95	27.32
女	Female	25.93	26.27
* 人口出生率 (‰)	Birth Rate of Population (‰)	9.7	11.8
* 人口自然增长率 (‰)	Natural Growth Rate of Population (‰)	3.9	6.0
城镇单位从业人员（万人）	Employment Personnel in Urban Units (100 persons)	2.66	2.69
# 在岗职工	On-post Staff and Workers	2.61	2.63
* 乡村从业人员（万人）	Rural Employment Personnel (10 000 persons)	16.33	16.51
# 农林牧渔业	Farming, Forestry, Animal Husbandry and Fishery	7.44	7.37
* 区县生产总值（亿元）	Gross Domestic Product (100 million yuan)	148.17	159.04
第一产业	Primary Industry	12.72	10.90
第二产业	Secondary Industry	92.97	98.10
# 工　业	Industry	89.48	94.24
第三产业	Tertiary Industry	42.48	50.05
区县生产总值增速 (%)	Increase Rate of Gross Domestic Product (%)	11.4	7.7
区县增加值（亿元）	Value Added of District (100 million yuan)	99.90	111.01
区县增加值增速 (%)	Increase Rate of Value Added of District (%)	14.1	13.4
区级一般预算财政收入（万元）	General Budgetary Government Revenue at District Level (10 000 yuan)	43906	56528
区级一般预算财政支出（万元）	General Budgetary Government Expenditure at District Level (10 000 yuan)	83878	112257
# 教育经费支出	Operating Expenses for Education	25231	33857
* 固定资产投资（万元）	Investment in Fixed Assets (10 000 yuan)	228520	492914
年末实有耕地面积（万公顷）	Cultivated Land (year-end) (10 000 hectare)	6.92	6.92
农林牧渔业总产值（万元）	Gross Output Value of Farming, Forestry, Animal Husbandry and Fishery (10 000 yuan)	201260	220529
农林牧渔业总产值增速 (%)	Increase Rate of Gross Output Value of Farming, Forestry, Animal Husbandry and Fishery (%)	1.1	5.7
* 农村居民人均年纯收入（元）	Per Capita Annual Net Income of Rural Households (yuan)	7377	8161
* 农村居民人均生活消费支出（元）	Per Capita Annual Expenditure for Consumption of Rural Households (yuan)	3591	4003
# 食品支出	Expenditure for Food	1209	1431

23-17 续表 Continued

指　　标	Item	2006	2007
农村人均住房面积(平方米)	Per Capita Floor Space of Rural Households (sq. m)	26.7	26.7
规模以上工业企业	Industrial Enterprises above Designated Size		
单位数(个)	Number of Units (unit)	261	292
从业人员(万人)	Employment Personnel (10 000 persons)	4.53	5.12
总产值(万元)	Gross Output Value (10 000 yuan)	3120730	4778620
主营业务收入(万元)	Revenue from Principal Business (10 000 yuan)	3360314	4855398
利润总额(万元)	Total Profits (10 000 yuan)	151624	197264
资产总值(万元)	Total Assets (10 000 yuan)	1735432	2598900
负债总额(万元)	Liability (10 000 yuan)	1078572	1754627
社会消费品零售总额(万元)	Total Retail Sales of Consumer Goods (10 000 yuan)	286228	316465
* 私营工商企业	Private Industrial and Commercial Enterprises		
户　数(户)	Number of Enterprises (unit)	3194	3648
从业人员(人)	Employment Personnel (person)	27632	28061
注册资本(万元)	Registered Capital (10 000 yuan)	1000491	1365924
* 个体工商业	Individual Industrial and Commercial Enterprises		
户　数(户)	Number of Enterprises (unit)	9997	6227
从业人员(人)	Employment Personnel (person)	22113	16307
资金数额(万元)	Fund (10 000 yuan)	30193	30865
实际直接利用外资(万美元)	Actual Direct Utilization of Foreign Capital (USD 10 000)	4368	8779
吸引内资到位额(万元)	Domestic Investment Actually Used (10 000 yuan)	241141	252234
工业企业出口交货值(万元)	Delivery Value of Industrial Enterprises (10 000 yuan)	237883	265297
星级饭店(个)	Star Hotel (unit)	4	4
* 小学校数(所)	Number of Primary Schools (unit)	96	97
* 小学在校学生数(人)	Students Enrollment of Primary Schools (person)	40478	40858
* 普通中学校数(所)	Number of Regular Secondary Schools (unit)	52	51
* 普通中学在校学生数(人)	Students Enrollment of Regular Secondary Schools (person)	42597	44723
幼儿园数(所)	Number of Kindergartens (unit)	252	259
卫生机构数(个)	Health Care Institutions (unit)	109	93
# 医院、卫生院	Hospital and Health Care Center	23	23
卫生机构床位数(张)	Beds (unit)	1235	1237
# 医院、卫生院	Hospital and Health Care Center	1186	1176
新型农村合作医疗覆盖率(%)	New Rural Cooperative Medical Service Overlay Rate (%)	62.8	86.0
林木覆盖率(%)	Coverage Rate of Trees (%)	18.7	19.0
新增就业人员(人)	Newly Employment Personnel (person)	3039	3115

23-18 蓟县基本情况
Basic Statistics on Jixian County

指　标	Item	2006	2007
* 户籍户数（万户）	Registered Households (10 000 households)	24.81	25.11
# 农业户	Agricultural Households	18.98	19.11
* 户籍人口（万人）	Registered Population (10 000 persons)	81.21	81.84
1. 农业人口	Agricultural Population	68.67	68.82
非农业人口	Non-agricultural Population	12.54	13.02
2. 男	Male	41.38	41.70
女	Female	39.83	40.14
* 人口出生率（‰）	Birth Rate of Population (‰)	6.8	7.2
* 人口自然增长率（‰）	Natural Growth Rate of Population (‰)	1.6	3.2
城镇单位从业人员（万人）	Employment Personnel in Urban Units (100 persons)	4.56	4.68
# 在岗职工	On-post Staff and Workers	4.00	4.04
* 乡村从业人员（万人）	Rural Employment Personnel (10 000 persons)	37.79	33.17
# 农林牧渔业	Farming, Forestry, Animal Husbandry and Fishery	16.67	15.93
* 区县生产总值（亿元）	Gross Domestic Product (100 million yuan)	124.32	130.96
第一产业	Primary Industry	19.95	14.18
第二产业	Secondary Industry	59.19	59.02
# 工　业	Industry	52.60	51.91
第三产业	Tertiary Industry	45.18	57.75
区县生产总值增速 (%)	Increase Rate of Gross Domestic Product (%)	10.5	8.5
区县增加值（亿元）	Value Added of District (100 million yuan)	95.52	107.18
区县增加值增速 (%)	Increase Rate of Value Added of District (%)	11.7	18.5
县级一般预算财政收入（万元）	General Budgetary Government Revenue at District Level (10 000 yuan)	55722	64323
县级 一般预算财政支出（万元）	General Budgetary Government Expenditure at District Level (10 000 yuan)	99932	114546
# 教育经费支出	Operating Expenses for Education	30433	42101
* 固定资产投资（万元）	Investment in Fixed Assets (10 000 yuan)	410273	549683
年末实有耕地面积（万公顷）	Cultivated Land (year-end) (10 000 hectare)	4.39	5.39
农林牧渔业总产值（万元）	Gross Output Value of Farming, Forestry, Animal Husbandry and Fishery (10 000 yuan)	463516	491307
农林牧渔业总产值增速 (%)	Increase Rate of Gross Output Value of Farming, Forestry, Animal Husbandry and Fishery (%)	4.1	6.0
* 农村居民人均年纯收入（元）	Per Capita Annual Net Income of Rural Households (yuan)	7383	8153
* 农村居民人均生活消费支出（元）	Per Capita Annual Expenditure for Consumption of Rural Households (yuan)	2958	3257
# 食品支出	Expenditure for Food	1085	1196

23-18 续表 Continued

指　标	Item	2006	2007
农村人均住房面积（平方米）	Per Capita Floor Space of Rural Households (sq. m)	23.7	25.4
规模以上工业企业	Industrial Enterprises above Designated Size		
单位数（个）	Number of Units (unit)	151	113
从业人员（万人）	Employment Personnel (10 000 persons)	2.88	2.52
总产值（万元）	Gross Output Value (10 000 yuan)	347406	351695
主营业务收入（万元）	Revenue from Principal Business (10 000 yuan)	323524	342201
利润总额（万元）	Total Profits (10 000 yuan)	8053	7593
资产总值（万元）	Total Assets (10 000 yuan)	341698	377820
负债总额（万元）	Liability (10 000 yuan)	262484	289971
社会消费品零售总额（万元）	Total Retail Sales of Consumer Goods (10 000 yuan)	279172	349301
* 私营工商企业	Private Industrial and Commercial Enterprises		
户　数（户）	Number of Enterprises (unit)	1250	1229
从业人员（人）	Employment Personnel (person)	17653	16628
注册资本（万元）	Registered Capital (10 000 yuan)	128790	172337
* 个体工商业	Individual Industrial and Commercial Enterprises		
户　数（户）	Number of Enterprises (unit)	12075	10140
从业人员（人）	Employment Personnel (person)	21191	20515
资金数额（万元）	Fund (10 000 yuan)	38302	25707
实际直接利用外资（万美元）	Actual Direct Utilization of Foreign Capital (USD 10 000)	3215	4250
吸引内资到位额（万元）	Domestic Investment Actually Used (10 000 yuan)	135000	202000
工业企业出口交货值（万元）	Delivery Value of Industrial Enterprises (10 000 yuan)	51377	62977
星级饭店（个）	Star Hotel (unit)	7	7
* 小学校数（所）	Number of Primary Schools (unit)	127	162
* 小学在校学生数（人）	Students Enrollment of Primary Schools (person)	57157	52801
* 普通中学校数（所）	Number of Regular Secondary Schools (unit)	68	69
* 普通中学在校学生数（人）	Students Enrollment of Regular Secondary Schools (person)	61682	58609
幼儿园数（所）	Number of Kindergartens (unit)	200	196
卫生机构数（个）	Health Care Institutions (unit)	448	422
# 医院、卫生院	Hospital and Health Care Center	32	32
卫生机构床位数（张）	Beds (unit)	1368	1368
# 医院、卫生院	Hospital and Health Care Center	1368	1368
新型农村合作医疗覆盖率 (%)	New Rural Cooperative Medical Service Overlay Rate (%)	85.6	90.3
林木覆盖率 (%)	Coverage Rate of Trees (%)	42.2	43.2
新增就业人员（人）	Newly Employment Personnel (person)	3509	4060

天津市第二次农业普查主要数据公报

天津市第二次农业普查领导小组办公室
天津市统计局
国家统计局天津调查总队
2008 年 3 月 14 日

按照国务院的决定和全国统一工作安排，我市开展了第二次农业普查。这次普查的标准时点为 2006 年 12 月 31 日 24 时，时期资料为 2006 年度。普查对象为全市范围内的农村住户、城镇农业生产经营户、农业生产经营单位、村民委员会和乡镇人民政府。普查主要内容包括：农业生产条件、农业生产经营活动、农业土地利用、农村劳动力及就业、农村基础设施、农村社会服务、农村居民生活，以及乡镇、村民委员会和社区环境等方面的情况。农业普查采用全面调查的方法，对所有普查对象由普查员进行逐个查点和填报。全市共组织动员了普查员、普查指导员和各级普查机构的工作人员近 2 万人，填报普查表近 203 万张。调查了 158 个乡级行政单位，其中乡 20 个，镇 118 个；3835 个村级组织，其中行政村 3822 个；118.21 万个住户，其中在农村居住 1 年以上的家庭户 115.90 万个。通过普查，掌握了我市有关农业、农村、农民的基本情况。

按照国际通行做法，在国务院农普办统一组织下，对数据质量进行了抽查和评估：一是采用分层两阶段整群随机抽样的方法，在全市抽选了 1000 多个住户进行再次访问，并与普查登记结果进行比较核实；二是随机从每个区县抽选了 200 个普查小区的基础数据，对普查表的抄录、填报、识别等方面的差错进行全面检查。综合抽查结果显示，全市农业普查数据质量达到设计标准。

根据《全国农业普查条例》的有关规定，市农普办、市统计局和国家统计局天津调查总队现将普查的主要数据以公报形式向社会公布。

农业基本状况和生产条件

全市农业生产经营户和农业生产经营单位的基本状况和生产条件主要普查数据如下：

一、农业生产经营户和农业生产经营单位

2006 年末，全市共有农业生产经营户 81.4 万户，比 1996 年第一次农业普查时增长 14.1%。在农业生产经营户中，以农业收入为主的户占 41.4%，比 10 年前降低 27.0 个百分点。全市共有农业生产经营单位 939 个。

农业生产经营户和农业生产经营单位数量及构成

产品名称	农业生产经营户		农业生产经营单位	
	数量（万户）	比重（%）	数量（个）	比重（%）
合　计	81.4	100	939	100
按行业分				
农作物种植业	76.6	94.0	121	12.9
林　业	0.4	0.5	44	4.7
畜牧业	3.2	3.9	235	25.0
渔　业	1.0	1.3	92	9.8
农林牧渔服务业	0.2	0.3	447	47.6

二、农业从业人员

2006 年末，全市农业从业人员 92.5 万人，其中，男性占 42.3%，女性占 57.7%。按年龄分，20 岁以下占 2.9%，21–30 岁占 10.8%，31–40 岁占 22.7%，41–50 岁占 28.6%，51 岁以上占 35.0%；按文化程度分，文盲占 4.6 %，小学占 37.5 %，初中占 52.7%，高中占 5.1%，大专及以上占 0.1%。

三、农业技术人员

2006 年末，全市共有农业技术人员 2.66 万人，其中，在农业生产经营单位中从业的 0.31 万人。按职称分，高、中、初级农业技术人员分别为 0.08 万人、0.27 万人和 2.31 万人。

四、农业机械及使用情况

2006 年末，全市大中型拖拉机 0.57 万台，比

1996 年末下降 30.2%；小型拖拉机 5.40 万台，增长 22.7%；大中型拖拉机配套农具 0.51 万套，下降 33.8%；小型拖拉机配套农具 2.66 万套，增长 17.2%；联合收割机 0.22 万台，增长 83.3%。

2006 年，机耕面积占耕地面积的比重 90.6%，比 1996 年提高 6.1 个百分点；机电灌溉面积占耕地面积的比重 69.2%，比 1996 年降低 5.2 个百分点；喷灌面积和滴灌渗灌面积占耕地面积的比重 0.4%；机播面积占播种面积的比重 78.1%，比 1996 年提高了 50.1 个百分点；机收面积占播种面积的比重 25.8%，比 1996 年提高了 9.8 个百分点。

五、设施农业

2006 年末，全市温室面积 1.38 千公顷，大棚面积 4.32 千公顷，中小棚面积 1.49 千公顷。

农村基础设施建设和基本社会服务

全市 138 个乡镇和 3822 个行政村的基础设施建设和基本社会服务主要普查数据如下：

一、交通

2006 年末，在乡镇地域范围内有火车站的乡镇占全部乡镇的 15.9%，有码头的占 1.4%，有二级以上公路通过的占 76.8%。乡镇政府所在地距县城在一小时车程内的占 99.3%，距一级公路或高速公路出入口在 50 公里之内的占 98.6%。

2006 年末，99.1% 的村通公路，27.6% 的村地域内有车站或码头。69.0% 的村进村公路路面以柏油路面为主，32.0% 的村村内主要道路路面以柏油路面为主。

二、电力、通讯

2006 年末，99.3% 的乡镇已经完成农村电网改造，100% 的村通电，99.9% 的村通电话，74.6% 的乡镇有邮电所。

三、文化教育

2006 年末，15.2% 的乡镇有职业技术学校，18.1% 的乡镇有公园，44.9% 的乡镇有广播、电视站。

94.6% 的村在 3 公里范围内有小学，90.6% 的村在 5 公里范围内有中学，99.8% 的村能接收电视节目，54.3% 的村安装了有线电视，30.1% 的村有幼儿园、托儿所，16.3% 的村有体育健身场所，13.9% 的村有图书室、文化站，22.5% 的村有农民业余文化组织。

四、环境卫生

在本次普查的 118 个镇中，65.3% 的镇实施集中供水，17.8% 的镇生活污水经过集中处理，29.7% 的镇有垃圾处理站。

36.0% 的村饮用水经过集中净化处理，36.1% 的村实施垃圾集中处理，6.4% 的村有沼气池，81.5% 的村完成改厕。

五、医疗和社会福利机构

2006 年末，100% 的乡镇有医院、卫生院，87.7% 的乡镇有敬老院。

68.6% 的村距离医院、卫生院在 3 公里以内，64.6% 的村有卫生室，77.5% 的村有行医资格证书的医生，8.2% 的村有行医资格证书的接生员。

六、市场建设

2006 年末，78.3% 的乡镇有综合市场，16.7% 的乡镇有专业市场，10.1% 的乡镇有农产品专业市场，7.2% 的乡镇有年交易额超过 1000 万元以上的农产品专业市场，96.4% 的乡镇有储蓄所。

50.1% 的村有 50 平方米以上的综合商店或超市，49.2% 的村在村内可以买到化肥，3.8% 的村在村内可以买到彩电。

农村居民生活条件

115.90 万农村常住户居民生活条件主要普查数据如下：

一、住宅

2006 年末，农村居民平均每户拥有住宅面积 104.2 平方米。99.2% 的住户拥有自己的住宅，其中，拥有 1 处住宅的 102.47 万户，占 88.4%；拥有 2 处住宅的 11.78 万户，占 10.2%；拥有 3 处以上住宅的 0.69 万户，占 0.6%。

住宅类型主要为平房。居住平房的108.19万户，占93.4%；居住楼房的7.46万户，占6.4%；居住其他类型住房的0.25万户，占0.2%。

住宅结构主要为砖木和砖混结构。住宅为砖木结构的70.77万户，占61.1%；砖混结构的40.60万户，占35.0%；钢筋混凝土结构的2.83万户，占2.4%；土坯及其它结构的1.70万户，占1.5%。

二、饮用水

有98.33万个住户使用入户管道水，占84.8%。28.75万户的饮用水经过净化处理，占24.8%；83.11万户的饮用水为深井水，占71.7%；3.36万户的饮用水为浅井水，占2.9%；0.67万户的饮用水来源于其他水源，占0.6%。有1.80万个住户获取饮用水存在困难，占1.6%。

三、炊事能源

农村住户炊事能源主要使用煤气或天然气的54.57万户，占47.0%；主要使用柴草的48.89万户，占42.2%；主要使用煤的11.61万户，占10.0%；主要使用沼气的0.42万户，占0.4%；主要使用电的0.22万户，占0.2%；使用其他能源的0.19万户，占0.2%。

四、卫生设施

使用水冲式厕所的48.16万户，占41.5%；使用旱厕的24.32万户，占21.0%；使用简易厕所或无厕所的43.43万户，占37.5%。

五、耐用消费品

农村居民平均每百户拥有彩电108.0台、固定电话68.7部、手机91.4部、电脑3.7台、摩托车34.4辆、生活用汽车10.9辆。

农村劳动力资源与就业

农村劳动力资源与就业情况主要普查数据如下：

一、农村劳动力资源总量与结构

2006年末，农村劳动力资源总量为283.2万人。其中，男劳动力147.6万人，占52.1%；女劳动力135.6万人，占47.9%。

农村劳动力资源中，20岁及以下36.1万人，占12.8%；21—30岁52.4万人，占18.5%；31—40岁69.1万人，占24.4%；41—50岁66.9万人，占23.6%；50岁以上58.7万人，占20.7%。

农村劳动力资源中，文盲7.3万人，占2.6%；小学文化程度70.6万人，占24.9%；初中文化程度169.3万人，占59.8%；高中文化程度31.9万人，占11.3%；大专及以上文化程度4.1万人，占1.4%。

农村从业人员238.5万人，占农村劳动力资源总量的84.2%。其中，在第一产业就业的占38.0%；在第二产业就业的占34.5%；在第三产业就业的占27.5%。

二、农村劳动力流动

2006年，农村外出从业劳动力22.0万人。其中，男劳动力16.4万人，占74.4%；女劳动力5.6万人，占25.6%。

外出从业劳动力中，20岁及以下占12.7%；21—30岁占27.9%；31—40岁占27.0%；41—50岁占21.1%；50岁以上占11.3%。

外出从业劳动力中，文盲占0.6%；小学文化程度占15.8%；初中文化程度占70.4%；高中文化程度占11.4%；大专及以上文化程度占1.8%。

外出从业劳动力中，在乡外区县内从业的劳动力占63.7%，在区县外市内从业的劳动力占24.5%，去市外从业的劳动力占11.8%。

外出从业劳动力中，在第一产业从业的劳动力占3.7%；在第二产业从业的劳动力占53.2%；在第三产业从业的劳动力占43.1%。

注：1. 乡级行政单位：作为天津市第二次农业普查登记对象的乡级行政单位包括乡、镇和具有行政职能的乡级农场。普查公报中，农村基础设施和基本社会服务的资料范围是138个乡镇，其中乡20个，镇118个。

2. 村级组织：作为天津市第二次农业普查登记对象的村级组织包括村民委员会、有集体所有制农业用地或农业户籍人口的居民委员会所辖地域、具有村民委员会职能的农场。普查公报中，农村基础设施和基本社会服务的资料范围是3822个村民委员会。

3. 住户：作为天津市第二次农业普查登记对象的住户包括农村住户、城镇农业生产经营户。农村住户包括集体户和家庭户。普查公报中，农村居民生活条件的资料范围是在农村居住一年以上的家庭户。

4. 农业生产经营户和农业生产经营单位：是指在农业用地和单独的设施中经营农作物种植业、林业、畜牧业、渔业以及农林牧渔服务业，并达到以下标准之一的住户和单位：

① 年末经营耕地、园地、养殖水面面积在0.1亩及以上；

② 年末经营林地、牧草地面积在1亩以上；

③ 年末饲养牛、马、猪、羊等大中型牲畜1头及以上；

④ 年末饲养兔等小动物以及家禽共计20只及以上；

⑤ 2006年全年出售和自产自用的农产品收入超过500元以上；

⑥ 对本户或本单位以外提供农林牧渔服务的经营性收入在500元以上，或者行政事业性农林牧渔服务业单位的服务事业费支出在500元以上。

普查公报中，农业生产基本状况和生产条件的资料范围是我市范围内全部的农业生产经营户和农业生产经营单位，既包括农村地域也包括城镇地域内的农业生产经营户和农业生产经营单位。

5. 农业从业人员：是指在2006年从业人员中，以农业为主要行业的从业人员。包括我市范围内全部农村住户、城镇农业生产经营户和农业生产经营单位中的农业从业人员。

6. 农业技术人员：指2006年末，农业从业人员中受过各种专业技术培训或掌握某项专门技能并具有各种专业技术职称的人员，且必须有上级主管部门颁发的专业技术资格证书，分为初级、中级和高级三个档次。专业技术人员的等级以专业技术资格证书上登记的为准。

7. 农业机械：主要是指用于农业生产的大中小型拖拉机及其配套农具和联合收割机等农业机械。其具体解释是：

大中型拖拉机指发动机额定功率在14.7千瓦(含14.7千瓦即20马力）以上的拖拉机，有链轨式和轮式两种。

小型拖拉机指发动机额定功率在2.2千瓦(含2.2千瓦）以上，小于14.7千瓦的拖拉机，包括小四轮与手扶式。

大中型拖拉机配套农具指与大中型拖拉机配套使用的牵引和悬挂的田间移动作业机具，例如机引犁、机引耙、机引播种机、旋耕机等农具。不包括旧式农具与半机械化农具改为拖拉机牵引和悬挂的农具。

小型拖拉机配套农具指与小型拖拉机配套使用的牵引和悬挂的田间移动作业机具。不包括旧式农具与半机械化农具改为拖拉机牵引和悬挂的农具。

联合收割机指在收获过程中同时可以完成几项作业（如收割和脱粒等）的收割机械，如谷物联合收割机、棉花联合收获机（摘棉机）。有牵引式和自走式两种。

8. 村：指村民委员会所辖地域和有集体所有制农业用地或有农业户籍的居民委员会所辖地域。

9. 通公路的村：指有公路从外部通达到的村。公路是指能通行汽车、拖拉机的道路。

10. 村到最近的车站、码头的距离：指本村村委会驻地到最近车站或码头的距离。有定时经过或经常经过的客运车、并能招手上车的地点也视为车站。

11. 通电的村：指能用电进行正常的生产和生活活动的村。

12. 通电话的村：指能用固定电话或手机与外界联系的村。

13. 实施集中供水的镇：指本乡镇镇区内，通过管道系统对镇区居民进行集中供水。集中供水的水质必须符合国家有关自来水或者饮用水的标准。不符合国家自来水或饮用水标准，或者水质未经过国家有关部门检验认定为合格的，虽然其形式为集中供水，也不算集中供水。

14. 生活污水经过集中处理的镇：指镇区居民的生活污水纳入污水收集管网并通过污水处理厂进行处理。

15. 有垃圾处理站的镇：指镇区内有对垃圾进行集中、转运或者各种无毒化处理的垃圾清理场所。不包括只存放垃圾，但不进行任何处理的垃圾堆放场所。

16. 饮用水经过集中净化处理的村：指年底本村村委会驻地的住户生活饮用水经过集中净化、消毒等处理。来自自来水厂的饮用水视为经过集中净化处理。

17. 实施垃圾集中处理的村：指本村地域内有垃圾处理设施进行垃圾集中处理，或者虽然没有垃圾处理设施，但是对垃圾实行统一集中清运。

18. 完成改厕的村：指本村地域内，基本消灭了露天粪缸、粪坑、旱厕、简易厕所，大多数或全部居民使用带有化粪池、沼气池或三隔池厕所，部分居民使用公共厕所或其他村里指定的定点场所作为倾倒粪便的场所。

19. 卫生室：指在本村地域内，经县级卫生行政部门许可，由村集体或个人举办的卫生机构。卫生室有固定场所，从事医疗活动，承担管理职能。不包括专科的牙医室，以及主要从事药品销售活动的单位。

20. 住宅：一般指上有顶、周围有墙，能防风避雨，供人居住的房屋。按照各地生活习惯，可供居住的窑洞、竹楼、蒙古包、帐篷、毡房、船屋等也包括在内。

21. 住宅面积：指住户所拥有的全部住宅的建筑面积，包括自住、租出和空置的住房建筑面积。

22. 获取饮用水困难：主要指到取水点的水平距离大于1公里或垂直高差超过100米、正常年份连续缺水70天以上，或单次取水时间超过半小时。也包括村干部或农户反映的水质混浊、水质超标等现象。

23. 炊事用能源：指住户在家庭炊事中使用的主要能源。

24. 水冲式厕所：指有上、下水冲管道设备的厕所。与沼气池相联的、或在农村推广的三隔化粪池式的厕所，由于卫生性能好，也算水冲式厕所。

25. 劳动力资源：指2006年末农村常住人口中16周岁及以上具有劳动能力的人口。

26. 农村外出从业劳动力：指2006年农村户籍人口中16周岁及以上从业人员到户籍所在地乡镇行政管辖区域以外从过业的人口。

企业采风

Brief Introduction of Enterprises

1–4. 中国移动通信集团天津有限公司
CHINA MOBILE COMMUNICATIONS GROUP TIANJIN CO., LTD.

5. 天士力集团
TASLY GROUP

6–7. 中国联通天津分公司
CHINA UNICOM TIANJIN BRANCH

8–9. 天津医院
TIANJIN HOSPITAL

10–11. 天津农垦集团总公司
TIANJIN FARMS AGRIBUSINESS GROUP CORPORATION

12–13. 天津钢管集团股份有限公司
TIANJIN PIPE (GROUP) CORPORATION

14. 天津钢铁有限公司
TIANJIN IRON & STEEL CO., LTD.

15. 天津荣程联合钢铁集团有限公司
TIANJIN RONGCHENG JOINT IRON AND STEEL GROUP CO.

16–17. 天津城投集团
TIANJIN INFRASTRUCTURE INVESTMENT GROUP

18. 天津城建集团
TIANJIN URBAN CONSTRUCTION GROUP

19. 天津第二市政公路工程有限公司
TIANJIN NO. 2 MUNICIPAL HIGHWAY ENGINEERING CO., LTD.

20. 天津第三市政公路工程有限公司
TIANJIN NO. 3 MUNICIPAL HIGHWAY ENGINEERING CO., LTD.

21. 天津第四市政建筑工程有限公司
TIANJIN NO. 4 MUNICIPAL CONSTRUCTION CO., LTD.

22. 天津第六市政公路工程有限公司
TIANJIN NO. 6 MUNICIPAL HIGHWAY ENGINEERING CO., LTD.

23. 天津高新区
TIANJIN HI-TECH INDUSTRIAL PARK

24. 中国银行股份有限公司天津市分行
TIANJIN BRANCH OF BOC

25. 中国建设银行天津市分行
CHINA CONSTRUCTION BANK, TIANJIN BRANCH

26. 中国农业银行天津市分行
AGRICULTURAL BANK OF CHINA, TIANJIN BRANCH

27. 北京银行天津分行
BANK OF BEIJING TIANJIN BRANCH

28. 中国人保财险天津市分公司
PICC PROPERTY AND CASUALTY COMPANY LIMITED TIANJIN BRANCH

29. 天津邮政
TIANJIN POST

30–31. 中国石油大港石化公司
PETROCHINA DAGANG PETROCHEMICAL CORPORATION

32. 中国石化股份有限公司天津分公司
SINOPEC TIANJIN PETROCHEMICAL COMPANY

33. 中国石油大港油田公司
PETROCHINA DAGANG OILFIELD COMPANY

34–35. 天津大学管理学院
TIANJIN UNIVERSITY THE SCHOOL OF MANAGEMENT AND PUBLIC ADMINISTRATION

36–37. 天津市建筑设计院
TIANJIN ARCHITECTURE DESIGN INSTITUTE

38. 天津大学建筑设计规划研究总院
TIANJIN UNIVERSITY ACADEMY OF ARCHITECTURE DEVISE AND LAYOUT RESEARCH

39. 天津市侯台商贸集团有限公司
TIANJIN HOUTAI TRADE GROUP CO., LTD.

40. 天津住宅集团新型建材基地
TIANZHU BUILDING MATERIALS BASE

41. 天津市南开区建设开发公司
TIANJIN NANKAI DISTRICT CONSTRUCTION AND DEVELOPMENT COMPANY

42. 天津市南开房地产开发公司
TIANJIN NANKAI REAL ESTATE DEVELOPMENT COMPANY

43. 天津市东达房地产开发有限公司
TIANJIN DONGDA REAL ESTATE DEVELOPMENT CO., LTD.

44–45. 天津市龙鑫房地产开发有限公司
TIANJIN LONGXIN REAL ESTATE DEVELOPMENT CO., LTD.

46–47. 天津鑫茂科技股份有限公司
TIANJIN XINMAO SCIENCE & TECHNOLOGY CO., LTD.

48–49. 刘房子经济发展总公司
LIUFANGZI ECONOMY DEVELOPMENT GENERAL COMPANY

50–51. 天津国际招标有限公司
TIANJIN INTERNATIONAL TENDERING CO., LTD.

52. 中法合营王朝葡萄酿酒有限公司
SINO-FRENCH JOINT-VENTURE DYNASTY WINERY LTD.

53. 天津送变电工程公司
TIANJIN ELECTRIC POWER TRANSMISSION & TRANSFORMATION ENGINEERING CORPORATION

54–55. 天津市热力公司
TIANJIN HEAT POWER COMPANY

56. 津英纺纱有限公司
JINYING SPINNING CO., LTD.

中国统计出版社最新资料书简目

(仅供参考，以最后出书为准)

中国统计年鉴-2008
中国统计摘要-2008
国际统计年鉴-2008
2008中国发展报告
中国区域经济统计年鉴-2008
长江和珠江三角洲及港澳特别行政区统计年鉴-2008
中国社会统计年鉴-2008
中国第三产业统计年鉴-2008
中国城市统计年鉴-2006
中国劳动统计年鉴-2008
中国人口和就业统计年鉴-2008
中国工业经济统计年鉴-2008
中国建筑业统计年鉴-2008
中国房地产统计年鉴-2008
中国城市（镇）生活与价格年鉴-2008
中国商品交易市场统计年鉴-2008
中国零售和餐饮业连锁经营统计年鉴-2008
中国能源统计年鉴-2008
全国农产品成本收益资料汇编-2008
中国贸易外经统计年鉴-2008
中国基本单位统计年鉴-2006
中国民政统计年鉴-2008
中国农村统计年鉴-2008
中国农村住户调查年鉴-2008（中文）
中国农村住户调查年鉴-2008（英文）
中国县（市）社会经济调查年鉴-2008
中国农产品价格调查年鉴-2008
中国经济普查年鉴-2004
中国百强县（市）发展年鉴-2008
中国教育经费统计年鉴-2007
中国农村全面建设小康监测报告-2008
中国农村贫困监测报告-2008
中国国内生产总值核算历史资料（1952 2004）
中国季度国内生产总值核算历史资料（1992-2005）
中国高技术产业统计年鉴-2008
中国科学技术协会统计年鉴-2008
工业企业科技活动资料-2008
中国棉花年鉴-2006/2007
2004年经济普查年鉴系列
2005年中国1%人口抽样调查系列资料
第二次全国残疾人抽样调查资料系列
北京统计年鉴-2008
天津统计年鉴-2008
河北经济年鉴-2008
山西统计年鉴-2008
内蒙古统计年鉴-2008
辽宁统计年鉴-2008
吉林统计年鉴-2008
黑龙江统计年鉴-2008

上海统计年鉴-2008
江苏统计年鉴-2008
浙江统计年鉴-2008
安徽统计年鉴-2008
福建统计年鉴—2008
江西统计年鉴-2008
山东统计年鉴-2008
河南统计年鉴-2008
湖北统计年鉴-2008
湖南统计年鉴-2008
广东统计年鉴-2008
广西统计年鉴-2008
海南统计年鉴-2008
重庆统计年鉴-2008
四川统计年鉴-2008
贵州统计年鉴-2008
云南统计年鉴-2008
西藏统计年鉴-2008
陕西统计年鉴-2008
甘肃年鉴-2008
青海统计年鉴-2008
宁夏统计年鉴-2008
新疆统计年鉴-2008
新疆生产建设兵团统计年鉴-2008
石家庄统计年鉴-2008
唐山统计年鉴-2008
邯郸统计年鉴—2008
呼和浩特经济统计年鉴-2008
包头统计年鉴-2008
沈阳年鉴-2008
大连统计年鉴-2008
长春统计年鉴-2008
吉林市社会经济统计年鉴-2008
四平统计年鉴-2008
延吉统计年鉴-2008
哈尔滨统计年鉴-2008
齐齐哈尔经济统计年鉴-2008
黑龙江垦区统计年鉴-2008
上海浦东新区统计年鉴-2008
苏州统计年鉴-2008
无锡统计年鉴-2008
常州统计年鉴-2008
徐州统计年鉴-2008
南通统计年鉴-2008
盐城统计年鉴-2008
镇江统计年鉴-2008
江阴统计年鉴-2008
丹阳统计年鉴-2008
杭州统计年鉴-2008

宁波统计年鉴-2008
绍兴统计年鉴-2008
台州统计年鉴-2008
舟山统计年鉴-2008
温州统计年鉴-2008
金华统计年鉴-2008
嘉兴统计年鉴-2008
湖州统计年鉴-2008
衢州统计年鉴-2008
安庆统计年鉴-2008
福州统计年鉴-2008
福州经济技术开发区年鉴-2008
厦门经济特区年鉴-2008
南昌统计年鉴-2008
上饶经济社会统计年鉴-2008
九江统计年鉴-2008
济南统计年鉴-2008
青岛统计年鉴-2008
潍坊统计年鉴-2008
东营统计年鉴-2008
郑州统计年鉴-2008
洛阳统计年鉴-2008
三门峡统计年鉴-2008
南阳统计年鉴-2008
武汉统计年鉴-2008
宜昌统计年鉴-2008
十堰统计年鉴-2008
荆州统计年鉴-2008
黄冈统计年鉴-2008
长沙统计年鉴-2008
广州统计年鉴-2008
东莞统计年鉴-2008
惠州统计年鉴-2008
深圳统计年鉴-2008
桂林经济社会统计年鉴-2008
南宁统计年鉴-2008
柳州经济统计年鉴-2008
来宾市统计年鉴-2008
河池统计年鉴-2008
海口统计年鉴-2008
成都统计年鉴-2008
贵阳统计年鉴-2008
昆明统计年鉴-2008
西安统计年鉴-2008
庆阳年鉴-2008
银川统计年鉴-2008
乌鲁木齐统计年鉴-2008
吐鲁番统计年鉴-2008

欲购以上图书请与中国统计出版社发行部联系
电话: (010)63376907, 63376908　同样行书店电话: 68783171, 68783172
通讯地址: 北京市西城区三里河月坛南街57号　邮政编码: 100826

(京)新登字041号

图书在版编目(CIP)数据

天津统计年鉴. 2008/天津市统计局编.
—北京：中国统计出版社，2008.6
ISBN 978-7-5037-5379-4
Ⅰ. 天…
Ⅱ. 天…
Ⅲ. 统计资料—天津市—2008—年鉴
Ⅳ. C832.21-54

中国版本图书馆CIP数据核字(2008)第052476号

天津统计年鉴—2008

作　　者/ 天津市统计局
责任编辑/ 郑淼淼　　刘金成
E—mail / yearbook@stats.gov.cn
执行编辑/ 李立新　　戴　华
封面设计/ 天津市河图广告传播有限公司
出版发行/ 中国统计出版社
通信地址/ 北京市西城区三里河月坛南街57号　中国统计出版社
邮　　编/ 100826
电　　话/ (010)63376907
印　　刷/ 精一印刷（深圳）有限公司
经　　销/ 新华书店
开　　本/ 890×1240毫米　1/16
字　　数/ 115万字
印　　张/ 36.5印张
印　　数/ 1-5000册
版　　别/ 2008年7月第1版
版　　次/ 2008年7月第1次印刷
书　　号/ ISBN 978-7-5037-5379-4/F・2619
定　　价/ 360.00元（含光盘）

Beijing 2008
中国移动通信
CHINA MOBILE
北京2008年奥运会合作伙伴
Partner of the Beijing 2008 Olympic Games
2008
OLYMPIC
科技奥运 自在移动
中国移动作为全球最大的移动运营商，具有强大的技术优势，并以全球最大网络规模和最多用户数成为全球电信运营业的巨人，在满足北京2008年奥运会通信需求上有着网络资源上的绝对优势。
作为 2008 年奥运会移动通信服务合作伙伴，中国移动是北京奥运会的全球合作伙伴之一，承担着包括 奥运圣火跨珠峰在内的全程通信任务。中国移动的品牌精神与奥运精神具有高度契合的现实意义。奥运提出更快、更高、更强、不断进取、和平、友谊、团结、快乐分享、运动无国界等精神；而中国移动奉行“ 沟通从心开始 ”，致力于创造无线移动世界，畅想移动新生活，两者的品牌精神相互吻合。
2007 年 8 月 18 日是奥运会倒计时一周年的日子，也是天津移动公司独立运营八周年纪念日，作为天津地区的主导运营商，八年来，天津移动通信对城市的国民经济发展起到了深远的影响。天津移动短时间内完成了技术飞速跨越，服务由单一到丰富的过程。其大规模的用户发展，更验证了企业的恒心与实力。
天津移动紧密结合“ 我的移动奥运 ”主题活动，同时利用天津移动成立八周年的契机，推出“ 情动天津 ”系列活动，从而更进一步强化了与客户间的联系和主动公关力度，充分展现出移动公司的实力与社会责任感。公司加强推进了天津移动携手客户支持奥运，服务社会，回报社会的概念，使得奥运精神与品牌文化的相互融入更加贴近自然，企业形象和品牌核心文化更加深入人心，产生了不易模仿的特殊效应。
随着奥运的日益临近，中国移动已经全员动员起来，全力以赴为本届奥运会提供“ 最先进的技术，最丰富的业务，最周到的服务 ”，为奥运通信保驾护航，确保奥运工作顺利圆满完成，并再度创造中国移动通信事业的又一次辉煌。
客服热线:10086 www.tj.chinamobile.com
中国移动通信集团天津有限公司

China Mobile PROFILE

中国移动通信集团天津有限公司
China Mobile Communications Group Tianjin CO., LTD.

中国移动通信集团天津有限公司党委书记、董事长、总经理　张学红

Zhang Xuehong, Party Secretary, Board Chairwoman and General Manager of China Mobile Communications Group Tianjin CO., LTD.

中国移动通信集团天津有限公司是中国移动有限公司的全资子公司，而中国移动有限公司是目前中国在境外上市的公司中市值最大的公司之一，中国移动已连续6年入选美国《财富》杂志全球企业500强，最新排名第202位。在“2006中国企业500强”评选中，列中国企业500强综合榜第五位，列服务企业500强第三位。中国移动通信品牌价值显著提升，在《金融时报》“全球最强势100品牌”排名榜中，中国移动以品牌价值392亿美元高居第四。中国移动有限公司在《福布斯》“全球2000家最大上市公司”排名第112位，在《金融时报》“全球500大企业”排名第38位。

中国移动通信集团天津有限公司于2000年改制重组，并同时在香港和美国上市，成功进入国际资本市场。同时确立了向世界一流移动通信企业迈进的奋斗目标。

公司现有 1000 多名在职员工，拥有雄厚的移动通信建设和维护技术力量。经过近二十年的探索和努力，天津公司以惊人的建设速度成就了天津地区最大的移动通信网络，覆盖已通达全市各个角落，且移动通信的网络容量超过 610 万户，同时网络质量位居全国前列。

移动通信技术层次的不断提升，设备和技术能力的飞速增长为客户发展积蓄了后劲，而新业务的繁荣派生也为市场源源不断地注入活力。“全球通”、“动感地带”、“神州行”三大客户品牌家喻户晓，丰富的业务给客户带来更多的选择。随着互联网技术与移动通信技术的融合，移动通信的发展进入了一个新阶段。目前天津公司正逐步从传统的语音业务服务商向信息服务提供商转变。

天津公司努力向客户呈现高品质的网络环境，同时客户可享受多种便捷的服务；10086客户服务中心实施全业务受理，使天津公司的客户无论是咨询、投诉，或是查询话费、办理业务都易如反掌；VIP客户更可享受一对一的贴心服务；而对于行业集团客户，天津公司为其量身定做独享的集团解决方案；区域化的管理使服务更贴心，客户积分、异业联盟使天津公司的客户服务不断增值，并赢得了更多客户的信赖。

中国移动通信既是一个财务稳健、能够产生稳定现金流的赢利性公司，又是一个充满发展潜力、具有发展前景的持续成长性公司。面向未来，中国移动通信确立了“做世界一流企业，实现从优秀到卓越的新跨越”的发展战略目标。围绕这一目标，天津公司将秉承“ 正德厚生，臻于至善 ”的企业核心价值观，深入贯彻科学发展观，努力提升核心竞争力，通过打造卓越的运营体系，建设卓越的组织，培育卓越的人才，努力成为移动信息专家和卓越品质的创造者。

China Mobile Communications Group Tianjin CO., LTD. is a wholly-owned subsidiary of China Mobile Limited, which is one of Chinese oversea listed companies who own the largest market value. China Mobile has been selected as Global 500 by American magazine "Fortune" in the sixth consecutive years, with the latest ranking 202. In the "2006 China's top 500 enterprises," China Mobile has won the 5th place on integrated list and 3rd place among service businesses. The brand value of China Mobile has been risen significantly. In the "the world's most powerful 100 brands" list by "Financial Times", China Mobile won the 4th place with its brand value as much as 39.2 billion U.S. dollars. China Mobile Limited ranked 112 in "Global 2000 largest listed companies" by "Forbes" and 38 in "Global 500 enterprises" by "Financial Times".

China Mobile Communications Group Tianjin CO., LTD. was reorganized in 2000 and went listed in Hong Kong and the United States at the same time, entering international capital market successfully and establishing a goal that to be the world-class mobile communications enterprise.

Tianjin Mobile has a staff more than 1,000 and a solid technical strength of mobile communications construction and maintenance. After more than 10 years' researching and effort, Tianjin Mobile has accomplished the largest mobile communications network in Tianjin at a surprising rate. The network has covered every corner of Tianjin with the capacity of more than 6.1 million subscribers and first-rank network quality in China.

Technology of mobile communications has been improving continuously. Rapid growth of equipment and technical capability saves stamina for development of subscriber. Meanwhile prosperity of new business adds vitality to the market constantly. Plentiful businesses of three famous brands, "GoTone ", "M-Zone" and "Easy Own" give customers more choices. With the combination of technology of Internet and mobile communications, the development of mobile communications has entered a new phase. Tianjin Mobile now is changing gradually from a traditional voice business provider to an information service provider.

Tianjin Mobile is making great efforts to show customers high-quality network environment. Customers can enjoy a wide range of convenient services. 10086 customer service center accepts and deals with all kinds of enquiries and subscriptions to make consultation, complaint, cell phone billinquiry and business transaction very easy and convenient for customers. VIP clients will enjoy one-to-one caring services; for industry or group clients, Tianjin Mobile will provide exclusive tailor-made solutions. Regionalization of management makes services more caring. Bornus credits and different-industry alliance add value to customer service and win more trust from clients.

China Mobile Communications Group is not only a profitable company which has sound finance and generates stable cash flow, but also a growing company which is full of development potential and bright prospect. Facing the future, China Mobile Communications Group established a developing strategic goal which is "Being the world-class enterprise, achieving the stride from excellence to superexcellence. To meet this target, Tianjin Mobile will take the enterprise's core value-"caring for people, reaching for perfection", implement the scientific concept of development thoroughly, make efforts to enhance core competence and strive to become mobile information experts and creator of the outstanding brand through ways of building excellent operating system, constructing excellent organization and cultivating excellent experts.

www.tj.chinamobile.com

TASLY GROUP

天士力集团

创 造 健 康 · 人 人 共 享

To share the joy of health with all

天士力以创新研制现代中药奠基立业，以大健康产业为主线，以制药业为中心，经过多年的发展，形成涵盖现代中药、化学药、生物制药、保健品、清洁制品、医药营销等领域的高科技企业集团。13年来，天士力从1200万元起步发展至今，资产总额超过83亿元，利税累计35亿元，成为中药现代化、国际化的排头兵，综合实力位居行业前列。

天士力以“追求天人合一，提高生命质量”作为企业理念，坚持“以科技为核心、以市场为导向、以营销为动力、以质量为保障”的经营方针，为实现“创造健康、人人共享”，全力推动中国医药产业走向现代化，走向世界。

作为社会化、国际化的天士力，一贯坚持“基础市场在国内、目标市场在国际”的营销战略，按照以生命安全为基本需求的“天士力”板块和以生命健康为保障的“金士力”板块，构筑两大品牌体系。在国内市场，以“天士力”品牌为龙头，积极探索医药分销模式创新，打造了“横向到边、纵向到底”的市场营销网络。目前天士力医药营销集团已形成5个区域分公司、25个大区和191个办事处；以“金士力”品牌为载体，积极探索保健品直销模式创新。在国际市场，构建国际贸易和国际直销两个业务板块，在东南亚、欧洲、北美洲、非洲形成重点区域市场。主要产品在34个国家和地区进行了商标注册，复方丹参滴丸正在美国FDA和欧盟EMEA Ⅱ、Ⅲ期临床试验，目前进展顺利。

2005年，天津天士力集团有限公司被列入中国制造业企业500强并被评为“中国工业行业排头兵企业”。2005年10月，“天士力”商标被中国国家工商总局商标局认定为第5类中药成药驰名商标。

进入新的发展时期，天士力集团提出了“百年企业、百年育人、百年品牌”的战略思想，确立了三大历史责任：创建百年不倒的天士力品牌、建立国际化的跨国制药集团、推进中医药成为全人类共享医药。天士力人正以富于创新的思路、百折不挠的勇气和奋力开拓的锐气，向着更辉煌的目标奋进。

中国天津北辰区普济河东道2号天士力现代中药城
邮政编码 Postal Code: 300410　http://www.tasly.com
电话 Tel: +86 22 26736688　传真 Fax: +86 22 26736898

天士力健康星
一起健康 一起欢乐
免费服务电话
800-818-9818
www.5ijk.net

中国联通公司作为国内唯一一家综合电信运营企业，经营移动通信业务（含 GSM 和 CDMA）、国际长途业务、长途电话业务、本地电话业务、数据通信业务（含 IP 电话）、国际互联网以及与主营业务有关的其他增值业务，是目前为止国内唯一一家分别在香港、纽约和国内 A 股上市的电信运营企业。

China unicom 中国联通

中国联通天津分公司

关于贯彻落实市委、市政府进一步加快滨海新区开发开放精神，以优质信息服务助推滨海新区发展

2004十年庆典 杨栋梁致词

天津联通公司作为中国联通在天津的分支机构，成立 13 年以来，在天津市委、市政府的领导和关怀下，在社会各界的广泛支持下，致力于服务天津的经济发展，致力于改善天津人民的通信生活，致力于推进天津信息化进程，致力于参与电信市场的公平竞争，为广大市民和各行业用户提供了众多满意的业务与服务，形成了良好的市场口碑。成立 13 年来，公司坚持改革创新，在拼搏中谋发展，在天津电信市场上破土开荒，实现了超常规、跨越式的发展，为促进天津电信业打破垄断、引入竞争、改善服务、促进繁荣做出了突出的贡献，多次得到市委、市政府的肯定。

经过 13 年发展，公司从无到有，从小到大。目前，公司拥有固定资产 40 多亿，收入规模 15 亿，利税总额达 4 个多亿，在职员工 1300 人，网上用户 300 多万，基站数量 2000 多个，遍布全市的各类营业厅 500 多家。

党的十六届五中全会和中国经济社会发展“十一五”规划纲要，把加快滨海新区开发开放纳入国家总体发展战略。市第九次党代会再次深刻阐述了抢抓重大历史机遇，提出了进一步加快滨海新区开发开放的极端重要性和紧迫性。中国联通天津分公司积极响应中央和市委号召，将集中精力、全力以赴为实现这个目标而努力，将发挥自身优势，集中优势资源，以优质的信息服务助推滨海新区的大发展。近两年来，尤其是党的十六届五中全会以来，公司充分认识到滨海新区在天津乃至全国的战略地位，从而不断调整投资重点和发展方向。2005 年初，公司确立滨海为全年三项重点突破工作之一，并调整了机构设置，加大了人员、网络、营业服务设施等投入；2006 年，滨海分公司实现了收入过亿的目标。进一步加快滨海新区开发开放，决定天津的前途命运，牵动区域协调发展的全盘，关系全国发展的大局，是重大的经济任务，也是重大的政治任务。公司将牢固树立机遇意识，充分利用进一步加快滨海新区开发开放的大好时机，乘势而上，奋发有为，为滨海新区的建设做出应有的贡献。为此，公司专门成立了以李长禄总经理为组长，公司领导班子其他成员为小组成员的滨海新区专项工作领导小组，并制定了发展规划与方案，确立了今年在滨海投资的重点项目。

一直以来，公司就非常重视滨海地区的网络建设，在移动通信（包括 GSM 和 CDMA）、长途通信、数据通信、互联网以及各种电信增值业务平台建设上都有投入。据不完全统计，截至目前，公司在滨海地区投资共计约 10.5 亿元，网络已覆盖滨海全区。为进一步提高滨海新

区的通信能力，公司决定加大2007年在滨海的投资力度，预计总投资将达到2亿元。将新建150个GSM网基站、100个CDMA网基站、2个市话模块局。计划今年启动在空港物流区的通信综合楼建设工作，征地30亩，总投资2亿元，其中2007年投资2000万元。

滨海新区进一步开发开放，给天津通信行业带来了非常宝贵的发展机遇。公司将进一步集中优势的网络、服务、营销资源，以现代、成熟的信息化应用，服务于滨海新区国民经济的各行各业、方方面面，将继续凭借综合业务的独特优势，为各类企业用户提供基于移动电话、固定电话、互联网、长途业务及数据专线传输等业务捆绑的一揽子综合信息解决方案，有效降低企业生产运营成本，提高工作效率。

公司将充分发挥CDMA网络低辐射、高保密、上网快、高清晰的独特优势，引领滨海信息化建设。尤其是CDMA 1X无线上网速率最高可达153.6Kbps，是目前众多行业无线应用的首选。“物流新时空”业务可利用CDMA 1X手机，实现对物流车辆的全程跟踪监控，极大地便利了物流公司整体调度和协调工作。“海洋新时空”业务可广泛应用于海上运输、海上救护、港口集疏运、水文监控等项目，高速稳定地实现远程数据采集、传输等功能。“宝视通”视频会议系统，可实现一对一、一对多或多对多的视频对话，能实现将语音、图像、数据等信息综合在一起进行远距离传输，天津海事局、天津卫生局、民生银行等单位都已采用该视频会议系统。在2007年4月中央企业视频会议系统竞标活动中，中国联通“宝视通”视频会议系统以优质的质量保障一举中标，被国资委选定为国资委与全国159家中央企业之间使用的唯一视频会议系统。此外，政务新时空、农业新时空、工商新时空、警务新时空等行业应用已在全国先进省市成为引领行业发展的信息化主导力量。天津联通公司也做好了充分的准备，致力于推动滨海新区的政务信息化、商务信息化、农业信息化、交通信息化、教育信息化，为建设数字化滨海新区做好支撑。

公司将进一步加大在营业服务场所的投入，通过自建、共建等方式在商业区、工业区、居民区增加营业网点数量，实现服务网点的无缝隙覆盖。将进一步加强管理，采取务实措施，规范经营、诚信服务，不断提升电信服务质量水平。公司将进一步贯彻落实九次党代会和张高丽书记讲话精神，坚持科学发展和谐发展率先发展，承担社会责任，不辱历史使命，加快企业发展步伐，积极投身于滨海新区开发开放建设当中。公司真诚希望滨海新区管委会在滨海新区信息化规划建设当中，充分利用现有资源，将天津联通公司系统资源统筹安排，为滨海新区又好又快、率先发展贡献一份积极的力量。

博士生导师天津医院院长王学谦教授

院长：王学谦教授

王学谦教授，中共党员，硕士研究生。现任天津市天津医院院长、党委副书记，天津市中西医结合骨科研究所所长，研究员。天津医科大学教授、博士生导师，南开大学生命科学学院教授、博士生导师。1996 年他被批准为享受政府特殊津贴专家，1997 年被天津市政府命名为“实验室医学授衔专家”，1998 年被授予“国家有突出贡献的中青年专家”。曾连续获得天津市“八五”、“九五”、“十五”立功先进个人称号，2002 年当选天津市人大代表、天津市河西区人大代表。2003 年被选为天津市劳动模范，2003 年他荣获全国卫生系统抗 SARS 先进个人荣誉称号。2007 年再次当选天津市人大代表、天津市河西区人大代表。

王学谦教授长期以来，从人民群众的需要和医学科学的发展出发，致力于生物化学和分子生物学及免疫学研究，为提高人民的健康水平，为提高人类的生命质量，为攻克医学科学的难关，做出了突出贡献，成为天津市乃至全国影响较大、知名度较高的中青年专家。

王学谦教授把自己的全部精力贡献给科学研究事业。作为天津市实验室医学学术带头人之一，他多年从事实验医学教学、科研及临床工作，对本学科理论有很深的造诣，专业知识广博，掌握本学科国内外发展的最新动态。他先后主持天津市六个大型综合性实验室和三个研究所工作，担任十余项科研课题负责人。他完成的《快速纸片法促甲状腺激素放免试剂盒研究》获得省市级医学科技进步二等奖。这项科研成果对新生儿进行甲状腺机能筛查并对先天性甲状腺机能低下的儿童有针对性的早期治疗，使其脑发育达到正常儿童的智力水平，对优生优育意义极大，在全国引起强烈反响。同时完成了技术转让，形成规模生产，在全国十四个省市推广销售，产生了很好的社会效益和经济效益。

王学谦院长和原天津市卫生局张愈局长(右)在纪念方先之教授诞辰100周年大会上

王学谦教授的动力除来自聪明睿智的大脑、标新立异的思维，更多的是出自为临床服务、为患者服务的情愫。王学谦教授主持了《血栓调节蛋白最小功能片段的基因克隆、原核表达》科研项目。此项研究运用分子生物学手段制备表达产物，为抗血栓治疗提供先进的诊疗手段，该成果为国内首创，经专家鉴定为国际先进水平，获天津市卫生局科技进步二等奖。这项研究成果得到外国专家的首肯，在申请报名参加日本京都召开的第十八届国际临床生化与实验室医学大会时，当天日方就发出了邀请，并承担全部赴日费用。该成果在大会上一举获得亚洲 A 级大奖。他指导研究生进行了《诱导 CD34 + 细胞向成骨细胞分化体外实验研究》立项工作。这项研究，通过干细胞向成骨细胞分化，为骨组织的成骨细胞提供种子细胞，使其在主架上攀附生长、繁殖，为骨的修复、骨组织重建工程学提供骨细胞的干细胞寻找到了新的途径。该项研究还可以解释骨髓和脐血来源的成骨细胞是否具有与正常成骨细胞的性质和功能，以及解释造血过程和成骨过程两个过程交叉性和相关性的理论研究提供实验室数据，具有重大的临床意义，将为治疗白血病和创伤骨科领域开辟一条新的治疗途径。这项研究获得国家自然基金资助，是天津医院 10 年来科研工作标志性突破。

院长王学谦教授与手显微外科专家阚世廉教授被授予博士生导师

他与天津大学合作的科研项目《无创伤人体血糖浓度光学检测方法论及应用学科的研究》，获得国家自然科学基金资助。该项研究使医学、光学通过互动的桥梁为患者谋求和创新一种最先进的检测手段与方法。特点是无创，改变过去惯用的血糖检测方法，运用光学通过对皮肤表面随时进行无创检测血糖值。此项研究不论是对糖尿病患者病情检测还是对延缓糖尿病并发症的发生都具有重要意义，为广大的糖尿病患者带来福音。

在申报国家自然基金课题时，他提出了把干细胞向成骨细胞转化的理念后，通过周密的设计和努力使其尽快早日实现，同时考虑到让年轻人脱颖而出，后继有人。他把申报课题第一作者的资格让给了年轻的博士生，把自己放在了第二位。王学谦教授发表学术论文 60 余篇，学术专著 4 部，取得科研成果 16 项。他培养带教了 18 名硕士研究生，2 名博士研究生。王学谦教授高尚的品德和强烈的事业心令人折服，他那严谨的治学风格、创新的科研思路、出色的组织管理能力、扎实的工作作风和无私奉献精神，成为本学科领域内同行公认的专家，并享有很高的威望。每年他都要代表中国参加国际性学术会议并在大会宣读论文，他为天津、为祖国争得了荣誉，在国际医学界展现了中国医学专家的人格魅力和崇高风范。

天津市天津医院
（天津骨科医院）

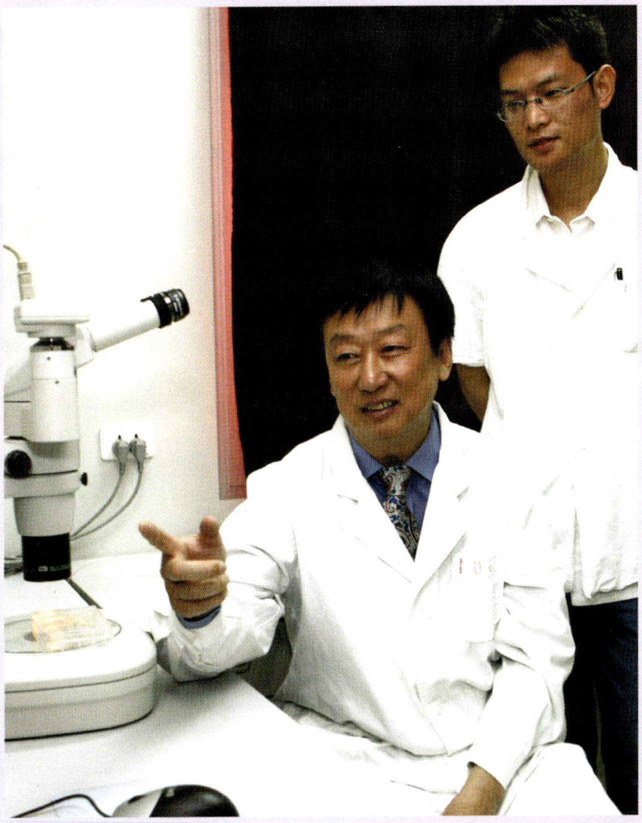

博士生导师、医学专家、天津医院院长王学谦教授带教研究生

天津市天津医院是一所以骨科专业为重点，以治疗骨科疾病为特色的融医疗、教学、科研、康复、预防为一体的大型三级甲等专科医院，是全国著名的骨科基地之一，增名天津骨科医院。该院是在中国骨科先驱方先之教授创建的天津骨科医院的基础上继承和发展起来的。全院占地面积5.4万平方米开设病床800张，其中骨科病床680张，居全国之首。

《中华骨科杂志》编辑部、受国家卫生部委托承办的全国骨科高级医师进修班、天津市中西医结合骨科研究所、天津市交通医学研究所、天津市创伤急救中心、天津市关节外科中心、天津市尚天裕中西医结合骨伤治疗中心、天津市骨科康复医学中心均设在该内。院内设有创伤骨科、脊柱外科、手显微外科、小儿骨科、骨肿瘤科、关节镜科、风湿免疫科、创伤外科、骨内科、国际诊疗中心及中医外科、五官科等35个临床医技科室。

天津医院拥有1100余人的专业技术队伍，高级职称近200人。国务院授衔的有突出贡献的中青年专家3人，天津市授衔专家3人，享受政府特殊津贴专家24人，博士生导师3人，硕士生导师14人，研究生100余人，重点学科带头人22人。并设有博士后流动工作站。科研成果获国家发明奖4项、部级8项、市级30项、局级50项。出版10余部骨科学术专著。

全国骨科高级医师进修班培养了3000多名高级骨科专业人才，遍布全国各地，成为骨科学科带头人。

地址：天津市河西区解放南路406号

邮政编码：300211　电话：+86 22 28332713

网址：www.tjorthop.cn

（组稿：蔺津玲　摄影：戴可平 孙卫民 李燕）

天津医院王学谦院长会见国外医学专家

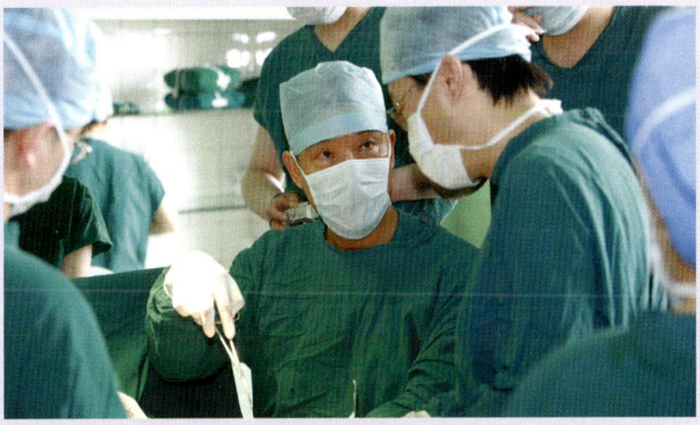

硕士生导师创伤骨科专家马宝通教授带教手术

天津农垦集团总公司

Tianjin Farms Agribusiness Group Corporation

天津市农垦集团总公司是经天津市委、市政府批准，由天津市农工商总公司改制组建，注册资本 2.35 亿元。天津农垦集团总公司资产总值 64.1 亿元，有土地 12.8 万亩，直属单位 39 个，生产经营单位 97 家，2007 年完成工农业总产值 25.9 亿元，实现利润总额 1.8 亿元。集团发展的主导板块为：奶业（奶牛育种、饲养及海河牌奶制品生产）、葡萄酒业（王朝、天宫、夏宫葡萄酒）、精品农业（地热养殖、草坪）、房地产业（津垦房地产开发）、商贸服务业（出租车服务业、加油服务业、写字楼服务业）。集团总公司全体员工齐心协力，继续发扬农垦人的开拓进取精神，努力实现二十一世纪宏伟发展目标。热忱欢迎国内外各界朋友与天津农垦携手合作，共铸辉煌。

地址：天津市河西区气象台路 96 号

Add: No. 96 Qixiangtai Road, Hexi District, Tianjin

邮政编码 Postal Code: 300074

电话 Tel: +86 22 23331636

王朝酒窖

天津广大纸业

宝德包装公司印刷车间

(京)新登字041号

图书在版编目(CIP)数据

天津统计年鉴. 2008/天津市统计局编.
—北京：中国统计出版社，2008.6
ISBN 978-7-5037-5379-4
Ⅰ. 天…
Ⅱ. 天…
Ⅲ. 统计资料—天津市—2008—年鉴
Ⅳ. C832.21-54

中国版本图书馆CIP数据核字(2008)第052476号

天津统计年鉴—2008

作　　者/ 天津市统计局
责任编辑/ 郑淼淼　　刘金成
E—mail / yearbook@stats.gov.cn
执行编辑/ 李立新　　戴　华
封面设计/ 天津市河图广告传播有限公司
出版发行/ 中国统计出版社
通信地址/ 北京市西城区三里河月坛南街57号　中国统计出版社
邮　　编/ 100826
电　　话/ (010)63376907
印　　刷/ 精一印刷（深圳）有限公司
经　　销/ 新华书店
开　　本/ 890×1240毫米　1/16
字　　数/ 115万字
印　　张/ 36.5印张
印　　数/ 1-5000册
版　　别/ 2008年7月第1版
版　　次/ 2008年7月第1次印刷
书　　号/ ISBN 978-7-5037-5379-4/F·2619
定　　价/ 360.00元（含光盘）

党委书记：汪占琪

法人代表、总经理：白智生

Tianjin Farms Agribusiness Group Corporation is a key group authorized by Tianjin Municipal Committee and Tianjin Municipal Government, and is transformed and built by Tianjin agriculture, industry and commerce head Corporation with the registered assets RMB 235 million. Tianjin Farms Agribusiness Group Corporation has total assets RMB 6,410 million, land with the area of 128,000 acres, 39 companies directly subordinated to it, and 97 business units. In 2007, the total product of industry and agriculture amounted to RMB 2,590 million and the total profit aggregated RMB 180 million. The main businesses of the corporation include: milk business (including cow breeding and Hai He Dairy products producing), wine business (including Dynasty, Welkin and Summer Palace wine), special agriculture (including terrestrial heat cultivating and lawn), real estate (JinKen real estate development) and commercial services (including taxi services, gas station services and office building services). The staff of the group corporation all spare no efforts to develop

王朝葡萄酒

the spirit of keeping forging ahead and strive to achieve the great development goal in the 21st century. Welcome the friends from diverse fields and both home and abroad to join our Tianjin Farms Agribusiness to achieve a new peak together.

党委书记、董事长：刘云生

总经理：严泽生

天津钢管集团股份有限公司是中国目前最大的石油套管生产基地，拥有世界先进的生产技术和装备。公司已通过了美国API石油学会认证、ISO 9001质量体系标准认证、ISO 14001环境管理体系认证、OSHMS 18001职业安全健康管理体系认证，同时还先后通过了17个国家以及壳牌、美孚等48家国际大石油公司的认证。目前，石油管材国内市场占有率达到50%左右，产品出口到80多个国家和地区。

集团公司建有国家级技术中心和先进的钢管实验生产线，研制生产了抗腐蚀、热采井、高抗挤毁、特殊扣等一批高技术含量、高附加值产品，形成了具有自主知识产权的TP产品系列，其中50余项科研成果填补了国内空白。石油套管成为“中国名牌产品”，无缝钢管成为“中国名牌出口商品”。集团公司下属六个子公司：钢管公司（主业）、投资公司、国贸公司、赛瑞公司、建设公司、新产业公司。公司除生产无缝钢管以外，还生产石油钻杆、彩涂钢板、不锈钢薄板、铜线材以及高压气瓶等产品。公司还拥有华北地区最大的大型冶金机电设备制造企业，可以设计、制造各种大型工业炉、各类水电、风电、发电和港口机械等设备。

天津钢管集团股份有限公司先后获得“国家质量管理卓越企业”、“第九届、第十三届国家级企业管理现代化创新成果一等奖”、全国“五一”劳动奖状等荣誉，企业跻身中国企业500强，中国制造业500强和进出口企业500强。

地址：天津市东丽区津塘公路396号
Add: 396 Jintang Highway, Dongli District, Tianjin
邮政编码 Postal Code: 300301
电话 Tel: +86 22 24802625（集团办公室 Office of the Group Co.）
+86 22 24801000（集团查号台 Telephone Number Inquiry Service）
+86 22 24802226（钢管公司 Steel Pipe Co.）
+86 22 24802488（销售公司 Sales Co.）
+86 22 66280988转683（国贸公司 International Trade Co.）
传真 Fax: +86 22 24360649
网址 Website: www.tpco.com.cn

石油套管

168厂生产线

套管生产线

天津钢管集团股份有限公司

Tianjin Pipe (Group) Corporation

Tianjin Pipe (Group) Corporation is the largest manufacturer of petroleum casing pipes in China, and it has the most advanced production technology and equipment. The company has won American Petroleum Institute (API) Certificate, ISO 9001 Quality System Certificate, ISO 14001 Environment Management System Certificate, OSHMS 18001 (Occupational Safety and Health Management System) Certificate, as well as certificates from 17 countries and 48 international petroleum companies like Shell and Mobil. At present, its casing pipes enjoy a market share of 50% in the Chinese market, and its products are exported to more than 80 countries and regions in the world.

With a state-level technology center and several advanced experimental production lines of steel pipes, the group company has developed a large number of high-tech and high value-added products, such as anti-corrosion pipes, thermal production well pipes, high collapse resistance pipes and special-thread pipes. Apart from these, the company has also developed TP product series with independent intellectual property rights, including 50 unprecedented achievements in China. This company's petroleum casing pipes have become name-brand products in China, and its seamless steel pipes have become well-known products for export. The group company has six sub-companies: Steel Pipe Company (major business), Investment Company, International Trade Company, Serim Company, Construction Company, and New Industry Company. Besides seamless steel pipes, the company also produces petroleum drill rods, colour-coated steel plates, seamless steel sheets, copper wires, and high-pressure gas bottles. It can design and manufacture various kinds of large industrial furnaces and a wide range of machinery for hydraulic power generation, wind power generation, and harbors.

Tianjin Pipe (Group) Corporation has won honors like the national award for enterprises with excellent quality management, the 9th and 13th national gold prize for enterprises with achievements in management modernization and innovation, and the national "May 1" model labor award. So far, the company has become one of the top 500 enterprises in China, one of the top 500 enterprises in Chinese manufacturing industry, and one of the top 500 import and export enterprises in China.

天津钢铁有限公司
Tianjin Iron & Steel Co., Ltd.

天津钢铁有限公司（天钢）是集烧结、炼铁、炼钢、连铸、轧钢生产工艺为一体的大型钢铁联合企业，已达到了年产铁、钢各430万吨，钢材600万吨的生产能力，连续六年跻身中国企业500强。

公司主要产品包括中厚板、圆钢、螺纹钢、热轧盘条、钢绞线、连铸圆管坯、连铸方坯、连铸板坯、炼钢和铸造用生铁等，已通过ISO 9001质量管理体系认证、欧盟CE认证、中国船级社高强度钢板认证和美国、意大利、日本、韩国等国船级社认证，产品出口到37个国家和地区。

Tianjin Iron & Steel Co., Ltd. (hereafter referred to as "Tianjin Steel Ltd") is a large iron and steel enterprise that deals with sintering, puddling, steel-making, steel casting, and steel rolling. Its throughput per year has reached 4.3 million tons of iron and steel respectively, 6 million tons of steel products. For the six successive years, it has ranked among the top 500 enterprises in China.

The main products of the company include medium plate, round steel, screw thread steel, hot-rolled coil, steel strands, continuous casting round billet for seamless steel tube rolling, continuous casting billet strip, continuous casting slab, pig iron for steel-making and casting. The products have won certificates of ISO 9001 Quality Control System, European Union CE, as well as High-strength Steel Plate Certificate from China Bureau of Shipping and Bureaus of Shipping of America, Italy, Japan, and ROK. The products have been exported to 37 countries and areas.

地址：天津市东丽区津塘公路398号
Add: No. 398 Jintang Highway,
Dongli District, Tianjin
邮政编码 Postal Code: 300301
电话 Tel: +86 22 84366800

3500mm双机架中厚板生产线

3座120t转炉

高速线材

优质棒材生产线

天津荣程联合钢铁集团有限公司

Tianjin Rongcheng Joint Iron and Steel Group Co.

董事长：张祥青

天津荣程联合钢铁集团有限公司（简称荣钢）是中国大型民营钢铁企业之一，中国钢铁工业协会会员，中华全国工商业联合会冶金商会副会长单位。荣钢注册资金 51038 万元，总资产已达 94 亿元，员工总数 7500 余名，占地面积 4456 亩，已具备了年产烧结矿 476 万吨、生铁 342 万吨、钢 316 万吨、材 226 万吨的综合生产能力。

荣钢紧紧围绕市场需求，按照生产专业化、销售区域化和发展优特钢的思路，不断推进产品结构调整，不断加强安全生产、环境保护和污染治理，并先后通过了 ISO 9001 质量管理、ISO 14001 环境管理、OHSAS 18001 职业健康与安全管理三项体系认证，还荣获了“天津市优秀企业”、“全国用户满意企业”、“中国优秀民营企业”等荣誉称号。2007 年，荣钢集团实现销售收入 285 亿元，利税 29.7 亿元，在天津市百强私营企业排行榜中名列第 1 位，在中国企业 500 强中名列第 159 位，制造业 500 强第 77 位，黑色延压企业第 23 位，中国企业效益 200 佳第 95 位。

荣钢以管理理念创新、产品优化升级为重点，扎实推进企业文化建设。培育具有时代特色和荣钢特色的企业文化，丰富发展荣钢“自强不息、奋斗不止、永不言败”的企业精神，弘扬“钢铁强国”和“建设精品基地，创世界品牌”的价值理念；不断提高全员整体素质，提出“才不在高、适用则行”的用人方针，培养了一大批自主能力强，适用型、实用型技术及管理人才，使企业的凝聚力和向心力不断增强，综合实力不断攀升。同时，也吸引了国内钢铁行业各类人才的加盟，大大改善了企业人才队伍的结构。

荣钢建立了与现代企业相适应的管理体制和运行机制，建立健全了科学高效的核心管理、专业管理机制和严密的制度体系，实行一切靠制度管理；率先使用企业资源计划（ERP）系统，全面推进信息化建设，构建起以信息技术为手段的现代化企业管理体系，以信息技术为依托的产品创新体系与工艺创新体系，实现产品成本和质量的精细控制。

荣钢以国家钢铁产业政策为依据，坚持“高起点、高标准、高技术含量、低投入、快产出”的发展原则，采用国内外先进工艺技术、设备，不断调整产品结构，淘汰落后，打造有竞争力的优质板带、不锈钢产品、精品高线等高附加值产品生产基地，创建节约型、绿色环保型、循环经济型企业。

Tianjin Rongcheng Joint Iron and Steel Group Co. (Rong Steel) is a large-scale nongovernmental iron and steel enterprise in China, a member of the Chinese Association of Iron and Steel Industry, a vice-chairman member of the Metallurgy Chamber of All-China Federation of Industry & Commerce. It has registered capital 510,380,000 yuan, total assets 9.4 billion yuan, and over 7500 employees, and covers an area of 297 hectares. The enterprise is capable of producing sinter 4.76 million tons, pig iron 3.42 million tons, steel 3.16 million tons, and steel products 2.26 million tons per year.

To meet the market demand, Rong Steel made a plan to specialize its production, regionalize its sales, and increase its production of excellent and special steel. Continuous efforts have been made to improve its product structure, and to strengthen the consciousness of safe production, environment protection and pollution control. It has passed three important certifications: ISO 9001 quality management, ISO 14001 environment management, and OHSAS 18001 occupational heath and safety management. It has also been awarded as an excellent enterprise in Tianjin, a satisfactory enterprise in China, and an excellent non-governmental enterprise in China. In 2007, Rong Steel achieved sales revenue 28.5 billion yuan, and profit payments and tax turnover 2.97 billion yuan. It tops the list of the top 100 private enterprises in Tianjin, and is ranked the 159th of the top 500 enterprises in China, the 77th of the top 500 enterprises in the manufacturing industry, the 23rd of roll steel enterprises, and the 95th of the 200 Chinese enterprise with the best profits.

Attaching great importance to the innovation of management philosophy and the upgrading of its products, Rong Steel has promoted the construction of its corporate culture. It has cultivated its unique corporate culture with distinctive characteristics of the times. It has fostered the corporate spirit of making unremitting efforts, being perseverant, and never giving up, and carried forward its goals to strengthen the motherland by producing iron and steel, and to build a base of excellent products and create world-famous brands. In addition, continuous efforts have been made to improve the overall quality of its employees. It adopted the principle to employ talents as long as they are capable enough to contribute to the enterprise. It has cultivated a large number of practical technical and management talents who are capable enough to work independently. As a result of the great unity in the enterprise, its overall strength has kept increasing impressively. Meanwhile, it has attracted many talents from Chinese steel industry, and greatly improved the structure of its staff.

Rong Steel has established management and operation systems which can meet the requirements of modern enterprises. It is run with a system of scientific and efficient kernel management, professional management and strict rules and regulations. In addition, it has also taken the lead in applying enterprise resources planning (ERP) system, push ahead its information construction, and build up a modern corporate management system with information technology as its major method, product and technique innovation system supported by the information technology, and have precise control of the product cost and quality.

Under the guidance of the government's policy on steel industry, Rong Steel adheres to the principle of high starting point, high standard, high technological content, low investment and quick output, and adopts advanced techniques and equipment from home and abroad. It has made continuous efforts to adjust its product structure, eliminate the outdated techniques and products, and strive to become a competitive base of the production of products with high additional values such as high-quality plates and bands, stainless steel products, and high-speed wires. It is marching towards its goal of becoming an energy-conserving, environment-protecting enterprise with circular economy.

天津城投集团

Tianjin Infrastructure Investment Group

董事长：王周喜

总经理：马白玉

2007 年，天津城投集团以建设国际港口城市、北方经济中心和生态城市为目标，以实施二十项民心工程和迎奥运工程为中心，按照市九次党代会提出的“高起点规划、高水平建设、高效能管理”的要求，不断加大融资力度和改革力度，较好地完成了年初确定的各项任务目标。2007 年，全集团共完成城市基础设施固定资产投资 193 亿元，同比增长 35%。

2007 年初，根据市委、市政府的部署，城投集团在与原市政局的 3 家企业进行资产整合后，初步形成了“城市路桥、轨道交通、环境水务、土地置业”四大核心业务板块。全集团 2007 年实现经营收入 24.09 亿元，同比增长 30%，实现利润 3.98 亿元，增长 56%。以成功发行 12 亿元企业债为标志，集团的直接融资工作取得突破。2007 年，全集团共签订融资合同额 245 亿元，融资到位额 249.36 亿元；同时，城投集团与中国人寿资产管理公司签署了 120 亿元债权投资计划，与美国胜达国际集团签订了战略投资意向书，启动了社保基金投资天津基础设施项目工作。

2007 年三季度开始，城投集团按照市委、市政府新的部署，在年初计划以外，又承担了二十项民心工程及一三五工程投融资任务。城投集团将这两项重点工程作为一切工作的重中之重，用心把握、用心落实，使一批基础设施竣工投入使用，大幅提升了天津市的城市载体功能：海河综合开发改造的金阜桥、直沽桥建成通车，大光明桥、国泰桥开工建设；快速路新增通车里程 30 公里；地铁 2、3 号线有 16 个车站开工建设；东站枢纽换乘中心主体完工；京津城际铁路完成全线铺轨；津秦、京沪铁路完成公司注册；环境项目建成了河东桥园、红桥竹园，开工建设了南运河御河长洲公园；道路管网项目开工建设了 37 条道路，通车 8 条；高速公路项目，京津二线主体工程基本完成，津蓟高速延长线、津汕高速天津段达到计划进度，新开工津宁、蓟塘、津港三条高速公路，在建高速公路里程达到 233 公里，实现了“十一五”规划高速公路工程的全部开工；污水处理项目，咸阳路再生水厂进入设备安装调试，开工建设了北辰、东郊再生水厂。集团所属创业环保公司年污水处理量达 3.37 亿立方米，超过年初计划处理水量 15.3%，成功进入山东、陕西水务市场。

2008 年，城投集团将围绕市委九届三次会议提出的天津发展“一二三四五六”的奋斗目标，按照“站在高起点、抢占制高点、达到高水平”的要求，继续深化投融资体制改革，初步建立市场化运营机制，完成基础设施固定资产投资 173 亿元，力争 195 亿元，安排市政公用基础设施和高速公路项目共计 148 项，其中：续建 98 项，新开工 50 项；融资到位 200 亿元以上，其中直接融资 80 亿元；执行市场化运作方案，实现经营业务收入 70 亿元，利润总额达到 10 亿元以上。为加快实现天津城市定位服务滨海新区开发开放，推进城市基础设施建设又好又快发展再做新贡献。

In 2007, Tianjin Infrastructure Investment Group takes it as their objective to build Tianjin into an international port city, economic center in the north of China, and ecological city. They centered around implementing 20 Projects for the Citizens' Welfare and project to welcome Olympic Games, abided by the requirements proposed in the 9th Municipal Congress of Party's Representatives, i.e. "designing from a higher starting point, constructing on a higher level, managing with higher efficiency", constantly furthered financing and reforming, successfully fulfilled the tasks and objectives set at the beginning of the year. In 2007, the corporation completed urban infrastructure permanent assets of RMB 19.3 billion, growing by 35% on an annual basis.

In the beginning of 2007, according to the deployment of Tianjin Municipal Committee and Municipal Government, the Corporation integrated

丹拉高速滨海大桥

快速路宾悦桥

with the 3 enterprises of the Municipal Bureau and then preliminarily formed four core business disciplines: urban roads and bridges, subways and traffic, environment and water, real estate and housing. The Corporation in the year of 2007 realized operating income of RMB 2.409 billion, increasing by 30% on an annual basis, and made profits of RMB 0.398 billion, increasing by 56% on an annual basis. The Corporation's direct financing job made breakthrough, whose milestone was the successful issuing of bond worth RMB 1.2 billion. In 2007, the Corporation signed financing contracts of RMB 24.5 billion in total, and fully funded capital of RMB 24.936 billion. Meanwhile, Tianjin Infrastructure Investment Group and China Life Insurance Asset Management Company Limited signed the investing program of equity worth RMB 12 billion, signed with U.S. Sheng Da International Co. strategic investing letter of intent, and started social security fund investing Tianjin infrastructure program.

Since the third quaiter in 2007, Tianjin Infrastructure Investment Group has abided by the new deployment of Tianjin Municipal Committee and Municipal Government, undertaken 20 Projects for the Citizens' Welfare and "135 Project" investing and financing task outside the original plan in the beginning of the year. Tianjin Infrastructure Investment Group gave top priority to carrying out two important projects, completed a batch of infrastructure with all-around consideration and down-to-earth attitude and put them to use, thus greatly improving the urban carrier function of Tianjin City: Jinbu Bridge, Zhigu Bridge in Haihe River Development had been built and open to the traffic; the construction of Daguangming Bridge and Guotai Bridge had been initiated. The newly increased mileage of thruway was 30 kilometers. 16 stations of Subway Route 2 and Route 3 were under construction. The main body structures of Tianjin East Railway Station, the pivot transfer station center, had been completed. The tracklaying of Beijing-Tianjin Inter-city railway had been finished. Tianjin-Qinghuangdao Railway and Beingjing-Shanghai Railway had realized company registering. Among environmental projects, Bridge Garden in Hedong District, and Bamboo Garden in Hongqiao District had been built. South Canal Yuhechangzhou Park was under construction. Among road network projects, 37 roads were under construction and among them 8 roads were open to the traffic. As to freeway projects, the main structure of No. 2 Beijing-Tianjin Freeway had mostly been built; the extension of Tianjin-Jixian Freeway and Tianjin leg of Tianjin-Shantou Freeway were under construction as was scheduled. The construction of Tianjin-Ningbo Freeway, Jixian-Beitang Freeway, Tianjin-Dagang Freeway had been newly started. The mileage of Freeway under construction was up to 233 kilometers, and fully realized the construction of the entire freeway projects in the 11th five-year plan. As far as the sewage disposal is concerned, equipments in Xianyang Road Resurgent Water Factory had been installed and had trial runs. Resurgent water factories in Beichen District and eastern suburbs were under construction. In Chuangye Environmental Protection Company, which is a subordinated company of the Corporation, the sewage disposal amount was up to 337 million cubic meters, exceeding the planned amount in the beginning of the year by 15.3%, and successfully entered the water markets in Shandong and Shaanxi Province.

In 2008, Tianjin Infrastructure Investment Group will center around the "123456" objectives of Tianjin development put forward by the Third Session of the 9th Tianjin Municipal Committee, observe the requirement of "standing in a higher starting point, occupying the commanding height, reaching a higher standard", continue to further the reform of investment and financing systems, primarily establish market operating mechanism, complete the infrastructure permanent assets investment RMB 17.3 billion, try to reach RMB 19.5 billion, and plan to implement 148 municipal public facilities projects and freeway projects. The 2008 plan includes 98 continuous constructions, 50 new constructions; fully funded capital over RMB 20 billion, including RMB 8 billion direct financing; implementing market operating solution and realizing operating income of RMB 7 billion with profits total over RMB 1 billion. Tianjin Infrastructure Investment Group will help Tianjin city serve the opening up and developing of Binhai New Area, and contribute more to the fast development of urban infrastructure construction.

奉化桥夜景

新建的桥园公园

友谊路立交桥

咸阳路污水处理厂

地铁一号线高架站

整修后的解放桥及附近堤岸

改造后的南运河

改造后的海河西路

天津城建集团

TIANJIN URBAN CONSTRUCTION GROUP

党委书记、董事长：李凯建

总经理：刘世善

天津城建集团是以工程施工总承包为龙头，集市政、公路、桥梁、城市轨道交通、污水处理厂、建筑、环保、房地产开发的科研、设计、施工等为一体的规模化、多元化并具有对外经营权的大型企业集团。

集团公司和所属企业分别具有国家建设部、交通部批准的公路工程施工总承包特级资质、市政公用工程施工总承包一级资质、公路路面工程专业承包一级资质、公路路基工程专业承包一级资质、桥梁工程专业承包一级资质、城市轨道交通工程专业承包资质，房屋建筑工程施工总承包一级资质、钢结构工程专业承包一级资质、特种专业工程专业承包资质等多项施工总承包和专业承包资质。集团所属天津城建设计院有限公司具有建筑行业建筑工程、市政公用行业甲级设计资格。

近年来，集团所属企业所承建的大型公路、市政建设项目有京津塘高速公路、京沈高速公路、苏嘉杭高速公路、丹拉高速公路、津晋高速公路等高速公路部分区段工程，天津“三环十四射”城市道路网络工程，天津市区至滨海新区城市轨道工程，天津市东南半环海河大桥、天津市顺驰立交桥、唐津高速公路津塘互通立交桥工程，江苏无锡芦村污水处理厂、天津咸阳路污水处理厂、天津北郊污水处理厂等一大批工程，为市政工程建设作出了突出贡献，赢得了“城建铁军”的称誉。

目前正在建设中的有京津高速公路二线工程、津汕高速公路天津段、国道112线高速公路东段工程、天津站交通枢纽工程、天津市中心城区快速路及连接中心城区快速路两横、两纵环线道路工程、海河综合开发建设的富民桥、国泰桥、赤峰桥等桥梁工程和天津市地铁二、三号线、辽宁沈阳市地铁一号线、江苏南京市地铁一号线工程等一批有影响的公路和城市基础设施建设工程。

天津城建集团先后获得世界著名桥梁大奖——尤金·菲戈奖、国家优质工程金、银奖、中国建筑工程鲁班奖、中国市政工程金杯奖、中国土木工程（詹天佑）奖30余项和省市优质工程近百余项。公司多次荣获了“全国施工优秀企业”、“全国市政工程优秀企业”、“全国用户满意企业”、“中国百家诚信示范企业”、“全国建筑业诚信企业”等近20多项国家级奖项和荣誉称号，并连续六年入围中国企业500强，展现出一个大型施工企业集团的竞争实力。

地址：天津市南开区鞍山西道260号
Add: No. 260 Anshanxi Road, Nankai District, Tianjin
邮政编码 Postal Code: 300073
电话 Tel: +86 22 23050000
传真 Fax: +86 22 23052666
E-mail: tjucg@tjucg.com

京津高速公路

东风立交桥

奉化桥

天津第二市政公路工程有限公司

Tianjin No. 2 Municipal Highway Engineering Co., Ltd.

董事长：韩占荣

天津第二市政公路工程有限公司成立于1976年，以公路施工、市政（道、桥、排水）施工为主业，同时可承担污水处理厂、地铁、轻轨等地上、地下大型结构，沥青和水泥混凝土制品的加工等工程项目，具有综合施工能力。公司现有职工1366人，其中管理人员320人，工程技术人员282人，其中具有中、高级职称者146人。公司拥有各类机械设备474台，其中大中型机械设备123台。该公司具有市政公用工程施工总承包一级、桥梁工程专业承包一级资质。

公司承建的主要工程有：获鲁班奖和全国用户满意工程奖的天津（卫国道）顺驰立交桥工程，获全国优质工程金奖的引滦入津输水工程，获交通部优质工程的京津塘高速公路工程，获建设部优质工程和全国用户满意工程的天津宾水西道立交桥工程，获全国市政金杯奖的天津市金纬路跨铁路立交工程，获国家优质工程银奖的金钟河大街立交桥工程，获中国市政行业金杯示范工程奖的北仓污水处理厂工程等。承建的大型工程还有天津四十万吨污水处理厂，上海—南京、石家庄—安阳、北京—福州、北京—沈阳高速公路工程，珠海赛车场工程，重庆大班油库设备安装工程以及内蒙古、呼和浩特、海口、福州、苏州等多个省市的市政、公路工程。

近年来，公司参加了天津市地铁、轻轨、快速路、海河道路改造等重点工程的建设。在这些重点工程建设过程中，特别是在天津站交通枢纽改造工程中，全体参建人员精心组织、科学施工，严格确保工程进度、施工质量和文明施工等各方面工作均得到了业主单位和社会各界的一致认可，为天津城市基础设施建设贡献了力量。

公司曾荣获中国五百家最大建筑施工企业、天津建筑业骨干企业、全国优秀施工企业、全国市政工程优秀施工企业、全国工程建设管理先进单位、全国用户满意施工企业、天津市信用等级AAA企业、建设部精神文明建设先进单位等称号，并两次获得全国五一劳动奖状，连续七次获得全国安康杯先进单位荣誉，现正第八次申报。

2007年，公司完成产值10.5亿元。全年市政工程和高速公路工程单位工程合格品率100%，沥青混合料、水泥混凝土管材和管片出厂合格率100%；全年安全生产达标。

Tianjin No. 2 Municipal Highway Engineering Co., Ltd. was founded in 1976. Its major business is road construction and civil engineering (roads, bridges and drainage). Capable of comprehensive engineering, the company also undertakes such large-scale construction projects as sewage plants, subway and light rail, and the processing of asphalt and cement products. The company has a staff of 1366 employees, including 320 management people, 282 engineers and technicians (146 are of senior or intermediate grade). The company possesses 474 sets of mechanical equipment, including 123 large and medium-sized sets of equipment. The company has obtained first-grade qualifications for civil engineering projects and road engineering projects.

The company has undertaken the following projects: (Weiguo Road) Sunco Intersection (with Luban Award and Satisfactory Project Award), water transfer from Luanhe River to Tianjin (national excellent project gold award), Jing-Jin-Tang Expressway (excellent project ranked by the Ministry of Communications), Tianjin Binshui Xidao Intersection (excellent project ranked by the Ministry of Construction and satisfactory project at the national level), Tianjin Jinwei Road Intersection over the railway (with the national gold cup award for civil engineering projects), Jinzhonghe Street Intersection (winning the national silver award for excellent projects), and Beicang Sewage Treatment Plant project (winning the gold cup award for model engineering projects in Chinese civil engineering industry). Other large-scale projects of the company include: a 400,000-ton sewage treatment plant in Tianjin; expressways between Shanghai and Nanjing, Shijiazhuang and Anyang, Beijing and Fuzhou, Beijing and Shenyang; Zhuhai Car Racing Autodrome project; equipment installation for Chongqing Daban Oil Depot; and civil engineering and highway construction projects in Inner Mongolia, Hohhot, Haikou, Fuzhou, Suzhou and other provinces and cities.

Over the past years, the company has participated in the construction of key projects in Tianjin, including the construction of subway, light rail, expressway, and roads along Haihe River. In the course of the construction of such key projects in Tianjin, especially during the reconstruction of transportation hubs in Tianjin, all the workers involved in the construction worked conscientiously and scientifically. The company has taken effective measures to ensure the progress of the projects. In terms of construction quality and civilization, the company has won universal recognition from not only the proprietors, but people from all social sectors. It has made great contributions to the infrastructure construction in Tianjin.

The company has won a lot of honors: one of the top 500 largest construction enterprises in China; a backbone enterprise in Tianjin construction industry; an excellent construction enterprise in China; an excellent civil engineering construction enterprise in China; a model unit for engineering construction management in China; a satisfactory construction enterprise among Chinese clients; an enterprise with AAA credit grade in Tianjin; a model enterprise in spiritual civilization construction ranked by the Ministry of Construction. In addition, the company has also won the National May-1st Labor Medal twice, the national "Ankang Cup" model unit award for 7 times. Now the company is preparing for the 8th application for this honor.

In 2007, the company achieved total output value 1.05 billion yuan. Throughout the year, of all its civil engineering projects and expressway and highway projects, the rate of qualified projects reached 100%. As for bituminous mixtures, cement concerts pipes and duct pieces, the rate of qualified products also reached 100%. In the year, the company reached the standard for safe production.

天津第三市政公路工程有限公司

Tianjin No. 3 Municipal Highway Engineering Co., Ltd.

天津第三市政公路工程有限公司始建于 1973 年，公司成立时注册名称为天津市地下铁路工程公司，后于 1979 年更名为天津第三市政工程公司，1998 年改制为国有独资有限责任公司，并更名为天津第三市政公路工程有限公司。企业原资质：市政工程施工一级，公路工程施工一级，建筑业三级，预应力施工三级，水利水电工程施工二级，资质证号 B120103151101。2004 年 3 月 1 日经建设部批准企业资质为市政公用工程施工总承包一级，桥梁工程专业承包一级。现申报公路工程施工总承包一级，路基、路面专业承包一级资质。

公司经过三十多年的发展壮大，在原有公路、市政一级资质的基础上，现已成为以承担高等级公路、高速公路、各类型桥梁及市政工程为主，兼营建筑安装，大型土石方，给、排水，水利水电，煤气和热力管网等施工项目的大型施工企业，形成了年产值 8 亿元以上的施工能力。

多年来，公司还多次获得政府和主管部门颁发的荣誉奖项，如："天津市质量管理奖"、"天津市先进企业"、"天津市重合同、守信用单位"、"建设部先进单位"、"国家优秀施工企业"等。

公司于 1998 年通过 ISO 9002 标准质量体系认证，又于 2004 年初通过 ISO 9001:2000、GB/T 28001:2001 兼容管理体系认证。

滨海大桥

Tianjin No. 3 Municipal Highway Engineering Co., Ltd. was initially found in 1973 with the registered name Tianjin Subway Engineering Company, and was renamed in 1979 as Tianjin No.3 Municipal Highway Engineering Company. In 1998, as was transformed into totally state-owned company with limited liability, it's name was changed into Tianjin No.3 Municipal Highway Engineering Co., Ltd.. The former qualifications of the enterprise included: first-class in municipal engineering construction, first-class in highway engineering construction, third-class

子牙河大桥

in construction industry, second-class in water and electricity construction (Qualification number: B120103151101). The company was ratified with first-class qualification in general undertake of municipal public project construction and professional undertake of bridge engineering by Ministry of Construction in Mar. 1st, 2004. The company is now applying for first-class qualification in general undertakes of highway engineering construction and professional undertakes of roadbed and road-surface construction.

Through a development of more than thirty years, the company has now become a large-scale construction enterprise, which is mainly engaged in high-grade road and highway construction and all kinds of bridge and municipal engineering. The company also has businesses in construction installation, civil engineering, water supply and drainage system, water-and-electricity project, gas pipes and caliduct nets. The construction capability of the company has now reached 800 million yuan per year.

The enterprise has been awarded many times by the government and departments in charge, such as "Tianjin municipal quality control medal", "Tianjin advanced enterprise", "Tianjin municipal credible unit", "advanced unit in construction industry", "National excellent construction enterprise".

The company successfully passed the authentication of ISO 9002 Quality System Standards in 1998, and passed the authentication of ISO 9001:2000 and GB/T 28001:2001 Compatible Management System in early 2004.

地址：天津市河西区紫金山路3号
Add: No. 3 Zijinshan Road, Hexi District, Tianjin
邮政编码 Postal Code: 300074
电话 Tel: +86 22 23359888
传真 Fax: +86 22 23352313

天津第四市政建筑工程有限公司
Tianjin No. 4 Municipal Construction Co., Ltd.

董事长：张津辰

总经理：金跃彦

天津第四市政建筑工程有限公司具有国家房屋建筑工程施工总承包一级和市政公用工程施工总承包一级资质，具有金属门窗工程专业承包、机电设备安装工程专业承包、钢结构工程专业承包、起重设备安装工程专业承包二级资质。

公司是集建筑安装、市政工程、基础工程、高级装饰、房地产开发、网架安装为一体的综合性企业，并已获得质量、职业健康安全和环境管理整合体系认证。

公司技术力量雄厚、设备先进、管理科学，先后承建了一大批颇有影响的工程项目，其中包括：天津中环线道路工程，纪庄子、东郊区、咸阳路污水处理厂工程及雨水泵站工程，京津塘、京福、京沪、京沈、津晋、津滨、丹拉、津蓟、威乌高速公路工程，地铁、轻轨工程，津河、卫津河、月牙河、长泰河工程以及住宅小区等，在城乡建设中做出了巨大贡献。

近几年来公司承建工程所获主要奖项有：津蓟高速公路工程和咸阳路污水处理厂工程分别获国家优质工程银质奖，津河、卫津河、月牙河工程获中国市政金杯示范工程奖，市政一公司测试综合楼获全国用户满意工程奖。公司还获得市优工程海河杯奖 14 项。

公司具有科学严谨的管理资信，并获得较高的荣誉称号，连续多年被评为"重合同、守信用"企业，资信等级为 AAA 级。公司在 2002 年和 2006 年先后被评为全国优秀市政施工企业，2004 年被评为天津市优秀企业，2006 年被评为天津市优秀诚信施工企业，并多年被评为天津市文明单位。

地址：天津市河西区紫金山路 4 号
Add: No. 4 Zijinshan Road, Hexi District, Tianjin
邮政编码 Postal Code: 300074
电话 Tel: +86 22 23542985
传真 Fax: +86 22 23542985

Tianjin No. 4 Municipal Construction Co., Ltd. enjoys national Class A qualifications for general contraction of house construction and civil engineering projects, and Class B qualifacitions for contractions of metal door and window engineering, electric and mechanical equipment installation projects, steel-structure projects, and hoisting equipment installation projects.

The company is engaged in construction, installation, civil engineering, infrastructure, advanced decorations, real estate development, and net-frame installations. It has won certificates for quality, occupational health and safety, and environment management.

The company is powerful, with advanced equipment and scientific management. It has undertaken a large number of influential projects, including: the construction of Tianjin Middle Ring Road project; Jizhuangzi, East Suburb and Xianyang Road Sewage Treatment Plant project and Rainwater Pump Station project; Jing-Jin-Tang, Jing-Fu, Jing-Hu, Jing-Shen, Jin-Jin, Jin-Bin, Dan-La, Jin-Ji, and Wei-Wu expressways; subway and rail projects; Jinhe River, Weijin River, Yueyahe River and Changtai River projects; and some residential communities. It has made significant contributions to the construction of the city and the countryside.

In the past years, the company won the following awards: National Silver Medals for the Jin-Ji Expressway project and Xianyang Road Sewage Treatment Plant project; Civil Engineering Gold-Cup Model Project award for the Jinhe River, Weijin River and Yueyahe River projects; National Satisfactory Projects award for the Comprehensive Testing Building of Tianjin No. 1 Municipal Highway Engineering Co., Ltd.; and 14 Haihe-Cup awards for excellent projects in Tianjin.

With scientific and strict management and high qualifications, the company has won considerable honors. For several years in a row, it has been qualified as a "Trustworthy Enterprise" with AAA credit grade. In 2002 and 2006, it was ranked as an excellent construction enterprise at the national level. In 2004, it was ranked as an excellent enterprise in Tianjin, and in 2006, an excellent and reliable construction enterprise in Tianjin. For many years, it has enjoyed the honor of being a model enterprise in Tianjin.

天津第六市政公路工程有限公司

Tianjin No. 6 Municipal Highway Engineering Co., Ltd.

董事长：赵惠川

天津第六市政公路工程有限公司具有市政公用工程施工总承包一级资质、公路工程施工总承包一级资质、公路路面工程专业承包一级资质、公路路基工程专业承包一级资质、桥梁工程专业承包一级资质以及公路养护资质。

公司现有职工 897 人，有职称人员 349 人，其中具有中、高级职称人员 120 人，有项目经理资质人员 87 人。拥有各类机械设备 522 台（套），其中原装进口沥青砼摊铺设备及其他进口大型机械设备 16 台（套）。公司注册资本金 6277 万元，拥有固定资产 1.35 亿元。

公司现已成为技术力量雄厚、设备先进、具有综合施工能力的大型施工企业，能承揽市政工程、公路工程、桥梁、大型顶管等工程施工及沥青混凝土、混凝土构件等的生产加工。公司通过了 ISO 9001 质量管理体系、ISO 14001 环境管理体系、GB/T 28001 职业健康安全管理体系、ISO 10012 测量管理体系认证及质量检测站计量认证，具有公路工程试验检测机构乙级资质。

近年来，公司主要承建了津蓟高速公路、津晋高速公路、津滨轻轨、天津市快速路等工程，其中，公司承建的天津市金纬路南段金纬立交桥工程获市政金杯示范工程奖，天津市中心城区快速环路工程—津塘公路立交工程荣获 2005 年度天津市建设工程金奖海河杯和 2005 年度国家优质工程银质奖。公司多次荣获“全国优秀施工企业”称号，荣获市建委授予的“特别能战斗的优秀集体”和“天津市优秀诚信施工企业”称号。

2007 年，李公楼立交桥改建工程实现了当年开工当年建成，履行了对社会的庄严承诺，成为天津站交通枢纽工程的最大亮点；浯水道泵站顶管工程开创了天津市最大直径顶管记录；奉化桥工程荣获天津市建设工程金奖海河杯和国家优质工程银质奖，通过第五批全国建筑业新技术应用示范工程验收，达到国际先进水平，《奉化桥工程设计施工技术研究》课题在与众多科研院校的激烈竞争中脱颖而出，一举夺得具有高科技含量的天津市科学技术进步二等奖。

作为“重合同、守信用”企业，公司将继续坚持“诚信、务实、优质、高效”的经营宗旨，不断开拓，与社会各界合作，为顾客提供全方位、全过程、全优质的服务。

Tianjin No.6 Municipal Highway Engineering Co., Ltd. of Tianjin boasts the first-class qualification for contracting general municipal public projects construction, first-class qualification for contracting general road projects construction, professional first-class qualification for contracting road surface projects, professional first-class qualification for contracting roadbed projects, first-class qualification for contracting bridge projects, and qualification for road maintenance.

The staff of the company is made up of 897 employees, among whom 349 people have the title of technical posts, including 120 people with senior and secondary titles of technical posts and 87 people with project executive qualification. There are 522 sets of various technical equipments in the company, including 16 sets of imported asphalt pavement equipments and other large-sized imported technical equipments. The company owns registered capital RMB 62.77 million and permanent assets RMB 135.5 million.

The company now has become a large-sized construction enterprise with great technical force, advanced equipment, and comprehensive construction ability. It is able to undertake construction of municipal projects, road projects, bridges projects, and large-sized overhead pipeline projects as well as producing and processing asphalt concrete and concrete components. The company has passed authentication of ISO 9001 Quality Control System, ISO 14001 Environment Control System, GB/T 28001 Vocational health and Security Control System, ISO 10012 Measurement Control System; it has also passed computation authentication of quality inspecting post, and holds second-class qualification of road testing and examining institution.

Over the years, the company has built Tianjin-Jixian Freeway, Tianjin-Taiyuan Freeway, Tianjin-Binhai Light Rail and thruways in Tianjin. Among the projects, Jinwei Intersection in the south section of Jinwei Road, Tianjin won Municipal Gold Trophy model projection prize, annular thruway in Tianjin downtown area and interaction in Tianjin-Beitang Road won respectively Gold Prize Haihe Trophy of Tianjin Construction in 2005, and Silver Prize of National Fine Project in 2005. For many times the company has won the honor of "Excellent Construction Enterprise Nationwide", and has been awarded by Municipal Construction Committee the honor of "Outstanding and Aggressive Enterprise" and the honor of "Tianjin Enterprise with Great Integrity."

In 2007, the reinforcement and construction project of Ligonglou Intersection was completed within one year, which fulfills the severe promise for the society, and becomes the biggest advancement in the traffic pivot Tianjin Railway Station Project. Overhead pipeline project in Pumping Station, Wushui Road initiates the record of the biggest diameter of overhead pipeline in Tianjin city. Fenghua Bridge project won "Gold Prize of Haihe Trophy" of Tianjin construction and Silver Prize of National Fine Project, and passed the inspection and examination of the fifth batch of national architectural new technology application model project, and reached advanced international standard. The research project "Designing and Constructing Technique Study in Fenghua Bridge Project" stood out in the intense competition with many research institutes and colleges, and got Second Prize of Science and Technology Advancement in Tianjin city, which contains many technological elements.

As an enterprise that stringently observes contract and values credit, the company will continue to hold to the operating principle of "integrity, practicalness, high quality, and high efficiency", keep opening up and cooperating with all trades of the society, and provide for customers all-round, thoughtful and satisfactory service.

地址：天津市南开区罗平道9增2号
Add: Luoping Road, No. 9-2, Nankai District, Tianjin
邮政编码 Postal Code: 300190
电话(传真) Tel (Fax): +86 22 27616090

天津高新区
Tianjin Hi-Tech Industrial Park

天津高新区于1991年3月经国务院批准为首批国家级高新区，规划面积55.24平方公里，由华苑产业区、南开科技园和辐射区（武清开发区、北辰科技工业园、塘沽海洋科技工业园）三部分组成。华苑产业区是市区唯一成片开发的区域，规划面积12平方公里。在华苑产业区内，已经初步形成了电子信息、绿色能源、生物制药等特色支柱产业，新材料产业正在形成。

天津高新区自建区以来，一直坚持科学发展和自主创新，把企业发展作为生命线，大力培育企业的自主创新能力，在此基础上发展具有自主知识产权的高新技术产业，经济指标每年以30%以上的速度递增。经过十余年的发展，天津高新区已经成为天津自主创新的主阵地和高新技术产业的聚集地，在建设创新型城市、提升区域自主创新能力的过程中发挥了重要载体作用。

天津滨海高新区是科技部与天津市人民政府共建的国家级高新区，是天津高新区的扩展区，规划面积36平方公里，由天津高新区管委会实施具体行政管理。作为滨海新区的经济功能区之一，天津滨海高新区将以生物医药、高端信息技术、新材料新能源、高端服务业等四大高新技术为重点，以增强自主创新能力为核心，努力构建与国际接轨的研发转化环境以及高效、充满活力的科技创新体系，建立健全高水平的研发支撑体系、高层次的人才支撑体系、一流的创新创业服务支撑体系、多元化的投融资支撑体系、优良的制度与政策支撑体系等五大支撑体系，成为带动滨海新区发展的领航区。

着眼持续发展，天津高新区将瞄准世界一流水平，努力带动区域经济结构调整和经济发展方式转变，努力成为高新技术企业"走出去"参与国际竞争的服务平台，努力成为高水平的研发与转化基地，努力成为在国内外有影响的科技之都。

Tianjin Hi-Tech Industrial Park was ratified by the State Council in March 1991 and was among the first batch of National High and New Technology Districts. With a layout dimension of 55.24 square kilometers, it is made up of Huayuan Industrial District, Nankai Technology District and Circumjacent District (Wuqing Development District, Beichen Science and Technology Industry District, Tanggu Sea Science and Technology Industry District). Among the three parts, Huayuan Industry District is the only region developed in whole area, with a layout dimension of 12 square kilometers. In Huayuan Industry District, backbone industries have developed preliminarily such as electronic information, green energy resource, biological pharmacy. The industry of new materials is initiating.

Tianjin Hi-Tech Industrial Park since its establishment has adhered to scientific development, initiative and creativity, regarded the development of enterprises as life line, spared no effort to cultivate enterprises' ability to innovate independently, and developed high and new technology industries with independent knowledge property right. Its economic index grows at the rate of over 30% each year. After over 10 years' development, Tianjin H&N District has become the main battlefield of Tianjin's creativity and initiative as well as rallying place of high and new technology industries. It plays important carrier role in the process of Tianjin developing as an innovative city, and promoting the independent creativity of the region.

Tianjin Binhai Hi-Tech Industrial Park is a national high and new technology district established by Technology Department and Tianjin People's government; it is an extension district of Tianjin Hi-Tech Industrial Park with a layout dimension of 36 square kilometers. It is politically managed by Administration Committee of Tianjin Hi-Tech Industrial Park. As one of the economically functional district in Binhai New Area, Tianjin Binhai Hi-Tech Industrial Park will concentrate on biological pharmacy, high-end information technology, new materials & new energy resources, and high-end service industry. It will take the ability to enhance initiative and creativity as the core, try to create research-development transformation environment close to international standards, as well as founding efficient, energetic systems of technology innovation. To establish and improve high-level R&D supporting system, high-level talents supporting system, first-rate innovative and carving out supporting system, diversified investment and financing supporting system, excellent regulation and policy supporting system, the district tries to become the leading district in the development of Binhai New Area.

With an eye to sustainable development, Tianjin Hi-Tech Industrial Park will aim at first-class standard in the world, bring along regional economic structure adjustment and shift of economic development approach, make efforts to go out and enter into international competition, try to be high-level R&D transformation base, and the capital of science and technology both at home and abroad.

中国银行
BANK OF CHINA
中国银行股份有限公司天津市分行
Tianjin Branch of BOC
中國銀行

中国建设银行
China Construction Bank
天津市分行

中国建设银行是一家具有50多年历史的、以中长期信用为主要特色、资金实力雄厚、服务功能齐全的现代化商业银行。在英国《银行家》杂志"2005年全球最佳银行"评选中，中国建设银行荣获2005年"中国最佳银行"称号，是该年度中国银行业中唯一获此殊荣的银行。2005年10月27日，中国建设银行股份有限公司在香港联合交易所成功挂牌上市，建设银行成为中国四大国有商业银行中首家在海外公开上市的银行，实现了国有独资商业银行改革新的突破，并在国际化的道路上迈出了重要的一步。

中国建设银行天津市分行成立于1954年10月1日，是建设银行所属一级分行，50多年来，在积极服务天津市地方经济建设的同时，业务规模和经营效益成倍增长，并形成了独具特色的企业文化、品牌形象，积累了丰富的管理经验，培育了超前的服务理念，造就了专业的人才队伍，在中长期信贷、住房金融、审价咨询等业务领域具有市场领先地位。

随着中国建设银行成功实现股改上市，天津市分行正在按照股份制商业银行的全新要求，以富于创新的思路、百折不挠的勇气和奋力开拓的锐气，向着"专注为客户提供最佳服务，为股东创造最大价值，为员工提供最好发展机会的国际一流商业银行"的目标奋进！

China Construction Bank, a modern commercial bank with a history of more than 50 years, is featured with mid- and long-term credit, a rich supply of capital, and a wide range of services. In the ranking of top banks all over the world, the Banker magazine chose China Construction Bank as the best bank of China in 2005, the only one in the Chinese banking industry in that year. On Oct. 27, 2005, China Construction Bank was listed in the Stock Exchange of Hong Kong Limited. Among the largest four state-owned China Commercial banks, Construction Bank of China was the first to be listed overseas, which was a breakthrough in the reform of solely state-owned commercial banks, as well as a significant progress in their internationalization.

China Construction Bank Tianjin Branch, which was founded on Oct. 1, 1954, is subordinate to China Construction Bank. For half a century, the branch bank has not only contributed to the economic construction of Tianjin, but also doubled its business scope and economic profit. Meanwhile, it has established its own enterprise culture and profile, accumulated rich management experience, fostered advanced service concepts, and cultivated a competent staff of talents. Therefore, the bank enjoys a leading position in the banking market in terms of mid- and long-term credit, housing finance, price appraisal and consultation.

Stimulated by the success of China Construction Bank in stock reform and listing, Tianjin Branch, with creative ideas, indomitable courage and unremitting efforts, is striving to meet the requirements of joint-stock commercial banks, so as to achieve the goal of becoming a first-rated commercial bank in the world which provides the best services, achieves the maximum values and offers the best development opportunities for its staff.

中国农业银行 天津市分行

AGRICULTURAL BANK OF CHINA TIANJIN BRANCH

2007年，中国农业银行天津市分行牢固地树立和落实科学发展观，紧跟天津市“滨海新区龙头带动，中心城区全面提升，各区县加快发展”的步伐，认真执行总行的经营指导思想，积极开拓滨海新区和中心城区业务与“三农”业务相互补充、协调发展的新格局。管理水平得到有效提升，经营利润连年创新高，主要业务指标始终保持全市同业领先。该行发挥国有大型商业银行核心地位和骨干支柱作用，为天津经济的健康、快速发展做出了应有贡献。

一年来，中国农业银行天津分行坚持加快有效发展与强化管理并重，多项经营指标创历史新高。实现经营利润35.7亿元，比上年同期增加11.08亿元，增幅达45%。全行共有网点464家，其中，分行1家，支行27家，升格支行165家，分理处、营业所176家，储蓄所95家。

■ 存款增长再创新高，贷款投放结构不断优化。截至2007年12月末，本外币各项存款余额1506.11亿元，比年初增加246.05亿元；各项贷款余额1059.50亿元，比年初增加130.50亿元，到期贷款现金收回率达90.82%。

■ 中间业务收入稳步增长，全年实现中间业务收入3.61亿元。其中银行卡、代理保险业务、代理基金销售手续费收入分别为1.6亿元、3248万元和5126万元；国际结算量达105.33亿美元，手续费收入5158万元。

■ 严格授权授信和准入管理，资产质量不断提高。电子化应用步伐明显加快，完善财务激励约束机制，系统财务管理水平不断提高。加大审计和监督检查力度，促进业务经营稳健发展。

■ 内部管理进一步加强，不断完善全行绩效考核和工资分配的相关制度办法，加强对优秀年轻干部的选拔和培养，积极有效地挖掘人力资源潜力。

In 2007, Agricultural Bank of China, Tianjin Branch adopted the scientific concept of development and earnestly followed the development plans of Tianjin Municipal Government in giving full play to the leading role of Binhai New Area, promoting the development of the central urban area and accelerating the development of all the counties and districts. The branch bank has also implemented the operation principles of the head bank, and explored a new pattern of balanced and complementary development of business related to Binhai New Area and the Central Urban Area and the business related to agriculture, countryside and farmers. Thanks to the improvement of its management, the branch bank has created a new record in profit and enjoys a leading position in the banking industry in Tianjin in terms of major business indicators. The bank also plays a significant role as a large-scale commercial bank, and has made great contributions to the sound and rapid development of the economy of Tianjin.

In the last year, Agricultural Bank of China, Tianjin Branch laid emphasis on quick and efficient development as well as effective management, breaking several records in history in business indicators. The bank realized business profit 3.57 billion yuan, an increase of 1.08 billion yuan over the previous year, up 45%. All together, there are 464 bank outlets, including 1 branch bank, 27 sub-branches, 165 upgraded sub-branches, 176 offices, and 95 banks of deposit.

■ A new record has been created in the amount of deposits, and the loan structure has been continuously improved. By the end of December, the balance of deposits, in Chinese or foreign currencies, reached 150.611 billion yuan, 24.605 billion yuan more than in the beginning of the year; the balance of loans reached 105.950 billion yuan, 13.050 billion yuan more than in the beginning of the year; the overall recovery rate of due loans reached 90.82%.

■ Intermediate income grows steadily. Within the whole year, the bank has realized intermediate income of RMB 361 million, including commission charges of bank cards RMB 160 million, of commission insurance business RMB 32.48 million, and of agency fund sale RMB 51.26 million and RMB 51.58 million commission charge of international settlement, which amounts to $ 10.533 billion.

■ Stricter measures were taken on the management of credit assessment, authorization and admittance. The quality of assets was continuously improved. Steps were remarkably quickened in the application of electronic means; the incentive and restraint mechanism was improved; and the overall finance management was improved, too. Intensified efforts were made to audit, monitor and inspect, so as to promote the sound and steady development of business.

■ The internal management was further strengthened, and rules and regulations were also improved concerning the performance assessment and salary distribution of its staff. Greater importance was attached to the selection and cultivation of young staff, and effective measures were taken to make full use of the potentials of the human resources.

北京银行
BANK OF BEIJING

行长：姜德耀（中）、常务副行长：张健（左）、副行长：王耀（右）

北京银行成立于 1996 年 1 月 8 日，是一家集中、外资股份于一体的新型股份制商业银行。十年来，北京银行秉承着“真诚，所以信赖”的经营理念，坚持改革求发展、创新求进步，全行的综合实力、核心竞争能力与整体服务水平稳步提升。2005 年 3 月，北京银行成功引入境外战略投资者，迈出了国际化进程的重要一步。截至 2007 年 10 月底，北京银行资产总额达 3550 亿元，在《21 世纪报道》公布的由香港中文大学工商管理学院和中国人民银行研究生部联合推出的“21 世纪亚洲银行竞争力排名”中，综合竞争力位居第 62 位。

2006 年 11 月 1 日，北京银行天津分行正式开业，标志着北京银行已经成功实现了由地方性银行向全国性银行的转型。天津分行的开业，是北京银行实现更名、引进 ING 集团和国际金融公司作为战略投资者之后，发展历史上的又一个里程碑。2007 年 8 月 28 日、12 月 16 日北京银行天津滨海支行、河西支行相继开业，为更好地给天津市场提供优质的金融服务打下了良好的基础。北京银行将坚持以市场化、区域化、股权结构多元化、资本化、国际化为发展方向，实施精品银行战略，向天津市的企事业单位和广大市民提供优质、全面的理财产品和快捷、高效的金融服务，在为客户创造价值的同时发展成为信誉卓著、经营稳健、服务领先的现代化银行。

Founded on Jan. 8, 1996, the Bank of Beijing is a new-type stock commercial bank with both Chinese and foreign funds. Over a decade, the bank has adhered to its principle of “sincerity and reliability” and striven for development through reform and progress through innovation. There has been a steady improvement in its overall strength, competitive power, and service quality. In March 2005, the Bank of Beijing established cooperative relationships with a strategic investor from abroad–a significant step towards internationalization. By the end of Oct. 2007, its total assets reached 355 billion yuan. According to a list provided by the Business Administration College of the Chinese University of Hong Kong and the Graduate Department of the People’s Bank of China, which was published on the 21st Century, the Bank of Beijing is ranked the 62nd in terms of competitive power of all the banks in Asia in the 21st century.

On November 1, 2006, the Tianjin branch of the Bank of Beijing started business, which indicated its transformation from a local bank to a national one. The operation of Tianjin branch is another milestone in the development of the Bank of Beijing, after its renaming and its establishing relationship with ING Group and international financial companies as its strategic investors. On August 28 and December 16, 2007, Binhai Branch and Hexi Branch of the Bank of Beijing started business in Tianjin, which would provide excellent financial services to Tianjin. The Bank of Beijing will strive toward the goals of marketization, regionalization, diversification of equity structures, capitalization and internationalization. It will implement the strategy of becoming an outstanding bank, and provide the enterprises, institutions and citizens in Tianjin with a full range of excellent financing products and timely and efficient financial services. By creating values for its clients, the Bank of Beijing will become a modern bank with high reputation, steady operation and excellent services.

北京银行天津分行办公室
General Office of Bank of Beijing Tianjin Branch

地址：天津市和平区承德道21号
Add: No. 21 Chengde Road, Heping District, Tianjin, China
邮政编码 Postal Code: 300041
电话 Tel: +86 22 58186876
传真 Fax: +86 22 58186804
http://www.bankofbeijing.com.cn

PICC

中国人保财险

北京2008年奥运会合作伙伴

OFFICIAL PARTNER OF THE BEIJING 2008 OLYMPIC GAMES

总经理：马炳超

中国人保财险天津市分公司是中国人民财产保险股份有限公司下属机构，在天津下设 20 个支公司，拥有员工 800 多人，代理网点覆盖全市，占天津财险市场的主导地位。目前天津市尤其是滨海新区许多国家重点工程、重点大项目、大中型企业，以及世界 500 强在津投资的 100 多家企业中的大部分选择了在该公司投保，这些充分显示了人保财险公司的雄厚实力。

2003 年 7 月，中国人保天津市分公司重组改制为中国人保财险天津市分公司，继续坚持“求实、诚信、拼搏、创新”的人保精神，“以市场为导向、以客户为中心”的经营理念，积极营造“和谐有序，团结进取”的企业文化氛围，坚持科学发展观，励精图治，开拓创新，团结奋进，铸就辉煌。“十一五”期间公司将向国内领先、国际一流的知识型、现代化非寿险公众公司的战略目标迈进。

PICC Property and Casualty Company Limited Tianjin Branch is a subordinated to PICC Property and Casualty Company Limited. It has 20 Local subsidiaries, more than 800 staff and a lot of agent outlets in Tianjin. It is the leading insurer in Tianjin property and casualty insurer market. At present, many key projects, large-sized and middle-sized enterprises, more than 100 enterprises in Tianjin whose investors are the top 500 enterprises in the world choose PICC P & C, these show its strong strengths.

PICC Tianjin Branch was renewed and re-registered as Property and Casualty Company Limited Tianjin Branch on July 2003. It adheres to the enterprise spirit of “Pragmatism, Integrity, Struggle and Innovation”, conforms to the market-oriented and customer-centered approach in its operations, actively builds the enterprise culture of “harmonious operation, working in order, unity and make progress”. The company implements the view of scientific development and has made great achievement. During the 11th Five-year Plan period, it will continue on the path of becoming a domestic leader, first class international knowledge-based, modernized non-life insurance public company.

地址：天津市河东区十一经路61号

Add: No.61 Shiyijing Road, Hedong District, Tianjin

邮政编码 Postal Code: 300171

电话 Tel: +86 22 24148888

传真 Fax: +86 22 24311360

科学发展 构建和谐

Scientific Development the Building of A Harmonious

天津邮政四年回眸

Looking Back on Four Years of Tianjin Post

天津市邮政公司总经理：田玉海

2004年以来，天津市邮政公司在总经理田玉海率领的新班子带领下，坚持以人为本，认真贯彻落实科学发展观，抓住滨海新区纳入国家发展战略，加大开发开放力度的难得机遇、结合行业特点和区域实际，充分发挥邮政自身优势，遵循“超常规、大手笔、高水平、跨越式”发展思路及“三年三大步，五年翻一番”的奋斗目标，坚持走效益型发展之路，始终保持较高的发展速度。

2004年邮政业务总收入增幅达9.7%，居全国第4位；2005年增幅达14.09%，居全国第3位；2006年增幅达16.56%，居全国第2位。2007年天津邮政依然保持了强劲的发展势头，在连续三年高增长的情况下，增幅18.22%，居全国第6位。天津邮政四年累计增幅72.19%，居全国第二位。四年平均增幅达14.55%，始终保持在全国邮政系统前列。职工收益年均增长10%以上。

天津邮政通过抓发展，提高市场营销能力；抓建设，打造邮政大发展平台；抓形象，擦亮邮政品牌；抓管理，提高企业运行效率；抓改革，激发旺盛活力；抓环境，营造和谐氛围。四年来，天津邮政在业务发展、平台建设、企业改革、构建和谐等方面都取得了优异成绩。

2007年5月1日，天津邮政被全国总工会授予“全国五一劳动奖状”，还被评为天津市AAA劳动关系和谐企业。2008年4月，公司被评为“全国邮电行业模范劳动关系和谐企业”。

Since 2004, under the leadership of General Manager Tian Yuhai, Tianjin Post Co. has regarded talents as a vital factor, implemented the scientific development view, and strove to seize the historic opportunity of Binhai development, which is part of the national development strategy of China, and greater strength in reform and opening up. According to the characteristics of the post industry and the practical conditions in the local region, the company has tried to give full play to its own advantages. It has stuck to the principle of seeking super-conventional, high-level, leap-forward developments, striving for the goal of “taking three great strides in three years, and doubling its profits in five years”. The company has maintained a high speed of development as a result of its pursuit of profits.

In 2004, the company’s income from post business increased by 9.7%, the fourth in China. In 2005, the growth rate was 14.09%, the third in China; in 2006, it was 16.56%, the second in China. In 2007, Tianjin Post Co. maintained its great momentum of development and achieved a growth of 18.22%, the 6th in China. During the past four years, the total growth rate of Tianjin Post Co. was as high as 72.19%, the second in China. The average of its growth rate for the past four years was 14.55%, well ahead of most companies in the post industry in China. The average income of its staff increased by more than 10%.

Over the years, Tianjin Post Co. has made great efforts to improve its marketing ability, to build a great platform for development, to establish a high reputation, to enhance its work efficiency, to stimulate enthusiasm for reform, and to create a harmonious environment. It has made outstanding achievements in business development, platform construction, corporate reform and the development of harmonious relationships.

On May 1, 2007, Tianjin Post Co. was awarded by All-China Federation of Trade Unions as a winner of May 1st Labor Prize. It was also ranked as a model enterprise in Tianjin with AAA-class harmonious labor relationships. In April 2008, it won the honor as a model enterprise with harmonious labor relationships in Chinese post and telecommunications industry.

2007年4月19日，天津市副市长崔津渡在田玉海总经理的陪同下视察富民路社区邮政网点

中国石油大港石化公司

PetroChina Dagang Petrochemical Corporation

公司总经理、党委书记 庞晓东

焦化装置

催化装置

中国石油大港石化公司是中国石油天然气股份有限公司直属的地区分公司，位于天津滨海新区，毗邻天津港、黄骅港、京唐港和曹妃甸港，地理环境优越，海、陆、空交通发达、便捷，具有得天独厚的区域、资源和市场优势，发展前景广阔。

公司现有员工 2200 余人，其中，中国石油股份公司专家 1 人，高级技术职称 97 人，中级技术职称 298 人，初级技术职称 171 人。公司固定资产原值 30.39 亿元，净值 18.04 亿元，原油一次加工能力 500 万吨 / 年，能够生产各类汽油、柴油、液化气、丙烯、低硫石油焦、MTBE 等 11 大类 40 余种产品，年销售收入超过 120 亿元。位于天津新港的南疆油库为原油进入和成品油下海提供了方便。目前，公司原油进厂能力 920 万吨 / 年，原油存储能力 26.1 万立方米，成品油存储能力 30 万立方米，成品油外运能力 300 万吨 / 年。现厂区占地面积 116 万平方米，规划发展用地 300 万平方米。

中央加快推进天津滨海新区开发开放的决策和公司被中国石油总部确定为强化炼化业务的重点企业，为大港石化的加速发展带来了良好机遇。大港石化公司始终坚持“做精做细、做好做强”的发展理念，不断深化管理体制、运行机制改革，积极推进技术创新，大力提升盈利能力和竞争实力，努力实现企业的持续、有效、快速、协调发展，全力打造国内领先、国际一流的精品炼化企业。

地址：天津市大港油田花园路东口
Add: Huayuan Road, Dagang Oilfield, Tianjin
邮政编码 Postal Code: 300280
电话 Tel: +86 22 25924140, 25921144(总机 Telephone Exchange)
传真 Fax: +86 22 25979268

PetroChina Dagang Petrochemical Corporation, a branch of PetroChina Co., Ltd., is located in Tianjin Binhai New Area. Adjacent to Tianjin Port, Huanghua Port, Jingtang Port and Caofeidian Port. The company enjoys excellent geographical conditions. With its convenient transportation system by land, sea and air, the company enjoys great advantages in terms of location, resources and market, and has a bright prospect for further development.

南疆油库

The company has a staff of over 2,200 employees, including 1 expert from PetroChina Company Limited, 97 employees with senior technical titles, 298 with intermediate titles, and 171 with elementary titles. Its original value of fixed asset is 3.039 billion yuan and the net value is 1.804 billion yuan. With the processing capacity of 5 million tons of crude oil per year, the company can produce more than 40 kinds of products in 11 categories, such as gasoline, diesel oil, liquefied petroleum gas, propylene, low-sulfur petroleum coke, and MTBE, bringing in an annual sales income of more than 12 billion yuan. Nanjiang Oil Store, located in Tianjin New Port, offers remarkable convenience for the transport of crude and finished oil. Now, the company has the capacity of receiving 9.2 million tons of crude oil per year, storing 261,000 cubic meters of crude oil and 300,000 cubic meters of finished oil, and producing 3 million tons of finished oil per year. The present plant covers an area of 1.16 million square meters, and the land reserved for its further development covers 3 million square meters.

Now, Dagang Petrochemical Company is in the face of excellent opportunities for rapid development: the Chinese government has decided to accelerate the development of Tianjin Binhai New Area, and the company has been selected as a key enterprise for improving refinery business by PetroChina Co., Ltd.. Dagang Petrochemical Company has adhered to its development concept of "doing work carefully and cautiously, and striving to be better and stronger." It has made continuous efforts to deepen restructuring in management and operation mechanism, and has taken proactive measures to promote technical innovation, so as to enhance its profitability and competitiveness, to achieve sustainable, efficient, rapid and coordinated development, and to become a first-rated refinery enterprise both at home and abroad.

中国石化股份有限公司天津分公司

SINOPEC Tianjin Petrochemical Company

中国石化股份有限公司天津分公司和中国石化集团资产经营有限公司天津石化分公司合称为天津石化（以下简称天津石化），是国家特大型炼油、乙烯、化工、化纤联合企业。该公司成立于1983年，位于天津市滨海新区的大港区，东临渤海油田，南靠大港油田，占地面积13.24平方公里，与天津市区和塘沽新港有铁路、公路相通，与大港油田和天津港南疆石化码头有输油管线相连，地理位置优越，海陆运输方便。2006年，公司主营业务收入251.63亿元。

天津石化现有炼油装置16套，化工装置15套，化纤装置9套；原油加工能力550万吨/年，主要石化产品生产能力分别为：乙烯20万吨/年，对二甲苯33万吨/年，PTA 34.4万吨/年，聚酯30万吨/年，涤纶短纤维16万吨/年，涤纶长丝9万吨/年，聚醚7万吨/年；原油储存能力64万立方米，在天津港石化码头建有原油库区和接卸设施。此外，公司还拥有与主要生产装置相配套的发电（装机容量20万千瓦）、供水（17万吨/日）等公用工程系统。公司主要生产70多个品种、200多个规格的石化产品，其中涤纶短纤维、3号喷气燃料为国优产品，“天仙”牌涤纶短纤维被评为“全国用户满意产品”和“国家标样产品”。

天津石化各级领导班子率领全体员工始终将企业的安全、环境与健康工作当作头等大事，坚定不移地贯彻执行“安全第一、预防为主”的安全生产方针，积极推行HSE管理体系，炼油装置区通过ISO 9002质量体系认证。多年以来，公司“四类重大事故”始终保持为零。同时，企业科技创新发展势头良好，不断有炼油、化纤新品和专利问世。

2006年6月26日，天津石化大型炼化一体化项目正式开工建设。该项目包括新建100万吨/年乙烯工程、1250万吨/年炼油改造工程和配套热电改造工程，预计整体工程于2009年全面投入生产。天津石化将抓住这个战略发展机遇，以优质的产品、先进的技术、严细的管理和良好的服务为中国石化事业的发展做出应有的贡献。

Tianjin Petrochemical Company was founded in 1983, and it consists of the Tianjin branch of SINOPEC Stock Co., Ltd. and Tianjin Petrochemical Branch of SINOPEC Group Asset Operation Co., Ltd. It is a super-large enterprise engaged in oil refinery, ethylene, chemical industry and chemical fiber business. The company is located in Dagang District in Tianjin Binhai New Area, west of Bohai Oilfield and north of Dagang Oilfield, covering 13.24 square kilometers. It is linked to Tianjin urban district and Tanggu New Port through railways and highways, and connected with Dagang Oilfield and Tianjin Port Nanjiang Petrochemical Pier through oil pipes. With its advantageous geographic location, the company enjoys convenient transport both on land and at sea. In 2006, its income from main business reached 25.163 billion yuan.

Tianjin Petrochemical has 16 sets of oil refinery equipment, 15 sets of chemical industry equipment, and 9 sets of chemical fiber equipment. Its crude oil processing capacity is 5.5 million tons per year. Its annual production capacity for its major petrochemical products is as follows: ethylene 200,000 tons, paraxylene 330,000 tons, PTA 344,000 tons, polyester 300,000 tons, polyester staple fiber 160,000 tons, polyester filament 90,000 tons, and polyether 70,000 tons. Its crude oil storage capacity is 640,000 cubic meters. At Tianjin Port Petrochemical Pier, the company has constructed a crude oil tank farm and receiving facilities. In addition, the company also has a public engineering system for its major production devices, such as power generation (with installed capacity 200,000 kw) and water supply (170,000 tons per day). Its petrochemical products are of over 200 specifications in more than 70 types. Especially, its polyester staple fiber and No. 3 jet fuel have been ranked as excellent products at the national level. Its “Tianxian” brand polyester staple fiber has been ranked as “satisfactory products” and “model products” at the national level.

All the leaders and workers of Tianjin Petrochemical have attached great importance to safety, environment and health. They have constantly implemented the production guideline of “safety and prevention first” and promoted HSE management system. Its refining unit has passed ISO 9002 certification. For many years, no major accident has arisen in the company. Apart form this, the enterprise has shown great momentum for scientific and technological innovation, with lots of new products and patents of refining and chemical fiber.

On June 26, 2006, Tianjin Petrochemical started a large-scale refining-chemical integration project, including the construction of the ethylene project with annual capacity 1 million tons, oil refinery improvement project with annual capacity 12.5 million tons, and the thermal power improvement project. It is estimated that the whole project will be completed and put into production in 2009. Tianjin Petrochemical will seize the strategic opportunity, and contribute to the development of Chinese petrochemical industry with its high-quality products, advanced technology, strict management and satisfactory services.

地址：天津市大港区北围堤路（西）160号
Add: No. 160 Beiweidi Road, Dagang District, Tianjin
邮政编码 Postal Code: 300271
电话 Tel: +86 22 63804611　传真 Fax: +86 22 25990747

大图：二十万吨乙烯装置
小图（从左至右）：油轮靠港/催化外景/环氧乙烷、乙二醇装置

www.tpcc.com.cn

中国石油大港油田公司
PetroChina Dagang Oilfield Company

总经理：何树山

党委书记：赵玉建

中国石油大港油田公司是中国石油下属的、以油气勘探开发为主营业务的特大型油气田企业。公司总部位于国家“十一五”重点开发开放建设区——天津市滨海新区，距北京190公里，距天津滨海国际机场70公里，距天津新港40公里，地理位置优越，海陆空交通发达，往来便捷，是环渤海经济圈的重要组成部分。

大港油田公司东临渤海，西接冀中平原，东南与山东毗邻，北至津唐交界处，地跨津、冀、鲁25个区、市、县，总勘探面积18716平方千米，年原油生产能力530万吨，年天然气生产能力3亿立方米。截至2006年底，累计生产原油1.37亿吨，累计生产天然气167.8亿立方米。

目前，大港油田公司拥有资产总额164.2亿元，有员工12961人，其中博士35人、硕士206人、本科1840人、大中专4293人，管理和专业技术人员4408人。

今后一个时期，大港油田公司将全面贯彻落实科学发展观，始终遵循“奉献能源、创造和谐”的企业宗旨，抓住发展机遇，立足大港探区，瞄准大场面，寻求大突破，实现大发展，努力把大港油田建设成大油气田。

海上作业平台

PetroChina Dagang Oilfield Company is a large-sized enterprise subordinated to PetroChina Company and engaged in exploring crude oil and natural gas. The headquarters locates in Tianjin Binhai New Area which is one of the districts our nation puts great attention to developing and opening during the “11th Five-year” Plan period, 190 kilometers away from Beijing city, 70 kilometers away from Tianjin International Airport and 40 kilometers away from Tianjin Port. The geography position is superior and the transportation linked with railway, airway, highway and the waterway is very convenient. All of this makes it one of the important components of the economical circle around Bohai Sea.

The company is situated in Dagang, with Bohai Sea on the east, Jizhong plain on the west, Shandong province on the southeast, and border of Tianjin and Tangshan on the north. Its extraction field covers 25 regions, cities and counties of Tianjin city, Hebei province and Shandong province with total areas of 18,716 square kilometers and produces crude oil, natural gas of 5300 thousand tons and 0.3 billion steres per year respectively. By the end of 2006, it has produced crude oil of 0.137 billion tons and natural gas 16.78 billion steres.

At present, the total asset of Dagang Oilfield Company has reached 16.42 billion yuan. There are 12,961 working staffs, including 35 doctors, 206 masters, 1,840 undergraduates, 4,293 from junior colleges and technical secondary school, 4,408 managers and technical personnel.

From now on, the company will carry out the concept of scientific development throughout, follow the tenet of “Offering energy sources, Creating harmonious”, grasp the opportunity of development, depend on Dagang Oilfield, look for breakthroughs and dedicate to developing the Dagang Oilfield into Dagang gas field.

公司机关楼

地址：天津市大港区三号院
Add: The Third Yard, Dagang District, Tianjin
邮政编码 Postal Code: 300280
电话 Tel: +86 22 25971708
传真 Fax: +86 22 25915115

大港油田公司愿与国内外朋友友好往来，精诚合作，共谋发展

天津大学 管理学院、公共管理学院

Tianjin University The School of Management and Public Administration

天津大学在国内最早开展管理科学研究，是全国最早成立管理学院的高校之一。天津大学管理学院现有教职工188人，其中教师140人，（教师中有教授40人，副教授72人）。教师中具有博士学位者103人，还有部分在读博士，共占教职工总数的69%。学院还有博士后在站人员41人。教师中，国家级有突出贡献专家2人，国家“863”专家1人，教育部“新世纪优秀人才”7人（含跨世纪和高校青年教师奖获得者），获杰出青年基金1人，天津市政府授衔专家3人，获天津市青年人才奖6人。此外，学院还聘请了50余名国内外名牌大学、大型企业、政府机构的著名专家、学者为客座教授和兼职教授。其中，已故著名诺贝尔经济学奖获得者赫伯特·西蒙教授曾被聘为学院名誉教授，国务院国有资产监督管理委员会主任李荣融被聘为学校教授及管理学院名誉院长。

目前，天津大学管理学院拥有涵盖管理科学与工程（一级学科授权、国家重点学科）、工商管理（一级学科授权）、公共管理、应用经济学和控制科学与工程、图书馆情报与档案管理等10个学科的博士点，1个博士后流动站，26个硕士点和7个本科专业组成的高水平管理学科群。

2007年，天津大学管理学院新立项科研项目百余项，有国家自然科学基金及省部级项目，还有企、事业委托的横向课题。在科研项目的承担与完成过程中，天津大学管理学院充分体现了其学科优势特点，即项目分布广、经费流向均匀、科研实力强劲。

天津大学管理学院在办院过程中积极与国际高水平大学及企业合作，于2007年10月召开了以滨海新区管理创新为

主题的国际会议，举办了内地、香港大学生管理科学与工程学术论坛及联谊活动。此外，还邀请美国、英国、加拿大、韩国等国家和中国台湾地区大学教授及有关专家来校讲学。天津大学管理学院还有18名教师与学生去其他国家和地区进行学术交流、学习与访问。

Tianjin University is one of the first universities to develop management science research and establish the school of management. At present, the School of Management has 188 faculty members including 140 teachers (40 professors and 72 associate professors). Among them, 103 people have received Ph.D. degree and some are Ph.D. candidates, occupying 69% of the faculty members. Besides, another 41 people are conducting the post-doctoral research now. Among the faculty, there are 2 “National-Class Outstanding Contribution Experts”, 1 “State 863 Project Experts”, 7 “New Century Talent ” awarded by Ministry of Education (including cross-century and universities youth talent), 1 who gained the “Outstanding Youth Fund”, 3 who gained experts honor of Tianjin Government and 6 “Tianjin Youth Talent”.

Besides, Management school recruited more than 50 professors and experts from top universities, large-scale enterprises and governments in China and overseas. Herbert A. Simon, the winner of Nobel Prize in Economics, was one of the honorary professors. Li Rongrong, chief executive of State-owned Assets Supervision and Administration Commission of the State Council, was also invited as the honorary dean of the School.

Currently, the School of Management has set up a high-level management disciplines structure with 10 Ph.D. degree programs, 1 post-doctoral research station, 26

教职工 Faculty members	188
教师 Teachers	140
教授 Professors	40
副教授 Associate Professors	72
具有博士学位者 People have received Ph.D degree or Ph. D candidates	103
国家级有突出贡献专家 National-Class Outstanding Contribution Experts	2
国家“863”专家 State “863” Project Experts	1
教育部“新世纪优秀人才” “New Century Talent ” awarded by Ministry of Education	7
获杰出青年基金 Outstanding Youth Fund	1
天津市政府授衔专家 Experts honor of Tianjin Government	3
获天津市青年人才奖 Tianjin Youth Talent	6
博士后在站人员 People who are conducting the post-doctoral research	41

master's degree programs and 7 undergraduate majors, including Management Science and Engineering (ranking as the first-level discipline and state key discipline), Business Administration (ranking as the first-level discipline), Public Administration, Applied Economics, Control Science and Engineering, Library Information and File Management, etc.

In 2007, more than 100 new research projects have been established in the School of Management, including NSRC (National Science Foundation of China) key projects, provincial-level and ministerial-level projects and some crosswise subjects sponsored by enterprises or institutions. In the process of accomplishing these projects, the School of Management showed its advantage in terms of —variety of subjects, well distributed financial funds and strong academic capability.

During the school's development, we have been actively cooperating with a number of world leading universities and enterprises. In October, 2007, the school held an international conference with the topic of management innovation in Binhai New Area, and Management Science and Engineering Forum & social events for the students from mainland and China Hong Kong. On top of these activities, the school also invited renowned professors and experts from US, UK, Canada, South Korea, China Taiwan, etc. to provide lectures for the students. So far, 18 teachers and students have been sent to other countries and regions for academic communications, researching and visits.

天津市建筑设计院

TIANJIN ARCHITECTURE DESIGN INSTITUTE

党委书记：刘勇胜

院长：刘景樑

天津市建筑设计院（TADI）创立于1952年，历经50多年的发展，现已成为在天津享有盛誉，且技术实力雄厚、人才济济的综合建筑设计与城市规划设计单位。

TADI现有员工逾千人，其中全国工程设计大师3人，国务院批准享受政府特殊津贴专家13人，国家人事部批准有突出贡献的中青年专家2人，天津市中青年授衔专家4人，正高级建筑（工程）师39人，高级建筑（工程）师367人，中级建筑（工程）师203人，并有国家一级注册建筑师65人，国家二级注册建筑师39人，国家一级注册结构工程师73人，国家级注册监理工程师27人，造价工程师13人，注册城市规划师7人，注册岩土工程师3人。

TADI具有国家建设部颁发的各类设计资质证书，其中获得国家甲级设计资质证书的有：工程设计、智能建筑（系统工程）专项工程设计、工程总承包、设计咨询、设计监理、城市规划编制、风景园林设计。经国家外贸部批准，TADI具有对外经营权，是国际建筑工程咨询协会（菲迪克）会员单位。

TADI设有建筑、规划、结构、给排水、暖通空调、电气照明、自动控制、经济技术分析、岩土工程、景观与环境设计和室内装修设计等专业。主要承接民用建筑设计、工业建筑设计、城市规划及居住区、住宅小区规划设计；承接民用与工业建筑项目的可行性研究、工程咨询、建设工程监理、工程项目总承包以及技术合作、技术成果转让等业务；承接境外工程的咨询、设计和监理、国外经济技术合作、智能建筑（系统工程）设计等业务。为更好地拓展业务，TADI相继在海南、上海、广州、厦门、重庆、天津滨海新区等地成立分院。

在市场经济的发展实践中TADI注重传承和发展企业文化，并以“创建国内一流强院”为目标，发扬“创新、敬业、诚信、和谐”企业精神；始终奉行“靠品牌占领市场，靠质量赢得客户”的经营理念；努力提升“一流的技术实力、一流的设计质量、一流的经济效益、一流的人才队伍、一流的服务水平”；实践着“以先进的技术引领市场、以创新的理念塑造市场、以科学的管理提高效益、以优质的服务奉献社会”的企业核心价值理念，为天津城市建设和经济社会发展做出了突出贡献。

TADI的设计师们通过对自主创新、集成创新的不懈追求，以全新的设计理念和现代高新技术，先后完成了天津奥林匹克中心体育场、天津医科大学总医院、滨海大厦、天津博物馆、泰达会展中心和凤凰城商贸广场等一批有社会影响力的大型重点公建项目，展示了天津建院的技术实力和创新创优水平。体育建筑、教育建筑、医疗建筑、商业建筑和住宅建筑设计已成为TADI的品牌优势，受到社会各界的广泛赞誉。多年来，TADI有10项设计获国家优秀设计奖，其中有3项获金质奖，200余项工程设计、科研和标准设计获得了建

天津市建筑设计院大楼

天津数字电视大厦

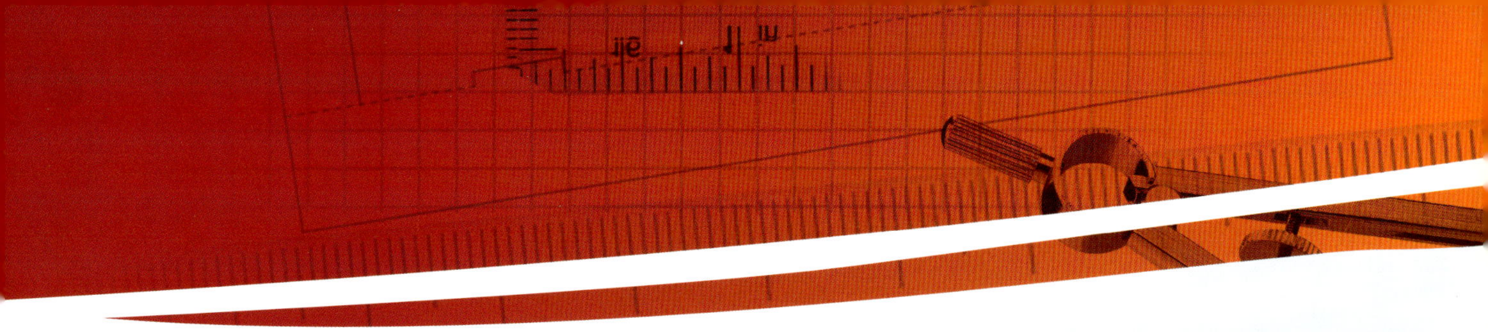

设部、市级优秀设计奖、优质工程奖及科研成果奖等奖项，连续三次被国际知名的香港宝利建筑顾问有限公司评为“中国十大建筑设计院”，被建设部授予“优秀勘察设计院”荣誉称号。

Through more than half a century's development since its founding in 1952, Tianjin Architecture Design Institute (TADI) has become an institute engaged in architecture design and urban planning with great technical strength, numerous talents and favorable reputations.

Now, TADI has a staff of over 1,000 workers, including 3 national engineering design masters, 13 experts enjoying special government allowances approved by the State Council, 2 young experts with outstanding contributions approved by the Ministry of Personnel, 4 young and middle-aged titled experts in Tianjin, 39 senior architects (engineers), 367 sub-senior architects (engineers), 203 middle architects (engineers), 65 class one registered architects at the national level, 39 class two registered architects at the national level, 73 class one registered structure engineers at the national level, 27 registered discipline engineers at the national level, 13 cost engineers, 7 registered urban planners, and 3 registered geotechnical engineers.

TADI has obtained different kinds of design qualifications issued by the Ministry of Construction, including the national class one design qualifications in engineering design, intelligent building (systematic engineering) engineering design, project general contract, design consultation, design supervision, urban planning, and landscape garden design. With approval from the Ministry of Foreign Trade, TADI enjoys the right to do foreign businesses, and it is also a member of Fédération Internationale Des Ingénieurs-Conseils (FIDIC).

The business scope of TADI involves architecture, planning, structure, water supply and drainage, heating ventilating and air conditioning, electrical lighting, automatic control, economic technical analysis, geotechnical engineering, landscape and environment design, indoor decoration design, etc. The major projects that TADI undertakes include civil building design, industrial building design, urban planning and residential areas, residential community planning and design. In addition, it also undertakes the feasibility research engineering consultation, construction engineering supervision, engineering project general contract and technical cooperation, technical achievement transfer of civil and industrial building projects. The institute also deals with the consultation, design and supervision of foreign projects, foreign economic and technological cooperation, and intelligent building (system engineering) design. To better expand its business, TADI has established branches in Hainan, Shanghai, Guangzhou, Xiamen, Chongqing and Tianjin Binhai New Area.

Throughout its practice in market economy, TADI has attached great importance to inheriting and developing its corporate culture. Towards the goal of establishing a first-rated institute in China, TADI has striven to give full play to its enterprise spirit of "innovation, dedication, honesty and harmony" and adhered to the management philosophy of "occupying the market with brands and winning customers with quality." In addition, the institute has also made great efforts to develop first-rated technical strength, first-rated design quality, first-rated economic profits, first-rated talents, and first-rated services, and implemented its kernel value idea of "piloting the market with advanced technology, shaping the market with innovative ideas, increasing profits with scientific management, and dedicating to the society with excellent services". TADI has made great contributions to the urban construction and economic progress of Tianjin.

In persistent pursuit of independent and integrative innovation, with brand-new design ideas and modern high technology, the designers of TADI have completed a large number of large-scale public buildings, such as Tianjin Olympic Central Stadium, Tianjin Medicine University General Hospital, Binhai Building, Tianjin Museum, TEDA International Convention and Exhibition Center, and Phoenix Town Trade Plaza, which perfectly demonstrate the technical strength and creativity of TADI. Now, with great advantages in the design of sport, educational, medical, commercial and residential buildings, TADI enjoys extensive applause from all walks of life. Over the past years, TADI has won 10 national awards for excellent design, including 3 gold awards. More than 200 projects of engineering design, scientific research and standard design have won awards for excellent design, excellent engineering or scientific achievements at the level of the Ministry of Construction or Tianjin City. For three times in a row, TADI has been ranked as one of the top 10 architecture design institutes by the world-famous Hong Kong Bci Construction Information Co., Ltd. and it has also won the title of "excellent survey and design institute" from the Ministry of Construction.

地址：天津市河西区气象台路95号
Add: No. 95 Qixiangtai Road, Hexi District, Tianjin
邮政编码 Postal Code: 300074
电话 Tel: +86 22 23543000
传真 Fax: +86 22 23345260
http://www.tadi.net.cn

天津大学建筑设计规划研究总院

Tianjin University Academy of Architecture Devise and Layout Research

院长：洪再生 教授 日本工学博士
Dean: Prof. Hong Zaisheng, Doctor of Engineering Awarded in Japan Established

天津大学建筑设计规划研究总院创建于 1958 年，是国家甲级建筑设计、甲级城市规划设计、甲级工程咨询单位。近年来，总院依托国家重点大学人才优势、学科优势和技术优势，凭借先进的技术装备和严谨的工作作风，在全国范围完成各种类型、各种规模的建筑设计、城市规划设计并屡获各类奖项，受到项目委托单位的好评。

总院现有一线设计人员 260 余人，其中 45 人为国家一级注册建筑师，35 人为国家一级注册结构师，15 人为国家注册城市规划师，拥有硕士学位的人员占全院总人数的 40% 以上。专业配套齐全，人员素质较高，使总院在教育和科研建筑、旅游和疗养建筑、办公和商贸建筑以及大型医院建筑、体育建筑设计和城市规划、古建筑保护规划等方面都有不同凡响的建树。其中，威海甲午海战馆、深圳世界之窗、深圳欢乐谷、中国青铜器博物馆、天津蓟县地质博物馆等项目在国内外影响深远，堪称彪炳于世。在近几年天津海河开发重大项目的国际竞赛中，曾力挫群雄，摘取一、二等奖桂冠。工业建筑设计、古建筑复原设计、设计监理、深基坑支护以及建设项目策划和可行性研究等方面也具有很强的竞争实力。总院业务范围已遍布全国各地，并已开始走出国门，迈进世界市场，取得了骄人业绩。

"实事求是"作为天津大学的校训，已经深深的融入总院的企业文化与服务理念之中。特色鲜明、风格独具的天津大学建筑设计规划研究总院，愿为中国的城市建设精心勾绘最具地方特色、最具竞争力、最具时代精神的发展蓝图。

Founded in 1958, Tianjin University Academy of Architecture Devise and Layout Research is qualified as a Class-A architectural designer, Class-A urban planner and designer, and Class-A engineering consulting unit at the national. The academy benefits from the advantages of the key university in talents, disciplines and technology. It also relies on its advanced technologic equipment and its work style of being precise. Over the past years, the academy has completed many projects of architectural design and urban planning and design in China, and has won a large number of awards and favorable comments from the clients.

The academy has more than 260 designers, including 45 first-grade certified architects, 35 first-grade certified structure engineers, and 15 certified urban planners at the national level. Those who have master's degrees account for over 40% of the whole staff of the academy. Thanks to its full range of equipment and high quality of its staff, the academy has made great achievements in the design of teaching and research buildings, tourist buildings and sanitariums, office and business buildings, large hospitals and sports buildings, as well as urban planning and the planning of ancient building protection. The Weihai Memorial Hall of the Sino-Japanese War, Shenzhen Windows of the World, Shenzhen Happy Valley, the Museum of Chinese Bronze Wares, and Tianjin Jixian Geological Museum and other projects of the academy have great influences both at home and abroad. In the international design competitions for key projects of Haihe River Development, the academy has won first and second prizes. The academy enjoys great competitive power in industrial architecture design, ancient buildings restoration design, design supervision, deep foundation pit support and construction project planning and feasibility research. It has not only undertaken projects in China, but also in the world, and enjoyed significant success.

The motto of Tianjin University-"Seeking truth from facts" has taken root in the corporate culture and service philosophy of this academy. Tianjin University Academy of Architecture Devise and Layout Research, with distinct features and style, will contribute to the construction of Chinese cities with its excellent blueprints with outstanding features of the local region and times.

总顾问：彭一刚 教授 中国科学院院士
General Counsel: Prof. Peng Yigang CAS Academician
院长：洪再生 教授 日本工学博士
Dean: Prof. Hong Zaisheng, Doctor of Engineering Awarded in Japan Established
副院长：徐长安 于敬海
Vice Dean: Xu Chang'an Yu Jinghai

地址：天津市南开区卫津路92号
Add: No. 92 Weijin Road, Nankai District, Tianjin
电话 Tel: +86 22 27404753
传真 Fax: +86 22 27401845
邮政编码 Post Code: 300072
E-mail: td_design@126.com

1.天津滨海新区响螺湾商务区
2.天津美术学院美术馆
3.浙江沈家门小学

天津市侯台商贸集团有限公司

Tianjin Houtai Trade Group Co., Ltd.

侯台科技园坐落于天津市西青区中北镇，是天津市西青经济开发区的组成部分，占地 4 平方公里。位于天津市区西侧，紧邻天津市外环线 500 米绿化带。

园区地理位置优越，距首都北京 120 公里、天津机场 30 公里、天津新港 40 公里，交通便利。

园区各种基础配套设施完备，陕气入津减压调度总站位于园区北侧，天津市第四污水处理厂位于园区南侧。

园区以标准厂房出租方式招商，以电子信息、生物医药、精密机械、新型材料等高新技术产业项目为主。

园区引入现代工业物业管理模式，为企业生产经营活动提供高效、便捷、全程、优质的服务。

With an area of 4 square kilometers, Houtai Technological Park is located in Zhongbei Township, Xiqing District, Tianjin Municipality, which is a part of Xiqing Economic Development Area. It stands at the west of Tianjin Municipality and 500-meter green-belt of Tianjin outer ring road.

The park has superior regional location. It is 120 kilometers away from Beijing (the capital of China), 30 kilometers from Tianjin Airport and 40 kilometers from Tianjin New Port. It has convenient transportation.

The main control office of natural gas drawed from Shanxi Province in Tianjin situated in the north of the Park and The Fourth Sewage Treatment Plant of Tianjin lies in the south of the Park. The Park has basic conditions to set up all kinds of basic and supporting facilities.

The Park will attract investors by the way of renting standard workshop. Many high and new technology industrial projects are encouraged, such as electronic information, biological medicine, precise machinery, new-style material etc..

The Park adopts modern industrial manage style to provide efficient, convenient, whole-course and high-quality services for enterprises.

地址：天津市复康西路碧欣路
Add: Bixin Road, Fukangxi Road, Tianjin
邮政编码 Postal Code: 300384
电话 Tel: +86 22 23079566
传真 Fax: +86 22 23079566
http://www.tjhtjt.com

天津住宅集团新型建材基地
Tianzhu Building Materials Base

天津住宅集团是以房地产开发、建设施工总承包、新型建材制造以及相关服务业为一体的大型国有企业集团。新型建材基地是住宅集团建材制造业板块的产业集群，拥有四大类核心项目:砂加气混凝土制品,脱硫石膏综合利用,轻集料空心砌块，高档金属保温门窗、单元式玻璃幕墙等装饰部品部件。基地坐落在天津市武清区福源经济开发区，占地面积 350 亩，总投资 6 亿元人民币。

天筑建材有限公司是基地的核心企业，由天津市建委墙改办与住宅集团共同投资组建。公司引进德国先进的砂加气混凝土生产线,年产 70 万立方米砂加气混凝土板(块),是目前国内生产规模最大、工艺设备最先进、产品种类齐全的砂加气混凝土生产企业。

脱硫石膏综合加工生产厂是天津市第一家利用电厂烟气脱硫所产生的脱硫石膏进行产品深加工的生产企业，其主要产品是砂加气混凝土产品综合配套的理想产品。

基地拥有独立的研发中心，拥有一支由建筑材料与化工专业博士、硕士组成的科研团队和装备先进的各类实验室，是天津住宅集团实现住宅产业化发展战略的科技先导。

基地的发展方向和经营宗旨是以节能、环保、资源综合利用的科技产品为核心竞争力，以现代化的工艺装备、领先的科研技术占领绿色环保建材的高端市场，面向环渤海及全国乃至海外的建筑市场，竭诚为建设领域的广大客户服务。

Tianjin Housing Group is a large state-owned enterprise group engaged in real estate development, construction projects, production of new-style building materials, and relevant services. Its New-style Building Materials Base consists of four major projects: sand aerated concrete products, comprehensive utilization of desulfurized gypsum, light aggregate hollow blocks, high-grade metal heat preserving doors and windows, glass curtain walls and other decoration components. The base is located in Wuqing Fuyuan Development Area in Tianjin, covering an area of 23.3 hectares. Its total investment is 600 million yuan.

天津住宅集团新型建材基地鸟瞰图

Tianzhu Building Materials Co., Ltd. is the kernel enterprise of the base. It was founded with investment from the Wall Materials Renovation Office of Tianjin Construction Committee and the Housing Group. Having introduced a production line of sand aerated concrete from Germany, it can produce sand aerated concrete slabs 700,000 cubic meters per year. It is the largest manufacturer of sand aerated concrete in China, with the most advanced techniques and equipment, and the widest range of products.

The desulfurized gypsum processing plant is the first in Tianjin to engage in the deep processing of products with desulfurized gypsum produced in power plants. Its major products are ideal for the production of sand aerated concrete products.

The base has an independent research and development center, a group of doctors and masters of building materials and chemical industry, and different kinds of laboratories with advanced equipment. It offers scientific and technological support to the whole Housing Group in the industrialized development of housing.

The goal and principle of the base are as follows: with technological products of energy saving, environment protection and comprehensive use of resources as its core competitive power, it will occupy the high-end market of environment protection building materials with its modern equipment and advanced technology, and provide services to its customers in the construction field both at home and abroad.

地址：天津市武清区梅厂镇福源开发区
Add: Fuyuan Development Aera, Meichang Town,
Wuqing District, Tianjin
邮政编码 Postal Code: 301700
电话 Tel: +86 22 29532598
传真 Fax: +86 22 29532598
E-mail: tzmaterial@126.com

天津市南开区建设开发公司

Tianjin Nankai District Construction and Development Company

天津市南开区建设开发公司始建于1984年，是国有房地产开发企业，注册资金13000多万元。主要经营房地产开发、商品房销售、房屋拆迁、房屋置换等项目，是天津市最早的城市建设开发企业，曾被评为天津市城建开发20强企业、资质一级企业单位。

公司成立以来，在天津市、区政府领导下，在城市建设和区域经济发展中，为市、区政府作劲，承担了大量的成片“危改、平改”项目，使上万户居民及早告别了低矮潮湿、三级跳坑危陋平房，搬入新居，极大改善了居住环境。几年来共开发建设145万平方米商住房、公建和还迁用房。南开区建设开发公司作为拆迁资质单位承担了市区拓路、征地和开发商投资建设工程拆迁项目。公司已圆满完成市区投资项目老城厢地区拆迁、西王家台、津河1、2号地、地铁2、3号线、大小园、南运河改造等30多片100多万平方米，涉及3万多户居民的拆迁任务。公司在工作中不断总结和丰富拆迁工作经验，积极探索新形势下拆迁工作的新思路、新招法、新艺术，打破常规，创造性地完成拆迁任务；坚持“以人为本”的政策，贴近民心、符合民意，把“依法拆迁、以情拆迁、和谐拆迁”贯穿于拆迁全过程。拆迁工作的深入极大地推进了房地产市场发展，对区域经济发展起到了重要支撑作用。

目前，公司全体员工在经理李家麟带领下，以高昂的士气、奋发有为的精神，团结一心、全力以赴，为加快企业进一步发展而努力。解放思想、创新观念、求真务实、真抓实干，把思想统一到企业科学发展的要求上来，把力量聚集到干事创业上来，抓好企业重点，攻克企业难点，打造企业亮点，为开创企业又好又快发展的新局面而奋斗。

Tianjin Nankai District Construction and Development Company was started in 1984, it is a state-owned real estate enterprise with registered capital over RMB 130 million. It mainly deals with real estate development, sale of commodity houses, house dismantlement and relocating, replacement of houses, etc. It is an urban construction and development enterprise that was established earliest in Tianjin. It ranks among the top 20 enterprises in Tianjin urban construction and development industry and is an enterprise unit with first-class qualification.

Since its establishment, under the leadership of Tianjin government and Nankai district, the company has cooperated with municipal and district government, undertaken a number of projects to reconstruct dangerous buildings and bungalows, and helped millions of households move from low, damp, dangerous and rough bungalows to new dwelling place, thus greatly improving their living surroundings. Over the years, the company has altogether constructed 1.45 million square meters commodity buildings, public buildings, and relocating buildings. As a qualified house dismantling and relocating unit, Tianjin Nankai District Construction and Development Company undertook the projects of downtown road-widening, confiscation of land for building, and dismantlement of developer-invested construction. It has successfully completed municipally invested project of dismantlement and relocation of buildings in old city area, renovation of over 30 sites (1 million square meters) such as West Wangjiatai, Jinhe No. 1 and No. 2 land for building, subway Route 2 and Route 3, Big and Small Court, and South Canal. The dismantlement and relocation task involved the move of 30, 000 households. The company keeps summarizing and accumulating experience of dismantling and relocating buildings, actively explores new thoughts, methods, and strategies under new situations, breaks routine and convention, completes dismantling and relocating task creatively. The company holds to people-oriented policy, takes people's cares into consideration, and respect people's will. Throughout the dismantling process, the company implements the principle to dismantle old buildings and relocate original residents legally, affectionately, and harmoniously, which is the guarantee to complete dismantling task. The further development of dismantling task greatly helps to promote real estate market, and plays important supporting role in the development of regional economic development.

So far, the staff of the company, under the leadership of Manager Li Jialin, holds together and does their best to enhance the development of the company with great morale, strenuous and united spirits. The company staff emancipates their thoughts, innovates their values, sticks to down-to-earth attitude, respects truth, fulfills their jobs with great efforts, concentrates on carving out, and lives up to the requirement of scientific development of the enterprise. They identify the important points in the enterprise, overcome difficulties, create outstanding qualities of the enterprise, and strive to initiate a new phase of the company to develop fast and fully.

天津市南开房地产开发公司

总经理：齐俊平

天津市南开房地产开发公司成立于1984年，是天津市首批全民所有制的房地产开发企业，注册资金2000万元，为房地产开发二级企业，主要从事商品房开发及销售。公司下辖建筑装饰工程公司和物业管理公司各一个，共有员工50人，专业技术人员占全部员工的70%。

公司成立以来，曾多次参加了天津市重点规划改造项目，如三级跳坑，危陋平房改造等，先后开发了义兴里、慎兴南里、西横堤、黄河道向阳路拥军里、连心里、天明西里1、2、3期、八里台禄达花园等50多万平方米的商品房住宅及小区，销售率达到100%，创造了较好的经济效益和社会效益；在市区房改、危改中发挥了积极作用，曾被天津市政府评为房地产开发二十强企业。公司现正积极地开拓市场，转换管理机制寻求更大的发展。公司坚持创新、发展、勤奋、务实的企业精神，恪守“质量第一、信誉第一”的企业宗旨，发扬国营企业“重合同，守信用”的优良传统，以人为本，为广大客户营造一个温馨舒适的住宅，用我们的微笑、用优质的服务为更多的朋友提供一块属于自己的天地。

公司的质量方针：精心设计造舒适住宅，规范管理创一流品牌

质量方针综合概括了公司主营方向，致力于改善普通百姓居住条件的企业理念和市场经济条件下的“质量兴业”，是公司严格贯彻的准则，也是一定时期力争实现的目标。

精心设计造舒适住宅

在合理控制造价和执行国家建设标准的基础上，依靠科技进步，通过精心规划、精心设计、精心施工和科学管理，建设规划合理、设计新颖、功能齐全、设施配套、质量优良、环境优美，满足普通百姓住房改善需求，具有天津特色并适度超前的城市住宅小区，实现经济、社会、环境三个效益的统一。

规范管理创一流品牌

适应市场竞争需要，以质量为生命线，建精品、打品牌，树立“全市争领先”目标意识。坚持按施工规范和优良标准组织指导施工，生产产品。突出强调每道工序、每一环节都必须严格按规范和标准办事，有针对性消除质量通病，采取有效措施保证按规范标准贯彻始终。运用政治、经济、行政、法律多种手段确保创优达标。采用先进的管理手段，推陈出新，以优异的产品质量、服务质量，满足社会需求，使顾客满意。

公司历来建筑项目

公司自1984年成立以来，曾多次参加了天津市重点规划改造项目，如三级跳坑，危陋平房改造等，先后开发了义兴里（43000平方米）、慎兴南里（2100平方米）、西横堤（116000平方米）、彩霞里（25000平方米）、耕耘里（5000平方米）、中医学院（3000平米）、西南角（32000平方米）、北草坝（10000平方米）、黄河道向阳路拥军里和连心里（总共72000平方米）、天明西里1、2、3期（110000平方米）、仁善里、鸿远里（47076平方米）、八里台禄达花园（19958平方米）等50多万平方米的商品房住宅及小区。

近几年来公司开发了

凯旋苑假日风情街

大港区是天津市滨海新区的重要组成部分，是一个以油田和石油化工为主体产业的新型滨海城区。大港区区位优势明显，距北京165公里，距天津新港28公里，距天津滨海国际机场40公里，而且均有高速公路或高等级公路相连，交通极为便捷。

假日风情街踞守大港城区中心和繁华商业圈，东接上古林海鲜街，西连永明路已经成型的商业街，前方为润泽园别墅区，后方为高档住宅小区凯旋苑，项目配套完善，设施齐备，共46套沿街门面房，每套独立成店，而又聚店成市。本项目为纯粹的商业用房，二层建筑上部并没有住宅，层高达7.5米，可以满足各种业态使用。建筑面积14445平方米。

假日风情街是您商业经营、投资置业的上佳之选。

博雅轩（人才公寓）

公司对原万华股份公司名下的印铁制罐厂进行开发，该项目坐落在红旗路中环线边，地理位置极佳，属市区中心地带，东临交通便利的中环线，南侧、西侧为住宅小区，北临雅安道已逐步形成的小商品、餐饮街，附近有车站、电子一条街、大型超市等。该项目总占地3.52公顷（约52.8亩），建筑面积93306平方米，集住宅、办公于一体。

宝龙湾家园

该项目坐落在南开四马路与西关大街交口处，东至广开二马路，西至广开四马路，北至西关大街，南至清华祠大街。建筑面积约227216.45平方米。该项目地处市中心繁华地带，周边重点中小学、大型商场超市、医院齐全、交通便利。该项目规划为高低错落有致的板式高层，绿化率达到40%—50%。

天津市东达房地产开发有限公司

Tianjin Dongda Real Estate Development Co., Ltd.

总经理：牛世清

天津市东达房地产开发有限公司组建于 1992 年，主营房地产开发和商品房销售。公司成立之初，总经理牛世清以独到的眼光洞察了大直沽蕴藏的城市发展优势和潜在的开发价值，承接了艰巨的大直沽危改任务，使大直沽地区旧貌换新颜。牛总经理带领东达人以发展河东区经济，改善老百姓生活水平为己任，为重现大直沽辉煌而不断地拼搏着，并始终贯彻公司的六负责精神：对历史、对现实、对未来、对环境、对子孙、对政府负责。回首过往，展望未来，东达公司正实现着一个又一个的发展飞跃。

神州花园作为东达开发的代表作，是河东区乃至天津市屈指可数的、成熟的大型高档住宅小区，被誉为海河岸边的璀璨明珠，曾多次获得各种奖项，特别值得一提的是联合国环境规划署颁发的“中国国际花园社区”大奖，进一步证明了神州花园在天津市地产中的独特地位。

拟建中的东达商城坐落在大直沽中路，占地面积 2.89 万平方米，规划地上建筑面积 7 万平方米，地下建筑 1.8 万平方米，是集商业零售、餐饮、文化健身、休闲娱乐、旅游、办公等为一体的风情街区，是海河东岸不可复制的大型多功能商厦，与荐福观音寺、天妃宫相邻。东达商城即将成为天津市河东区大直沽商圈的核心建筑，为繁荣大直沽商业起到画龙点睛的作用。东达商城与即将开工的中国北方最大的珠宝集散中心联手打造具有特色的商业区，必将成为天津市商业中心项目中独一无二的领军项目。

在一心一意为老百姓谋福利的目标指引下，东达公司又投入巨资在河东区八纬路兴建了东达食有福菜市场，总面积 1 万多平方米，是现阶段天津市最大的菜市场。管理者采取一系列措施，保证产品安全绿色，并从源头杜绝假冒伪劣产品进市，让老百姓真正放心、安心的购买生活必需品。与此同时，东达公司拟创建 1.6 万平方米的科学文化创业产业园区，为弘扬创业文化、推进全民创业提供了良好的发展平台。

Tianjin Dongda Real Estate Development Co., Ltd. started in 1992, and mainly deals with real estate development and sale of residential houses. In the initial stage after the founding of the company, General Manager Niu Shiqing with his profound insight detected the urban developing advantage and potential development value hidden in Dazhigu area. He undertook the task of reinforcing and repairing dangerous buildings in Dazhigu area, and contributed to the new look that Dazhigu area later took. Dongda staff under the leadership of Mr. Niu takes it as their responsibility to promote the economy of Hedong District and improve the living standard of the folks, and keeps striving for restoring Dazhigu to its original splendor. The staff members has adhered to the “six responsibilities” laid down by the company: the responsibility for the history, for the reality, for the future, for the environment, for the offspring, and for the government. Reviewing the past and looking ahead, Dongda Real Estate Development Co., Ltd. is making great strides in their development.

As the representative work of Dongda, Shenzhou Garden is the residential area that ranks among the best ones in Tianjin City. This large high-end and well-found residential area is praised as a sparkling pearl beside Haihe River, and won various awards and prizes. Among the honors what deserves special mention is the prize of “China International Garden Community” awarded by UN Environmental Programming Bureau, which further testifies the unique status of Shenzhou Garden among the real estates in Tianjin City.

Dongda Shopping Mall under design stands at Dazhiguzhong Road, with a dimension of 28914.1 square meters, including buildings of 70 thousand square meters above ground and architecture of 18 thousand square meters below ground. It is the featured mall that involves retailing, catering, cultural body building, entertainment, tourism, and office work. As a unique multi-functional shopping building at the eastern shore of Haihe River and next to Jianfu Kwan-yin Temple and Tianfei Palace, Dongda Shopping Mall will become the representative building of Dazhigu Commercial Circle in Hedong District, Tianjin City, and play major role in promoting business in Dazhigu area. Dongda Shopping Mall, together with jewelry collecting and retailing center in Tianjin, which is the largest center in North China and will be built soon, creates a distinctive shopping area and is bound to be the only leading role in Tianjin business center.

Under the guidance of the objective to serve the welfare of common folks whole-heartedly, Dongda Company invested huge asset to start Dongda Happy-food Vegetable Market at Bawei Road, Hedong District. With the dimension of over 10, 000 square meters, it is the largest vegetable market in Tianjin nowadays. The management adopts a series of measures to guarantee the safety of the products, and prevents the entry of fake goods into the market by cutting off their source, to ensure that the folks can buy their necessities without worrying about quality problems. Meanwhile, Dongda Company intends to establish Science and Culture Industry District with a dimension of 16, 000 square meters to provide a favorable platform for carrying forward the culture of carving out new careers, and promoting the full participation of opening up new careers.

地址：天津市河东区大直沽八纬路直沽园
Add: Zhigu Garden, Dazhigu Bawei Road, Hedong District, Tianjin
邮政编码 Postal Code: 300170
电话 Tel: +86 22 24314985

天津市龙鑫房地产开发有限公司

天津市龙鑫房地产开发有限公司是经河北区委、区政府决定，于2005年10月26日成立的正处级经济实体。公司的主要任务是用三至五年的时间开发改造河北区中山路，把具有百年历史的中山路建设成集商务、商贸、文化、体育、娱乐、餐饮、旅游等诸多功能为一体的特色文化商贸精品街。2007年8月20日，经市政府101次常务会议研究决定，河北区中山路特色文化商贸街被列为天津市20个现代服务业集聚区之一。

中山路位于河北区中心，呈西南到东北走向，过北站立交桥后为中山北路，大致为东西走向。该路南起金钢桥，北至民权门地区，与中环线红星路段交叉，全长约3.5公里。中山路文化商贸街开发建设总占地面积约29万平方米，规划建筑面积98万平方米，总投资额约68亿元，已完成投资20.62亿元，未来五年预计尚需投资47.38亿元.

中山路历史悠久，它曾是天津的政治、经济、文化和商业中心之一，在天津城市发展史上占有重要地位。为此，中山路开发改造涉及五大工程，即开发改造工程、历史文化古迹修复重建工程、灯光夜景工程、环境整治工程和街景立面整修工程。重点发展六大产业，即：城市文化与公共艺术创意产业、文化娱乐与旅游服务产业、现代商务及商贸休闲产业、体育产业、艺博产业和商业产业。

在河北区委、区政府的领导下，龙鑫公司自成立以来，按照“整体规划、分步实施、抓住机遇、重点突破”的方针，围绕宣传、规划、招商、拆迁四大任务开展了卓有成效的工作，并取得实质性的进展。公司本着“超前规划，高水平设计”的理念，委托专业设计单位进行了概念性规划设计，并通过新闻媒体向国内外进行了全方位的宣传，广泛开展了招商活动。公司先后与国内外30余家投资商洽谈，目前已与天津市双盈房地产开发有限公司、天津市宏业达开发有限公司、红星美凯龙集团、中国建筑总公司、北京永泰房地产集团达成开发改造合作意向，意向投资总额19.5亿元。2006年以来，公司已对中山路周边的三德元片、公安局片、制线厂片进行了拆迁，并完成了详规方案，即将挂牌上市。与此同时，为了引领中山路经营业态，发展文化创意产业，

68亿元全力打造跨文化的新

6.8 billion make trans-cultur

公司充分利用天津美院等高等学府的资源优势，注册成立了经纬文化艺术传媒有限公司，创办了经纬艺术馆，以此为契机，开辟文化市场，打造书画一条街，充分发掘中山路的文化底蕴。

目前中山路先期启动的中山国际广场、中汇大厦、大悲院凤凰商贸广场、大悲院商贸街等项目已基本建成。宏业广场主体封顶，五洲服装大世界、津源大厦等项目即将开工建设。中山路良好的投资环境和广阔的发展前景已引起海内外有识之士的广泛关注。龙鑫房地产开发有限公司将坚持科学发展观，与时俱进，开拓创新，奋力拼搏，不辱使命，努力完成中山路开发改造的历史任务。

天津聚商聚财的黄金宝地

启动五大工程

START FIVE PROJECTS

开发改造工程

历史文化古迹修复重建工程

灯光夜景工程

环境整治工程

街景立面整修工程

公司董事长兼总经理邢克实携全体同仁热诚欢迎海内外有识之士投资参与中山路文化商贸街的开发建设，公司将提供优惠政策和优质的服务。我们相信中山路这条百年老街必将日益展现更加靓丽的风采。

大道——中山路文化商贸街

天津市现代服务业集聚区之一

w wealth Zhongshan Road.

天津鑫茂科技股份有限公司

Tianjin Xinmao Science & Technology Co., Ltd.

董事长：杜克荣

天津鑫茂科技股份有限公司是天津鑫茂科技投资集团有限公司在原天津天大天财股份有限公司高科技产业基础上，顺应中国资本市场发展的大势，置入优质资产及业务重组而来，注册资金12,275万元。公司自1997年7月在深圳证券交易所上市以来，秉承“实现自我、奉献社会”的企业宗旨，经多年的快速发展，资产规模稳步扩大。

公司现已形成以工业房地产开发为基础，高科技产业为核心，服务产业为配套的产业体系，主要业务覆盖工业地产、计算机软硬件、信息系统集成、光通讯、信息处理与服务、新能源（风力发电）、光机电一体化、安防监控、星级酒店、餐饮娱乐等行业和领域。

公司将凭借自身坚实的人才基础和丰富的业务资源，坚持“实现自我，奉献社会”的企业宗旨，继续发扬“激情创业，永不满足”的企业精神，抓住机遇，勇于创新，在发展的道路上不断创造恢宏业绩。

On the basis of the hi-tech industry of its original TianJin Tianda Tiancai Company Limited and conforming to the development of Chinese capital market, Tianjin Xinmao Science & Technology Investment Group injected quality assets and reorganized business to form Tianjin Xinmao Science & Technology Company Limited with the registered capital of 122,750,000 yuan. Since being listed on Shenzhen Stock Exchange in July 1997, this company has been acting according to the enterprise aim of “realizing ourselves and dedicating to the society”. Through the rapid development of several years, the scale of assets is enlarging steadily.

地址：天津市华苑产业园区榕苑路1号
Add: No. 1 Rongyuan Road, Huayuan Industry Park, Tianjin
邮政编码 Postal Code: 300384
电话 Tel: +86 22 83710560
传真 Fax: +86 22 83710199
E-mail: tiancai@tiancai.com.cn
http://www.xinmaokeji.com.cn

光通信中心生产车间

2006年10月10日，天津鑫茂鑫风能源科技有限公司股东签约仪式

鑫茂科技研发大厦

The industry system of the company takes the industrial estate development as the foundation, the high-tech industry as the center and the service industry as the support. Its main business scope covers fields like industrial estate, computer software and hardware, integration of information system, optical communication, information processing and service, new energy (wind power), optical, mechanical and electrical integration, security monitoring, star hotel, catering and entertainment, etc..

Drawing on its solid talent foundation and abundant business resources, the company upholds its enterprise aim of "realizing ourselves and dedicating to the society" and continuously carries on the enterprise spirit of "doing pioneering work passionately and never being content with things as they are". The company will seize the opportunity to make innovation and create great achievement successively on the road of development.

刘房子经济发展总公司

Liufangzi Economy Development General Company

总经理：田东平

刘房子为天津市西北部一颗璀璨的明珠，被市政府评为市级明星小康村。该村地理位置优越，与津霸公路、中环线、外环线、子牙河形成环围。刘房子远期规划前景宏大，在 9 平方公里的辖区内，780 余户近 2700 人正以饱满的热情迎接二十一世纪的挑战。

改革开放十几年的发展，该村经济已初具规模，现有村办集体企业十几家，三资企业数家；农业生产逐步走向科学、规模、效益型，现已形成的津霸公路刘房子村商业一条街，对第三产业的发展起到了促进作用。工业产值在村经济的比重日渐上升，已初步形成农、工、商合理发展，相互促进，比翼齐飞的良性循环之势。

几年来，该村教育事业得到长足发展。村里同时加大了社会福利、社会保障的投入，村容、村貌焕然一新，治安良好，民风纯朴，已实现精神文明与物质文明的共同发展。

刘房子的村领导正用战略眼光审时度势，以高度责任感率领全体人民共同努力、继往开来。

Liufangzi, as a shining star in Northwest Tianjin, is a municipal level well-off star town with good geographic location, connected with Jinba Expressway, Middle-Ring Road, Extra-Ring Road and Ziya River, having a good developing potential. In its 9 square kilometers area, there are more than 780 families, nearly 2,700 people, who are heartedly welcoming the challenge of the 21st century.

After more than 10 years' development since the reform and opening to outside, the town's economy becomes scaled. There are over 10 township collective enterprises and several joint ventures in the town. Its agricultural production is becoming scientific efficient and on scale, a commercial street is set up in the town near Jinba Expressway, which plays an important role in the development of its tertiary industry. Its development of agriculture, industry and service industry become coordinated with each other.

Its education has also gotten improved rapidly. Its input in social welfare and social protection system is also enlarged. The town's environment and outlook are changed freshly which is socially securitied and civilized. The town is also realized co-development of spirital and material civilization.

The leaders of the town are inspecting themselves strategically, and leading its people to work hard together and reviewing the past and looking forward the future.

地址：天津市北辰区津霸公路
Add: Jinba Highway, Beichen District, Tianjin
邮政编码 Postal Code: 300400
电话 Tel: +86 22 26654384

我们将敞开胸怀
与各方有识之士积极合作、共创未来
We are heartedly looking forward to actively cooperating with friends in different walks to achieve an excellent future.

天津国际招标有限公司

Tianjin International Tendering Co., Ltd.

天津机电设备招标局局长、天津国际招标有限公司董事长：刘学玲

天津国际招标有限公司是经原国家经贸委和天津市人民政府批准成立，具有独立法人资格的招标机构，主要从事机电设备招标、工程建设项目招标、招投标咨询、项目管理、进出口贸易、中外经济合作与交流等业务。公司具有国家商务部授予的机电产品国际招标甲级资格、国家建设部授予的建设工程甲级招标资格、国家财政部授予的政府采购甲级资格、国家发改委授予的中央投资项目乙级资格，还具备工程咨询资格、工程造价咨询资格及项目管理资格，是天津市招标功能最齐备、机构最大的招标公司。

公司成立以来接受招标项目5000余项，委托金额2300亿元，通过招标为国家和业主节约投资近200亿元。项目类型以工程建设项目的设计、施工、监理等招标，国际、国内机电设备招标及各类服务招标为主，并逐步向项目管理、项目咨询、进出口贸易、投资实业等综合性业务方向发展。

近年来，随着天津市投资规模不断加大，公司完成了大批国家和地方重点项目的招标。已经完成或正在进行的项目有：天建空港物流加工区工程及设备项目、海河大开发工程建设项目、天津纺织工业东移技术改造项目、天津一汽丰田汽车有限公司新增生产线项目、天津钢管公司新增生产线项目、天津港改扩建改造项目、天津一汽夏利汽车股份有限公司40万台动力总成基地建设项目、天津大沽化工有限公司50万吨SM、40万吨ABS建设项目、蓝星化工新材料基地建设项目等。

在工程招标方面，组织了天津滨海国际机场扩建工程、天津空港物流加工中心、海滨大道建设工程、LG电子四期工程及配套项目、意大利风情街、现代中药产业园、铜锣湾广场、信达大厦工程项目、金港国际工程、天铁冷轧薄板工程建设项目的招标工作。目前，公司正在进行天津起重机厂迁建、天津碱厂迁建、轧一钢铁集团迁建等系列项目的招标代理工作。

在政府采购领域，先后为政府机关公务用车、市经委、市环保局、市工商局、市国税局、市烟草专卖局、市监狱局、市消防局、市畜牧局、市广播电视局、开发区管委会所属系统、市教委所属系统、市卫生局所属系统等组织了政府采购的招标工作。

为不断适应新形势，谋求更大的发展空间，公司努力加强人才队伍建设和基础设施建设。公司拥有一支训练有素的良好专业队伍，并朝着年轻化、高学历、高素质方向发展。

公司建立了专业门类齐全，涵盖工民建、水利、道路、桥梁、环保、机械、电子、信息、通讯、电气、化工、医药、冶金、纺织、轻工等三十几个专业，人数达1000余名的专家库。公司努力加强管理制度建设，不断提高招标服务质量和水平，2004年通过了ISO 9001质量认证。

2004年公司新建了建筑面积2400m^{2}现代化办公楼，较大地改善了办公条件。公司配备了较为齐全的现代化办公设备、设施和完备的交通、通讯工具，现已实现了网络化、数字化办公，为公司招标业务和各项工作全面上水平奠定了坚实基础。

在招标的代理中，公司始终坚持“依法规范、客户至上、超值服务、树立品牌”的质量方针，努力提高业务水平，不断改进服务质量，赢得了政府有关部门和广大客户的高度赞扬。

天津国际招标有限公司坚持以《招标投标法》为准绳，以公开、公平、公正为原则，以严谨的工作作风，规范的运作方式，一流的业务水平和优质高效的服务态度为广大客户服务。

地址：天津市和平区卫津南路19号
Add: No.19 Weijinnan Road, Heping District, Tianjin
邮政编码 Postal Code: 300060
电话 Tel: +86 22 23556625　传真 Fax: +86 22 23556625
E-mail: titc12@126.com

Tianjin International Tendering Co., Ltd. is a tendering institution which was ratified by the former National Committee of Economic Trade and Tianjin Municipal People's Government and owns independent capacity of corporate. It mainly deals with electromechanical device bidding, construction projects bidding, consultation on tenders and bids, project management, importing and exporting trade, economic cooperation and exchange between China and foreign countries. The Corporation owns grade A qualification for electromechanical products international bidding granted by National Ministry of Commerce, grade A qualification for construction project bidding granted by National Ministry of Construction, grade A qualification for government stocking granted by National Ministry of Finance, and grade B qualification for central government investing project granted by National Development and Reform Committee. In addition, the Corporation also has qualification for project consultation, project price evaluate and project management. Among the tendering companies in Tianjin, the Corporation is the largest one with the most comprehensive bidding functions.

Since its establishment, the Corporation has accepted over 5,000 bidding projects, trust money RMB 230 billion, and saved for the nation and owners about RMB 20 billion by means of public bidding. What dominates various types of projects are public bidding for designing, construction, and supervision of engineering construction project, public bidding for electromechanical device both abroad and at home, and public bidding for a variety of services. Meanwhile, the Corporation gradually expands towards comprehensive business like project management, project consultation, importing and exporting trade, and investment industry.

Over recent years, with the continuous increase of municipal investment, the Corporation has completed public bidding for a number of key projects, both national and local. The completed projects or projects under way include: public bidding for Tianjin Airport Logistic Processing Zone Project and its assorted equipment, Haihe River Development construction project, technological renovation project in the eastward movement of Tianjin textile industry, newly added product line of Tianjin FAW Toyota Co., Ltd., newly added product line of Tianjin Steel Pipe Corporation, the expansion and rebuilding project of Tianjin Harbor, the construction project of the base of 400,000 power assemblies of Tianjin FAW Xianli Co., Ltd., the construction of 500,000 tons of SM and 400, 000 tons of ABS of Tianjin Dagu Chemical and Engineering Co., Ltd., the construction of the base of Blue Star New Chemical Materials Co., Ltd..

As for project bidding, the Corporation organized the public bidding for the expansion project of Tianjin Binhai International Airport, Tianjin Airport Logistic Processing Center, Haibin Avenue construction, the fourth-term project of LG Electronics and its assorted project, Italy Featured Street, Modern Chinese Herbal Medicine Industry Zone, Gong Bay Square, Xinda Building construction project, Gold Port International project, and construction project of cold rolled sheet engineering. Nowadays, our corporation is engaged in the bidding task for the movement and rebuilding of Tianjin Crane Plant, Tianjin Soda Plant, and Tianjin No. 1 Steel Rolling Group Co., Ltd.

In the field of stocking for the government, the Corporation has organized the public bidding for the stocking of service cars of government offices, for the stocking tasks of Municipal Economic Committee, Municipal Environmental Bureau, Municipal Industrial and Commercial Bureau, Municipal Revenue, Municipal Tobacco Monopoly Bureau, Municipal Bureau of Prisons, City Fire Department, Municipal Bureau of Cattle Breeding, Municipal Broadcasting Bureau, the system that Development Zone Administration Committee subordinates, the system that Municipal Educational Committee subordinates, and the system that Municipal Board of Health subordinates.

In order to adapt to the new situation and open up more scope for development, the Corporation has made great efforts to reinforce the making of talented staff and the construction of infrastructure. The Corporation now is made up of well-trained professional teams, which are developing towards the direction of younger age, higher diploma, and finer quality.

The Corporation has set up a comprehensive brainpower, which includes over 1000 experts, whose major covers more than 30 majors, such as civilian construction, irrigation works, roads, bridges, environmental protection, mechanics, electronics, information, communication, electric, chemical engineering, medicine, metallurgy, textile industry, light industry. The Corporation spares no effort to reinforce management regulation and keep improving bidding service quality and standard. In 2004, the Corporation got qualification from ISO9001 Quality Control system.

In 2004, the Corporation built modernized office building with a dimension of 2400 square meters, thus greatly improving the working conditions. The Corporation is equipped with modernized working facilities and self-contained traffic and communication tools. With various modernized office equipments, the Corporation has realized on-line and digitalized office work, which lays solid foundation for bidding business and the perfection of various tasks.

While acting as bidding agent, our corporation has persisted all along in the quality guideline to "conform to laws and criteria, give priority to client, offer super-quality service, and build up the brand." The Corporation has made great effort to improve service standard and quality, and won the praise from related government departments and clients.

Tianjin International Tendering Co., Ltd will continue to observe "The Law of The People's Republic of China on Tenders and Bids", take the law as its yardstick, take "being open, fair, and just" as its principle to serve the clients with stringent working ways, standardized operating style, first-rate operation standard, excellent and efficient service attitude.

由左至右: 天津中新药业现代中药产业园建设工程招标项目 / 天津钢管公司生产线招标项目 / 天纺投资控股有限公司纺织机招标项目 / 天津一汽丰田生产线招标项目

酒的王朝

金王朝干红葡萄酒

金王朝干红葡萄酒乃王朝公司精制之上佳红酒。该酒严格选用优质世界酿酒名种葡萄——赤霞珠，配以先进的酿造工艺及设备，充分提取葡萄原料中对人体有价值的营养成份及增香物质，并在法国橡木桶中陈酿两年以上，故色、香、味及营养均达完美境界。其特点：呈深宝石红色，具有优美和谐的果香、酒香及橡木香味，口感醇厚协调。配以中西佳肴，给人以美的享受。适度饮用，有益健康。

Gold Dynasty Dry Red Wine

Gold Dynasty Dry Red Wine is a kind of top-quality red wine produced by Dynasty Winery Co., Ltd.. With advanced technology and equipment, the company extracts nutritious and aroma-enhancing materials from carefully selected high-quality grapes–cabernet sauvignon. Before it is brought to the market, the wine has been brewed in French oak barrels for more than two years. Therefore, the wine is excellent in color, smell, taste and nutrition. Ruby red in color, the wine gives off a pleasant smell of fruit, wine and oak, and tastes mellow and wonderful. Drinking such wine not only makes your meal more enjoyable, but it is also good for your health.

王朝七年藏酿品干红葡萄酒

王朝七年藏酿品干红葡萄酒精选中国天津葡萄产区优质世界名贵酿酒葡萄——CABERNET SAUVIGNON，采用传统酿造工艺精心酿制而成。该酒具有成熟的葡萄浆果及橡木桶香，丰满和谐，为纯天然绿色食品。其独特风格是传统工艺和燕山山脉南麓得天独厚的土壤、气候条件孕育出的名种酿酒葡萄的完美结晶。

Dynasty Seven-year Dry Red Wine

Dynasty seven-year dry red wine is produced with traditional technique from Cabernet Sauvignon–a kind of high-quality grapes grown in Tianjin. It is a natural green food with a wonderful taste of ripe grapes and a pleasant smell of oak barrels. In addition to traditional technique, its unique style is also based on the grapes grown on the fertile soil and under the favorable climate of Yan mountains.

王朝七年藏酿品干白葡萄酒

王朝七年藏酿品干白葡萄酒精选中国天津葡萄产区优质世界酿酒名种葡萄——CHARDONNAY，采用传统的酿造工艺精心酿制，在橡木桶中陈酿两年以上，并经数年瓶储成熟。其特点：馥郁悦人的复合香，柔细醇厚的滋味，风格独特。

Dynasty Seven-year Dry White Wine

Dynasty seven-year dry white wine is produced with traditional technique from Chardonnay–a kind of high-quality grapes in Tianjin. The wine was brewed in oak barrels for more than two years, and stored in bottles for many years. It is characterized by its sweet smell, pleasant flavor and unique style.

王朝木桶陈酿干红葡萄酒

王朝木桶陈酿干红葡萄酒是一种具有王朝独特风格的陈酿型葡萄酒，由纯葡萄汁发酵并在橡木桶中陈酿两年以上精制而成。它保留了葡萄中含有的多种对人体有益的氨基酸、维生素及许多其它食品中少有的营养成份，特别是“白藜芦醇”含量较高，据中外医学专家研究表明，对预防心血管病及癌症方面具有功效。此酒选用宁夏贺兰山东麓产区得天独厚的土壤、气候条件孕育出的世界名贵酿酒葡萄赤霞珠和美乐，并采用世界先进的酿造工艺及酿酒设备，经除梗破碎、浸渍发酵、木桶陈酿、低温窖藏，保留和提高了葡萄中的营养成份、香味物质及优美的色泽；具有高雅的品种香及醇厚的酒香，馥郁悦人的复合香，柔细和谐的滋味，悠长舒适的留香，形成独特风格，是中国地域特点与世界先进酿酒技术的完美结晶。此酒为佐餐酒，饮用时最佳温度为 16–18℃，在食用烧烤煎炸肉类食品时配以此酒最为适宜。

Dynasty Ageing Dry Red Wine in Wood Barrels

Dynasty Ageing Dry Red Wine in Wood Barrels, featured with distinct Dynasty style, is made from fermenting pure grape juice and storing it in oak barrels for more than two years. Several kinds of amino acids and vitamins, as well as nutritions rare in other foods, are well preserved in the wine. Especially, it has a high content of resveratrol, which, according to research findings of medical experts, can effectively prevent cardiovascular diseases and cancer. The materials for Dynasty Ageing Dry Red Wine are cabernet sauvignon and merlot, world-famous grapes for wine-making grown on the east of Helan mountains in Ningxia, with its excellent soil and climate conditions. With advanced technique and equipment, the nutritions, flavor and color of the grapes are well preserved and enhanced. The techniques involved include grape crushing and destemming, maceration/alcoholic fermentation, oak barrel ageing technique and low-temperature cellar storage. With elegant, mellow, pleasant and harmonious flavor, the wine is well known for its distinct style. The wine is a perfect combination of world-advanced brewing technology and the geographic features of China. This table wine tastes the best at the temperature 16-18℃ . It is advisable that this wine be drunken when eating barbecued or fried meat food.

王朝梅鹿辄干红葡萄酒

雍尊无限、品质绝佳的葡萄酒已不再是传说，此款红酒采用世界葡萄名种梅鹿辄精酿细作，酒体丰厚，单宁如丝，洋溢浓厚成熟的李子、深色樱桃和黑、红醋栗的果香。经过法国优质木桶的陈酿和长期窖藏，酒中散发肉桂、丁香、可可和咖啡豆的味道，香飘怡人，入口甜美，口感香醇，能体验到蕴涵其中的奇妙品质。这款梅鹿辄葡萄酒可与法国拉菲等级媲美，极具珍藏价值。它谱写了酿酒行业的又一个奇迹，缔造了风格与品位的又一次奢华。

Dynasty Merlot Dry Red Wine

Elegant and top-quality wine is no longer a legend. This kind of red wine is made from world-famous grapes known as merlot. The wine has a rich and elegant flavor of plums, cherries, black currants and garnet berries. Brewed in high-quality French wood barrels and stored in cellars for a long time, the wine smells of cinnamon, lilac, cocoa and coffee beans. The pleasant smell and wonderful taste are a perfect proof of its excellent quality. This merlot wine is of the same grade as the French lafite, and it is worth treasuring up. The wine is a miracle in the field of wine brewing, and offers a luxurious and elegant joy to the people.

中法合营王朝葡萄酿酒有限公司

Sino-French Joint-Venture Dynasty Winery Ltd.

地址：天津市北辰区津围公路 29 号

Add: No. 29 Jinwei Highway, Beichen District, Tianjin

邮政编码 Postal Code: 300402

电话 Tel: +86 22 26998888, 26990838 传真 Fax: +86 22 26990996

天津送变电工程公司

Tianjin Electric Power Transmission & Transformation Engineering Corporation

公司经理：乔秦生

党委书记：周顺起

天津送变电工程公司成立于1953年，是具有国家一级资质的电力工程总承包施工企业。50多年来，该公司无私奉献，努力拼搏，优质高效地完成了数十项国家和天津市重点工程，为华北电网建设和改善天津市城乡人民生活水平做出了巨大的贡献。该公司连续16年被天津市政府评为“守合同、重信用”企业，其企业资信和建筑信誉等级均为AAA级。2005年被授予全国质量安全先进企业、中国企业诚信经营示范单位和全国企业文化建设先进单位等光荣称号。

现在，天津市电网建设“十一五”规划的高潮期即将到来，天津送变电工程公司全体干部、职工紧紧围绕“一强三优”、“三抓一创”的工作思路，牢固树立强烈的事业心和使命感，以超前的意识、一流的技术和先进的管理，积极投入到天津电网建设实践中。

公司决心以诚信为基石，不断提升服务意识，提高竞争能力，打造精品工程，树立一流的品牌和良好的社会形象，让政府放心，让用户满意，为天津市经济发展和滨海新区的腾飞做出更大的贡献。

Tianjin Electric Power Transmission & Transformation Engineering Corporation, which was founded in 1953, is a power engineering construction enterprise of national first grade. Since its establishment, the company finished a lot of key projects of the nation and Tianjin City, and made great contributions to the construction of power net in North of China and the improvement of People's living conditions. The company was granted the “Honor Construction and Abide by Its Words” unit for 16 years continuously. Both the enterprise credit and the construction quality were honored AAA grade. In 2005, the company obtained the title of Advanced Enterprise in Quality and Security, Model of Enterprises with Good Credit in China, Enterprise with Good Culture in China and so on.

Now, the upsurge of the “11th Five-year Plan” of Tianjin power net construction is coming. According to “One Predominance and Three Advantages” and “Three Improvement and One Innovation”, all the staff of Tianjin Electric Power Transmission & Transformation Engineering Corporation will do best in the construction of Tianjin power net with enhanced responsibility, advanced technology and good management.

The company has decided to keep good credit, increase service routines, strengthen the ability of competition and build top-ranking projects. They will set a topping brand and make a good image, which can satisfy the government and the consumers, and then do more contributions to the economic development of Tianjin and Binhai New Area.

地址：天津市河东区卫国道122号
Add: No. 122 Weiguo Road, Hedong District, Tianjin
邮政编码 Postal Code: 300161
电话 Tel: +86 22 24565026
传真 Fax: +86 22 24565026

天津市热力公司

Tianjin Heat Power Company

天津市热力公司是天津市集中供热的骨干企业，中国城镇供热协会常务理事单位。公司成立于 1985 年，是天津市成立较早的供热企业，当年在体院北小区建设 3 万平方米的供热示范工程，拉开了天津市集中供热的序幕。如今公司下设 5 个供热管理所，18 个供热站，承担近 10 万多户居民的供热任务，供热规模 600 余万平米。20 多年来，公司始终坚持“服务人民、奉献社会”的服务理念，牢固树立“辛苦我一人、温暖千万家”的企业精神，按照“安全运行、均衡供热、诚信服务、用户满意”的质量方针，突出主题抓发展，严格规范抓管理，以人为本抓育才，立足用户抓创建，为天津市的供热事业做出了应有的贡献。

近两年来，公司领导班子以“三个代表”重要思想为指导，牢固树立科学发展观，按照构建和谐社会、和谐企业的要求，带领广大干部职工奋力拼搏、锐意创新，开始了热力公司“二次创业”的历程，进入了一个新的上升期，形成了金谷园、华苑产业园区、水上国际村等 40 平方公里区域内，2000 万平方米以上的控规。2007 年完成了 4 台 58MW 锅炉房及锅炉的建设与安装，换装 29MW 锅炉一台，敷设供热管网约 100 公里，投入资金达 2.5 亿元。与此同时，公司在重塑热力企业文化，提炼、形成具有热力特色的精神文化体系上倍加重视，着力提高职工综合素质，增强企业凝聚力，树立良好的企业形象，叫响“天津热力”品牌。在未来的 2—3 年，热力公司将在供热运行、服务、经营、能耗等方面不断探索，不断奋进，为企业跨入全国同行业先进水平奠定坚实的基础。

Tianjin Heat Power Company is a backbone enterprise in the field of heat supply in Tianjin, and a standing council unit of the Urban Heat Supply Association of China. Founded in 1985, it is among the earliest heat supply enterprises in Tianjin. At that time, with its model project of heat supply in Tiyuanbei Residential Area (30,000 square meters), the company took

the lead in the construction of central heating in Tianjin. Now, the company has 5 heat supply management offices and 18 heat supply stations, and provides heating to nearly 100,000 households, with an area of over 6 million square meters. For more than two decades, the company has adhered to the philosophy of "serving the people and dedicating to the society", the spirit of "bringing warmth to the people", and the guideline of "safety operations, balanced heating supply, sincere and satisfactory services". With great emphasis on development, management, talent cultivation and satisfactory services, the company has made great contributions to the development of heat supply in Tianjin.

Over the past two years, the leaders of the company have followed the thought of "three represents", adopted the scientific view of development, and led their workers to strive for greater achievement to build a harmonious society and enterprise. Thanks to their efforts, the company has stepped onto a new stage, and extended its service area to 20 million square meters in communities covering 40 square kilometers, such as Jingu Yuan, Huayuan Industrial Park, and Shuishang International Village. In 2007, with an investment of 250 million yuan, the company installed four 58MW boilers, replaced a 29MW boiler and laid heating pipes approximately 100 kilometers. The company also attached great importance to the cultivation of corporate culture and the establishment of a spiritual and cultural system characteristic of the heating industry. Great efforts were made to improve the overall quality of the employees, strengthen the unity, set up a good enterprise image, and become a model enterprise in the heating industry in Tianjin. In the next 2-3 years, Tianjin Heating Company will go on making explorations in heating supply, services, operations and energy consumption, and lay a solid foundation so as to reach the advanced level in Chinese heating industry.

地址：天津市河西区宾水道 49 号
Add: No. 49 Binshui Road, Hexi District, Tianjin
邮政编码 Postal Code: 300060
电话 Tel: +86 22 23010532
传真 Fax: +86 22 23010532

津英纺纱有限公司
Jinying Spinning Co., Ltd.

津英纺纱有限公司系天津纺织集团进出口股份有限公司和天津棉纺七厂与英国高士集团合资经营企业。公司于 1988 年成立，而后进一步扩展规模，相继成立天津李七庄纺纱有限公司和天津津高捻线有限公司，并于 2004 年将津英、李七、津高三公司吸收合并为津英纺纱有限公司；合资期限为 50 年，投资总额已达 5,000 余万美元，中外方各占 50%；拥有 50,000 多纱锭，13,000 多倍捻锭和 4,500 多长丝捻线锭；年出口创汇 2,000 多万美元；年产值 3 亿人民币，是具有一定规模、较强竞争能力和世界一流技术装备的合资经营企业。

公司原料以进口为主，产品以出口为主。二十年来，公司一直在盈利中运营，在国际市场激烈竞争中不断发展，一个两头在外，大进大出，且初具规模并在国际市场上具有较强竞争力的中英合资企业，在阔步前进。

原国务院总理李鹏，有关国家首脑要员以及天津市主要领导和国家有关部门领导人，均先后莅临公司参观视察。1991 年公司跨入"中国规模最大的 500 家外商投资工业企业"行列。2000 年 6 月，天津市政府又单独对在 1990-1999 年度连续十年荣获各类先进称号的津英纺纱等八家公司颁发奖牌，予以表彰。公司开业运营以来，连年荣获国家及市政府授予的"双优"、"最佳"外商投资企业，"天津市工业百强企业"、"天津市人均出口创汇前十名企业"、"天津市优秀企业"等荣誉称号。

Jinying Spinning Co., Ltd. established in 1988, is a joint-venture enterprise invested by Tianjin Textile Group Imports and Exports Ltd., Tianjin No.7 Cotton Textile Factory and U.K Coats plc Group. The company was founded as the combination of Tianjin Liqizhuang Spinning Ltd. and Tianjin Jingao Twist Thread Ltd. in 2004. The time limit of joint venture is 50 years and total investment capital is of 5,000 ten thousand dollars at equal share of 50% each. It has more than 50,000 spindles, 13,000 double twist spindles and 4,500 twisted filament yarns and earns foreign exchange of 2,000 ten thousand dollars through export and production value about 300 million yuan annually. Now,

the company has great ability of competition with top-ranking equipments.

The company puts most attention to importing raw material and exporting products. During the 20years, the joint-venture enterprise has been developing and making profits consistently.

We received a lot of visitors from central and municipal government, including Former Premier Li Peng and many senior officials. In 1991, the company also listed in the "Largest 500 Industry Enterprises with foreign investment in Tianjin". In June 2000, Tianjin government prized Jinying Spinning Co., Ltd. and other seven companies who received special award of achievement for consecutive 10 years. We have received a lot of awards every year, such as "Double Excellent", "Double Good" enterprise with foreign investment, "100 leading Industrial Enterprises in Tianjin", "The Top 10 Enterprises of Earning Foreign Exchange Through Export Per Employee" and "Excellent Enterprise in Tianjin".

地址：天津市西青区李七庄津涞公路南
Add: South Jinlai Road, Liqizhuang, Xiqing District, Tianjin
邮政编码 Postal Code: 300381
电话 Tel: +86 22 83912847, 83912940
传真 Fax: +86 22 83913935
E-mail: tjjysc@public1.tpt.tj.cn